KB205821

# 중국기독교사
## 中国基督教史

# 중국기독교사 中国基督教史

초판 1쇄 인쇄 | 2023년 6월 1일
초판 1쇄 발행 | 2023년 6월 6일

**공역** 오동일 담안유 향연
**펴낸이** 김운용
**펴낸곳** 장로회신학대학교 출판부

**등록** 제1979-2호
**주소** (우)04965 서울시 광진구 광장로5길 25-1(광장동)
**전화** 02-450-0795
**팩스** 02-450-0797
**이메일** ptpress@puts.ac.kr
**홈페이지** http://www.puts.ac.kr

**값** 30,000원
ISBN 978-89-7369-002-2 93230

중국기독교신학원교통편교재
中国基督教神学院校统编教材

중국기독교신학원통일교재
中国基督教神学院统一教材

# 중국기독교사
# 中国基督教史

주편집 쉬쇼우홍
主编 徐晓鸿



중국기독교양회출판
中国基督教两会出版



오동일 담안유 항연 공역



장로회신학대학교출판부

**일러두기**

1. 이 책의 내용은 장신대 출판부의 편집방향과는 같지 않습니다.
2. 지명과 인명의 경우 중국현지인들에게 익숙한 지명으로 표기되었습니다.
3. 한국인들에게 익숙하거나 사용하지 않는 단어이지만 중국인들이 사용하는 특별한 용어의 경우 역자주로 표시하고 용어를 설명하였습니다.

# 목차

〔한글판 서문〕

# 『중국기독교사』

우웨이 吴巍 목사 중국기독교협회 회장

장로회신학대학교 출판부의 『중국기독교사』 한국어판 출간을 축하드립니다. 『중국기독교사』 한국어 번역 출간은 한국 독자들이 기독교가 중국에서의 전파와 발전의 역사를 이해하는 데 도움이 되고, 한국어로 중국 기독교 역사를 연구하는 학자들에게도 도움이 될 것으로 확신합니다.

『중국기독교사』는 최근 중국기독교양회 两会, 중국기독교애국운동위원회와 중국기독교협회를 통칭한 말 에서 발간한 신간이며, 또한 중국기독교양회에서 발행한 최초의 중국 기독교 역사책이기도 합니다. 이 책의 집필자들은 대부분 현재 중국의 여러 신학교들에서 교회사를 가르치고 있는 교수들로, 중국의 대다수 신학교들에서 이 책을 중국 기독교 역사를 공부하는 교재로 사용하고 있습니다.

이 책은 우리에게 중국교회의 역사에서 어떤 일들이 일어났는지를 말해줄 뿐만 아니라, 우리에게 많은 생각의 여지를 제공하고 심지어 우리가 공부하고 연구해야 할 많은 문제들을 던져 줄 것입니다. 예를 들면, 기독교는 중국에 네 번 전파되었는데, 처음 세 번의 전파는 시간의 흐름과 시대의 변화와 함께 중국 역사의 긴 흐름 속에서 사라져 버렸습니다. 이러한 역사적 사실을 우리는 어떻게 이해해야 할까요? 고대 중국 사회와 정치적 요인이 있었겠지만, 문화적 요인도 있었을 것이며, 또한 선교 방식의 문제도 있었을 것입니다. 그러면 이를 어떻게 이해해야 할까요?

세계의 다른 나라와 지역의 교회들과 마찬가지로 중국교회도 역사 속에서 출발하여 미래를 향해 나아가고 있습니다. 하지만 역사 속에 발생한 많은 사건들은 오늘의 교회의 존재와 발전에 영향을 미치고 있습니다. 예를 들어, 기독교가 네 번째로 중국에서 전개되었을 때는 제국주의의 식민지 침략과 불평등 조약의 보호 아래 이루어졌습니다. 그로 인해 많은 중국인들이 기독교에 대해 저항과 반감을 갖게 되었습니다. 기독교는 중국에 대한 제국주의 침략의 도구이자 제국주의의 일부로 여겨졌습니다. 그래서 서방교회가 100여 년 동안 중국에 많은 인력과 물질적 자원을 투입했음에도 불구하고 1949년 이후 4억 명이 넘는 중국 인구에 기독교인이 70만 명에 불과했습니다. 그 당시 중국교회는 서방 선교회의 중국 지점에 불과했고, 중국교회는 중국 기독교인과 목사가 있었지만 독립된 자아를 갖지 못했었습니다. 물론 중국 기독교인들과 목회자들도 '자립', '기독교의 현지화', '토착화'를 시도하였었지만 그리 성공적이지 못했습니다. 국가나 민족이 자주성을 갖지 못하면 교회도 참된 자주성을 가질 수 없다고 생각됩니다.

지난 1950년대 중국 기독교인들이 시작한 '삼자' 애국 운동은 중국교회사에서 중요한 전환점이었습니다. "자치, 자양, 자전"의 원칙에 근거하여 교회를 세움으로 중국 기독교는 제국주의와의 단절을 이루었고,

새로운 사회적 환경 속에서 조국과 인민들과 같은 방향으로 나아가게 되었습니다. 70여 년의 노력 끝에 중국 기독교는 점차 '서양 종교'의 이미지를 탈피하고 더 많은 중국인들로부터 인정받고 받아들여졌습니다. 특히 중국의 개혁개방 이후 중국 기독교는 건강한 발전을 이루었습니다. 오늘날 중국 사회는 모든 측면에서 비약적 발전을 이루고 있으며 수억 명의 중국인들은 위대한 부흥의 "중국몽"을 실현하기 위해 노력하고 있습니다. 이러한 사회 역사적 조건 속에서 중국 기독교는 신학사상 건설에 착수했고 기독교 중국화에 대한 이론적 논의와 실천적 탐구를 진행하고 있습니다. 그리하여 중국 기독교가 중국 사회에 더 잘 적응하고, 중국 사회 발전에 긍정적인 힘이 되려 노력하고 있습니다. 우리는 우리가 속한 상황 속에서 교회를 세우고 그리스도를 증거하여, 중국에 있는 기독교가 아닌 중국 기독교를 건설하기 위해 노력하고 있습니다.

한국과 중국은 모두 아시아에 위치하고 있어 지리적으로 밀접하게 연결되어 있을 뿐만 아니라 두 나라의 역사, 문화, 전통도 매우 유사합니다. 기독교가 한국에 전해진 시기도 중국에 기독교가 전해진 시기와 근접합니다. 그러나 공통점이 많은 두 나라에 같은 기독교를 전해졌음에도, 그 사회적 효과는 상반되어, 두 나라 사람들이 기독교에 대해 갖는 인상은 무척 달랐던 것 같습니다. 이러한 역사적 현상을 어떻게 이해해야 할까요? 이를 서구 기독교 학자들이 연구해야 할 문제일 뿐만 아니라 아시아 기독교 학자들도 스스로 답을 제시해야 할 것으로 생각됩니다. 앞으로 더 많은 한국 학자들이 한국교회 역사를 연구함과 동시에 중국 기독교 역사에도 관심을 가져 주시길 부탁드리며, 그 때 이 책이 도움이 될 수 있기를 바랍니다.

# 《中国基督教史》韩文版序言

首先祝贺韩文版的《中国基督教史》将由XXX在韩国出版发行、相信这本韩文版的《中国基督教史》可以帮助韩文读者更好地了解基督教在中国传播与发展的历史、并帮助使用韩文进行研究的学者更好地研究中国基督教历史。

《中国基督教史》是近年来中国基督教两会出版的一本新书、也是由中国基督教两会出版的第一本中国基督教史、这本书的执笔者大都是目前在中国的几个神学院教授教会历史课程的教师、中国大多数的神学院校均在使用本书作为中国基督教会历史课程的教科书。

当我们读这本书的时候、我们会发现它不仅告诉我们中国教会历史上曾经发生了哪些事情、同时也为我们提供了很大的思考空间、甚至是提出了许多问题供我们学习和研究。比如：基督教曾四次传入中国、前三次的结果是随着时间的推移和时代的变迁消失在了中国历史的长河中、我们该如何去理解这样的历史事实、除了古代中国的社会和政治因素、应该还有文化因素、以及不同的传教路径的因素、那会是些什么哪？

同世界上其它国家和地区的教会一样、中国教会也是从历史中走来、并且走向未来、但教会历史上发生的许多事件往往影响着今天教会的存在和发展。比如：基督教最后一次传入中国是在帝国主义殖民侵略的枪炮掩护下、在不平等条约的保护下进入中国、所以、从那时起在许多中国人心里对基督教就有一种抵制和反感、认为基督教是帝国主义侵略中国的工具、是帝国主义的一部分。这也就是为什么在此后一百多年的时间里、虽然西方教会在中国投入了大量的人力物力、但到1949年的时候、在超过四亿人口的中国、只有70万的基督徒。那时的中国教会只是西方教会传教事业在中国的一个点、中国教会有基督徒、有牧者、但中国教会没有一个独立的自我。期间中国的基督徒和牧者也曾进行过“自立”“基督教本土化”“本色化”的努力和尝试、但成果甚微。因为、一个国家、一个民族没有独立、教会不可能有真正的独立。

上个世纪五十年代中国基督教发起的“三自”爱国运动是中国教会历史上的一个重要的转折、通过按照“自治、自养、自传”的原则来建立教会表达了中国基督教要割断同帝国主义的一切联系、并愿意在新的社会环境中与祖国和人民的同向同行。七十多年来的努力使中国基督教逐渐摆脱了“洋教”的形象、得到了更多中国人的认可与接纳、特别是在中国改革开放之后、中国基督教有了健康的发展。今天、中国社会的方方面面都在发生着跨越式的进步、亿万中国人正在为实现伟大复兴的中国梦而努力奋斗。在这样的社会环境中和历史条件下、中国基督教推出了神学思想建设、继续进行基督教中国化的理论研讨和实践探索。以期使中国基督教能够更好地适应中国社会、成为中国社会发展进步的积极力量、在处境中建立教会、见证基督、努力建设中国基督教、而不是基督教在中国。

韩国和中国同在亚洲、不仅地理位置紧密相连、两国的历史文化和传统也有极高的相似度。基督教传入韩国从时间上看同传入中国的时间也非常相近。但似乎同一个基督教传入在许多方面都有共通之处的两个国家、却产生了相反的社会效应、给人以完全不同的观感。该如何理解这样的历史现象? 这不仅是西方基督教学者应该研究的问题、亚洲的基督教学者也应给出自己的答案。期盼着有更多的韩国学者在研究韩国教会历史的同时、也有兴趣研究中国基督教历史、并从这本书得到助益。

〔역자 서문〕

# 『중국기독교사』 한국어판 기획, 번역, 출판까지

오동일 교수 장로회신학대학교

일찍이 1962년에 "중국삼자교회의 아버지"인 우야우쫑吴耀宗은 중국교회는 두 권의 책을 써야 한다고 했다. 그 두 권의 책이 『기독교를 이용한 제국주의 중국 침략 역사』帝国主义利用基督教侵华史와 『중국기독교사』中国基督教史였다. 그러면서 이 두 책은 기본 정신은 같지만 다른 시각을 대변하면서 중국교회의 문제 의식과 나아갈 방향을 제시해야 한다고 했다.

그러나 그동안 중국교회는 여러 역사의 굴곡을 겪으면서 시간적으로 많이 지연되다가, 2003년에 이르러서 중국기독교삼자애국운동위원회 주석이었던 뤄관쫑罗冠宗에 의해 『前事不忘后事之师：帝国主义利用基督教侵略』이라는 제목으로 중국의 종교문화출판사에서 출판했다. 이 책은 2019년에 베이징 연경신학원 유동선 교수님과 윤신영 목사님의 공역으로 『지난 일을 교훈 삼아: 중국교회가 이해한 서구열강의 중국 선교 역사』의 제목으로 한글판이 출판되었다.

그리고 2019년 8월에 중국기독교협회양회에서 『중국기독교사』를 출간하게 되었다. 이 책은 중국기독교삼자애국운동위원회 주석인 쉬쑈우홍徐晓鸿 목사의 주도하에, 중국 각 성의 신학원 역사신학 교수들이 참여하여, 약 10년간의 노력을 기울여, 중화인민공화국 성립 70년을 기념하면서 출판하게 되었다. 이 책은 현재 중국의 신학원들에서 교과서로 사용되고 있다.

나는 이 책의 중요성을 감안하고 한중 교회의 교류와 협력을 심화하고 확장하기 위해서는 이 책의 한국어 번역 출간이 필요하다고 생각되었다. 그리하여 중국 강소성 기독교 양회 주석인 짱커윈张克运 목사님에게 연락하여 이 책 한글 번역 출판을 의논하였고, 짱 목사님은 흔쾌히 중국기독교양회 주석인 쉬쇼우홍徐晓鸿 목사를 연결해 주었다. 중국기독교양회도 이 책의 한글 출판하기를 원하여, 당시 장로회신학대학교 총장님이셨던 임성빈 총장님과 장신대가 주축이 되어 번역 출판하는 건에 대해 의논을 드렸더니, 임 총장님도 흔쾌히 허락해 주셨다.

마침 2019년 11월에 한국 여의도순복음교회 이영훈 목사님을 단장으로 하는 한국교회 한중 기독교교류 협회 대표단 일행 11명이 중국 남경금릉협화신학원을 방문하여 우호 교류를 가졌다. 그 때 진행된 한중 교회 좌담회에서 남경금릉협화신학원 모 교수는 "한국 신학계와 교류하기를 원하며, 특히 동북아 상황에 기반한 동북아 신학 구성을 위해 함께 노력할 수 있기를 바란다"고 말했다. 이는 중국교회가 한국교회에 보내는 새로운 차원에서 교류와 협력에 대한 초청이 아닐 수 없다.

나도 한국교회 대표단의 중국 방문 기간을 활용하여, 2019년 11월 14일에 난징 시에 도착하여 당시 한국교회 대표단의 일행이셨던 임성빈 총장님과 함께 중국 CCC 미디어 교육 담당 부회장인 산웨이샹单渭详 목사와 만나 『중국기독교사』 한글 번역 출판에 관하여 협의했다. 양측은 모두 한중 기독교 교류에 뜻 깊은 작업이 될 것으로 기대하면서, 이 사업을 중국기독교협회와 장로회신학대학교 협력 사업으로 진행하기로 했다. 그 다음 해에 코로나19 바이러스의 범유행이 시작되었음에도 온라인 상에서 2020년 8월 7일자로 계약서를 체결하고 바로 번역 작업에 들어갔다.

나는 중국 삼자교회 출신은 아니지만 한중 기독교가 주님 안에서 서로의 이해와 협력을 증진해 가는데 하나의 초석을 마련한다는 마음으로 이 일의 시종을 자원하여 맡아 나섰다. 이 책 역시 그 방대한 분량 탓으로 번역 작업에 어려움이 적지 않았다. 일단 한중 언어와 기독교에 전문성을 갖춘 번역 팀을 구성했다. 나는 장신대 Th.M을 졸업한 두 분 담안유 목사님과 향연 목사님과 함께 번역 작업에 착수했다.

『중국기독교사』가 중국 당나라 시기로부터 시작하여 오늘에 이르기에, 중국에 진출한 기독교의 종파가 다르고 중국의 시대적 상황도 많이 다름을 감안하여, 우리 세 사람은 책을 셋으로 나누어 각자 번역을 진행하기로 했다. 1장에서 3장은 담안유 목사가, 4장에서 6장까지는 향연 목사, 그리고 7장에서 9장은 내가 번역을 맡았다. 번역에 있어 가장 큰 어려움은 지명과 인명에 대한 용어를 통일하는 것이었다. 그 중 일부 지명과 인명은 이미 한국인들에게 한국어로 익숙한 이름들이어서, 중국어 음역으로 처리하지 않았고, 그러나 현대사에 들어와서는 최근의 번역의 관행대로 음역을 위주로 했다.

아래 번역의 변을 간략하게 적어, 독자들이 읽으실 때 조금이라도 도움이 되고자 한다. 중국 당나라 시대 때부터 근현대에 이르기까지의 기독교 역사를 번역한다는 것은 쉬운 일이 아니었다. 중국어를 번역할 때 청나라 이후의 인명과 지명은 음역이 일반적이다. 당나라부터 청나라까지 직역을 하고, 이후에 음역을 할 경우 서로 다른 인명과 지명이 혼란을 줄 수 있기에, 통일성의 원칙하에 음역을 기준으로 하였다. 하지만, 관습적으로 사용해온 인명과 지명의 경우는 독음을 그대로 사용하기도 하였다. 그러나, 도서명의 경우 청나라까지는 직역하되, 이후에는 도서명이 백화문白話文으로 된 경우가 많기에 의역을 하였다. 각주의 경우, 번역했을 때 오히려 달라진 이름으로 인해 출처를 찾기 어려워지고, 이 책의 독자가 대다수 연구자인 것으로 가정하여 따로 번역하지 않았다. 현재까지 중한 번역을 한 도서들을 보면 직역, 음역, 의역 등 여러 가지 번역본이 있다. 본 번역에서 인명, 지명, 도서명은 되도록 음역의 방법을 사용하고 그 뒤에 중문으로 표기하여 독자가 참고할 수 있도록 했다. 중국어의 원 발음은 강한 발음이 대부분이나 독자들이 발음하기 용이하도록 순화된 음을 사용하여 표기하였다. 이 책은 중국에서도 지속적으로 개정되고 있는 책이다. 그렇기에 원서에도 오타나 오기 등이 있다. 번역자들이 이 책을 번역하면서 확인된 것들은 수정하기도 하였지만, 그 한계가 분명히 존재한다. 따라서 중국 측의 개정 및 증보와 함께 번역서 또한 시기에 따라 개정 증보할 필요가 있다.

이 책의 출판은 많은 사람들의 지지와 성원에 힘입은 바 크다. 장신대 김운용 총장님께서 이 책의 번역과 출판을 위해 학교 차원에서 아낌없는 지원을 해주셨다. 그리고 이 일이 한중 기독교 간의 협력 사업이 될 수 있도록 해주신 임성빈 전 장신대 총장님에게도 깊은 감사를 올린다. 그리고 이 책의 출간을 위하여 바쁘신 가운데 기쁜 마음으로 추천서를 써 주신 장신대 서원모 교수님, 안교성 교수님, 호남신대 신재식 교수님, 일본 메이지가쿠인대학 서정민 교수님, 그리고 중국 삼자교회 신학과 사상을 대표하는 저작인 『딩광쉰문집』한글 도서명: 『사랑은 없어지지 않습니다』을 한글로 번역 출판하시기도 한 새신교회 김종구 목사님, 그리고 뤄관쭝罗冠宗의 『前事不忘后事之师』를 한글한글 도서명: 지난 일을 교훈 삼아로 번역 출판하신 윤신영 목사님께 큰 감사를 드립니다. 그리고 이 책의 번역 출간을 허락해 주신 중국기독교양회 주석이신 쉬쑈우홍徐晓鸿 목사님, 중국 CCC 미디어 교육 담당 부회장이신 산웨이샹单渭详 목사님, 중국 강소성 기독교양회 주석이신 짱커윈张克运 목사님 그리고 심양 소가툰교회 김상현金相宪 목사님에게도 감사를 드립니다.

번역을 교정하는 과정에 귀중한 수정 의견을 보재주신 영남신대 손산문 교수님, 호남신대 최상도 교수, 그리고 직접 교정을 힘써주신 세신교회 김종구 목사님에게 이 기회를 통해 감사를 드리는 바입니다.

2023년 1월

〔서평〕

# 기독교 중국화의 역사

서원모 교수 장로회신학대학교, 역사신학/교회사

중국기독교양회에서 편저하여 출판한 『중국기독교사』가 한글로 번역된 것을 기쁘게 생각한다. 본서는 중국기독교신학원 통일교재로 제작되어 당원시대부터 개혁개방시기 1979-2000 에 이르기까지 중국기독교의 역사 전체를 다룬다.

본서는 신중국이 설립된 이후 기독교전국양회가 편저한 최초의 교재이며 사료에 기초하여 '기독교의 중국화'란 관점으로 중국기독교사를 서술하고 평가한 역작이라고 말할 수 있다. 독자들은 본서를 통해 현재 중국교회 지도자들이 자신의 역사를 어떻게 이해하고 가르치고 있는지를 파악할 수 있을 것이다.

본서를 『중국교회사』가 아니라 『중국기독교사』라고 제목을 붙인 것도 본래적 의미의 "중국교회"는 신중국 수립 이후 삼자애국운동에 의해서 수립되었다는 역사의식을 반영하고 있다. 이렇게 제국주의와의 관계를 단절하고 진정한 주권의식을 지닌 새로운 기독교를 "중국기독교"라고 말한다면, 그 이전에 주권이 없는 기독교는 "중국에 있는 기독교"라고 말할 수 있다. 본서는 '중국에 있는 기독교'와 '중국기독교'를 함께 다루고 연속적이며 발전적으로 다루었으며, 기독교의 중국화란 관점으로 전체 역사를 서술하려고 했다는 점이 특징이다.

본서는 아홉 장으로 이루어진다. 앞의 두 장은 당원 시기의 경교와 야리가온을 다룬다면, 나머지 일곱 장은 중국개신교회의 역사를 서술한다. 19세기와 20세기 전반기의 기독교사를 각각 두 장씩 서술한 다음제3-6장에는 기독교삼자애국운동의 시작제7장, 신중국 성립 이후의 중국기독교의 조정과 좌절제8장, 개혁개방 시기의 중국기독교제9장를 다루었다. 이렇게 볼 때 본서는 중국개신교회의 역사, 특히 삼자애국운동을 통한 "중국교회"의 설립과 신중국 사회의 적응 과정을 이해하는 데 큰 도움을 준다.

본서는 기독교의 중국화란 관점에서 볼 때 당원 시기의 기독교는 근본적인 한계를 가진다고 이해한다. 경교는 중국화 노력에도 불구하고 중원의 한漢문화를 대표로 하는 주류 문화에 유입된 적이 없었고 주로 호인胡人 사이에서 전파되었으며, 시리아, 페르시아, 소그디아나, 위구르, 몽골 사람들이 신자가 되었다. 원나라의 야리가온도 신앙의 주체는 몽골인과 색목인이었으며, 한족의 관점에서 모두 외래인이었고, 한족 신자들은 많지 않았다고 평가한다.

명청시기의 천주교의 선교에 대해서 본서는 중국 문화를 존중하는 마테오 리치의 원칙을 긍정적으로 본다. 마테오 리치의 방법은 유가 학설을 부정하지 않아 중국 지식인 신자는 "합유"合儒 "보유"補儒의 가능성을 보았다. 물론 선교사들은 유교를 대체하는 것易儒을 최종 목적에 두었다. 하지만 의례논쟁이 시작되고 교황청과 중국 정부와의 대립이 격화되면서 교황청의 중국 의례 거부 결정1742과 중국 정부의 금교로 귀결되었다.

천주교의 선교와는 대조적으로 19세기 개신교 선교는 오만과 편견으로 중국 문화와 전통을 무시하고 제국주의적 침략을 도왔다고 비판된다. 하지만 본서는 많은 선교사들이 성경 번역, 문화교류, 의료위생, 악습 철폐, 사회개혁을 위해 노력했다는 점도 인정한다. 또한 선교사가 모두 제국주의자들도 아니지만, 그렇다고 선교사의 모든 것이 좋다고 말할 수도 없다고 하면서 균형 잡힌 시각을 요구한다. 하지만 기독교가 서구 열강에 이용당했다는 것은 분명한 사실이라고 단언한다.

20세기 전반을 두 장에 걸쳐 다룬 것은 이 시기에 중국 사회가 격변을 겪었고, 외세의 침입에 대항하고 민족의식이 부흥했던 시기이기 때문이다. 본서는 자립운동, 토착화 사고, 삼자애국운동에 이르는 기독교중국화의 역사를 다루면서 이 시기에 주목한다. 1873년에 수립된 자립운동은 실천 측면에서의 노력이라면, 토착화 사고는 지식인들의 이론 측면에서의 탐구였다. 하지만 이러한 운동은 선교회의 지배가 종식되지 않은 상황에서 성과를 거두기 어려웠다고 평가한다.

나머지 세 장은 신중국 성립 이후 중국기독교의 발전을 다룬다[제7-9장]. 삼자애국운동은 중국의 정치적 환경에 적응하고 신자들에게 애국·애교의 열정을 불러일으키고 연합과 일치를 추구했다. 하지만 '문화혁명' 기간에는 교회가 폐쇄되고 삼자 조직이 해체되고 억압과 박해가 있었다. 본서는 문화혁명이 교회만을 대상으로 한 것은 아니었지만, 적지 않은 기독교인들이 상처를 입었다고 서술한다. 개혁개방 이후 2000년까지 신도수는 4천만 명, 신학원 22개가 존재했고, 4백만 권의 성경이 발행되었다. 본서는 중국기독교가 자립적인 조직을 갖추었지만, 앞으로의 과제로 신학사상과 교회 생활의 중국화, 배타적 정신의 해소, 공리주의와 실용주의를 통한 양적 성장의 위험성 극복, 사회주의 사회 적응 등을 제시했다.

기독교의 중국화에 대해 본서와 다른 견해를 가지거나, 본서가 중국기독교의 지형을 온전히 소개하지 못했다고 비판하는 사람들도 있을 수 있다. 하지만 사회주의 체제에서 중국기독교가 어떻게 적응하려고 했고, 문화혁명과 개혁개방이라는 중국사회의 거대한 변화에 중국기독교가 어떻게 대응했는지, 또한 앞으로 중국기독교가 어떻게 나아갈 것인지를 탐구하려고 하는 독자들에게 본서는 좋은 길잡이가 되어줄 것이다. 또한 본서는 기독교 중국화라는 특정한 관점에서 중국기독교의 역사를 서술하는 총체적인 시각과 전경을 제시하여, 중국기독교에 대한 한국학계의 학문적인 논의를 불러일으키는 계기를 마련해줄 것이라고 확신한다. 본서가 널리 읽혀 중국기독교에 대한 한국교회의 이해가 심화되기를 기대한다.

2023년 1월

〔추천사 1〕

## 역사는 오늘을 이해하고 미래를 꿈꾸게 한다!

임성빈 교수 전 장로회신학대학교 총장

한국과 중국은 문자 그대로 역사적 관계로 얽혀져 있습니다. 다른 표현으로 한다면 숙명적인 관계, 즉 정치/경제/문화적인 면에서 매우 밀접한 관계를 갖고 있다는 것입니다. 때때로 정치가들과 경제인들은 나름대로의 이해를 추구하려는 목적에서 두 나라의 관계를 이용하려고 합니다. 이러한 경향은 문화계와 심지어 역사계에서도 목격됩니다. 서로가 자신의 영역과 관점에서 자신의 유익을 위하여 우리의 관계를 이용하려 함은 어떤 의미에서 자연스런 현상입니다. 특별히 1980년대 이래로 세계적 대세가 되었던 세계화는 중국과 한국을 세계의 중심 지역으로 부상케 하는 결과를 낳았습니다. 우리는 세계화의 과정을 통하여 세계적 가치 체계의 주요 영역으로 부상한 나라들이 되었습니다. 특히 우리 두 나라는 지난 19세기 세계화 과정에서 패배하여 제국주의적 침탈의 희생을 경험하였습니다. 예컨대 중국은 초기에는 서구 열강에 의하여, 이후에는 일본 제국주의에 의하여 치명적 피해를 입었습니다. 이에 비하여 한국은 일본 제국주의가 결정적 침탈자였으며 오히려 서구는 해방을 위한 지원자의 역할로 경험되었습니다. 아마도 우리 두 나라의 최근 근대 역사에 대한 경험은 일정 부분 동일한 점도 있지만 서구에 대한 전이해는 매우 다른 점이 있다는 것이 가장 큰 차이점이라 할 수 있을 것입니다.

이러한 차이는 기독교에 대한 경험의 역사와 이해와 기대에 있어서 한, 중 양국 사이에 큰 차이점을 주었다고 생각합니다. 그런 의미에서 이제 세계화가 도전을 받고, 지역/세계적 갈등이 심화되어 가는 21세기 초반 한국과 중국의 교회는 서로의 차이에 대하여 더욱 면밀히 살필 필요가 있습니다. 건설적 대화와 소통을 위한 기본 전제는 자신에 대한 비우상적인 존중감non-idolatrous self-esteem 입니다. 이때 필요한 것은 역사적 정체성을 확고히 하고, 서로가 그 정체성을 존중하고 인정하는 것입니다.

이러한 관점에서 무엇보다 먼저 우리가 힘써야 할 것은 자신의 역사를 제대로 연구하고 공부하는 것입니다. 역사는 우리의 정체성을 확인함에 있어 가장 기본이 되는 요소이기 때문입니다. 이제 한국기독교는 중국기독교의 역사를 깊이 살필 필요를 가집니다. 이웃을 이해하기 위한 기본 전제이기 때문입니다.

그런 의미에서 이번 한중기독교가 마음을 모아 번역 출판하게 된 중국기독교사는 매우 중요한 역사적 의의를 가진다 생각합니다. 이 세상을 창조하시고 관리의 책임을 인간에게 맡기심, 하나님을 사랑함은 곧 이 세상에서 가장 작은 자들을 포함하여 이웃을 사랑하는 것임을 분명히 하심을 믿고 고백하는 신앙인들과 교회라면 당연히 자신이 속한 민족과 나라를 사랑함이 당연할 것입니다. 그러나 그 사랑이 거기에서 멈춤이 아니라 이웃 민족들과 나라들에까지 이르도록 힘씀이 성숙한 신앙과 교회의 책무일 것입니다. 물론 이러한 책무는 전 세계를 향한 것이 되도록 우리의 시야를 넓혀야 합니다. 성경은 우리에게 이러한 책무의 실천이 이루어질 수 있는 비책을 이미 알려주고 있습니다. 즉 성령이 임하셔서 힘을 얻어야 신앙인다운 삶을 제대로 살아낼 수 있다는 말입니다. 신앙인다운 삶은 하나님의 도움으로 힘을 얻고, 그 힘을 예루살렘부터, 즉 내가 사는 이곳으로부터 사랑 실천을 시작해야 한다는 것입니다. 그러면서 그 범위를 넓혀 가면서 세계를 향한 사랑과 섬김으로 확장해 감이 신앙인다운 신앙인, 교회다운 교회로 서는 길이라는 것입니다.

이제 민족과 나라를 사랑하는 것이 신앙인으로서의 기본적 책무에 속하는 것임은 분명합니다. 그러나 성숙한 신앙인은 그 범위를 넘어서 지역과 세계로 그 실천 영역을 확대해 나가야 할 것입니다. 이것이 바로 오늘 세계화 이후 새로운 경쟁 시대가 펼쳐지는 오늘, 한국과 중국의 기독교회가 함께 힘써야 할 과제라 생각합니다.

이제 우리는 서로의 역사를 공부하고, 이해하고, 존중함에 더욱 힘써야 할 것입니다. 오늘 우리의 협력 사역은 작은 번역 작업으로 보일 수도 있겠지만 서로의 역사를 이해, 존중함에 있어 매우 중요한 디딤돌이 될 것이라 기대됩니다. 서로의 입장에서 역사를 공부함은 상호 이해와 존중을 위한 필수 요소이기 때문입니다. 앞으로 우리의 공부는 우상적이지 않은 자기 존중을 바탕으로 힘을 모아 더욱 사회책임적이며, 세계의 이웃을 섬기는 교회가 되어가는 것이라 생각합니다. 역사의 편견과 과오를 파악하고, 동시에 배우고 지속해야 할 교훈들을 찾아내어서 더욱 성숙한 신앙인, 교회가 되도록 함께 힘쓰는 우리가 되기를 소원합니다!

2023년 1월

〔추천사 2〕

# 『중국기독교사』 추천사

안교성 교수 장로회신학대학교, 역사신학/교회사

I.

중국기독교신학원의 공통교재용으로 쉬쇼우홍徐曉鴻이 대표 편집한 『중국기독교사』中國基督教史, 중국어본 2019년 출간가 전문가에 의해서 번역, 출간되었다. 그렇지 않아도 2019년에 중국교회의 서구선교 역사서인 『지난 일을 교훈 삼아』前事不忘 後事之師 중국어본 2003년 출간 한글 번역본이 출간된 이후, 중국기독교 역사를 다룬 본서는 언제나 한글 번역본이 나오려나 하고 기다리던 참이었는데, 이렇게 출간되니 중국기독교 역사에 관심 있는 사람들에게는 여간 반가운 소식이 아닐 수 없다. 이제 우리는 이 두 권의 책으로 중국기독교의 역사에 대한 갈증을 어느 정도 해결할 수 있게 되었다.

본서는 중국에 등장한 기독교의 약 천오백 년에 이르는 장구한 역사를 다루고 있다. 본서는 본서의 제목을 굳이 '중국교회사'가 아니라 '중국기독교사'라고 붙인 이유를 크게 두 가지로 밝히고 있다. 첫째, 본서는 중국기독교 공식기관인 중국기독교양회가 출간한 책으로, 중국기독교양회의 시각에서 보면, 진정한 '중국교회'는 20세기 후반 중국삼자애국교회의 출범과 더불어 시작되었다. 따라서 '중국교회사'라고 하면 20세기 후반 이후만을 다룰 수밖에 없다. 그러나 기독교는 사실상 중국에 7세기경부터 존재해 왔기에, 중국기독교는 중국삼자애국교회 출범을 전후로 하여, 그 이전의 '중국에 있는 기독교'와 그 이후의 자의식이 분명한 '중국교회' 곧 신생 중국기독교로 양분된다. 본서는 양자의 역사를 모두 다루고자 포괄적인 의미를 지닌 '중국기독교사'라는 명칭을 택했다. 둘째, 본서는 기독교의 의미가 두 가지 있는데, 광의로는 개신교를 포함한 모든 종파를 망라하고, 협의로는 개신교를 가리킨다고 한다. 본서는 이런 관점에서 중국삼자애국교회 출범을 기준으로 그 이전의 역사는 광의의 기독교를 다루고, 그 이후의 역사는 주로 개신교를 주로 다룬다. 이런 이유로 해서 본서는 20세기 후반부 역사에서 중국가톨릭교회 등에 대해서는 다소 소홀하게 다룬 측면이 있다.

II.

본서의 핵심적 사관은 '기독교의 중국화'이다. 따라서 본서는 중국삼자애국교회 이전 시기의 중국기독교에 대해서는 기독교의 정착 문제를 강조하고, 특히 19세기 후반 이후에는 삼자정책-자전, 자립, 자치 중국 용어로는 자전, 자양, 자치 를 강조한다. 그러나 본서는 삼자정책 역시 서구 열강의 제국주의 침략, 서구선교의 간섭과 조정, 서구 열강과 서구선교의 밀접한 관계 등으로 인하여 한계가 있는 정책이었음을 지적한다. 중국교회는 중국 공산화 이후 한편으로는 사회주의 하의 교회로 재탄생하기 위하여, 다른 한편으로는 기독교의 중국화를 본격화하기 위하여, 삼자교회를 삼자애국교회로 전환하였다. 중국교회는 이런 과정 가운데 삼자'혁신'에서 삼자'애국'으로 강조점을 옮기면서, 중국기독교가 애교, 애국의 종교가 되어야 함을 강조했다. 따라서 본서는 삼자애국교회로서의 중국교회의 정체성을 밝히는 것도 또 다른 목적으로 삼고 있다.

III.

그렇다면 중국기독교 공식기관인 중국기독교양회가 주도한 신학교 공통교재용으로 제작된 본서를 읽는다는 것은 어떤 의의가 있을까? 첫째, 본서는 중국인에 의하여 저술된 책이다. 중국기독교는 세계교회와 세계선교에 있어서 매우 중요한 위치를 차지하기 때문에, 우수한 중국기독교 역사서가 절실한 편이다. 그러나 홍수 속의 갈증이라고, 마땅히 좋은 책을 고르라면 머뭇거리게 된다. 본서도 언급했듯이, 왕즈신王治心의 『중국기독교사강』中國基督教史綱 정도를 들 수 있는데, 이미 오래된 책이다. 물론 비중국인 저자가 발간한 중국기독교사 중에도 탁월한 학문성과 전문성을 지닌 것들이 없지 않지만, 외부인에 의한 저술이라는 한계가 있다. 이에 반해서 본서는 중국인에 의한 책이기 때문에 몇 가지 장점이 나타난다.

먼저 비중국인, 특히 서구인의 기독교 활동에 대해 과연 당사자인 중국인이 어떤 입장을 지니는지에 대해 다양하게 들여다볼 수 있다. 가령 외국인이 기독교 서적을 번역하면서, 보기 좋은 글자를 사용하지 못한 것은 물론이고 심지어 불경스러운 글자까지 사용했다고 비판하면서, 경교가 '예수'를 '이서'移鼠, 본서에서는 해석하지 않지만 굳이 번역한다면 쥐 옮기기라고 할 수 있다로 음역한 예를 들고 있다. 기독교 역사에서 비슷한 예를 찾는다면, 일본 기독교 초기에 하나님이란 라틴어 용어 'Deus'를 '다이우소'일본어로 '큰 거짓

말'과 발음이 같음로 음역하는 실수를 저지른 바 있다.

또한 중국인이 어떤 사료를 어느 정도로 어떻게 사용할 수 있는가를 보여준다. 비중국인 특히 서구인의 역사서는 아무래도 중국기독교 기초 사료인 중국어 사료를 사용하는 데 있어서 한계가 있다. 그러나 본서의 경우 중국인 저자라서 기존의 중국기독교 역사서에서 다룬 것 이외의 다양한 중국어 사료를 폭넓게 활용하고 소개한다.

둘째, 본서는 중국기독교 공식기관에 의해서 출간된 책이다. 중국기독교는 20세기 후반 여러 차례 변화를 겪었다. 즉 중국 공산화에 따른 삼자애국교회의 탄생, 중국 문화혁명에 의한 삼자애국교회를 포함한 중국기독교의 박멸, 중국 개혁개방 정책과 더불어 이뤄진 중국기독교의 재기 등이다. 이런 상황 변화는 중국기독교의 존재와 사역에 큰 영향을 미쳤다.

먼저 중국기독교는 사회주의 하의 종교인만큼, 공식기관인 중국기독교양회의 입장이 중요하다. 그러나 그동안 여러 가지 이유로, 중국기독교양회에 대한 이해가 부족하였고, 그 결과 중국기독교 전반에 대한 이해도 부족하였다. 특히 외국 기독교의 삼자애국교회에 대한 입장이 급속한 변화를 겪어 왔다. 간단히 말해, 초창기 삼자애국교회를 백안시하는 경직된 입장에서 최근 삼자애국교회와의 관계를 발전시키는 전향적인 입장으로 전환하는 것이 대세를 이루고 있다.

또한 중국기독교에 대한 이해는 유사한 상황에 처한 북한기독교에 대한 이해에 있어서 간접적인 도움을 줄 수 있다. 한국의 경우, 중국기독교 연구에 제약이 있고, 북한기독교 연구는 더욱 제약이 크다. 그런데 본서는 중국기독교 공식기관인 중국기독교양회가 자신의 입장과 관련 역사를 스스로 상세하게 밝히고 있어서, 중국기독교에 대한 이해에 큰 도움을 준다. 가령 본서는 서구선교나 중국 정부에 대해 보다 객관적인 해석도 보여준다. 본서는 서구선교를 서구 열강과 동일시하지 않으면서, 비록 서구선교가 서구 열강과 부정적인 밀착 관계가 있었지만 긍정적인 면도 있었다고 인정한다. 또한 본서는 문화혁명기에 급격한 좌경화 현상이 발생했을 때, 그런 좌경화 입장과 중국기독교 간에 입장차가 있었음을 밝히면서, 당시 중국기독교 박해에 삼자애국교회까지 포함되었던 사실을 강조한다.

최근 들어 자국인에 의한 자국 기독교 역사서 발간이 강조되는 추세이다. 본서도 넓은 의미에서 이런 흐름의 일환으로 볼 수 있다. 물론 본서의 입장이나 주장에 대해서는 다양한 견해가 있을 수 있다. 그러나 본서가 중국인의 입장, 중국기독교 공식기관의 입장을 다양하게 들려주고 있는 만큼, 먼저 경청해보면서 건설적인 비판도 할 수 있을 것이다.

2023년 1월

〔추천사 3〕

# 『중국기독교사』 추천사

신재식 교수 호남신학대학교, 조직신학

책을 읽는 것은 일종의 여행입니다. 여행은 우리를 다른 장소로 이끌고 다른 자연과 문화와 사람을 만나게 합니다. 책을 통한 여행은 새로운 장소만 아니라 다른 시간까지 만나게 합니다. 익숙한 현실을 떠나 새로운 풍경과 문화와 사람을 대하는 것은 여행이 주는 큰 즐거움입니다. 또 여행의 기쁨 가운데 하나가 현지 음식을 맛보는 것입니다. 그래서 새로운 곳에 가면 현지 맛집을 찾습니다. 맛집 가운데 현지인들이 즐겨 찾는 맛집, 현지인만 아는 맛집을 진짜로 칩니다. 관광객이 주로 찾는 알려진 맛집이 아니라, 현지인들만 드나드는 그런 맛집입니다. 현지인 맛집은 현지 재료를 사용해서 현지인의 입맛에 맞는 음식, 토속음식의 색채가 강한 음식이 있는 그런 곳입니다. 현지인의 입맛에 익숙하지 않은 방문객에게 그 맛이 조금은 낯설 수도 있습니다. 그래서 때로는 호불호가 갈릴 수도 있습니다.

맛집! 그것도 현지인들이 드나드는 맛집! 『중국기독교사』를 다 읽고 나서 처음 떠오른 인상이었습니다. 추천사를 쓰기 위해서 책을 들었는데, 곧바로 서평을 위한 책읽기 자세로 바뀌었습니다. 하나하나 씹으면서 맛을 음미해야 할 책, 천천히 읽어야 할 책이라고 생각했기 때문입니다. 중국기독교사에 대한 책을 조금 읽고, 가끔 중국기독교와 중국교회를 소개하기도 하고, 중국교회와 기독교 관련 기관 등을 이곳저곳 방문하기도 했고, 중국기독교와 관련된 사람들을 얼마간 접했기 때문에, 『중국기독교사』나 이 책이 다룬 주제가 낯설지 않습니다.

이 책을 읽으면서 "현지인 맛집"이 떠올랐던 까닭은 중국기독교의 역사에 접근하고 기술하는 데 뚜렷한 맛이 드러나기 때문입니다. 중국교회사에 대한 책은 여러 가지가 있습니다. 서구 기독교 배경의 외국인이 쓴 중국기독교사도 있고, 한국인이 쓴 중국교회사도 있습니다. 물론 중화권 저자가 쓴 중국기독교사도 있습니다. 중국기독교 역사를 통시적으로 다룬 책들은 역사적 흐름이 비슷하지만, 특정한 관점이 반영되어 있습니다. 저마다 일정한 신학적 경향성을 지니고 있는 것이지요. 이런 점에서 이 책도 예외는 아닙니다. 오히려 보다 분명한 차별성을 지니고 있습니다.

『중국기독교사』는 당나라 시대의 경교부터 오늘날 현대중국교회까지 중국 기독교의 역사를 파노라마처럼 보여줍니다. 이 책을 "현지인 맛집"으로 느끼는 것은, 중국 기독교인들이 자신들의 교회에 대해 자신들의 방식으로 이야기하고 있기 때문입니다. 자신들이 역사 속에서 경험한 기독교와 교회에 대해 자신들의 관점에서 즉 "삼자"적 이해라는 맥락에서 이야기로 풀어내고 있습니다. 그 이야기를 통해서 중국교회 저간의 속사정을 그대로 드러내고 있습니다. 현지인 맛집의 특징은 "애국·애교", "중국적 기독교", "기독교의 중국화"로 압축할 수 있습니다. 현지 음식이나 현지 맛집에 대해 방문객의 선호가 갈리듯이, 이 책을 관통하는 핵심적인 관점과 가치에 대해서도 호불호가 갈리게 될 겁니다. 중국기독교의 현재 모습에 대해서 한국기독교인들은 거의 극단적으로 양극화된 입장을 가지고 있기 때문에 호불호가 더욱 분명할 겁니다.

그런데 혹시 중국기독교에 대해 "이념적"이라거나 "국수적"이라는 선입견이나 호불호가 있다면 잠시 괄호 속에 담아두시는 것이 어떨까요? 일단 현지 음식을 맛보기 위해서 맛집 문을 열고 들어가듯이 『중국기독교사』를 일단 펴서 보시기를 권합니다.

중국기독교의 역사에서 보면 내란과 전쟁, 외세와 제국주의를 빼고 이들의 경험을 제대로 이야기할 수 없습니다. 이 책은 중국교회를 형성하는 과정에서 중국인이 경험한 전쟁과 외세, 이념이 오늘의 중국 기독교의 모습에 얼마나 밀접한 관련을 가지고 있는가를 담담히 보여줍니다. 더불어 기독교의 정체성을 지키기 위해서 중국기독교인이 보였던 나름의 분투의 과정을 보여주고 있습니다. 이 책은 중국에서 기독교가 서양 종교의 면모를 탈피하고 독립 자주적인 삼자의 길을 걷는 과정에서 경험한 실패와 교훈 등을 때로는 담담하게 때로는 격정적으로 이야기합니다.

무엇보다도 제 호기심을 자극한 것은 『중국기독교사』가 중국기독교신학원에서 사용하는 통일 교재라는 것입니다. 중국교회는 이 책을 가지고 중국교회 목회자와 중국교회 지도자가 될 사람에게 가르치고 있습니다. 저는 신학대학에서 학생을 가르쳐와서 교재가 의미하는 것이 무엇인지 잘 알고 있습니다. 이 책은 중국기독교와 교회의 지도자들에게 일종의 소울 푸드 같은 것입니다. 이 책의 관점과 핵심 가치를 이해한다면, 중국기독교와 교회지도자들을 좀 더 넓고 깊이 이해할 수 있을 것입니다. 중국기독교와 중국교회의 현재와 미래를 알고 싶어하는 사람들에게 꼭 필요한 책이라고 생각합니다.

더 나아가 중국화된 기독교를 향한 이러한 경험은 한국 기독교인들이 한국교회의 토착화 문제를 살피는 데 여러 가지 시사점을 얻을 수 있습니다. 중국에 기독교가 전래되면서 발생한 여러 가지 신학 논쟁들 — 신명, 토착화, 교안 — 등은 한국교회가 경험했던 또 지금도 논쟁 중인 문제들과 비교할 수 있게 하면서 또 다른 각도에서 살펴볼 수 있는 계기와 통찰을 주고 있습니다. 중국기독교의 맛을 드러내는 현지 맛집이지만, 동시에 한국기독교의 맛이 무엇인지 알 수 있게 하는 책입니다. 한국교회에 대한 깊은 이해를 위해서도 이 책을 강력히 추천합니다.

2023년 1월

〔추천사 4〕

# '중국'과 '기독교'를 함께 읽으며

서정민 교수 일본 메이지가쿠인대학, 종교사

역사로서의 관점에서 보면, '기독교'가 '실재'實在한 때가 있는가? '팔레스타인의 기독교'에서 시작하여, '헬라 로마의 기독교', '유럽의 기독교', '미국의 기독교' 등 각 지역의 기독교, 그리고 더 넓게는 아시아의 중국, 일본, 한국의 기독교 등등은 '실재'했다고 할 수 있다. 그러나 그 어디에도 성서에서, 또한 신학적 논의에서 추출되는 기독교 그 자체가 역사 안에 그대로 존재한 적은 없다. 그런 의미에서, 각 지역의 기독교를 서술한 역사는 실제로 기독교를 읽고, 알고, 실천하는 최선의 장場이 아닐 수 없다. 특히 문화, 언어, 때로는 종족, 특히 유구한 전통으로 한정되는 일정한 지역의 기독교는 가장 구체적인 신앙과 신학의 범례이며, 규준이며, 바탕이 아닐 수 없다.

이러한 논의는 비단 기독교 이해에만 적용되는 일은 아니다. 그 밖의 모든 종교, 사상, 이데올로기에 함께 상정되는, '실재'에 대한 문제이다. 예를 들어 타 종교의 경우라 할 때, 불교로 보면, 인도에서 기원한 '원시불교'만이 불교 자체일 수는 없다. 크게 '남방불교'와 '북방불교'의 '실재'가 다르며, 각 지역 문화권에 전래, 수용, 전개된 불교의 '실재'하는 모습이 다 다르다. 종교뿐만 아니라, 대표적 이데올로기인 '사회주의'로 예를 들어보자. '마르크스 레닌주의'만으로 사회주의의 실체를 설명할 수 있다고는 아무도 말하지 않을 것이다. '중국의 사회주의,' '북한의 사회주의,' 심지어 '일본의 사회주의'는 다 각각의 전승과 특징을 포함하여 존재한다. 그래서 필자는 종교와 사상의 실체에서 '콘텍스트'의 중요성을 더욱 강조하고, 이런 입장이, 역사적인 태도, 역사 이해의 한 시좌視座라고 생각한다.

그리고 한편으로 '아시아'와 '기독교'의 관계를 생각한다. 보는 관점에 따라 다르지만, 필자는 아직 '아시아'와 '기독교'는 화학적 결합이 완성되었다고 보지 않는다. 즉 '아시아'와 '기독교' 사이에서 스스로 정체성을 변화시켜가면서, 일치된 실체를 창출할 수 없었다는 관점이다. 이는 '유럽의 기독교'가 '헬라 로마와 기독교'를 시작으로 화학적 차원으로까지 변환하였다는 것과 대비되는 것이다. 즉 각각의 정체성을 허물어 가며, 전적으로 새로운 체계를 형성한 것과 비교한 논의이기도 하다. 물론 이렇게 단순 비교하는 데에 따른 위험성도 있다. 그러나 유럽과 아시아의 기독교 사이에는 그 역사적 맥락과 과정이 여전히 명확히 구별되는 부분이 없지 않다. 그래서 '아시아의 기독교'는 아직 두 주체 간의 물리적 관계 형성의 단계에 있다. 예를 들어 이 책의 주제인 '중국'과 '기독교'도 각각의 '아이덴티티'가 와해될 만큼의 상호 결합이 이루어지지 않은 것으로 본다는 의미이다. 물론 '아시아의 기독교'의 역사에서도 화학적 결합의 시도나 노력, 그 과정이 없었던 것은 아니다. 그 방향은 대개 두 가지 차원에서 진행되었다. 첫째는, 사회, 정치, 혹은 가치적 측면에서 각국, 각 지역의 가치 권위와 기독교를 일체화시키고자 하는 목표를 설정한, 이데올로기적 결합 노력이다. 예를 들어 한 시대의 것이지만, 일본의 국학國學에서 비롯하여 근대 정치 이데올로기, 구체적으로 작위作爲된 '천황제 이데올로기'와 기독교를 결합시켜 이른바 '일본적 기독교'를 창출하고자 했던 역사적 과정을 볼 수 있다. 이는 의도된 일치 노력으로 특히 기독교에게는 상당히 파괴적인 상흔이 되고 말았다. 그 밖에도 '중국의 기독교'에서도 일부에서 지나친 '중국화'와 '본색화'本色化라는 극단적 목표 지향의 과정에는, 의도적이라는 유사한 측면이 발견되는 것도 사실이다. 더불어 논의되기는 북한의 '주체적 기독교'도 같은 맥락으로 이해할 수 있다. 둘째는, 아시아에서 자주 논의된, 이른바 '토착화 신학'이라는 신학적 담론이다. 저명한 천재적 신학자들의 조직신학적 논점에서, 불교와 기독교의 결합, 유교와 기독교의 결합, 때로는 무교巫敎와 기독교의 결합을 논의해 왔다. 그 두 주체 간의 유사한 사유나 체계를 연결시켜 설명하는 것이 대부분의 방법론이었다. 이는 몇몇 신학적 카테고리 내에서의 논점으로는 탁월한 일면을 보인다. 그러나 그것이 '아시아'와 '기독교'를 정녕 화학적 결합까지 견인할 수 있다고는 여기지 않는다.

이렇게 써놓고 보면, '아시아'와 '기독교'의 관계 이해에서 상당히 부정적인 부분을 제시한 것으로 볼 수 있다. 그러나 그렇다고 해서, 아시아의 지역 기독교를 깊이 성찰하는 논의를 멈추어야 한다는 입장은 전혀 아니다. 오히려 이와 같은 전개를 염두에 두고 아시아의 기독교에 대한 더욱 깊은 역사적 성찰을 이어 나가야 한다는 생각이다. 이런 의미에서 원편 저자 쉬쇼우홍의 '중국기독교사'는 여러 측면에서 넓고, 깊은 시사점을 주고 있다.

한국에서 중국기독교사의 소개, 서술은 주로 한국기독교사를 이해, 기술하기 위한 전사前史의 차원에서만 다루어진 것이 대부분이다. 그러나 인접 지역의 기독교사의 전체적 이해야말로, 자국 지역의 교회사 이해는 물론, 그 관계사, 교섭사로써 지향되는 총체적 역사 이해의 전제라고 생각한다.

이 책은 앞서 논의한 필자의 '아시아'와 '기독교'의 관계에 대한 이해 설정을 차치하더라도, '중국'과 '기독교'를 각각, 또한 그 관계 속에서, 혹은 그 두 관계에 개입하는 여러 역사적 맥락과 가치들을 함께, 또한 나누어 읽을 수 있는 최고 수준의 교본이라고 생각한다. 부디 넓고, 깊게 관심 있는 모두에게 읽히기를 바라고 권한다.

2022년 12월

〔추천사 5〕

# 『중국기독교사』 추천사

김종구 목사 동북아선교연구센터 소장

이번에 『중국기독교사』中國基督教史를 한국어로 번역 출판한 엄청난 일을 진행하신 귀하 오동일吳東日 교수 외 심향화, 담안유 목사께 큰 격려와 감사의 말씀을 드리고 싶습니다. 『중국기독교사』는 중국 개신교 역사에 있어서 대단히 중요한 기념비적인 저작입니다. 중국 기독교협회와 중국기독교삼자애국운동위원회가 중국 전역에 있는 21개소의 신학교와 성경학교를 위한 통합교재로 기획되었고, 중국기독교삼자애국운동위원회 주석인 쉬샤오홍徐曉鴻 목사께서 친히 편집장으로서 수고하였고 중국 각 신학교의 교회사 교수들 수십 명이 십여 년에 걸친 연구와 저술 끝에 출판된 책입니다.

중국기독교의 연구 인력들이 총출동해서 만들어낸 『중국기독교사』는 몇 가지 점에서 중국기독교회를 위해서 대단히 큰 의미를 갖습니다. 그동안에 출판된 중국기독교의 역사 저술들이 일정한 아쉬움을 갖고 있었습니다. 중국기독교의 역사는 대부분 외국 학자들의 전유물이었고,

중국내에서는 기독교 바깥의 학자들에 의해서 주로 연구되었습니다. 그리고 연구의 주제도 외국 학자들은 선교 역사의 한 부분으로 연구하였고, 중국학자들은 상대적으로 중국 혁명사의 시각에서 연구하는 경향이 짙었습니다. 이러한 연구는 자연스레 서양기독교나 교회가 중국의 상황에 어떻게 심기는가에 초점이 맞추어졌습니다. 철저히 서양기독교의 시각에서, 아니면 중국사회주의혁명사의 시각에서 연구된 것이었습니다. 이후 연구동향의 변화로 '중국기독교' 혹은 '중국교회'에 집중하기 시작했고, 이른바 '토착화'와 '상황화'에 대한 연구가 많이 이루어졌습니다. 최근까지 중국기독교와 중국교회의 역사와 관련하여 수많은 연구 저작들이 나왔지만, 여전히 아쉬웠던 것은 중국기독교인들이 중국기독교회를 중국 사회 상황 속에서 이루기 위해 분투해온 여정을 밝히는 연구가 희소했다는 것입니다. 1940년대에 출판된 왕치심王治心의 『중국기독교사강』中國基督教史綱과, 상해기독교삼자애국운동위원회의 『상해기독교사(1843-1949)』, 그리고 19세기 초엽부터 20세기 50년대까지의 중국기독교인의 발전과정을 서술한 요민권/나위홍姚民權/羅偉虹의 『중국기독교간사』中國基督教簡史 등의 작품이 있어서 그간 관심을 끌어왔습니다. 이런 상황 속에서 중국기독교의 목회자들과 신학교 학자들에 의해서, 중국사회와 역사의 과정 속에서 중국교회와 중국기독교를 이루기 위한 중국기독교인들의 발자취를 십여 년의 긴 호흡 속에서 담아냈다는 것은 실로 대단한 성취라 아니할 수 없습니다.

오늘날의 중국기독교협회와 중국교회를 이루는 과정에서 중국기독교인들의 참여와 헌신, 그리고 신앙적이고 사상적인 고민과 분투는 앞으로 중국기독교의 역사를 연구하는 일에 핵심적인 요소가 될 것입니다. 그런 의미에서 『중국기독교사』의 한국어 번역출판을 기하여 두 가지 저작을 함께 기억하는 것이 필요하겠다 싶어 추천합니다. 하나는 1980년 중국의 개혁개방정책 이래 중국기독교협회와 중국기독교삼자애국운동위원회, 금릉연합신학교와 중국개신교 주도의 사회개발기구인 애덕기금회를 주도하며 중국기독교 전반을 주교로서 신학자로서 사회활동가로서 이끌었던 딩광쉰 주교의 『딩광쉰문집』丁光訓文集, 2001년 한국어 번역출판 입니다. 중국사회주의의 역사적 흐름속에서 중국개신교회를 안착시키고 부흥시키기 위해 다양한 방면으로 고심하고 싸우고 설득하는 지도자의 고뇌와 사상이 고스란히 담겨있습니다.

또 하나의 책인 중국개신교회의 오래된 외국 절친인 필립 위커리 박사 Dr. Philip L. Wickeri 의 *Seeking the Common Ground: Protestant Christianity, the Three Self Movement, and China's United Front*입니다. 이 책은 아직 한국어로는 번역이 되지 않았지만, 중화인민공화국 성립 이래 중국정부의 통일전선운동 속에서 중국개신교인들이 기독교신앙과 사회주의 현실을 어떻게 조화하면서 중국인들에게 다가설 수 있었는가를 아주 치밀하게 종합적으로 연구한 귀중한 저작입니다. 이 책도 번역이 되면 한국의 기독교인들이 중국기독교를 이해하는데 한결 풍성한 도움이 될 것이라 믿습니다.

다시 한번 더 귀 번역팀의 『중국기독교사』의 한국어 출판을 축하하고 감사드리며, 중국기독교와 중국 선교에 관심 갖고 기도하는 이들이 중국기독교를, 중국기독교인들의 영적 분투를 중심으로 다시 이해하게 하도록 획기적으로 돕는 엄청난 공헌을 하게 될 줄로 확신합니다.

2022년 12월

〔추천사 6〕

# 지난 일을 교훈 삼아 전사불망 후사지사

윤신영 목사 동북아역사문화연구원 원장

성 어거스틴은 『고백록』에서 "시간"은 우리의 영혼마음 안에서만 현재로서 존재하는데, 과거의 현재는 기억이며, 현재의 현재는 직관이고, 미래의 현재는 예기라고 말한다. 그리고 우리가 인지하는 시간의 영역크로노스 속으로 개입해오시는 영원으로서의 하나님의 개입카이로스을 설명하였다. 우리는 이것을 하나님의 섭리로 이해하기도 한다. 그러기에 베네데토 크로체는 "모든 역사는 현재의 역사이다"라고도 했다. 다시말해 과거의 역사는 단순한 기록이 아닌 과거, 현재, 미래를 관통하여 들어오시는 하나님의 섭리를 해석하는 것이 역사가의 의무가 아닐까? 우리는 역사 연구를 통하여 과거가 현재에게 던져 주는 여러 질문들과 문제들을 탐구하고, 과거 역사가 어떻게 현재의 역사를 구성하고 있는지 이해하게 된다.

중국 기독교와 중국교회의 역사는 한국의 기독교와 한국교회 역사에 어떤 의미를 가지는가? 그리고 한국교회는 어떤 영향을 받았을까? 왜? 한국 기독교의 역사적 근원을 따라가다 보면 그것이 중국 기독교에 닿아 있기 때문이다. 선교사들이 한반도에 들어오기 훨씬 이전, 한국교회는 중국으로부터 들여온 한문 성경과 한문 서학서 등을 통하여 기독교를 접하였고, 문서 선교를 통한 자생적 기독교인들과 교회가 생겨났다. 그러므로 한국 기독교의 시작과 성장에 중국 기독교의 영향은 매우 큰 자리를 차지한다. 따라서 중국교회 역사를 이해하는 것은 한국 기독교 역사를 더 깊이 이해하고, 배우는 길이다. 그렇지만 국내에 중국 기독교와 중국교회 역사를 제대로 소개하는 자료들이 많지 않고, 단편적인 자료들만 있기에, 이제 번역출판되는 『중국기독교사』는 중국기독교와 한국기독교를 공부하고자 하는 이들에게 소중한 자료가 될 줄로 믿는다. 『중국기독교사』와 『지난 일을 교훈 삼아』 이 두 권의 귀한 중국 기독교 역사서가 중국교회와 한국교회 더 나아가 아시아교회 역사 연구에 좋은 자료로서 많이 읽혀지기를 소망한다. 그리고 본 서의 한국어 번역을 위해 애써주신 의제 오동일 교수와 담안유, 심향화 목사께 감사의 인사를 드리고 싶다.

2005년 1월 난징, 금릉협화신학원 이전 기공식에 공식 초청받은 고 김용복 박사와 동행한 중국 방문에서 중국기독교삼자애국운동의 주역인 고 딩광쉰K. H. Ting 주교를 만나 뵈었다. 중국교회와 삼자애국운동의 관계에 대한 질문을 하자, 딩광쉰 주교는 "중국 기독교를 한 문장의 질문과 답변으로 이해할 수는 없다. 그 답을 찾기 위해 먼저, 우리 서로의 다름을 넘어 친구가 되어야 하고, 우리 서로를 알아가는 과정에서 그 답을 찾아가야 한다."고 말씀하시며 두 권의 책을 소개선물해 주셨다. 친히 수결을 하시며, 열심히 읽고 공부하고 다시 와서 토론해 보자 하셨다. 그 하나가 『전사불망 후사지사』지난 일을 교훈삼아 이고, 두 번째 책이 바로 『중국기독교사』이다.

『전사불망 후사지사』는 『중국기독교사』를 이해하기 위한 중국 근현대사 역사 해설서이다. 이 책 서문에서, "우리는 『제국주의가 기독교를 이용한 중국 침략사』를 써야하지만 동시에 『중국기독교사』도 써야 한다."고 말한 것을 들었다. 내가 느끼기로는 양자의 기본 정신은 동일하지만 관점이 다르다. 후자는 중국기독교를 주체로 하고 보다 전면적인 자료, 더 넓은 시야, 그리고 더 굳건한 논리를 요구하는 일종의 기초 건설과 같다. 아쉬운 것은 당시의 상황으로 인해 그 시대의 사람들은 기회를 갖지 못했다. 2006년, 기독교전국양회는 『기독교 애국주의 교과과정 시험판』을 출판하였고 그 주요한 내용은 중국 기독교 역사 사건들에 대한 회고와 분석이었다.

2010년 이후, 각 신학원의 역사 교수들이 쉼 없는 노력으로 『중국기독교사』 교재를 완성하였다. 비록 신학원에서 시험적으로 사용하는 것이지만 우야우쭝 선생의 숙원을 일차적으로 실현한 것이기에 축하할 만한 일이다."라고 차오성제 회장도 내부의 많은시각과 대응들이 있음을 밝히고 있다.

한국에 소개된 많은 책들이 여러 매개된 자료에 의한 외곡과 해석들이 있다. 이 두 권의 책은 중국교회 공식적인 목소리를 중국인의 시각에서, 민족사적 관점으로 역사를 직시, 서술한 책이다. 『전사불망 후사지사』는 2019년 한들출판사가 한국어로 번역 유동선, 윤신영 공동번역, 출판하였고, 2022년 6월, 첫 약속 후 17년이 지나서 『중국기독교사』를 번역, 출간하게 되었다. 이로써 딩광쉰 주교의 숙제 약속 를 끝마쳤다. 이제야 내 마음의 짐도 내려놓게 되었다. 이제는 하늘나라에서 기쁨의 재회를 하셨을 딩광쉰 주교와 김용복 박사의 영전에 아쉬움과 정성가득한 이 책을 바친다.

2022년 6월 10일

# 서문

차오성제曹圣洁

모든 저서는 단지 자료의 열거로 된 것이 아닌 각자의 주제와 사상이 있다, 특히 역사서와 역사 과목 교재는 더욱 그러하다. 이 책은 "기독교 중국화"를 중심으로 편집하였는데 이는 완전히 정확한 노선이다. 중국 기독교의 역사를 쓸 때는 그 자체의 역사를 그대로 서술하는데 그치면 안 되고 어떤 성질의 종교단체인지 물어봐야 한다. 각각의 역사적 시기에 어떤 사회적 위치를 지녔는지 국가와 인민에게 어떤 작용을 일으켰는지 기독교의 역사는 국가 전체심지어 세계의 큰 역사 속에서 볼 때, 비로소 그가 담고 있는 경험의 실제를 제대로 볼 수 있으며 분산된 현상들 속에 머무르지 않을 수 있다. 중국 기독교의 역사를 쓴다는 것은 단지 과거를 회고하는 것뿐만이 아니다. 지난 일을 교훈 삼아前事不忘, 后事之师 우리는 반드시 역사 속에서 자양분을 찾고 좋은 전통을 계승해야 한다. 그러나 동시에 잘못 갔던 길을 언급하는 것을 두려워하지 않고 역사 속에서 교훈을 얻어야 한다. 그 목적은 단 하나이며 바로 전국 인민이 민족 부흥의 "중국몽"中国梦을 위해서 한마음으로 분투할 때에 현 시대 기독교의 발걸음을 긍정하고 함께 건강하게 발전할 수 있는 미래를 모색하는 것이다.

중국 그리스도인이 "기독교 중국화"의 요구에 따라 스스로 중국 기독교의 역사를 쓰는 데는 그 필요성과 대체 불가능성이 존재한다. 우리가 이 땅에서 자라난 사람들이고 선조들과 우리가 경험했던 모든 것들, 예를 들어 국가와 민족이 괴롭힘을 겪었던 과거, 외국선교회 선교 방침의 결과, 신중국이 창설된 이후 기독교가 삼자애국운동의 인도하에서의 발전, 이 모든 것이 구체적이며 우리 자신의 피와 살처럼 절실하게 느끼고 있다. 사료 수집은 최대한 넓은 범위로 해야 하고 역사를 평가할 때는 객관적이며 공정해야 하지만 이는 우리 자신의 관점과 특성이 없다는 것은 아니다.

본서의 제3장부터 제6장은 근대 중국 기독교의 역사를 다루고 있는데 그 평가는 기독교 내부와 외부에서 모두 논쟁거리가 되었다. 1950년 삼자혁신애국운동이 발기된 당시의 선언 중에 "기독교는 제국주의와 의식적이든 무의식적이든, 유형적이든 무형적이든 관계가 있었다."는 말과 이후의 공소운동控诉运动과 『텐펑』天风에 등재된 사료기본적으로 외국의 저서에서 인용하여 번역한 것은 외국선교회가 선교 이외에도 선교사들을 통해서 중국교회와 단체를 통제하고 서양 우월주의를 전파하여 기독교를 정치적인 전차에 올라타게 하였고 문화충돌에 말려 들어가도록 했던 사실들을 대량으로 밝히고 있다. 해외의 명망 있는 역사 저술, 예를 들어 예일대학교 케네스 스콧 라투렛赖德烈, Kenneth Scott Latourette 교수가 쓴 『중국기독교선교역사』*A History of Christian Missions in China*는 이에 대해서 아무런 언급도 하지 않았다. 개혁개방 이후 사람들의 사상이 매우 활발해졌고 역사학 측면에서 어떤 사람은 한쪽으로만 치우쳐 외국선교사들이 행한 선한 일만을 선전하고 심지어 외국 선교회가 행했던 모든 일을 "중서문화교류"로 보며 다른 연관성이 없다고 보기도 한다. 이는 중국 기독교가 "서양종교"의 면모를 탈바꿈하고 독립 자주적인 삼자의 길을 걷는데 적지 않은 도전이 된다.

2000년도의 삼자운동 50주년 총결산에서 우리는 지난 세기 50년대의 모든 선교사를 "제국주의분자"로 말하는 것은 잘못되었다는 것을 명확히 했다. 외국 선교사들 각 개인으로 볼 때 중국과 중국 인민에 대한 자세가 달랐고 어떤 사람은 희생정신을 품고 중국 인민에게 유익을 주는 일들을 수없이 했기에 이를 우리가 잊지 말아야 하는 것은 확실하다. 그렇다고 해서 기독교가 불평등조약의 비호를 받아 중국에 들어온 것과 외국 세력의 통제하에 여러 번 인민과 대립각을 세웠다는 역사적 사실을 부인할 수 없다. 중국 그리스도인으로서 우리는 기독교의 전래를 받아들이고 선진 과학기술과 문화를 소개받아 인민의 지식을 계몽한 것 등 사회적으로 공헌을 하였다는 사실을 쉽게 받아들인다. 그러나 기독교가 "서양종교" 시기에 남겨준 상처와 선교를 통해 우리나라 교회 건설에 끼친 오래된 영향력에 대해서 언급하지 않을 수도 없다. 역사를 다룬다는 것은 옛일을 따지는 것이 아니다. 그러나 역사적 사실은 바꿀 수 없고 오랜 시간 영향력을 끼치기에 전면적이고 정확하게 파악하고 분석하지 않는다면 우리는 옛것을 답습하고 맹목적이며 우쭐거리며 "독립자주"적으로 중국교회를 세워야 할 필요성을 경시하고 "기독교 중국화"의 근본적인 임무를 이해하지 못할 수 있으며 서방 정치세력이 중국 기독교를 이용하여 우리나라를 위해危害하는 행위에 대해서 경각심을 상실할 수 있다.

필자는 신학원의 역사 교수들에게 아래와 같이 세 가지 기대를 하고 있다:

첫째, 정확한 역사관을 수립하고 본 교재를 잘 사용하여 학생들이 중국 기독교의 역사를 이해할 뿐만 아니라 각 역사 사건이 일어난 전반적인 환경을 볼 수 있도록 하여 그 심층의 원인과 기독교가 당시에 품었던 태도와 그로 인하여 생겨난 결과를 알 수 있도록 하며 발전시켜야 할 전통과 취해야 할 교훈을 명확히 알게 하는 것이다.

둘째, 사료를 더욱 발굴하여 복잡한 역사 현상 속에 들어가 심도 있는 연구를 하여 무엇이 주도적 작용을 한 요소인지 탐구하고 기독교와 중국의 흥망성쇠의 상호작용을 밝히 알고 기독교의 근본 신앙을 위배하지 않은 전제하에 유익을 취하고 해를 피하여 기독교가 중국화의 길을 걷도록 하는 것이다.

셋째, 중국 기독교사의 전문가가 되어 중국 기독교의 입장과 관점으로 해외 역사학계에 우리의 연구 성과를 제공하되 확고한 자료와 치우치지 않는 바른 관점을 갖고 동료들과 높은 수준의 교류를 가지며 함께 토론하고 연구하여 발전을 이루도록 하는 것이다.

나는 이 책을 시점으로 여러분의 노력을 통해 중국 기독교 역사의 연구와 저술이 더욱 찬란한 성취를 이룰 것을 믿는다.

# 역사를 거울로 삼아 중국화의 시각에서 본 중국 기독교 역사

쉬쇼우홍

중국 기독교신학원의 통일교재『중국기독교사』의 출판은 매우 의미가 있는 일이다. 왜냐하면 다른 교재들과 달리 서술, 평가와 사관史觀을 다루고 있으며 신중국이 수립된 이후 기독교전국양회兩會가 편저한 첫 교재이기 때문이다.

이런 류의 교재는 보편성과 역사성을 함께 고려해야 한다. 즉, 근거가 있어야 하고 말이 이치에 맞아야 한다. 또한, 설교로 가득해서도 안되고 가독성과 통속성은 필수적이다. 역사학의 시각에 서 있어야 하며 교회적 특징을 구비해야 한다. 간단히 말해서, 이 교재는 처음부터 끝까지 "중국"과 "기독교"를 둘러싸고 있다. 이 교재의 이름을『중국교회사』라고 하지 않고『중국기독교사』로 하였다. 이는 "중국교회"란 개념에서 볼 때 신중국이 수립되고 삼자애국운동이 일어나면서 진정한 주권의식이 있는 "중국교회"가 생겼으니 중국교회의 삼자애국운동사와 중첩이 될 수밖에 없다. 많은 사람들은 주권이 없는 기독교를 "중국에 있는 기독교"인 것으로 인식하였고 "중국교회"를 실현하는 것은 제국주의와의 관계를 단절시키고 삼자애국운동으로 얻어진 신생적 중국기독교로 인식하기에 "중국기독교"의 개념으로 표현하는 것이 앞서 언급한 이념을 더욱 잘 표현할 수 있는 방법일 것이다. 『중국기독교사』는 "중국에 있는 기독교"와 "중국기독교" 두 방면의 내용을 다루고 있고 이를 연속되어 발전하는 한 몸으로 만들었다. 이 교재를 읽으면서 놓치지 말아야하는 주된 맥락은 "기독교의 중국화"이다. 그 가운데는 실패도 있고 경험도 있고 교훈도 있다.

『중국기독교사』는 총 9장으로 구성되어 있고 첫 장은 "당원시기의 기독교"이다. 그 중 두 절은 당나라 경교와 쇠망에 대해서 다루는데, 이는 우리로 하여금 경교가 "이사"夷寺, "외도"外道로서 주류 문화에 편입되지 못한 것이 실패한 근본 원인임을 알 수 있게 해 준다.

당나라가 왕성했을 시기에는 "구중으로 된 궁궐 대문이 열리고, 만국의 벼슬들이 황제께 절을 올렸다."*九天阊阖开宫殿, 万国衣冠拜冕旒* 당나라의 황제는 각 국으로부터 "천가한"天可汗으로 불렸고 중앙아시아는 중국인을 "당가자"唐家子로 불렀다.[1] 천하 각국 각 민족의 사람들은 앞다퉈 당나라 문화를 배우고자 하였고 많은 호인胡人들이 "양경"两京에 장기거주하였고[2] 당나라의 관원이 된 사람들도 있다. 포용과 관용이라는 국가 정책은 자신감이 가득한 당나라 중앙정부로 하여금 중국에 온 모든 "질자"质子, 볼모, 상인과 사절단을 선대하게 하였다. 경교로 불리는 그리스도교는 정관 9년635년에 중국에 도달하였고 선교사들은 놀라운 눈빛으로 당시 세계에서

1 向达, 『唐代长安与西域文明』, 石家庄: 河北教育出版社, 2007年, 第5页.

2 양경(两京)은 장안(长安)과 낙양(洛阳)을 말한다.

가장 부요한 나라를 보았다. 높은 격식의 접대는 선교사들로 하여금 어찌 할 바를 모르게 하였고 선교를 허락하는 조서는 그들을 고무시켰다.

현존하는 문헌으로 볼 때, 경교의 초기 발전은 괜찮게 보였다. 정관 12년638년의 조서는 경교도들이 장안 등지에서 사원예배당을 세우고 전수선교하는 권리를 갖게 하였으며 심지어 장안 부근의 경교 사원의 건축을 감독한 사람은 위지공尉迟恭, 585-658과 같은 개국 명장이었다. 당 고종재위시기 649-683 시기에는 한 때 "가르침이 열 개의 도道에 퍼졌고, 국가는 부유하며 백성은 평안해졌고 교당이 각 성읍마다 가득하여 집집마다 큰 복이 번성하였다"는 『경교비』의 묘사가 어쩌면 과장되었을 수도 있다. 당나라 초기에 전국을 열 개의 도로 나누었는데 이는 전국 각지를 뜻하는 것이다. 수백 개의 도시에 경교 사원이 세워졌다는 기록은 신빙성이 떨어져 보이는데, 그 이유는 검소함을 숭상한 당나라 초기에 이렇게 큰 공사 진행은 그리 가능성이 없어 보이기 때문이다.

당나라의 통치자는 외래종교에 대해 관용정책을 펼쳤다. 당시 당나라 문화는 세계에서 가장 선진적인 문화였고 막 개국한 상태였다. 장안은 세계에서 제일 큰 도시로 인구가 100만이 넘었고 면적은 로마 도성의 3배였다. 백성들은 평안히 거주하였고 생활은 부유하였으니, 이러한 당나라인들의 삶은 선교사들로 하여금 먼저 중국 문화에 적응하고 편입하도록 하였을 것이다. 솔직히 말하면, 이는 쉽지 않은 일이었다. 우선, 경전 번역에 대해서 말하자면, 돈황의 경교 문헌은 우리로 하여금 경교의 경전 번역 사업이 어떠했는지 알게한다. 경교 경전은 불교, 도교, 유교의 어휘를 사용하였음에도 부족함을 느껴 음역을 하는 경우가 있었는데 예수耶稣를 이서移鼠라는 황당한 한자 조합으로 번역하기도 하였다.[3] 주유지朱维之, 1905-1999 선생이 말한 것과 같이 "예수라는 이 명사는 기독교에서는 생명을 기탁하는 명사이기에 이에 합당한 한자를 사용하는 것이 마땅하다. 그러나 중국에서 1,300년 동안 보기 좋은 글자가 사용된 적이 없고 '예수'라는 두 글자로 불경스러운데 가장 불경스러운 것은 『서청』序听에서의 '이서'移鼠일 것이다." 사실 이와 비슷한 예는 많다. 예를 들어, 예수의 어머니인 마리아马利亚를 '말염'末艳으로, 메시야弥赛亚를 '미시가'迷尸诃로 번역한 것이 그러하다. 중국의 어휘를 사용하되 핵심 의도를 알지 못하는 경우가 있는데, 예를 들어 '상제'를 '천존'天尊으로 번역한 것이 그러하다. 이는 도교의 영향을 받은 것으로 보인다. 경교의 초기 문헌은 번역자가 중국 문화에 대해서 잘 알지 못하였다는 것을 보여준다.

경교 인사 중에서 한어문 문화 수준이 가장 높은 것은 『경교비』의 저자인 경정景淨일 것이다. 『경교비』는 당나라 사람이 첨삭하였는지도 모르지만 비문의 한어 기초는 상당히 두터운 편이다. 돈황 경교 문헌인 『존경』尊经은 "대진의 본교 경전은 모두 530부가 있다"大秦本教经, 都五百卅部는 것으로 보아 경전 번역에 많은 성과가 있었음을 알 수 있다. 경정 자신이 번역한 것만 35부가 된다. 비록 이렇다 할지라도, 경정이 초기에 번역한 수준은 풍자의 대상이었다. 『정원신정석교목록』贞元新定释教目录 중 『반야삼장속번역경기』般若三藏续翻译经纪의 기록에 따르면 아마도 경정은 불교 승려와 함께 불경을 번역하는 것을 통해 번역 연습을 하고자 하였던 것 같은데 노력에 따른 결과가 좋지 않아서 혹평을 받은 것으로 보인다.

경전 번역이 노력을 통해 개선이 될 수 있는 것이라면 선교의 효과는 더욱 중요한 일이다. 당나라는 유가사상으로 나라를 통치하였고 과거제도는 위진魏晋 시기의 사족문벌士族门阀 제도를 타파함과 동시에 수신제

3 翁绍军校勘、注释, 『汉语景教文典诠释』, 北京: 生活, 读书, 新知三联书店, 1996年, 第103页.

가치국평천하의 문인의 포부를 펼 수 있도록 하였다. 정통을 선양할 필요성을 느낀 당나라 황실은 노자의 후예를 자처하였고 이로 인해 도교가 한때 큰 발전을 이룰 수 있었다. 불교는 당나라 때 기본적으로 중국화를 완성하였다. 비록 가끔 유불儒佛, 도불道佛의 논쟁이 있었으나, 유교가 윤리를 중시하고 사변을 가볍게 여기는 폐단을 보완하였기에 중국의 주류 문화의 한 부분을 차지하게 되었다.

경교의 선교는 사실상 매우 어려웠다. 문화적으로 지닌 선천적인 부족함은 선교를 더욱 어렵게 했다. 사에키 요시로佐伯好郎에 따르면 "경교는 필경 외국인의 종교일 뿐이었다."[4] 서원여舒元輿, 791-835는 『악주영흥현중암사비명』鄂州永兴县重岩寺碑铭에서 한편으로 불교의 보급을 선양하며, 한편으로는 경교를 포함한 "이사"夷寺의 세력이 약하다는 것을 기록했다. "고로 십족의 촌이나, 백가의 마을이면 필시 부도浮屠: 승려의 사리나 유골을 안치한 묘탑가 분대粉黛로 자리 잡고 있다. 조정은 머지않은 예전부터 더욱 그러했고, 또한 많은 이족 지역에서 온 것들을 받아들였는데 마니摩尼, 대진大秦, 현신祆神이 그러한데 천하의 세 이족의 사원을 합하여도 우리 석씨释氏, 역자주: 불교의 작은 성읍의 수 밖에 되지 않는다."[5]

안사의 난安史之乱 이후 민족적인 모순이 상승하였다. 안록산安禄山, 703-757, 사사명史思明, 703-761은 소그디아나栗特사람이었고 소그디아나 사람들은 현신교와 경교를 믿으니 당 무종이 불교를 멸한 이후 경교도 이와 얽혀서 책임을 지게 되었고 세력을 다시 회복할 수 없었다.

혹자는 경교 선교사도 부단히 중국화의 노력을 했다고 주장한다.

4 佐伯好郎, 『中国に於ける景教衰亡の历史』, 京都: 京都同志社东方文化讲座委员会刊行, 1955年, 第54-55页.

5 舒元輿, 『鄂州永兴县重岩寺碑铭』, 见 『唐文粹』(第二册), 卷六十五, 杭州: 浙江人民出版社, 1986年.

대만의 학자 정학가郑学稼, 1906-1987에 의하면, "경교는 알로펜 대표단이 장안에 들어왔을 때부터 중국화를 시작했다. 당시에 힘 있는 종교는 불교와 도교였기에 경교도의 예수는 노자와 이미 중국화가 된 석가모니의 얼굴로 변장하였고 동시에 유학 사상을 흡수했다. 이런 변장만이 중국에서 생존할 수 있게 하였다. 말할 것도 없이 중화민족은 어떤 종교도 함께 공존할 수 있도록 하는 관대성이 있기에 이 또한 경교가 존재할 수 있었던 조건 중 하나였다. 이는 마치, 중국의 경교는 개조를 마친 후 중국 문화를 구성하는 한 부분이 되었다는 것과 마찬가지다."[6] 이런 관점은 일리가 있으나 과장되어서는 안 된다. 경교가 중원의 한汉 문화를 대표로 한 주류 문화에 유입된 적이 없음을 보아야 하며 심지어 경교는 주로 호인胡人들 사이에서 전파가 되기도 하였고 신자는 주로 시리아, 바사, 소그디아나, 회홀 사람들이었고 회홀 사람은 실제적으로 외올아畏兀儿, 오늘날의 위구르와 이후의 몽골 사람들을 포함하였다는 것을 알아야 한다. 현존하는 경교 문헌의 내용 중 유교 경전을 인용한 것은 불교나 도교 경전을 인용한 것보다 많이 적은데 당나라의 과거 제도는 유교 경전으로 주도가 되었다. 놀라운 것은, 오늘날까지 발견된 당나라 경교 신자의 묘비명을 보면 한인汉人인 경우가 하나도 없다. 그러므로, 경교 선교사들이 중국화의 노력을 하지 않은 것도 아니고 실제로 적지 않은 노력을 하였으나 중화 문명의 주류 문화에 유입되지 못하였는데, 이는 경교가 실패한 근본 원인이다.

이어서 원나라의 야리가온에 대해 소개하겠다. 원나라의 야리가온은 경교와 천주교를 포함한다. 몽골인이 중원에서의 통치가 짧았기에 야리가온은 의지할 대상을 잘못 선택하여 다시금 주류 문화에서 멀어졌다.

6 郑学稼, 『中国化的大秦景教』, 见, 『中华文化复兴月刊』, 第5卷, 第10期, 1972年.

13세기, 몽골인이 궐기하여 칭기즈 칸1162-1227과 그 후예의 확장으로 금나라의 부락에서 점차 강대한 제국으로 발전하였다. 사나운 몽골의 철기铁骑는 1227년에 서하西夏를 멸망시켰고, 1234년에는 금나라를, 1279년에는 송나라를 멸망시켰다. 지원至元 8년1271년 칭기즈 칸의 손자 쿠빌라이1215-1294는 국호를 원으로 정하고 수도를 카라코룸和林, 오늘날 몽골의 울란바토르 부근에서 칸발리크汗八里, 오늘날의 북경로 옮기고, 대도大都라고 개명하였다. 몽골인들이 세운 거대한 제국은 원래의 국경을 파괴하였고 "천리 길을 집 안으로 생각하고, 만리 길을 옆집 드나드는 것처럼"适千里者, 如在户庭, 之万里者, 如出邻家 여겼다.[7]

원나라 몽골인의 통치는 철기铁骑를 통해 천하를 평정한 것인데 몽골인은 샤머니즘을 신봉하고 장생천长生天을 믿었다. 민족정책으로는 종족을 나눠 몽골인, 색목인色目人, 한인汉人, 남인南人, 남만 南蛮으로 계급을 나눴다. 원나라의 야리가온은 일반적으로 초원 각부의 경교도와 몬테코르비노John of Montecorvino, 1247-1328 등 선교사를 통해 중국에 전래된 천주교였다. "야리가온"也里可温의 뜻은 "복음을 믿는 사람" 또는 "복 있는 사람"을 뜻하고, 단어의 기원은 많은 추측이 있으나 간단히 종교의 이름으로만 보면 될 것이다. 원나라의 문헌인 『지순진강지』至顺镇江志에도 "야리가온, 종교의 이름이다"로 기록되어 있다.[8] 몽골 각부가 통일되기 전에 중원에서 세력을 잃은 경교는 주변 초원의 각 부족에서 널리 퍼졌는데 이는 경교가 초원의 각 부족에 비해 문명 수준이 높을 뿐만이 아니라 선교 전략에서도 부족의 수령을 의지하고 따른 결과이기도 하다. 그리하여 짧은 시간에 케

7 王礼, 『麟原文集』(前集), 卷六之, "义家记," 文渊阁, 『四库全书』, 影印本, 台湾商务印书馆.
8 俞希鲁, 『至顺镇江志』, 卷九之, "大兴国寺记," 南京: 江苏古籍出版社, 1999年, 第365页.

레이트, 옹구트, 나이만, 메르키트 부족에서 경교를 믿는 사람들이 많이 생겨났다.[9]

몽골인은 로마 교황청과도 왕래가 있었다. 이는 로마 교황청이 십자군 전쟁에서 동방제국의 지지를 얻기 위함이었고 몽골인도 서방의 각 나라의 상황을 알아 서방을 향한 대규모 진격을 위해 준비하고자 했기 때문이다. 몽골 대군이 유럽에 도달했던 1245년, 교황 인노첸시오 4세Innocent IV, 1243-1254 재위는 카르피니Giovanni da Piano di Carpino, 1182-1152를 사신으로 임명하여 몽골로 파견했다. 루브룩Guillaume de Rubruquis과 같은 선교사들도 중국으로 보냈는데 중국 선교의 국면을 연 사람은 몬테코르비노였다. 이후 중국과 서방의 왕래가 점차 많아졌고, 상업 목적으로 온 마르코 폴로Marco Polo, 1254-1324는 저명한 여행기를 저술하여 유럽에서 명성을 누렸다. 같은 시간대에 경교 수사인 바르 사우마는 유럽으로 가서 동서방의 우호적인 왕래를 증진시켰다. 몬테코르비노 등 사람들의 노력으로 칸발리크에서 천주泉州 등 지역까지 천주교 성당이 세워지기도 했다. 1307년, 로마 교황청은 몬테코르비노를 칸발리크의 대주교로 임명하였고, 몬테코르비노는 거란중국 북부과 만자蛮子, 중국 남부의 각 주교구를 관할하고 사안이 매우 크지 않는 이상 교황에게 보고를 할 필요도 없었다.[10] 그의 노력으로 천주교는 어느 정도 발전을 이루었고, 특히 고당왕高唐王 쿠리기스를 천주교로 개종시켜서 몽골 귀족 상층부에 영향을 끼쳤다.

경교와 천주교는 상층부를 향한 전도의 노선을 채택하였고 신앙의 주체는 주로 몽골인과 색목인이었다. 경교나 천주교나 한족 신자들은 많

9 宝贵贞､宋长宏,『蒙古民族基督宗教史』, 北京: 宗教文化出版社, 2008年, 第18页.
10 方豪,『中国天主教史人物传』(上), 北京: 中华书局, 1988年, 第28页.

지 않았고 한족의 관점에서 이들은 모두 외래인이었다. 칭기즈 칸의 야삭札撒, 법률에 따르면 당시의 야리가온은 세금, 노역, 병역에서 특권을 누릴 수 있었고[11] 원나라는 야리가온을 관리하는 기구인 숭복사崇福司를 설립하기도 했다. 원나라에는 각종 종교가 공존하였고 때로 종교의 갈등이 생기기도 하였다. 『지순진강지』에서는 야리가온과 불교의 충돌을 기록하고 있고,[12] 『원전장』元典章에서는 도교와의 충돌[13] 그리고 이슬람교와의 충돌도 기록하고 있다. 몽골 통치자는 이 점을 인식하였고 "석가와 도가 두 도는 서로 방해하지 않고 오로지 독단적으로 행할 뿐이며 다른 문호를 막으니 통론通论이 아니요 선생께서 말씀하신 도문道门이 가장 높고, 수재秀才는 사람들의 말로 유문儒门이 제일이며, 타르사迭屑, Tarsa 인들은 '미실가'弥失诃, 역자주: 메시야를 신봉하며 승천할 수 있다고 말하고, '답실만'达失蛮: 이란계 이슬람교도은 하늘로 소리를 내어 선물을 감사하니, 근본을 세세히 생각하면 불교와 같이 되기 어려울 따름이다." 这释道两路各不相妨. 只欲专擅自家遏他门户. 非通论也. 今先生言道门最高. 秀才人言儒门第一. 迭屑人奉弥失. 诃言得生天. 达失蛮叫空谢天赐与. 细思根本皆难与佛齐.[14] 그 뿐만이 아니라, 경교도와 천주교도는 물과 불의 관계와도 같았다. 이는 몬테코르비노가 로마교황청에 보낸 편지에서도 집중적으로 반영되어 있다.[15] 이런 마찰은 결국 민족 간의 마찰을 가져왔고 야리가온은 원나라의 빠른 쇠퇴와 함께 중국 내지에서 사라졌다.

야리가온을 보면, 경교나 천주교나 주로 소수민족 가운데서 발전했다는 것이 아쉬운 일이 아닐 수 없다. 이 부분의 역사를 연구하는 학자

11 参志费尼, 『世界征服者』, 波依勒英译, 何高济汉译, 北京: 商务印书馆, 2004, 第657页.
12 俞希鲁, 『至顺镇江志』, 第385-386页.
13 "礼部·释道"之"也里可温," 条, 『元典章』, 卷三十三, 北京: 中国书店, 1990年, 影印, 第491页.
14 『大元至元辨伪录』, 辑录于, 『宋碛砂藏经』, 第五百八十五册, 上海: 宋版影印会影印, 1935年.
15 约翰, 蒙高维诺, 『蒙高维诺1305年致罗马教廷书』, 引自张星烺, 『中西交通史资料汇编』(第一册), 北京: 中华书局, 2003年, 第320-321页.

들은 “당시 중국의 교우들 중 많은 부분은 몽골인과 아랍 사람들이었다.”[16]고 말하며 “귀의한 사람들은 적지 않으나, 대부분 한족이 아니요, 특히 아랍인과 몽골인이 많은 부분을 차지했다.”[17] 야리가온은 문화적으로 대상을 잘못 찾았고, 중국화의 발걸음에 변이가 생겨 실패할 수 밖에 없었던 것이라고 말할 수 있다.

제2장은 주로 명청시기의 천주교에 대해서 다루고 있다.

명청시기 천주교는 다시 한번 비교적 좋은 발전을 이루었다. 그러나 중국 문화를 존중하는 “마테오 리치의 원칙”은 교황청이 신적 권위를 내세움으로 인해 파괴되었다. 명말 청초에 선교사가 다시 중국에 왔고 알레산드로 발리냐노范礼安, Allsandro Valingano, 1539-1606, 미켈레 루지에리罗明坚, Michele Ruggieri, 1543-1607, 마테오 리치利玛窦, Matteo Ricci, 1552-1610를 대표로 한 예수회 선교사들은 학문이 높은 사람들일 뿐만이 아니라 동시에 중국의 전통문화를 존중하였고 사대부들과 심지어 황제의 호감을 얻었다. 이 기간에, 선교사들은 부단히 중국의 주류 문화에 적응하는 법을 탐색하였다. 물론, 이 모든 것의 목적은 더욱 선교를 잘하기 위해서였다. 그 시기의 선교사들이 중국 문화에 대해 겸손한 태도를 지닌 것은 역사적인 큰 환경과 연결되어 있다. 르네상스와 신항로의 개척, 인문주의의 사조, 특히 종교개혁 등 유럽의 문화가 점차 상승하는 추세를 갖게 되었는데 이때의 중국 봉건 문화는 비록 점차 쇠락해갔으나 아직 서산에 해가 넘어갈 지경은 아니었기 때문이다. 물리적인 거리로 인해 서로를 바라볼 때 보다 조심스럽

16 裴化行, 『天主教十六世纪在华传教志』, 萧浑华译, 北京: 商务印书馆, 1936年, 第31-32页.
17 德礼贤, 『中国天主教传教史』, 北京: 商务印书馆, 1933年, 第41页.

게 대하도록 했다.

명나라 중엽 이후, 왜구를 방어하기 위해 정부는 해금海禁 정책을 시행했고 이로 인해 처음 중국에 오고자 했었던 프란치스코 하비에르St. Francis Xavier, 1506-1552는 어쩔 수 없이 1552년 광동의 상천도에서 고독하게 선종했다.[18] 명나라 정덕正德 년 간에 포르투갈 사람들은 뇌물을 주는 방법으로 명나라 지방 관원이 마카오가 외국인을 위한 거류지인 것을 승인토록 하였다.[19] 이는 많은 선교사들이 머무를 수 있는 대본영大本營이 되었다. 초기의 선교사들은 극동 지역의 그리스도교가 포르투갈화 되기를 바랐는데 머지않아 그것은 불가능하다는 사실을 보게 되었다. 발리냐노의 영향 아래 선교사들은 선교 전략을 조정하였는데 그 중심은 중국 신자들을 향한 포르투갈화를 멈추고, 중국 신자들이 자문화화 풍습을 보유하도록 한 것이다. 아울러, 그는 선교사들에게 중국어와 중국 문화를 배울 것을 격려했다.[20]

명나라 때는 불교가 홍성했다. 처음 중국에 온 선교사들은 불교 용어를 차용하여 교회의 경전을 번역하고자 하였다. 더욱이 당시 예수회 선교사들이 승려의 정치적 사회적 지위가 서양의 성직자와 같을 것이라고 판단하여 중국 관원들이 성직자들을 승려와 도사와 같이 분류한 것을 받아들여 삭발을 하고 승복을 입기도 하였다. 루지에리가 마테오 리치를 데리고 조경肇庆에 도착했을 때는 서방에서 온 중洋和尚으로 오해받기도 하였고, 조경의 지부 왕반王泮이 성당을 위해 특별히 "선화사"仙花寺와 "서래정토"西來淨土와 같은 현판을 선물하기도 하였으며 루지에리 또한 "천축국

18 王治心, 『中国基督教史纲』, 香港: 基督教文艺出版社, 1993年, 第4版, 第64-65页.
19 胡绳, 『从鸦片战争到五四运动』(上册), 北京: 人民出版社, 1981年, 第15-16页.
20 邓恩, 『从利玛窦到汤若望一晚明耶稣会传教士』, 余三乐、石蓉译, 上海: 上海古籍出版社, 2003年, 第6页.

승”天竺国僧이라 자칭하기도 했다.[21]

후에, 마테오 리치가 소주韶州에서 선교할 때, 구여기瞿汝夔, 1549-1612의 건의를 받아들여 선비의 옷을 입기 시작하였는데 이는 명나라 시기 선비의 지위가 불교 승려보다 많이 높았기 때문이고 소위 “모든 일은 하품下品이요, 오직 독서만 고상하다”万般皆下品 唯有读书高는 분위기였기에 마테오 리치는 선비의 옷을 입고 “태서유사”泰西儒士로서 새로운 면모로 사대부들 가운데 나타났고 이 전략은 신기하게도 좋은 효과를 가져왔으며 이후에 중국에 온 선교사들의 모범이 되었다. 마테오 리치는 한문으로 많은 글을 썼는데 특히 그의 대표작인 『천주실의』天主实义는 매우 큰 영향을 끼쳤다. 그는 사서오경에 익숙하였고 인용한 어구들은 매우 놀라웠으며 과학적 지식을 차용한 것도 마테오 리치 선교의 특색이었다. 그는 서광계1562-1633의 도움으로 유클리드Εὐκλείδης, 1527-1602의 『기하원본』几何原本을 번역하였고 천상의天象仪, 자명종, 프리즘 등을 갖고 명나라 황제를 알현하였고 곤여만국전도坤舆万国全图를 제작하였으며 창조적으로 중국을 지도의 가장자리에 위치시켜 중앙 제국의 마음에 영합하고자 행한 조치는 지금까지도 중국이 사용하는 세계 지도의 모판이 되었다. 마테오 리치의 도덕과 학문은 사람들의 높임과 존경을 받았고 그를 반대하는 사람들도 마찬가지였으며 심지어 그를 성인圣人이라고 부르는 사람도 있었다.[22] 영향력 있는 사대부였던 리즈李贽, 1527-1602, 조학전曹学佺, 1574-1647, 구여기瞿汝夔, 1549-1612, 탕현조汤显祖, 1550-1616, 이지조李之藻, 1565-1630 등도 다 그와 교류가 있었고 이지조는 마테오 리치에게서 세례를 받았으며 가장 영향력이 크

21 张西平, 『中国与欧洲早期宗教和哲学交流史』, 北京: 东方出版社, 2001年, 第242-246页.
22 方豪, 『中国天主教史人物传』(上), 第74页.

고 신자가 된 사람은 명나라 말엽의 과학자 서광계徐光启였다. 1601년부터 마테오 리치는 황제의 윤허를 받아 북경에서 그의 마지막 10년을 보냈는데 이 기간 그는 서광계와 교류하며 많은 도움을 받았고 서광계는 그를 칭찬하기를 "사방의 인사들 중 이利 선생만한 사람이 없다. 학식이 넓고 성품이 단아한 사람들 중에 그와 만나고 싶어하지 않는 사람이 없었다. 그의 서언과 담론을 조금만 읽어도 마음이 기쁘고 뜻이 가득 차며 알지 못했던 것을 얻게 되었다."[23] 마테오 리치가 선종한 후, 황제는 특별히 땅 한 곳을 내려 그를 매장하도록 했다. 마테오 리치의 방법은 전통적인 유가 학설을 부정하지 않아서 많은 중국 지식인 신도의 눈에 그의 학설은 "합유"合儒, "보유"补儒 할 수 있는 것으로 보였다. 물론, 선교사들의 최종 목적은 "이유"易儒, 유교를 대체함였다.

마테오 리치 이후의 선교사들은 예수회에서 이미 정한 선교 전략을 따르지 않았다. 명나라가 망하고 청나라가 세워지는 시기에 로마 교황청은 입장이 왔다 갔다 하였고 결국엔 예수회에 대한 비판을 받아들이기에 이르렀다.

청나라 초기의 통치자들은 선교사들에 대해서 기본적으로 우호적이었다. 아담 샬汤若望, Johann Adam Schall von Bell, 1592-1666과 페르비스트南怀仁, Ferdinand Verbiest, 1623-1688의 노력으로 일부 선교사들은 심지어 조정에 중용되었다. 강희황제재위 기간 1661-1722는 바로 선교사들을 중용한 한 사람이었다. 그는 심지어 시를 써서 그리스도를 노래했다. "십자가에서 사명을 완수하여 피는 시내처럼 흘렀고 천 척의 은혜의 흐름이 서쪽에서부터 흐르네. 그 몸이 하룻밤 사이 네 번 관아에 섰고 제자는 닭이 두 번 우는 동안

23 徐光启, 『徐光启集』(上), "跋二十五言," 北京: 中华书局, 2014年, 第87页.

세 번 등을 돌렸네. 오천 채찍으로 살갗이 찢어지고 육척의 높이에서 두 도적과 함께 매달리셨네. 팔방의 끝이 다 참통하고 아홉 품계의 관원을 놀라게 하였고 일곱 말씀을 마치시니 수만의 영혼이 울음을 터트렸네." 功救十架血成溪, 百丈恩流分自西, 身列四衙半夜路, 徒方三背兩番鷄. 五千鞭挞寸肤烈, 六尺悬垂二盗齐, 惨恸八垓惊九品, 七言一毕万灵啼[24] 이런 찬송시까지 쓴 청나라의 황제가 어찌하여 금교를 명령했을까?

1628년, 니콜로 롱고바르도龙华民, Nicolò Longobardo S.J., 1559-1654 등 11명의 선교사들이 참여한 쟈딩회의嘉定会议에서 "천주"라는 신명 번역에 대한 논의가 있었는데,[25] 이는 중국의 의례논쟁의 서막을 알렸다. 이후 조상제사, 공자 제사에 대한 논의도 들어왔고 마테오 리치의 적용주의 선교전략을 반대하는 사람들은 중국에서 의례에 대한 타협은 천주교 신앙의 완전성을 희생시켰다는 비평을 하였다. 이런 논쟁은 여러 번 교황청에 전해졌고 교황은 이를 위해 사절을 두 번 보내기도 했다.

부단히 흔들렸던 교황청은 중국 문화를 대항하기로 결심하였고 교황 사절의 무례와 중국 내정에 대한 교황청의 난폭한 간섭은 강희황제를 크게 분노하게 했고, 강희 46년1707년에 천주교 전파를 금지하는 명령을 내리기까지 이르렀다. 강희의 명령은 중국에 있는 모든 선교사들이 조정으로부터 선교사 인표印票를 받고 영원히 서양으로 돌아가지 않을 것과, 마테오 리치의 규칙을 따를 것, 그리고 중국의 의례에 순종할 것을 선언하여야 중국에 거주할 수 있었다.[26] 그렇지 않으면 절대로 중국에 거주할

24 见徐晓鸿,『康熙御制诗与基督教』, 載于,『天风』, 2011年, 第3期.

25 이 대회에 참가한 선교사들은 롱고바르도(龙华民), 니콜라스 트리고(金尼阁), 라자리우스 카타네오(郭居静), 줄리오 알레니(艾儒略), 임마누엘 디아즈(阳玛诺), 알폰소 바뇨네(高一志), 알바로데 세메도(鲁德昭), 프란치스코 파시오(毕方济), 가스파르드 페레이라( 费奇规), 임마누엘 디아즈(李玛诺, Emmanuel Diaz Senior)와 피에레 리베이로(黎宁石)가 있었고, 이 외에 손원화(孙元化) 등 몇몇 중국인 신자들도 참석하였다.

수 없고 반드시 추방을 받게 될 것이라 하였다. 1742년 베네딕토 14세는 칙서를 내려 중국의 어떠한 의례도 받아들일 수 없다고 공언하여 모든 논쟁을 금지시켰고 어길 시 엄벌을 받게 될 것이라고 엄포를 놓았다.[27] 백 년간의 금교는 그렇게 시작되었다. 린진수이林金水, 1946- 선생이 말한 것과 같이 "의례 논쟁이 폭로해낸 모순은 매우 복잡한 것으로 표면적으로는 서로 다른 수도회 간의 충돌이 있고 같은 수도회 안에도 국적에 따른 충돌이 있고 같은 국적이지만 서로 다른 수도회에 속하여 있는 충돌도 있었다. 어떠한 충돌이든지 간에 서방 국가가 동아시아 지역에서의 이익을 위한 것과 로마 교황청과 식민주의 세속 국가가 동방에서의 교권을 쟁탈하는 것, 이 두 가지 큰 충돌 안에 있다."[28] 어떤 학자에 의하면, "강희황제와 로마 교황청 간의 충돌은 단지 문화 전통과 종교 교의의 충돌이 아니라 중국의 봉건 황권과 서방 종교의 신권과의 충돌이었다."[29] 이것이 관건적이다.

3-4장은 주로 19세기 기독교의 전파와 발전에 대해 다룬다.

이 시기에 개신교가 가장 중요한데 오만과 편견은 근대 선교사들이 중국의 문화와 전통을 무시하도록 했고 오히려 서방 열강들이 중국을 침략하는데 일조하게 하였다. 명말청초에 조심스럽게 선교하던 선교사들과 달리 19세기에는 유럽 중심론의 기염이 강하였고[30] 백인이 가장 우월하다는 종족주의 학설이 선교사들의 우월감과 "사명감"을 강화시켰고 대형 공업 생산의 출현으로 자본주의가 신속하게 발전케 하였고 해외의 저

26 吴伯娅,『康雍乾三帝与西学东渐』, 北京: 宗教文化出版社, 2002年, 第314页.

27 邓恩,『从利玛窦到汤若望』, 余三乐、石蓉译, 上海: 上海古籍出版社, 2003年, 第283-284页.

28 林金水, "明清之际士大夫与中西礼仪之争," 载于,『历史研究』, 1993年, 第3期, 转引自古伟瀛,『东西 交流史的新局』, 台北: 台湾大学出版中心, 2005年, 第18页.

29 吴伯娅,『康雍乾三帝与西学东渐』, 第154页.

30 J.M.布劳特,『殖民者的世界模式』, 谭荣根译, 北京: 社会科学文献出版社, 2001年, 第9页.

렴한 자원과 상품을 판매할 수 있는 시장을 얻기 위해 식민 확장 정책을 채택하는 것은 필연적인 선택이었다.

1807년 로버트 모리슨Robert Morrison, 1782-1834이 중국 내지에 들어와 선교한 것을 시작으로 개신교가 중국에 전래되었다. 영국이 전쟁을 일으킬 것을 결정했을 때 브리지만Elijah Coleman Bridgman, 1801-1861은 "때가 되었다. 중국은 반드시 굴복하거나 실패할 것이다."라고 말하기도 했다.[31] 아편 전쟁이 마무리된 후 불평등 조약의 체결이 줄을 이었다. 아편 전쟁의 패전은 중국에게 끝없는 굴욕을 안겨주었고, 다른 한 편으로 선교사들은 이로 인해 환호했다. 영국 런던회 본부는 결의를 통해 전 세계 그리스도인들에게 "함께 감사하고 하나님을 찬양하자"고 외쳤다.[32]

유럽 문화가 강세이기에 대부분의 선교사들은 타국 문화를 멸시했고 다른 민족들을 야만인으로 생각했다. 한학을 연구한 소수의 선교사들을 제외하고 다수 선교사들은 중국의 문화와 전통을 무시했고, 심지어 "복음을 가로막는 막힌 돌"이라고 말하기도 하였다. 이로 인해 중국 문화를 개조하고 없애는 것이 중국을 "문명사회"로 이끄는 길이라고 생각하기도 했다. 그들 중 많은 사람들은 중국 문화를 "우상숭배"Heathenism적으로 보았고 미신으로 가득해 "복음"과 대치한 개념으로 생각하여 중국 문화를 적대시했으며, 중국이 "세계 문명에 공헌이 없다"고 생각하여 중국을 하나님의 구원을 바라는 미개한 나라로 보고 "근본적으로 중국 문화를 개조해야 한다."고 말하며 "기독교로 중국을 점령"하고자 하였다.[33]

서양 사람들은 불평등 조약의 보호를 받았고 백성과 기독교의 충

31 裨治文, 『中国丛报』, 1840年, 5 月号; 转引自罗冠宗, 『前事不忘 后事之师:帝国主义利用基督教侵 略中国史实述评』, 北京: 宗教文化出版社, 2003年, 第17页.
32 路维特, 『伦敦布道会史』(第2卷), 第448页; 转引自罗冠宗, 『前事不忘 后事之师』, 第20页.
33 费正清, 『剑桥中国晚清史』(上册), 北京: 中国社会科学出版社, 1993年, 第534页.

돌은 점차 확대되었다. 기독교는 "양교"洋教로 불렸는데 이는 외래 종교인 것과 동시에 너무 많은 정치적 간섭, 소송에 부당하게 개입하는 것 등으로 인해 끊이지 않는 교안을 야기하게 되었다. 월시韦尔士, R. E. Wolsh는 그의 저작에서 "그들선교사은 사납게 그들의 종교를 선전하였고 그들이 중국 관원과 주외 공관 사이에 조성한 각종 어려움에 대해서는 전혀 생각하지도 않았다. 그들은 참견하기를 좋아하여 지방관원의 직권에 간섭하고 현지 인민들의 전통과 절기에 대해 거침없이 모욕하였고 현지 종교 신앙에 대해 타격을 주었다. 그들은 백성들의 종교 관습과 제도를 존중하지 않았고 교인들의 민족의식을 파괴하였으며 이후에 그들은 지속적으로 외국인과 그들이 소재한 국가의 백성 간의 우호관계에 있어 주된 장애가 되었다."라고 거침없이 비평했다.[34]

아편 전쟁 이후 80여 년 동안, 각처에서 일어난 교안이 600여 건이 있었다.[35] 일부 큰 영향력을 가져온 교안은 중국 근대사에서의 "정치적 사건"이 되었고 "많은 외국인과 관련된 사건들의 도화선이 되어 서방 열강이 진일보 적으로 중국을 침략하고 더욱 많은 식민주의적 권익을 약탈해가는 핑계가 되었다."[36]

전 미국 주 중국 공사 콩어Major Edwin H. Conger, 1843-1907는 "선교사들은 성경과 교본课本을 무기로 삼고 신앙의 지지를 받아 두렵지 않은 용감함을 갖게 되었다. 이는 그들이 그 위대한 제국중국의 가장 어두운 내지인 외국인이 방문한 적이 없는 곳에서 가장 먼저 평화의 왕의 깃발을 세웠다. 그러나 이제 그곳은 상업과 무역의 기치가 세워져 있다."[37] 비록 대항

34 R.E. Wolsh, *The Chalenge to Christian Misions*. pp. 25-26. 见中国基督教两会史料组资料.
35 戚其章,『教案与近代中国』, 之, "反洋教运动发展论," 贵阳: 贵州人民出版社, 1990年, 第19页.
36 见,『清末教案 1』之, "前言," 北京: 中华书局, 1996年, 第1页.

할 힘이 없었으나 청나라 조정 관원들 사이에서는 선교사들에 대한 불만이 가득했다. 양무洋务파 지도자 공친왕恭亲王 혁흔奕訢, 1832-1898은 영국 공사 알콕Rutherford Alcock, 1807-1897에게 "당신네 아편과 선교사들을 송환시키면 당신은 가장 환영받을 것이오"라고 말하기도 하였다.[38]

"많은 선교사들은 복음 전파의 사명을 가지고 중국에 왔고 적지 않은 선교사들은 복음을 위해 평생을 바쳤으며 그들은 성경을 번역하고 문화를 교류하며 의료와 위생을 제공하고 악습을 철폐하며 사회를 위해 일을 많이 했다."는 것에 대해서는 인정하여야 한다.[39] 또한 일부 선교사들은 소수 민족 지역의 문화발전, 의료위생, 건강증진 등에 대해서도 많은 공헌을 하였고 이는 우리가 기념해야 할 일들이다.

의화단운동은 19세기 말 20세기 초 중국 역사에서 매우 큰 사건이고 기독교로 말할 것 같으면 더욱 큰 사건이다. 의화단운동은 외국 열강의 침략과 일부 선교사들이 온갖 나쁜 짓을 저지른 것에 대한 총 폭발이다. 심지어 강력하게 의화단운동을 진압한 위안스카이袁世凯마저도 "동성东省의 민교는 본래 화목하지 못했다. 그 근원을 보면 지방 관리가 평소에 전도하는 양인의 협박을 받아 규약의 조문에 따라 평등하게 안건을 처리할 수 없기 때문이다. 관련 안건이 발생하면 교민이 상소하거나 선교사의 말 한 마디면 바로 소환하거나 사람을 써서 재물을 강탈한다. 사건 후에는 시비를 가리지 않고 대부분 안건은 양민을 억압하는 것으로 쉽게 마무리하기를 원한다. 그러나 교민教民은 관리의 세력을 힘입어 마음대로 다른 사람을 능욕한다. 양민이 상소하면 거의 해결을 받지 못하기에 앙금이

37 罗冠宗主编,『中国基督教三自爱国运动文选』, 第484-485页.
38 赖德烈,『基督教在华传教史』, 雷立柏等译, 香港: 道风书社, 2009年, 第397页.
39 罗冠宗,『前事不忘 后事之师』, 之, "前言," 第11页.

쌓이는 것은 다 원인이 있는 것이다."[40]

일찍 1877년과 1890년에 진행한 두 번의 선교사 대회에 참석한 화인 대표가 너무 적어서 이미 질책을 받았었다. 의화단운동을 겪은 후, 1907년의 선교사 백년대회에서 더욱 많은 사람들이 전도 노선에 대해서 반성을 하였다. 미국 선교사 아더 핸더슨 스미스明恩溥, Arthur Henderson Smith, 1845-1932는 반성하기를 "기독교가 중국에서 입지를 얻으려면 먼저 인민들의 인증, 앙모, 찬성 및 수락을 받아야 한다."[41] 또 다른 선교사인 존 리빙스톤 네비우스倪维思, John Livingstone Nevius, 1829-1893는 전도하는 동시에 중국교회의 자립, 자양을 도와야 한다고 권장한다.[42] 1886년 그는 『선교사역의 방법』을 저술하면서 과거의 선교 방법이 "과도하게 현지의 고용인에게 의지하고", "외국의 자금을 과하게 사용하여 현지 교회를 돕고 자극하여 성장을 도모"하였기에 "식교"吃教현상을 야기하였다고 지적한다. 네비우스는 현지 기독교인들이 자신들의 열정으로 자신의 지역 또는 장소에서 의무적으로 복음을 전하고 교회를 건립하는 운동을 추진하였는데 이 사상은 후에 "네비우스 원칙"으로 불렸다. 위에 언급한 세 번의 선교사 대회는 선교사역의 득실을 평가하고 선교의 방향과 전략을 수정하며 사회발전의 흐름에 적응하고자 하였다.[43] 그러나 불평등 조약의 보호를 폐지하자는 제안에는 "아직은 때가 아니다"[44]고 주장했다.

역사를 대할 때 우리는 역사적 허무주의의 오류에 빠지지 않도록 조심해야 한다. 역사의 진실을 폭로한다고 하는 일군의 주장들은 그 자체

40 刘福姚, 『庚子纪闻』, 转引自, 『义和团史料』(上册), 北京: 中国社会科学出版社, 1982年, 第223页.
41 司敷德, 『中华归主』(上), 北京: 中国社会科学院出版社, 1986年, 第87页.
42 沈以藩, "试论基督教传华的不同传教路线," 转引自, 『论坛心声』, 上海: 中国基督教两会, 2000年, 第133页.
43 姚民权, 罗伟虹, 『中国基督教简史』, 北京: 宗教文化出版社, 2000年, 第146页.
44 赖德烈, 『基督教在华传教史』, 第519页.

가 역사 사실에서 출발한 것이 아니다. 선교사에 대해서도 마찬가지로 우리는 모든 선교사가 모두 제국주의 분자여서 모두 나쁜 사람이라고 말할 수 없을 뿐만 아니라 반대로 선교사는 모든 것이 좋다고 말해도 안 된다. 반드시 명확히 해야 할 역사적 사실은 기독교가 서구 열강에 이용당했음은 반박할 수 없다는 것이다. 이 기간의 역사를 부정하는 것은 자립 운동, 토착화 사고, 나아가서 삼자애국운동의 전제를 동시에 부정하는 것이 된다. 마찬가지로 교회 선현先贤들이 독립적이고 자주적인 교회 주권을 쟁취하기 위한 노력들을 부정하는 것이기에 이와 관련된 강의를 하는 선생님들이 반드시 확고한 입장과 탄탄한 내공이 있어야 한다.

제5장과 제6장은 주요하게 20세기 상반기의 중국기독교에 대해 진술한다.

20세기 상반기는 중국 사회 변혁이 가장 격렬한 시대이며 또한 외욕에 대항하고 민족굴기崛起: 우뚝 일어섬의 시대이다. 이 시기의 교회는 자립 운동, 토착화 사고本色化 思考에서 삼자애국운동까지 기독교의 선현들이 기독교 중국화에 대한 시도를 진행하기 시작한 시기이다.

이 두 장의 지면을 이용하여 반세기의 역사를 기술한 것은 20세기 상반기에 중국 사회와 교회 모두가 너무나 많은 사건을 겪었기 때문이다. 기독교 중국화의 가장 초기의 시도는 자립 운동을 꼽을 수 있다. "진정 민족주의와 애국 사상의 자주적인 교회 운영 정신에 가까운 것은 중국 기독교인 자신이 시작하고 발양해야 한다."[45] 19세기 중엽 이후 일군의 식견 있는 사람들이 기독교가 "양교"로 국민들에게 질책을 받는 위험을 의식

45 姚民权, 罗伟虹, 『中国基督教简史』, 第171页.

하게 되었고 이후로 자립은 많은 중국 기독교인들의 이상이 되었다.

1873년, 자립 운동의 선구자인 광둥의 유생 천멍난陈梦南, 1840-1882은 "오동광자우화인선도회"奥东广肇华人宣道会를 설립하고 화인선도당华人宣道堂을 세웠다. 그는 "이 도가 천도天道라면 외국에 있으면 외국의 것이고 중국에 있으면 곧 중국의 것이다. 우리는 자체적으로 교회를 세우고 자체적으로 전해야 한다. 아니면 다른 사람들은 이를 양교라고 말할 수밖에 없다."[46] 위궈전俞国桢, 1852-1932은 상하이의 자립회 지도자이다. 1903년에 그는 시에훙라이谢洪赉, 1873-1916, 가오펑츠高凤池, 1864-1950 등과 함께 "중국기독교도회"中国基督徒会를 조직하였다. 1906년에는 "중국예수교자립회"中国耶稣教自立会를 설립하였는데 취지는 "모든 일에 외부의 힘을 의지하지 않고 교안이 사라지며 교의를 널리 전파한다. 민교의 조화를 이루며 공익유지, 백성의 지식을 개통하고 교회의 명의를 보호하며 국가의 체면을 보살피는 것을 목적으로 한다. 각 회의 화인 교인들은 서로 구별이 없고 지역의 차이가 없으며 모두 연합하여 하나가 되어야 한다."[47] 산둥칭다우山东青岛의 류서우산刘寿山, 1863-1935도 자립 운동에서 영향력이 있는 사람으로 1901년에 비록 규모는 작지만 자립회를 조직하기 시작하였다. 신해혁명이 폭발한 이후 그는 "국체 갱신, 신앙 자유, 때에 맞춰 분발하고 발전을 도모"[48]해야 한다고 주장했다. 1913년, 산둥중화기독교자립회가 설립되었고 지방 정부의 지지하에 기본적으로 자양을 실현하였다. "5·30운동"이 폭발한 이후 카이펑开封내지회의 기독교도들이 영국인들과 절교한다고 선포했고 "중화카이펑기독교회"를 결성하여 "국가를 위하여 인격을

46 『基督教爱国主义教程』, 北京: 宗教文化出版社, 2006年, 第188页.
47 柴连复, "中国耶稣教自立会," 见, 『中国基督教会年鉴』, 第11期(上), 1931年, 第93页.
48 司敷德, 『中华归主』(中),, 第818页.

쟁취하고 교회를 위하여 인격을 쟁취하고 기독교인을 위하여 인격을 쟁취하자"는 구호를 호기롭게 외쳤다.[49]

자립 운동에 대응하기 위하여 각 선교회는 "중화 브랜드"를 내세우기 시작하고 더이상 대미大美, 대영大英의 타이틀을 사용하지 않았다. 교회당을 건축할 때 중국 요소들을 사용하였다. 1927년에 성립한 중화기독교회는 16개의 교파가 협력하여 설립한 것이며 이는 선교회가 자립의 목소리에 타협한 산물이라고 할 수 있다. 이 단체는 12개의 대회大会, 51개의 구회区会로 구성되고 529개의 당회堂会, 2091개의 전도처布道所, 세례교인 120,175명으로 이는 전국 기독교인의 3분의 1을 차지한다.[50] 이들 교회 중 12.6%의 교회는 성도들의 헌금으로 자립자양이 가능하나 다른 교회들은 여전히 선교회의 도움을 받아야 했다.[51] 기타 자립 교회는 대다수가 자치와 자양을 지속적으로 유지할 수 없었고 자전은 더 말할 것도 없다.

만약 자립운동이 실천 측면에서의 노력이라면 토착화 사고는 지식인 기독교인들이 이론 측면에서의 탐구라고 할 수 있다. 일정한 정도에서 "비기운동"非基运动이 "토착화 사고"를 야기하였다고 볼 수 있다. 토착교회를 논할 때 청징이诚静怡, 1881-1939는 "오늘날 전국이 '토착교회'라는 이 네 글자를 다 알고 있고 이는 협진회에서 추진하고 있는 사항이다. 이는 한편으로 중국 신도들이 책임을 질 것을 요청하고 다른 한편으로 동방이 고유한 문명을 발양하여 기독교로 하여금 양교라는 추한 칭호를 버리는 것이다."[52] 자오즈천赵紫宸, 1888-1979 선생은 "중국화의 기독교"는 두 가지 중

49 『基督教爱国主义教程』, 第193页.
50 高伯兰, "中华基督教会总会概述," 见, 『中华基督教会年鉴』, 第10期, 1928年, 第3页.
51 诚静怡, "宣教会与中华基督教会," 见中华基督教会总会编辑, 『总会公报』(第1卷), 第八期, 1929年, 第228页.

요한 지탱점이 있는데 하나는 근본적으로 기독교 안에 "영원히 멸할 수 없는 종교의 원모양本真"이 있음을 인정하는 신앙에서의 자의식自知이고 다른 하나는 중국 문화가 근본으로 "정신 생활 방면의 유전과 특징"을 보유하고 있음을 인정하는 문화에서의 자각이다. 그는 기독교 신앙의 특별한 매력은 "해석 방면에 논리적인 방식을 가장 중요시하는 것과 신비적인 면에서 영적인 수련의 은둔을 중요하게 생각"하는 것에 있다고 본다. 이외에 "외적으로는 도덕적인 행위를 중요하게 생각하고 내적으로는 수양에 몰두하는 고독을 중요하게 생각하여 이것은 중국에 위대한 공헌을 할 수 있는 부분이다."[53] 그는 중국 기독교는 중국 문화의 일부분이 되어야 한다고 생각한다. 그는 "토착화된 교회는 기독교와 중국 고대 문명이 가지고 있는 모든 진리를 보존하고 통일해야 하며 이를 통하여 중국 신도의 종교 생활과 경험을 본국의 방법으로 나타내고 표현해야 한다. 이것이 중국 신도들에게 훨씬 더 자연스러울 것이다."[54]고 말한다.

이 시기에 중국 기독교 지식인 그룹은 대부분 토착화의 탐구와 토론에 가담하였고 영향력이 있는 많은 글을 썼다. 예를 들면 자오즈천의 "기독교와 중국문화", 우레이촨吴雷川, 1870-1944의 "기독교가 중화민족의 부흥에 어떤 공헌을 할 수 있는가", 쉬바오챈徐宝谦, 1892-1944의 "기독교가 중국에 가져야 할 사명", 왕즈신王治心, 1881-1968의 "중국토착교회의 토론", 시에푸야谢扶雅, 1892-1991의 "기독교 신사조와 중국민족의 근본사상", 판비후이范皕诲, 출생년도 미상의 "중국고대성현의 수련쿵푸와 하나님과의 관계", 류

52 诚静怡, "协进会对于教会之贡献," 见,『真光杂志二十五周年纪念特刊』, 转引自姚民权、罗伟虹,『中国基督教简史』, 第183页.

53 赵紫宸, "基督教与中国文化," 转引自张西平、卓新平,『本色之探 – 20世纪中国基督教学术论 集』, 北京: 中国广播电视出版社, 1999年, 第4–5页.

54 赵紫宸, "本色教会的商榷," 见,『青年进步』, 第76册, 1924年, 第9页.

팅방刘廷芳, 1891-1947의 "기독교가 중국에서 도대체 무엇을 전하는가", 웨이줘민韦卓民, 1888-1976의 "기독교로 하여금 중국 땅에서 뿌리내리게 하자" 등이다. 이러한 토론은 당연히 격렬했고 바른 교회를 세우고자 하는 후세에 좋은 통찰력을 주었다. 그러나 실행하는 데는 더디고 어려웠다. 청징이诚静怡조차도 토착화 운동은 "발전이 더디나 목적은 변하지 않는다."[55]고 말한다. 왕즈신王治心은 더 적나라하게 지적한다. "이런 형식상의 개조는 기독교가 중국 사회에 접근하는 일종의 수단에 불과하고 절대로 뿌리내리는 근본적인 방법은 아니다. 왜냐하면 기독교의 생명에 중국 문화의 피가 없기 때문이다. 기독교와 중국 사회가 점점 더 친밀해지는 듯 보이지만 이것은 단지 우호적인 악수일 뿐 혈과 육의 화합이 아니다. 그렇기 때문에 근본적인 문제는 형식이 아니고 정신적인 것이다. 기독교를 중국 문화에 뿌리내리고 중국 문화를 흡입하여 혈액이 되어 기독교 중국이든 중국 기독교든 차이가 없는 것이 바로 중국기독교이다. 이것이 바로 반석 위에 세워지는 것이다."[56]

위의 시도는 모두 선교회가 최종적으로 교회를 장악하려는 권력을 포기하지 않았기에 실제적인 성과를 거두기 어려웠다. 이는 또한 주권이 없는 기독교는 단지 기독교가 중국에 있는 것이고 중국인 자신의 교회를 세우는 임무는 여전히 일종의 소원일 뿐이다.

제7장은 기독교삼자애국운동의 전개를 다룬다. 삼자애국운동은 신중국 성립 이래 관건적인 한걸음이었다. 준비와 시작에서 각 지역에서

55 诚静怡, "本色教会之商榷," 见, 『文社月刊』(第1卷), 第6册, 1926年, 第11-12页.
56 王治心, "中国本色教会的讨论," 见, 『青年进步』, 第79期, 1925年, 第11-16页.

의 호응을 얻기까지 삼자애국운동은 기독교 중국화의 첫 걸음이었다.

신중국 성립 이후, 중국 기독교는 아주 중대한 선택을 맞게 되었다. 우야우쭝을 선두로 하여 중국 기독교 내 애국적인 지도자들은 기독교의 운명과 미래를 깊이 성찰하면서 삼자혁신운동을 일으켰다. 1950년 9월 23일, 『인민일보』는 후에 "삼자 선언"으로 알려진 『신중국 건설에서 중국 기독교가 노력할 방향』이라는 글과 더불어 사설도 함께 실었다. 여기서 "기독교 내부에 있는 제국주의 영향을 제거할 것과 제국주의가 기독교를 이용하여 반동 세력을 양성한 음모를 경계할 것"과 중국 기독교의 자치, 자양, 자전이라는 영광스러운 사명을 실현할 것을 제기했다. 어떤 이들은 『성경』에는 "삼자"라는 말이 없고 자치, 자양, 자전이라는 말도 없다고 했다. 그러나 교회의 선배들과 청년 사역자들이 성경을 자세히 연구하면서 "삼자"라는 글자는 성경에 나오지 않지만 삼자의 원칙과 삼자의 정신은 초대 교회에 사도들이 교회를 설립하면서 가졌던 마음의 자세와 완전히 부합된다고 생각하게 되었다. 어찌했던, 중국교회는 삼자애국운동을 통하여 하나님의 큰 은혜를 간증했고 사회주의 중국에서 교회를 잘 할 수 있는 새롭고 생기 있는 길을 개척하게 되었다. 삼자애국운동은 교회의 선배들이 자립 운동과 토착화 사고의 기초 위에서 시대적 흐름을 반영하여 제시한 것으로 기독교의 중국화를 위해 첫 걸음을 뗀 셈이다. 물론 그 당시 신중국이 성립되고 항미원조전쟁이 발발하는 등 정치적인 배경이 있었음을 우리도 인정하지만 바로 그러했기 때문에 오히려 하나님은 삼자를 통해 중국 기독교를 구했다고 말할 수 있다.

삼자애국운동의 시작과 진행을 상세히 서술함과 더불어 분명한 것은 삼자원칙은 당시 당과 정부의 지지를 받았고 많은 기독교인들의 적극적인 호응을 얻었다는 것이다. 1953년 9월에 『삼자선언』을 지지하여 서명한 사람이 40만 명이나 되었다. 1954년에 중국기독교삼자애국운동위원회가 정식 성립되고 우야우쭝 선생이 중국기독교삼자애국운동위원회 주석직을 맡았다.

기독교 중국화의 첫 걸음으로써 삼자애국운동이 당면한 역사적 난제는 "서구 선교사들이 기독교를 중국에 전파하면서 발생한 중국 문화, 중화 민족과 중국 사회와의 모순과 충돌"이었다.[57] 이는 서방 선교사들의 식민신학이 남겨 놓은 문제로 사람들은 기독교 중국화의 역사적 무거운 짐이라고 부른다. 기독교가 중국의 정치적 상황과 사회 분위기 속에서 생존하고 발전하는데 가장 큰 관점은 정치적 환경에 적응하는 것이다. 삼자애국운동은 이러한 필요에 순응하여 서양 선교 단체의 지배를 벗어나 봉황이 불 속의 고통을 견디고 새로 태어나는 것과 같이 되었고 그리하여 사회의 "상황화" 요구에 부응하게 되었다. 삼자애국운동을 통하여 기독교는 교인들의 애국·애교를 강조함으로 "기독교인이 하나 많아지면 좋은 시민이 하나 많아지고", 그리스도인들은 "빛과 소금"이 되어 "하나님을 영화롭게 하고 사람들을 유익하게 하고자" 노력하여 기독교에 대한 사회적 인상을 크게 변화시켰다.

삼자애국운동의 성과는 중국 기독교의 "서양종교"의 면모를 개변하고 사람들이 복음을 받아들이는 데 걸림돌을 제거하고 신도들의 애국·애교의 열정을 불러일으키고 그들이 좋은 기독교인이 됨과 더불어 좋은 시민이 되게 함으로 국가와 국민에 기여하도록 한 것이다. 그리고 정부의 종교 신앙 자유 정책의 시행에 협조함으로 기독교가 좋은 외적 환경을 갖게 하였다. 그리고 옛 중국에서 있었던 종파 분쟁에서 벗어나 중국 기독

57 王作安, "『基督教中国化研究丛书』, 绪言: 基督教中国化研究的三重视野," 见张志刚、唐晓峰, 『基督 教中国化研究』(第一辑), 北京: 宗教文化出版社, 2013年, 第3页.

교로 하여금 "후기 종파 시대"에 진입하게 함으로 교회의 합일을 이루는 데 있어 역사적 진전을 이루었다. 또한 교회의 다양한 사역을 추진함으로 삼자의 원칙에 따라 교회를 잘 할 수 있는 기초를 다졌고 중국 기독교와 세계교회 간의 우호적인 왕래를 확대함으로 중국교회의 국제적 위상을 제고했다.[58]

제8장은 중국 기독교의 조정과 좌절을 다루었다.

조정은 더 좋은 적응을 위한 것이고 좌절은 역사 발전 과정 중에 잘못으로 인한 것이다. 그러나 이런 경험은 기독교와 중국 사회의 연대를 더욱 강화시켰다. 신중국 성립 이후, 새로운 형세에 적응하기 위해 교회의 사역들은 조정되었다. 1956년 제2차 전체 위원회의에서 "세 개의 간증"과 "10개의 임무"를 제시했는데 이는 그 시기 교회 핵심 사역의 정확한 총결이었다. 당시 교회들과 신학원들은 합병하기 시작했고 "반우파" 운동 기간 중에는 그것이 더욱 가속되었다.

삼자애국운동은 종파를 구분하지 않는 중국 기독교인들의 애국운동이었다. 종파를 초월한 이같은 운동은 "하나됨을 이루라"와 "서로 사랑하라"는 성경의 교훈에 부합되는 것이었다. 1958년 이후, 대부분의 지역 교회들은 연합하여 연합 예배를 드렸고 교회의 사역들도 추진되었다. 연합 예배는 세계교회의 하나됨의 추구와 부합되는 것이었고 기독교의 세계적 연합 운동에 하나의 실천적 경험과 가능한 모델을 제공하였다. 연합 예배 형식은 중국교회가 세계교회의 합일 운동에 있어 중요한 공헌이 되었고 삼자애국운동의 중요한 성과이기도 했다. 그것은 중국교회 교파 난

58 爱国爱教, 同心迈向新世纪," 见, 『中国基督教三自爱国运动五十周年庆祝大会专辑』, 上海: 中国基督教两会, 2000年, 第17-20页.

립의 국면을 마감하고 종파주의의 담벽을 허물고 서방 선교 단체의 영향을 줄이게 되었다.

역사의 사실성을 존중하기 위해, 본 장에서는 "문화혁명"기간 교회가 폐쇄되었던 문제도 다루었다. 그 기간 사망의 음침한 골짜기를 경험하였고 전국 각지의 삼자 조직은 해산되었고 교역자들은 개조를 당하였고 교회당은 폐쇄되었다. 일부 신앙을 견지하는 교역자들과 신도들은 투쟁을 받고 갇히기도 했다. 어떤 지역에서는 교회는 "지하 활동"을 할 수밖에 없었다. 이 부분은 본 장이 새롭게 시도한 것으로 가볍게 다루고 지나치지 않았다. "문혁"은 국가적 재난으로 교회의 어려움은 그 한 부분이었다. 그러나 분명히 할 것은 "문혁"과 같은 운동은 교회를 대상으로 한 것은 아니었다. 신중국에서 교회만을 상대한 정치적 운동은 없었다. 그럼에도 적지 않은 기독교인들은 마음에 상처를 받았다.

제9장은 개혁 개방 시기의 기독교를 다루었다.

개혁 개방은 기독교에 새로운 기회를 주었다. "삼자"에서 "삼호", 그리고 신학사상 건설과 기독교의 중국화의 책임은 무겁고 아직 갈 길도 멀다.

당의 11기 3중 전회가 개혁 개방의 나팔을 울림으로 중국 역사상 기념비적 사건이 되었다. 교회와 신학원이 회복되고 교회 재산이 환수되고 교역자들이 명예를 회복하면서 중국교회는 "부활"을 경험하게 되었다. 20세기 80년대에 형성된 기독교 양회 체제는 삼자의 원칙에 따라 교회를 잘 하는데 큰 의미를 갖게 되었다. 중국 기독교는 이전에 없었던 발전을 이루게 되었다. 성경을 발행하고 교회 생활과 문서 사역, 신학교육, 사회봉사 그리고 대외 교류 등에서 많은 결실을 거두었다. 지금에 와서 신도 수는 4천만 명에 이르고 22개의 신학원을 설립 혹은 회복하고 2000년까지 4백만 권의 성경을 발행했다. 우리는 하나님께 감사를 올림과 더불어 삼자 애국의 원칙에 따라 기독교의 주류가 조국과 인민과 같은 마음과 같은 지향을 가지면서 전례 없는 성과를 거두게 되었음을 보게 되었다. 삼자애국운동에 의해 중국교회는 주권에 있어서 독립을 이루었지만, 신학사상과 교회 생활에 있어 여전히 중국 사회에 진정으로 융합하지 못하고 있다.

기독교의 특징은 만인제사장으로 그 누구도 성경의 말씀에 독점권을 갖지 못하는 것인데 중국의 전통은 권위를 숭상하는 면이 강하여 두 가지가 중첩될 때 쉽게 교회의 혼란을 가중시키기도 한다. 많은 사설 집회 장소들이 생겨나는 것이 그 한 예가 된다. 기독교의 또 하나의 특징은 배타성이 강하다는 데 있다. 그래서 어떤 신도들은 믿지 않은 사람들을 "지옥의 사람"들로 생각하고 심지어 같은 기독교 신앙을 갖되 다른 교파에 속한 사람들도 그렇게 대한다. 오늘 사설 집회 모임들의 기독교 양회에 대한 공격도 이것과 관련 있다.[59] 량수밍梁漱溟, 1893-1988 선생이 일찍이 기독교에 대해 평가했던 "배타성이 강해 배격당하면서 어디에서도 용납되기 힘든" 상황은 오늘에도 계속되고 있다. 믿음과 불신의 긴장 관계는 한 때 기독교가 중국 사회에 융합하기 어려웠던 중요한 요인이었다.

일부 신도들에 있어 공리주의와 실용주의가 교칙과 교의보다 더 끌릴 수 있다. 지난 세기 80년대에서 90년대 초, 농촌에서 있었던 기독교의 "다단계식" 발전이 이러한 현상의 집중적인 발현이라 할 수 있겠다. 일부 학자들이 지적한 것처럼 중국 기독교는 민간화 추세가 이루어진 것이

59 梁漱溟,『中国文化要义』, 上海: 学林出版社, 1987年, 第52页.

다. 많은 사람들이 기독교를 받아들인 심층적인 원인을 분석하면, 중국의 전통적인 민간 신앙은 기독교 발전의 방해가 되기보다 기독교 발전의 사회 사상적 기초가 되어 주었다. 중국 한족들의 신앙의 특징은 체계적인 종교를 믿는 이들은 많지 않으나 민간 신앙은 광범위한 군중적 기초를 가진다는 것이다. 신도들은 원시 종교적 특징을 많이 가졌고 분산적이고 자발적인 성격을 띠었다. 다신 신앙에 포용성이 강했고 한 신에 의존하기보다 여러 신에 의존하는 것이 낫다고 생각했다. 그들의 신앙 체계는 복합적이고 혼란스러우며 공리적, 실용적, 세속적 특징이 강했다. 그래서 효용성이 많은 이들의 신앙 선택의 기준이 되었다. 그들은 이론보다 실천을, 교의보다 예식을 중히 여겼다. "기독교는 중국 민간의 신앙적 특징을 활용하여 전통적 신앙의 기초하에 발전의 기회를 포착했던 것이다."[60] 이러한 기독교적 발전 방식은 세속적이고 저속적이 되어 심지어 미신화될 위험을 갖게 된다. 이같이 양만 추구하고 질적 성장을 추구하지 않게 되면 장기적으로는 기독교의 건강하고 조화로운 발전에 불리할 수 있겠다.

90년대 중기, 중국이 WTO에 가입한 이후 이러한 추세는 한층 가속화되었다. 중국의 적지 않은 지식인들은 기독교가 유럽과 미국의 현대화 과정 중에 가졌던 역할에 주목하면서 기독교에 대해 큰 관심을 가지게 되었다. 사람들은 일반적으로 "종교 열기"는 경제적으로 낙후된 지역에서 일어난다고 생각하지만, 경제가 발달한 연해지역에서도 종교 활동은 힘차게 이루어져 갔다. "총체적으로 중국의 WTO 가입으로 각종 종교적 활동도 활기를 얻었다."[61] 새로운 세기의 발걸음이 다가오면서 중국의 도

60 罗伟虹, "中国教会发展与社会回应," 见,『中国基督教教会发展—原因与路向』, 世界信义宗联会, 2001年, 第3页.

61 陈剑光, "中国入世及其对中国社会政教关系的影响," 裴勇译, 见,『宗教与世界』, 2003年, 第8期, 第28页.

시화 거센 물결과 더불어 농촌 교회들은 약화되는 추세가 나타났지만 도시 교회들은 활기를 띠게 되었다. 다양한 계층의 사람들이 도시로 몰려들면서 교회의 목양에 큰 부담을 가져다주었다. 기독교 지식인들과 경제적 고수익자들이 교회에 가입하였지만 그들은 교회 소속감이 낮았다. 해외에서 돌아온 기독교인들도 증가하였고 그들은 스스로 교회를 설립하기를 원했다. 그리하여 기독교의 사회적 관리에 어려움이 가중되었고 온라인 선교까지 이루어지면서 교회가 지역을 나누어 관리하던 "속지 관리" 방식이 도전을 받게 되었다. 그리고 해외에서의 침투까지 이루어지면서 기독교 양회 체계는 충격을 받게 되었고 기독교의 중국화에도 큰 도전을 가져다주었다.

1998년에 딩광쉰丁光训, 1915-2012 주교의 발의에 의해 "지난济南회의"에서 "신학사상 건설을 강화할 것에 관한 결의"를 하였다.[62] 이 회의에서는 신학사상 문제를 주로 다루었다. 딩광쉰 주교는 "교회로 놓고 말하면 삼자의 주장은 교회의 중국화를 말하고 중국적 특징을 발전하는 것으로 이는 영국 교회가 영국의 특징을 띠고, 미국의 교회가 미국의 특징을 갖는 것과 동일한 것이다."고 말했다.[63] 중국 기독교의 특징은 바로 기본 신앙을 지키고 공교회와 종교개혁의 원칙을 계승하는 것을 기초로 하고 사회주의 사회에 적응하는 것을 전제로 하여 중국 특색의 자체적 발전에 부합하는 교회 생활과 신학 체계를 세워가는 것이다.

오늘의 세계는 문화가 다원화되는 시대로 사람들은 많은 선택을 할 수 있으며 반드시 주류가 될 필요는 없다. 성육신의 진리와 예수의 한

62 济南会议是基督教全国两会在济南召开的全国三自第六届、全国基协第四届第二次全体委员会会 议,决议内容见,『中国基督教三自爱国运动文选(第二卷)』, 上海: 中国基督教两会, 2007年, 第188页.

63 丁光训,『丁光训主教论基督教中国化』, 上海: 中国基督教两会, 2015年, 第48页.

알의 밀알의 비유는 그리스도의 도는 좋은 매체가 필요함을 잘 설명해 준다. 중화 5천년 문명은 많은 문화적 양분을 축척하고 있기에 한 알의 밀알은 중화라는 토양에서 풍성한 열매를 거둘 수 있을 것이다. 한 방울의 물방울이 주류를 선택하지 않을 수 있다. 그러나 그 결과는 증발해 버릴 것이다. 오직 주류에 동참해야만 바다에까지 흘러들어 풍성하고 넓음에 거할 수 있다.

『중국 기독교 역사』는 2000년에 마무리되었다. 그 때까지 "기독교 중국화"라는 전문 용어가 아직 대량으로 사용되지 않았다. 기독교전국양회는 2014년에야 "기독교 중국화"를 명확히 제시했다. 그리고 2015년 5월 18-20일 중앙통전공작회의에서 시진핑 총서기는 "종교와 사회주의의 상호 적응을 적극적으로 인도하고 중국화의 방향을 반드시 견지하며 종교 공작의 법치화 수준을 반드시 제고하고 변증법적으로 종교의 사회적 기능을 인식하고 종교계 인사들이 역할을 다할 수 있도록 반드시 중시하고 종교가 경제 발전, 사회 조화, 문화 번영, 민족 단결 그리고 조국의 통일을 위해 기여할 수 있도록 해야 한다."고 말했다. 2016년 4월 22-23일에 전국종교공작회의가 베이징에서 개최되었다. 시진핑 총서기는 다시 한번 "종교와 사회주의 사회는 서로 적응하도록 적극적으로 인도해야 하며 하나의 중요한 임무는 우리나라 종교가 중국화의 방향을 견지하도록 지지하는 것이다. 사회주의 핵심 가치관으로 종교계 인사들과 신도들을 이끌고 교육하여 중화 민족의 우량优良한 전통을 발휘하고 단결하여 발전을 추구하며 평화 공존을 이루어야 한다는 관념으로 광범위한 신도 군중을 이끌어야 한다. 그리고 각 종교의 기본 신앙과 핵심 교의 그리고 제의 제도를 지지함과 동시에 교의 교칙 가운데 사회 조화와 시대 진보 그리고 건강한 문명의 내용들을 발굴하고 교의 교칙이 오늘의 중국의 발전과 진보의 요구에 부합되고 중화의 우수한 전통 문화와도 부합하는 방식으로 해석하도록 하라."고 강조했다. 시진핑 총서기의 강화는 기독교를 포함하여 종교의 중국화를 어떻게 진행해야 할지에 대해 명확하게 방향을 제시했다.

이 교재는 "기독교 중국화"를 중심으로 서술하였기에 선견지명을 가졌다고 생각한다. 역사를 참고하고 시대를 참작하였기에 시대적인 특징을 가지면서 중국 기독교의 조화롭고 건강한 발전에 기여를 할 것으로 기대된다. 이 책은 시험 사용본試用本으로 계속하여 수정·보완해야 할 것이다. 앞으로도 많은 분들의 좋은 의견을 수렴하여 중국 기독교 신학교육을 위한 교재로 사용할 뿐만 아니라 일반인들이 중국 기독교 역사를 알아가는 데 필독서로, 그리고 독자들이 머리말에 두고 늘 찾는 책이 될 수 있기를 바란다.

# 제 1 장

# 당원唐元 시기의 기독교

오늘날 시안西安의 비림碑林박물관에는 한 비석이 진열되어있다. 국내외적으로 유명한 "대진경교유행중국비"大秦景教流行中國碑, 이하 "경교비" 다. 비문은 중국에서 전파된 가장 초기의 기독교 역사를 기록하고 있다. 기록에 따르면, 그리스도교는 당나라 초AD 635년에 중국에 전래되었다. 경교비는 명나라 천계 3년 또는 천계 5년天啓, AD 1623 또는 AD 1625에 출토되어, 지금까지 300년이 되었다. 경교비가 출토된 이래 오랫동안 국내외적으로 연구가 지속되고 있다.

가장 처음 이 비석을 본 이지조李之藻, 서광계徐光启와 일부 예수회 선교사들, 또는 서방교회 역사 연구자를 막론하고, 모두 경교비를 그리스도교 선교의 중요한 자료로 생각한다. 서양의 한학자汉学家들은 이 비석을 동서 양대 문명의 교류와 충돌의 증거로 삼는다.

## 제1절 당나라의 경교

경교의 기원에 거슬러 올라가기 위해서는 경교와 고대 동방페르시아교회의 관계를 살펴봐야 한다.

## 1. 경교 전래의 배경

大秦景教流行中國碑

그림 001 "경교비" 비머리

그림 002 1907년 시안(西安)비림에 이전된 "경교비"

안디옥은 초기교회의 중요한 하나의 거점이다. AD 260년경, 안디옥은 로마 군대의 습격을 받았고 많은 그리스도인들이 주교와 함께 동쪽으로 이주하여 메소포타미아 평원 북단의 에데사 Edessa, 또는 '에뎃사', 오늘날 튀르키예의 우르파 에 진입했다. 그들은 이곳에서 신학원을 세웠는데, 곧 고대 동방교회의 중심이 되었다. 에데사는 시리아어를 사용했다. 그들은 가장 처음으로 헬라어 복음서를 시리아어로 번역하였는데, 이로 인해 시리아어는 동방교회의 공식 언어가 되었다.

에데사에서는 신학적으로 단성설과 양성설의 논쟁이 있었다. 431년 에베소 공의회에서 네스토리우스가 대표하는 양성설이 질책을 받았고 동방교회의 주교들이 대부분 네스토리우스를 지지했기 때문에 로마 황제의 지적을 받았다. 에데사 교회가 처한 환경이 점차 어려워졌고 동쪽으로 이주할 수 밖에 없었다. 489년, 로마황제 제논 Zeno, 약 AD 425-491 이 에데사의 신학원을 폐교할 것을 명령했고 해당 신학원의 교사들과 학생들은 에데사를 떠나야 했다. 그들은 티그리스강 유역의 니시비스Nisibis에서 새로운 신학원을 세웠고 네스토리우스 신학을 계승하여 동방교회의 신학에 영향력을 끼쳤다.

페르시아 정부의 지지를 받아 네스토리우스파 그리스도인은 498년 로마교회를 탈퇴할 것을 결정하였고, 스스로 대주교를 임명하였으며, 정식으로 네스토리우스의 신학을 채택하였다. 그들은 성직자의 독신제도를 반대하였으며 마리아를 '하나님의 어머니'Theotokos로 부르는 것과 마리아 숭배, 연옥 신앙을 반대하였고 채식을 주장했다. 이 교파를 반대하는 사람들은 곧 이들을 '네스토리우스파'라고 불렀다. 서기 7세기에 중국에 전래되면서 이들은 '경교'景教로 불렸다. 경교대주교는 크테시폰Seleucia-Ctesiphon에 머물렀다. 사실, 410년에 동방교회는 주교회의를 열었고, 크테시폰의 주교 이삭Isaac, 재위 기간 AD 399-410은 마루타马如塔에게 회의의 의장을 맡아줄 것을 부탁했다. 마루타는 회의에서 라틴교회 주교들이 연명한 편지를 낭독했고, 편지에서 그들은 이삭이 하나님께서 동방교회에 보낸 사도와 평화의 사자인 것을 믿고, 동방교회가 주교 직위의 체계를 조정하여 서방교회와 동일한 교회 절기를 가지며, '니케아 신경'을 받아들일 것을 요청했다. 회의는 편지의 건의를 받아들였고, 크테시폰의 총대주교의 지위가 예루살렘, 안디옥, 알렉산드리아, 콘스탄티노플 및 로마 등 서방 총대주교와 동등한 위치에 있음을 인정했다.[1]

AD 7세기 페르시아가 이슬람교를 믿는 아라비아인들에게 정복된 이후, 경교의 본부는 바그다드로 이전됐다. 네스토리우스파 그리스도교는 아라비아인들의 통치 아래서도 여전히 우대를 받았다. 동방을 향한 그

1 朱心然, 『安身与立命:东方教会在华宣教史』, 香港: 浸信会出版社, 2009年, 第75-78页.

들의 선교활동도 매우 활발했고, 한 때 '불타는 교회' A Church on fire 로 불리기도 했다. 13세기가 되어, 네스토리우스파 신도는 서방 라틴계과 그리스계 신도를 합산한 숫자보다 많아졌고, 주교구가 25개에 달했다. 1370년, 칭기스칸의 후손 티무르 Timur 가 대군을 이끌고 서아시아를 석권하며 이 땅의 거의 모든 문명을 파괴하였고 동방교회도 함께 쇠망했다.[2]

중국에서의 경교 전파는 "대당성세" 大唐盛世 와 함께 진행되었다. 경교의 선교사 올로펜 Olopen 이 실크로드를 따라 장안 长安 에 도착하였고, 손님으로서 영접을 받았다. 경교가 당나라 초 중국에 전래된 것은 당 태종의 깨어 있고 열린 종교 정책과 분리해서 생각할 수 없다. 경제의 번영과 문화의 발전과 함께, 각종 종교는 당나라에서 활약했고, 사회 정치 경제에 대해 깊은 영향을 끼쳤다. 당나라는 이에 상응하는 종교 정책을 채택했고, 개방이라는 기초 위에서 각 종교를 관리하여 당나라를 위할 수 있도록 했다. 당나라의 종교 정책은 민족 정책에서 나타나 있으며, 종교 사무 및 재산에 대한 관리를 위한 "홍려사" 鸿胪寺 는 당나라에 실제적인 외교부 관아가 되었다. "관사는 아홉이 있는데, 홍려는 그 중 하나며, 실을 취하며 완래한다. '려'는 전함이요, 다른 나라의 빈객과 예의 그리고 그 언어를 뜻하며, '사'는 부서의 별칭이다. 예로부터 해당 관아를 열어, 그 관원으로 하여금 이역에서 온 빈객을 예로 대하도록 하였다."[3]

당나라 정부는 종교를 지원하는 동시에, 도관 道观 이나 사원 등 종교 장소에 대한 각종 조치를 취하여 관리를 하였다. 도관과 사원은 종교 활동의 장소일 뿐 아니라 동시에 봉건 경제의 조직이고, 많은 땅과 노동

2 江文汉,『中国古代基督教及开封犹太人』, 北京: 知识出版社, 1982年, 第9页.

3 『全唐文』, 卷七百二十七, 舒元舆, 唐鄂州永兴县重岩寺碑铭并序.

력을 점유하고 있었다. 당나라 정부는 엄격하게 사원의 경제를 통제하고, 사원이 소유한 밭을 국가로 환수하여 분배함으로 승려와 비구니 지주들이 땅을 많이 점유할 수 없도록 했다.[4]

동한东汉 말년부터 중국은 장기적으로 분열의 상태에 놓였다. 이로 인해 실크로드의 무역 활동은 큰 손해를 입었고, 수 양제隋炀帝가 통치할 때 비로소 점차 회복되었다. 당나라의 흥성은 실크로드의 자유로운 왕래를 보장했다. 각국의 사절, 승려, 상인, 예술인들이 이 길을 따라 당으로 왔고, 장안长安은 세계적인 도시가 되었다. 실크로드에서 활발한 무역 활동을 한 페르시아 상인들 중 일부가 경교 신도였는데, 그들은 페르시아 본국에서의 정치적 박해로 인해 점차 동쪽으로 이주할 수 밖에 없었다. 페르시아 경교 신도중에는 무역상도 있었고, 이슬람 왕국의 서기관이나 시종도 있었으며, 귀족 집안의 가정 의사도 있었다.

비록 당나라 정부가 각종 종교를 포용했지만, 유교, 불교, 도교는 여전히 당나라의 주류 문화와 종교였고, 이 세 종교가 중국문화의 기초를 구성하였고, 당나라를 통해 더욱 강화되고 견고해졌다. 불교는 당나라 때 이미 새롭게 토착화된 종파가 존재했고, 유가 학설은 이미 중국의 정통 사상이 되었다. 당나라 초기에 도교를 숭상하는 바람이 불었고, 황족의 구성원들은 노자를 숭상하고 신격화하여 이씨 집안의 신성성을 강화해 나갔다.

경교가 중국에 전래될 때, 비록 도교와 불교가 이미 흥왕했지만, 여전히 유교의 삼강三纲, 군위신장君为臣纲, 부위자강父为子纲, 부위부강夫为妇纲과 오상五常, 인, 의, 예, 지, 신을 중심으로 한 도덕과 윤리의 표준이 여전히 국가의 정

4 施光明, "论唐代宗教政策," 『陕西师范大学学报』(哲学社会科学版), 1985年, 第1期, 第107-109页에 수록되어 있다.

통 사상으로 자리잡고 있었고, 당나라의 윤리적 기준을 지배하고 있었다. 다른 한 편으로, 유교, 도교, 불교는 서로에게 영향력을 끼쳤다. 예를 들어, 유가는 불교의 형이상학적 사고에 영향을 받아, '심'心, '성'性, '리'理에 대한 토론이 점차 깊어 졌다. 불교는 동한 때 중국에 전래되어 기나긴 적응과정을 걸쳐서 점차 한화汉化되었다. 도교의 경우는 황실이 유가와 불교보다 도교를 보다 숭상하여 지위가 높아졌고, 당고종唐高宗시대에 세 종교의 순서는 도교, 유교, 불교의 순서였다. 그러나, 불교가 중국에 대량의 불경을 가져왔는데, 그 내용은 경건한 신앙과 포교의 내용도 있고, 또한 불교 철학의 절묘한 내용도 포함하고 있었다. 예를 들어 "금욕하는 승려는 속세의 생활을 전부 포기하고, 평생을 종교에 봉헌했다. 동시에 종교의 가치를 주창하였는데, 이런 관념이 사원으로 하여금 대량의 재물을 기증받도록 했고, 이는 승려의 수련 생활에 조건을 창조하였다."[5] 비록 도교는 재정적으로 불교를 앞질러본 적이 없지만, 도교 역시 불교에서 주창하는 자선, 종교 생활 등 관념 속에서 많은 이득을 얻었다. 이런 관념과 중국 본토의 종교 가치관과는 거리가 멀었다. 그러므로 송나라와 원나라 시기의 도교는 불교의 전임 사역과 금욕의 승려제도를 도입했다.

당나라의 불교는 왕성하였고 동시에 불교에 대한 우대 정책이 있었기에 사원은 수입이 많이 생겨서 장원 경제를 발전시켰고, 불법을 행하는 사람들이 기회를 틈타 불문에 귀의하여 탈세하고 노역을 피하기도 했다. 이런 현상을 제지하기 위해 조정은 도첩度牒을 발행하여 승려의 숫자를 통제하고자 했으나, 승려의 숫자는 증가하기만 하였고 감소하지 않았다. 특히 안사의 난安史之乱, 755-763이후, 국고가 비어 조정이 군비를 모집하

5 同上, 第29页.

기 위해 도첩을 판매하여 국비를 충당하였기에 승려와 비구니의 숫자는 날로 범람하였고, 이는 이후 회창 때의 멸불会昌灭佛의 복선이 되었다.

## 2. 경교의 전파

그리스도교의 전파는 '실크로드'가 다시금 번성해진 것과 밀접한 관계가 있다. 선교사들은 바로 실크로드를 통해서 중국 내지로 들어왔다. 무역이 동방교회 신도들의 선교 전략 중 하나였다는 것은 명백하다. 동서양의 무역노선이 막힘 없이 잘 통하고 확대됨에 따라서 그리스도교서아시아, 중앙아시아에서 생겨난 다른 종교도 마찬가지가 동쪽으로 전파되는 것을 촉진하였다. 6세기 때, 동방교회의 신앙은 이미 돌궐인들 가운데 널리 전파되었고, 당시 중국과 돌궐의 접촉은 매우 밀접하고 교류도 빈번했다. 수나라 말엽과 당나라 초기에는 점점 더 많은 중앙아시아 상인들이 중국에 거주하게 되었는데, 동방교회의 신도들도 당연히 많았을 것이다. 비록 정확한 역사 자료가 부족하지만, 경교가 서방에서 동방으로 전파된 추세를 통해 미뤄봤을 때, 경교 선교사들은 장안에 도달하기 전에 이미 신장新疆, 간수甘肃 등 서부 변방지역에 체류하고 선교했다는 것을 알 수 있다.

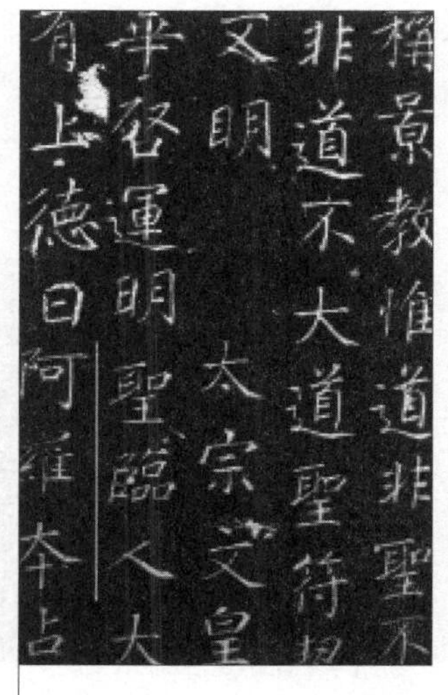
稱景教惟道非聖不
非道不大道聖符
文明太宗文皇
華啓運明聖臨人大
有上德曰阿羅本占

그림 003 "경교비" 중 올로펜에 대한 기록

당나라가 세워지면서 남북조의 장기간 정치적 혼란과 경제적 정체를 종식시켰다. 당나라는 곧 신속하게 전성시기에 들어섰고, 이는 동아시아와 중앙아시아의 포석을 바꿨고, 경제와 문화의 교류를 통해서 서아시아까지 영향력을 확장시켰다. 동방교회는 바로 이런 역사적 정황 속에서 중국에 전래되었다. 경교비와 기타 경교 문헌의 발견으로 우리는 다시 이 시기의 역사에 대해서 새롭게 알게 되었다.

경교비의 기록에 따르면, 635년정관9년, 대진국大秦国, 페르시아에 올로펜이라는 주교가 당 태종의 예우를 받아 장안 서쪽 교외에서 방현령房玄龄의 영접을 받았다고 한다. 당 태종은 심지어 올로펜 등 사람이 그들의 경서를 번역하게 하였고, 심지어 황제의 내실에서 복음에 대해서 토론하였다고 한다. 3년 뒤, 당 태종은 동방교회가 중국에서 선교하는 것을 윤허하였다. 이후로 경교는 당나라 왕조의 지지하에 신속하게 발전하였다. 비록 동방교회가 중국에 전래되어 조정의 환영을 받았지만, 지금까지 우리가 가지고 있는 문헌이 많지 않기 때문에 경교의 중국 전파 정황에 대한 이해가 제한적이다. 우리는 그저 "경교비" 와 경교 돈황敦煌 문헌 및 관련된 문헌 중에 흔적을 찾을 뿐이다. 2006년에 낙양에서 발견된 경당經幢, 경문을 새긴 돌기둥, 2010년에 출토된 두 개의 『화씨부부신도묘지명』花氏夫妇神道墓志铭은 우리에게 경교의 민간사회에서의 전파에 대한 단서를 제공해준다.[6]

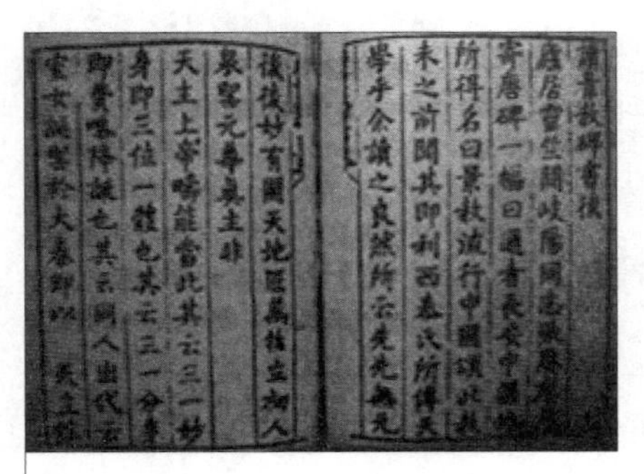

그림 004 이지조 『독경교비후』(读景教碑书后)

"경교비"는 "진실되고 변하지 않는 진리는 오묘하기

에 명명하기 어렵지만, 효용이 현저하기에 굳이 '경교'라 이름을 붙이게 되었다." 이는 『도덕경』의 '도'道에 대한 묘사를 모방하였음은 명백하다. 그렇다면 왜 "굳이 '경교'라 이름을 붙이게 되었다"고 하였을까? 국내외 학자들은 지금까지 정론을 내리지 못했다. 중국학자들은 대체적으로 명나라의 천주교신도인 이지조李之藻, 1565-1630의 해석을 따른다. 그는 '독경교비후'读景教碑书后, '경교비문을 읽고서'라는 글에서 "'경'은 크다, 밝다, 광명의 뜻이다."고 말했다. 이지조의 '경'에 대한 해석은 '크다'는 뜻만을 포함하고 있지 않고, 그리스도교가 유일한 진실된 종교인 것을 표현하였으며, 또한 동시에 그리스도교가 참 빛인 것을 나타냈다. 경교의 '경'은 광명이라는 뜻을 취하여, 예수께서 '세상의 빛'이신 것과 연결되며, 그를 따르는 모든 사람이 '생명의 빛'을 얻을 수 있음을 암시한다. 비문에서는 '경교'라고 칭할 뿐만이 아니라 '경존미시하'景尊弥施诃, 구주는 '경일'景日, 교회는 '경문'景门, 교회는 '경사'景寺, 교회 규칙은 '경법'景法, 교회의 기능에 대해서는 '경기'景力, 교회의 영향력과 복음전파를 '경풍'景风, 신도는 '경중'景众, 선교사는 '경사'景士로 칭하고 있다. 올로펜이 장안长安에 입성한 지 3년이 지난 후, 당태종은 내륙에서의 선교를 윤허하였고 장안长安 의녕방义宁坊에 대진사大秦寺를 건축하는 것을 도왔다.

"대진국의 주교 올로펜은 높은 구름을 관찰하여 참된 경서성경를 싣고 여러 풍속을 바라보며 험난한 길을 달려왔고… 멀리서 경서와 성상圣像을 지니고 장안长安으로 가져와 바쳤다. 그 종교의 가르침을 소상히 살펴보니 헤아릴수 없이 미묘하며 작위적이지 아니하고 그 원래의 본질을 살펴보니 고루 갖췄으며 요점이 있었다. 문구가 번잡하지 않고 얻을

6 吴昶兴,『大秦景教流行中国碑: 大秦景教文献释译』,『台湾: 橄榄出版有限公司』, 2015年, 编者序, 第34页.

것이 있었다. 만물과 사람에게 유익하니 온 천하에 전해짐이 합당할 것이다. 해당 부처는 경성의 의녕방에 대진사 한 곳을 지었고 출가한 승려가 21인이 있었다."

당고종은 "여러 주州에 각각 경교 사원을 세웠다." 이는 당나라에서 경교가 "가르침이 모든 도道, 행정구역에 흘러갔고, (경교) 사원은 모든 성읍에 가득했다." 물론, "사원은 모든 성읍에 가득했다."고 말하는 것은 과장된 수사법으로 보이나 경교가 큰 발전을 이뤘음을 확실하게 보여주는 지점이다. 당 고종이 죽고 무측천武則天이 집권했을 때 경교는 여러 압제를 받았고 중국에서 생존의 위협을 느끼게 되었다.

"성력圣曆 연간무측천의 집권시기에 이르러 불교도들이 그 위력으로 낙양에서 제멋대로 담론하니 선천 연간 말엽당현종의 집권시기에 무지한 자들이 크게 웃으며 장안에서 (경교를) 비방했다." 역자주: 이상 네 곳의 인용구는 모두 "경교비" 중에서 발췌하였다 712년 당 현종이 집권한 후 비로소 당 태종과 당 고종 시기의 종교 정책을 회복하였다. 천보 4년745년 경교는 개명했다. "페르시아의 경교는 대진로마에서 나와 전래되었고 중국에 행해진 지 오래되었다. 처음에 사원을 건축하면서 대진을 종교의 이름으로 삼았는데 사람들에게 보여지고 또 그 근본을 닦기 위함이라. 두 경성의 바사사波斯寺, 페르시아사원는 이름을 대진사로 바꾸는 것이 옳으며 천하의 여러 부군府郡의 사원도 그렇게

그림 005 산시 저우즈(陝西 周至) 대진사탑

하기를 허락한다.” 이 때까지 ‘경교’라는 명칭은 여전히 확정되진 않은 것 같다. 781년에 이르러 경교비가 세워지면서 비로소 “경교”라는 명칭을 볼 수 있었다.

755년 안사의 난이 일어났고, 당 숙종이 즉위한 후 당 현종의 종교 정책을 계승하여 경교를 지지하고 보호하였다[7]. 이후 대종, 덕종, 순종, 헌종, 모종, 경종, 문종 등 황제의 시기를 지나면서 경교는 큰 발전을 얻지 못하였으나 그 지위는 여전히 상대적으로 공고했다. 당 대종이 즉위한지 얼마 되지 않아 경교 승려 이사伊斯가 출자하고 경정景淨이 글을 쓰고, 뤼시우얜呂秀岩이 각인하여 경교비가 781년에 세워졌다. 그러나, 당 무종이 즉위한 후 경교의 상황은 계속 나빠졌고 회창 5년845년에 무종이 여러 원인으로 인해 조귀진赵归真이라는 도사의 부추김으로 인해 불교를 멸할 것을 명령하였고 경교와 같은 외래 종교들 또한 연루되어 소멸될 정도의 큰 타격을 받았다. 경교 예배당은 훼손되었고 재산은 국가가 환수해갔으며 선교사들은 추방을 당했고 승려들은 강요를 받아 환속하였다. 이후, 경교는 원기를 크게 상하여 중원에서 거의 자취를 감추었다.

올로펜이 장안长安에 들어섰을 때635년부터 회창멸불845년까지 경교는 당나라에서 210년 정도 활동하였다. 경교비가 우리에게 남겨준 781년 이전의 발전 상황에 대한 묘사뿐만이 아니라 21세기의 많은 고고학적 발견이 우리에게 진귀한 자료들을 제공한다. 2006년 낙양 동쪽 교외에서 발견된 “대진경교선원지본경급경당기”大秦景教宣元至本经及经幢记, 낙양경교경당은 낙양에 이주한 안국安国을 비롯한 경교 가족을 기록하고 있는데 이는 서기 8-9세기에 경교가 중앙아시아에 이미 상당한 기초를 가지고

7 [宋]王溥, 『唐会要』, 卷四十九, 北京: 中华书局, 1955年, 6月.

있었음을 증언한다. 안安씨성은 당나라 시기에 중원으로 이주한 "소무구성"昭武九姓 중 하나나다.

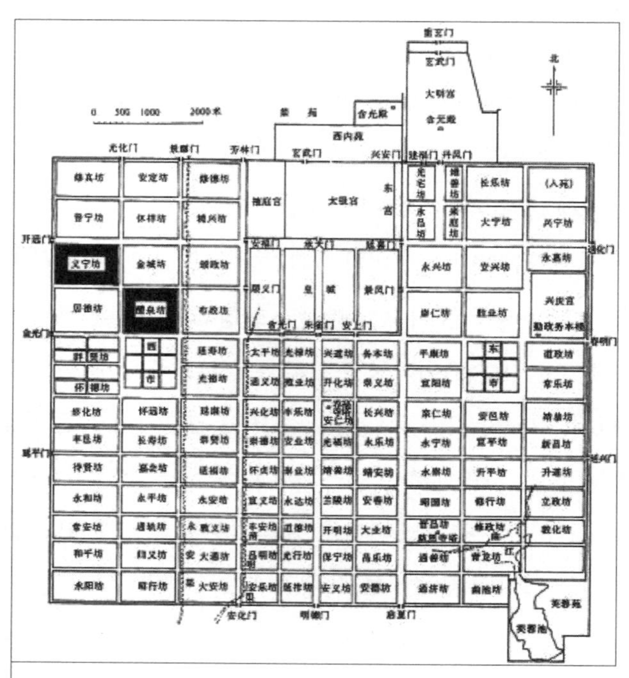

그림 006 당나라 장안(长安)평면약도

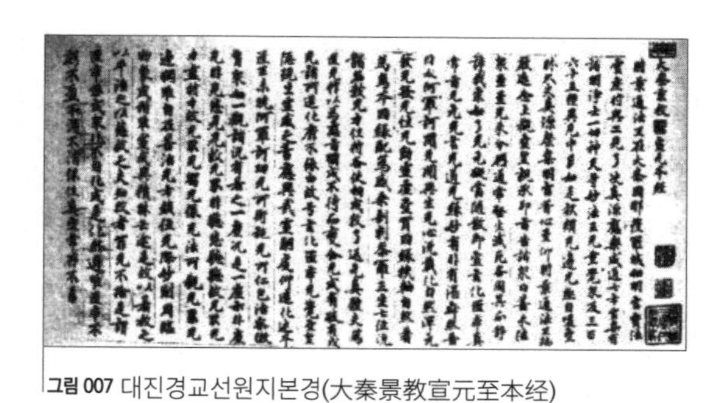
그림 007 대진경교선원지본경(大秦景教宣元至本经)

경당 내용은 두 부분으로 나뉘어져 있다. 첫 부분은 "대진경교선원지본경"大秦景教宣元至本经의 내용이고, 두 번째 부분은 "경당기"经幢记로 묘 주인인 안씨의 매장과 이장에 대한 경과를 기록하고 있다. "경당기"는 대진사 사주寺主와 두명의 '대덕'大德 칭호를 지닌 고급 경교 승려에 대해서 언급하고 있는데 모두 소그디아나 이민이며, 이는 동도인 낙양洛阳의 소그디아나 경교 교사와 경교도의 숫자가 많고 세력이 컸다는 것을 설명한다.[8]

낙양洛阳 경교 경당의 출토와 1955년 발견된 "미계분묘지"米继芬墓志와 1980년에 발견된 "이소묘지"李素墓志 및 "(이소처)비실시부인묘지"(李素妻)卑失氏夫人墓志 그리고 2010년에 발견된 경교 교도 화헌花献의 묘지는 낙양洛阳이 당나라에서 경교가 전파된 주요 지역인 것을 인증한다. 그 가운데서 우리는 낙양에서 생활한 경교도의 신앙과 생활의 모습을 볼 수 있으며 경교와 불교의 연계에 대해서도 알 수 있다. 진일보적으로 우리는 경교가 당나라에서의 전파 상황 및 신앙 정황에 대한 인지를 풍성하게 하며 당나라 당시 중국과 서방의 교류와 외래 문화 전파를 연구하는데 있어 진귀한 사료가 된다.

8 路远, 『景教与景教碑』, 西安: 西安出版社, 2009年, 第129页.

## 제2절 경교의 쇠망과 그 원인

표면적으로 봤을 때 당나라 때 경교가 쇠망한 것은 우연한 사건으로 보이지만 자세하게 분석하면 그렇지 않다. 20세기 학자들의 연구를 종합하면 우리는 다음 몇 가지 원인을 나열할 수 있다.

### 1. 회창멸불会昌灭佛

당나라는 건국 초기부터 각종 종교에 대해 다 관용하고 받아들이는 정책을 펼쳤다. 그리하여 불교, 도교, 조로아스터교, 그리고 경교는 당나라의 전성시기에는 큰 발전을 이뤘다. 종교의 발전은 서로 다른 종교의 영향력 확대를 가져오고 일부 규모가 큰 종교는 당나라에서의 사회 생활

**그림 008** 이소묘지(李素墓志)

**그림 009** (이소처)비씨부인묘지(李素妻卑氏夫人墓志)

중에 지위가 상승되기도 하며 종교 지도자들과 신도들이 정치에 중요한 영향을 끼치기도 했다.

이외에도 종교인구의 증가에 따라 각 지역의 종교사원의 숫자도 증가하였고 종교가 토지의 이용, 세금의 수입, 노동력 공급 등 왕조의 정치와 경제의 중대 문제에 큰 작용을 하였다. 당나라 중엽 이후, 정부의 재정과 경제문제는 날로 돌출되었고 각종 사회의 모순이 집중되어 폭발하였다. 특히 안사의 난安史之乱 이후, 당나라의 종교에 대한 태도는 이전처럼 여유롭지 못하게 되었다.

845년회창 5년 7월, 당 무종은 불교를 멸할 것을 명령하여 사원들이 폐쇄되고 파괴되었으며 승려와 비구니들은 환속하였다. 한 달 만에 전국에서 총 4,600여 사원이 파괴되었고 25만 5천 명의 승려들이 환속했다고 당 무종은 선언했다. 당 무종의 멸불운동은 경교에도 파급되어 극심한 타격을 받아 거의 종적을 감추는 수준이 되었다.

당 무종이 멸불을 한 데에는 복잡한 정치, 경제 그리고 종교적 원인이 있었다. 당나라의 제도에 따르면 승려는 면역免役특권이 있었고 사원과 토지에 대한 면세특권이 있었다. 불교는 발전과정 중에 세금을 내지 않기 위한 목적으로 출가한 평민 승려들을 수용하였고 이는 조정의 세수를 감소시키는 결과를 가져왔다. 첫째로, 불교 사원이 점유한 농지는 당나라 중엽 및 후기에 토지를 병합하는 요소가 되어 사회적 모순이 생기는 원인을 제공하였다. 둘째로, 무종이 멸불한데는 정치적인 요소에 대한 고려에 기인한 것이며 궁정 내에 있는 투쟁의 결과였다고 하기도 한다. 회창 5년 8월의 조서에서 "고조, 태종은 무력으로 난을 평정하였고 문으로 치리하였으니 이 두 가지를 지니면 국가를 경영하기에 족하거늘 어찌 사

그림 010 내몽골지역에서 발견한 경교도 비석

그림 011 신장 로브노르(新疆罗布泊)지역에서 발견한 날개 달린 천사벽화

그림 012 돈황(敦煌)에서 발견한 그리스도상

소한 서방의 가르침으로 우리와 대항하고자 하는가."[9] 셋째로, 무종이 멸불한 것은 그가 도교를 숭상한 것과 연관이 있다. 『당어림』 "정사상" 唐语林·政事上에는 아래와 같이 기록되어 있다: "무종은 신선에 대한 것을 즐기며 도사인 조귀진赵归真은 금지에 드나들고 스스로 수백세라고 하였으니 그를 꽤나 공경했다. 도사 류수앤징刘玄靖과 함께 힘써 석씨불교를 배척하니 황제는 그 설에 현혹되어 곧 사찰을 폐하는 조서를 내렸다."[10] 넷째로, 무종이 멸불한 것은 이방을 배척하고자 하는 목적도 있었다. 멸불하는 동시에 조로아스터교와 경교 등 외래 종교를 금지하였는데 본토 종교이자 동일하게 많은 토지를 소유하고 있는 도교는 전혀 손상이 없었다.

회창멸불 이듬해 당 무종은 죽고 삼촌인 선종이 즉위하였다. 그

9 关, 『景教与大秦寺』, 西安: 三秦出版社, 2005年, 第72页.
10 王说, 『唐语林』, 上海: 上海古籍出版社, 1978年, 第32页.

는 무종이 한 일을 엎고 847년에 멸불을 중단하였다. 이로 인해 불교는 회복이 되었지만 경교는 다시 일어서지 못했고 경교도는 그저 개인의 신분으로 자기의 신앙을 지킬 뿐이었다. 이번 교난教难은 당나라에서 경교 발전의 분수령이 되었고 이후로는 부흥하지 못했다. 당나라가 멸망한 후에 경교는 완전히 중국의 내지를 벗어나 변방으로 나아갔다.

경교는 왜 불교와 같이 부흥하지 못했을까? 근본 원인은 황제 개인의 선호에 있었다. 물론 황제의 개인적인 선호 또한 사회와 역사적 원인을 함축하고 있었다. 당태종이 경교가 장안长安에 입성하도록 한 것은 서역으로 영토를 확장하여 강성한 대국을 세우고자 함이었기에 의식형태의 부분에서는 포용력을 갖고 자기를 위해서 사용되고 대당제국을 위해 충성하도록 하는 데에 목적이 있었다. 경교가 장안에서 활동하는 것을 제한한 당 무종 역시 자기의 황위를 공고하게 하여 쇠락하는 당나라를 돌이키는 데에 있었다. 내부의 안정과 외부의 침투를 막기 위해서 외래 종교 및 문화는 천하게 취급해야 했다. 경교를 "이교"夷教, "사법"邪法으로 규정하여 탄압의 대상으로 삼은 것으로 보아 당나라 중엽 이후 통치자가 외래 민족에 대한 두려움과 걱정이 있었음을 알 수 있다. 당나라 초기에 강대했을 때는 실용적인 정책을 펼쳤으나 후기에 쇠락하였을 때는 외부를 대적하는 정책을 펼쳤고 이는 경교가 장안长安에서 흥망성쇠를 겪은 기본적인 운명과 사회적 원인이다.[11]

11 葛承雍, "从景教碑试论唐长安景教的兴衰,"『碑林集刊』, 2000年卷, 西安: 陕西美术出版社, 2000年, 第222页.

## 2. 경교 자체의 제약

경교의 쇠망은 정치적인 원인만 있는 것이 아니다. 경교의 교회체제 또한 중국 내지에서 쇠망할 수밖에 없는 최종 원인 중 하나였다. 경교는 페르시아 사람들을 중심으로 한 주교체제였는데 이는 경교의 전파에 제약을 가져왔다. 경교는 200년의 찬란한 역사를 경험하고 관대한 대우를 받았으며 "황제의 모습에서 광채가 발하여 경교도들을 환하게 비췄다"天姿汎彩, 英朗景门는 성대한 경험을 하기도 했다. 그러나 무종의 멸불로 인해 경교는 외래종교로 연루되어 소리소문 없이 사라져버렸다. 불교가 처음 중국에 도달했을 때에도 배척을 당했지만 최종적으로는 중국 문화에 융합되어 중국 문화와 신앙체계를 구성하는 한 부분이 되었다. 경교와 다른 것은 불교가 중국에 들어왔을 때 그 체제는 완전히 독립적이었다는 것이다. 중국의 불교도는 자기가 익숙한 본토의 문화에 의거해서 효율적인 전략으로 불교를 개조하여 일반 민중의 신앙적 필요와 습관에 적응할 수 있었다.

경교가 불교와 다른 점은 기독교의 주교제도를 고수했다는 것이다. 주교를 세울 때에는 대주교의 위임이 있어야 했는데 대주교는 당나라 영토에 살고 있지도 않았다. 사실상 주교의 지위와 신분의 확립은 모국의 대주교의 결정에 따라야 했다. 그러므로 당나라의 경교는 독집적인 종교단체가 아니라 모국의 본교회의 통제와 피통제의 종속관계였다. "경교비"에 나열된 82명의 이름 중 77명이 시리아어 이름이었고 "경교비"의 내용은 경교 안에서 한인汉人과 교사教士의 비율은 매우 소수임을 증명한다. 중국에 살고 있는 주교도 적절하게 중국 스스로의 선교사를 배출하지 못하였기에 중국 스스로의 선교사가 없으니 기독교 토착화의 과정 중에서 역할을 하지 못했다.

총회에서 파송한 선교사만을 완전히 의지하는 제도는 당나라 내지에서 전도자의 숫자가 누적되거나 갱신되는 체제를 만들지 못했다. 이는 경교 선교사들이 당나라에서 진정으로 뿌리내릴 수 없게 하였고 경교가 사회 전반에서 기초가 견고해지지 못하게 하는 결과를 가져왔다. 선교 대상의 관점으로 볼 때 경교는 민중적 기초가 없었다. 비록 "가르침이 모든 도에 흘러갔고 사원은 모든 성읍에 가득했다"지만 전도의 대상은 주로 왕실귀족과 서역상인 및 사신을 주 대상으로 하였고 현지인 중에서 경교를 믿는 사람은 많지 않았다. 무종이 금교할 때 환속한 승려와 비구니는 거의 26만명이었지만 경교, 이슬람, 조로아스터교의 총 수는 3,000명도 되지 않았다. 이는 불교의 광범위한 사회성과 선명한 대조가 된다. 그러므로 만약 경교 총회가 선교사 파송을 중단한다면 경전의 번역 작업은 중단될 것이고 선교사역은 유지되기 어려웠을 것이다. 사실상 경교가 가장 부흥했을 때에도 그 신도의 수는 본토의 불교와 비교조차 할 수 없었다. 더욱이 신도의 사회적 기초가 불교에 비해서 박약했기에 무종멸불과 같은 변고가 일어나니 그 원기를 회복할 수 없었던 것이다.[12]

물론 이러한 관점은 경교가 중국 내지에서 손해를 본 부분에 대한 해석에만 적합할 수 있다. 경교도는 회창멸불의 영향으로 중국 서북지역에서 선교하게 되었는데 교회의 체계는 여전히 변하지 않았다. 경교가 시행하는 교회체제의 적응에 관한 문제는 진일보적인 연구가 필요하다. 예를 들어, 경교가 몽골 등 변방의 부락에서 선교할 때 사회의 각 계층에서 선교해야 하는 것을 의식했고 몽골의 상층부의 지지를 얻었으며 이후 옹

12 江文汉,『中国古代基督教及开封犹太人』, 北京: 知识出版社, 1982年, 第66页.

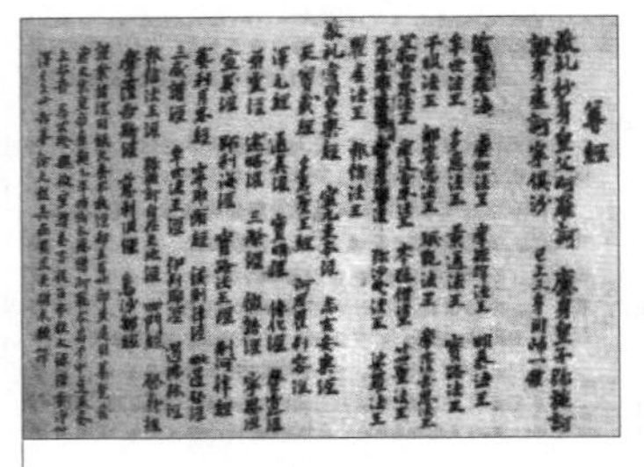
그림 013 『존경』 및 평어

구트Ongud의 국교가 되기도 했다. 이는 경교가 회창멸불의 교난을 겪고 선교 전략적 측면에서의 조정이 있었음을 알 수 있고 경교가 당나라 내지에서 실행했던 교회제도의 국한성과 차이를 보인다. 이 국한성은 당나라에서 경교가 쇠망한 원인 중 하나다.

불교가 중국에 전래되고 불경의 번역 작업도 수백 년 동안 지속이 되었다. 중국 본토의 승려도 여러 번 불교의 발원지인 인도에 구법하러 다녀왔고 중국 본토에서도 몇 대에 걸쳐 걸출한 불경 번역가들이 생겨났다. 몇 대에 걸친 노력으로 불경의 번역은 큰 성과를 이뤘다. 특히, 극도로 높은 언어적 수양을 지닌 본토 번역가가 작업에 동참하면서 불경의 번역과 불경의 토착화에 막대한 공헌을 하였다. 상대적으로 경교의 번역 작업은 페르시아 선교사들이 전담했다. 비록 그들은 서아시아의 여러 언어를 통달하고 깊은 신학적 수양을 지녔지만 그들이 중국어를 접촉한 지 오래되지 않았기 때문에 언어의 장벽을 완전히 넘어서지 못했고 번역도 이상적인 상태에 이르지 못하였다.

『존경』尊经의 마지막 부분에는 "대진 본교의 경은 도합 530여 부이며 모두 패다리엽贝叶에 산스크리트어로 기록되었다. (중략) 후에 본교 대덕 승 경정景净이 앞 30부를 번역하였다. 남은 대부분은 여전히 경문 가죽부대에 있으며 번역하지 못했다."[13] 이 기록으로 볼 때 경교 경전의 번

13 翁绍军, 『汉语景教文典诠释』, 上海: 三联书店, 1996年, 第212页.

역이 부족했다는 것을 알 수 있다. 당시 경교 경전은 총 530부가 있었는데 중국어로 번역된 것이 30부 밖에 되지 않았다.[14] 그러나 불교 경전의 수집과 번역은 당나라에서 전무후무한 성과를 가져왔고 현장玄奘과 의정義淨 두 사람만 경론 136부, 총 1,547권을 번역하였다. 경교의 번역은 상대적으로 봤을 때 창해일속滄海一粟과 같았다.

한어로 된 경교 서적이 부족했던 것 역시 경교가 널리 전파하는데 있어 불리한 지점이었다. 불교와 도교의 왕성과 대조했을 때 신학서적은 더욱 빈약해 보였고 용어 또한 억지로 갖다 붙인 것과 다르지 않았기에 경교가 중국 민중 사이에서 큰 영향력을 가져오지 못했다. 이런 각도로 볼 때 우리는 경교가 결국 도교, 불교, 유가사상 등 주류 문화체계에 잠식되었다는 것을 어렵지 않게 생각할 수 있다. 경교의 쇠락은 한어로 번역된 경전의 불성숙과 주류문화에 대한 의존도와 밀접한 관계가 있다. 문화적 의존도는 경교가 지닌 고유의 문화적 특성을 상실시켰다.[15] 신학사상적 측면에서 중국 경내 주류문화에 대한 영향력을 갖지 못했고 결국은 중국에서 자립하지 못하게 되었다.

## 3. 경교 쇠망의 문화적 원인

경교가 중국에 들어온 후에는 불교처럼 사대부의 인정과 지지를 얻지 못했다. 이로 인해 당나라 지식인들 중에 경교 신도의 비율이 매우 낮았다. 그 원인은 세 가지로 추론이 가능하다. 첫째, "경교비"의 내용으

14 葛承雍, "从景教碑试论唐长安景教的兴衰," 上引书, 第218页.

15 王静, "唐代景教在华衰落之文化原因探讨," 载于, 『西北工业大学学报』(社会科学版), 2006年, 01期, 第54-56页.

로 추론해보면 경교를 믿는 사람들은 대부분 구제 대상들이며 굶주린 사람, 추위 가운데 있는 사람, 그리고 치료를 받을 돈이 없는 사람, 장례를 치르기 어려운 사람들이 포함됐다. 이 계층은 당연히 생활에 있어 어떤 보장도 받지 못하는 가난한 사람들이었다.

둘째로, 현존하는 경교 문헌들로 봤을 때 『경교비』와 『삼위몽도찬』三威蒙度赞 등은 수준 높은 작품이라 불릴 수 있으나, 『서청미시소경』序听迷诗所经, 『일신론』, 『지현안락경』志玄安乐经 등은 문필이 불교 경전과 비교할 수 없었다. 필력이 좋은 『경교비』도 비록 저자가 경정景净이기는 하나 한인의 윤색으로 완성됐을 가능성이 크다. 『정원신정석교목록』贞元新定释教目录에 "경교비"의 저자인 경정이 범승梵僧과 함께 불경을 번역했다는 사건이 기록 되어있다. 당시의 반야법사般若法师는 당나라 말을 알지 못했고 경정 또한 범어를 몰랐기 때문에 한인이 언어 조수가 되어야 작업이 가능했을 것이고 이 과정 중에서 번역한 경교 경전을 한인의 윤색을 받았음은 매우 가능성이 높다. 아울러 경교비처럼 아름다운 작품을 보기가 어려운 것으로 볼 때 경교를 신봉한 한인 신자들이 매우 적었음을 추론해볼 수 있다.

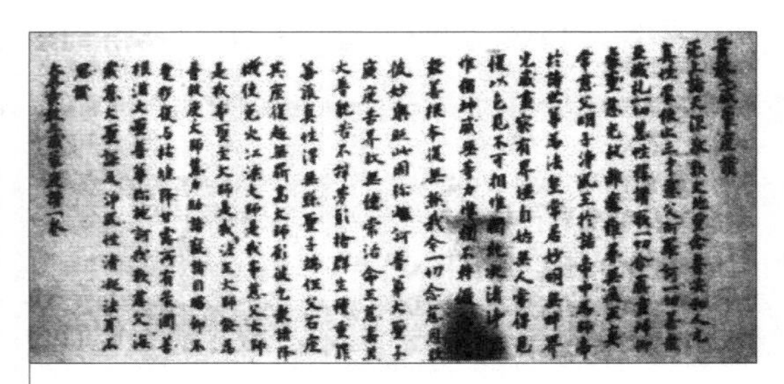

**그림 014** "삼위몽도찬"(三威蒙度赞)

셋째, 당나라의 문헌 중 경교와 중국의 지식인 계층이 직접적인 왕래를 기록한 내용이 매우 적다. 불교의 경우 『이혹론』理惑论과 같은 문헌을 남겨 연구의 대상이 된 것으로 봤을 때 경교 신도중에 지식인이 적었다는 것을 방증할 수 있다.[16]

근 몇 십년 이래 학계에서 특히 서양의 사회학과 역사학계에서 지식인 계층이 문화 발전 속에서의 지위에 대한 연구에 관심이 많았다. 불교와 경교의 초기 중국 전래와 지식인 계층과의 관계의 비교를 통하여 우리는 지식인 계층이 외래문화외래종교문화를 포함를 수용한 것이 중국문화 발전사에서의 의미와 작용이 어떤 각도로 보든 높지 않음을 알 수 있다. 보편적으로 알 수 있듯이 외래문화가 중국에 유입되는 최대 장애물은 중국 전통의 가치관과 제국 정치이며 사대부 지식인 계층은 전통 가치관의 가장 힘 있는 보호자이자 사회문화의 계승자들이다. 한 문화의 운명은 근원적으로 역사, 시대, 계급, 민중의 필요에 의해서 결정된다는 것은 부인할 수 없는 사실이다. 외래문화와 종교전파의 과정 중에서 지식인 계층의 결

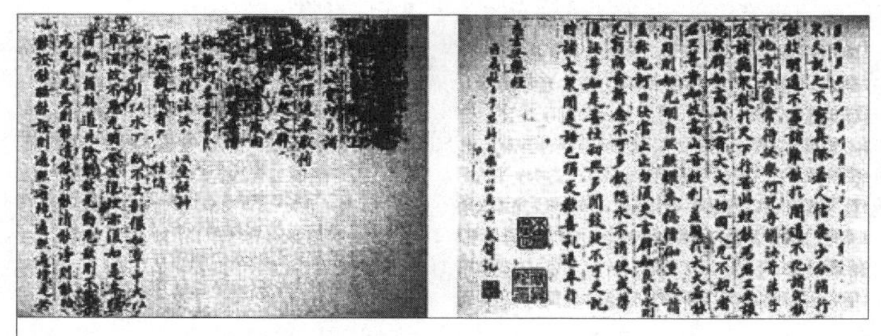

**그림 015** "지현안락경"(志玄安乐经)(권수와 권미)

16 张晓华, "从佛教景教传播中国的成与败看外来宗教本土化的若干理论问题," 载于, 『史学理论研究』, 1999年, 4期, 第61-68页.

정적인 작용은 말할 것도 없이 중요하나 상층부 인사와 평민 백성이 문화의 운명을 최종결정한다는 것을 부인할 수는 없다. 만약에 경교가 민중 가운데서의 전파가 성공적이었다면 이는 가장 두터운 사회적 기초와 가장 광범위한 사회적 영향력을 얻었을 것이다. 왜냐하면 경교와 경교의 가치는 백성들의 생활 속에서 가장 통속적이고 가장 일상적인 존재가 되어야만 중국에서 자리를 잡고 견고해지며 발전할 수 있었을 것이기 때문이다.

## 제3절 원나라의 야리가온

당 무종의 멸불사건은 한 때 왕성했던 경교가 회복 불가능한 타격을 받아 사원이 훼손되고 선교사들이 추방을 당하고 중원에서 종적을 감추게 하였다. 송태종 태평흥국 5년太平兴国, 980년, 납길란纳吉兰이란 동방교회 선교사가 5명의 경교도와 함께 중국의 경교 교회를 다시 정돈하고자 중국에 왔다. 그러나 그들은 중국에 와서 “교도들은 다 횡사하였고 예배당은 훼파 되었다. 전국에 한 사람을 제외하고는 두 번째 그리스도교인이 없었다. 전역을 찾아봐도 가르침을 전해줄 사람이 없었기에 급히 귀환했다.”고 한다.[17] 그러나 경교는 중국 북방과 서방 소수민족 중에 여전히 명맥을 유지하고 있었다. 13세기에 경교는 몽골의 용맹한 기병과

17 [英]裕尔(Henry Yule),『东域纪程录丛: 古代中国闻见录』, 张绪山译, 北京: 中华书局, 2008年, 第88页.

중앙아시아의 상인들을 통해 다시 중국 내륙으로 진입했다. 몽골인은 경교도를 '야리가온'또는 에르케운으로 칭하였기에 현대 학자들은 이를 근거로 원나라의 경교를 야리가온교라고 칭한다. 경교를 제외하고도 서방교회인 천주교도 원나라 시대에 중국에 선교하고 교회를 세우고자 시도했었다.

1206년, 테무진이 몽골의 각 부족을 통일하고 오논강 발원지에서 쿠릴타이회의를 개최하여 몽골제국을 건설하였고 카라코룸을 수도로 삼아 몽골 초원에서 장기간 혼란스러운 정세에 종지부를 찍었다. 테무진은 칭기스칸으로 추대되었다. 1271년 쿠빌라이가 원나라를 세우고 베이징을 수도로 삼았다. 1279년 남송이 멸망하고 몽골인이 중국 남방까지 통일을 하였다. 몽골인이 세운 원나라의 영토는 매우 넓어서 동쪽으로는 일본해, 남으로는 남해, 서로는 천산, 북으로는 바이칼호까지 포함되었다.

## 1. 몽골 부락에서의 야리가온

1260년이후, 중국에서는 "야리가온"이라는 그룹이 존재했다. 야리가온의 원래의 뜻은 명확하지는 않지만 발음이 그리스어의 "euangelium"복음과 비슷한 데에서 비롯되었을 수 있다. 『원사어해』元史语解에 따르면, 몽골어의 "복이 있는 사람", "인연이 있는 사람"에 대한 기록이 있다. 문헌의 기록에 따르면, 이는 동방교회의 선교사를 뜻하기도 하고 동방교회의 그리스도인을 뜻하기도 한다. 원나라의 "야리가온"은 데쎄迭屑, 다퍼达婆, 투퍼突婆 등으로 불리기도 했는데 이는 페르시아어의 "tarsa"의 음역으로 보이며 또한 진교秦教로 불리기도 했다. 류이탕刘义棠과 우언乌恩이 위구르문자와 몽골어에 대한 연구에 따르면 '야리가온'의 어근은 "거룩한 사람", 또한 "권력, 특권" 또는 "특권이 있는 사람",[18] 또는 중국에서 거주하는 외국인이라는 뜻일 수 있다고 한다. 요辽, 금金이 점령당하고 (그리스도인을 포함한) 일부 사람이 남아서 몽골을 위해 쓰임을 받았다고 한다. 오고타이 시기에 우승상右丞相을 담당했던 진해镇海가 바로 케레이트족의 경교도였다. 당나라 경교의 후예가 얼마나 되는지는 자료의 한계로 인해 알 수 없다.

마르코 폴로의 『동방견문록』에 따르면 송, 원 시대의 경교도동방교회는 몽골을 도와 대포를 만들었고 몽골군과 협력하여 양양성襄阳城을 함락시켰다. 옹구트ongud족, 케레이트족, 위구르족 등은 모두 경교의 영향을 깊이 받았고 그들이 중원으로 입성하면서 야리가온도 내지로 들어오게 되었다. 그들은 대부분 장수江苏, 저장浙江, 푸젠福建 등 지역에 집중적으로 거주하였고 장수의 양저우扬州, 전장镇江과 푸젠의 취안저우泉州를 집단거주지로 삼았다. 원나라의 다른 부족에 야리가온이 얼마나 있었는지와 그 분포는 정확하게 알 수 없다. 옹구트, 케레이트, 나이만, 메르키트와 오이라트 중에서도 야리가온의 흔적을 발견할 수 있다.

옹구트는 돌궐 몽골 종에 속하며 학자에 따르면 위구르와 동종이라고 한다. 요, 금 시기에 옹구트는 황하 오르도스 북쪽의 지역에 살았는데 오늘날 내몽골 오르도스의 북쪽이다. 옹구트족은 문명 수준이 높았고 매우 일찍부터 경교를 받아들였으며 부족에 많은 사람이 그리스도교와 관련된 이름을 사용했다. "『원사』元史에 기록된 옹구트족의 전전专传이 있는 사람들의 이름을 내가 보니 그리스도인들이었다." 그들이 경교에 귀의한 시기는 알 수 없으나 옹구트의 4대가족인 아라우스阿勒兀斯, Alaqši, 마씨马氏, 조씨赵氏, 예율씨耶律氏는 모두 경교 신도들이었다. 동방교회의 총대

18 殷小平, 『元代也里可温考述』, 兰州: 兰州大学出版社, 2012年, 第21-22页.

주교인 야발라하 3세Yaballaha III가 바로 옹구트족 사람이었다. 그는 몽골의 동승东胜, 오늘날의 튀커퉈의 동방교회 회리장 바이니엘Bayniel의 아들이며 원래 이름은 마가였다. 크리스토퍼 도우슨의 The Mongol Mission에서도 "케레이트족과 나이만은 주로 그리스도교를 신봉했다. 중국 북부 경계에 있는 옹구트 돌궐도 그러했다." 이 외에, 마조상马祖常, 1279-1338와 자오쓰옌赵世延, 1258-1335도 비록 한어 이름이 있으나, 사실상 그들은 옹구트족 사람이었다.

마르코 폴로1254-1324는 아라우스를 "장로 요한"이라 칭했다. 이 이름은 그리스도교 왕국 또는 주교, 로마 천주교회의 프란치스코회의 선교사 요한 몬테코르비노 주교John of Montecorvino, 1247-1328가 1306년 2월 13일에 유럽에 보낸 편지에서 아라우스의 손자 쿠리기스를 언급했는데 그는 옹구트 출신으로 그의 가족은 서양의 귀족 영주에 해당되며 큰 영지를 소유하였고 그 중심을 풍주丰州에 두었으며 마르코 폴로가 바로 그 지역을 지나갔었다. 몬테코르비노는 편지에서 쿠리기스가 이미 천주교로 개종하였고 몬테코르비노에게 많은 도움을 주었으며 자금을 후원하여 대도大都,

**그림 016** 내몽골지역에서 발견한 십자청동패 장식

현 북경에 성당을 지었음을 언급했다. 두 사람이 합작하여 대도에서 두 곳에 천주교 성당을 지었을 뿐만 아니라 몬테코르비노의 요한의 영향을 받아 쿠리기스는 자신의 영지에서도 천주교 성당을 건축하였다. 이 성당은 1305년에 건축되었고 쿠리기스와 그 부족 사람들이 모금하여 건축했다. 이 성당은 왕궁과 귀족의 저택보다 더욱 웅장했다. "예배당 안에 천주의 상과 '삼일묘신'三一妙身과 천주황상天主皇像을 세웠다. 쿠리기스는 성당을 위해 '로마교당'이라는 편액을 썼다." 거리가 멀었을 뿐만 아니라 "칸에게서 멀리 떨어질 수 없어서" 몬테코르비노는 직접 시찰을 할 수 없었다. 쿠리기스에게는 한 아들이 있는데 세례를 받고 천주교 교인이 되어 술안述安, 즉 요한이란 세례명을 받았다. 쿠리기스가 죽은 후 그의 동생 술훌난述忽難이 부하를 이끌어 다시 네스토리우스파 신앙을 받아들였다. 비록 옹구트 지역에 야리가온 신앙이 성행했으나 한문 사료에는 고당왕高唐王 쿠리기스가 천주교로 개종한 일에 대한 기록이 없고 군사에 관련된 공적과 유학을 숭상한 일에 대한 기록은 많이 남아있다.

칭기스칸 가족에 큰 영향을 끼친 돌궐화된 부족 케레이트족은 오르콘강 일대에 거주하고 있었으며 이들은 1007년에 그리스도교로 개종하였다. 케레이트족의 신앙에 대해 언급하면서 "장로 요한"에 대한 소문을 언급하지 않을 수 없다. 중세 유럽 교회가 중국의 "장로 요한 왕"에 대한 이미지 메이킹과 케레이트족의 그리스도교 신앙은 관련이 있다. 역사적 관점에서 볼 때 "요한 법왕"約翰法王의 이야기는 일종의 전설이다. 그러나 그의 이야기는 또한 역사적 진실을 일부 내포하고 있다. 즉, "장로 요한 왕"의 이야기는 경교가 중국 서북지역에서 성행한 것 그리고 서방 사람들이 이를 주시하였으며 이 보이지 않는 사도가 서양의 십자군과 함께 성지를 수복할 것을 갈망하였다.

칭기스칸이 케레이트족을 정복한 후, 그와 그의 아들은 다 케레이트족의 공주와 혼인했다. 또 한 명의 케레이트족 그리스도인이 있었는데 그는 원세조 쿠빌라이 시기의 종왕 내언乃顔, 1287년 사망이었다. 케레이트족의 일부는 야리가온 신앙을 지닌 여성들이 있었는데 이들이 왕실에 들어온 후 몽골 원나라의 통치자에게 깊은 영향을 끼쳤고 특히 칭기스칸의 네 번째 아들인 톨루이는 소르칵타니 베키Sorhaghtiani Beki, 1192-1252와 결혼하였는데 그녀는 케레이트족 왕한王汗, 또는 옹 칸의 조카 딸이었다. 1203년 테무진이 케레이트를 정복한 후, 그녀를 톨루이에게 시집을 보냈다. 한문 사료에서는 소르칵타니가 그리스도인이고 몽케, 쿠빌라이, 훌레구, 아릭부케의 생모로 기록되어 있다.

몽케, 쿠빌라이, 훌레구는 그리스도교에 우호와 관용의 태도를 지녔는데, 이는 어머니의 가르침과 무관하다고 볼 수 없다. 몽골의 부녀는 노동에서 중요한 위치를 차지하고 있기 때문에 그녀들이 가정사에 있어서 보다 많은 발언권을 갖기도 하였다. 이는 여성의 신앙이 가정에 큰 영향력을 끼치는 결과를 낳았다.

그녀들의 신앙과 태도가 원나라의 통치자의 종교적 입장에 영향을 끼쳤다. 바이서우이白寿彝의 세계통사에서는 소르칵타니는 유학과 선비를 매우 중시했고 여러 학문과 재능이 있는 사람들을 중용하였으며 비잔티움의 유명한 경교도이자 천문학자요 의약전문가인 아

**그림 017** 까우창경교사 벽화 중 종려나무주일 그리스도의 영화로운 입성

이쉐爱薛도 부름을 받아 몽골에 와서 쿠빌라이를 보좌하였고 평장정사平章政事라는 관직까지 지냈다. 소르칵타니는 재능에 따라 사람을 임용하였고 여러 방면의 인재들이 아들들을 보좌하도록 하였는데 이는 그들의 통치에 기초를 놓는 역할을 했다.

위구르족畏兀兒은 당나라 시기에 회흘回鹘로 불렸으며 고비사막 북쪽에 살았다. 이후 일부 위구르 사람들이 천산 북쪽과 하서 일대로 이주하였고, 송료宋辽, 또는 북송 시기에 일부가 천산 동쪽 서주西州와 고창高昌, 또는 카라호자 지역으로 이주하여 서주 회홀, 고창 회홀이라고 불렸고 원나라때는 위구르라고 불렸다. 위구르 사람이 경교를 받아들인 시기가 언제인지는 알 수 없으나 위구르족에 여러 유명한 경교도가 있었다는 것은 사실이다. 원나라 때 베이징에서 출발하여 서쪽으로 성지순례를 떠난 두 사람의 경교도인 바르 사우마와 그의 제자 마르쿠스가 바로 위구르 사람들이었다. 칭기스칸 시대에 몽골 문자를 창제한 타타통아Tata-tonga 또한 위구르 사람이며 경교도였다. 마르코 폴로는 "카슈카르부터 동쪽으로 대도大都, 베이징까지 길에 네스토리우스파 그리스도인이 없는 곳이 없었다."고 말했다. 나이만, 메르키트 족돌궐 몽골사람과 몽골 오라이트 족 중에도 그리스도교 신앙을 가진 사람들이 있었다. 나이만족은 몽골 돌궐의 한 가지로 오르콘강 서쪽에 거주하였다. 『요사』辽史에서는 '니안바거'粘八葛, 음역, 『금사』金史에

그림 018 고창고성 유적

서는 '니안바언'粘拔恩, 음역이라고 칭했다. 나이만 사람이 경교를 신봉한 것은 쿠츨루크 나이만의 마지막 수령으로부터 언급해야 한다. 루브룩은 동방 여행기에서 "나이만족은 네스토리우스 그리스도교인들이다."라고 말하면서 나이만족은 "요한 장로의 신하들"이라고 말했다. 나이만 족은 칭기스칸의 가족과도 혼인관계를 가지고 있으며 칭기스칸은 나이만족 왕 태양칸의 처를 왕비로 삼았고 쿠츨루크의 딸은 톨루이에게 시집을 갔다. 메르키트족은 바이칼호 남쪽에 살고 있고 사료의 기록에 따르면 오고타이 칸의 처, 귀위크칸의 어머니도 야리가온 신자였음을 알 수 있다. 교황청의 사신인 카르피니Giovanni da Pian del Carpine가 귀위크칸을 알현했을 때 귀위크칸의 어머니가 나와서 접견하였고 사신들에게 귀한 예물을 하사하였다고 한다. 오이라트족은 바이칼호 동쪽에 거주하였는데 그들 중에도 경교도가 있었다.

원나라의 자료에 따르면 비잔티움시리아지역 사람 아이쉐爱薛는 충부사崇福司의 첫 책임자였다. 아이쉐는 동방교회 그리스도교의 가정에서 태

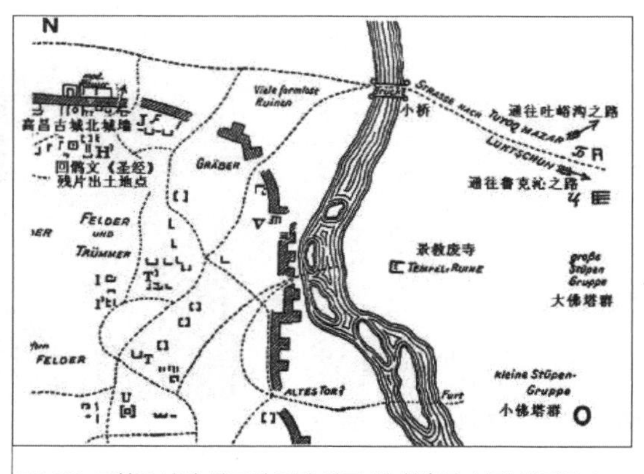


그림 019 고창고성의 경교사유적 약도 및 회흘문 성경 발견장소

어났다. 당시 중국에는 메소포타미아 지역에서 온 그리스도인도 살고 있었고 대도에는 알란 사람도 살고 있었다. 그들은 몽골의 서방원정 때 캅카스에서 대도로 이주해왔는데 그들도 경교를 믿고 있었다. 알란 사람들은 용맹하고 전투에 능하며 몽골 통치자의 시위대가 많았다. 몬테코르비노는 그들과 깊은 우정을 나눴고 그들을 대상으로 선교를 하였다. 마리뇰리 Giovanni de' Marignolli 의 보고에 따르면 알란 사람은 3만명 정도 되고 "모두 그리스도교를 신봉하는데 어떤 사람은 진실되게 어떤 사람은 명목상으로 믿었다"고 한다. 사료에 따르면, 마르 세르기스가 바로 사마르칸트 Samarkand 에서 온 야리가온 신도이다.

## 2. 야리가온의 전파와 분포

원세조 지원 12년 서기 1275년 전후에 대도大都, 간수甘肃, 닝샤宁夏, 텐더天德, 시안西安 등에 야리가온이 거주하고 있었다. 원나라 시기 야리가온이 많이 분포되어있던 도시는 자이톤 Zaiton, Zaitun, 즉 취안저우 泉州, 양저우 扬州, 항저우 杭州, 전장 镇江, 원저우 温州, 쿤밍 昆明 등 지역이다.

그림 020 추앤저우(泉州)에서 발굴한 중국 풍격 천사석고 기초석

야리가온은 종교활동을 거행할 수 있었고 각지에서 여러 예배당을 건축하였으며 이 예배당들은 중국과 외국의 문헌에 모두 기록되어 있다. 서방에서 몽골제국과 원나라에 온 사람들, 예를 들어, 루브룩 Guillaume de Rubruquis, 1210-1270, 마르코 폴로, 오도릭Friar Odoric, 1265-1331, 마리뇰리 등은 다 원나라 시기의 야리가온의 발전에 대해서 기록하였고 한문 문헌에도 약간의 기록들이 있다. 서방 사람들의 여행기와 한문사료들을 종합하면 몽원몽골제국 - 원나라 시기의 각 지역 예배당의 상황을 볼 수 있고 원나라 시기 야리가온의 발전 상황을 알 수 있다. 카라코룸은 몽골제국 초기의 통치 중심이었으며 동서방문화교류의 집합처였다. 서방 여행기의 기록에 따르면 귀위크칸, 몽케칸의 궁정 근처에도 예배당이 있었다. 몽골인이 중원의 주인이 된 이후 전국 각처에 예배당이 건축되었다. 대도, 간저우甘州, 닝샤宁夏, 텐더天德, 시안西安, 취안저우泉州, 양저우扬州, 쿤밍昆明, 전장镇江 등 지역인데, 특히 전장에만 마르 세르기스가 세운 8곳의 예배당이 있었고 가장 유명한 곳이 대흥국사大兴国寺다. 푸젠福建성의 취안저우泉州는 고대에 자이톤이라고 칭했다. 동해에 인접해 있고 중국이 가장 일찍 개항한 상업부두 중 한 곳이며 무역의 왕래가 매우 발달되었고 많은 경교도가 있었다. 오늘날 취안저우泉州로 불리는 취안저우해외교통역사박물관은 십자가, 연꽃, 구름과 파도, 천사 도안 등이 있는 경교도의 묘비 식각이 전시 되어있고 시리아어 명문铭文과 위구르문자로 된 경교 비문도 있다. 출토된 경교도의 묘비 수량을 보면 원나라 취안저우 경교가 한 때 매우 흥성했음을 알 수 있다.

**그림 021** 베이징서남교삼분산숭성원(北京西南郊三盆山崇圣院) 유적

북방 예배당은 주로 베이징, 서경다퉁西京大同, 간저우

甘州 등에 분포되어 있었다. 베이징은 원나라 때 칸발리크로 불렸는데 1919년 방산房山에서 원나라 경교의 십자사十字寺 유적을 발견하였고 유적에는 원나라 순제順帝가 내린 십자비기十字碑记가 있으며 석비 위에는 고대 시리아어가 기록되어 있다. 허베이河北성 주어현涿县부근의 산에서 꽃무늬가 있는 십자비석을 발견하였고 네 귀퉁이에 시리아어로 "그를 앙망하라", "희망을 그에게 두라"가 기록되어 있다. 고증에 따르면, 이는 당나라서기 960년의 십자사이며 요나라 때 건축되었고 원나라서기 1365년 때 보수되었다. 이 비석의 발견으로 경교가 원나라 칸발리크에서 흥성했던 정황을 증명할 수 있게 되었다. 서경다퉁은 네스토리우스 대주교가 거주하는 지역이었으며 예배당도 있었다. 마르코 폴로의 기록에 따르면 그는 간저우甘州, 오늘 날의 장예张掖에 도달했을 때 경교 예배당을 보았다고 하며, "그리스도인들이 (중략) 이 성 안에 세 곳에 크고 아름다운 예배당을 세웠다"고

**그림 022** 삼분산숭성원(三盆山崇圣院) 석각탑본

기록했다.

원나라 문헌에는 전장镇江의 야리가온에 대한 기록이 매우 상세하게 나와있다. 『지순진강지』至順镇江志에 수록된 "대흥국사비"에도 이곳의 야리가온의 정황에 대해서 기록하고 있으며 예배당 건축에 열심을 냈던 마르 세르기스에 대한 기록도 있다.

마르 세르기스는 중앙아시아의 사마르칸트에서 왔는데 그곳은 야리가온이 전파된 지역이다. 1220년에 이 구역은 칭기스칸의 관할 아래로 들어왔다. 마르 세르기스 가족은 조부때로부터 원나라 조정에서 의관이었다. 마르 세르기스의 조부 게와르기스Gewargis, 외조부 게파Kepha, 아버지 밀리스Millis는 다 의술에 능했으며 특히 사피의 의술이 가장 좋았다. 마르 세르기스는 몽골군과 함께 남하하였고 1278년 1월에 镇江에 도달하였으며 전장부의 부副다루가치가 되었다. 재임 기간 동안에 7곳에 야리가온 예배당을 건축하였고 그 중 가장 유명한 것이 1281년에 건축된 대흥국사다. 대흥국사 이외에도 운산사云山寺, 취명산사聚明山寺, 사독사四渎寺, 고안사高安寺, 감천사甘泉寺, 그리고 항저우에 세운 대보흥사大普兴寺가 있다.

마르 세르기스가 세운 경교 예배당 이외에도 진장에는 원나라때 세워진 두 경교사가 있다. 하나는 "대광명서大光明寺로 단양관丹阳馆 남쪽에 있으며 원정 원년서기 1295년에 안마기스가 건축하였다." 또 한 곳은 "대법흥사大法兴寺로 통오관 밖의 복전산福田山에 있다." 건축한 사람은 알려지지 않았다. 이 경교 예배당들과 마르 세르기스가 세운 예배당을 합치면 진장 일대에는 야리가온의 십자사예배당가 10곳에 이른다.

마르 세르기스는 또한 사르베치舍里八赤, 또는 舍儿別赤에 임명이 되었고 무슬림의 약처방과 아라비아의 음료인 시럽의 제조와 공급을 책임졌다. 그는 이런 의료용 효과가 있는 음료를 윈난云南, 푸젠福建, 장수江苏, 저장浙江 등 지역에 전파하였고 이 기회를 통해 전도하였다.

## 3. 바르 사우마와 마르쿠스

원세조 쿠빌라이의 시기에 중국에서 태어난 두 명의 야리가온이 서방에 있는 예루살렘으로 성지순례를 떠나기로 약속한다. 한 사람은 바르 사우마이고 다른 한 사람은 그의 제자 마르쿠스다.

바르 사우마약 1230-1294년, 위구르인는 원나라 초 칸발리크의 유명한 경교도이며 대도베이징에서 태어났다. 그의 아버지 시반Shiban은 칸발리크에 거주하며 숭복사에 봉직하고 있었다. 바르 사우마는 어렸을 때 칸발리크 주교인 마르 고리지스Mar Giwargis, 즉 George로부터 세례를 받았고 30세에 수도원에 은거하며 수련하였다. 이후 홀로 교외의 산에 숨어 수도하였는데 방산십자사房山十字寺가 바르 사우마가 은거한 곳 가까이에 있었다. 마르쿠스Marcos는 산시성자이산山西省翟山의 위구르인이었고 아버지인 바이니엘Bainiel은 경교 대주교였다. 마르쿠스는 은수자가 되기를 희망했고 바르 사우마에게로 가서 3년 동안 고된 수련을 하였다. 두 사람은 몽골어를 통달하여 약 1275년에 쿠빌라이의 허

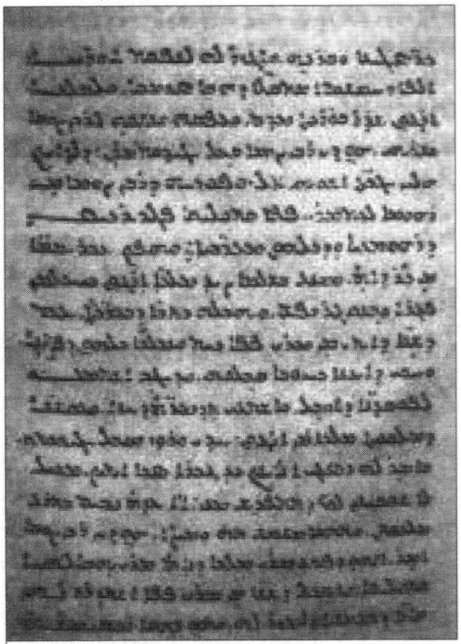

그림 023 시리아어『대총관 야발라하와 바르 사우마전』책의 한 페이지

락을 받아 한 상단과 함께 예루살렘으로 성지순례를 떠났다. 그들은 베이징에서 출발하여 산시성자이산山西省翟山, 사주沙洲, 돈황敦煌, 허텐和阗, 카슈가르喀什噶尔, 후뤄산呼罗珊을 지나 바그다드에 이르렀다.

사제 두 사람은 바그다드에서 동방교회의 최고지도자인 마르 덴하Mar Denha 1세를 만났고 마르 덴하는 그들이 남아 교무를 도와줄 것을 청하였으나 두 사람은 오래 머무르지 않았고 예루살렘을 향하는 길로 나섰다. 길에서 도적이 많아 교통편이 끊겨서 다시 바그다드로 돌아왔는데 그때가 1280년이었다. 덴하 1세는 마르쿠스를 대주교로 임명하고 그에게 마르Mar, 大德라는 칭호를 내렸다. 아울러, 추첨의 방식으로 그의 이름을 야발라하 3세로 개명하였으며 거란과 옹쿠트 지역의 교무를 담당하도록 하였다. 바르 사우마는 순회하는 총감독巡锡总监으로 임명하고 그에게 랍반Rabban의 칭호를 내렸다. 그러나 도중에 전란이 끊이지 않아 부임을 하지는 못하였고 마르 덴하가 별세한 소식을 듣고 다시 바그다드로 돌아와 장례에 참석하였다.

장례를 마친 후 동방교회의 주교회의에서 새로운 총대주교를 선출할 때 각 주교구에서 만장일치로 야발라하 3세를 마르 덴하의 후계자로, "동방교회의 총대주교"로 선출하였다. 이유는 그가 몽골어를 할 줄 알고 몽골 사람들의 풍속, 관습, 통치의 방법을 알기에 가장 적합한 인선으로 생각했던 것이다. 야발라하 3세의 당선과 임명은 아바카 칸의 조서를 받아 승인되었고 페르시아 몽골의 칸이 친히 총대주교의 영예로운 일산日傘과 인장을 수여하였다.

일 칸국의 아르군 칸이 서방 그리스도교 국왕들과 연맹을 하여 함께 팔레스타인과 시리아를 침공하여 이슬람 교도들을 공격하고자 할 때 동방교회의 총대주교인 야발라하 3세는 바르 사우마를 특사로 추천하였고 아르쿤 칸의 허락을 받았다. 그러므로 바르 사우마는 1287년 3월부터 1289년 7월까지 유럽으로 출사하였다. 『중국황제 쿠빌라이의 수사』의 기록에 따르면 바르 사우마가 유럽을 방문하는 동안 프랑스 국왕 필립 4세 Philippe IV, 1268-1314, 영국 국왕 에드워드 1세 Edward I, 1239-1308 그리고 로마의 교황 니콜라오 4세 Nicholas IV, 1227-1292를 알현하였다. 바르 사우마가 교황을 알현할 때 아르군 칸과 야발라하 3세의 서신을 전달했다. 교황은 바르 사우마에게 바티칸에서 동방교회의 전례를 집전해줄 것을 부탁하였고 교황도 바르 사우마를 위해 미사를 집전하였다. 로마를 떠날 때 교황은 바르 사우마에게 그리스도의 옷 한 조각과 성모의 두건 한 조각을 선물하였고 야발라하 3세에게 보석이 박혀 있는 순금 삼중관을 전달해달라고 부탁하였다.

교황은 바르 사우마에게 조서를 주어 야발라하 3세에게 전달하도록 했는데 이 조서는 야발라하 3세에게 동방 신도들의 총대주교 권력을 수여한다는 내용이었다. 아울러 교황은 또한 바르 사우마에게 순회 감독의 직무를 주어 모든 그리스도인들을 순시하도록 하였다. 교황의 조서는 이런 방식으로 동방교회에게 로마 천주교의 보편교회적 주권을 보이고자 한 것이다. 야발라하 3세와 바르 사우마 이 두 야리가온은 중국의 칸발리크를 떠나온 후 다시는 고향에 돌아가지 않았다. 전해오는 말에 따르면 바르 사우마가 베이징 서남부의 방산현房山县 삼분산三盆山 십자사의 숭성원崇圣院에서 수행하였다고 하여 1320-1330년에 중수되어 바르 사우마와 야발라하 3세를 기리도록 하였다.

## 제4절 원나라 시기의 천주교 전래

원나라 때는 경교의 야리가온 외에 천주교도 제한적으로 전파되었다. 원나라 천주교에 대해서는 주로 서방교회의 문서들과 동시대 유럽 여행가들의 여행기, 그리고 로마 교황청과 몽골 칸의 조정이 서로 사절을 통해 주고받은 서신 등 자료를 통해 알 수 있다. 몽골에 파송된 선교사들이 가지고 돌아온 정보는 몽원蒙元제국과 통치자들 상당 부분이 그리스도교를 신앙하고 있으며 몽골 통치자들이 그리스도교를 포함한 모든 종교에 대해 관용하는 태도를 지니고 있고 종교를 차별하는 현상은 보이지 않는다고 기록되어 있다. 이로 인해 교황청은 중국에 선교사를 여러 번 파송하고자 하였다. 쿠빌라이의 제의와 바르 사우마의 유럽행은 교황청이 중국으로 선교사를 파송할 마음을 더욱 강화하였다. 그러나 가장 먼저 몽골 사람들과 접촉한 천주교 수도사들의 주요목적은 선교에 있지 않았고 몽골의 힘을 빌려 이슬람 사람들이 유럽에 행사하고 있는 압력을 약화시키고자 함에 있었다.

### 1. 천주교과 몽원제국의 접촉

십자군 사건의 기간 동안, 유럽에는 "장로 요한왕"의 전설이 전파되었다. 전설에 따르면, "장로 요한왕"은 그리스도교를 믿는 동방의 왕이며 왕권과 교권을 한 몸에 지니고 있으며 매우 강성했다. 그는 군대를 이끌고 서방을 향해 진군하여 예루살렘을 수복하고자 하였으나 티그리스강

물이 범람하여 중도에서 돌아갔다. “장로 요한왕”의 전설은 점점 더 부풀려지고 사실처럼 다가왔고 유럽의 군주들을 이상하게 흥분시켰다. 그들은 “장로 요한왕”에게 요청하여 동방에서 무슬림의 초승달 군단을 무찌르고 유럽의 십자군이 서에서 동으로 진격하여 협공의 형태를 이룬다면 십자군은 반드시 승리할 것으로 믿었다. 13세기 몽골 대군이 서방으로 진격하여 유럽인들을 크게 압박했다. 이런 상황에서 교황 인노첸시오 4세 Innocent IV는 1245년에 프란치스코회 수도사인 카르피니 Giovanni da Piano del Carpino를 사신으로 임명하여 몽골로 보냈다. 카르피니의 임무는 몽골 대군이 서방으로 진격하는 것을 저지하는 것인데 이런 큰 임무 외에, 교황은 카르피니가 몽골 군대의 상황을 알아보고 동시에 그들이 그리스도교를 신봉하는지를 탐색하여 몽골 군대를 지휘하는 자가 전설 속의 “장로 요한왕”인지 알아보게 하였다.

카르피니는 이탈리아 사람으로 사절로 임명이 된 후 리옹에서 출발하여 이듬 해 7월에 몽골의 수도 카라코룸 Qara-qorum에 도착하였고 막 등극한 정종定宗 귀위크 칸을 만나 이노센트 4세의 편지를 전달하였고 정종은 교황의 편지를 읽고 답장을 써서 카르피니를 통해 교황에서 전달하도록 했다. 1247년 카르피니는 그가 얻은 정보와 함께 정종의 서신을 들고 프랑스로 돌아왔다. 후에 정종과 그의 어머니가 천주교를 신봉하게 되었다는 소식을 듣고 프랑스 국왕은 수사를 보냈으나 도착했을 때 정종은 이미 소천하였다. 전체적으로 봤을 때 이번 출사는 예상했던 목적을 달성하지 못하였다.

1252년 교황은 다시 프란치스코회 수도사 루브룩을 몽골에 사절로 보냈다. 루브룩은 콘스탄티노플에서 출발하여 같은 해 12월 27일에 카라코룸에 도착하여 헌종宪宗황제를 만났다. 루브룩이 헌종을 알현할 때 이번 출사의 목적을 설명하여 몽골이 군대를 보내 무슬림을 공격해달라고 하였으나 헌종은 승낙하지 않았다. 루브룩은 몽골에서 선교할 것을 허락해달라고 간청했으나 이 또한 윤허되지 않았다. 1255년 루브룩은 아무런 소득 없이 돌아갔다.

이 두 번의 접촉을 통해 유럽 사람들은 몽골황제가 전설 속의 "장로 요한왕"이 아닌 것과 몽골인들도 그들이 상상했던 그리스도인들이 아니었음을 알게 되었다. 그러나 그들은 몽골의 왕공대신 중에 많은 경교도가 있으며 또한 유럽에서 포로로 끌려온 천주교 신자가 있음을 알게 되었다. 이 기간 동안에 많은 경교도들이 천주교로 개종하기도 하였다.

1269년 원세조 쿠빌라이는 카라코룸에서 유럽으로 돌아가는 이탈리아 상인 마르코 폴로의 아버지와 삼촌에게 로마 교황에게 부탁하여 칠예七艺, 문법, 윤리학, 수사학, 수학, 기하학, 음악, 천문학를 아는 선교사를 보내 달라고 부탁했다. 쿠빌라이가 교황에게 보낸 편지에는 만약 그리스도교가 확실이 다른 종교보다 우월하다면 몽골 신민臣民들도 다 그리스도교를 믿도록 하겠다는 내용이 있었다. 아울러, 쿠빌라이는 그들에게 예루살렘의 묘지에 있는 촛대에서 성유圣油를 조금 가져올 것도 부탁했다. 교황은 쿠빌라이의 요청을 승낙했으나 전란으로 인해 두 명의 도미니코회의 수도사와 폴로 형제베네치아 폴로형제라 불리는 니콜로 폴로, 마페오 폴로를 보냈는데 두 수사는 도중에 본국으로 돌아갔고 폴로 형제와 니콜로 폴로의 아들 마르코 폴로만 중국에 도착했다.

## 2. 몬테코르비노

1247년, 요한 몬테코르비노는 이탈리아 남부의 살레르노Salerno 부근의 몬테코르비노 로벨라Montecorvino Rovella에서 태어났다. 그는 젊었을 때 프란치스코회에 입회했다. 1289년, 교황의 파송을 받아 일 칸국의 아르군 칸, 쿠빌라이 칸 그리고 카이두 칸에게 보내는 교황서신을 지니고 길을 나섰다. 그는 이탈리아에서 출발해 배를 타고 소아시아와 아르메니아를 지나 페르시아에 도달하여 육로로 인도에 도착해 마드라스에서 1년여 기간을 체류하였다. 동행한 사람은 도미니코회 니콜라 수사Nicola da Pistoia, 베드로라 불리는 상인Pietro da Lucalongo이 있었는데 아쉽게도 니콜라는 인도에 도착한 후 병사하였다.

그림 024 몬테코르비노

1294년, 몬테코르비노는 대도에 도착하여 막 즉위한 원성종을 만나 거주하며 선교할 수 있도록 윤허를 받아 천주교의 중국 선교 서막을 올렸다. 몬테코르비노가 중국에서 선교활동을 했다는 것은 1305년대덕9년 그가 로마 교황청에 보낸 두 번째 편지와 1306년대덕10년의 세 번째 서신을 통해 알 수 있다. 몬테코르비노가 선교 허가를 받고 먼저 경교를 신봉하는 몽골 귀족 사이에서 권면을 시작하였다. 그가 중국에 도착한 첫 해, 옹구트족 고당왕 쿠리기스를 천주교으로 개종시켰다. 쿠리기스는 성종의 부마駙马요, 옹구트족의 수령이며, 만리장성 이북의 오도로스 평원의 넓은 지역을 관할하였고 그 부족은 대부분 경교를 신봉하였다. 몬테코르비노는 그와 알게 된 후 많은 도움을 받았다.

몬테코르비노는 선교사역에서 현지문화와의 결합의 중요성을 알고 있었고 열심히 몽골의 문자를 배우고 쿠리기스와 함께 전체 라틴어 성서일과경日课经를 번역하였고 주요한 미사 기도문을 번역하였다. 쿠리기스의 부족은 그와 함께 천주교로 개종하였고 그들의 소재지에 천주교 성당을 세웠다. 그러나 쿠리기스가 사망한 후 대부분 경교로 돌아왔다. 1298년대덕2년, 대도大都에 첫 천주교 성당이 완공되었다. 1205년 8월, 몬테코르비노는 대도에서 또 한 곳의 천주교 성당을 세웠다. 이 성당은 대칸의 궁문 앞에 있었고 대칸의 궁정과 거리 하나를 사이에 두고 있다.

1307년대덕11년, 로마 교황 클레멘스 5세Clement V, 1260-1314는 몬테코르비노의 선교적 결실을 듣고 칸발리크를 대주교구로 승격 발령하였고 몬테코르비노를 대주교 및 동양 총대주교로 서임하여 거란중국북부과 남만중국남부의 각처 주교구를 관할하도록 하여 극동지역의 교무를 총괄하게 하였다. 대주교는 주교를 세우고 교구의 구획을 정하는 권력이 있으며 중대한 사건이 아닌 경우 교황의 윤허를 받지 않아도 되었고 다만 교황이 교회의 수장인 것을 인정하고 교황으로부터 대주교의 팔리움Pallium을 수여받으면 되었다. 다만 팔리움의 전승은 교황의 인정을 받아야만 가능했다. 이와 동시에 교황은 7명의 프란체스코회 수도사를 파송하여 몬테코르비노를 돕도록 하였다. 그러나 중국에 도착한 사람은 제라도Gerardo Albuni, 페르그리노Pergrino da Castello, 안드레아Andrea da Perugia 세 사람뿐이다. 7명 중 세 사람은 인도에서 사망하였고 한 사람은 출발을 하였는지 확인할 수 없다 또는 도중 어딘가에 체류하며 사역하게 되었을 수도 있다 .

1313년, 취안저우 泉州 에도 주교구가 설립되었다. 제라도, 페르그리노와 안드레아는 전후로 취안저우교구의 주교가 되었다. 1326년 1월, 안드레아는 취안저우에서 한 편의 편지를 유럽으로 보냈는데 이를 통해서 천주교구의 대략적인 상황을 알 수 있다. 편지에서는 가장 먼저 취안저우 주교가 된 사람은 제라도이며 그는 아르메니아의 한 부유한 여성의 후원을 받아 아름다운 성당을 건축했다고 한다. 이 사람은 유언에서 이 성당을 제라도가 사용하도록 지정하였기에 제라도는 사후에 이 성당 안에 매장되었다. 이어서 주교가 된 사람은 페르그리노였는데 1322년에 사망하였다. 몬테 코르비오는 취안저우 교외에서 선교하던 안드레아를 성 안으로 이주시켜 취안저우 주교직을 감당하게 하였다.

1328년 치화 원년, 致和元年 , 몬테코르비노는 베이징에서 선종하였다. 중국 선교를 감당한지 34년이 되었고 향년 81세였다. 1333년, 콘테 코르비노가 사망한지 5년이 지난 후, 프랑스 아비뇽의 교황 요한 22세 Joannes XXII, 1249-1334 는 몬테코르비노의 부음을 듣고 프란치스코회 수도사를 보낼 것을 결정하여 프랑스 파리대학의 교수였던 니콜라스 Nicolas 를 몬테코르비노의 후임으로 파송하였는데 그는 도중에서 사망하였고 그와 동행하였던 26명의 신부들은 행방불명이 되었다. 1336년 지원2년 7월 16일, 칸발리크에 섬기던 알란 관원이 교황께 서신을 보내 중국에 다시 사람을 파송해달라고 하였고 동시에 원순제에게 상서하여 교황청에 사절단을 보낼 것을 요청하였다.

## 3. 마리뇰리 선교팀

원순제가 파견한 16명의 사절단은 원순제가 교황에 보낸 친서와 알란 사람이 교황에게 올리는 편지를 지니고 칸발리크에서 출발하여 1338년에 교황이 있는 아비뇽에 도착했다. 교황은 원순제의 사절단을 성대하게 대접하였고 마리뇰리 Ciovaanni da Marignoli, 1290-? 를 파송하였는데 이는 로마 교황청이 원나라로 파송한 마지막 사신이었다. 마리뇰리는 1338년 12월에 아비뇽을 떠나 이듬해 1339년 에 이탈리아 나폴리에서 출발하여 1342년에 대도 大都 에 도착하였는데 이 사절단은 출발할 때 50명이었으나 중국에 도착한 사람은 32명이었다. 원순제는 자인전 慈仁殿 에서 그들을 접견하였다.

마리뇰리가 베이징에서 거주하는 기간에 원나라에서는 농민봉기가 계속 일어났으며 원나라의 통치는 풍전등화와 같았다. 그리하여 3-4년 후 그들은 유럽으로 돌아갈 것을 결정하였다. 원순제는 연회를 베풀고 선물과 3년 동안의 경비와 말 200필을 사절단에게 하사하였고 동시에 교황에게 다시 사람을 보내줄 것을 요청하는 편지를 보냈다. 1346년 마리뇰리는 취안저우에서 출항하여 말라카, 스리랑카, 예루살렘 등지를 지나 유럽으로 돌아왔다. 마리뇰리는 1352년에 아비뇽에 돌아왔고 교황 인노첸시오 6세 Innocent VI, 1282-1362 에게 보고하였으며 다시 선교사를 파송할 것을 강조하였다. 1362년 교황은 전후로 토마소 Thomasso 등 3인을 칸발리크 총대주교로 파송하였으나 다 부임을 하지 못하였고 천주교의 중국 전파는 정체상태에 빠졌다. 1368년, 원순제가 대도에서 철수했을 때 천주교를 믿는 사람들과 알란 사람들도 사막 북쪽으로 철수하였다. 천주교의 첫 중국 선교 시기는 이렇게 막을 내렸다.

## 제5절 원나라의 정교관계 및 야리가온의 쇠망

종교에 대한 원나라의 정책은 매우 관용적이었다. 종교가 사회의 안정에 기여할 수 있고 통치자의 복지에 유리하다면 몽원蒙元의 통치자는 기본적으로 허가하였고 심지어 도와주기도 하였다. 원나라 정부는 심지어 전문적인 기구를 설치해 다양한 종교를 관리하였고 야리가온에 관한 사무를 관장하는 숭복사崇福司는 1289년에 설립되었으며 첫 숭복사사崇福司使는 아이쒜爱薛였다.

### 1. 아이쒜와 숭복사

아이쒜Isa, 1226-1308는 시리아 비잔티움의 사람이었으며 천문과 서역의 의약에 대해서 잘 아는 사람이었다. 1246년에 서아시아에서 고비사막 북부로 이주하였고 회회사천대回回司天台, 흠천감의 건축에 참여하였고 원 세조는 그를 서역 성력과 의약을 관리하는 관원掌西域星曆医药二司事으로 임명하기도 했다.

1289년지원 26년, 원 정부는 야리가온에 대한 관리를 보강하기 위하여 숭복사를 설치하였고 『원사』元史 제89권의 기록에 따르면 "숭복사는 종2품이다. 마르马儿, 주교, 하습哈昔, 수사 또는 성도, 랍반拉班, 장로 및 야리가온의 십자사의 제사를 관리한다. 사사司使는 4명이며 종2품에 속하고 동지同知 2명은 종3품이며, 부사副使 2명은 종4품이요, 사승司丞 2명은 종5품이요, 경력经历 1명은 종6품이고, 도사都事 1명은 종7품, 조마照磨 1명은 종8품이다. 령사令史 2인, 역사译史, 통사通事, 통역자, 지인知印 각 1인, 선사宣史 2인으로 구성되어 있다. 이 관직들은 지원 26년에 설치하였고 연우 2년에 원院으로 바뀌고 령원사 1명을 설치하였으며 천하의 야리가온 예배당 72곳을 관리한다. 7년에 사司로 복귀하여 이후에 상기 관원들을 설치하였다."

학자들의 연구에 따르면, 야리가온 앞의 세개의 단어 마르, 하습, 랍반은 다 시리아어에서 온 것인데 "마르는 시리아어 Mar에서 온 것으로 일종의 존칭이며 '마'马로 번역하기도 한다; 하습哈昔은 하습아哈昔牙로도 쓰이며 덕행이 있는 수사를 뜻하며 '랍반'의 시리아어는 Rabban으로 학문이 있는 사람을 뜻한다." 숭복사는 오직 야리가온만을 위해 설립된 기관이다. 아이쉐는 첫 숭복사사로 임명이 되어 숭복사를 주관하였다.

아이쉐가 숭복사에 재임한 기간에 쟝난江南의 경교는 실질적인 진전이 있었다. 예를 들어 사마르칸드 경교도인 마르 세르기스가 전장镇江, 항저우杭州에서 7곳의 십자사첫 예배당은 지원 18년에 건축되었다를 건축하였고 아이쉐가 숭복사에 재임할 때 진일보적인 세력 확장을 이루었고 한때 불교보다 위에 있을 정도였다. 아이쉐는 조정의 관리였기 때문에 그는 국가에 대해 그의 행위에 대한 책임을 져야 했다. 그러므로 건국 십자사에 관련된 업무를 규범화하고 정교관계를 협정하고 종교가 국가를 위해서 봉사하도록 하는 것이 그의 직책이었다. 비록 사료가 상실되어 일일이 인용하기 어렵지만 아이쉐가 숭복사에 재임당시에 했던 일들, 그의 아들이 그의 직책을 승계한 것도 다 조정의 인허를 받은 것이 명백하다.

1294년, 아이쉐는 쿠빌라이로부터 한림학사직을 수여 받았고 또한 국사를 편찬할 것을 명 받았다. 그의 특수한 신분과 로마교황청, 페르시아의 몽골 번국藩國 및 원나라 조정과 밀접한 관계가 있었기에 쿠빌라이와 이후의 원나라 황제는 다 그를 중용하였다. 광혜사广惠司, 회회사천대回回司天台의 건축과 같이 숭복사도 아이쉐의 건의와 추진으로 이루어진 것이다. 삼사는 다 원나라 체계에서는 독창적이었던 것이며 원나라의 중국과 서역의 의약, 달력, 그리고 종교문화의 교류가 이룬 성과다. 전통 불교와 도교의 관리 기구와 다르게 원나라 숭복사는 주로 세속관원이 관리하였고 야리가온의 성직자가 맡지 않았다. 아이쉐 본인은 경교도였으나 교회 내부의 성직자는 아니었다.

숭복사는 야리가온의 사무를 관리하였고 야리가온은 다른 종교인사들과 같이 황실을 위해 복을 비는 의무가 있었다. 다음은 칭기스칸 이하 열대 몽골 대칸이 종교계 인사에게 내린 조서의 양식이다:

> 成吉思皇帝 圣旨里 和尚每 也里可温每 先生每 达失蛮每
> 不拣什么 差发修交当者 告天祝寿者 么道 有来
> 如今呵 依著在圣旨裡 不拣什么 差发修当 告天祝寿者 么道
> ……根底执把圣旨与了也

현대 언어로 번역하면 대략적으로 다음과 같다: "칭키스 황제의 성지에 이르시기를 각 승려, 야리가온, 선생, 답실만은 어떤 세금이나 노역을 감당하지 않아도 되고 천신께 기도하고 복과 장수를 빌어라. 지금도 성지에서 이른 바와 같이 어떤 세금이나 노역을 감당하지 않아도 되며 천신께 기도하고 복과 장수를 빌라." 이는 조정이 각 종교계 인사에게 국가를 위해 복을 빌라는 조서이며 각 종교는 승려불교, 야리가온경교, 선생도교, 답실만이슬람교를 포함하고 있다.

『원전장』元典章의 기록에 따르면, 원세조 쿠빌라이가 1277년 12월에 조서를 내렸는데 칭키스칸과 오고타이의 유지를 인용한 것으로 불교의 승려, 그리고 야리가온과 도교의 도사들에게 주의를 주어 스스로의 행위를 점검하지 않으면 황제를 위해 복을 빌 수 없다고 하였다. 이 내용의 원문은 다음과 같다:

> "钦奉圣旨, 该节成吉思皇帝哈罕皇帝圣旨, 和尚, 也里可温, 先生不拣什么, 修著者告天与俺每祝寿祈福者么道的有来, 如今依著在先圣圣旨体例裡, 不拣什么, 修著者告天与俺每祝寿祈福者."

『원사』元史에는 1335년 중앙최고행정기관인 중서성中书省은 간수 간주甘肃甘州로 십자사가 원세조 쿠빌라이와 황후 황태후의 영구를 안장하는 일에서 조정에 제례를 정해주시기를 청한 일을 기록하고 있다. "지원 원년 3월, 중서성의 신하가 아뢰되 간수甘肃 감주로 십자사에서 세조 황제와 황후 및 베키别吉, Beki태후를 안에 봉안하였으니 제례를 정하여주시면 따르겠나이다." 여기서 말하는 제례는 아마도 왕실과 궁정에 대한 섬김과 관련된 것이며 일종의 종교 의식일 것으로 보인다.

### 2. 야리가온과 다른 종교와의 충돌

원나라 통치자가 야리가온을 돌보아주어서 광범위하게 전파될 수 있었고, 비교적 높은 정치 사회적 지위를 얻을 수 있었다. 야리가온에 대한 기록에서 우리가 얻은 인상은 일부 야리가온이 권력을 남용하여 원나라 정부의 지적을 받기도 하였다는 것이다. 전장鎮江부에서의 예배당 건축, 면세, 황제를 위한 축복 등 사항으로 그들이 권력을 남용한 상황을 다루고자 한다.

위시루俞希录가 편찬한 『지순진강지』至顺镇江志 제9권 '사관류' 寺观类에는 유학교수인 량썅梁相이 쓴 『대흥국사기』大兴国寺记가 수록되어있다. 이 글에서는 쿠빌라이 시기에 야리가온이 진장부에서 십자사를 건축하기 위해서 현지 사람들과 일으킨 충돌에 대해서 기록하고 있다. 량썅의 기록에 따르면, 대흥국사는 1281년에 건축되었다. 마르 세르기스가 세운 전장镇江 단도현丹徒县의 운산사와 취명사는 사실상 불교 반야원이었던 곳을 개축한 것이다. 이 두 곳의 십자사와 연결되어 있는 묘지는 불교사찰인 금산사의 것이다. 루지卢集가 쓴 『단도현금산유룡사기』丹徒县金山游龙寺记에서는 이 사찰의 유래를 다음과 같이 설명한다: "산에는 불교 사찰이 있는데, 진명제晋明帝, 323-325재위 때 지어졌으며 승려 잉썬应深이 천자의 명으로 주지를 담당하였고 마르 세르기스가 소유한 은산 동서 양원을 주었다." 조정은 1311년 3월 31일에 명을 내려 운산사와 취명사를 불교도들에게 돌려주도록 하였다. 이는 야리가온이 불교 사찰을 십자사로 바꿔서 사용한 것을 돌려준 하나의 사례일 뿐이다. 사실상, 1309년부터 1333년까지 불교도들이 조정에 부단히 압력을 가하였고 여러 불교사찰을 개조한 십자사를 불교에게 돌려주어 다시 불교 사찰이 되도록 하였다.

야리가온은 불교뿐 아니라 도교와도 충돌이 있었다. 『원전장』元典章의 기록에 따르면 원성종 8년1304년, 저장성浙江省은 중서성中书省의 자문咨文을 준하였는데 그 내용은 장난 여러 곳의 도교도가 원저우 야리가온을 고소한 내용이다. "원저우로温州路에는 야리가온이 있어 장교사掌教司 관아를 설립하여 백성들을 모집하여 자신들의 종교에 수를 채워 나갔고 이 과정에 다투게 되어 선생도사을 구타하기도 하여 심히 불편하기에 상급 관아에 보고하여 이 일을 금하도록 하여 그리되었다. 근 몇 년 이래 세금과 노역을 하지 않고자 하는 사람들이 야리가온교의 신도가 되었고 그리하여 각처 관아에 소장이 접수되었다. 의논하여 조정을 따라 경하하는 순서에서 승려와 선생이 먼저 축복하고 그 다음에 야리가온이 하도록 하였다." 이 자문에서는 당시 원저우温州의 야리가온교가 장교사를 설립하여 도사와 도교도에게 전도하고 심지어 세금과 노역을 피하고자 하는 사람들이 야리가온교에 가입하여 충돌을 일으켜서 도사들이 예부礼部에 야리가온교를 공소하였다는 내용이 있다. 또한 도사들이 야리가온교가 황제를 위한 기도의 의식에서 도사 앞에 있고 도사를 구타하기도 했다는 것을 지적하였다. 이로 인해 예부는 황제를 위한 축복 기도의 예식에서 야리가온의 순서를 불교와 도교 이후로 조정하였다.

야리가온은 질투로 인해서인지 몰라도 천주교 선교사들에 대해서도 우호적이지 않았다. 교황 니콜라오 4세가 프란치스코회의 몬테코르비노를 파송하여 1294년에 대도에 도달하게 되었는데 당시에는 중국에서 자유롭게 전도할 수 있도록 허락을 받지 못했다. 몬테코르비노는 편지에서 그가 중국에서 네스토리우스파 신도들이 그를 간첩이라고 고소하였고 또한 인도에서 살인을 하였다고 고소 받아 5년간 심사를 받게 되었고 마지막에 무죄판정을 받았다고 말한다. 그리고, 천주교의 주교 페르그리노가 1318년 3월 1일에 유럽에 보낸 편지에서도 코르비노가 네스토리우스파에 방해를 받아 작은 성당을 세우거나 십자가를 세우는 것을 못하게 되었다는 내용을 전달했다.

## 3. 야리가온의 쇠망과 교훈

비록 야리가온은 원나라에서 한때 휘황찬란하였으나 결국은 쇠망하였다. 그 원인은 따져본다면 근본적으로 중국화토착화가 되지 못하였기 때문이다. 천주교의 경우로 말한다면 원나라 천주교 교인은 대부분 캅카스에서 온 알란 사람들이었고 그들은 원나라의 통치계층인 색목인色目人의 주요 구성원이었다. 그러므로 천주교는 원나라 정부의 많은 돌봄을 받았는데 예를 들어서 면세 혜택이 있었고 불교도에게 전도할 수 있는 특권이 있었다. 1368년, 원나라가 멸망한 후 알란 사람은 캅카스로 돌아갔고 천주교도 자연스레 떠나감으로 중국에서 그 존재는 사라졌다. 이를 통해서 알 수 있는 것은 원나라의 천주교는 귀족 종교였으며 광범위한 신도층이 없었고 특히 장기적으로 중원에서 거주한 한족 신도의 기초가 없었다. 이는 아마도 원나라 야리가온이 멸망한 주된 원인일 것이다. 경교의 경우 회창멸불 사건 이후에도 여전히 존재할 수 있었던 것은 주로 변방지역에서 무역에 종사했던 서역상인들 때문이었고 경교는 중원 문화의 구성요소가 된 적이 없다. 그렇기에 이후 명나라가 폐관정책을 선택하였을 때 자연스레 중원에서 종적을 감추게 되었다.

제한적인 자료들로 파악할 수 있는 것은 야리가온의 신도는 대체로 몽골인과 색목인이며 지배계층이었다는 것이다. 그들의 신앙은 단지 일종의 신분이었고 신앙에 대한 개인적인 의탁이 없었다. 이는 심지어 그들 가운데의 사역자들도 마찬가지였다. 신앙에 합당한 행위를 찾아보기는 어려웠다. 현재로서는 아직 야리가온이 한어로 쓴 경전이나 변증의 작품을 찾아볼 수 없다. 아울러 야리가온의 정치적 사회적 지위가 한인과 남인南人보다 위에 있었기 때문에 야리가온 신도가 특권을 남용하고 세력을 의지하여 사람들을 괴롭히는 일들이 있었고 이는 자연히 한인과 남인들의 불만을 야기하여 그들이 야리가온 신앙을 접하는 것을 더욱 어렵게 하였을 것이다. 그러므로 중국에서 몽골인의 통치권이 붕괴되는 순간 아직 남아있는 묘비, 비각, 십자가 항패项牌 등 유물들을 제외하고는 전부 다 몽골 사람들과 함께 중원에서 퇴출되어 몽골 초원으로 철수하게 되었다. 혹여 일부 야리가온 신앙의 유업이 남았을지언정 시간의 흐름과 드넓은 역사 속에서 함몰되었을 것이다.

야리가온의 특권지위는 한인汉人과 남인南人들 가운데 많은 신도들을 지닌 불교와 도교의 미움을 샀다. 이 두 거대한 종교는 중국에서 이미 뿌리가 깊었고 중국 문화의 일부가 되었다. 불도 두 종교는 당연히 야리가온에 불만이 있었기에 함께 일어나 공격하였는데 원나라가 붕괴되어 와해된 이후일 뿐만이 아니라 앞서 언급된 마르 세르기스가 1279년에 전장镇江의 금산사를 십자사로 강제 용도변경을 하였을 때도 불교도의 큰 불만을 샀고 1291년에 원세조가 비로소 불교에 돌려준 일도 언급할 수 있다.

이 외에, 교회 내부의 부패와 타락도 야리가온이 쇠망한 큰 원인 중 하나다. 『루브룩 여행기』도 다음과 같이 언급하고 있다. "그 사람들몽골 귀족 경교도은 부패하기 그지없었고 돈을 빌려주고 높은 이자를 요구하였으며 주색에 빠져있고 달단韃靼사람들과 뒤섞여 살아 그들의 풍속에 전염되어 심지어 일부다처인 사람들도 있었다." 성직자에 대해서 루브룩은 "그 파의 승려는 결혼을 할 뿐더러 재혼도 가능한데 아내가 죽으면 다시 장가를 들 수 있다. 승려는 다 매매로 이루어지고 보수가 없으면 타인을 위해 성례를 집례해주지 않았다. 그 사람들은 다 아내를 사랑하고 재화를 좋아하는 마음이 있고 그 마음은 종교신앙에 대한 마음보다 치열하다. (중략)

그 파의 사역자들의 죄는 사실상 몽골인과 우상숭배자보다 더 심하다."

야리가온과 천주교의 절대다수는 이방민족 사람들이었기에 중국에서 본토 사역자를 양성할 수 없었다. 사료에 이름을 남긴 사역자들은 다 외국인이었고 그러므로 외국인들이 철수하면 그들의 사역을 이어갈 사람들이 없었다. 1346년 마리놀리가 중국을 떠난 후 더 이상 선교사가 이 땅에 발을 들이지 않았고 200년이 지난 후에야 천주교가 다시 권토중래하였다.

## 생각해볼 문제

1. 경교는 무엇인가? 경교와 네스토리우스파의 관계는 어떠한가?

2. 당나라에서 경교의 발전 상황은 어떠한가?

3. "야리가온"은 무슨 뜻인가? 원나라에서의 분포 상황은 어떠한가?

4. 숭복사는 어떤 기구인가?

5. 천주교는 어떻게 원나라에 전래되었는가?

6. 요한 몬테코르비노는 어떤 공헌을 하였는가?

7. 당나라의 경교와 원나라의 야리가온이 쇠망한 원인을 분석해보라.

# 제 2 장

# 명·청시기의 천주교

1368년 주원장朱元璋, 1328-1398이 대도를 점령하였고 원순제 토곤테무르는 북방으로 도망쳤다. 같은 해 1월 4일, 주원장이 난징南京에서 황제로 즉위하여 국호를 대명大明이라 정하였다. 야리가온은 원제국의 멸망에 따라 역사에서 사라졌다.

명나라는 건국 이후, 점진적으로 해안국경을 봉쇄하는 정책을 시행하였고 외국과의 교류를 끊어버렸다. 1370년, 명나라에서 아래와 같이 명을 내렸다. "태창太仓, 황도黃渡의 시박사市舶司를 폐지하고 외국 선박이 태창에 입항하면 군이 압수하여 기록하고 수도로 보낼 것이다." 시박사는 당나라부터 각 해안 항구에서 바다를 통한 해외 무역을 책임지는 정부기구였다. 명나라가 이 부문을 폐지한다는 것은 엄격하게 "해금"海禁정책을 시행하겠다는 것을 의미한다. 1381년에는 "해안가 백성들이 사사로이 해외의 다른 나라와 접촉하는 것을 금한다"는 명을 내렸다. 해안가 백성들이 해외 통상을 하지 않도록 하기 위해서 명나라 정부는 법률을 제정해서 금령을 위반한 사람에게 가혹한 형벌을 내리도록 했다.

15세기 초 정화郑和의 일곱 번 원정은 동남아, 아라비아, 동아프리카에 이르렀다. "삼십여국에서 취득한 보물이 셀 수 없을 정도로 많았고 중국이 소비한 비용도 헤아릴 수 없을 만큼 많았다." 그러나 명나라가 해상 교통을 개척한 것은 다른 나라에 명나라의 위용을 나타내고자 함이었

그림 025 프란치스코 하비에르

고 각국이 명나라에 조공을 바치기 용이하도록 함이었지 해외통상의 제도는 바뀐 적이 없다. 왜구가 출현하여 소란을 피우기 시작한 이후 해금정책은 더욱 엄격해졌다.

그러나 이 시기에 유럽 국가의 해외 탐험활동은 멈출 줄 모르고 활발하게 발전하고 있었고 탐험가들의 노력으로 인해 역사는 지리적 대발견의 시기에 진입했다. 1492년 이탈리아 사람 콜롬버스Cristopher Columbus, 1451-1506가 스페인 왕실의 후원으로 서방을 향해 항해하였고 아메리카 신대륙을 발견하였다. 1519년 포르투갈 사람 페르디난드 마젤란Fernão de Magalhães, 1480-1521은 대서양에서 더욱 서쪽으로 항해하여 필리핀에 도달했다. 포르투갈 사람 엔히크Henry the Navigator의 이론적 지도하에 아프리카의 희망봉을 발견하였다. 바스코 다 가마Vasco da Gama, 1460-1524는 포르투갈 국왕 마누엘Manuel I, 1469-1521의 지지하에 희망봉에서 동쪽으로 항해하였고 1498년에 성공적으로 인도 서해안의 캘리컷Calicut에 도달했다. 동방으로 가는 이 두개의 새로운 항로가 개척되어 많은 상인들과 선교사들이 동방으로 오기 시작했다. 지리적인 대발견은 동서방의 거리를 단축시켰으며 상업활동과 선교사역을 위해 새로운 길을 개척했다. 과거에 유럽 사람들이 믿기 어려웠던 “기이한 책”인 『마르코 폴로 동방견문록』에서 서술된 동방의 세계가 이제는 그들이 동경하는 곳이 되었다.

대항해시대에 포르투갈과 스페인이 해양 패권을 차지했고 세계적인 두 개의 강국이 되었다. 이 두 천주교 국가가 이익 상의 충돌이 없도록 하기 위해서 로마 교황청은 적극적으로 개입하여 두 나라에게 보교권保教权, Protectorate of missions을 부여하였다. 두 나라의 세력확장에 힘입어 영향력을 확대하여 해외에 교회를 세워 종교개혁시기에 천주교회가 당한 손실을 메우고자 했다. 로마 천주교의 도미니코회, 프란치스코회, 그리고 신흥

선교회인 예수회는 해외선교에 적극 참여하였고 그 발걸음이 아메리카, 아프리카, 인도와 필리핀에 널리 퍼졌다. 예수회 선교사의 발걸음을 따라 200여 년간 침묵했던 그리스도교는 다시 중화 대지에 출현하였고 이는 그리스도교의 3차 전래의 시도였다.

## 제1절 천주교의 제2차 중국 선교 시도

16세기 유럽에서는 종교개혁이 일어났고 중세 이래 로마 천주교회가 유럽을 통일하던 판도를 뒤흔들었다. 루터회, 장로회, 영국성공회로 대표되는 개신교 교단은 로마 천주교와 단절하였고 천주교로 하여금 유럽에서 수많은 옹호자들을 잃도록 하였다. 종교개혁운동과 교회의 영적 생명의 위기에 대응하기 위해서 천주교는 교회 내부의 개혁을 시작하였고 그 중 가장 영향력 있는 혁신은 예수회였다.

### 1. 프란치스코 하비에르의 동방선교

1506년 4월 7일, 프란치스코 하비에르 St. Francis Xavier, 1506-1552 는 스페인에서 태어났고 1525년 파리에서 공부하던 시기에 로욜라의 이냐시오 Ignatius Loyola, 1491-1556 를 만났다. 1535년 예수회가 설립되었고 하비에르는 예수회 일곱 명의 창립멤버 중 한 사람이 되었다. 1540년 4월 하비에르는 포르투갈 국왕 주앙 3세의 파견을 받아 교황 바오로 3세의 특사 명의로 동방에 선교를 떠났다. 그는 예수회에서 처음 중국에 발을 들이고 처음 중국에서 순교한 선교사다.

1542년 하비에르는 인도 고아에 상륙하였고 말라바 지역에서 2년간 선교하였으며 그의 족적은 "인도, 스리랑카, 멜라카[말레이시아 최대 주], 싱가포르, 말루쿠 제도[인도네시아]의 테르나테, 암본 등 지역에 미쳤다." 그는 동남아시아에 최초로 선교의 족적을 남겼기에 천주교교회는 그를 "동방의 사도" 또는 "극동 선교의 큰 공헌자"[远东开教的元勋]라고 부르기도 한다.

1549년 그는 일본에 선교하러 가서 그곳에 2년여[27개월] 동안 머물렀고 일본의 모든 문화가 중국에서 왔음을 알게 되었다. 일본에서 선교하는 동안 그는 "만약에 당신의 종교가 유일한 참 종교라면 어찌 중국에 대해서 아는 것이 하나도 없는가?"라는 질문을 자주 들었다고 한다. 저항하는 사람들의 말을 통해서 그는 일본인들로 하여금 그리스도교에 귀의하도록 하기 위한 가장 좋은 방법은 먼저 복음을 중국에 전하는 것이라는 것을 깊이 깨닫고 중국에 선교하러 가기로 마음먹었다.

1552년 그는 포르투갈 상선을 타고 광둥성[广东省] 상천도[上川岛]에 도착했다. 그러나 명나라가 엄격한 금[海禁]정책을 시행하고 있기에 내지에 들어올 수 없어 상천도에 머무를 수밖에 없었다. 상천도에 가기 전인 1월 29일에 그는 유럽으로 보내는 편지에서 일본은 중국의 영향을 깊게 받은 나라이며 일본의 종교학파는 다 중국에서 수입되었다. "중국은 면적이 넓고 (중략) 정의와 탁월로 유명하고 그리스도교를 믿는 여느 지역이 따라잡을 수 없다."고 말했다. 하비에르는 다음과 같이 판단하였다. "중국인의 지혜는 매우 높아 일본인보다 멀리 앞서 있고 사고하는 것에 능하며 학술을 중요시한다. (중략) 중국 경내에도 여러 다른 종교가 있는데 아마도 이슬람교와 유대교로 보인다. 그리스도를 믿는 사람이 있는지는 알 수 없다." 그는 편지에서 중국에 선교를 떠날 것에 대한 마음을 나타냈다.

1552년 10월, 하비에르는 많은 노력 끝에 광둥성广东省 해상 30리의 상천도에 상륙하였고 이 때에 그의 동반자는 마라바 사람 크리스토프Christophe와 중국인 안토니오Antoine였다. 그는 어떤 중국상선의 선장을 찾아 그에게 200 크루자두 노보에 해당하는 화물을 줄 것을 약속하며 광저우广州로 밀항시켜줄 것을 부탁했다. 그러나 해금정책이 엄격했던 시기라 약속된 시간이 되었으나 선장은 나타나지 않았다. 이후 하비에르는 갑자기 고열에 시달려 1552년 12월 2일에 원한 바를 이루지 못한 채 상천도에서 세상을 떠났다.

비록 하비에르는 중국 내륙에 들어가지 못했지만 그가 생전에 쓴 보고서와 편지는 유럽의 천주교회에 영향을 끼쳤고 선교사들의 선교적 열정을 불러 일으켰다. 완전한 통계는 아니지만 1552년부터 1583년까지 50명의 선교사가 총 59차례 중국에 입국할 것을 시도하였지만 성공하지 못했다고 한다. 그 중에는 25명의 예수회 선교사, 22명의 프란치스코회 선교사, 2명의 아우구스티누스회 선교사, 1명의 도미니코회 선교사가 포함되어 있다.

## 2. 적응주의 선교전략

1554년, 명나라 정부의 암묵적인 허락하에 포르투갈 사람들이 마카오에서 무역과 거주를 하게 되었고 선교사들도 비인가로 내륙에 들어서기 전에 이곳에서 머물렀다. 1573년 이탈리아 예수회 선교사 알레산드로 발리냐노范礼安, Allsandro Valingano, 1539-1606는 인도 교무순찰사로 임명되었고 일본으로 향하던 도중 마카오에서 1년 가까이 체류했다. 발리냐노

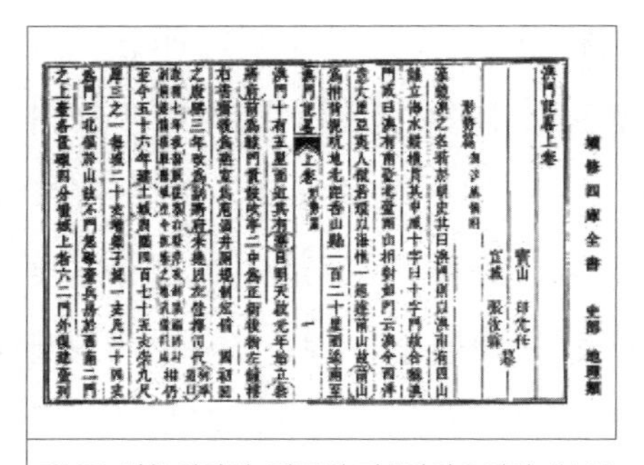
續修四庫全書 史部 地理類

澳門記略上卷

寶山 印光任
宣城 張汝霖 纂

그림 026 [청] 인광런, 장루린 저 『마카오기략』(澳门记略)(1751년)

는 복음이 중국 내륙에서 전파되지 못하는 것에 대해서 안타까워했고 소문에 따르면 그는 마카오에서 중국을 멀리서 바라보며 탄식하면서 "바위야, 바위야, 너 언제 열리려냐, 바위야."라고 외쳤다고 한다. 선교에 있어 험난함과 좌절은 선교를 향한 그의 열정을 좌절시키지 못했다. 마테오 리치는 그의 선교편지에서 "이는 그에게 중국의 형세를 투철하게 연구할 수 있는 좋은 기회를 주었고 결과적으로 다시금 잠자고 있던 중국을 원정할 열정을 불타오르게 했다."고 말한다.

예수회 선교사들이 처음 아시아에 왔을 때 그들은 유럽과 다른 현지의 사회 풍습과 문화를 인식하지 못했고 그리하여 유럽의 음식과 복장의 습관을 지속했다. 몇 년 후, 그들은 현지 문화를 무시하는 것이 선교에 있어서 큰 악영향을 끼치고 있음을 깨달았다. 인도에서 하비에르가 선교를 시작한 이후 그의 주된 선교 대상은 하층민이었다. 인도는 카스트제도로 인해서 계급이 분명하다. 동방에 온 선교사들은 유럽에서의 생활 습관대로 살았기 때문에 옷도 간단하게 입고 밖으로 보이는 신분과 지위에 대해 신경을 쓰지 않았다. 아울러 포르투갈 사람들은 소고기를 먹는 것을 즐기고 음주하는 습관이 있었는데 이는 인도의 금기와 전부 배치가 되는 것이었다. 그러므로 포르투갈 사람들은 등급이 낮은 사람으로 대우받았고 이들과 결혼하는 인도 사람들도 대부분 하층민이었다. 그러므로 인도 사람들은 프랑크 사람포르투갈 사람 또는 인도에서 출생한 포르투갈계 사람을 비천한 등급으로 분류했다.

이런 선교의 경험은 발리냐노로 하여금 반성케 하였고 그리하여 가장 효과적인 선교방법은 '적응'이라고 귀결했다. 마테오 리치는 발리냐노의 선교방법을 소개하면서 "현재 여러 나라에서 사용하는 선교방법을 반드시 바꿔야 한다."고 말하기도 하였다. 중국의 예절과 풍속, 사회와 백성들의 형편을 잘 알아야 하며 그는 중국 백성이 품격이 고상하여 "그들과 동일하게 학식과 좋은 품성으로 유명한 외국인들로 하여금 그들 가운데 거주하는 것을 동의하도록 설득할 수 있을 것"이라고 말하였다. 그러므로, 그는 "몇 사람을 파견하여 중국의 언어와 문학을 배우고 어떤 가능성을 통해서라도 이 새로운 세계에 복음을 전할 수 있도록 준비시켜야 한다."고 말했다. 발리냐노의 적응주의 선교방법은 중국 선교를 위한 조건을 마련하였고 이후 예수회의 중국 선교사들이 따라야할 중요한 원칙이 되었다.

그러나, 당시 마카오에 있었던 예수회 선교사들은 발리냐노의 관점에 동의하지 않았다. 그들은 마카오의 중국인 신도들은 포르투갈 이름을 지어야 하며 포르투갈 옷을 입어야 하고 포르투갈의 풍습에 따라야 한다고 고집하였다. 발리냐노는 마카오의 선교사들 중 누구도 이 일을 할 수 없음을 알았기에 인도 대교구장인 로드리고 빈센스Rodrigo Vincens에게 편지를 써 적합한 사람을 파견하여 자신을 도울 것을 요청하였고 이탈리아의 미켈레 루지에리罗明坚, Michele Ruggieri를 파견해 마카오에서 중국어와 중국 예절을 배우도록 하였고 그는 중국 내륙에 선교한 첫 예수회 선교사가 되었다.

언급할 만한 것은, 비록 발리냐노가 중국 선교를 위해 정확한 선교

방법을 제정하였지만, 그는 중국 내륙 땅을 밟아본 적이 없고 유럽에도 돌아가지 않았으며 1606년 1월 20일에 마카오에서 선종했다.

### 3. 루지에리가 중국 내륙에 진입하다

미켈레 루지에리Michele Ruggieri, 1543-1607는 1543년에 이탈리아에서 태어나 민법과 교회법을 전공하였으며 1572년에 예수회에 입회했다. 1579년 7월, 루지에리는 발리냐노의 부름을 받아 마카오로 향했고 그가 마카오에 도달했을 때 발리냐노는 이미 일본을 향하는 여정 중에 있었다. 그러나 그는 루지에리에게 명확한 명령을 하달해 놓았다. 중국의 언어와 문자를 읽고 쓰고 말하는 것을 배워라. 이는 중국 문화에 적응하는 첫 걸음이다. 이때 루지에리는 36세였다. 마카오 공학公学의 선배들은 루지에리가 나이가 많아 한어를 제대로 배울 수 없으니 배움을 중단하고 교회 사무에 전념하라고 했다. 발리냐노는 소식을 듣고 루지에리의 배움을 방해하지 말라고 하였다. 루지에리는 기대를 저버리지 않고 기초적인 중국어 쓰기와 유창한 중국어 회화를 구사할 수 있게 되었다. 발리냐노는 루지에리를 다음과 같이 평가했다.

> "이 사람은 내가 가장 좋아하는 사람이다. 왜냐하면 그는 겸허하고 오래 참고 중국이 굳게 닫아놓은 대문을 열었기 때문이다. 그는 처음으로 중국의 언어와 문자로 구주께서 강생하여 세상을 구하신다는 도리를 중국에 전파할 것을 주장한 사람이다. 왜냐하면 그의 손을 통해 중국에서 첫 성모무원죄圣母无原罪성당을 세웠고 그 안에 서양에서 가져온 아름다운 꽃으로 둘러쌓인 성모상을 모셨다. 마지막

으로, 그의 지혜로 마테오 리치를 중국으로 인도했기 때문이다."

1580년, 루지에리는 포르투갈 상인들을 따라 광저우广州에 도착했다. 명나라 왕조의 규정에 따라 포르투갈 상선은 낮에만 교역을 할 수 있었고 해가 지면 배로 돌아가 밤을 보내야 했다. 그러나 한어를 알고 중국 예절을 아는 루지에리가 함께 동행하니 특별히 섬라국暹罗 조공사신이 머무르는 역관에 머무를 수 있도록 하였다.

1581년, 천루이陈瑞가 병부상서 겸속 양광총독에 임명되었다. 부임 후 천루이는 마카오에 거주하고 있는 포르투갈 사람들이 사사로이 선거를 시행했다는 이야기를 듣고 중국의 법을 어겼다는 혐의로 포르투갈 장관과 주교를 자오칭肇庆으로 불러 이 일을 조사하고자 하였다. 이는 사실 포르투갈 사람을 모욕하고자 했던 것이었다. 포르투갈 사람들은 절충하는 방법을 찾아 루지에리 신부가 주교를 대신하고 한 부유한 상인으로 마카오 지역의 포르투갈 장관을 대신하여 선물을 갖고 총독을 알현하게 하였다. 총독은 진귀한 보물들을 보고 기분이 너무 좋아 루지에리 신부에게 내륙거주허가를 내주었다. 이듬해 12월 18일 마카오를 떠난 루지에리와 예수회 신부 프란치스코 파시오巴范济, Francesco Pasio, 1554-1612가 함께 자명종을 가지고 27일에 자오칭에 도착했다. 루이 피스테Louis Pfister, 1833-1891에 따르면, 총독 천루이는 선교사들이 가져온 자명종을 점유하고 싶어서 그들을 총독부에 불렀고 자오칭의 한 사찰에서 하룻밤을 지낼 수 있도록 해주었다고 한다. 1583년, 천루이는 장거정과의 관계로 인해서 파면되었고 루지에리와 파시오는 마카오로 돌아갈 수밖에 없었으며 파시오는 후에 일본으로 가게 되었다.

같은 해, 궈잉郭应이 양광총독으로 부임하였고 선교사들이 다시 자오칭에 돌아올 것을 동의하여 루지에리는 마테오 리치를 데리고 자오칭에 진입했다. 1585년, 중국의 첫 천주교 성당이 완공하였고 자오칭의 지부인 왕반王泮은 친필로 쓴 글을 현판으로 만들어 보냈는데 하나는 "선화사"仙花寺라고 적혀있고 성당 정문 위에 걸었고 다른 하나는 "서래정토"西来净土라고 적혀있으며 성당 안에 걸어 놓았다.

1584년, 루지에리는 중국어로 천주교 신앙을 소개하는 서적인 『신편천축국성교실록』新篇天竺国圣教实录를 출판하였고 이후 『천주성교실록』天主圣教实录으로 이름을 바꿨는데 이는 중국에 온 천주교 선교사가 중국어로 쓴 첫 천주교 교의에 대한 저술이다. 책에서는 천주의 유일성, 삼위일체, 창세설, 십계명, 영혼설, 천당지옥설구층천 등, 구속론, 종말론에 대한 이야기가 다 언급되어 있다. 비록 책에서는 강력하게 불교의 우상숭배를 비판하지만 루지에리는 스스로 승僧으로 칭하고 있으며 "해사송경"谒寺诵经, "입교문출가자"入教门出家者와 같은 불교용어를 대량 사용하였다.

1585년, 양광총독이 조정에 유럽의 진기한 보물들을 조공할 것을 명 받았는데 루지에리에게 마카오에서 처리해줄 것을 위탁했다. 이듬 해 1월, 루지에리와 안토니오 데 알메이다麦安东, António de Almeid는 총독의 초청으로 저장의 항저우부杭州府에 갔다. 기록에 따르면, 이 총독의 아버지가 마지막으로 세례를 받아 그리스도인이 되었다. 지방관은 자주 연회를 열어 두 사람을 대접하였고 두 신부는 이런 기회를 통해 그들에게 교리를 설명했다고 한다.

1588년, 루지에리는 발리냐노의 명을 받아 유럽으로 돌아가 로마의 교황에게 사절을 보내 중국에 거주하도록 청하였다. 루지에리는 유럽으로 간 후 다시 중국에 돌아오지 않았고 1607년 로마에서 선종했다. 루지에리가 떠난 후, 자오칭의 모든 사무는 마테오 리치가 처리했다. 통계에 따르면, 1589년까지 세례를 받은 사람이 80명에 이르렀다고 한다.

## 제2절 "태서유사"泰西儒士 마테오 리치

1552년, 마테오 리치利玛窦, Matteo Ricci, 1552-1610는 이탈리아의 마체라타에서 태어났다. 그의 아버지는 그가 법률을 공부할 것을 기대했으나 로마에서 공부하던 시절 그는 예수회에 깊은 이끌림을 느꼈다. 1571년 그는 예수회에 입회하였고 그가 훈련을 받는 동안 그의 지도자가 바로 발리냐노였다. 이 외에, 마테오 리치가 로마에서 공부할 때 수학, 지리, 천문학 등 과학지식을 공부하였고 이는 그가 이후 중국에서 선교하는데 큰 도움이 되었다. 마테오 리치가 30세가 되던 해1582년에 파송을 받아 마카오에 와서 중국어를 배웠는데 3개월 만에 한자를 읽을 수 있게 되었다. 그는 많은 중국의 고서들을 읽고 중국문화에 대한 흥미를 갖게 되어 1년 후 정식으로 중국에 들어가 선교하기 시작했다.

그림 027 마테오 리치 유가복장 상(像)

## 1. 자오칭肇庆에서 사오저우韶州까지

1583년, 마테오 리치와 루지에리가 함께 자오칭肇庆에 도달하였고 장기 거주허가를 받았다. 그들은 직접적인 전도방법이 추방을 초래할 수 있기에 지혜롭지 못하다고 생각하였고 과학적 성취를 통해 현지인의 흥미를 이끌고자 했다. 마테오 리치가 그린 세계지도, 그리고 수학 등 방면의 성취는 현지의 사람들과 관원의 호감을 샀다.

1585년, 포르투갈 사람 안토니오 데 알메이다麦安东, António de Almeida가 마카오를 통해 자오칭肇庆에 와서 루지에리와 마테오 리치의 사역을 도왔다. 이후에 듀아르테 드 산데孟三德, Duarte de Sande는 마카오로 돌아가 단장을 역임했다. 루지에리는 자오칭을 떠나 저장성浙江省의 사오싱绍兴과 광시성广西省의 귀이린桂林에 선교 개척을 하고자 했는데 관부의 허락이 없어서 다시 돌아왔다. 1588년, 루지에리는 발령을 따라 유럽으로 돌아가 중국과의 수교를 위한 준비를 했다. 1589년 새로 부임한 양광총독 류제자이刘节斋는 신부들의 서양식 건축을 자신의 사당으로 삼고자 마테오 리치와 데 알메이다를 자오칭에서 쫓아내어 그들로 하여금 사오저우로 가

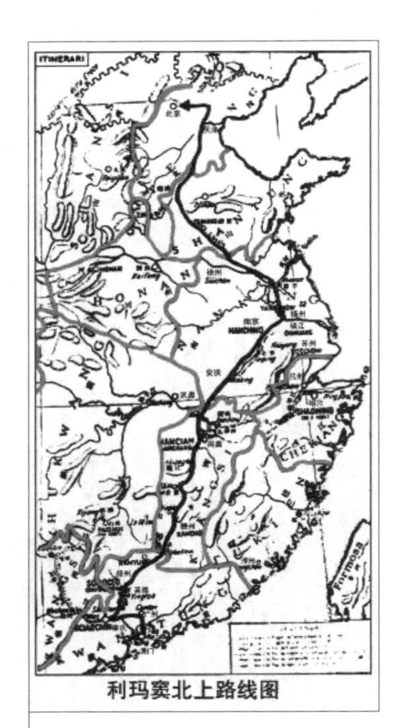


그림 028 마테오 리치 북상노선도

서 새로운 포교처를 세우도록 했다.

사오저우韶州의 자연 환경은 열악했고 이는 데 알메이다와 1591년에 중국에 온 이탈리아인 신부 프란치스코 데 페트리스石方西, Francois de Petris, 1562-1593가 차례로 병사하게 되는 결과를 낳았다. 1594년에 중국에 온 라자리우스 카타네오郭居静, Lazare Cattaneo, 1560-1640도 병에 걸려 쓰러지곤 했다. 천주교 선교사업을 공고히 하기 위해 선교사들은 새로운 장소가 필요했다. 그러나 1588년 전후의 경험들을 통해 알 수 있었던 것은 관원의 허락이 없이 일을 추진하면 "도움이 되지 않을뿐더러 스스로에게 해가 될 수도 있었다."는 것이었다.

마테오 리치는 사오저우에 도착한 후 창수常熟사람 취루쿠이瞿汝夔와 사귀게 되었다. 취루쿠이호는 태소太素, 1548-1610는 전 예부상서 취징춘瞿景淳의 아들인데 그는 연금술에 빠져 가난한 생활을 하게 되었고 아버지의 옛 인맥들을 통해 생계를 유지하고 있었다. 취태소는 마테오 리치가 연금술을 하는 사람으로 알고 스승으로 삼았는데 2년 동안 마테오 리치의 영향을 받아 수학, 기하학, 기계와 신학에 관심을 갖고 공부하기 시작했다. 마테오 리치의 가르침을 받아 취태소는 매우 빠르게 성장했고 1605년에 세례를 받았다.

승복이 사람들에게 불교 승려라는 오해를 할 수 있고 승려의 사회적 지위가 비교적 낮았기에 취태소의 건의로 마테오 리치는 승려의 모습을 버리기로 했다. 1594년 7월 7일, 마테오 리치, 라자리우스 카타네오는 상위성직자들에게 복장을 변경할 것을 제안했다. 이 제안은 같은 해 11월에 허가되었고 알레산드로 발리냐노의 지시로 중국에 있는 예수회 회원들은 머리와 수염을 기르고 유생의 복장을 입게 되었고 이런 모습으로 사대부 계층에 나타나게 되었다. 복장을 변경한 것은 이후 예수회 수장과 교황의 동의를 얻었다.

## 2. 사오저우韶州에서 난창南昌까지

1595년 5월, 병부시랑 스싱石星이 베이징에 부임하는 도중 사오저우를 지나며 마테오 리치를 데리고 북상하였다. 마테오 리치 일행은 장시성 난안南安에서 만나 메이링梅岭을 넘어 간장赣江을 따라 상류로 올라갔다. 험난한 여행길에 배는 좌초되어 침몰하였고 다행히 밧줄을 붙잡아 생명을 건졌다. 병부시랑은 한 외국인을 데리고 입경한 것에 연루될까 염려되어 마테오 리치를 돌려보내고자 했는데 마테오 리치가 재차 간구하자 스싱은 그와 동행하는 관원들의 짐을 가지고 수로를 따라 함께 난징으로 가도록 하였고, 그는 육로로 경성으로 향했다.

마테오 리치는 난징에 도착한 이후 광둥에서 만났던 친구들을 찾아 나섰고 친구들의 도움을 받아 정착하고자 하였으나 바라는 대로 되지는 않았다. 심신이 피폐한 상황 속에서 꿈을 꾸었는데 주께서 그에게 나타나 위로하며 "내가 두 황성에서 너를 도와줄 것이다."고 말씀하였다. 마테오 리치는 이 말로 그의 동료들을 위로하고 격려했다. 그는 난징에서 멀지 않은 장시江西에 터를 잡았고, 다시 난징에 돌아갈 날을 기대하였다.

그들은 지나왔던 난창에 돌아왔고 마테오 리치는 석시랑의 친구인 명의 왕계루王继楼를 방문했다. 난창은 인문학적 분위기가 높은 곳이었고 양명심학阳明心学이 시작된 곳이기도 하다. 도처에 강연하는 곳이 있었고 학자와 관원의 사상도 비교적 자유롭고 개방적이어서 마테오 리치도 많은 사람들의 환영을 받았다. 그곳에서 『서국기법』西国记法과 『교우론』交友论 두 소책자를 출판한 이후 그의 명성은 더욱 높아졌다. 장시江西 순무 루완가이陆万垓는 그의 명성을 듣고 그를 접견하였고 마테오 리치는 자신의 저서와 프리즘을 선물하여 사대부들의 칭찬을 받았다. 이후, 순무는 그들이 난창南昌 성안에 거주할 수 있도록 허락하였다.

난창南昌 문인들은 모임을 결성하는 분위기가 높았고 도덕 강사들도 많았다. 마테오 리치는 중국 유가 경전을 외우고 윤리 도덕을 설명하는데 능했기에 현지 사림士林의 일원이 되었다. 백록동서원의 산장인 장황张潢은 현지 유학의 지도자였는데 마테오 리치와 좋은 친구가 되었고 그를 여러 번 난창南昌의 큰 서원에서 강의하도록 했다. 유가 학자들과 같이 되기 위해서 그는 예배당을 세우는 것을 서두르지 않았고 그들처럼 강습소를 열었다. 마테오 리치는 이곳에서 수많은 유가 학자들을 사귀게 되었다.

난창南昌에 있는 기간에 마테오 리치는 그의 신학저술인 『천주실의』天主实义를 완성하였다. 이 책은 또한 『천학실록』天学实录라고 불리기도 하는데 상, 하권으로 나뉘어 있고 각 권은 4편으로 구성되어 있어 천주, 영혼, 귀신, 인성, 최후의 상급과 예수께서 강생하신 도리에 대해서 논하고 있다. 모두 "중국 선비가 물었다, 서양 선비가 대답했다"中士問, 西士答의 형태로 되어있고 유가 사상에 대해 긍정하여 천주교와 소통할 수 있다고 보았고 송명이학에 대해서는 천하게 보았고 불교와 도교의 가르침에 대해서는 반박했다.

### 3. 다시 난징南京에 들어서다

그러나 마테오 리치는 베이징에 들어서고자 하는 마음을 한시도 포기하지 않았다. 1598년, 하이난海南 사람인 왕충밍王忠铭이 난징南京에 예부상서를 지내려고 부임하는 길에 난창南昌을 지났다. 왕충밍의 도움으로 마테오 리치는 조공을 바친다는 명목으로 라자리우스 카타네오와 함께 북상하였다. 사오저우와 난창南昌의 분원은 이탈리아 사람 니콜로 롱고바르도龙华民, Nicolò Longobardo S.J., 1559-1654와 포르투갈 사람 장 드 로챠罗如望, Jean de Rocha, 1566-1583가 책임지고 있었다. 이때 중국은 조선에 파병하여 일본인의 침략을 막는데 도움을 주고 있기에 인심이 흉흉하여 선교사들은 난징에 오랜 시간 머무르지 않았고 황제의 생일을 축하하기 위해 상경하는 그룹을 따라 함께 베이징에 도착했다. 왕충밍은 권세있는 내감에게 도움을 청하였으나 내감은 마테오 리치 등 사람이 연금술을 모른다는 이야기를 듣고 도움을 거절했다. 선교사들은 베이징에서 복음을 전파할 시기가 아직 오지 않았다고 생각하여 남방으로 다시 돌아갔다.

마테오 리치는 남방으로 돌아가는 길에 단양에서 취태소를 찾았다. 1599년 초, 두 사람은 난징으로 가서 사오저우에 수도원을 건축할 것을 허락 받고자 했다. 그러나 난징의 분위기는 이전과 많이 달랐다. 일본군대는 조선에서 철수하였고 전쟁은 끝났으며 사람들은 기뻐했다. 왕충밍은 마테오 리치를 관부로 초대해서 지내도록 하였고 고급관원들이 와서 방문하기도 했다. 그 중에는 형부상서 자오찬루赵参鲁, 형부시랑 왕자오王樵, 호부상서 장멍난张孟男, 예부시랑 예샹가오叶向高, 국자감 궈정위郭正域, 한림원 양다우빈杨道宾 등이 있었다. 마테오 리치는 이를 천주의 뜻으로 알고 난징에서 포교할 것을 결정했다. 그는 난징에서 리신자이李心斋, 자오홍焦竑, 주스루祝世禄, 리즈李贽 등 저명한 학자들을 알게 되었다. 학생들에게 수학을 가르치는 것, 『만국여지도』万国舆地图를 수정하고 번각한 것, 유명한 승려 삼회三淮와 도에 대해서 논한 일 등으로 인하여 난징에서 선교사들의 명성은 높아졌다.

## 4. 성공적으로 베이징에 입성하다

1600년, 마테오 리치는 스페인 사람 판토하庞迪我, Didace de Pantoja, 1571-1618와 함께 조공을 바친다는 명목으로 수로로 북상하였고 난징南京에 있는 수도원은 라자리우스 카타네오에게 맡겼다. 린칭临清에 도달했을 때, 세관 관원 마탕马堂에게 억류를 당하여 1601년 1월 24일에 베이징에 진입했다. 마테오 리치의 조공 물품은 다음과 같다. 대형 자명종, 소형 자명종, 성모상 2폭, 구세주상 1폭, 프리즘 2개, 도금한 성무일도 1권, 서양 악기 하나, 세계지도 한 폭. 명신종明神宗, 만력제은 소형 자명종을 특히 좋아하여 비록 예부 관원의 반대가 있었으나 자명종을 수리할 사람이 필요하니 마테오 리치 등 일행이 베이징에 머무는 것을 묵인했다. 얼마 지나지 않아 롱고바르도는 궁 내감에게 서양 악기를 전수하는 선생이 되기도 했다. 마테오 리치는 특별히 이를 위해 『서금곡의』西琴曲意를 저술하였다.

1605년 마테오 리치는 선무문 안에 집을 사서 예배당으로 삼고 선교사역을 시작했다. 1609년은 천주모회天主母会를 설립하여 모임을 조직했다. 마테오 리치는 베이징에서 고관대작과 각처에서 과거를 보기 위해 상경한 문인들을 접촉할 기회가 많았다. 그는 서광계徐光启, 이지조李之藻 등 서양과학에 열중한 사대부들을 위해 『기하원본』几何原本, 『측량법의』测量法义, 『혼재통헌도설』浑盖通宪图说, 『환용교의』圜容较义, 『동문산지』同文算指, 『경천해』经天该 등 과학도서를 번역하였고 이외에도 서양과학을 강의하고 교리를 전파하며 교무를 관리했다. 이러한 일 외에도, 그는 접대와 다른 업무들을 처리해야 했고, 이는 그의 건강을 상하게 했다.

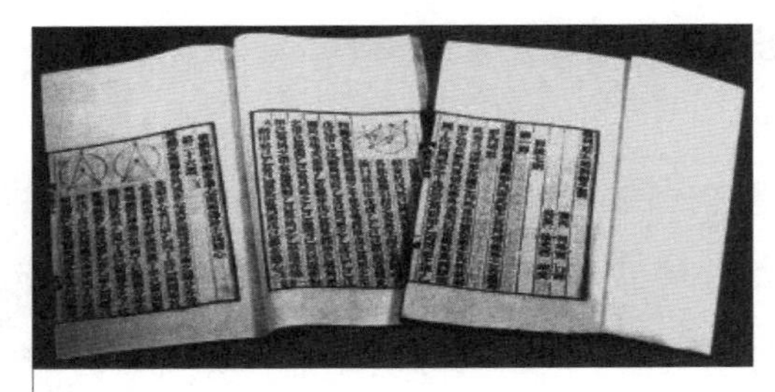
그림 029 기하원본

우리는 베이징에서 거의 모든 것을 조정의 지시대로 행했다. 그러므로 제국의 고관대작들은 우리를 존중하지 않은 사람들이 없었고 우리 수도원에 예를 갖춰 방문하기도 했다. (중략) 나는 거의 매일 응접실에 앉아서 방문객이 오기를 기다리고 있다. 3-4일마다 나는 또 문을 나서 그들을 방문하기도 한다. 이는 매우 피곤한 일이고 나의 체력의 한계를 많이 초과했다. 그러나 포기할 수 없다. 그렇지 않으면 배척을 당하고 야만인으로 취급되어 선교하여 귀의하게 하는 일을 나눌 수 없기 때문이다.

1610년 5월 11일, 마테오 리치는 과로로 병이 생겨 베이징에서 선종했다. 마테오 리치가 난징南京에서 알게 된 친구 예샹가우는 이때 내각의 중신이 되어있었는데 그가 황제께 간청하여 베이징 도성 밖의 땅을 하사하여 마테오 리치를 안장토록 했다. 순천부 부윤 왕잉린王应麟은 마테오 리치를 위해 묘비명을 썼는데, "구만리를 항해하여 중국에 찾아왔다"고 하며 그가 전한 교리를 "오랫동안 쌓은 학식으로 천지의 주재를 섬기며 인애로 천주를 신앙하는 것을 종으로, 광대한 사랑으로 사람을 교훈하는 것을 공용으로, 죄를 회개하고 성실에 이르는 것으로 입문으로, 생사대사유비무환을 근본으로 하"고 그의 성품은 "입신겸손하며 도를 전복하는데 뛰어나며 물욕을 거부하고 명예를 탐하지 않으며 세속에 담백하고 부지런히 덕업을 쌓고 현자와 지혜로운 자들과 교제하고 우매한 자들을 멀리하"며 학술조예에서는 "천상과 지리에 정통하며, 하늘과 사람에 대한 학문을 잘 갖추고 있고, 악기와 음률을 잘 알며, 도형에 대해서도 뛰어났다. 역서를 바르게 하여 농사지을 때를 알렸고, 물을 다루는 기술을 백성들에게 사용토록 알렸다. 우리 중화의 날개와 같은 힘이 되었으니, 작은 도움이라고 할 수 없을 것이다." 그러므로 오랜 세월에도 이런 인물은 드물 것이다. 왕잉린, 『利子碑记』

마테오 치리가 선종할 때 중국에 천주교회가 시작된 곳은 자오칭, 사오저우, 난창, 난징, 베이징, 상하이 등 지가 있었다. 그 중, 사오저우, 난창, 난징, 베이징北京 4개 교구의 신도 수는 약 2,500명이었다. 1615년 한때 5천 명 가까이로 증가했고 1617년 13,000인, 1636년 38,200인,

그림 030 베이징텡궁싼란(北京滕公栅栏)의 마테오 리치와 아담 샬, 페르디난트 페르비스트의 묘역

1650년에 이르러서는 150,000명에 이르렀다.

## 제3절 명말 천주교의 발전

### 1. 중국천주교의 삼대 초석

① 서광계

서광계徐光启, 1562-1633의 자는 자선子仙, 호는 현호玄扈, 세례명은 바오로이며 남직예 송강부 상하이현南直隶 松江府 上海县 사람이다. 1604년의 진사에 급제하여 예부상서, 문연각 대학사, 태자태보, 태자소보를 지냈고 시호는 문정文定이다. 그는 이지조, 양정균杨廷筠과 함께 천주교 안에서 "중국 천주교의 삼대 초석"으로 불린다.

가정의 생계가 어려워 20세에 수재秀才가 되었으나 고향에서 학생들을 가르쳤고 1596년에 고용주인 조펑우赵凤宇와 함께 광시에 가는 도중에 사오저우를 지나면서 라자리우스 카타네오를 만나 처음으로 세계지도를 보았고 천주교의 교리와 서양 과학을 접했다. 이는 서광계가 군사, 농학, 수리학 등을 다루는 천하를 위하는 것을 자신의 소임으로 여기는 큰 뜻과 부합했다.

1600년, 서광계는 베이징에 과거를 보러 가는 길에 난징에 들러 마테오 리치를 방문하였으며 그와 역법, 지리 등 학문에 대해 토론했다. 마테오 리치는 서광계에서 깊은 인상을 남겼고 서광계는 그를 "나라 안의 여러 사물을 통달한 군자"海内博物通达君子라고 칭했다. 서광계는 집에 돌아간 후 꿈을 꾸었는데, "동그란 모양의 집에 세 개의 탁자가 있는데 하나는 상像이 있고 둘은 상이 없었다. 해석할 바를 알지 못하여 크게 놀랐다"고 기록했다. 1603년 서광계는 다시 난징에 가서 마테오 리치를 만나고자 했으나 그는 이미 북상하였고 로챠가 서광계를 접대하여 천주상을 첨배토록 하며 천주의 삼위일체 교리를 설명하였고 천주상을 가리키며 이분이 바로 삼위일체의 제2위께서 강생하여 사람이 된 상이라 설명하였다. 서광계는 갑자기 3년 전의 꿈이 생각나서 놀라워했다. 로챠는 서광계에게 『천주실의』와 『천주교요』天主教要 등 책들을 선물하였고 천주교에 대해 더 깊이 알도록 했다. 서광계는 밤을 새워 책들을 독파했고 천주교 신자가 되기로 결심했다. 1603년 말, 그는 로챠를 통하여 세례를 받았고 세례명은 바오로였다.

**그림 031** 마테오 리치와 서광계(오른쪽)

서광계는 마테오 리치를 만난 후 전통유가 문화와 불교, 도교 등과 비교했을 때 천주교는 초연적 태도로 세속의 공리를 대할 수 있을 뿐더러 불교와 도교와 같이 사람들로 하여금 속세에서 도피하거나 무위하도록 하지 않는다고 생각했다. 천주교는 신자들로 하여금 현세에서 열심히 도를 닦고 천주의 은총을 받는 것을 기다리게 하며 엄숙하지 않은 태도로 인생을 대하는 것을 반대했다. 이런 적극적이며 진취적인 인생태도는 그로 하여금 평정한 마음으로 사업과 인생을 대하게 했다.

서광계는 과학기술에서 공적을 세웠을 뿐만이 아니라, 한 사람의 경건한 천주교 신자였다. 그는 변증, 전도 등에서도 공헌이 크다. 1606년, 서광계는 74세의 아버지를 세례 받도록 하였고 아버지가 경성에서 병으로 소천했을 때 그는 중국의 전통적인 상례 풍습에 따라 삼베옷을 입는 것을 따르지 않았고 천주교 남당에서 교회 예식을 따라 상례를 지냈다. 영구를 이끌고 고향1607년으로 돌아가는 도중 난징南京을 지날 때 그는 라자리우스 카타네오를 상하이로 초대해 포교를 시작하도록 하였고 온 집안사람에게 세례를 베풀도록 하였다. 도성 남쪽에서 땅을 사 예배당을 지었고 친척과 친구들 약 200명을 소개하여 천주교를 믿도록 하였다. 그동안 그는 『기하원본』을 교재로 가정의 쑨위안화孙元化, 1621년 영세를 학생으로 받았다. 서광계는 스스로 성찰하는 것을 중요하게 생각했고 예수회의 창시자인 이냐시오 로욜라 성인의 영신수련을 추앙했다. 그는 프란체스코 삼비아시毕方济, Francesco Sambiasi, 1582-1649가 구술해준 『영언여작』灵言蠡勺을 기록했고 교회의 예식을 위해 많은 기도문을 작성했다.

서광계는 천주교 선교사들이 중국에 온 목적이 천주교 신앙을 전파하기 위함이며 서양 과학은 포교의 도구인 것을 알았다. 그는 서양 과학 서적을 번역하며 과학기술 연구에 힘을 쏟았다. 한편으로는 선교사들의 선교를 돕고, 다른 한편으로는 명나라 말엽의 난세 중에서 부국강병을 이룰 것을 도모하며 세상을 구제하는 유가적 사명도 감당하였다. 서광계는 "사람이 부유하면 인의가 따라온다"人富而仁义附焉고 말하였는데 생존의 문제가 해결되면 윤리 도덕적인 문제는 쉽게 해결이 된다고 생각했던 것이다. 이는 천주교와 유가의 공통된 도리다. 서광계는 자신의 이상에 따라 과학과 신학의 모순을 조화시키고자 했고 유가와 천주교의 서로 다른 문화도 조정하고자 했다.

그는 천주교와 유가가 "수신사천"修身事天이 서로 맞다는 것을 이유로 유가가 천주교를 시인하고 관용할 것을 쟁취하며 그리스도교의 신학이론과 송명이학理学을 참조하여 "지"知와 "행"行에서 천주교가 "하나님을 섬기는 것을 근본으로 하고 몸과 영혼을 구원하는 것을 중요하게 여기며 충효와 자애를 수양으로 여기며 개과천선을 입문으로 삼고 참회하여 정결케 되는 것을 수련으로 하며 승천하는 참 복을 선에 대한 상급으로 여기며 지옥의 영원한 재앙을 악에 대한 고된 보응으로 여긴다."고 말하였다. 왜냐하면 천주교는 사람으로 하여금 "선을 행하며 참을 이루게"할 수 있기 때문에, "참회", "기도", "고된 수련" 등 행위를 방식으로 이학을 개조할 수 있다고 생각했다.

서광계가 한 일은 "사회 상층부 포교" 노선을 취한 천주교가 유가 지식인들에게 받아들여지게 하였고 천주교가 중국에 온 지 20년 만에 빠르고 안정적으로 발전할 수 있게 했다. 마테오 리치는 서광계를 매우 높이 평가하며 "이 사람이 그리스도교의 (선교)사업에 있어서 얼마나 큰 자산인지 가늠하기 어렵다."고 말했다.

② 이지조

이지조李之藻, 1565-1630, 자는 진지振之, 아존我存, 세례명은 량良이며 이로 인해 량암凉庵, 량암거사凉庵居士라는 호를 사용하기도 했다. 그는 저장浙江 인화仁和, 오늘 날의 항저우杭州 사람이다. 1594년만력 22년에 거인举人이 되고 1598년에 진사 제5등으로 급제하였고 공부수사랑중工部水司郎中까지 지냈다.

1599년, 이지조는 베이징에서 임직하였고 2년 반 후에 마테오 리

그림 032 이지조

치를 알게 되었다. 그는 지리학에 관심이 많아 마테오 리치의 『산해여지전도』山海与地全图에 이끌렸다. 그는 소년시절에 직접 15개의 성이 있는 전국 지도를 그렸고 이것이 "천하"의 전부라고 생각했는데 『산해여지전도』를 본 후 중국이 거대한 세계의 작은 일부분인 것을 발견하고 겸허한 마음으로 마테오 리치에게 가르침을 구하였다.

이지조는 마테오 리치 등 선교사들을 접촉하면서 천주교 교의를 일찍이 숙지하였으나 세례를 받지 않은 이유는 첩을 두고 있었기 때문이다. 1610년 이지조는 베이징에서 병이 들었고 마테오 리치의 권고로 세례를 받았는데 세례 받은 때가 음력 2월이었다.

이지조가 쾌유한 이후 마테오 리치가 중병을 앓아 5월 11일에 같은 수도회의 회원들에게 마지막 훈화를 한 다음 평안히 별세했다.

이듬 해, 이지조는 아버지의 소천으로 환향하여 상을 지내게 되었다. 이를 계기로 그는 난징南京에 가서 라자리우스 카타네오를 초청해 항저우에서 포교를 시작하도록 하였고 5월 8일 항저우杭州성 이지조의 자택에서 첫 미사를 드렸다. 이후, 이지조는 양정균에게 세례 받을 것을 권했고 항저우杭州에서 천주교의 중국 발전에 중요하고 견실한 기초를 세웠다.

1613년, 이지조는 탈상하여 난징에 태복시소경太僕寺少卿으로 복직하게 되었고 "청역서양역법등서소"请译西洋历法等书疏를 상서하여 조정이 전면적으로 서학을 수입할 것을 청하였다. 1618년 후금의 누르하치는 "칠대한"七大恨이란 선전포고문으로 하늘에 고하고 침공하여 부순을 함락시켰다. 1620년태창 원년, 이지조는 모친상으로 고향에 돌아왔는데 서광계의 부탁으로 양정균 등 개인 명의 및 천주교 신자 신분으로 문인인 장도张焘를 보내어 마카오에서 화기를 구매해 후금의 군대에 저항했다. 이후, 이지조는 다시 조정에 복직하였고 서광계와 함께 대명을 위기에서 구하기 위해 전심전력을 다했다.

그들은 마카오에서 포르투갈 병사들을 모집해 태총台铳을 제작하도록 했고 이런 서양식 화기들은 명나라 군대가 후금과 전쟁할 때 주요한 작용을 하였다. 이지조 등은 신부들에게 서양의 병기서적을 번역하고 화기를 제조하고 사용하는 것을 지도하도록 제안했다. 그러나 선교사들은 그들이 전혀 알지 못하는 전쟁에 참여하는 것을 강력하게 반대했다. 이지조는 예수회 신부들의 염려를 제거하기 위해 한 편지에서 다음과 같이 말했다. "우리에게 군사적인 이유는 그저 바늘과 재봉의 관계일 뿐입니다. 재봉할 때 바늘에 실을 꿰어 옷을 만들지만 옷을 다 만든 후에는 바늘은 제거되지요. 여러 스승님들께서 성지를 받들어 입경하게 되면 전쟁의 무기가 글을 쓰는 붓으로 바뀔 것입니다." 난징南京교안의 영향으로 5년간 추방을 당한 이후 예수회의 중국관구장인 로챠는 황제의 명을 받아 두 사람의 선교사를 베이징으로 보내어 화기제작을 지도하도록 했다. 로챠는 롱고바르도와 임마누엘 디아즈杨马诺, Emmanuel Diaz를 베이징으로 파견하여, 중단된 베이징에서의 선교사역을 재개했다.

그러나 명나라 말엽의 혼란스러운 정국은 서광계, 이지조, 양정균

등 사람의 걸음을 어렵게 만들었다. 1623년 이지조는 사직하고 환향하여 항저우에서 부판지付泛际와 함께 트리고金尼阁, Nicolas Trigault, 1577-1628가 지니고 있던 7천권의 책을 정리하고 『환우전』寰宇诠, 『명리탐』明理探으로 번역하여 아리스토텔레스의 철학과 논리학을 중국에 소개했다.

1628년숭정 원년에 이지조는 중국의 첫 천주교 출판 총서인 『천학초함』天学初函을 편집 출판하여 명나라 말엽에 수입된 서학을 총결산하였고, 천주교 문화를 정리하고 보전하는데 큰 공헌을 하였다. 이 총서는 이편理篇宗교 9종, 기편器篇 10종으로 구성되어 있으며, 명말에 영향력이 큰 선교사와 신자들의 중국어 역서를 수록하였다. 이편은 『기인십편』畸人十篇, 『교우론交友论, 『천주실의』天主实义, 『이십오언』二十五言, 『변학유독』辩学遗牍, 『칠극』七克, 『서학범』西学泛, 『직방외기』职方外纪, 『영언여작』灵言蠡勺 등으로 구성되어 있으며, 기학은 『태서수법』泰西水法, 『혼개통헌도설』浑盖通宪图说, 『기하원본』几何原本, 앞 6권, 『표도설』表度說, 『천문략』天问略, 『간평의설』简平仪说, 『동문산지』同文算指, 『측량법의』测量法义, 『환용교의』寰容较义, 『구고의』勾股义, 『측량이동』测量异同으로 구성되어 있다.

1630년 이지조가 병으로 별세한 후 부고는 유럽에까지 전해졌고 예수회 수장은 회원들에게 그를 기념하기 위한 미사를 드릴 것을 공지했다. 이지조가 별세한 후 그가 편찬하고자 했던 『천학이함』天学二函등 작업은 계승할 사람이 없었다. 청나라 말엽이 되어 『천학초함』의 기편 서적이 서양의 기술을 따르는 중국인들에게 다시 재판되어 전파되었다.

중화민국 원년, 학자들은 천주교 총서를 계속 펴낼 것을 열렬히 토론하였다. 1917년, 첸위안陈垣은 영화荣华 렴지斂之에게 서신을 보내어 다음과 같이 말했다. "옛 도서를 새롭게 출판하는 것에 대해서 말하면 (중략) 가령 『천학초함』 이편을 이어 천학이함, 삼함으로 한다고 가정하면 (중략)

기간을 두고 나눠서 출판한다면 어려운 일이 아닐 것이요 (중략) 상로마시앙보, 马相伯께 편지를 보내 문의하여 빠른 도모를 할 수 있을 것이요. 이 일을 만약 수년 전에 행했다면 오늘 이미 큰 성과를 볼 수 있었을 것이요." 그러나 시국이 변하여 이 일은 끝내 이루지 못했다.

③ 양정균

양정균杨廷筠, 1562-1627, 자는 중견中坚, 호는 기원淇园이며 저장 런허浙江仁和 사람이다. 학자이자 관원 가문에서 태어났다. 18세1579년에 거인이 되고 31세1592년에 진사에 급제했다. 안부安福현 지현, 후광도湖广道감찰어사, 스촨도四川道도 장도사, 남직례南直隸 부사, 장시江西 부사등 관직을 지냈다. 청렴한 관원이었으며 지방에 많은 일들을 행하여 백성이 좋아하였고 안부安福지역의 사람들은 그를 런허우仁侯라고 칭했다.

약 1602년에 경성에서 임직했던 양정균은 마테오 리치를 만났고 서광계와 이지조처럼 서양 과학기술로 인해 천주교에 관심을 갖게 된 경우와 달리, 양정균은 서양 과학기술에는 흥미가 없었다. 귀향한 이후 그는 불교도로서 항저우杭州의 고승인 주홍袾宏, 1535-1615이 조직한 방생회에 자주 참여하였고 불교 승려와도 왕래가 빈번했다.

1611년, 이지조가 부친상을 당하여 조문을 왔는데 양정균은 이지조가 승려를 초대하여 망령을 초도超渡하지 않고 눈에 보이고 찾아낼 수 있는 불상들을 깨트리고 태우는데 바쁜 것을 보고 놀랐다. 양정균은 곧 선교사들을 가정으로 초대하여 천주교에 관한 깊은 대화를 나눴고 대화의 주제들은 천주교의 여러 주제들 예를 들어, "사람의 초자연적인 운명 체계", "인간의 타락과 구원" 등에 대한 것이었다. 아홉째날이 되었을 때 양정균은 선교사들에게 설득되어 세례 받기를 소망했다. 그러나 양정균은 첩이 있기에 세례를 받을 수 없었다. 그는 이로 인해 이지조에게 문의했다. "태서선생마테오 리치은 매우 기이하십니다. 나는 어사로서 선생을 섬기지 못할 일이 없지만 어찌 첩 한 명을 용납하지 못한다 말입니까? 승가에서는 필히 이러지 않을 것입니다!" 이지조는 탄식하며 대답하였다. "이로써 태서 선생께서 승려들과 비교할 수 없음을 알 수 있습니다. 거룩한 가르침의 계명과 규율은 천주께서 반포하시고 옛 성인들이 따랐습니다. 따르는 자에게 덕을 베풀고 어기는 자에게 형을 내리어 덕과 형벌이 명백합니다. 그대가 원하는 것을 아부한다면 어찌 규율이라 하겠습니까?" 양정균은 깨우쳐서 첩을 다른 곳으로 보내고 가르침과 계명을 실천하며 결국엔 세례를 받았다. 라자리우스 카타네오가 세례를 베풀었고 세례명은 미카엘米格而, Michael이어서 거즈格子라고 불리기도 했다.

양정균은 서양의 과학기술로 인해서 천주교를 받아들인 것이 아니고, 또는 선교사들의 인격적인 매력에서 불교로부터 개종한 것이 아니라, 종교 신앙 자체에 대한 추구가 세례를 받은 원인이었다. 그는 인생의 형이상학적 의미에 대해 사고하였고 천주교가 그에게 더 나은 해답을 줄 수 있었던 것이다.

마테오 리치는 『천주실의』에서 유가의 "인"을 "애"로 해석하여, 즉 "천주를 사랑하는 것", "사람을 사랑하는 것"이라 하였다. 천주교의 "사람을 사랑하는 것"과 유가 사상 중의 "인애"는 서로 영향을 끼치게 되는 까닭에 양정균은 많은 것을 체득할 수 있었다. 신자가 된 이후 양정균은 "사람을 사랑하는 것"의 미덕을 부지런히 실천했다. 그는 "배고픈 사람을 먹이고 목 마른 사람을 마시게 하고 헐벗은 사람을 입히고 여행자를 재워주고 병든 사람을 고치고 옥에 갇힌 사람들을 돌보고 잡힌 사람을 속량하고 죽은 사람들을 장사를 지내주는 것이 다 사람을 사랑하는 일"이라고 생각했다. 승려 주홍과 함께 "방생회"를 조직하였었으나, 천주교 신자가 된 이후의 양정균은 "생물을 사랑하는 것보다 백성을 어질게 대하는 것이 낫다"고 생각하여 "인회"仁会를 조직하고, 유지들을 소집하여 자금을 모아 양식, 옷, 약품 등을 나눠 주는 일을 했다. 그는 또한 줄리오 알레니艾儒略, Giulio Aleni 신부의 건의를 받아들여 장기적으로 사람들을 돕기 위해 천금의 재산을 출자하여 그 이자로 가난한 사람들을 돕는 일을 시작하였다.

유가 문화는 "극기", "수신"을 매우 강조하기에 때로는 유가 문화의 정신이 도덕적 자율에 있으며 타인에게 구하지 않는 것이라고 생각한다. "공자께서 말씀하시기를 자기를 이기어 예로 돌아가는 것이 인이다. 하루라도 극기하여 예로 돌아갈 수 있으면 천하가 모두 인으로 돌아간다."논어·안연 신유학新儒学은 인간의 도덕적 실천과 내적 성찰을 더욱 강조한다. 명나라 말엽에, 다양한 종교신학이 융합하여 "공과격"功过格과 같은 류의 도덕적 실천 양식이 생겨났고 공적과 이익의 색채를 많이 섞기도 했다. 이는 선비 계급의 사람들에게 이는 "독선기신"独善其身을 실현하고, 겸제천하"兼济天下의 유리한 수단이었다.

"극기", "수신"과 "도덕실천"의 형식에서 천주교와 명나라 말엽에 흥성한 이런 사조는 비슷한 면이 있다. 천주교에 귀의한 양정균은 양자의 공통점을 찾았고 그가 "영신수련"을 할 때 스스로 성찰을 쌓았다. 그는 매일 아침, 점심, 저녁에 세번 침묵으로 성경을 읽고 동시에 자신의 언어와 생각과 행위의 각종 과오를 검토하며 기록했다. 아마도 도덕적 자율성이 극히 강한 양정균이 이런 비교를 통해서 불가에서 천주교로 귀의하여 전통 유가 선비의 인격을 완성해 나갔던 것일 수도 있다. 이는 마치 양정균이 『칠극』七克 서언에서 언급한 것과 같이 만약에 배우는 사람들이 천주교의 "극기"법을 수행한다면 생과 사를 태연하게 마주할 것이라고 한 것과 같다.

양정균이 세례를 받은 후 중국에서의 천주교 발전에 많은 노력을 기울였다. 그는 알레니의 건의로 전도와 변증의 책을 쓰고 간행했다. 그는 선교사가 저술한 『칠극』, 『서학범』西学凡, 『척죄정규』滌罪正规 등 책에 서문을 썼고 또 『광방생문』广放生文, 『천석명변』天释明辨, 『효란불병명설』鸮鸾不并鸣说, 『대의편』代疑篇, 『대의속편』代疑续篇 등 기독교변증의 서적을 시리즈로 출간하기도 하였다. 그의 부모, 부인, 자녀도 영향을 받아 천주교 신자가 되었다. 1616년 난징교안南京教案이 일어나 양정균은 각처의 선교사들을 집으로 불러모아 피난하도록 했다. 1617년, 양정균은 자신의 가택을 봉헌하여 성당으로 사용하였고 선교사들과 함께 그 안에서 성경과 중국 유가경전을 강해하였는데 이런 형식은 그가 열중하였던 명나라 말엽에 유행하였던 강연 활동과 비슷하여 항저우杭州 지역의 사람들이 소식을 듣고 찾아오게 만들었다.

1623년 4월, 양정균은 동린당东林党인이 추원표邹元标의 천거로 다시 조정에 들어서 광록사소경光禄寺少卿, 순천부증順天府丞 등 자리를 지냈다. 1624년 7월 동린당원과 가까웠던 양정균은 압박을 받아 사직하였다. 사직한 이후의 양정균은 고향에서 선교사업에 열중하였고 인회仁会를 발전시키며 예배당을 건축하였고 돈을 기증해 학교를 세웠다. 아울러, 돈을 기증해 항저우 교외의 대방정교회공공묘지大方井教会公墓를 세웠다. 그는 1627년 12월에 병으로 별세했다.

## 2. 난징교안

루지에리가 중국에 들어선 날로부터 대부분의 선교사들은 현지 민중의 배척을 당해왔다. 알바로데 세메도曾德昭, Alvaro Semedo는 "난징교안 이전에는 54건의 교안이 있었고 선교의 초기에 광둥广东에서 일어난 경우가 많다."라고 조사결과를 언급했다. 그러나 이 교안들은 대체적으로 국지적 사건이었고 곧 평정되었다. 그러나 1616년의 난징교안은 천주교로 하여금 전무후무한 타격을 받게 하였다.

1616년 6월, 난징南京 예부시랑 선취에沈漼는 황제에게 천주교를 금할 것과 중국에 있는 선교사들을 벌해야 한다는 내용의 "참원이서"参远夷疏를 상소했다.

> 멀리서 온 오랑캐가 함부로 도성 문에 들어와 암암리에 왕의 덕화를 상하게 하였으니 성상께서는 밝히 보시어 율령을 엄숙하게 선포하시길 간청하오니 이로 사람의 마음을 바르게하고 풍속을 유지케하소서.
> (중략) 생각치도 못하게 근래에 갑자기 교활한 오랑캐가 멀리서 와 도성에는 판토하, 우르시스熊三拔, Sabatino de Ursis 등이 있고 난징에는 바뇨네王丰肃 또는 高一志, Alfonso Vagnone, 1566-1640, 디아즈가 있고 다른 성의 도회와 각 군에도 있습니다. 그들의 나라가 대양의 서쪽에 있고 스스로를 천주교라 명명하였습니다. (중략) 신이 처음 난징에 가니 사람들이 모여있음을 들었고 집을 가지고 있는 것을 들어 본부의 직분에 따라잡아 다스리고 추방하고자 하였습니다. 그러나 사람들의 말들 들어보니 그 종류가 너무 많고 그 가르침은 사람들의 마음을 점차 잠기게 하여 비록 사대부라고 할지라도 이를 믿는 사람들이 있다고 하니 빈민들의 경우는 더욱이 빠르게 전파되어 집집마다 알고 있으니 신은 깊은 한숨을 쉬게 되었습니다.

선씨의 글에는 천주교에 대한 증오와 선교사들이 사람들의 마음을 미혹시킨다는 모함으로 가득했다. 그가 열거한 죄는 주로 두 가지인데 하나는 선교사들이 전통역법 历法 을 부정하고 요순이래의 중국전통역법을 변란시켰다는 것이고 하나는 조상 제사를 지내지 않으며 천주를 모시면 천당에 들어가며 지옥을 면할 수 있다는 것이다. 그러므로 황제에게 칙령을 내려 예부와 병부가 지도자들을 법에 따라 치리하고 다른 사람들은 추방할 것을 상소했다.

첫 번째 상소는 황제의 답변을 받지 못했다. 그래서 선취에는 2달여 후에 만력 44년 8월 두 번째 "참원이서" 参远夷疏 를 상소하여 천주교를 금할 것을 요청했다.

> "(중략) 그러나 바뇨네는 나쁜 짓을 교묘하게 하는데 공연히 정양문 홍문강 正阳门洪武冈 의 서쪽에 살면서 무량전 无樑殿 을 짓고 미개한 사람의 상을 걸어 두며 우둔한 백성들을 미혹하고 있습니다. 그 가르침을 따르는 사람은 은 세 냥을 주면 그 가족의 생년월일을 다 기록합니다. 주술과 부름이 있어 약속하지도 않았는데 도착한다고 하는데 이는 민간의 노래로 널리 퍼졌습니다. (중략) 특히 더 가증스러운 것은 성내에서 거주하고 있는 땅은 홍무강의 왕의 땅을 점거하고 있으며 성 밖에는 화원이 있는데 효릉위 孝陵卫 바로 앞에 있습니다. 효릉위는 능침을 보호하는 곳이고 고묘 高廟 는 유의관 遊衣冠 하는 곳으로 용이 서리고 호랑이가 웅크리는 곳인데 어찌 여우나 쥐가 드나들 곳입니까? 그러나 교활한 오랑캐가 이 곳에 숨어있으니 그 의도가 무엇이겠습니까?"

이 상소에서 그는 선교사들이 난징南京 정양문 안, 홍무강 서쪽에서 예배당을 짓고 무술을 사용한다고 말했다. 그리고 그들이 효릉위 부근에 화원을 건축한 것은 모반의 혐의가 있다고 말했다. 이 상소는 여전히 황제의 윤허를 받지 못했다. 그래서 그는 동향인 예부상서 겸 동각대학사인 방충저方从哲 등과 결탁하고 함께 내시 위충현魏忠贤과 내통하여 음해하고자 했다. 1616년 8월 20일, 방충저는 선취에에게 먼저 사람을 잡아들인 후에 황제께 치리해주실 것을 청하라고 하였다. 그리하여 8월 31일에 병사들을 동원해 난징의 성당을 포위하여 바뇨네를 체포했다. 9월 1일, 세메도와 중밍리钟鸣礼 등 13명의 신자들이 투옥됐다.

난징교안의 영향은 곧 전국에 퍼졌고 중국 천주교 삼대 초석은 온 힘을 다해 변호하였다. 교안이 처음 일어났을 때, 고유주도대高邮州道台를 지내던 이지조와 양정균 두 사람은 난징에 서한을 보내 관원들에게 부탁하여 소문에 따르지 말고 선교사들을 보호해줄 것을 부탁했다. 베이징에서 내각대학사를 지내던 서광계는 이 일을 듣고 즉시 『변학소고』辩学疏稿를 써, 선취에의 참소에 대해 조목조목 반박을 하였다. 그는 용감하게 자신이 천주교 신자인 것을 밝혔고 선교사들은 다 덕이 있고 학식이 있는 사람으로 중국에 온 것은 사람들에게 선한 일을 하라고 권면하는 것이지 절대로 음모를 꾸밀 사람들이 아니라고 변호하였다.

> "신이 여러 해 동안 그들과 함께 연구하였는데 이들은 가장 확실하고 진실됩니다. 그 걸어온 길과 마음 또한 의심스러운 면이 없으며 성현의 제자들입니다. 그들의 가르침은 바르고 그들이 지키는 것은 엄격하며 그들의 학문은 넓고 그들의 지식은 뛰어나며 그들의 마음

은 참되며 그들의 의견은 일정합니다. 그들의 나라에서는 천인 중의 뛰어난 이요 만인 중에 걸출한 자들입니다. 그러므로 수만리 거리의 동방에 온 사람들은 그 나라의 교인들이고 모두 수신하여 상주上主를 섬기는 자들이며 중국 성현들의 가르침을 들으니 모두 수신하여 하늘을 섬기니 이치가 서로 부합하기에 험난한 길을 수고하여 와서 상호 인증하며 사람들로 하여금 선을 행하고자 함이요 이로써 하늘이 사람을 사랑하는 뜻에 합당케 되고자 함입니다." 『변학장소』辩学疏稿

그는 세 부분에 대해 점검할 것을 제안했다. 첫째, 조직적으로 서적을 번역하여 천주교가 하늘을 섬기고 사람을 사랑하는 것을 선양하는지 아니면 격물궁리格物穷理의 이론과 치국평천하의 방법을 다루는지 또는 역산历算, 의약, 농사, 수리 등 해가 되는 것은 제거하고 유익한 사업을 운영하는지에 대해 점검한다. 둘째, 선교사와 승려와 도사들로 변론하게 하여 유학을 따르는 관원으로 하여 공통적으로 평가와 비판을 하도록 한다. 셋째, 황제께 바친 번역서적 30여 권과 원문 경전 십여부에 대해 "만약에 난잡하고 이치에 어긋나서 선을 권하고 악을 금하는데 부족하고 풍속을 해친다면 즉시 추방하시고 신도 함께 그 죄를 받겠습니다."

서광계는 자신의 목숨을 담보로하여 진실되고 간절한 언사로 천주교의 교리와 선교사들을 힘을 다해 변호하였다. 이 상소는 황제의 "알았다"는 회신을 받았다. 비록 상소가 선취에의 음모를 저지할 수는 없었지만 서광계는 실제적인 행동으로 선교사들을 상하이의 집에 숨겨 보호하였다.

명신종明神宗 주이쥔朱翊钧은 정사를 제대로 다루지 않았기에, 선취에는 내시와 결탁하여 1617년 2월 3일만력 44년 12월 8일에 급작스레 황제의

어지를 내렸다.

> "바뇨네 등은 가르침으로 대중을 미혹하며 축적된 음모를 헤아릴 수 없다. 이들을 광둥 관아에 보내 서국으로 돌아갈 것을 명령한다. 판토하 등은 예부에서는 그들이 역법을 알기에 청하여 각 관원과 함께 천체의 운행을 계산하였고 서방에서 와서 귀화하였으나 역시 본국으로 귀환할 것을 명한다."

1617년 3월, 바뇨네와 세메도는 감옥에서 심문을 받았다. 바뇨네의 기록에 따르면 심문할 때 "발로 차고 주먹으로 치고 뺨을 때렸는데 그 기세는 마치 폭풍과 같았다. 파도처럼 들이치기도 하였고 얼굴에 침을 뱉기도 했으며 모발을 뽑기도 하였다. 우리가 받은 치욕은 매우 심하여 차마 다 적지 못한다." 장형을 맞아 거의 장애가 생길 수준이었다. 세메도는 병을 앓아 장형은 면했다. 여러 번의 심문 이후 두 사람을 나무 우리에 담아 육로로 마카오까지 압송할 것을 판결하였다. 같은 해 4월 29일, 난징 도사원南京都察院은 바뇨네와 세메도를 광둥으로 압송하였고 베이징에서 압송된 우르시스와 판토하와 만나 함께 마카오로 추방하였다.

홍무강 성당과 효릉위 화원은 해체되어 관부에 편입되었고 신자 중밍런钟鸣仁, 차오시우曹秀, 야오루왕姚如望, 여우루游禄, 차이스밍蔡思命 등은 장형을 당하거나 유배를 당하였고 바뇨네, 세메도와 함께 억류된 23명의 신자는 다 유죄판결을 받았으며 샤위위夏玉瘐는 이번 교안에서 사망하였다. 베이징의 롱고바르도와 삼비아시는 서광계의 집에 숨어지냈고 내궁의 내시는 마테오 리치의 묘지를 환수할 것을 원했으나 서광계가 황제께서 하사하신 묘지는 함부로 건드려선 안 된다고 힘을 다해 지켜냈으며 예부에 부탁하여 교인들이 묘지를 보호할 수 있도록 허락을 맡았다. 베이징의 천주교는 예배당과 선교사의 거처를 관리하도록 조정의 윤허를 받았다. 로챠와 피에르 밴 스피에르史惟真, Pierre Van Spiere, 1584-1628은 난창에서 철수하여 지엔창建昌에 선교하러 갔고, 평수사였던 치우량허우丘良厚, 마카오 사람으로 1610년 입회하였다가 난창 수도원에 계속 남았다. 카타네오, 리베리오 Pedro Ribeiro, 알레니 등은 양정균 집에 피난을 갔다. 항저우杭州지역의 관원은 양정균을 존중하여 이들에 대한 추방령을 내리지 않았다.

1617년, 선취에는 귀향하여 항저우杭州로 돌아왔는데 이는 선씨의 정치생애 중의 밑바닥이었다. 이때, 양정균은 그를 방문하여 교안에 대한 이야기를 나누기도 하였다. 이듬해 선취에는 관직을 박탈당하였고 난징 교안은 잠시 소강상태에 접어들었다.

1620년 만력황제가 붕어하였고 황위를 계승한 명광종明光宗 주창뤄朱常洛는 또 한달이 지나 병으로 서거하여 그의 아들 주요우샤오朱由校가 황위를 계승하였다. 명희종明熹宗이 아직 연소하여 대권은 위충현이 잡게 되었고, 방충저는 재상이 되었다, 그들은 곧 선취에를 조정에 복귀시켜 예부상서 겸 동각대학사를 맡게 하였는데, 선취에는 위충현과 함께 결탁하여 천주교를 박해하기 시작했다.

이 때는 마침 백련교白蓮教가 산둥에서 의거를 하는 시기였는데 선취에는 이 기회를 틈타 천주교와 백련교가 같다고 모함했고 난징교안은 다시 치열해졌다. 난징부원 쉬루커徐如珂, 위무츠余懋慈는 선취에에게 잘 보이기 위해 천주교도를 체포하도록 했다. 서광계는 배척을 당해 귀향하였고 난징교안이 다시 치열해졌다는 소식을 듣고 사대부들에게 편지를 보내 천주교와 백련교는 다르다고 설명하였으나 선취에 일당의 기세가 높은 상황이라 교안은 평정되지 못했다.

선교사들은 상하이와 항저우 등지로 피했고 양정균과 이지조의 집에 숨은 사람도 있었으며 롱고바르도는 서광계의 반룡촌사蟠龍村舍로 피난하였는데 이 기회를 틈타 숭장松江의 위산佘山에서 선교하고자 했다.

통계에 따르면, 1621년 항저우에서 성인세례를 받은 사람은 1,600명에 달한다. 선취에가 두 번째 교안을 일으켰을 때 범위를 확대하지 않았다. 예샹가우叶向高가 천주교를 보호한 공로가 잊혀져서는 안된다. 천계天啟 초년, 예샹가우는 선취에보다 높은 자리에 있었고 마테오 리치와 알고 있었다. 1623년, 가장 높은 자리에 있었던 예샹가우는 선취에를 파직시켰고 난징교안은 이로 인해 평정되었다.

### 3. 스페인의 탁발수도회가 중국에 입국하다

17세기 초, 중국 명-청 시기에 서방 천주교가 유럽에서 세력이 줄어들게 되었고 다시 그 세력을 증강하기 위하여 동방에서 발전하고자 했다. 이탈리아 사람 마테오 리치는 베이징北京에 도달한 첫 천주교 예수회 선교사였고 마테오 리치 소천 이후 독일 사람 요한 아담 샬 폰 벨汤若望, Johann Adam Schall von Bell, 이하 '아담 샬'과 벨기에 사람 페르난도 페르비스트南怀仁, Ferdinand Verbiest, 1623-1688가 뒤를 이었다.

선교사가 중국에 입국한 이후 베이징과 내지의 각 성에서 서양의 선진 과학기술을 수단 삼아 신자가 된 사람들에게 중국 전통의 공자 및 조상에게 제사할 수 있도록 허용하였고 사대부 계층과 일반 민중들을 광범위하게 접촉하였으며 심지어 궁 안에도 침투하여 많은 신자들이 생겨났고 성당도 짓게 되었다. 많은 저서의 기록에 따르면 명말청초에 윈난云南과 구이저우贵州를 제외한 전국 각처에는 다 천주교가 전파되었다. 통계에 따르면 만력 43년1615년에 천주교 인구는 5천명에 달하였고 청 숭덕원년1639년에는 38,200명, 순치 7년1650년에는 급증하여 15만명에 이르렀다.

16세기말, 필리핀은 중요한 선교기지가 되었고 탁발수도회 선교사들은 이곳에서 중국으로의 입국을 시도했다. 1580년, 포르투갈이 펠리페 2세Felipe II, 1527-1598의 통치하에서 스페인에 의하여 병탄된 후 두 나라의 아시아에서의 보교권保教权 싸움은 필리핀의 프란치스코회와 마카오의 예수회의 투쟁으로 발전되었다. 1595년 펠리페 2세는 인도의 총독에게 편지를 보냈는데 필리핀의 스페인 수도사들이 예수회 선교사들에게 귀속된 중국과 일본에 입국하는 것을 금하도록 하였다. 이로 인해 예수회 수도사들은 극동지역의 선교지역에 대한 독점권이 있다고 말하게 되었고 다른 수도회를 배척하고자 했다. 그러나 스페인 왕실의 의지와 반포한 기타 명령은 다 실제적인 작용을 갖지 못했다.

교황은 1600년대에 비로소 탁발수도회가 중국에서 선교할 수 있도록 윤허했다. 1633년, 다른 수도회도 교황의 윤허를 받아 중국에 입국하면서 예수회와 포르투갈은 더 이상 중국 선교의 독점권을 지니지 못했다. 프란치스코회, 도미니코회 이 두 탁발수도회 선교사들도 중국에 와서 최종적으로 중국에서 발 붙일 자리를 찾았다.

1632년, 스페인 도미니코회 수도사 안젤로 코치柯基, Angelo Cocchi, 1597-1633가 알레니의 도움을 받아 푸젠福建성 동북부의 푸안福安에서 잠시 거주하게 되었다, 그러나 알레니는 그가 장기적으로 선교할 것에 대해서는 지지하지 않았다. 코치는 상관하지 않았고, 오히려 예수회 선교사들처럼 중국어를 배우고 중국 옷을 입었으며 3년 내에 푸안성과 성남에 각각 예배당을 세웠다.

1633년, 도미니코회 모랄레스黎玉范, Juan Bautista de Morales, 1597-1664는 대만을 지나 푸안에 도착해 코치를 돕기 시작했다. 프란치스코회 카발레로利安党, Antonio de Santa Maria Caballero, 1602-1669도 동시에 도착했다. 카발레로는 원나라 이래로 마카오 이외의 지역에 처음 거주한 선교사였다. 그는 중국인 나문조罗文藻에게 세례를 베풀었고 세례명은 그레고리 로페즈Gregory Lopez였는데, 그는 이후 도미니코회에 입회하여 천주교의 중국 역사 중에 첫 중국인 주교가 되었다.

대다수의 탁발수도회는 자신들의 전통을 유지하였고 예수회의 적응주의 선교에 대해 이의를 제기했다. 새로운 신부들은 푸젠福建의 신도들에게 "마테오 리치 이래 예수회 선교사들은 천주교 신자들을 잘못된 길로 이끌었고 그들은 가장 높은 교황의 파송을 받아 잘못된 길로 간 천주교를 바른 길로 돌이키게 할 것"이라고 단언했다. 모랄레스와 카발레로는 심지어 로마 교황청에 예수회 선교사들이 푸젠福建에서 사용한 선교 방법에 대해 고소하였는데, 그들이 교회의 법과 예수께서 십자가에 못 박히신 수난의 메시지를 선양하지 않았고, 그들이 사용한 용어들은 그리스도교 교의를 잘 나타내지 못한다는 내용이었다. 이외에도, 그들이 공자 학설과 유가 지식인에 대해 과도한 관용을 베푼 것을 지적했다. 아울러, 신자들이 주일과 그리스도교 절기에 일을 쉬도록 가르치지 않은 것도 포함되었다.

포르투갈 예수회 선교사인 프란치스코 푸르타도傅汎际, Francois Furtado, 1587-1653는 교황에게 보낸 편지에 중국의 실제 상황에 대해 분석하며 이런 지적들에 설명을 했다. 예수회가 십자가를 공개적으로 전시하지 않은 것은 기독교 수난의 교의가 조롱을 받거나 도교와 비슷한 가르침인 것처럼 보이지 않기 위함이고, 교회 절기에 미사에 참여하는 의무를 이행하는 것은 곧 직업을 포기해야 한다는 것이기에 중국인들을 "매우 빈곤하며 매일의 수입도 매우 적기에 일을 하지 말라는 것은 밥을 먹지 말라는 것과 다름이 없다."고 말하였다.

탁발수도회는 마테오 리치의 선교전략과 알레니의 푸젠성 선교에 대해 인정할 수 없었고 직접적이고 공개적으로 중국인에게 복음을 선포해야 한다고 생각했다. 이런 경솔한 행동은 1637년 푸젠성의 반천주교 운동이 일어나도록 했고 그 해에 푸젠에 진입한 프란치스코회 선교사 3인과 도미니코회 선교사 5인이 마카오로 추방되는 일이 일어났으며 이 반천주교 운동은 명나라가 멸망한 이후까지 지속되었다. 모랄레스와 카발레로는 의례문제를 로마 교황청에 제소하였고 의례논쟁을 일으켜 결국은 중국에서 전면 금교되는 결과를 초래했다.

### 4. 남명의 선교적 상황

1644년, 농민의거의 영수 리즈청李自成은 군을 이끌고 베이징을 함락시켰고 숭정崇祯황제는 메이산煤山에서 자결하였다. 황제의 숙부인 복왕福王 주창쉰朱常洵의 아들 주여우숭朱由崧은 난징에서 황제의 자리에 올라 홍광제弘光帝로 불린다. 청의 군대가 남하하면서 난징성은 함락되었고 홍광제는 나포되었다. 1645년, 당왕唐王 주율건朱聿鍵이 푸저우福州에서 등극하여 연호를 융무隆武라 칭하고 푸저우를 푸징福京이라 칭하였다. 융무제는 삼비아시를 중용하였고 알레니 등의 남방에서의 선교사역도 지지를 얻었고 순조롭게 진전되었다. 그러나 좋은 시기는 길지 못하였고 융무제의 짧은 북벌 과정 중에 믿었던 수하 정즈룽郑芝龙이 청에 투항하여 전세가 기울었고 융무제는 단식하며 별세했다. 소식이 광둥에 전해졌을 때, 광둥에 우거 중이었던 병부상서 딩쿠이추丁魁楚와 병부시랑 치우쓰스瞿式耜

는 서남지역에서 계왕桂王 주여우랑朱由榔을 옹대하여 자오칭肇庆에서 황위에 오르게 하였고 연호를 영력永历으로 칭하였다.

영력 시대에, 마카오는 300명의 포르투갈 병사를 보내 원조하여 청나라 군사를 저항하였다. 내시와 황태후, 태후가 천주교 신자가 되어 남명의 작은 조정이 로마 교황청과 한 번의 사신 왕래도 하였다. 태후는 사신을 마카오에 보내 신부들에게 강산을 위해 축복해줄 것을 요청하였고 로마 교황에게 사신을 보내고자 했다. 팡텐서우庞天寿, 1588-1657가 자진하여 사신으로 가고자 하였으나 태후는 그가 나이가 많음을 이유로 윤허하지 않았고 미카엘 보임卜弥格, Michael Boym, 1612-1659에게 교황과 예수회 총장에게 보내는 황후의 편지 및 교황에게 보내는 방텐서우의 편지를 가지고 1650년에 로마로 향하여 출발하게 하였다.

미카엘은 1653년 1월에 로마에 도착하여 서신을 전하였다. 그러나 당시 인노첸시오 10세Innocent X, 1574-1655는 이미 다른 선교사들에게 보고를 받아 중국이 왕조가 바뀌는 시기에 있음을 알고 있었고 새로운 왕조가 세워진 이후 선교사역에 영향을 끼칠 수 있기에 답신을 하지 않았다. 1655년, 인노첸시오 10세가 선종한 후 신임 교황인 알렉산데르 7세Anexander VII, 1599-1667가 같은 해 12월에 답신을 써서 미카엘을 통해 전달하고자 하였다. 1658년 미카엘이 중국에 돌아오니 광둥과 광시가 이미 청군에 의해 점령되었고 영력제는 구이저우贵州를 통해 윈난云南으로 도망을 갔고 황태후와 방텐서우는 이미 사망하였다. 미카엘은 어쩔 수 없이 안남으로 내려갔는데 1659년 가는 도중에서 선종했다. 1661년, 우산꾸이吴三桂가 청군을 이끌고 버마에 이르렀고 버마의 국왕은 영력제를 청군에게 바쳤다. 이듬해, 우산꾸이는 영력제와 태자 주자선朱慈煊을 죽였고 남명은 이로써 완전히 멸망하였다.

만주족이 중원을 정복하기 전에 예수회의 두 신부인 루도비코 불리오利类思, Ludovico Buglio, 1606-1682 신부와 가브리엘 마갈엔스安文思, Gabriel de Magalhaens, 1610-1677는 스촨四川에서 선교를 하였는데 장헌충张献忠이 스촨을 점령하던 기간에 잔혹한 통치로 인하여 두 신부의 노력이 실패로 돌아갔다. 1630년쯤, 천주교는 하이난海南에서 하나의 선교 거점을 마련하였고 이외에, 두 예수회 선교사인 알베르 도빌吴尔铎, Albert d'Orville, 1621-1662 신부와 요한 그루버白乃心, Johann Grueber, 1623-1680는 간수, 티벳과 네팔을 지나 인도에 도달했다. 통계에 따르면, 1646-1663년 사이에 총 36명의 예수회 선교사가 중국에 왔고 1657년에 중국에 머무르고 있던 예수회 선교사는 14명, 1659년에는 12명이었다.

천주교는 여러 노력을 통해 중국에서의 선교사업을 지속할 수 있기를 바랐다. 그러므로 이 시기에 교회 신자수가 신속하게 늘어났다. 신자수에 대한 학자들의 의견은 서로 다르다. 어떤 계산에 따르면 1627년에 신도 수는 13,000명이고, 주로 장시江西, 저장浙江, 산둥山东, 산시山西성에 분포되었다고 하고, 어떤 학자는 1637년에 신도 수가 4만명에 이르렀다고 하며, 1650년에 신도 수가 15만명이고, 1664년엔 254,980명이라는 주장도 있다. 명나라 말엽에 윈난과 구이저우贵州를 제외한 모든 성에 선교 거점이 있었고, 신도 수는 109,000명이었다는 통계도 있다.

루지에리가 중국에 들어와서 명나라 말엽까지 대략 60여 년의 기간 동안 천주교는 15개의 성 중 13개 성에 전파되었고 윈난과 구이저우 두 성에만 전파되지 아니하였다. 그러나 남명의 조정이 남쪽으로 이전하면서 구이저우에도 천주교의 흔적이 남게 되었다. 그러나 천주교가 가장 일찍 전래된 자오칭, 사오저우, 난슝南雄 등지는 현지인사들의 반대로 인해 선교사역을 회복할 수 없었다.

## 제4절 명말청초시기의 천주교

명나라 말엽 때는 부패 현상이 보편적이고 당파가 성행하며 전국 각처에 반란이 있어 조야의 정국이 혼란스러웠다. 이와 동시에 동부 변경에서 새로운 제국이 점차 궐기했다. 1616년, 건주建州 여진부女真部 수령 누르하치는 스스로 칸汗이라 칭하고 국호를 금金이라 하여 사서에는 후금后金이라 칭한다. 그는 공개적으로 명나라 조정에 대항했다. 1636년, 황태극皇太极은 국호를 대청大清으로 정하였다. 1644년 리즈청이 대군을 이끌고 명나라 수도인 베이징을 침략하여 명나라가 멸망하였다. 산해관에 주둔하고 있던 우산꾸이는 세를 틈타 베이징을 점령하였다.

동란의 시기였으나 각처의 선교사역은 큰 손해를 입지 않았다. 국지적인 배척사건을 제외하고는 오히려 천주교가 전체적으로 흥성하는 국면에 접어들었다. 라투렛K.S. Latourette은 한 편으로 만인满人과 명나라의 대항으로 인해 유럽 사람들을 신경 쓸 겨를이 없었던 것을 하나의 원인으로 보았고 또 하나의 원인은 "예수회 선교사는 두 조정 모두와 관계를 갖고 있으며 각각에게 중요한 협조를 제공하였으나 어느 한 편의 분노나 의심을 갖게 하지 않았다."고 말했다. 명말청조 시기 천주교의 선교사역이 순조롭게 지속될 수 있었음을 알 수 있다.

### 1. 아담 샬의 치력治历

아담 샬汤若望, P. Jean Adam Schall von Bell, 1592-1666은 독일의 한 귀족 가

정에서 태어났고 부모는 경건한 천주교 신자였다. 세례명을 따라 중국 이름을 탕뤄왕汤若望으로 지었고 자는 "도미"道未인데 이는 맹자의 "망도이미견지"望道而未见之에서 왔다. 그는 1611년에 예수회에 입회하였고 신학, 천문, 역법, 수학에 조예가 깊었다. 사제가 된 후 중국에 왔는데 1622년에 광저우에 1623년에 베이징에 도달했다. 이후, 아담 샬은 명나라 조정의 명을 따라 『숭정역서』崇祯历书를 편찬하였고, 대포를 주조해 청의 침략을 막아 명사종明思宗의 포상을 받았다. 그는 1640년에 베이징교구의 책임자가 되었다. 아담 샬은 자주 궁중에 출입하며 황족, 대신, 내시들에게 복음을 전했고 "1640년에 궁중의 천주교 신자는 부녀 50명, 관원 40여 명, 왕실의 신자는 140명에 이르렀다."

1644년 리즈청이 농민군을 이끌고 베이징을 점령하였는데 당시 베이징에 있는 천주교 선교사들은 피난을 갔고 아담 샬 혼자만 베이징에 남아 상태를 살폈다. 5월 초, 청나라 섭정왕 도르곤1612-1650이 농민군을 격파하고 군대를 이끌고 베이징에 진입하였고 베이징 내성內城의 모든 주민에게 내성 밖으로 이주할 것을 명하였는데 아담 샬과 롱고바르도의 거처도 이주해야 하는 상황이었다. 아담 샬은 도르곤에게 상소를 하여 원래 가옥에서 거주할 수 있도록 청하였다.

**그림 033** 아담 샬

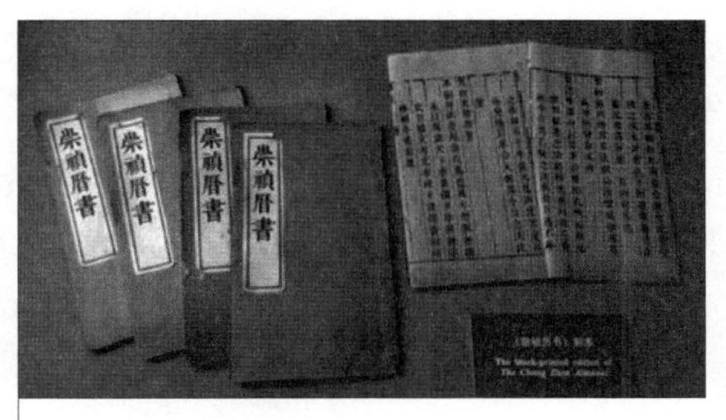


그림 034 『숭정역서』(崇祯历书)

“신은 대서양 8만리 거리에서 항해하여 동방으로 왔고 결혼도 하지 않고 관원이 되지도 않으며 상주上主를 섬깁니다. 천주교의 거룩한 가르침을 선양하는 것을 근본으로 삼으며 사람들에게 군주에게 충성하며 부모에게 효도할 것을 권하고 청렴하고 법을 지키는 것을 의무로 삼고 있습니다. 신은 사비로 구입한 천주당 한 곳에서 아침 저녁으로 경건한 수련을 하고 두루 보우해주실 것을 기도하며 베이징에서 객으로 지낸 지 여러 해가 되었습니다. 과거에 전조의 황제의 명으로 역법을 수정하였고 여러 역서를 저술하였으나 아직 완성하지 못하였는데 인쇄를 위한 판도 많이 쌓여 있습니다. 집에 모신 예기와, 선교용 경전, 역서를 수정하기 위한 응용서적, 그리고 천체를 측량하는 각종 기구들이 많아 만약에 한 번에 내성 밖으로 이주하려면 3일 안에 모두 이전할 수 없을 뿐더러 물품이 훼손될 수도 있습니다. 측량용 도구들은 서양에서 가져온 것들이 많아 고장이 나면 수리하기도 어렵고 구매하더라도 언제 도착할지 알 수 없습니다. 그러므로 소상하게 사실대로 상소를 올리오니 황제께서 은혜를 베풀어 신과 다른 멀리서 온 신인 롱고바르도가 원래의 거소에서 지내어 이전과 같이 경건한 수련을 하도록 하소서."

상소문에는 천주교가 사람들에게 군주에게 충성하고 부모에게 효도하며 청렴하고 법을 준수하는 것을 근본으로 삼는다고 하며 새로운 조정의 역법을 편찬하는 일을 위해 섬기고 싶다는 말이 있었다. 이때의 도르곤도 새로운 역법을 편찬할 것으로 인해 마음을 쓰고 있었다. 그러므로 아담 샬은 청나라 조정의 예우를 받고 중용되었다. 이는 아담 샬이 베이징北京 내성 밖으로 이주해야 하는 어려움을 겪지 않게 하였을 뿐더러 더욱 중요한 것은, 베이징교구라는 중요한 거점을 지켜 천주교의 선교사업이 중국에서 지속될 수 있도록 하였다는 것이다. 7월에 도르곤은 아담 샬이 서양 역법을 따라 수정한 새로운 역법을 사용할 것을 결정하였고 그 이름을 시헌력时宪历이라 명명하였다. 순치顺治 2년1645년 때부터 이 새로운 역법을 사용하기 시작했다. 11월, 순치 황제는 아담샬을 흠첨감钦天监의 감정监正으로 임명하였다. 1646년, 청나라 조정은 아담 샬이 새롭게 역법을 개정한 큰 공을 인정하여 그에게 태창시소경太常寺少卿이라는 직함을 추가하였다.

1650년, 청나라 조정은 선무문 안에 공터를 조성하여 아담 샬이 천주교 성당을 재건할 수 있도록 하였고 효장孝莊황태후가 친히 은자를 하사하였고 청의 친왕, 대신, 관료, 사신들도 분분히 돈을 모았기에 새로운 천주교 성당은 곧 건립되었다. 황제는 친히 흠숭천조钦崇天道라는 현판을 내렸는데 이는 바로 이후의 베이징 천주교남당天主教南堂이다.

1651년, 순치황제가 친히 국정을 보기 시작했다. 순치황제와 아담 샬의 관계는 극히 친밀하였다. 아담 샬은 자유롭게 왕궁을 드나들 수 있

그림 035 아담 샬이 재건한 베이징천주교남당 외경

었고 태후의 병을 치료하여 “의부”로 칭해지기도 하였고 순치도 그를 “마파” 만주어로 “할아버지” 라고 칭했다. 순치는 천문, 역법, 도덕, 종교 등 여러 영역과 특히 국가 정무를 처리할 때 이 연로한 선교사에게 조언을 구했다. 아담 샬은 황제에게 300여회 상소를 하였고 많은 간언들이 채택되었다. 순치는 여러 번 대신들에게 아담 샬의 상소문은 자상하여 읽으면 눈물이 날 때가 많다고 말했다. 그는 심지어 아담 샬과 다른 대신들을 비교하기도 하였는데 어떤 대신들은 높은 관직과 두터운 봉급을 위해 황제를 사랑하지만 아담 살은 재물을 사용하지 않으니 황제를 향한 사랑이 진정성이 있다고 했다. 빈번한 교류는 두 사람의 관계를 군신 이상의 관계로 증진시켰다. 물을 것이 있으면 순치는 아담 샬에게 입궁하라 하였고 심지어 궁 내부에도 수시로 드나들 수 있게 허락하였고 두 사람은 마음을 열어 술을 마실 때면 늦은 밤까지 이어지기도 하였다. 순치도 아담 샬의 거처에 자주 드나들었고 마음대로 교회의 서재와 화원을 둘러보며 함께 간단한 식사를 나누기도 하였다. 심지어 순치황제의 19번째 생일을 아담 샬의 집에서 지내기도 하였는데, 이는 아담 샬에게 큰 영예를 안겨주었다. 순치

황제의 신뢰하에 아담 샬은 지속적으로 승진하였다. 같은 해, 순치 황제는 그를 통의대부通议大夫로 임명하였고 그의 아버지 어머니를 통봉대부通奉大夫로 추서하였다. 1653년, 통현교사通玄教师라는 호를 하사하였는데 청성조清圣祖 현엽玄烨의 이름에 있는 글자와 같아 피하기 위하여 통미교사通微教师로 바꿨다. 1658년에는 광록대부光禄大夫로 진급하였다. 이렇게 아담 샬은 청 조정을 한 때 풍미했던 인물이다.

청나라 순치황제는 "어제천주당비기"御制天主堂碑记에서 그가 아담 샬을 중용하는 원인을 밝혔다. 그는 천주교의 경전을 읽어본 적도 없고 천주교의 교의와 규칙을 알지 못하지만 아담 샬이 수십 년간 중국에서 살면서 그에게 두 가지 깊은 인상을 남겼다고 말했다. 첫째는 그가 서양의 과학기술을 이용하여 청 조정을 위해 역법을 편수하였다는 것과 황제를 전심으로 섬긴 것이고 둘째는, 천주교의 신을 경건하게 섬기고 신앙이 한결같다는 것이다.

## 2. 역서로 인한 옥살이

아담 샬의 득세와 천주교의 중국 선교가 순조로운 발전을 이루자 이는 천주교 예수회를 향해 의심스러운 눈초리를 보내던 관료들과 사대부들의 불안을 야기했다. 특별히, 아담 샬이 흠천감을 맡게 된 후 중국의 전통 역법을 배척하였고 동시에 일부 선교사들이 공연히 공맹의 가르침을 배척하고 훼방하여 공맹의 가르침은 그리스도교 학설과 비교하면 마치 반딧불과 같다고 하여 사대부들의 염려를 불러 일으켰다. 1657년, 관직을 박탈당한 흠천감 회회과回回科 관원 우밍쉬엔吴明炫이 먼저 아담 샬의 역법 계산에 착오가 있다고 상소함으로 신구역법의 쟁론을 제기하여 천주교의 세력을 없애고자 했다. 그러나 순치 황제가 아담 샬을 신뢰하였기 때문에 우밍쉬엔의 공소는 실패하였다.

1660년 말, 경성에서 지내던 안위 사람 양광선杨光先, 1595-1669이 예부에 상서를 하여 아담 샬을 고소하였다. 양광선을 아담 샬이 역서를 수정하는 기회를 틈타 사교邪教를 암암리에 행하고 사람들의 마음을 미혹케 하려고 한다고 주장하면서 특히, 순치제의 "서양의 새로운 법에 따라"라는 문구를 시헌력의 표지에 쓴 것은 사실상 서양의 사악한 법邪法으로 중국의 전통 정삭正朔을 대체하고자 한다는 것이다. 그러나 예부는 황제의 체면이 있기에 수리를 거부하였다.

양광선은 비록 고소에 실패하였으나 여전히 뜻을 굽히지 않고 『벽사론』辟邪论과 『부득이』不得已를 차례로 출간하여 서양 선교사들을 헐뜯었다. 이 두 책은 관료와 사대부 계층에서 널리 퍼져 큰 영향을 끼쳤다. 양광선은 아담 샬 등 서양 선교사들의 역법에는 배후에 날카로운 검이 숨겨져 있고 그들은 전국에 천주교 성당을 세웠기에 세력이 퍼져 있으며 또한 권세 있는 사람들과 결탁하여 암암리에 국가 정보를 취득하니 불법적인 일을 꾸미는 것이 명확하다고 주장하였고, 만약에 신속하게 이들을 제어하지 않으면 중국인은 서양인의 자손이 될 것이라고 말하였다. 양광선의 반천주교 저술에 있어서 불리오는 『천학전재』天学传概와 『부득이변』不得已辩을 저술하여 반박하였고 페르비스트 또한 『역법부득이변』历法不得已辩을 써서 조항별로 반박하였다.

1661년, 순치황제는 병으로 붕어하였고 어린 강희황제가 황제에 즉위하였다. 이로 인해 소닌索尼, 숙사하苏克萨哈, 어비룬遏必隆, 오보이鳌拜 등 네 명의 대신이 섭정하였고 정국에 큰 변화가 생겼다. 섭정대신들은 아담 샬과 같은 선교사들에 대한 태도가 우호적이지 않았고 적대시하는 마음을 갖고 있었다. 1664년, 양광선은 기회를 틈타 강희황제에게 청주사교장请诛邪教状이라는 상소를 올려 아담 샬, 이조백李祖白, ?-1665을 "관직에 있으면서 나라를 배반할 것을 도모하였고 요서妖书를 써서 대중을 미혹케 하였다"며 "사교가 경성에서 무리들을 모으고 천하 사람들의 마음을 모았으니 반역의 형태가 이미 형성되었습니다. 불을 방치하는 것이 염려스러우니 서둘러 없애주시기를 청합니다."고 말했다. 양선광의 이번 상서는 조정에서도 주의 깊게 보았고 "당직관원이 친히 선광을 좌궐문으로 이끌어 황제께 고하게 하였다." 양선광은 선교사들의 죄목을 암암리에 모반을 꾀한 점, 사설로 대중을 미혹한 점, 그리고 역법이 황당하다는 점 등 세 가지로 지적했다. 같은 해 8월, 73세를 넘긴 아담 샬은 심문을 받았고 10월에 재심을 받았다. 이때 아담 샬은 이미 말을 할 수 없게 되어 페르비스트가 대신 답변을 했다. 심문의 결과로 예부와 이부吏部는 아담 샬 등 사람의 관직을 박탈하고 형부刑部로 보내 심리를 받게 하였다.

1665년 3월 초하루, 형부는 아담 샬에게 사형을 선고하고 다른 선교사들에게는 장형을 선고하고자 하였다. 다음 날 보좌대신들이 이 판결에 대해 윤허를 받고자 할 때 갑자기 지진이 일어났고 베이징에 연속 5일 동안 지진이 일어났다. 태황태후순치황제의 모후는 하늘의 벌이 무서우니 즉각 아담 샬을 석방하라고 명하였다. 그러나 이조백, 숭커청宋可成, 숭파宋发, 주광현朱光显, 류유타이刘有泰 등 5명의 신도는 여전히 참수를 당했다. 천주교회를 도왔던 어사 쉬즈잰许之渐, 얼대臬台 쉬좐정许缵曾, 무대抚台 퉁궈치佟国器 등 관원이 면직되었다. 아담 샬은 석방된 후 페르비스트, 불리오 마갈엔스와 함께 머물렀고 1666년 성모승천대축일圣母升天瞻礼日에 세상을 떠났다.

강희황제가 직접국정을 다스리기 시작했다. 그런데 옛 역법에 문제가 있어 하늘의 때를 잘 맞추지 못하여 1668년에 페르비스트의 거처에 학사들을 보내 현재 역법에 대한 의견을 물었다. 페르비스트는 즉각 현행 역법의 착오에 대해 지적했다. 이후, 페르비스트와 흠천감 감부監副 우밍쉬엔과 격렬한 논쟁을 버렸고 쌍방은 햇빛의 그림자로 테스트를 하였는데 페르비스트의 정확도가 높아 승리하였다. 강희제는 페르비스트에게 우밍쉬엔이 이슬람의 방법으로 계산한 칠정七政과 민력民历을 검토하도록 했다. 페르비스트는 그 안에 오류가 많은 것을 발견하여 상소하여 우밍쉬엔을 핵주劾奏하였다. 강희 8년 정월, 도해图海 등 20여 명의 관원이 흠천감의 관원과 페르비스트와 함께 역법을 계산하였다. 시험한 결과, 페르비스트가 말한 모든 것이 역법의 조항에 맞고 우밍쉬엔이 착오가 심한 것을 발견하였다. 강희는 곧 "양광선이 과거 아담 샬을 고소했을 때 의정왕대신议政王大臣 회의는 양광선이 옳다고 말한 대로 의거하여 준하였고 아담 샬이 어디가 잘못되었다고 하면 즉각 중단했다. 당일에 의논을 멈추고 금일 논의를 다시 하는 고로 마후马祜, 양광선, 우밍쉬엔, 페르비스트에게 자세한 사정을 물어보지 않아 의논과 답변을 경솔하게 한 것으로 합당하지 않으니 다시 의논하여 확정하라"고 명령을 내렸다. 이 명령은 또한 과거의 역법으로 인한 하옥사건을 뒤엎을 가능성을 가져왔다.

그림 036 페르디난트 페르비스트

같은 해 2월, 의정왕 대신들이 다시 흠천감의 일을 논의하였고 상소하여 과거 아담 샬에 대한 공소를 뒤집어 엎으며 "양광선은 감정监证을 맡아 역법이 틀렸으나 수정하지 않았고 우밍쉬엔을 비호하고 96각도로 추산하는 것이 서양의 법으로 사용하면 안 된다는 망언을 하였으니 그 직을 박탈하고 형부刑部로 보내 엄히 다스려야 합니다."고 상소하였다. 강희제는 "양광선의 관직을 박탈하되 관대히 다스려 형부로는 보내지 않고 나머지는 의논한 대로 윤허한다."고 명령했다. 3월 17일 페르비스트는 흠천감 감부를 맞게 되었고 5월에는 섭정왕 오보이가 실각하여 페르비스트는 기회를 틈타 양광선을 공소하였다. "양광선은 오보이를 따르며 거짓된 언사로 사람들을 해하였고 역대에 사용하였던 홍범오행洪范五行을 멸만경灭蛮经이라 하며, 이조백 등 각 관원을 죽게 하였습니다. 역법을 추산하는 것과 기후에 대해서도 전혀 알지 못하고 천체를 관측하는 기구들을 해체하여 돌려보내 돈과 양식을 헛되이 낭비하였으며 신명神名을 쉽게 바꾸어 길흉을 전도시켰고 사단을 내어 무고한 사람들을 해하였습니다. 우밍쉬

**그림 037** 페르비스트가 설계와 제작감독에 참여한 베이징고관상대

엔을 끌어당겨 거짓으로 상소하여 관직을 받았고 없는 일을 날조하여 아담 샬이 모반을 꾀하였다고 무고하였습니다."

강희8년1669년, 황제는 명령을 내려 아담 샬 사건을 뒤집었고 제문祭文을 내렸다.

> "황제의 명령에 따라 통정사사通政使司의 통정사通政使, 진 이급 하고 또 진 일급을 허하여 흠천감 인무印务직을 맡았던 고 아담 샬의 영혼에게 고하니: 나라를 위해 온 힘을 다하여 신하의 아름다운 족적을 남겼고 죽음을 무릅쓰고 사람을 도운 것은 국가에 큰 공을 세웠네. 그대 아담 샬이여, 서역에서 왔고 천문을 환하게 익혔기에 특별히 역법을 다루는 임무를 주었고 이에 통미교사라는 호를 하사하였네. 갑자기 별세하였으니 짐이 애도한다네. 불쌍히 여기어 관원을 보내 제사하도록 하네. 오호라, 글로써 대의 썩지 않을 영예를 전하니 바라건대 충성에 대한 보답을 누리게나. 그대가 인지가 있다면 흠향하시게."

> "皇帝諭祭原通政使司通政使, 加二級又加一級, 掌欽天監印務事, 故湯若望之靈曰: 鞠躬盡瘁, 臣子之芳蹤; 恤死報勤, 國家之盛典. 爾湯若望, 來自西域, 曉習天文, 特畀象曆之司, 爰賜'通微教師'之號. 遽爾長逝, 朕用悼焉. 特加因恤, 遣官致祭. 嗚呼, 聿垂不朽之榮, 庶享匪躬之報. 爾如有知, 尚克欽享."

"아담 샬은 다시 통미교사의 칭호를 회복하고 원래대로 보상을 받는다." 아울러 천주교 성당의 땅을 돌려주고 이조백 등은 원래 관직에 따른 보상을 하였고 쉬찬쩡은 원래 관직에 복귀했다. 유방流放당한 사람들은 돌아왔고 관직이 있던 사람은 복귀했다. 이광홍李光宏 등 강등된 자들도 복귀했다. "양광선은 죽어 마땅하지만 연로하기에 너그러이 다스리고 그 아내도 유방을 면한다", "천주교에 대하여 페르비스트 등은 그대로 자기의 수행을 하되 즈리直隶 각 성에서 다시 성당을 세우고 입교할까 염려되니 여전히 엄격히 금지할 것을 명한다." 이로써 역서로 인한 옥살이는 마무리가 되었다. 이 사건 중에 비록 선교사나 중국인 신자가 처형을 당한 일을 언급하지 않았으나 여러 수도회의 약 25명의 선교사가 광저우로 유배를 당했다. 그리고, 기독교 신앙은 공개적으로 지적과 배척을 당했다.

### 3. 선교사역의 회복

강희 집권 초년, 역법에 대한 논쟁으로 인해 강희제는 선교사들이 전파하는 과학기술의 가치를 인식했고 선교사들이 악한 행적이 없고 모반을 꾀한 일이 없다는 것을 알게 되었다. 그러므로 그는 대담하게 선교사들을 기용하고 그들이 가지고 있는 과학기술로 청나라 조정을 위해 봉사할 수 있도록 했다. 이와 동시에, 그는 천주교의 가르침에는 반감을 가지고 있었고 이 가르침이 각 성에 퍼질 것과 국가 통치에 위협을 조성할까 염려했다. 그래서 그는 천주교를 제한하는 정책을 시행하였는데, 선교사가 자신의 종교생활을 하는 것을 금지하지는 않지만, 선교사의 선교활동과 중국인이 천주교 신자가 되는 것은 명문으로 금지하였다.

강희제가 선교사들을 기용한 것은 그들의 과학기술 때문이었으나 선교사들이 청나라 조정을 위해 역법을 수정한 것은 천주교를 전파하기 위해서였다. 그러므로 그들은 모든 기회를 활용하여 궁중에서나 사회에서 선교활동을 전개했다. 강희제의 태도는 부단히 바뀌었고 천주교에 대해 일정한 흥미와 호감을 가졌고 점차 선교하는 것을 묵인하여 금령이 풀리는 국면에 이르렀다. 사료의 기록에 따르면 강희는 천주교에 관한 서적들을 읽은 적이 있으며 선교사들과 종교에 대한 문제를 토론한 적이 있다. 천주교에 대한 그의 흥미는 서학에서 비롯된 것이며 선교사들이 추진한 합유合儒의 정책은 강희제의 호감을 끌었다.

1767년, 페르비스트는 예수회 중국 전교구의 수장으로 임명된 후 호주에 있는 모든 예수회 회원들에게 보내는 편지를 써 중국에서의 선교사역을 지지해줄 것을 요청했다. 프랑스 국왕 루이 14세는 상업과 식민을 위한 이익에 따른 생각으로 5명의 "왕실 수학자" 칭호를 받은 예수회 사제 퐁타네洪若翰, Jean de Fontaney, 1643-1710, 제르비용张诚, Jean-François Gerbillon, 1654-1707, 부베自晋, Joachim Bouvet, 1656-1730, 콩트李明, Louis le Comte, 1655-1728, 비들루刘应, Claude de Visdelou, 1656-1737 등 5명을 파견하여 30상자 분량의 천문기구와 7천여 권의 서적을 가지고 1685년 3월에 브레스트항을 떠나 섬라국暹罗国을 경유하여 닝보宁波에 도착하였고 1688년 2월에 베이징에 진입하였다. 부베, 제르비용은 베이징에 머물렀고 다른 세 사람은 "본인들이 편한 곳에 거주하도록" 결정되었다. 이로 인해 첫 프랑스 국적의 예수회 선교사들이 중국 선교를 시작했다. 1689년, 중국과 러시아와 북방 국경선에 대한 담판을 할 때 제르비용과 페레이라徐日升, Tomás Pereira가 중국 대표단의 라틴어 통역을 맡았다. 러시아는 여러 번 신부들에게 사적으로 러시아를 위해 힘을 써줄 것을 부탁하였고 심지어 라틴어 조약에 "중국은 야크사雅克薩에 어떤 건물도 지을 수 없다"는 문구를 삽입하고자 하였으나 모두 거절당했다. 1689년 9월 7일 중국과 러시아는 정식으로 네르친스크 조약을 체결하였는데 선교사들이 그 가운데서 조정하는 일을 하였다. 강희제는 이에 대해 만족스러워했으며 선교사들에게 “그대들의 재치와 노력이 조약을 체결하는데 있어 실로 큰 역할을 했다. 그대들이 이 일을 위해 힘을 많이 썼다.”고 말하였다.

1692년[강희31년], 강희는 그 유명한 “관용칙령”을 내려 공개적으로 금교령을 해제하여 각 성에 남아있는 성당을 보호하였다. 비록 자유롭게 복음을 전하는 것과 세례를 주는 것을 명문으로 허락하지 않았지만 전체적으로 선교사들에게 우호적이었고 선교사들이 역법과 대포를 주조하는데 있어 많은 봉사를 하였음을 설명하였으니 사실상 관용과 합법성을 부여한 것과 마찬가지였다. 이 칙령은 중국 선교사들에게는 중국에서 천주교의 “황금시대”가 도래한 것과 같이 보였다. 로마 교황청은 적시에 더 많은 선교사들을 보내왔고 1694-1705년은 총 88명의 예수회 선교사가 입국하였고 그 중 1698-1701년에만 31명이 입국했다.

### 4. 나문조[罗文藻]와 오어산[吴渔山]

강희제 때에 예수회는 황제의 호의를 입었다. 그러므로 중국 천주교의 교무는 눈에 보이는 발전을 이뤘다. 이에 대해 로마 교황청은 자연히 교회 내부의 조직과 관리에 주시했다. 교황청은 전국의 교구를 두 종류로 분류했는데 상법교구[常法教区]와 선교교구[传教教区]다. 전자는 회의부[会议部]에 속해 있고 후자는 포교성성[传信部]에 소속되어 있으며 종좌대목구[宗座代牧区], 종좌감목구[宗座监牧区], 자립선교국[自立传教区] 세 형태가 있다. 아시아, 아프리카, 호주의 교무는 대부분 이 범위에 속했고 선교구역[传教区域]을 관리하는 신장[神长]이 종좌대목[宗座代牧]이 되어 교황을 대신하여 선교구[传教区]의 신자들을 관리한다.

그림 038 뤄원자우

1658-1660년, 교황은 랑베르 드 라 모트郎伯而, Lambert de la Motte, 1624-1679 주교를 안남의 대목구장으로, 파리외방전교회의 창시자인 프랑수아 팔뤼陆方济, Francois Pallu, 1626-1684를 중국 화남의 대목구장으로, 이냐시오 코톨랭디郭兰德, Ignace Cotolendi, 1630-1662를 중국 화북 대목구장으로 임명하여 난징을 중심점으로 삼았다. 팔뤼는 몇몇 대목구장의 공통된 노력으로 현지의 주교단을 구성하고자 했다. 비록 이 구상은 결국 이루어지지 못했지만 그가 추천한 나문조가 난징의 대목구장 코톨랭디의 계승자가 되었다.

나문조罗文藻, 1616-1691는 푸젠성 푸닝부福宁府 푸안현福安县 뤄쟈샹춘罗家巷村에서 태어났다. 1633년숭정6년 도미니코회 모랄레스와 프란치스코회 카발레로가 푸안에 선교를 왔고 나문조는 카발레로의 강론을 듣고 천주교에 흥미를 갖게 되어 1634년 카발레로에게 세례를 받았고 세례명은 그레고리 로페즈额我略, Gregory Lopez였다. 1644년, 나문조는 도미니코회의 마닐라 성 토마스 대학에서 일을 하며 공부하였고 라틴어, 스페인어와 철학을 배웠다. 2년 반이 지난 후 도미니코회의 총장인 도밍고 곤잘레즈Domingo Gonzalez는 그를 수도자로 받아들이지 않았고 그에게 자금을 운반하여 선교사를 도우라는 임무를 주었다.

1650년 1월 1일, 나문조는 정식으로 도미니코회에 입회하였고 1656년에 사제 서품을 받았다. 1664년 양광선이 천주교를 배척할 때에 선교사들이 공개적으로 활동하지 못하는 상황 속에서 그는 전국의 교무를 도맡았다. 전국 각성에서 나문조를 통해 세례를 받은 사람은 약 2,500여 명이었는데 이는 30년 동안 선교사들을 통해 세례를 받은 신자의 총합보다 많은 것이었다. 그러므로 교황청 포교성성传信部은 1673년강희 12년에 나문조의 주교 서임에 대한 회의를 열었다. 같은 해 8월, 도미니코회의 나바레테闵明我, P. Navarrete O.P.는 나문조가 주교품에 오를 자격이 있다고 강력하게 추천하였다. 1674년, 나문조는 주교 및 난징 대목구장으로 서임하였고 본국 사제 중 주교가 될 만한 사람이 있다면 그가 교황청에 편지를 보내 보고하도록 하였다.

그러나 도미니코회 필리핀 지부장인 칼데론嘉德朗, Antonius Claderon은 그의 서임을 반대하였고 나문조는 겸손한 태도로 주교직을 사양하고자 했다. 교황은 1679년에 칙령을 내려 과거의 서임을 받아들이라고 하였다. 그래서 1685년, 나문조는 프란치스코회 델라 키에사Della—Chiesa 주교로부터 주교품을 받았다. 1690년에 나문조는 난징교구의 첫 주교가 되었고 이듬해에 선종하였다. 나문조는 천주교가 서임한 첫 중국인 주교였고 두 번째 서임을 받은 주교는 240년 뒤인 1924년의 쑨더전孙德桢이었다.

그림 039 오어산

1688년, 나문조는 완치왠万其渊, 오어산吴渔山, 류원더刘蕴德을 사제로 서품하였다. 오어산은 그 중에 가장 뛰어난 사람이었는데 시도 잘쓰고 글도 잘쓰고 그림도 잘그려서 삼절三绝라는 칭찬을 받았으며 청나라 6대 화가 중 한 사람이다. 오어산1632-1718은 장수江苏 창수常熟 사람이며 소시적 이름은 치리启历이고 이후에 리历로 개명하였고 자는 어산渔山이며 스스로 묵정도인墨井道人이라는 호를 지었다.

1632년 8월 1일, 오어산이 태어났을 때 집안은 이미 몰락하였고 아버지 스제士杰는 세금으로 내는 조량漕粮을 운반하다 허베이河北에서 객사하였고 어머니 왕유런孺人은 세 아이를 키웠다. 왕조가 바뀌던 동란의 시기에 위산은 첸챈이钱谦益에게 시를 배우고 천후陈瑚에게 유학을 배웠으며 왕스민王時敏과 왕잰王鉴에게 그림을 배웠고 천민陈岷에게 금琴을 배웠다 이 사람들은 다 명나라의 유민遗民이고 그들에게 배운 젊은 세대 오어산은 평생 유민의 지조와 절개를 지니고 살았다. "위산은 비록 어려서 세례를 받았으나 조금 자라서는 불교의 승려와 왕래하며 교제했다. 40세 이후가 되어서야 점차 천주교에 전심을 다하였다."

1676년부터 오어산은 벨기에에서 온 예수회 선교사 프랑수아 드 루즈몽鲁日满, François de Rougemont, 1624-1676과 함께 창수常熟의 속세 전도인在俗传道员이 되어 신자들을 심방하였다. 같은 해 11월, 루즈몽은 타이창太仓에서 선종하였고 루산虞山 북문 밖 천주교 묘지에 안장되었다. 루즈몽이 선종한 후 필리프 쿠플레柏应理, Philippe Couplet가 오어산의 신앙 지도자가 되었다. 1680년, 쿠플레는 예수회 중국 부성사고副省司库로 임명되었고 명령에 따라 선교사를 증원해줄 것을 요청하는 것과 동시에 중국어로 미사를 드릴 수 있도록 허락을 받으러 로마로 향했다. 오어산 등 일행 5명은 쿠플레와 함께 마카오에 도착했는데 신임 예수회 중국 부성장副省长 가비아니毕嘉, Jean-Dominique Gabiani, 1623-1696가 두 사람의 중국신자만 함께 갈 수 있다고 하여 오어산은 함께 가지 못하고 마카오의 성 바오로三巴수도원에서 배움의 시간을 가졌다. 『묵정제발』墨井題跋에는 "묵정도인이 50이 되어 성

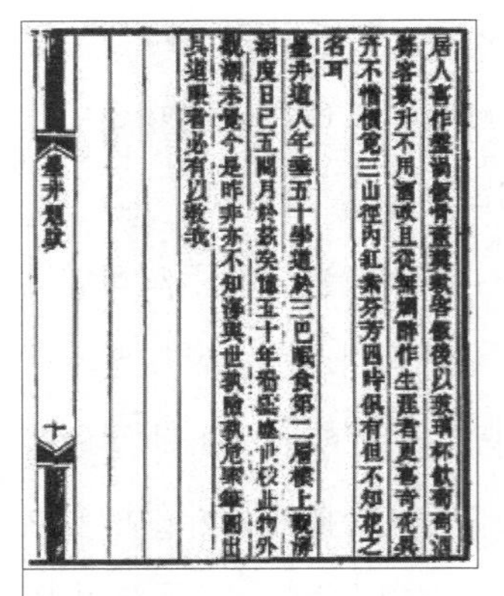

居人喜作詩詞[illegible]以玻璃杯飲葡萄酒
壽客叢并不用酒[illegible]且從[illegible]時作生涯者更喜奇花異
并不惜價覓三山徑內紅素芬芳四時俱有但不知花之
名耳
墨井道人年垂五十學道於三巴眠食第二層樓上觀滄
溟度日已五閱月於茲矣憶五十年看盛衰世故止物外
觀潮未覺今是昨非亦不知滄溟世孰險孰危緊肇圖出
其道眼者必有以教我

墨井題跋 十

그림 040 『묵정제발』(墨井题跋) 책장

바오로에서 도를 배웠다. 2층에서 숙식하였는데 바다를 보면서 지낸지 이미 5개월이 지났다"는 기록이 있다.

성 바오로에서의 배움의 시간을 통해 오어산은 천주에 대한 신념을 확고히 하였고 1682년에 예수회의 수도사가 되어 쑤저우, 창수, 상하이, 난징 등 지역에서 복음을 전파하였다. 1688년에 오어산은 나문조 주교로부터 서품을 받아 사제가 되었는데 이는 역사상 첫 중국인 주교로부터 서품을 받은 중국인 신부였다. 1691-1708년 동안, 오어산은 쟈딩嘉定 동탕东堂의 주임사제로 사목하였고, 1708년 상하이로 돌아와 말년을 보냈다. 1718년 2월 24일, 오어산은 상하이에서 87세로 선종하였고 『묵정시초』墨井诗抄, 『삼바집』三巴集, 『도계집』桃溪集, 『묵정제발』墨井题跋 등 저서를 남겼다.

## 5. 중국에 전파된 동방정교회

러시아 제국은 동쪽으로 확장하면서 동시베리아 지역을 점령하였다. 17세기 중엽, 아시아와 유럽에 걸친 큰 땅을 보유한 이 나라는 청의 주력군이 산해관山海关을 진입하여 동북지역의 방어력이 약해졌을 때 헤이룽장黑龙江 유역과 바이칼호 동쪽 지역을 점령하였다. 당시 변강의 백성들은 러시아 사람들을 사납고 야만하다고 하여 "나찰"罗刹라고 불렀다.

1665년, 러시아 제국이 야크사러시아어로는 "알바진"을 점령하였다. 이

곳에 도착한 러시아 사람 중에 동방정교회의 선교사 게르모건叶尔莫根이 있었는데 그는 성을 건축하는 기회를 틈타 "주님의 부활 성당"을 세웠다. 1671년 그는 이 지역에 "인자하신 구세주 수도원"을 세워 수도원장직을 맡았다.

1685년, 강희제는 야크사를 수복하기 위해 파병하였고 몇 십 명의 러시아인을 포로로 잡아왔는데 그 중에는 동방정교회의 사제 막심 레온티에프Maxime Leontiev가 있었고 그는 베이징北京에서 선교한 첫 동방정교회 사제가 되었다. 이 포로들이 베이징北京에 도착했을 때 강희제는 "마음으로부터 귀순을 원한다며 짐은 직접 받아줄 것이며 은혜를 베풀어 각 사람이 있을 곳을 얻게 될 것"이라고 말하였다. 이에 "나찰인 중에 귀순한 사람들이 많아 이들을 하나의 좌령佐领으로 묶었고 서로 의지하게 하였으며 신분 자격을 부여하였다."『청성조실록』(清圣祖实录) 제112권 강희제는 이들을 경기 지역을 보호하는 향황기镶黄旗에 편입시켜 베이징 동직문东直门안의 호가원胡家圈 골목에서 지내도록 하며 기인旗人들과 같은 대우를 받으며 자신들의 신앙을 유지할 수 있도록 윤허하였다. 이를 위해, 청나라 정부는 관제묘 한 곳을 동방정교회 성당으로 개조하였고 이는 가장 먼저 세워진 동방정교회 성당이 되었는데 이들이 가져온 성 니콜라 상으로 인해 성 니콜라 성당으로 불렸으며 백성들은 이 곳을 나찰묘罗刹庙 또는 북관北馆이라고 불렀다.

1689년, 중국과 러시아가 네르친스크 조약을 체결하였고 적지 않은 러시아 정교회 수도사들이 중국과 무역하는 상단과 함께 입국하여 러시아 정교회와 베이징의 선교사들 사이의 소통을 촉진했다. 이로 인해 막심 레온티에프의 베이징에서의 선교사역은 러시아 정교회의 주목을 받았다. 1695년, 토볼스크 교구의 총대주교 이그나티우스는 레온티에프에게 베이징北京의 정교회 성당을 인정하는 증서를 보냈고 성당을 소피아 성당으로 개명할 것을 명했다. 레온티에프는 총대주교의 명령에 따라 베이징北京에서 선교사역을 전개했고 러시아의 표트르 1세는 정교회 중국선교회에 조심스러운 태도를 지니고 있어 1698년의 지시에서 명확하게 중국 관원들과 예수회 선교사들과 충돌을 일으키지 말라고 말했다. 1700년, 표트르 1세는 토볼스크 교구에서 선교사를 중국에 보낼 것을 요청하였고 1712년 청나라 정부가 태자스두학사太子侍读学士 인자나殷札纳와 내각시독内阁侍读 툴리션图理琛을 보내 토르구트 사람들을 방문토록 했는데 표트르는 선교사를 보내는 것을 조건으로 이들의 입국을 허락했다. 강희황제의 윤허로 1715년 러시아정교회는 야쿠츠크 구세주 수도원의 대수도원장 힐라리온 등 11인을 첫 베이징선교단으로 파송하였고 이때부터 러시아 정교회는 베이징에서 선교단를 형성하였다.

1727년, 중국과 러시아는 카흐타조약을 체결하였고 이듬해 정식으로 문서를 교환하였는데 조약의 제5항은 베이징에 있는 선교사 1인 외에 선교사 3명을 추가로 파송하고 6명의 러시아 학생들을 보내 베이징에서 중국어와 만주어를 배울 수 있도록 하였고 동시에 정교회 선교사가 중국에서 거주할 권리에 대해서 명시하였다. 이 조약에 의거하여 청나라 정부는 베이징北京 동장미샹东江米巷: 오늘날의 동자우민샹(东交民巷)에서 선교사들을 위해 새로운 성당인 성 마리아 성당남관(南馆)을 건축했다. 이후 러시아는 중국에 선교사를 지속적으로 파송했다.

16-17세기의 베이징北京선교활동은 주로 알바진 사람들을 위한 봉사였고 중국과 러시아의 외교관계를 위한 통번역 요원을 양성하는 것이었지 중국인을 상대로한 선교에는 무게중심이 있지 않았다. 그러므로 완전하지 않은 통계지만 1715-1860년 동안 러시아는 총 13명의 선교사

를 중국으로 보냈고 그 중에는 대신부, 사제, 부제 등이 포함되어 있었다. 그러나 러시아 사람을 포함한 신자의 총 수는 300명 전후였고 그 가운데 중국인 신자는 200명도 되지 않았다. 비록 인원이 많지는 않지만 정교회 선교사 중에서는 몇 사람의 한학자汉学家가 나타났는데 대신부 폴리캅 투가리노프는 중국에 관련된 책을 번역하거나 저술하였는데 서장지西藏志, 북경지北京志, 몽골지蒙古志를 포함하고 있으며 삼자경三字经과 사서四书를 러시아어로 번역하였다. 사제인 다니엘 시벨로프가 첫 한어사전汉语词典을 편찬했다.

**그림 041** 현존하는 하얼빈 성 소피아 동방정교 교회당

1858년, 청나라 정부는 영국, 프랑스, 러시아, 미국을 상대로 불평등 조약인 톈진조약天津条约을 체결하였다. 러시아 정부는 베이징 정교회 선교단의 외교와 선교의 직능을 분리하여 외교의 권한을 새로 설립된 공사관에게 넘겼고 선교단의 파송은 러시아 정교회에 위탁하였다. 이후, 러시아 정교회의 선교사는 선교사업에 집중하였고 하얼빈哈尔滨, 톈진天津, 상하이上海, 한커우汉口, 내몽골內蒙古, 신장新疆 등에서 선교하였고 새로운 성당을 세웠으며 베이징에 있는 선교사는 주로 학술적인 탐구를 하였고 경자사변庚子事变전에 이르러서야 선교사들은 비로소 계획적으로 중국인들에게 신앙을 전파하였다. 1897년, 대사제 이노켄티는 개혁을 시작하였는데 예를 들어 중국어로 매일의 전례를 시행하고 외부로 전도 요원들을

파견하고 자선 활동들을 개최하였다. 그러나 이런 활동은 다 경자사변으로 인해 중단되었다.

## 제5절 의례논쟁과 백년금교

의례논쟁은 예수회 내부에서 일어난 것이 점차 중국에 들어온 각 선교회로 번진 후 청나라 조정과 로마교황청 간의 갈등으로까지 이어진 논쟁이다. "의례논쟁"의 핵심 문제는 신명의 번역과 공자와 조상에 대한 제사의 문제에 있으며 근원적으로 볼 때는 중서문화 간의 충돌로 일어난 사건이다.

### 1. 예수회 내부에서의 논쟁

1610년, 마테오 리치가 선종한 후 롱고바르도가 중국 교구의 책임자가 되었다. 그는 적응주의 선교전략을 전폭적으로 받아들이기 어려웠다. 왜냐하면 중국인이 유가경전의 "상제"를 Deus로 받아들여 신앙적인 혼란을 가져올까봐 염려했다. 그렇게 되면 Deus를 천도天道와 천명天命식의 무형적인 힘으로 이해하게되기 때문이다. 그의 염려는 일본에 있는 동료들로 인해 강화가 되었는데 그들은 마테오 리치의 고유명사 번역을 비평하였고 편지를 보내 롱고바르도에게 반대의견을 제시했다. 그리하여 롱고바르도는 시찰원 프란치스코 파시오 1611-1612 재임 에게 이 문제를 다시 심사할 것을 건의했다. 파시오는 서광계, 양정균, 이지조 등에게 의견을 물었는데 그들은 마테오 리치의 관점에 동의하였기에 이 일을 그대로 두었다.

그림 042 예수회 휘장

1616년, 일본교구의 예수회 한학자汉学家이자 언어학자 포르투갈 사람 로드리게스陆若汉, João Rodrigues, 1561-1633는 마카오에 있는 총장에게 20쪽에 달하는 편지를 썼다. 편지에서 그는 중국 각 지역의 예수회를 방문하였고 마테오 리치의 노선이 틀렸다는 것을 엄중하게 비판하였다고 한다. 그는 잘못되었다고 생각되는 어휘를 표로 만들어 롱고바르도에게 전해주었는데 그 중에는 "천주", "상제", "천사", "영혼" 등이 포함되어 있었다. 이 일은 다시 예수회 내부의 논쟁을 불러일으켰다. 1617년 롱고바르도는 당시의 시찰원인 비에이라Francisco Vieira, 1555-1619에게 고유명사의 문제에 대한 글을 보냈다. 1618년, 난징교안으로 인해 마카오로 추방된 우르시스는 글을 써서 롱고바르도를 지지했고 그도 중국인은 상제, 천사, 영혼의 의미를 알지 못할 것이라고 생각했다. 판토하와 바뇨네는 이 관점에 동의하지 않아 그들과 대치하는 글을 써서 중국인들은 상제, 천사와 이성이 있는 영혼에 대한 지식을 가지고 있다는 입장을 견지했다. 비에이라는 어쩔 수 없이 이 문제를 건드리지 않았다. 1621년, 새로운 시찰원인 제로니모 로드리게스骆入禄, Jerónimo Rodrigues, 1567-1628는 마카오에서 선교사들을 소집해 고유명사의 문제에 대해 논의했고, 이 토론에서 주류적 관점은 마테오 리치의 관점을 지지하는 것으로 제로니모 로드리게스는 마테오 리치의 관점을 찬성하는 글을 시리즈로 썼다.

1623년, 롱고바르도는 『공자와 그의 교리』孔子与其教理라는 책을 썼는데 1618년 이래 중국인들 가운데서 마테오 리치가 번역한 고유명사에 대해 조사한 결과를 수록하였고 이듬해 또 글을 써서 『천주실의』를 비판하여 예수회 내부에서 또다시 마테오 리치의 선교전략이 옳았는지에 대한 필전笔战을 일으켰다. 1627년, 포르투갈 사람 로드리고 드 피규에레도 Rodrigo de Figueredo, 1594-1642는 글을 써서 마테오 리치와 그의 용어를 지지했고, 스피에르는 글을 써서 롱고바르도를 지지했다. 이 시대의 시찰원인 안드레 팔메이로班安德, Andre Palmeiro, 1569-1365는 중국에 있는 예수회 신부들에게 회의를 열어 용어 문제에 대해 논의하여 이 논쟁을 마무리하라는 명령을 내렸고 1628년 1월 쟈딩嘉定에서 회의가 열렸다.

회의는 중국의 부관구장인 임마누엘 디아즈가 주관했고 니콜로 롱고바르도, 니콜라스 트리고, 임마누엘 디아즈, 알폰소 바뇨네, 프란치스코 파시오, 라자리우스 카타네오, 임마누엘 디아즈Emmanuel Diaz Senior, 1559-1639, 알바로데 세메도, 가스파르드 페레이라費奇规, Gaspard Ferreira, 1571-1649, 줄리오 알레니, 피에레 리베이로黎宁石, Pierre Ribeiro, 1572-1640 등 예수회 선교사 11명이 참석하였고 신자였던 사대부 서광계, 이지조, 양정균, 쑨위안화孙元化 등이 배석했다. 회의는 주로 고유명사의 번역 및 공자와 조상에게 제사를 지내는 문제에 대해서 토론을 했다. 선교사들은 중국의 세속적 제의를 금지함으로써 중국 정부와 가족의 반대를 초래하여 그들의 선교성과가 파괴되는 것을 원하지 않았다. 그래서 공자와 조상에게 제사를 지내는 것에서는 공통된 인식을 곧 도출하여 마테오 리치의 전략을 지지하였다. 토론의 초점은 용어의 문제가 되었는데 트리고, 알레니, 세메도와 중국인 신자들은 마테오 리치의 전략을 찬성하였으나 롱고바르도, 파시오 등은 강하게 반대했다. 양측은 타협점을 찾지 못하였고 1628년 1월 말, 명희종明熹宗이 붕어하자 회의는 어쩔 수 없이 급작스레 마무리가 되었다. 왜냐하면 이렇게 많은 외국인이 한 곳에 모여 있을 때는 정부에게 위협감을 줄 수 있었기 때문이다. 회의는 최종적으로 결정을 내렸는데 마테오 리치의 적응주의 전략을 유지하되 "천"과 "상제"는 사용을 금하고 미켈레 루지에리가 처음 사용했던 "천주"로 사용할 것을 결정하였다. 마테오 리치가 공개한 저작들은 이미 중국 지식인 계층에서 거대한 성공을 거뒀기 때문에 이 결정의 영향을 받지 않는다고 결정하였다.

롱고바르도는 굴복하지 않았다. 1631년에 여전히 글을 써서 '상제'라는 용어를 공격하였고 심지어 "천주"조차도 부정하여 Deus를 음역할 것을 주장했다. 후대의 저술에서는 롱고바르도를 "중국 의례논쟁을 일으킨 일인자"라고 평가하였다. 정확하게 말하면 17세기 30년대 이전에 이런 논쟁은 예수회 내부의 논쟁이었고 다른 수도회나 중국 신도들에게는 파급되지 않았다.

## 2. 수도회 간의 논쟁

17세기 30년대 초, 중국의 의례논쟁은 푸젠 지역에서 정식으로 발발하였고 그 범위는 중국에 있는 다른 수도회까지 번졌다. 1632년, 마닐라에서 온 도미니코회, 프란치스코회 선교사들이 차례로 푸젠에 선교하러 왔다. 그들은 현지의 조상 제사와 장례의 풍속이 강한 것과 예수회 선교사인 알레니 신부가 중국 신자들에게 사당과 공자묘를 들어가 제사하도록 허락한 것을 보고 매우 충격을 받았다. 뤄광罗光은 『교황청과 중국 사절의 역사』教廷与中国使节史에서 다음과 같이 말했다.

> 1632년, 도미니코회 안젤로 코치Angelo Cocchi가 중국에 와서 푸안에 들어와 딩터우顶头, 또는 亭头에서 복음을 전하기 시작했다. 이듬해, 도미니코회 모랄레스와 프란치스코회 카발레로가 푸안에 와서 그를 지원하였다. 이 두 사람이 도착한 이후 천하는 평온하지 못했다.

프란치스코회와 도미니코회는 유럽에서 오래된 수도회로 수도사들은 유럽, 아프리카, 남아프리카에서 "조상 대대로 전해온" 선교의 전략이 있었다. 그들의 선교전략은 도처에서 십자가를 들고 예수께서 세상을 구원하신다는 소식을 전하는 것이었다. 불신자들의 우매와 무지를 지적하고 빨리 예수를 믿으라는 것이다. 그들이 푸안에 들어와서 푸젠성의 예수회 선교사 알레니의 선교전략을 검토하였고 복음을 전하는 마음의 불이 부족하며 너무 돌고 돌아 시간을 많이 낭비한다고 평가했다. 그래서 그들은 직접 중국을 향해 복음을 선포하고 구세주의 수난과 세상을 속량하신다는 내용을 전파하고자 했다. 또한 이 두 수도회는 유럽에서 주로 빈민을 향해 선교하는 수도회였기에 사대부 계층을 향해 선교하는 전략을 펼친 마테오 리치를 더욱 경시했다. 카발레로가 중국어를 배울 때 우연히 중국어 선생께 "제"祭의 뜻이 무엇인가를 물었는데 그는 카발레로가 잘 이해할 수 있도록 중국 고대에서의 "제"는 천주교의 미사와 다름이 없다고 설명하였다. 카발레로는 듣고 즉시 중국의 공자와 조상 제사도 다 종교 제전이니 천주교인은 절대로 거행해서는 안 된다고 생각했다. 이는 1634년의 일이었다. 한번은 카발레로가 한 가정에 가서 조상 제사를 관찰하였는데 조상 제사는 미신이라는 믿음이 더욱 강화되었다. 그리하여 그는 도미니코회 선교사들로 하여금 신자들의 조상 제사를 금하였고 이는 신자들 간에서도 논쟁을 일으켰다.

1635년, 마닐라 대주교는 스페인 출신 선교사들의 보고를 듣고 교황 우르바노 8세Urbanus VIII, 1568-1644에게 중국의 예수회 선교사들의 우상숭배와 미신 행위에 대한 과도한 관용에 대해 유의할 것을 요청했다. 1643년, 스페인 도미니코회 출신의 선교사인 모랄레스는 로마 교황청에 가서 금식, 여성의 세례와 종부, 고리대금, 사찰 건축 지원, 성황에 예를 갖추는 것, 죽은 자를 산 사람처럼 섬기는 것, 조상, 위패, 예비 신자들에게 중국의 제사는 미신이라는 것을 알릴 것, 황제에 대한 공경, 성자圣字에 대한 칭호, 비신자인 친척의 장례에 참석하는 것, 예수 그리스도의 수난을 선포할 것 등을 포함하여 예수회에 대해 17가지 지적또는 건의를 하였다. 교황청 전도성성은 중국 선교에 있어서 포르투갈의 독점 현상을 중단하기 위해 같은 해에 모랄레스와 스페인 프란치스코회 카발레로를 포르투갈 보교권 이외의 중국 전교구 감목으로 임명했다. 2년 뒤, 교황 인노첸시오 10세는 도미니코회의 공소를 받아들여 공자와 조상에 대한 중국신자들의 제사를 금지했다. 전교성성은 1645년 9월 12일에 아래와 같은 훈령을 내렸다.

> "1. 중국 도시와 농촌의 묘회庙会, 신년, 제사 때 자주 백성들에게 모금을 하는데 천주교 교리에 위배가 되지 않으면 모금에 참여할 수 있다. 2. 그리스도인들이 성황묘에 갈 때는 십자고상을 지니고 표면적으로는 성황에게 경배를 하지만 마음으로 십자가를 경배할 것. 3. 신자는 공자 제사에 참여할 수 없다. 4. 신자는 조상 제사에 참여할 수 없으며 어떤 방식으로든 조상들을 위하여 제단이나 위패를 세울

수 없다.”

이로 인해 예수회는 마르티노 마르티니 卫匡国, Martino Martini, 1614-1661를 파견하여 1654년에 로마 교황청에 도착하였고 공자와 조상 제사는 사회적 관습이며 종교적이지 않다고 역설하였다. 1656년 교황 알렉산더 7세는 다시 결정을 하여 예수회의 중국 선교 전략에 동의하며 마르티니의 건의를 재가했다. 같은 해 3월 23일, 성직자성은 중국 선교사들에게 지령을 내렸다.

“성직자성은 위의 상황을 파악한 후 중국인 신자들은 조상을 기념하는 의식을 거행할 수 있고 심지어 비신자들과 함께 기념할 수 있되 미신적인 행위를 하지는 못한다. 심지어 비신자들이 미신적 행위를 할 때에도 전복의 위험이 없고 타인의 증오와 적대시를 야기할 가능성이 있다면 중국 신자들은 공개적으로 그의 신앙을 포명한 후에도 그 자리에 머무를 수 있다.”

역서로 인한 옥살이가 있었던 시기에 광저우에 연금되었던 선교사들은 1667년 12월 18일부터 1668년 1월 26일까지 40일 동안의 “광저우 회의”를 진행하였고 제41조 안건은 회의에서 표결하여 통과되었다. 안건의 내용은 아래와 같다:

“중국인들이 그들의 스승, 공자와 그들의 죽은 자들에 대해서 이야기할 때 우리는 1656년 교황 알렉산더 7세께서 재가한 종교재판소의 결정을 완전히 준수해야 할 것이다. 왜냐하면 이 결정은 매우 신뢰도가 높은 기초 위에서 내린 결정이고 반대되는 증거를 제시할 수 있지 않기 때문이다. 이 가능성에 기초해서 우리는 중국인 신자들에게 합법적이며 건강한 신앙에서도 하는 행위를 금지시켜서 구원의 문을 닫는 일을 절대로 해서는 안 된다. 이는 그들이 가장 무거운 차별 속에 어쩔 수 없이 구석에 버려질 수 있는 위협이 있기 때문이다."

카발레로와 다른 한 선교사를 제외하고 회의에 참여한 모든 사람들은 이 안건에 있어서 1656년 교황이 예수회에게 유리하게 내린 명령을 준수할 것을 의결했다. 그러나 광저우 회의에서 서명하고 동의한 도미니코회 수장 나바레테는 유럽으로 돌아간 후, 1676년에 마드리드에서 『중국의 전통 역사, 정치와 종교』*Tradados Historicos, Politicon Religiosos dela in China* 제1권을 출판하여 공개적으로 예수회의 선교전략을 비판하였고 특히 의례문제를 강력하게 공격했다. 3년 후에 제2권을 출판하여 중국 의례 문제를 더욱 격화시켰다.

### 3. 강희황제와 교황청의 논쟁

17세기 중엽에 교황청은 프랑스전교회의 중국 활동을 적극적으로 지지함으로써, 포르투갈에게 전적으로 위임했던 과거를 청산하고 직접적으로 중국에서의 천주교 업무에 개입하기 시작했다. 1684년, 프랑스 파리외방전교회 프랑수와 팔뤼는 종좌대목宗座代牧 및 화남지역의 교무를 관리하는 신분으로 푸젠에 도착했다. 1687년, 프랑스 국왕 루이 14세는 예수회 선교사 부베 등을 역법을 수정하기 위한다는 명분으로 파견하여 중국에 입국하도록 하였고 베이징北京에 프랑스 예수회를 설립하였는데 이 곳의 구성원은 대부분 마테오 리치의 전략을 반대했다. 이후, 프랑스 교회 내부에서 예수회의 중국 선교전략을 반대하는 의견이 점점 주류가 되어갔는데 최종적으로 의례논쟁을 격화시킨 것은 중국에 온 파리대학의 신학박사 메그로閻瑞, Charles Maigrot, 1652-1730 주교였다.

메그로는 1681년에 중국에 왔고 1684년에는 주 푸젠 교황청 대표로 위임되었으며 1687년에는 종과대목주교가 되어 팔뤼를 대신해 푸젠의 교무를 관리했다. 1693년 메그로는 푸젠에서 목회서신을 발표하여 "천"과 "상제"의 호칭을 사용하지 못하게 하였고 신자들이 공자와 조상 제사에 참여할 수 없도록 하였으며 교구 내에 모든 성당에서 "경천"敬天이라는 현판을 떼어낼 것을 명령하였다.

메그로의 금령은 강희황제와 로마 교황청 간의 정면충돌을 일으켰다. 1700년, 예수회 선교사는 중국의 예의에 대한 황제의 해석을 얻기 위해 특별히 강희황제에게 상소를 올렸다.

> "역법을 편찬하는 멀리서 온 신하 그리말디P. Grimaldi, 페레이라, 제르비용, 토마스安多, Antoine Thomas는 황제께 상소를 올려 가르침을 구합니다. 멀리서 온 신하들은 서양의 학자들이 중국의 공자 제사 및 하늘과 조상에 대한 제사에는 그 원인이 있을 것으로 보고 이에 대한 자세한 설명을 듣고 싶어하는 것을 알게 되었습니다. 신들은 공자에게 절을 하는 것은 그의 사람들에게 스승과 모범이 된 것을 존경하는 것이지 복을 빌거나 총명이나 작위나 재물을 구하는 것이 아닌 것이며 조상 제사는 어른을 공경하는 뜻으로 유가의 예절로는 보호를 구하는 설이 없고 단지 효도를 다하는 것으로 압니다. 비록 조상의 위패를 세워두지만 조상의 영혼이 나무 위패 위에 있다는 것이

아니며 단지 자손들에게 보본추원报本追远하고 "계신 것과 같이"如在의 의미일 뿐이라는 것을 압니다. 교천郊天의 경우 유형의 하늘에게 제를 올리는 것이 아닌 천지만물의 근원적 주재에게 제를 올리는 것으로 공자가 말한 것과 같이 '교사의 예는 상제를 섬기기 위함이요' 郊社之礼, 所以事上帝也인줄로 압니다. 때로는 '상제'라 칭하지 않고 '천'이라 칭하는 것은 마치 주상께서 '주상'이라고 칭하지 않고 '폐하'나 '조정'으로 칭하는 것과 같은 것입지요. 비록 명칭은 다르나 사실상 하나인 줄로 압니다. 전에 황제께서 하사하신 현판에 '경천'이라고 친서하신 것도 이 뜻인 줄로 압니다. 멀리서 온 신하들의 부족한 견해지만 이렇게 대답하고자 하나 중국 풍속에 관련된 것이기에 사사로이 답하는 것에 합당치 않아 성상께서 가르침을 주시기를 공경히 요청합니다. 멀리서 온 신하들은 두렵고 떨림으로 성상의 뜻을 기다립니다."

이 상소는 강희황제의 대답을 받았다. "잘 썼고 큰 도에 합당하다. 하늘을 공경하고 군주를 섬기는 것, 스승과 어른을 공경하는 것은 천하에 공통된 의이기에 수정할 것이 없다." 강희의 대답에서 그가 중국 의례문제에 대한 태도를 명확하게 알 수 있다.

1701년, 교황 클레멘스 11세Pope Clement XI, 1648-1721는 샤를르 매아르드 드 투르농Charles-Thomas Maillard de Tournon, ?-1710을 특사로 중국에 파견하여 중국 의례문제를 처리하도록 했다. 투르농은 강희황제의 태도를 알았고 교황이 1704년에 반포한 칙령을 접하면서 공자와 조상에 대한 제사는 이단적 행위로 금지한다고 판결했다.

"1704년 11월 20일, 천주교 교황의 금령은 아래와 같다. 1. 서양에서 천지 만물의 주재를 칭할 때 두사斗斯를 사용하나 이 두 글자는 중국에서 말이 되지 않기에 중국에 있는 서양인과 천주교인들은 "천주"라는 글자를 사용한지 오래되었다. 오늘 이후로 "천"과 "상제"를 사용할 수 없으며 천지만물의

그림 043 교황 클레멘스 11세

주로만 호칭할 수 있다. 만약에 "경천" 현판을 걸지 않았으면 걸 필요가 없고, 이미 성당에 걸었다면 즉시 떼어내고 걸지 말 것이다. 2. 봄과 가을 두 번 공자에게 제사하는 것과 조상에 대한 제사에서 신자는 주관하거나 보조를 할 수 없다. 신자는 그곳에 서 있어서도 안 되는데 이는 이단과 같은 행위이기 때문이다. 3. 천주교 신자인 관원이나 진사, 거인, 생원 등은 매월 초하루와 보름에 공자 사당에서 예를 표하는 것을 금한다. 새로 부임하는 관원이나, 진사, 거인, 생원이 된 자도, 공자 사당에서 예를 표하는 것을 금한다. 4. 천주교 신자들은 사당의 모든 예를 행할 수 없다. 5. 천주교 신자는 집에서나 묘지에서나 문상할 때에도 예를 행할 수 없다. 같은 신자이거나 신자가 아닌 사람을 만났을 때에도 이런 예를 행할 수 없다. 이는 다 이단의 일이다. 아울러, 천주교 신자는 '나는 이단의 일을 행하지 않았고, 단지 보본报本하고자 하는 것으로 신께 구하는 것도 아니고 화를 면할 것을 구할 것도 아니오'라고 말하는 사람이 있을지라도 이를

금한다. 6. 만약에 다른 종교를 가진 사람이 예를 행할 때 천주교 신자가 따진다면 시비가 생길 수 있으니 옆에 서 있는 것은 가능하다. 7. 천주교 신자들은 중국의 규칙에 따라 집에 위패를 모실 수 없다. 왜냐하면 위패에 신주와 같은 단어가 있고 위패에 영혼이 있다고 보기 때문이다. 위패를 세운다면 망자의 이름만 쓸 것이다. 아울러, 위패를 만들되 이단의 일이 없으면 집에 보존하는 것은 가능하다. 그러나 위패 옆에는 천주교에서 부모를 공경하는 도리에 대한 내용을 적을 것이다."

강희황제는 1705-1706년에 여러 번 투르농을 접견하였으나 의견의 일치를 갖지 못했다. 그러나 중국문화를 잘 안다는 투르농이 황제를 알현할 때 중국어를 할 줄 모르는 것을 보고 강희는 투르농에게 화를 내며 "무식하여 글도 모르는 자가 어찌 중국의 도를 논하고자 하느냐?"고 비판했다. 천조天朝의 체면을 보호하기 위해 강희는 중국의 천주교 선교사들에게 규칙을 정했다. "만약 규칙을 정하지 않는다면 나중에 시비가 생길 것이고 왕의 다스림을 가르치는 것과 관련이 있다고 생각했다. 그리하여 우선 정한 규칙을 분명하게 알리고 나중에 온 사람들에게 법도를 지킬 것을 명하여 조금이라도 어김이 없도록 하는 것이 좋겠다. 서양에서 온 사람들은 이후에 다시 돌아가지 않을 사람들만 거주를 허락하고 만약에 올해에 와서 내년에 돌아갈 사람이면 거주를 허락하지 않는다. 이런 사람들은 마치 대문 밖에 서서 집안의 일에 대해서 논하는 것과 같으니 사람들이 어찌 따를 수 있을 것이며 이런 사람들은 일도 많이 만든다."

이 규칙은 한편으로는 중국에 있는 선교사들이 청나라 내부의 사무를 간섭하지 못하게 함과 동시에 선교사들이 로마 교회의 통제를 벗어

그림 044 강희황제

나서 황제에게 충성할 것을 기대한 것이다. "마테오 리치의 규칙"을 따르는 자, 중국의 의례 문화와 관습을 존중하는 선교사는 내무부에서 발행한 선교사 인표印票를 받아 내지에서 합법적으로 거주할 수 있었다. 예수회 선교사와 일부 프란치스코회方济各会, 아우구스티노회奥斯定会 선교사들은 규칙을 따르기로 하여 인표를 받았다. 도미니코회多明我会, 파리외방전교회巴黎外方传教会와 전교성성의 선교사들은 인표를 받는 것을 거절하여 본국으로 추방당했다. 투르농은 1707년에 난징에서 칙령을 선포하여 선교사들이 따르지 않으면 버림을 받을 것이라 말했으나 선교사 인표를 받지 않아 결국은 추방을 당했다.

## 4. 메차바르바의 실패

1715년, 교황 클레멘스 11세는 칙서 『그날들』*Ex illa die*을 내려 1704년에 반포한 금령과 투르농의 칙령을 긍정하였고 중국에 있는 선교사들에게 선서하여 준수할 것을 요구했다. 1720년 교황은 선교사들이 확실히 순명하도록 하고 강희황제를 다독이기 위해 명목상 알레산드리아의 대주교인 메차바르바嘉乐, Jean Ambrose Charles Mezzaarba를 2차 특사로 중국에 보냈다. 강희황제는 메차바르바를 접견하였고 중국에 온 목적을 물었다. 메차바르바는 한편으로 로마 교황청이 직접적으로 천주교 선교사들을 관할하도록 윤허를 구하였고 한편으로는 중국 천주교 신자들이 중국의 의례를 변경할 할 수 있도록 교황의 허락을 구했다. 메차바르바의 목적을 알게 된 강희는 크게 진노하여 명을 내렸다.

> "너희 교왕教王이 구한 두 가지 일에 짐은 윤허한다. 그러나 너희 교왕의 조약과 중국의 도리는 크게 배치가 된다. 너희 천주교는 중국에서 행하지 못할 것이요 반드시 금지되어야 할 것이다. 가르침을 행하지 못하니 중국에서 전교하는 사람들은 네가 다 데리고 서양으로 돌아가라. 너희 교왕의 조약은 서양인만 금할 수 있고 중국인은 너희 교왕이 금할 수 없다. 머무를 수 있도록 윤허를 받은 서양인은 너희 교왕의 조약을 따르되 자신만 수도할 것이요 전교는 허락하지 않는다. 이것이 너희 교왕이 구한 두 가지 일에 대한 윤허다."

메차바르바의 사명은 강희제의 반박 속에 실패를 고했다. 1721년 귀국하기 전에 그는 "준행8조"准行八条를 작성하여 중국 의례에 대한 선교사들의 논쟁을 완화시키고자 했다.

1. 신자 가정에서 조상의 위패를 두는 것을 윤허한다. 위패에는 망자의 이름만 적을 수 있으며 양쪽에는 부모에게 효도하는 천주교의 가르침을 적어야 한다.
2. 망자에 대한 중국의 의례를 윤허한다. 그러나 이는 비종교적인 사회 의례여야 한다.
3. 비종교적인 공자 공경 예식을 준비한다. 공자의 위패가 "영위"灵

位 등 용어를 사용하지 않으면 모실 수 있으며 향을 올려 존경을 표할 수 있다.

4. 개정된 위패 앞에서 또는 망자의 관 앞에서 절하는 것을 윤허한다.
5. 장례에서 촛불을 키고 향을 피우는 것을 윤허하되 미신을 따르지 않음을 밝힌다.
6. 개정된 위패와 망자의 관 앞에서 다과를 두는 것을 윤허한다. 그러나 사회적 의례만 행하고 미신을 따르지 않음을 밝힌다.
7. 신년과 기타 절기를 지키는 것과 개정된 위패 앞에서 절하는 것을 윤허한다.
8. 개정된 위패 앞에서 촛불을 켜고 향을 피우는 것과 묘지 앞에서 다과를 두는 것을 윤허한다. 그러나 미신을 따르지 않음을 밝힌다.

준행8조는 강희황제의 마음을 돌이키지는 못했다. 메차바르바는 중국을 떠나기 전에 목회서신을 보내 선교사들에게 준행8조를 만주어나 한문으로 번역하거나 중국 천주교인들에게 알리는 것을 금했다. 준행8조는 각 교구와 수도회에서 여전히 논쟁거리였고 각자 옳은 대로 행했다.

1742년, 교황 베네딕토 14세는 칙서 『경우에 따라서』*Ex quo singulari*를 선포하여 클레멘스 11세의 금령을 재차 확인하였고 메차바르바의 준행8조를 폐지하였으며 명령을 따르지 않는 선교사들은 유럽으로 돌아가 징계를 받도록 하였다. 베네딕토 14세의 칙서는 수도회 간의 장기간 논쟁을 마무리지었으며 선교사들은 교황의 결정에 순명할 수밖에 없었다.

## 5. 백년금교

알레산드로 발리냐노로부터 투르농까지 천주교는 중국에서 125년간 전파되었다. 백 년 동안 천주교는 비록 많은 교난을 겪었으나 매번 다 평온하게 지나갔다. 그러나 의례논쟁으로 인해 금교되었고 선교사들의 노력은 하루아침에 다 사라졌다. 백 년에 달하는 금교는 천주교의 중국에서의 걸음을 힘겹게 하였고 거의 멸절하는 지경에 이르렀다.

의례논쟁에서 강희황제는 우선 마테오 리치의 규칙을 따라 영원히 유럽에 돌아가지 않을 선교사들이 중국에서 거주하며 선교할 것을 윤허하였다. 강희황제가 정식으로 천주교를 금한 것은 강희 56년1717년이고 그가 붕어하기까지 5년이 남았다. 만약에 이전의 기간을 금교의 기간에 포함한다면 전체적으로는 부드러운 처사였다고 할 수 있다. 메그로 등 선교사들을 추방한 이후부터 강희는 각지에 잔류한 선교사들과 개인적으로 밀접한 관계를 유지하고 있었다. 1709년에 강희황제는 지령을 내려 과거 선교사들이 포도주로 심계증心悸症을 치유한 것을 들어 선교사 페르비스트, 마갈엔스, 불리오, 페레이라의 청나라 조정에 대한 공헌을 인정하였다.

1722년, 강희황제가 붕어하였다. 황위를 계승한 옹정雍正황제는 서학에 큰 흥미가 없었고 강희황제와 같은 관용도 없었다. 그는 황위에 오르자 능동적으로 금교령을 시행하였다. 옹정 황제는 선교사들을 싫어했는데 그들을 곤란하게 한 이유는 선교사들이 강희 말년의 정치 투쟁에 관여를 했기 때문이다. 강희 말년에 몇 명의 황자는 황위를 위해 명쟁암투를 벌였다. 포르투갈 선교사 무라오Joannes Mourao는 천주교가 중국에서의 장기적 이익을 위해 상소를 올려 9번째 황자 인탕胤禟을 태자로 세울

**그림 045** 주세페 카스틸리오네

것을 건의했다. 4번째 황자 옹정이 즉위한 이후 잔혹하게 복수하였는데 인탕과 무라오 등 무리의 사람을 시닝西宁으로 유배 보냈고 도중에 무라오를 독살하도록 하였다.

옹정 재위 시기에 푸안교안福安教案이 발생하였고 이는 전면 금교를 초래했다. 교안의 도화선은 1723년에 푸젠福建성 푸닝저우福宁州 푸안현福安县에서 두 명의 스페인 선교사인 시에라Blaz de la Sierra와 오스토트Eusebio Ostot가 현지에서 선교하며 교무를 관장하던 때, 개별 선교사에 대한 불만으로 몇 명의 수재秀才들이 연명하여 '도미니코회는 허락을 받지 않고 재물을 탐하고 성당을 건축하였다'고 고소한 사건이다. 푸안현은 이를 푸젠福建성과 저장浙江성을 관할하는 총독闽浙总督 만보满宝에게 보고하였고 만보는 황제의 환심을 사기 위해 관할구역 안에서 성당을 세우거나 선교하는 것을 금지하였고 옹정 황제에게 상소를 하여 금교할 것을 요청했다.

1724년, 옹정 황제는 "멀리서 온 오랑캐들이 각 성에 거주한지 오래되었으나 반 년 안에 이주할 것을 명하며 관원들이 돌봐주어 지방에서 소란이 일어나지 않게 하고 이동하는 길에 노고가 없도록 하라"고 명령했다. 각지는 명령에 따라 선교사들을 추방하였고 성당은 국가가 환수하였다. 중국에 선교사는 50인이 있었고 이 가운데 주교가 5명이었는데 모두 추방을 당하였다. 옹정은 조정을 섬길 몇 명의 선교사만 남겨두었지만 선교를 윤허하지는 않았다.

1735년 옹정 황제가 붕어하고 건륭 황제가 황위를 계승했다. 건륭 황제는 기예가 있는 선교사들을 높이 예우했는데 궁정화가 주세페 카스틸리오네郎世宁, Giusppe Castiglione, 1688-1766, 천문학자 쾨글러戴进贤, Ignaz Kögler, 1680-1746 그리고 천문지리학자 미셸 브누아蔣友仁, Michel Benoit, 1715-1774가 그러했다. 그러나 건륭은 천주교에 흥미가 없었고 선교사들에 대한 조정의 정책에 어떤 변화도 주지 않았다.

건륭 황제가 즉위한 후 전국적인 특별사면을 시행하였다. 옹정 원년에 반역으로 옥에 갇힌 친왕, 대신들을 모두 석방하였고 그 안에는 수누苏努 가족도 포함되었고 종실의 명예도 회복되었다. 석방된 사람들 위한 연회가 열렸는데 만족 관원의 동생이 천주교인이고 연회가 미신적 색채가 있다고 생각하여 참가 요청을 거절했다. 그 만족 관원은 이로 인해 천주교에 대해 분노하였고 건륭 황제께 금교할 것을 청했다. 건륭은 새로운 칙령을 내려 국내의 모든 천주교인들이 신앙을 포기할 것을 명령하였고 따르지 않을 때는 엄히 다스리도록 하였다. 만주족이든 한족이든 천주

그림 046 카스틸리오네가 설계에 참여한 원명원

교를 신봉하면 중벌하고 베이징에서 거주하는 선교사들이 선교하는 것을 엄격히 금지했다.

건륭 황제가 통치하는 동안 각처에서 교난이 일어났다. 1746-1748년 동안, 알코벨费若望, Joannes Alcobel, 1694-1748, 세라노德方济各, Granciscus Serrano, ?-1748, 로요华若叶敬, Joachim Royo, ?-1748, 디아즈施方济各, Franciscus Diaz, ?-1748, 호르다桑白多禄, San Pedro Sans y Jordá, 1680-1747, 헨리끄黄安多, Antonio Jose Henriques, 1707-1748, 아티미스谈方济, Tristano Attimis, 1707-1748 등은 체포되어 살해되었다. 교난 기간 중에도 파리외방전교회는 화서华西 지역에서 선교하였고 프랑스와 본토 예수회가 1759년 후난, 후베이에서 선교를 하였으며 필리핀의 프란치스코회는 1764년 산둥, 푸젠, 광둥, 광시에서 선교했다. 교난은 선교의 열정을 마모시킬 수 없었고 그들은 여전히 다른 지역에서 선교사역을 감당했다.

1773년, 교황은 예수회를 해산시켰다. 예수회는 중국 선교에 있어서 매우 중요한 작용을 하였는데 그들의 해산은 설상가상의 상황이 되었다. 이 소식은 이듬해 베이징北京에 전해졌고 신부들은 이 사실을 받아들일 수밖에 없었다. 그러나 그들은 중국에서의 선교활동을 중단할 수 없었고 마지막 예수회 선교사인 푸와로Louis de Poirot가 1814년에 선종한 것으로 막을 내렸다. 통계에 따르면 프란시스코 하비에르로 이후 푸와로까지 중국에는 유럽과 중국 출신의 총 456명의 예수회 선교사들이 중국 땅에서 아름다운 발자취를 남겼다.

건륭 60년, 건륭제, 곧 태상황제가 융앤永琰에게 선위하였고 이듬해가 가경嘉庆 원년이 되었다. 가경황제 때로부터 청나라는 쇠퇴하기 시작했다. 천주교는 가경, 도광道光 두 황제의 시기에 더욱 저조했다. 1805년, 어사 차이지위蔡继钰가 상소하여 서양인들이 책을 펴내고 선교하는 것을 금지해달라고 요청했다. 가경황제는 명을 내려 베이징에 있는 선교사들이 책을 펴내는 것을 엄금하였고 만인과 한인에게 선교하는 것도 금지시켰다. 선교사들의 생활, 편지 등은 감독과 검사를 받게 되었고 동시에 만인과 한인들과의 교류 역시 제한을 받았다. 청나라 조정은 또한 선교사들과 중국 신자들의 활동에 대해 수사와 체포를 하였고, 각 지역에서는 교안이 빈번하게 일어났으며 선교사들과 신자들은 큰 핍박을 받으며 금교에 노력하지 않은 관원들은 징계를 받았다.

1811년, 청 정부는 학업이 우수하지 않고 베이징北京에 남아있을 만큼 소용이 없다는 명목으로 선교사 4명을 추방하였는데, 이로써 베이징에는 7명의 선교사만 남았다. 1812년 포르투갈의 세라Veríssimo Monteiro da Serra, ?-1852는 사직하여 귀국하였고 이후 흠천감은 서양인을 기용하지 않았다. 이와 동시에, 베이징의 천주교 성당 또한 화를 면치 못했다. "전교성성의 성당 - 서당西堂은 해체되었고 얼마 지나지 않아 동당 또한 같은 운명을 면치 못했다. 북당과 남당은 몇 년간 더 사용되었으나 북당은 1827년에 해체되었다.

## 생각해볼 문제

1. 적응주의 선교 전략이 주는 깨우침은 무엇인가?

2. 사대부는 중국에서의 천주교 전파에 대해 어떻게 반응하였는가?

3. 선교사들이 흠첨감에서 일하고 역서를 수정한 것을 어떻게 보아야 하는가?

4. 중국 본토 성직자를 세운 의미는 무엇인가?

5. 의례논쟁의 핵심 문제는 무엇인가?

# 제 3 장

# 19세기 개신교의 전파와 발전 (상)

## 제1절 개신교의 유입

### 1. 선교운동과 서방 식민의 확장

사도 시대로부터 그리스도교는 선교를 중요하게 여겼고 복음을 전하는 것은 그리스도인의 중요한 사명이었다. 그러나 그리스도교 역사에서 근대 선교운동은 16세기 이후, 특별히 18-19세기에 서구국가의 교회인사들이 발기한 세계의 다른 지역으로 진행된 선교활동이다. 이는 서방국가의 식민주의 확장과 관계가 있다. 이는 주관적인 판단이 아닌 사실이다. 천주교의 해외 선교운동은 15-16세기에 시작되었고 이 열기는 19세기까지 지속되었다. 그러나 개신교는 18세기에 이르러서야 해외 선교를 시작했다. 겉으로 볼 때 개신교의 해외선교를 촉진한 직접적인 원인은 신, 구 양 대륙의 복음 부흥운동과 대각성운동이지만, 심층적 원인을 살펴보면 서방 식민지의 확장과 식민 세력이 전세계에 퍼진 것과 관련이 있다. 그러므로, 선교운동은 유럽 자본주의의 발전과 관련이 있다.

16세기 종교개혁 이후, 유럽에서는 세계사에 영향을 끼친 사건이 연속적으로 일어났다. 계몽운동과 산업혁명이 가장 중요한 두 가지 사건이다. 이 사건들은 서구사회에 영향을 끼쳤을 뿐만이 아니라 서구 각국의 종교도 변화시켰고 근본적으로 비이성적 기초 위에 세워진 신학 체계의 근원을 흔들었다. 동시에 이성의 출현은 19세기의 과학적 진보를 이루었고 사람들에게 의심하고 탐구하는 정신을 증진시켰다. 성경을 중심으로 세워진 원래의 세계관은 의심의 대상이 되었다. 총체적으로 말하면 기독교의 이론 체계 전체가 거의 붕괴되었고 인간은 전통이라는 기댈 곳을 상실하여 방황하고 도움을 구할 곳이 없었다. 산업혁명은 철저히 인간의 생활 방식을 바꿔버렸다. 과거에는 한가하고 전원적인 생산과 생활 방식이었는데, 이제는 긴장 속에서 고효율-고강도의 대형 기계가 생산을 맡았고 인간은 창조성이 결여된 기계적 노동에 종사하기 시작했다. 그러나, 그리스도교 교회의 조직은 원래의 생활 양식의 기초 위에 세워진 것이었다. 이제 교회조직의 생활 기초는 철저히 파괴되었고 교회는 마치 하루 밤 사이에 해체된 것과 같았으며 예배당은 비었고 목회자들도 할 일이 없어졌다. 많은 목사들이 매일 도박하고 사냥하고 술을 마셨고 주위에 죽어가는 사람들에게 전혀 관심을 갖지 않았다. 교회 밖 사람들을 교회 안으로 유입시키는 일은 매우 적었고 하층민들은 영적으로 매우 가난한 상태가 되었다. 대중의 오락활동은 퇴폐스럽기 그지없었고 술취한 사람들이 많았으며 글을 알지 못하는 사람들도 많았다.

전통은 무너졌고 새로운 질서가 세워져야 했다. 이런 상황 속에서 부흥운동과 대각성운동이 일어났다. 전통을 그리워하고 혁신에 노력을 기울이면서 전통을 보존하고자 하는 사람들이 일어났다. 18세기의 경건주의자Pietism들이 이 그룹 가운데 뛰어난 사람들이었다. 그들은 낭만주의 사조의 영향을 많이 받았고 전통 신앙과 등지고 싶어하지 않았으며 하나님과 헤어질 수 없는 감정적 연계성을 유지했다. 필립 야콥 슈페너Philipp Jacob Spener, 1635-1705는 경건주의의 대표적인 인물로 성경 읽기를 주창하였고 교리를 사수하는 것을 반대하며 사람들에게 전통 종교 중 경건 생활의 모범을 버리지 말고 마음의 경건함을 열심히 추구하며 거룩한 생활을 살고 선을 행하는데 힘쓰라고 말하였다. 경건주의의 영향은 독일에 퍼졌고 1722년에 설립된 모라비안 형제단이 그 영향을 받았다. 모라비안 형제단은 자신들의 영적 생활을 널리 알렸고 종교적 열심을 고취했으며 스스로 "세상의 소금"이라고 여겼으며 "마음의 종교"를 모든 그리스도교 세계에 전하여 유럽의 종교가 부흥할 것을 촉진하고자 했다.

경건주의 운동은 영미권에도 영향을 끼쳤다. 18세기의 30-40년대, 존 웨슬리 John Wesley, 1703-1791 와 그의 형제는 영국에서, 조나단 에드워즈 Jonathan Edwards, 1703-1758 와 조지 휫필드 George Whitefield, 1714-1770 는 북미에서 부흥운동을 일으켰다. 그들은 순회 전도라는 방식을 취해 도처에서 선교하고 회개와 거듭남을 강조하고 적극적으로 타인을 도울 것을 가르쳤다. 그들의 사역은 수천 수만 명에게 영향을 끼쳤고 영미권에서 수백 개의 부흥운동 단체가 형성되었는데 이후 웨슬리안 운동으로 발전된 그룹들이 이때 형성되었다.

부흥운동이 왕성했을 때는 마침 영국을 대표로 하는 서방 식민 세력이 가장 왕성했을 때였다. 서방 식민 세력의 확장은 포르투갈과 스페인으로부터 시작되었고 그 식민 세력은 무기와 무역, 선교 등으로 라틴아메리카와 동남아로 침입했다. 천주교는 이런 바람을 타서 제1차 해외선교의 파도를 일으켰고 선교사들은 라틴아메리카, 동남아로 들어가 교회를 세웠다. 이와 동시에, 천주교 선교사는 포르투갈과 스페인이 동남아의 식민통치를 기초로 중국에 진입하여 선교했다. 영국은 서양 열강의 후발주자로 강대한 해군력을 배경으로 전세계의 패권을 취득했다. 17세기초, 영국은 상업과 무기의 연합 작용으로 식민 세력을 극동 지역에까지 침투시켰다.

영국의 해외 식민지 확장은 개신교 선교운동을 촉진시켰다. 1792년, 개신교 현대 선교의 아버지라고 불리는 윌리엄 캐리 William Carey, 1761-1834 는 『이교도 선교 방법론: 이교도 개종 방법을 모색하는 그리스도인의 책임에 관한 연구』라는 소책자를 출간하여 그리스도인들이 예수 그리스도의 지상명령을 실천할 것을 호소했고 자신의 의무를 다하여 이교도에게 선교할 것을 주장했다. 같은 해, 영국에서 첫 해외선교사 파송 단체인 "영국침례교선교회" Baptist Missionary Society, BMS를 설립했다. 이후, 서구 각 교회의 선교회는 우후죽순같이 생겨났다. 1795년, 회중교회, 성공회, 장로회, 감리회가 함께 초교파 선교단체인 런던선교회 London Missionary Society를 조직하였고 이 선교회는 19세기에 가장 영향력있는 선교단체가 되었으며, 중국의 첫 개신교 선교사인 로버트 모리슨을 파송하였다. 1796년, 스코틀랜드선교회 Scotland Mission Society, 苏格兰传教会가 설립되었고, 1799년에 영국성공회도 영국성공회선교회 Society for Missions to Africa and the East, 英国圣公会传教会를 설립하였다. 잉글랜드의 웨슬리안 그룹도 1817년과 1818년에 잉글랜드웨슬리안감리교선교회 Wesleyan Methodist Missionary Society of England, 卫斯理派循道宗宣教会와 감리교선교회 The Methodist Missionary Society, 循道宗宣教会를 설립하였다. 19세기의 미국은 영국에 버금가는 선교대국이었다. 1810년에 첫 해외선교회인 미국회중교회해외선교회 美国国外布道部, American Board of Commissioners for Foreign Missions, 약칭은 미부회美部会가 설립되었고, 1817년에는 장로회선교회 The Presbyterian Mission Society가 설립되었다. 19세기 후기에는 대학생을 주축으로한 해외선교 학생자원운동이 일어났다. 영국과 미국 이외에 유럽 대륙에서도 해외선교회들이 생겨났다. 1815년에 바젤복음주의선교회 Basel Evangelical Mission society, 巴色会가, 1821년에는 덴마크선교회 Danish Missionary Society, 丹麦路德会가, 1824년엔 베를린선교회 Berlin Missionary Society와 파리선교회 Paris Missionary Society가 설립되었고, 1828년엔 라인선교사협회 Rhenish Missionary Society가, 1836년엔 라이프치히복음주의루터교선교회 Leipzig Evangelical Lutheran Mission, 莱比锡福音信义会와 북독일선교사협회 North German Missionary Society, 北德宣教会 등이 설립되었다.

19세기를 통틀어, 선교운동은 주로 영미 양국이 주도적 지위를 차지하였다. 선교회의 발전도 19세기에 최고조에 달했다. 1836년, 영국에는 단 10개의 선교회가 있었으나 1888년 봄 런던 개신교 백주년 세계선교대회에는 전세계의 193개국의 1,579명의 대표자가 참석했는데 영국대표가 1,316명이었고 53개 선교회를 대표하였다. 북미의 대표자는 263명이었고, 85개 선교회를 대표했다. 이 대회의 상황으로 추측하여 볼 때, 19세기 말 영국, 유럽 대륙, 북미의 개신교 선교회는 500개 이상이 되었을 것이고 그들은 총 13,600명의 선교사를 세계 각지에 파송하였으며 그중 영국선교사는 5,900명, 미국선교사는 4,100명이었다.

## 2. 모리슨 이전의 개신교의 중국 선교 시도

서방 식민 세력은 중국을 오랫동안 눈여겨봤다. 1624년 명나라 천계 4년에, 네덜란드 식민 세력은 명나라의 방어가 빈 시점을 틈타 대만을 침략하여 38년에 달하는 식민 통치를 했다. 네덜란드 사람들의 침략으로 개신교도 대만에 전래되었다. 1624년부터 1627년 동안에 여러 명의 네덜란드 목사가 대만으로 갔으나 상주하면서 선교하지는 못했다. 1627년 5월 4일이 되어서야 조지 칸디디우스 Georgius Candidius, 1597-1647 가 대만에 상륙하여 진정한 의미에서의 선교가 시작되었다. 칸디디우스는 대만에 도착하여 현지 언어를 열심히 배우고 풍습과 종교에 대한 이해를 갖고 1629년에 『대만약설』台湾略说 을 출판했다. 1629년에 또 다른 선교사인 로버트 주니우스 Robertus Junius 가 대만에 도착했다. 두 사람이 협력하여, 대만에서 개신교를 전파하기 시작했다. 1631년 3월, 칸디디우스는 50인의 대만인들에게 세례를 베풀어 첫 그리스도인들이 탄생했다. 1642년 8월, 네덜란드 식민자들은 스페인 식민자들을 쫓아내기 위해 지룽鸡笼, 이후의 지룽基隆에 머물렀다. 네덜란드 선교사는 기회를 틈타 대만 남부로 가서 선교사역을 확장했다. 1643년 10월, 암스테르담대회에 보낸 보고에 따르면 주니우스는 북부의 6개 부락에서 5,400명에게 세례를 베풀었는데, 이는 1639년에 비해 1.68배 성장한 숫자였고 기독교 예식으로 결혼하는 부부도 7.4배가 늘었다. 1647년 10월, 대원大员과 쇼룽萧壠 두 곳의 교회는 연합회의를 하였는데 연합교회의 출현은 네덜란드의 대만선교가 이미 상대적으로 안정적인 시기로 진입했음을 알려준다.

17세기 50년대 이후, 네덜란드의 대만 식민 통치는 여러 가지 위기가 있었고 선교사역의 상황도 점차 나빠졌다. 비록 1655년 네덜란드교회에서 5명의 목사를 추가적으로 파송하였고, 이들이 대만에 도착하여 대만의 선교사가 8명으로 늘었으며 1657년에 마더우麻豆에서 선교 훈련학원을 열어 현지인 사역자를 훈련하였지만, 선교의 효과는 비교할 수 없을 정도로 좋지 않았다.

1662년 2월, 정성공郑成功은 대만을 되찾았고 네덜란드 식민자들과 선교사들을 내쫓아 대만의 기독교는 그렇게 사라졌다. 네덜란드가 대만을 점거한 38년의 시간 동안 선교회는 총 29명의 선교사를 대만에 파송하였다. 기독교가 비록 대만에서 뿌리를 내리지 못했지만 객관적으로 대만 사회의 역사적 발전 과정을 촉진하여 대만 원주민의 문화 발전을 촉진시켰다. 예를 들어, 대만 원주민들은 과거 자신들의 문자가 없었는데 칸디디우스는 라틴어 알파벳으로 원주민의 언어를 결합시켜서 대만 원주민의 문자를 만들어냈다. 이런 문자를 "신항문서"新港文书라 불렀고 장기적으로 사용되었다. 원주민은 오리털로 펜을 만들어서 글씨를 쓰게 되었다.

아울러, 교회는 교육을 중시하기에 선교사들이 갔던 곳은 교회뿐만이 아니라 학교도 세워졌고 학령기에 접어든 어린이들은 매일 학교에 출석해야 했고 결석하면 부모는 벌로 노루 가죽 한 장을 제출해야 했다. 이는 대만 원주민의 문화 수준을 대폭 향상시켰다. 그리고 교회는 고정된 일부일처를 주장하여 원주민들이 성행하는 원시적인 대우혼对偶婚: 역자주, 미개 사회에서, 한 혈족의 형제자매와 다른 혈족의 형제자매가 교차하여서 짝을 짓는 혼인 형식을 반대하였고 결혼 이후 부부가 별거하는 옛 풍습을 타파하였다. 농업 생산의 측면에서도 주니우스는 논 벼를 대만에 처음으로 소개하였다.

### 3. 런던선교회 선교사 모리슨

로버트 모리슨Robert Morrison, 1782-1834은 개신교 역사상 처음으로 중국 대륙에 온 선교사이며 연속적인 개신교 선교 역사는 모리슨으로부터 시작되었다. 모리슨은 1782년 1월 15일 영국 북부의 작은 동네에서 태어났고 아버지는 농장 일꾼이었으며 8명의 자녀 중 모리슨은 막내였다. 3살 때 그의 온가족은 뉴캐슬로 이주하였고 신발 공업에 뛰어들었다. 모리슨은 외삼촌이 관리하는 학교에서 초등교육을 받았다. 이후 모리슨은 아버지와 함께 신발 공방에서 일을 했고 16세에 세례를 받아 장로교인

**그림 047** 모리슨

이 되었고 목사가 되고자 하는 마음을 가졌다. 1801년 그는 라틴어를 배웠고 이듬해 목사의 격려와 추천으로 런던 혹스톤 아카데미Hoxton Academy에 지원하여 1803년에 입학하였다. 혹스턴 아카데미는 영국에서 유명한 비국교회 신학원이었고 바로 이곳에서 공부하면서 모리슨은 해외선교에 대한 마음을 가졌다. 1804년 5월 27일, 그는 런던선교회에 해외선교를 지원하였다.

런던선교회이하 '런던회' 설립 초기에는 주로 남태평양의 섬들과 남아프리카로 선교사를 파송하였는데 1804년에 그들은 중국에 마음을 두고 있었고, 그곳에 선교사를 보내고자 하였는데 때마침 이때에 모리슨의 선교사 지원서를 받게 된 것이다. 런던회 이사회는 아무 주저함 없이 다음날 모리슨을 만나 그의 지원을 받아들였고 즉시 고스포트 선교 아카데미Gosport Missionary Academy에 보내 훈련을 받도록 하였다. 런던회는 중국으로 선교사를 보내 성경을 중국어로 번역하기를 바랐기 때문에, 고스포트에 입학한 후 모리슨의 가장 중요한 임무는 중국어를 배우는 것이었다. 1805년 6월, 런던회는 그를 위해 중국어 교사인 용삼덕容三德, Yong Sam-tak, 또는 양선달, 杨善达을 붙여주었고 용삼덕은 모리슨을 도와 대영박물관에 소장된 미완성 중국어 신약성경 번역본을 필사하는 것을 도왔는데 이 성경역본은 바로 '바젤 역본'이었다.

2년간 준비를 한 후, 모리슨은 1807년 1월 31일 레미탄스the Remittance호를 타고 런던을 떠나 중국으로 향하는 항해길에 올랐다. 4월 20일, 모리슨은 미국 뉴욕에 도착하여 20여일간 머물렀고 현지 교회와 연결되어 열심 있는 사람들의 도움으로 미국 여권과 비자를 받았고 더욱 중요한 것은 미국 국무장관 메디슨James Madison, 1751-1836이 주 광저우 영사 캐링턴Edward Carrington, 1775-1843에게 보낸 소개 편지에 캐링턴에게 미국의 이익에 악영향을 끼치지 않는 한 모리슨에게 도움을 줄 것을 요청하였다. 이 편지는 모리슨이 광저우에서 머무르는데 있어 매우 주요한 작용을 하였다.

5월 12일, 모리슨은 다시 배에 올랐는데 이번에는 미국 상선인 트리덴트the Trident호를 탔다. 상선은 모리슨을 태우고 희망봉을 돌고 인도양을 지나 113일의 여정 끝에 9월 4일 오후 4시에 마카오에 도착하였고 9월 6일 광저우에 입성하였다. 이 때는 중국 가경 12년, 모리슨의 나이는 25세였다.

모리슨이 광저우에서 마주친 첫 번째 문제는 중국에 거주할 합법적인 신분을 마련하는 것이었다. 청나라 정부의 법에 따르면 외국 상인 자격이 있는 사람만 무역기에 광저우 십삼행十三行 안에 머무를 수 있었고 기타 인원은 다 불법적이었다. 캐링턴의 도움으로 모리슨은 광저우에서 숨어 지내며 중국어를 배우고 성경을 번역하며 『영중사전』을 편찬할 수 있었다.

1809년 2월 20일, 모리슨은 메리 모튼Marry Morton, 1791-1821과 마카오에서 결혼하였고 동인도회사의 초청을 받아 중국어 통역관으로 일하게 되었다. 동인도회사는 영국 식민 시기에 극동 지역의 무역을 경영하던 반관반민半官半民의 기구였고 장기적으로 인도와 중국의 무역을 독점했으며 중국에 아편을 밀수한 주요 기관이었다. 해당 기구는 1600년에 설립

그림 048 『양심신시』(养心神诗)(1909년 재판버전)

되어, 18세기 중엽부터 중국 무역을 시작했다. 1833년, 영국 의회는 법안을 통과해 동인도회사의 중국 독점권을 취소하였다. 모리슨은 1809년에 이 회사에 취업하여 1833년까지 24년을 열심히 일했다. 이 기간에 모리슨은 주로 영국 상관商馆과 중국 사이의 서신 왕래를 담당했고 회사와 중국 간의 담판에 참여했다. 1811년, 조지 토마스 스탠튼George Thomas Staunton, 1781-1859이 본국으로 병가를 가자 모리슨은 그의 자리를 맡아 수석 통역관이 되었다.

선교사로서 모리슨의 가장 큰 공헌은 첫 중국어 성경 번역을 완성한 것이다. 1810년부터 그는 순차적으로 성경을 번역하여 출판했다. 밀른의 도움으로 1819년에 성경 전체의 번역을 마무리했다. 이 외에도, 중문 서적 12종과 영문 서적 32종을 저술하거나 편찬하였다. 중문 서적에는 1811년의 『신도론속구세총설진본』神道论赎救世总说真本, 1812년의 『회답천주예수교법』回答浅注耶稣教法, 1815년의 『고시여씨아국역대략전』古时如氏亚国历代略传, 1818년의 『양심신시』养心神诗, 1832년의 『고성봉신천계시도가훈』古圣奉神天启示道家训 등이 포함되어 있다. 비록 신자들은 많지 않았지만 개척하는데 의미가 있었다. 그가 중국에 온지 7년째 되던 해인 1814년 7월 16일에 채고蔡高라는 중국인에게 세례를 베풀어서 첫 신자가 탄생했다. 모리슨은 중국인 전도자를 양성하는데 관심을 가졌는데 1832년에 그가 런던회에 보낸 25주년 선교보고서에서 3명의 중국인 전도사 양발梁发, 취앙屈昂, 리신李信을 언급하였고 당시 세례교인은 10명이었다. 같은 해 겨울, 양발도 런던회에 편지를 보내 세례교인이 10명이 있다고 언급했다. 그는 "수년 동안에 여러 사람이 구주를 믿고 교회에 들어왔다. 이 곳에 대략 10명이 한마음 한뜻으로 주님을 지속적으로 섬기고 있으며 복음의 거룩한 가르침을 배우고 실천하고 있다. 주일마다 우리는 한 곳에 모여 함께 구세주의 구속하신 큰 은혜를 찬송한다."고 편지를 보냈다.

1834년, 동인도회사의 중국 무역 독점권이 취소된 후 영국 정부는 상무감독관을 중국으로 보냈고 모리슨은 즉시 영국 국왕으로부터 감독관의 비서와 통역관으로 임명되어 부영사 대우를 받게 되었다. 그러나 과로로 인해 임직한지 15일 만인 8월 1일에 별세하였다.

## 4. 밀른과 항하외방전교회

런던회는 1813년에 중국으로 모리슨을 잇는 두 번째 선교사인 밀른을 파송했다. 윌리엄 밀른William Milne, 1785-1822은 스코틀랜드에서 태어나 1810년에 런던회에 가입하여 고스포트에서 공부를 했다. 1812년 졸업한 후, 막 혼인한 아내와 함께 모리슨을 도우러 중국으로 파송을 받았고 이듬해 7월 4일에 마카오에 도착하였다. 광저우와 마카오에서의 선교적 제한 때문에 모리슨은 밀른에게 난양南洋을 시찰하고 새로운 선교 기지를 마련할 곳을 찾도록 하였다. 1814년 2월 14일, 밀른은 중국인 교사와 인쇄공과 고용인 한 사람과 함께 광저우에서 출발했다. 반년 동안 시찰한 후 8월 19일 말라카에서 출발해 9월 5일에 마카오에 도착했다. 시찰의 결과로 말라카가 선교 기지를 세우기 가장 좋은 곳으로 선정되었다. 당시 말라카의 인구는 약 1.7만 명이고, 9,000-10,000명이 화인华人이었으며 그들은 주로 푸젠에서 이주해왔다. 밀른의 관찰에 따르면 그곳의 화인은 문화적 소양이 비교적 높고 중국의 문화를 비교적 잘 보존하고 있었다. 그는 "이곳의 중국인들은 자바의 중국인들보다 똑똑하며 자신들의 언어를 보다 잘 보존하고 있었다. 그들 가운에는 학문이 높은 사람들과 시인들도 있었다."

그림 049 윌리엄 밀른

모리슨은 밀른의 계획에 동의하였고 이에 밀른은 1815년 4월 17일 온 가족과 함께 말라카로 이주했다. 그는 중국어 교사 한 명과 인쇄공을 모집했는데 인쇄공이 바로 훗날 첫 중국인 목사가 된 양발이었다. 5월 21일, 밀른 일행은 목적지에 도착했고 1822년 소천할 때까지 말라카에서 사역하던 7년 동안 남양의 선교기지는 규모를 갖추게 되었다. 그는 이곳에서 인쇄소를 세워 성경과 함께 관련된 서적들을 출판했다. 말라카에 도착한지 3개월이 채 되지 않은 8월 5일에 밀른은 중국어 월간지인 『찰세속매월통기전』查世俗每月统计传을 발간하였고 이는 중국 근대사의 첫 중국어 월간지였다. 이에 어떤 사람은 밀른을 "중국 근대 신문의 시조"로 부르기도 한다. 월간은 거의 밀른 혼자 운영하였다. 글 쓰고 편집하고 발행까지 혼자서 도맡았기에 밀른이 소천한 후 월간을 이어서 할 사람이 없었고 폐간될 수밖에 없었다. 밀른의 손에서 월간은 총 7권 77호를 발행하였고 합 600페이지에 가까웠다.

밀른은 말라카에 영화서원英华书院을 설립했다. 『찰세속매월통기전』을 시작한 날에 밀른 부부는 자신의 집에서 남자아이들을 모집하여 무료학교 운영을 시작하였다. 그는 이 학교를 위해 중국인 교사를 고용하였고 푸저우 말로 수업을 하도록 했다. 이듬해에는 같은 모델로 한 학교를 세워서 광둥广东어로 수업을 하도록 했다. 이 두 학교는 비록 새로 설립되었으나 긍정적인 반응을 일으켰고 1816년에 두 학교에 등록한 학생의 수를 합산하면 약 80명이 되었다. 1816년 초, 밀른은 네덜란드 식민 당국으로부터 땅을 받았고 모리슨의 지지하에 이곳에서 항하외방전교회 恒河外方传教会, Ultra Ganges Mission, 남양전교기지(南洋传教基地)로도 불린다 를 설립하였다. 밀른은 학교, 인쇄소를 기지 안으로 옮겼다. 1820년, 집에서 설립한 학교는 정식으로 "영화서원"으로 개명하여 공식적으로 학생들을 모집하였다. "본원의 취지는 중국과 유럽의 문학을 가르치되 한편으로는 유럽 사람들에게 중국의 문자와 문학을 가르치고 다른 한편으로는 항하갠지스강 밖의 한자를 사용하는 국가인 중국, 안남, 중국 동부의 류큐, 조선, 일본 등에 영어와 유럽의 문학과 과학을 가르치는 것이다."

말라카에서 밀른의 신분은 주로 모리슨의 조수, 또는 모리슨의 남양 대리인이었고 모리슨의 계획을 실행하는 역할을 감당했다. 당시의 모리슨은 이미 영향력이 큰 유명 인사였다. 그러므로 밀른의 중요성은 말한

嘉慶丙子年全卷

察世俗每月統記傳

子曰多聞擇其善者而從之

博愛者纂

察世俗每月統記傳序

無中生有者乃神也神乃一自然而然當始神創造天地人萬物此乃根本之道理神至大至尊生養我們世人故此吾人無非敬畏神但世上論神多說錯了學者不可不察因神在天上而現著其榮所以用一個天字指著神亦有之既然萬人皆由神而原被造化自然學者不可止察一所地方之各物單

그림 050 『찰세속매월통기전』(查世俗每月统计传)

것도 없이 중요했다. 더욱이 밀른의 중국어 수준이 보다 높았고, 남양선교 기지에서 그의 지위는 거의 대체 불가했으며, 서원에서도 주요한 교수 자원이었다. 모리슨은 런던회에 보내는 편지에 영화서원에서 밀른의 중요성을 명확하게 표명했다. 그는 "이미 밀른에게 서원을 주관할 것과 한어, 신학, 교회사와 중국의 일반 역사를 가르칠 것을 요청했습니다."라고 말했다. 밀른의 경영으로 기지는 아편 전쟁 이전의 중국 선교사들의 주요 집합지가 되었고, 그들은 대부분 이곳에서 중국어와 남양의 기타 언어를 배웠고 이 일대의 화인들에게 선교했다.

1822년 6월 2일 밀른은 37세라는 젊은 나이로 소천했고 중국 선교사로서 9년 동안 사역했다. 모리슨은 소식을 듣고 매우 침통하게 말했다. "1822년 6월 2일, 나의 친구와 동역자인 목사 밀른 박사가 부르심을 받아 소천했다. 나의 친구는 아쉽게도 중국어 성경 완역본을 보지 못하고 세상을 떠났다. (중략) 충성되고 헌신적이며 성공적인 중국 선교사 동역자를 너무 일찍 잃어버려서 우리의 사역은 큰 손실을 입었다. 밀른이 열심으로 이 위대한 나라의 언어와 문자를 배워서 얻은 성취는 매우 명확했다. 그는 모든 심령을 그의 일에 집중하였다."

## 제2절 아편 전쟁 전에 중국에 온 선교사

모리슨의 영향하에 영국런던회, 미국회중교회 해외선교회, 네덜란드선교회는 적극적으로 중국으로 선교사를 파송했다.

1834년까지 총 24명의 선교사가 동방으로 왔다. 24명의 선교사중 15명이 런던회 소속이었고 7명이 미국회중교회해외선교회, 두 사람이 네덜란드선교회 소속이었다. 비교적 중요한 선교사는 밀른, 메드허스트 Walter Henry Medhurst, 귀츨라프, 브리지만, 아빌 雅裨理, David Abeel, 트레이시 Ira Tracy, 사무엘 윌리엄스 Samuel Wells Williams, 피터 파커 Peter Parker 가 있다.

알렉산더 와일리 Alexander Wylie, 1815-1887 의 책 『1867년 이전의 중국 선교사 열전과 저작목록』 *Memorials of Protestant Missionaries to the Chinese: Giving a list of their publications, and obituary notices of the deceased* 의 통계를 보면 1807년부터 1842년에 온 선교사는 총 63명이고 그들은 대부분 남양에서 현지 화인들에게 선교하였다. 그러나 그들 가운데 중국에 들어갈 수 있었던 선교사는 1843년 8월 1일부터 모리슨의 소천까지 총 24명밖에 없었다. 그들 중 진정으로 광저우와 마카오 두 곳에 거주할 수 있었던 사람은 17명뿐이었다. 이 63명의 선교사는 9개의 선교회 소속이었고 주로 영미 두 나라에서 왔다. 그들의 사역지는 광저우와 마카오 외에는 말라카, 싱가포르, 바타비아, 페낭 등이 있었다.

## 1. 미국회중교회해외선교회 선교사 브리지만

미국회중교회해외선교회 이하 "미부회(美部会)" 가 설립되었을 때부터 영국런던회와 협력하고자 했고 1820년에 모리슨을 미부회의 주 중국 통신원으로 위탁했다. 모리슨의 노력을 통해 미부회는 중국으로 첫 선교사인 브리지만 Elijah Coleman Bridgman, 1801-1861 을 파송했다. 브리지만은 매사추세츠주에서 태어났고 11세에 회중교회에 출석했으며 12세부터 성찬에 참여하는 교인이 되었다. 그는 1822년에 앰허스트 Amherst 대학에 입학하고

그림 051 브리지만

1826년에 보스턴 인근의 앤도버Andover 신학원에서 공부하기 시작했다. 신학원에서 공부하는 기간에 그는 선교사가 되기를 원했고 미부회의 눈에 들었다. 1829년에 브리지만이 신학원에서 졸업하고 9월 27일에 미부회의 부름을 받아 중국 광저우에 선교하러 가기로 결정했다. 10월 14일에 동방으로 출발했고 이듬해 2월 19일에 광저우에 도착했다. 브리지만과 동행한 사람으로 아빌David Abeel, 1804-1846이 있었는데 그는 미국 선원들의 친구 선교회the Seaman's Friend Society의 파송을 받아 미국 선원들을 섬기는 목적으로 입국했고, 1년간 사역을 한 후 소속을 옮겨 미부회 선교사가 되었다.

미부회가 중국으로 가는 첫 미국 선교사로서 브리지만에게 준 임무는 세밀하지 않았고 단지 모리슨의 지도 아래 사역을 하라고 했을 뿐이다. 물론 미부회는 브리지만에게 중국어를 열심히 배우도록 요구했는데 이는 중국인에게 선교하는 것이 전제 조건이기 때문이었다. 이 외에, 브리지만이 중국인들과 적극적으로 접촉하여 특히 성경을 포함한 전도 서적을 나눠줄 것을 지시했다. "마음 깊이 기억할 것은 당신의 모든 임무 중에 가장 중요한 임무는 중국인들에게 복음을 전파하는 것이다." 브리지만은 미부회가 내린 임무를 열심히 실천했고 동시에 서양 독자들을 위해 중국의 소식을 제공했다. 이를 위해, 1832년 5월에 광저우에서 『중국총보』中

国丛报, *The Chinese Repository*를 발간했고 1847년에 상하이로 이주하기 전까지 편집을 맡았다. 같은 해, 브리지만은 광저우에서 미부회인쇄소를 세웠다. 1834년 11월 29일에 광저우의 외국 거류민들 사이에서 "재화실용지식전파회"在华实用知识传播会, The Society for Diffusion of Useful Knowledge in China, 약칭은 중화익지회 中华益智会를 발족하였고 브리지만과 귀츨라프, 존 로버트 모리슨马儒翰, John Robert Morrison, 1814-1843은 함께 중영문비서를 맡았다. 1834년 브리지만은 모리슨교육회Morrison Education Society를 조직하는데 참여하여 연락비서로 임명되었고 1834-1848년에는 회장직을 맡았다. 그의 안배하에 미국인 브라운Samuel Robbins Brown, 1810-1880은 중국에 와서 모리슨 학당을 세웠고 중국의 첫 미국 유학생들을 배출했는데 그 중에는 룽홍容闳, 황콴黄宽 등이 있었다. 1838년 2월 21일 콜리즈郭雷枢, Thomas R. Colledge, 1796-1879와 파커 두 의료 선교사는 함께 "중화의약전교회"中国医药传教会, The Medical Missionary Society in China를 설립했고 브리지만은 부회장을 맡았다. 브리지만은 1843년 8월 22일부터 9월 4일까지 홍콩에서 열린 성경번역회의에 참가했고 1847년 성경번역을 위해 상하이로 이주하였으며 같은 해 상하이에서 신약번역 대표위원회회의에 참가해『신약문리성경』新约文理圣经 번역에 동참하였다. 1850년 여름에 신약의 번역을 마쳤고 곧바로『구약문리성경』旧约文理圣经 번역을 착수했다. 브리지만의 성경역본은 1862년 1862년 2월에 출판되었는데 정작 본인은 1861년 11월 21일 이질에 걸려 소천하였다.

브리지만의 일생을 보면 그가 직접적으로 선교사역에 참여한 일은 많지 않고 그의 사역은 주로 문서와 관련이 많았는데 이는 그가 미부회에서 받은 임무와 일치했다. 그가 중서문화교류사에서 가장 큰 공헌을 한 것은『중국총보』中国丛报, *The Chinese Repository*를 편집하여 출판한 것이다. 중국과 서방 열강과의 관계에 있어서 브리지만은 중국을 "개방"해야 한다고 생각했는데 개방에는 두 가지 방법이 있다. 하나는 강제인데 사실상 무력에 의한 것이며 두 번째는 서방 각국이 연합하여 청나라 정부에 압력을 가하는 것이다. 1834년 12월에 그는 『중국총보』에는 광저우 영국 교민이 영국 국왕에게 보낸 영국 군대를 파병하여 무력으로 청나라 정부가 조약을 체결하도록 요청하는 요청서를 실었다. 이에 대해 브리지만은 "그들이 제시한 모든 요구가 이루어지기를 마음으로 소망한다"고 평론했다. 1835년 1월에 그는 또 글에서 "현재 중화제국의 태도로는 무력을 사용하지 않는다면 청나라 정부와 체면을 유지할 수 있는 왕래를 하기 어렵다."고 말했다. 1836년 2월, 그는 또 글을 써서 영국, 프랑스, 미국 등 나라는 더 이상 기다리지 말고 연합해서 즉각적인 행동으로 중국의 문을 열 것을 주장했다. "만약에 미국 국회가 몇 척의 가장 좋은 배를 남태평양으로 파견할 수 있다면, (중략) 이런 계획은 더 이상 지체할 필요가 없고 미국의 영예와 이익이 있는 곳이며 다른 나라와 다른 나라 백성들에 대해 의무적으로라도 이 일을 행해야 한다." 브리지만은 서방이 무력으로 중국의 문을 열기를 바랐다. 그리하여 아편 전쟁이 발발했을 때 그는 매우 흥분했다. 왜냐하면 영국이 반드시 중국으로부터 승리를 얻을 것이고 중국의 대문이 열릴 것이라고 생각했기 때문이

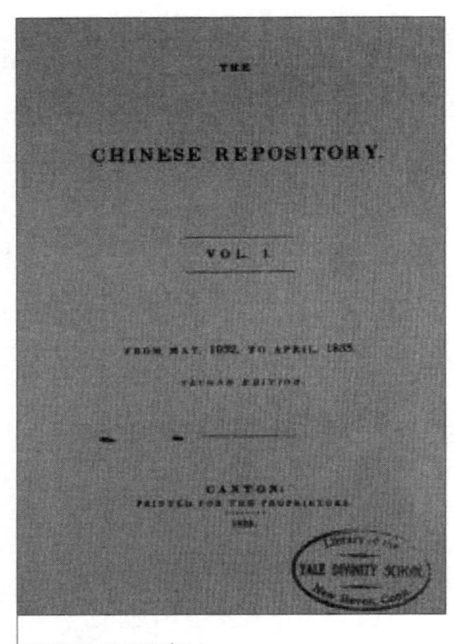

그림 052 『중국총보』

다. 그는 『중국총보』에서 주요 사건들을 다루며 아편 전쟁의 전 과정을 기록했다. 중국이 패전한 이후 그는 적극적으로 중국과 미국의 망하조약 望厦条约을 체결할 때 적극적으로 참여하였고 미국 공사 쿠싱 Caleb Cushing, 1880-1879이 이끄는 사절단의 통역과 비서 겸 목사로 일했다.

## 2. 네덜란드선교회의 귀츨라프

귀츨라프 Karl Friedrich August Gutzlaff, 1803-1851는 프로이센의 한 루터교 가정에서 태어났다. 그는 15세에 해외 선교에 뜻을 품었고 이를 위해 아랍어와 터키어를 배웠다. 1821년 베를린의 예니케선교학교 Janicke Mission School에서 공부했다. 재학 중에 그는 모라비안파와 복음주의, 낭만주의의 영향을 많이 받았다. 1823년에 졸업한 후 로테르담에 가서 네덜란드선교회의 훈련을 받았다. 귀츨라프는 동방에 가서 선교할 수 있기 위해서 말레이어와 동인도제도에 대한 지식을 열심히 배웠다. 귀츨라프는 중국에 가서 선교하고 싶었는데 마침 모리슨이 휴가로 귀국했을 때 영국에 가서 모리슨을 만났고 두 사람은 가까운 관계를 형성했다. 1826년, 귀츨라프는 네덜란드선교회의 훈련을 마치고 목사 안수를 받았고 동방으로 파송을 받았다.

그림 053 귀츨라프

1827년 1월 6일, 귀츨라프는 바타비아에 도착해 중국어와 말레이어를 배웠다. 이후 그는 임의로 싱가폴과 섬라국시암, 현재의 태국에서 선교하였는데 이 일대는 런던회의 주요 활동범위여서 런던회와 밀접한 관계를 형성했다. 1829년, 네덜란드선교회가 그의 중국 선교를 반대하여 그는 탈퇴할 것을 선언했다. 이후 그는 싱가포르와 말라카를 방문했는데 말라카에서 그는 런던회의 한 여성과 결혼하여 방콕으로 이주하였고 딸 하나를 낳았으나 모녀는 1831년에 연이어 사망하였다. 1831년부터 귀츨라프는 영국 상인, 심지어는 아편 상인과도 일을 했으며, 그들의 통역자와 조수로 일을 하며 아편 장사를 도왔고 아편 장사인 자딘과 고든도 그를 고용했었다. 영국 상인과 아편 장사들의 도움으로 귀츨라프는 일곱 번 정도 중국 연해지역을 시찰하고 『연중국해안삼차항행기』延中国海岸三次航行记라는 책을 써서 중국의 해안 방어에 대한 정보를 많이 밝혔다. 예를 들어 1832년 6월 30일의 일기에서 상하이 우송커우吴淞口 포대의 방어를 설명하면서 "가장 서투른 군대도 이곳을 격파할 수 있을 것"이라고 기록하였다.

모리슨이 소천한 후, 귀츨라프가 영국의 주 중국 상업 감독의 중국어 통역을 맡았다. 1835년부터 1839년까지 그는 영국과 중국의 상업, 외교 활동에 참여했고 푸저우, 일본 등 지역의 정황을 살피러 다녀오기도 했다. 아편 전쟁 기간에 그는 영국특사 엘리엇Charles Elliot, 1801-1875의 수석 통역관을 맡았고 난징조약의 체결에 참여했다. 1842년부터 1843년, 영국군이 저우산舟山을 점령하였는데 귀츨라프는 그 지역의 임시 행정장관이 되었다. 영국군이 상하이上海를 공격할 때 그는 안내인 역할을 하여 중국을 침략하는 작전에 직접 참여했다. 1843년 8월, 로버트 모리슨의 아들 존 모리슨이 소천한 후 귀츨라프는 영국령 홍콩의 첫 총독인 포팅어Henry Pottinger, 1789-1856의 중문 비서가 되어 영국 식민정부를 위해 일을 했

그림 054 『남경조약』의 체결

다. 그는 낮에는 정부를 위해서 일하고 밤에는 선교했다. 1844년에는 "중국복한회" 福汉会, 혹자는 귀츨라프선교회라 부름 를 설립했고 그 뜻은 한인汉人이 말씀을 믿으면 복을 얻는다는 것이었으며 그 목적은 중국 내지 선교를 위해 중국계 선교사를 훈련하는 것이었다. 1851년 8월 9일, 귀츨라프는 홍콩에서 소천하였다.

귀츨라프는 많은 저술을 남겼는데 그 중 중국어로 된 것은 61종, 영문은 9종, 독일어는 7종, 네덜란드어는 5종, 일본어 2종, 섬라어 1종을 남겼는데 그의 저술 중 언급할 만한 것은 성경번역본이다. 1836년에 귀츨라프는 브리지만, 메드허스트, 존 모리슨과 함께 구약성서를 번역했는데 여호수아서까지는 함께 번역하였지만 그 이후는 거의 귀츨라프가 독립적으로 완성한 것이다. 신약은 거의 귀츨라프가 메트허스트의 1837년 역본을 여러차례 수정한 결과물이다. 귀츨라프의 이 번역본은 이후 태평천국이 수정하여 여러 번 인쇄하였다. 이외에 귀츨라프는 비정기적으로 『중국총보』에 글을 발표했고 1833년에서 1837년까지는 월간 『동서양고매월통기전』东西洋考每月统计传의 편집장을 맡았다. 귀츨라프의 영향으로 루터교에 속한 라인 선교사협회 중국명 바면회(巴勉会) 또는 예현회 礼贤会, Barmen

Mission, 바젤복음주의선교회, 베를린선교회 셋을 합쳐 삼바회(三巴会)라고 한다는 전후로 선교사들을 중국에 파송하였다.

### 3. 기타 중국 선교사

미부회의 피터 파커 Peter Parker, 1804-1889는 중국에 온 첫 의사 선교사였다. 그는 매사추세츠 플래밍엄의 작은 농장주 가정에서 태어나 15세에 세례를 받았고 해외선교의 마음을 품게 되었다. 파커는 예일대학교 의과대학를 졸업한 후 뉴헤이븐 신학원에서 신학을 공부하였다. 1834년 5월 16일, 파커는 목사 안수를 받았고 6월 1일 뉴욕에서 선교사로 파송 받았으며 6월 3일에 중국으로 출발했고 같은 해 10월 26일에 광저우에 도착했다. 1835년 9월, 파커는 광저우 신두란가新豆栏街에서 신두란의국이라는 안과 진료소를 시작하였고 이후 박제의원博济医院으로 개명하였다. 이는 기독교가 중국 본토에서 세운 첫 정규 서양의학 병원이었다. 1838년 2월, 파커는 영국 동인도회사의 의사인 콜리즈 Thomas R. College와 함께 광저우에서 "중화의약전교회"中国医药传教会, The Medical Missionary Society in China를 설립했고 파커는 4명의 부회장 중 한 자리를 맡았다.

그림 055 피터 파커

1844년 2월, 쿠싱이 이끄는 사절단이 중국에 도착했을 때 파커는 중문 비서와 통역으로 일하며 청나라 조정과의 『망하조약』을 체결하는데 참여했다. 미국인은 조문에 영국인이 『난징조약』에서 얻게 된 여러 가지 특권 이외에도 영사재판권을 얻었고 개항장에 교회와 의원 등을 세울 권리를 갖게 되었고 중국의 관세 자주권을 박탈했다. 1845년 중미가 조약 문서를 교환할 때 파커는 다시 통역을 맡았다. 1847년, 파커는 미부회와의 관계를 정리하고 정계에 투신하여 직업 외교관이 되었다. 1848년 8월, 파커는 처음으로 미국 주중 임시 대리대사를 맡았고 이후에도 여러 번 임시 대리대사직을 맡았다. 아울러, 그는 미국이 대만을 침공할 것을 건의하기도 했다. 1855년 8월, 그는 미국의 주중 전권위원으로 임명되었고 1857년 4월에 복귀명령을 받아 귀국하여 외교관으로서의 삶을 마무리했다.

파커는 의료 선교사의 신분으로 중국에서 병을 고치며 선교를 했고 이를 통해 "외국인과 중국인의 오해를 해소하는데 큰 역할을 했다." "수술침으로 복음을 위해 중국을 개방"하였으며 동시에 서양의학을 중국에 도입하는 등 큰 공헌을 하였다. 예를 들어, 1847년에 그는 중국에서 처음으로 에틸에테르로 마취제를 만들어 성공적으로 한 중국 병자를 위해 지방종 제거 수술을 시행하였는데 이는 중-미의학교류 역사의 중요한 사건이었다. 파커는 미국에서 워싱턴 국가과학촉진회의 통신회원, 시카고 역사학회의 통신회원, 그리고 매사추세츠 의학회의 명예회원에 선정되었다.

사무엘 윌리엄스Samuel Wells Williams, 1812-1884는 또 다른 미부회의 선교사로 미국 뉴욕주 유티카의 출판업자의 가정에서 태어나 청년 시절에 인쇄기술을 배웠다. 1832년 7월, 미부회는 윌리엄스를 광저우 선교 센터의 인쇄공으로 임명하였고 그는 1833년 10월 25일에 광저우에 도착하였는데 그의 주업무는 『중국총보』를 편집하고 인쇄하는 것이었다. 윌리

그림 056 사무엘 윌리엄스

엄스는 1856년에 미부회를 떠나 주 중국 미국 외교단의 비서 겸 통역을 맡아 직업 외교관이 되었다. 1858년, 윌리엄스는 주중 미국 공사 윌리엄 리드William Bardford Reed, 1806-1876를 따라 텐진으로 가서 "중미텐진조약"을 담판하여 체결하였는데 "외교단의 제2호 인물"로 불렸다. 그의 협박과 견지로 인해 조약에서 처음으로 종교보호조약또는 선교조약이 언급되었고 선교사와 소수 "교인"들은 이로 인해 특권을 얻게 되어 중국 법률의 제약을 받지 않게 되었다. 이에 대해서 윌리엄스는 "자랑스럽게" 여기면서 "우리는 이런 일을 가장 먼저 시작하였다. 당시 중국과 외국이 체결한 기타 조약에 없는 내용이었다. (중략) 이후 중영조약에서 종교문제에 대한 조항도 우리 조약의 내용을 모방한 것이다."고 말했다. 1862년 이후, 윌리엄스는 베이징에서 장기 거주하였고 그는 1856년부터 1876년까지의 20년 동안 9번 미국 주 중국 공사 대리의 직무를 맡았으며 1876년에 사직하여 귀국했다.

윌리엄스는 중국에서 40년간 머물렀는데 초기 20년은 주로 문서 사역을 하여 중서문화의 교류를 촉진하는 역할을 하였다. 그는 장기적으로 『중국총보』를 책임편집하였고 『중국총론』中国总论, 『화번통서』华番通书, 『광동방언중문문선』广东方言中文文选, 『십급대성』拾级大成, 『중국지지』中国地质, 『영화운부역해』英华韵府历楷, 『상무지남』商务指南, 『영화분운촬요』英华分韵

撮要, 『한영운부』汉英韵府 등 중문서적을 발간했다. 윌리엄스가 미국에 돌아간 후 예일대학은 그에게 명예 문학석사를 수여하였고 첫 "중국 언어와 문학" 교수로 초빙하였는데 이는 미국 대학에서 처음으로 중국 언어와 문학에 대한 강좌를 연 것이다. 그는 이후 미국성서공회의 회장과 미국 동방학회의 회장으로 선출되었다.

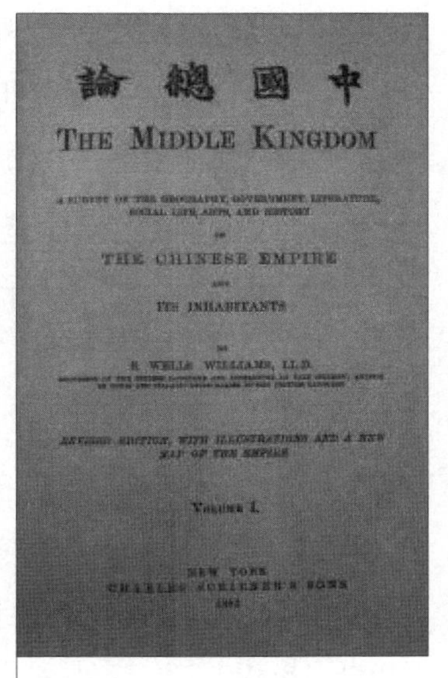


그림 057 『중국총론』 속표지

윌리엄 존스 분文惠廉, William Jones Boone, 1811-1864은 젊은 시절 미국 사우스캐롤라이나의 찰스턴대학에서 법률을 공부했다. 1833년 그는 알렉산더 신학원에서 신학을 공부하였고 해외 선교사가 되고자 했다. 1835년 미국 성공회 해외선교부Board of Foreign Missions of the Protestant Episcopal Church in the United States가 설립되었고 중국을 향해 선교할 것을 결정하였는데 분은 그 소식을 듣고 먼저 신청하여 선교회에 가입이 허락되었다. 중국 선교를 준비하기 위해 신학공부를 마친 후 의학을 공부해서 의학박사학위를 받았다. 1837년 초, 분은 바타비아에 도착해 중국어를 배우고 중국 풍속을 익혔으며 현지 화인들 가운데 선교사역을 펼쳤다. 1840년 11월에 마카오로 이주하여 모리슨교육회의 학교에서 가르치며 중국에 들어갈 기회를 보았다. 1842년 2월, 그는 아빌과 함께 영국 군함을 타고 샤먼과 주산을 향하며 영국군의 통역을 맡았고 동시에 개척 선교할 수 있는 가능성이 있는 지역을 시찰했다. 같은 해

6월, 분은 하문의 구랑위鼓浪屿에 전도처를 세웠다. 1845년 6월, 그는 상하이로 이주하였고 이후 상하이를 중심으로 사역을 펼치며 함께 "대표자역본"委办译本, Delegates version 성경번역에 참여하며 한편으로는 성공회 상하이교구를 개척하는 사역을 진행했다. 1848년, 분은 상하이의 도대道台 우잰장吳健彰을 협박해 홍커우지구虹口地区를 미국 조계지租界地: 역자주, 19세기 후반에 영국, 미국, 일본 등 8개 국이 중국을 침략하는 근거지로 삼았던, 개항 도시의 외국인 거주지. 외국이 행정권과 경찰권을 행사하였으며, 한때는 28개소에 이르렀으나 제2차 세계 대전 이후에 폐지되었다로 만들었고 상하이의 조계지를 처음으로 형성하도록 한 사람이 되었다. 1850년, 그는 상하이에서 첫 성공회 성당을 세웠고, 1853년 그는 미국 조계지 안에 처음으로 전당 형태의 성당을 지어 구주당救主堂이라고 이름하였다. 1864년 7월 17일, 분은 이질을 앓고 소천하였고 미국 성공회는 그를 기념하기 위해 우창武昌에서 그의 성을 딴 대학인 문화대학文华大学, Boone University을 설립했다.

## 제3절 두 번의 아편 전쟁 사이의 기독교

제1차 아편 전쟁 이후, 난징조약을 위시한 불평등조약들이 체결되었고 중국은 점차 반식민 반봉건 사회가 되어갔다. 기독교와 불평등조약 간의 관계는 무시할 수 없는 사실이며 초기에 중국 선교사들은 심지어 본국 정부의 사절단에 가입해서 불평등조약을 담판하고 체결하는데 참여했다.

## 1. 선교사와 아편 전쟁

선교사는 모두 서방 자본주의 국가에서 왔고 직접적으로나 간접적으로나 본국의 정치와 복잡하게 연계되어 있고 그들 자신의 이익과 국가의 이익도 밀접한 관계가 있다. 그러므로, 중국과 서방 열강이 충돌이 있을 때 그들은 필연적으로 서방 열강의 편에 서게 되어있었다. 구체적인 역사로 본다면 그들은 대부분 직간접적으로 서방 열강의 중국 침략전쟁에 참여했다.

아편 전쟁이 발발하기 전 귀츨라프는 입곱 번 중국 연해 지역을 돌아보았는데 비록 그 목적들 가운데 하나가 선교 지역을 확대하는데 있었으나 상업과 정치적 목적도 간과해서는 안된다. 귀츨라프는 세 번의 항해를 근거로 『연중국해안3차항해기』*Journal of Three Voyages along the Coast of China in 1831, 1832 & 1833, with Notices of Siam, Corea & The Loo-Choo Islands*를 펴냈다. 이 글은 먼저 『중국총보』에 "귀츨라프 항해기" Gutzlaff's Journal로 연재되었고 이후 대영도서관이 정리 출판하여 서방에서 큰 파문을 일으켰다. 항해의 과정 중에 귀츨라프 등은 광저우 이외의 개항장을 찾고자 했고 특히 샤먼厦门, 닝보宁波, 상하이와 텐진天津을 시찰했는데 이 과정을 통해 도시들에 대해 잘 알게 되었다. 1832년 6월, 귀츨라프는 2차 항해 기간에 중국 관원들의 반대에도 불구하고 상하이에서 한 달간

**그림 058** 귀츨라프의 『연 중국 해안 3차 항해기』

체류했다. 시찰을 통해서 얻은 결과는 상하이가 "장시江西성의 중심 시장"일 뿐만 아니라 중국의 가장 중요한 상업도시라는 것이었다. 체류하는 동안 귀츨라프는 관광을 이유로 중국 해안 방어의 요새들을 정탐했고 그 결과를 그대로 기록하여 글로 펴내어 중국의 해안 방어의 정황을 폭로하였다.

귀츨라프는 심지어 영국과 중국 간에 조약을 체결할 필요가 있다고 말했다. "영국과 중국의 현황은 명확한 조약을 체결할 절박한 필요가 있다." 귀츨라프는 전쟁을 수단으로 삼아야 이 목적을 달성할 수 있다고 보았다. "몇 세기 이래의 경험을 통해 유럽 사람들이 알 수 있는 것은 중국 정권은 자신의 이익에 손해가 가지 않는 상황에서는 한두 번 상대방을 모욕하는데, 상대방이 실력으로 승부하거나 자국 이익의 필요가 있으면 그들은 머리를 숙이고 무릎을 굽히고 온화하고 심지어 우호적으로 다가오기도 한다는 것이다." 그는 심지어 무력으로 중국을 상대하는 것은 위험성이 없다고 보았는데 그 이유는 한편으로는 평화를 사랑하는 특성을 이용할 수 있으며 한편으로는 중국의 해안 방어가 엉망이기 때문이라고 했다.

아편 전쟁 기간에 귀츨라프는 영국 원정군이 중국을 침략하는 과정에 모두 참여하였다. 1840년 2월, 영국 정부는 엘리엇George Elliot, 1784-1863을 영국 원정군의 총사령관으로 임명하여 군함 40척을 이끌고 중국을 침략하도록 했는데 귀츨라프는 엘리엇의 수석 통역관으로 영국군과 북상하였고 영국군의 통역 및 정보관으로 일했다. 7월 5일, 영국군이 딩하이를 함락했을 때 그는 민정관으로 임명되어 그 지역을 관리했다. 1842년 5월, 영국군은 장강长江까지 진출하였고 7월에는 전장镇江을 점령했는데 군대와 함께 행동한 귀츨라프는 다시금 전장의 민정관으로 임명되었다. 『난징조약』을 체결할 때 귀츨라프와 존 모리슨은 함께 중문 비서의 신분으로 조약을 기초하는데 참여하였다. 아편 전쟁이 끝난 후 귀츨라프는 영국 정부를 위해 일했고 홍콩 총독과 주 중국 상무감독의 중문 비서를 8년 동안 담당했다.

당시 중국에 있던 대다수의 선교사들은 귀츨라프처럼 아편 장수들과 협력하지는 않았다. 그들은 대부분 기독교의 윤리와 교리적인 관점에서 아편 무역을 지적하고 아편의 위험성을 지적했다. 그러나 영국인이 아편 전쟁을 일으킨 것에 대해서 선교사들은 또 거의 지지하였고 가장 소극적인 경우에도 환영의 뜻을 표했다. 미부회 선교사 윌리엄스는 아편 전쟁이 발발하기 전에 아편 무역을 지적하고 아편 무역이 선교사업에 있어 손해를 가져온다고 역설하였고 임측서林则徐가 아편을 금했을 때 열렬하게 환호하였으나 아편 금지령이 지속되어 중국과 영국의 갈등 심화되어 도광道光황제가 중국의 대외무역을 금지했을 대 윌리엄스는 등을 돌려 영국인이 중국을 향해 전쟁을 일으킬 것을 지지하였다. 윌리엄스와 같이 선교사들은 영국이 무력으로 중국의 대문을 연 것에 열정적으로 환호했고 심지어 청나라 정부가 숨을 쉴 틈을 줘서는 안된다고 강조하였다. 이런 배경 속에 많은 선교사들은 직접적으로 서방 열강과 청나라 정부의 외교 담판에 참여하였고 불평등조약의 조문을 기초하고 체결하는 데 있어서 많은 구체적인 역할을 감당하였다.

『난징조약』의 자극을 받아 서방 열강은 청나라 정무의 연약과 무기력함을 확인했고 중국과의 관계에서 기회를 틈타 이득을 취할 것이 있음을 보았는데 이런 국가들 중에 미국이 가장 대표적이었다. 파커와 같은 미국 선교사들의 영향으로 미국은 1844년 쿠싱을 특사로 중국에 보내 담판을 하도록 했고 파커와 브리지만은 특사의 중문 비서 겸 통역으로 일했다. 청나라 정부 관원과 담판하는 과정 중에 파커와 브리지만은 『난징조약』, 『호문조약』虎门条约을 토대로 『망하조약』望厦条约을 기초하였고 조약에서 선교사들이 통상 항구 지역에 예배당을 건축하고 선교할 수 있는 조항을 넣었다. 파커는 이런 성공 경험으로 인해 선교사역을 내려놓고 직업 외교관으로 전향했다. 미국 공사 리드William Bradford Reed, 1806-1876는 윌리엄스와 윌리엄 마틴丁韪良, William A. P. Martin 등이 불평등조약을 위한 담판에서 중요한 작용을 한 것을 높이 평가하였고 미국을 위해 중국에서의 이익을 쟁취한 것을 칭찬했다.

### 2. 1, 2차 아편 전쟁 사이의 선교활동

『난징조약』은 청나라 정부로 하여금 서방 열강에게 광저우, 샤먼, 푸저우, 닝보, 상하이 등 5곳의 통상 항구를 강제로 개방하도록 했다. 이로 인해 남양, 마카오, 광저우 등지에 있던 선교사들이 점차 북쪽으로 이동했다. 여기서는 주로 런던회, 미부회, 미국침례회를 중심으로 선교사들이 이 기회를 틈타 중국에서 펼친 선교사역에 대해서 기술하겠다.

런던회: 아편 전쟁 이전에 런던회는 이미 광저우, 말라카, 싱가포르와 바타비아에 선교 기지를 세웠다. 난징조약 이후, 이 기지들은 북쪽으로 이동하여 개방된 각 개항장으로 이전했다. 1843년, 제임스 레그理雅各, James Legge, 1815-1897는 영화서원을 홍콩으로 이전했다. 레그는 1840년 1월에 파송을 받아 말라카에서 영화서원의 원장직을 맡았다. 아편 전쟁 기간에 레그는 존 모리슨에게 편지를 써서 런던회의 극동 선교기지를 베이징 또는 난징으로 옮길 것을 건의했다. 난징조약이 체결된 이후에는, 존 모리슨이 즉시 레그에게 편지를 써서 홍콩으로 이전할 것을 추천했다.

로버트 모리슨이 소천한 후, 광저우에서의 런던회 선교사역은 거의 멈춘 상태였고 대부분의 시간 동안 이곳의 사역을 책임지는 사람이 없었다. 1848년 모리슨의 사위이자 의사인 벤자민 홉슨合信, Benjamin Hobson, 1816-1873이 광저우에 와서 이 국면을 매듭지었다. 그러나 사역의 열매는 크지 않았다. 1843년부터 1860년까지 런던회가 이곳에서 행한 가장 큰 사역은 혜애의관惠爱医馆을 개설한 것이었다.

1844년 7월, 런던회 선교사 존 스트로나크施敦力约翰, John Stronach, 1810-1888가 싱가포르에서 샤먼廈門으로 이주했다. 스트로나크는 1837년에 싱가포르에 도착하여 선교와 교육사역을 했다. 2년 뒤, 그의 형 알렉산더 스트로나크Alexander Stronach, 1800-?도 남양에서 하문으로 왔다. 1850년, 알렉산더는 숙식을 제공하는 영화소학英華小學을 설립하여 중국어, 영어, 성경, 기독교의 기본교리 등 지식을 가르쳤다. 그의 아내는 처음으로 여자학교를 세워 여성교육을 시작했다. 1848년, 샤먼에서는 아버지와 아들이 함께 세례를 받아 신자가 된 일이 있었고 이들은 샤먼의 첫 그리스도인이 되었다.

아편 전쟁 기간에 영국군은 닝보, 주산舟山 일대에서 빈번하게 활동했고 두차례 장시간 주산을 점령했던 적도 있다. 런던회 선교사도 영국군과 함께 주산에 왔고 선교를 할 기회를 보았다. 1840년 9월 13일부터 1841년 2월 22일, 영국군이 처음 주산을 점령했을 때 윌리엄 록하트雒魏林, William Lockhart, 1811-1896 의사가 딩하이에 와서 진료소를 시작해 5개월간 현지 병자들을 치료했다. 1843년 6월 13일, 록하트 부부는 다시 딩하이에 와서 주산의원舟山医院을 설립했다. 1844년, 메드허스트麦都思, Walter Henry Medhurst, 1796-1857가 상하이上海로 가서 런던회의 선교 기지를 세우게 되어 록하트는 주산병원의 문을 닫게 되었다. 런던회의 또 다른 선교사인 윌리엄 찰스 밀른美魏茶, William Charles Milne, 1815-1863도 이 일대에서 활동했었다. 윌리엄 찰스 밀른은 윌리엄 밀른의 아들로 1842년 2월에 주산에 왔고, 1843년에 처음으로 닝보에 진입하여 그곳에서 활동한 첫 선교사가 되었고 7개월간 머물렀다.

난징조약을 통해 개항된 5곳의 항구도시 가운데 상하이는 중국 해안선의 중심에 있고 장강长江 유역으로 들어갈 수 있는 도시였기에 중점도시가 되었다. 1843년 12월, 메드허스트와 록하트는 함께 상하이에 시찰을 왔는데 한 눈에 마음에 들어 선교기지를 세울 도시로 정했다. 록하트는 즉시 주산으로 가서 주산의원을 폐쇄하고 아내와 함께 상하이로 돌아와 1844년에 인제의원仁济医院을 설립했다. 1846년, 그들은 상하이에서 몇 곳의 땅을 사서 순차적으로 교회, 병원, 학교, 인쇄소, 숙소 등을 건축했다. 런던회는 몇 년 동안의 경영으로 상하이에서 가장 영향력이 큰 선교회가 되었고 1849년에는 7명의 선교사가 상하이에서 사역하고 있었다. 메드허스트는 상하이 선교 기지의 책임자가 되었고 상하이에 들어선 후부터 1856년 귀국할 때까지 상하이에서 사역했다. 이 지역에서 사역했던 주요한 선교사로는 1846년부터 1852년까지 사역하였던 윌리엄 찰스 밀른과, 1847년에 상하이에 도착해서 묵해서관墨海书馆을 운영했고 중국에서 30년간 선교하였던 알렉산더 와일리가 있다. 같은 해에 상하이에 도착한 윌리엄 뮤어헤드慕维廉, William Muirhead, 1822-1900는 중국어에 정통했고 중국 관부와도 왕래가 많았으며 53년간 중국 선교를 했다. 『베이징조약』 이후 상하이는 런던회가 내지로 선교사를 보내는 중요한 기지가 되었는데 죠셉 에드킨스艾约瑟, Joseph Edkins, 1823-1905는 얜타이烟台, 톈진, 베이징에서 선교했고 그리피스 존Griffith John, 1831-1912은 한커우汉口에서 선교하다가 스촨까지 진입하였다.

미부회: 아편 전쟁 이전에 미부회는 주로 광저우와 마카오 두 곳에서 선교하였고 브리지만, 사무엘 윌리엄스, 파커, 다이어 볼波乃耶, Dyer Ball, 1796-1866 등이 있었다. 『난징조약』 이후 이 선교사들은 홍콩에서 회의를 열어 본부에 주 중국 선교사 증원을 요청했다. 그들은 선교 계획서를 쓰고 성경번역과 학교를 세울 것을 준비했다. 미부회 선교사가 북으로 이주한 노선은 대략 아래와 같다. 1842년 샤먼에 도착, 1847년 푸저우에 도달한 후 같은 해 상하이上海에 진입, 1857년에 샤먼의 사역을 장로회에 인계하였고 1860년에 화북 선교 구역을 개척하였으며 1866년 광저우에서의 선교사역을 포기하였다. 1842년부터 1860년까지, 중국에서 가장 유명한 미부회 선교사는 다이어 볼이었고 그는 주로 광저우에서 사역했다. 이외에 아빌은 1842년에 미부회의 샤먼 사역을 개척하였고 스티븐 존슨詹思文, Stephen Johnson, 1803-1886은 1847년에 미부회의 푸저우 사역을 개척했다. 브리지만은 1847년에 미부회의 상하이上海 사역을 개척했고 헨리 블로젯白汉理, Henry Blodget, 1825-1903은 1860년에 텐진天津으로 가서 미부회의 화북 선교구를 개척했다. 이 기간 동안 미부회의 주요성과는 광저우에서 예배당 두 곳, 의원 한 곳, 여학교 한 곳, 신자 몇 사람이 있었고 푸저우에는 총 5명의 선교사가 사역을 감당하고 있었다.

**미국침례회**: 1, 2차 아편 전쟁 사이에 미국 침례회는 남북전쟁으로 인해 미북침례회와 미남침례회로 분열되었고 주 중국 선교사들도 이로 인해 갈라서서 두 개의 서로 다른 선교회가 되었다. 미북침례회의 활동은 주로 홍콩과 닝보에 집중되어 있었다. 홍콩지역의 사역은 윌리엄 딘遴为仁, William Dean, 1807-1895이 개척하고 주도했는데 그는 1842년 10월에 홍콩에 도착해 차오저우潮州어를 사용하는 첫 교회를 세웠다. 1850년 딘의 귀국과 함께 홍콩에서의 사역은 중단되었다. 닝보에서의 사역을 개척

한 것은 다니엘 맥고완麦高温, Daniel MacGowan, 1814-1893이었는데 그는 1843년 11월 13일에 혈혈단신으로 닝보에 왔다. 1847년 나중에 온 선교사의 도움으로 맥고완은 닝보에서 화동华东지역의 첫 침례교회를 세웠고 닝보는 미북침례회의 화동지역 본부가 되었다. 미남침례회의 사역은 주로 홍콩과 광저우에 집중되었는데 주요 선교사는 존 루이스 셔크叔末士, John Lewis Shuck, 1812-1863와 이사카 로버츠罗孝全, Issachar Jacob Roberts, 1802-1871가 있었다.

위의 세 선교회 외에 이 시기에 중국에서 선교한 단체는 미국성공회, 미국장로회, 영국국교회해외전도회央行教会, Church Missionary Society, 삼바회三巴会: 앞서 언급한 독일어권 3개의 선교회가 있다.

각 선교회의 사역을 조정하기 위해 선교사들은 1843년 8월 22일부터 9월 4일까지 홍콩에서 첫 회의를 열었다. 회의에 참여한 사람은 런던회의 메드허스트, 사무엘 다이어Samuel Dyer, 1804-1843, 존 스트로나크, 제임스 레그, 윌리엄 찰스 밀른, 벤자민 홉슨, 미국공리회公理会, 미부회의 브리지만, 다이어 볼, 침례회의 윌리엄 딘, 다니엘 맥고완, 존 셔크, 이사카 로버츠, "모리슨교육회"의 브라운이었다. 미국장로회의 월터 로우리Walter Macon Lowris, 1819-1847는 8월 28일부터 함께하여 총 14명이었다. 메트허스트가 회의를 주관했고 다이어가 서기였다.

## 3. 홍수전이 배상제회拜上帝会를 창립하다

양발梁发의 『권세량언』劝世良言이 출판된 후 광저우 등지에서 배포되었는데 1836년 부시府试: 역자주, 부시는 명청(明清) 시대에 지부(知府)에서 주관한 시험. 현시(縣試)에 합격한 후에 응시할 수 있으며 부시에 합격하면 원시(院試)에 응시할 자격이 주어짐 기간에 시험을 본 한 생원이 이 책을 만나 매우 큰 영향을 받았다. 이 생원은 바

**그림 059** 배상제회의 종교활동

로 이후 태평천국을 일으킨 홍수전이었다. 홍수전은 1814년에 광저우 화현花县 관록포촌官禄布村에서 내어난 하카客家: 역자주, 주로 중국의 광둥(廣東) 북부에 사는 한족의 일파. 화베이(華北) 지방에서 이주하여 온 것으로 추정되는데 동남아시아 각지까지 퍼져 있음 인으로 1819년에 서당에서 공부를 시작하여 1828년 처음으로 과거 시험에 참가했다. 1836년 봄, 홍수전은 두 번째로 광저우에 부시를 보러 갔는데 시험 기간 중에 시험장 부근에서 두 차례 어떤 외국 선교사가 중국어 조수의 도움으로 전도하고 복음 서적을 배포하는 것을 보고 이 선교사의 손에서 『권세량언』을 한 부 전해 받았다. 처음에는 별 생각이 없이 한 번 훑어본 후 구석에 방치해 두었다.

1837년에 그는 다시 광저우에 과거시험을 보러 갔는데 그 시험에 떨어진 후 큰 병을 앓아 40일 동안 누워있었다. 병상에 있던 중에 홍수전은 하나의 꿈을 꾸었는데 먼저는 몽롱한 가운데 어떤 사람이 그를 부르는 것을 보았고 나중에는 한 무리의 사람들이 가마를 들고 와서 그를 어디론가 데려갔다. 홍수전은 불안한 마음으로 가마에 올라탔는데 용 한 마리와 호랑이 한 마리, 그리고 수탉 한 마리가 길을 안내했고 한 화려한 빛이 있는 곳에 도착하니 모든 사람이 누군가에게 경례하며 그를 맞이했다. 가마에서 내린 후 한 노부인이 그를 이끌어 강가에 가서 그의 몸의 더러운 것을 다 씻겨주었고 어떤 궁전으로 이끌고 갔다. 궁중에는 많은 옛 성현들이 서 있었고 그들은 홍수전의 배를 갈라 오장육부를 새 것으로 바꿔주었다. 이후 지붕이 이중으로 된 궁전에 들어섰는데 그곳에서는 한 금발의 노인이 높은 자리에 앉아있었다. 노인은 홍수전을 보자마자 눈물을 흘리며 그가 세상 사람들을 다 낳고 키웠는데 배은망덕하여 귀신을 섬기고 있다고 말했다. 그러면서 홍수전에게 한 보검을 주어 악귀를 죽일 것을 명령했다. 꿈에서 또 한 중년 남성을 보았는데 홍수전은 그를 "형님"이라고 불렀고 시 한수를 읊었는데 그 내용은 "손에 건곤의 살벌하는 권한을 쥐고 사邪를 베고 정正을 남겨 백성의 마음에 걸리는 것을 해결하리라. 눈은 서북의 강산 밖까지 이르고 목소리는 동남쪽의 해와 달까지 진동한다. 발톱을 펴려 하니 구름 길이 좁고 높이 뛰는데 어찌 강산이 기울여질 것을 걱정하랴. 바람과 우레는 3천 척의 파도를 일으키고 역상易象의 비룡飞龙은 하늘에 있네."

1843년, 홍수전은 다시 과거에 실패하고 낙심했다. 마침 외사촌 리징방李敬芳이 홍수전의 서가에서 오랫동안 펼쳐보지 않은 『권세량언』을 빌려가 읽고 돌려주면서 이 책의 내용이 기이하고 중국의 경서와 많이 다르다면서 한번 잘 읽어보라고 건의했다. 홍수전은 열심히 읽으면서 그 내용을 몇 년 전 자신의 꿈과 연결시켜 하늘이 자신을 부른다고 생각했다. 홍수전과 리징방은 하늘에 오르는 참 길을 발견했다고 생각하여 매우 기뻐하였고 책에서 기록된 것과 같이 서로 물을 머리에 부어 세례를 베풀었다. 홍수전은 이를 위해 시 한 수를 썼다. “우리들의 죄악이 하늘과도 높은데 다행히도 예수께서 모두 대속하셨네. 사악한 마귀를 믿지 말고 거룩한 계명을 지키며 상제를 높이 들어 마음의 밭을 잘 가세. 천당의 영광은 사람들이 흠모하기에 마땅하며 지옥의 어둡고 침침함은 나 또한 불쌍히 여기네. 어서 돌이켜 바른 깨달음을 얻고 속된 감정에 마음을 빼앗기지 마세.”

새로운 신앙을 갖게 된 후, 홍수전은 힘을 다해 널리 전파했고 친척들 가운데 신앙을 소개하며 친한 친구 펑윈산冯云山과 종친 동생 홍런현洪仁玕이 화답했다. 홍수전은 그들을 위해 세례를 베풀었고 시를 써 기념했다. “신천神天이외에는 신이 없는데 어찌 고집스럽게 가짜를 진짜로 섬기는가. 본심을 잃어서 그런 것이니 어찌 속세를 벗어날 수 있으랴” 홍런현은 이에 화답하였다. “전능천부가 신이니, 나무 조각이나 흙 덩어리를 어찌 참되다고 하리요. 다행히도 예수께서 세상을 구하러 오셔서 우리들은 속세를 일찍이 벗어났네.” 어떤 학자는 홍수전이 펑윈산과 홍런현을 위해서 세례를 준 후 함께 배상제회를 창립하였다고 본다. 그들은 높이 계신 상제만 높이고 모든 우상을 반대했다. 그들은 비교적 극단적인 방법을 택하였는데 우선 집과 서당에 있는 공자 위패를 철폐하고 공자상을 폐기하였다. 그러나 홍수전, 펑윈산의 현지 선교가 성공적이지 못했기에 두 사람은 함께 광시广西 구이핑桂平으로 선교하러 갔는데 이는 1844년이었다. 대략 8개월 후에, 두 사람은 나뉘어 행동을 했는데 홍수전은 집에 돌아와 학생들을 가르치면서 그의 교리를 정리했다. 1844년부터 1846년까지 『백정가』百正歌, 『원도구세가』原道救世歌, 『원도각세훈』原道觉世训, 『원도성세훈』原道醒世训을 썼는데 그중 가장 중요한 것은 삼원도三原道이다. 이를 통해 홍수전의 초기 기독교 사상을 알 수 있다. 홍수전은 삼원도에서 반복적으로 『권세량언』에서 말하는 유일한 신천상제神天上帝를 강조했고 우상숭배를 반대하였다. "천부상제는 모든 사람이 함께 모셔야 하고 천하가 한 가정인 것은 예부터 전래된 것이네. (중략) 천하가 하나이니 이치도 둘이 아니요 어찌 군왕이 전유할 수 있으리요. 상제를 경배함이 마땅함이 모든 사람에게 동일하고 어찌 서쪽과 북쪽을 나누고 남쪽과 동쪽을 나누겠소."

1847년 3월, 홍수전은 홍런현과 함께 광저우를 방문해 미국침례회 선교사인 로버츠의 교회에 갔다. 그러나, 로버츠는 홍수전이 스스로 깨달은 기괴한 생각과 교의에 동의하지 않았고 세례를 베풀어 달라는 홍수전의 요청을 들어주지 않았다. 로버츠에게 거절을 당한 것이 홍수전에게 큰 실망을 안겨주었고 그는 광저우를 떠나 펑윈산을 찾아 광시로 갔다. 이 때에 펑윈산은 광시广西 구이핑桂平에서 이미 설 자리를 찾았고 많은 신도들이 그를 따랐다. 몇 년간의 준비를 한 후 1851년 1월 11일에 진텐金田에서 의거하여 국호를 태평천국太平天国으로 정하였고 홍수전은 천왕天王이 되어 양시우칭楊秀清을 동왕으로, 소차오귀萧朝贵를 서왕으로, 펑윈산을 남왕으로, 웨이창휘韦昌辉를 북왕으로, 스다카이石达开를 익왕翼王으로 책봉하였다. 대군이 다섯 길로 나뉘어 청나라 왕조를 향해 진격하였고 1853년 3월에 난징南京을 점령하여 천경天京이라 개명하여 수도로 삼았고 태평천국 정권을 설립했다.

### 4. 서학을 동방으로

초기에 중국에 온 선교사들은 많은 제한을 받았고 선교하기가 어려웠기에 그 주의력을 성경 번역, 학교 설립, 문서 출판과 의약위생 방면에 사용할 수밖에 없었고 이를 통해 선교의 목적을 달성하고자 했다. 객관적인 의미에서 이는 서학을 동방으로 가져오는 것을 추진하였고, 중국 근대사에서 매우 중요한 개척적인 의미를 지니고 있다.

그림 060 『신천성서』(神天圣书)

모리슨이 중국에 온 후 가장 중요한 임무는 런던에서 시작한 중국어 배우기였고 중국어의 기초가 어느 정도 쌓이면 성경번역에 착수하는 것이었다. 1810년 그는 사도행전을, 이듬해에는 누가복음을, 1813년에는 신약 전체의 번역을 마무리했다. 이후, 밀른의 도움으로 구약을 번역하기 시작했는데 1819년에 구약 전체를 다 마무리하였고 그 중 13권은 밀른이 번역했다. 1810년부터 1819년까지 모리슨과 밀른은 신약과 구약의 단행본을 각인하여 각각 7,170권과 2,909권, 총 10,079권을 인쇄했다. 1823년, 신구약합본 성경은 말라카의 영화서원에서 간행되어 『신천성서』神天圣书라고 명명되었다.

언급할 만한 것은 모리슨이 성경번역을 하고 있을 때 인도에서 선교하고 있던 영국의 마쉬만马士曼, Joshua Marshman, 1768-1837도 같은 작업을 하고 있었다. 마쉬만은 영국 침례회 선교사였고 1799년에 인도에서 선교하였고 세람푸르에 머물렀다. 그는 거의 참고할 만한 어떤 것도 없는 상황에서 성경을 중국어로 번역하였고 1810년에 목각본 마태복음을, 1813년에는 납활자판 요한복음을 펴냈는데 이는 처음으로 한자를 납활자로 인쇄한 것이었고 1822년 활자인쇄의 방식으로 5권짜리 성경을 출판하였는데, 이는 모리슨의 『신천성서』보다 1년 일찍 출판된 것이다. 마쉬만과 모리슨의 성경역본은 합쳐서 "이마역본"二马译本 으로도 불린다.

모리슨이 중국교회에 미친 영향력이 마쉬만보다 월등히 앞서기에 『신천성서』가 첫 중국어 신구약 성경전서로 여겨진다. 모리슨은 문언문文言文과 백화문白话文을 반반 섞은 중국어 성경번역을 하였는데 그와 밀른의 중국어 실력이 아직 정도가 높지 않았고 수준이 높은 중문 조수도 없었기에 번역이 기대했던 수준에 미치지 못하여 수정이 필연적으로 필요했다. 모리슨이 소천한 후 2년 뒤, 그의 아들 존 모리슨과 메드허스트는 대영성서공회British and Foreign Bible Society에 수정계획을 제출하였고 그 목적은 "더욱 중국 언어습관에 부합한" 중국어 성경번역본을 만드는 것이었다. 같은 해, 메드허스트, 브리지만, 귀츨라프와 존 모리슨이 함께 따로 하나의 성경번역팀을 조직하여 수정 작업을 시작하였고 1837년에 수정 후의 신약성서가 바타비아에서 『신유조서』新遗诏书라는 이름으로 출판되었다. 1836년, 네 사람이 함께 귀츨라프를 중심으로 하여 구약 수정 작업을 시작하였고 그 해에 일부분을 완성하였는데 메드허스트가 귀국하면서 번역팀은 해산되었고 나머지 부분은 귀츨라프가 독립적으로 완성하여 1838년에 『구유조서』旧遗诏书라는 이름으로 출판되었다.

1843년 8월 22일부터 9월 4일까지, 선교사들은 홍콩에서 회의를 열어 중국어 성경번역에 대한 문제로 회의하였는데 교파간 연합으로 성경번역위원회를 꾸려 홍콩과 항구지역 도시에서 사용하기에 적합한 중국어 성경을 번역하기로 결의했다. 각 선교회는 대표자를 보내 성경번역에 참여하게 하였고 1850년에 사복음서를, 1852년에는 신약성서를, 1854년엔 구약성서를 출판하였다. 이 성경번역본은 대표역본Delegate's Version, 중국명은 위판본(委办本)으로 불렸고, 이는 19세기 하반기에 중국교회에서 통용된 성경번역본이었다. 이 번역본 작업은 청나라 말엽 개량파改良派 사상가 왕도1828-1897 등 중국 학자의 도움을 받았다.

초기에 중국에 온 선교사들은 직접 선교의 어려움을 느껴 누추하게나마 학교를 세웠고 어린이들을 교육하며 선교의 목적을 달성하고자 했다. 가장 먼저 학교를 세우는 것을 시도한 것은 밀른이 1815년 8월에 말라카에서 세운 학교이며 초기에는 민난闽南어와 광둥어로 현지의 화인 어린이들을 가르쳤다. 1818년 영화서원이 정식으로 설립되었고 모리슨이 원장이었으나 밀른이 실제적으로 책임자 역할을 했다. 서원이 시작했을 때 초, 중, 고 3개의 반이 열렸고 중국 어린이와 서양 어린이를 다 받아 이중언어 교육을 시행하였다. 1843년, 영화서원은 홍콩으로 옮겨져 교육사업을 지속했고 이듬해 신학원으로 바뀌어 제임스 레그가 원장직을 맡았다.

이 시기의 학교 규모는 매우 제한적이었고 조건도 매우 열악했다. 예를 들어 1831년 브리지만이 양발의 도움으로 광저우에서 설립한 학교는 5명의 학생밖에 없었고 그 중 하나가 바로 양발의 아들 량진더梁进德이었다. 1834년 귀츨라프가 마카오에서 세운 학교도 몇 명의 학생밖에 없었다.

1834년, 모리슨이 소천한 후 그를 기념하기 위해서 중국에 있는 외국 상인들과 선교사들이 함께 "모리슨교육회"Morrision Education Society를 설립했다. 교육회는 1836년 9월 28일에 설립되었고 영국 상인 덴트Lancelot Dent가 회장을 맡고 브리지만이 통신비서, 존 모리슨이 서기를 맡았다. 교육회의 목적은 "학교를 세우거나 중국의 교육을 촉진"하는데 있다. 교육회는 귀츨라프가 마카오에서 세운 학교를 돕는 것 외에도 광저우에서 새로운 소규모의 학교를 세웠고 이 학교는 초기에 5명의 학생밖에 없었다. 1839년 11월 4일, 마카오에서 "모리슨기념학교"를 세웠는데 6세부터

10세의 어린이는 중국인이나 서양인의 상관없이 다 취학할 수 있다고 규정했다. 브리지만의 노력으로 미국 예일대학교의 졸업생인 브라운 부부가 모리슨기념학교의 교장과 전임 교수직을 맡아주었다. 『난징조약』이 체결된 후, 홍콩 총독은 학교를 위해 땅을 제공하여 건물을 지었고 1843년 11월 18일에 완성이 되었으며 학교는 홍콩으로 옮겨갔다. 1847년, 브라운 부부가 귀국할 때, 룽홍容闳, 황콴黄宽, 황성상黄胜相은 함께 미국으로 떠나 유학하여 중국의 첫 미국 유학생이 되었다. 모리슨기념학교는 1850년에 중단되었다.

성경번역의 연장선상에서 초기 선교사들은 기독교를 해석하는 책을 펴내어 성경과 함께 배포하여 초기의 출판사업이 시작됐다. 밀른이 말라카에서 『성세속매월통기전』察世俗每月统记传을 발간하여 신문사업을 창시하였다. 이후, 많은 선교사들이 남양에서 신문사를 차렸는데 예를 들어 메드허스트는 바타비아에서 『특선촬요매월기전』特选撮要每月记传을, 영국 선교사 키드Samuel Kidd, 1804-1843는 말라카에서 『천하신문』天下新闻을 간행했다. 1833년 8월 1일, 귀츨라프는 광저우에서 『동서양고매월기전』东西洋考每月记传을 간행하여 중국 본토에서의 첫 중국어 정기간행물이 되었다. 귀츨라프가 정기간행물을 간행하기 전에 브리지만은 광저우에서 영문 정기간행물인 『중국총보』中国丛报, The Chinese Repository를 간행하였다. 『중국총보』는 중국에서 20년간 20권 232기를 간행하였다. 간행한 기간은 마침 중국이 서방 열강의 압박 속에서 거대한 변화를 겪은 시기이기에 『중국총보』는 이 시기의 중국 정치, 경제, 문화 종교와 생활 등 각 방면의 내용을 상세하기 기록하고 있어 우리를 위해 이 시기의 보배로운 1차 자료를 남겼다.

1834년 11월 29일, 귀츨라프의 건의로 영국과 미국의 선교사와 상인들은 함께 중화익지회中华益智会를 설립하여 브리지만과 귀츨라프는 중문 비서를, 존 모리슨은 영문 비서를 맡았다. 중화익지회의 목적은 그 장정에 적힌 바와 같이 "힘이 닿는 범위 안에서 모든 신뢰할 수 있는 방법과 적은 비용으로 중화제국의 현황과 조건에 유용한 지식을 소개하되 중국어로 간단하고 이해하기 쉬운 서적을 인쇄하여 출판"하는 것이었다. 중화익지회의 설립에 대해서 많은 사람들은 긍정적인 반응을 보였고 회원수는 부단히 증가하여 1835년에는 47명, 1838년에는 83명의 회원이 있었다.

출판 외에 병원과 진료소를 설립한 것도 초기 선교사들의 중요한 사업이었다. 1820년 모리슨은 동인도회사의 의사와 같이 마카오에서 진료소를 개업했다. 귀츨라프는 중국 연해지역을 항해하면서 가난한 중국인들에게 약품을 선물하여 호감을 얻은 경우가 있었다. 이를 통해 귀츨라프는 중국에서의 의료선교의 의미를 의식하였고 서방 선교회에서 의료선교사를 보낼 것을 호소했다. 1824년에, 미부회는 중국 선교사의 건강을 위해 의료 선교사 파송할 것을 계획하였는데 10년 뒤에 드디어 첫 의료 선교사인 파커를 파송하게 되었다. 파커는 광저우에 도착한 후 병원 설립의 선교적 의미를 발견하여 미국 상인의 도움을 받아 1835년 11월 4일에 박제의원博济医院, 또는 광저우안과의원(广州眼科医院)을 설립하였다.

박제의원의 성공적인 경험에 힘입어 동인도회사의 의사 콜리즈와 파커, 브리지만은 1836년 10월에 제안서를 발표하여 "중화의약선교회"를 설립할 것을 제안했다. 제안서에는 의료 구제 활동이 중국인과 선교사의 관계를 개선하는데 도움이 되고 최종적으로는 중국에서의 복음 전파를 추진하는데 도움이 될 것이라는 내용을 담았다. 제안서에는 중화의약선교회의 목적이 단지 중국에 온 의료 선교사가 사업을 펼치고 그들이 조속히 새로운 환경에 적응하는데 도움을 준다는 내용이었다. 제안서가 발표된 후 여러 사람들의 긍정적인 반응을 얻게 되었다. 1838년 2월 21일, 중국의약선교회는 정식으로 설립되었고 콜리즈가 회장을 맡았다. 중국의약선교회는 초교파, 초국가적인 선교 조직으로, 구성원으로는 선교사, 상인, 정계인사 등이 함께했고 그 목적은 의료 선교사들에게 필요한 도움을 주는 것이었다. 1838년부터 1850년까지 총 10명의 의사가 중국의약선교회에 가입하였고 8곳의 의원과 진료소를 설립하여 20만 명이 넘는 환자들을 돌보았다.

## 제4절 초기의 중국 그리스도인

### 1. 첫 중국인 목사 양발

선교사들이 중국에 왔을 때 중국인의 도움이 없이는 한 걸음도 나설 수 없었다. 사실 상, 초기 중국 그리스도인들은 대체적으로 선교사들을 위해 일하는 사람들 가운데서 생겨났다. 선교사들도 의식적으로 중국인들을 훈련하여 선교를 돕도록 하였고 귀츨라프는 심지어 중국인들을 조직하여 "중국복한회" Chinese Christian Union 을 설립하여 중국인을 훈련하여 나가서 선교하도록 파송했다. 초기의 중국 그리스도인들과 전도인들의 교육 수준은 낮았고 선교사들의 기록에서도 찾아보기가 어렵기 때문에 대부분 소리소문없이 묻혀갔다. 그러나 모리슨이 훈련하고 세운 양발은 초기 중국 사역자의 대표가 되었다.

양발梁发, 또는 량아발(梁阿发, 梁亚发) 은 1789년 광둥广东 성 가오밍현高明县, 오늘날의 가오허현(高鹤县) 에서 보통 농민 가정에서 태어나 11세에 서당을 다녔는데 4년 후에는 학업을 포기하고 광저우에서 직업을 구했다. 먼저는 붓을 만드는 일을 하였고 나중에는 인쇄판을 조각하는 기술을 배웠는데 이는 마침 모리슨이 광저우에 와서 성경번역을 착수했을 때였다. 1810년 9월, 모리슨은 번역을 마친 신약성서의 사도행전을 수정하고 출판하여 1,000부를 인쇄할 계획이었는데 양발은 이 일에 참여하며 처음으로 기독교를 접했다. 이후 2년간, 양발은 모리슨을 위해 누가복음과 신약성서의 대부분 서신을 조각했다. "1811년과 1812년 중 모리슨 선생은 누가복음과 신약성서의 대부분을 인쇄하고자 했고 이런 서적의 목판 조각은 대부분 양발의 손에서 이루어졌다" 그러나, 이때까지만 해도 양발과 모리슨의 관계는 사무적인 관계였다.

1815년, 밀른 부부가 중국에 왔으나 광저우와 마카오에서 거주할 수 있는 상황이 아니어서 말라카에 새로운 선교 지기를 세울 수밖에 없었다. 모리슨은 밀른에게 조각을 마친 신약성서의 목판을 들고 말라카에 가도록 하였고 그를 위해서 몇 명의 일꾼을 고용했는데 그들 가운데 한 사람이 양발이었다. 이로 인해 양발은 선교사들과 더 밀접한 관계를 갖게 되었다. 말라카에서 일하는 동안

**그림 061** 양발

밀른이 양발에게 큰 영향을 끼쳤고 이에 양발은 밀른에게 세례를 베풀어 줄 것을 요청했다. 한동안의 심사를 한 후 밀른은 1816년 11월 3일 드디어 양발을 위해 세례를 베풀었다. 세례를 받은 후 1819년에 양발은 고향에 돌아가 결혼을 했고 신혼기간에 첫 전도용 소책자인『구세록촬요략해』救世録撮要略解를 저술했다. 이 소책자를 완성한 후 양발은 광저우에 가져가 모리슨의 심사를 받았고 모리슨이 동의하여 200권을 인쇄하여 양발에게 고향에 가져가서 배포하도록 했다. 그러나, 양발이 아직 광저우를 떠나기 전에 관부에서 이를 발견하여 양발은 체포되고 소책자는 몰수되었으며 목판은 훼손되었다. 다행히 선교사들이 도와 양발은 감옥에서 나올 수 있었다. 그러나 이를 위해 양발은 자신의 모든 재산을 다 사용해야 했고 관부는 그를 광저우성 밖으로 추방했다.

이후 양발은 여러 번 말라카, 광저우와 마카오를 오갔고 1822년 밀른이 소천한 이후에야 고향에 돌아갈 수 있었다. 1823년 가을, 양발은

**그림 062** 양발의 묘(현 중산대학 내)

**그림 063**『권세량언』(劝世良言)

아들 량진더를 데리고 마카오에 가서 모리슨을 찾았고 계속 가르침을 받았다. 이 때에 모리슨은 이미 중국에서 16년 근속하여 잠시 귀국하여 휴식을 취할 계획이었는데 귀국 전에 그의 사역을 대신할 선교사를 구해야 했다. 이런 상황 속에서 그는 양발에게 안수하여 첫 중국인 목사로 세웠고 그가 떠나 있는 동안에 광저우, 마카오의 선교사역을 감당해줄 것을 원했다. 이후, 양발은 1855년 소천할 때까지 런던회의 급여를 받는 선교사가 되었다.

양발은 선교사역에 전심전력을 다했고 다양한 방법을 시도했다. 예를 들어 1828년에 고향에 돌아가 서당을 열어 교육을 통한 선교를 하고자 했다. 그가 4년간 서당을 다녔기에 학문을 잘 알지 못했으나 엄청난 노력을 했고 계속 글을 썼다. 이로 인해 글을 써서 출판하는 것이 그에게 있어 비교적 영향력이 있는 방법이 되었다. 1826년 모리슨이 중국에 돌아왔을 때 양발의 사역을 보고 매우 만족했다. 그는 "양발은 나에게 중국어 소책자를 주었다, (중략) 나는 그 중의 일부를 읽었고 양발이 실로 얻은 깨달음이 있음을 알 수 있었다. 비록 그 용어가 중국 고유의 이교적 색채가 있으나 이를 통해 그가 성경에 대해서 연구하려는 노력을 했음을 알 수 있다." 1832년, 양발은 9권짜리 『권세량언』劝世良言 을 출판하였고 그 내용은 9만자에 달하였고, 저자명은 "학선거사"学善居士 라고 하였다. 모리슨이 소천한 후 그는 남양, 광저우, 마카오를 오가면서 많은 선교사들과 연합하여 선교하였고 1855년 4월 12일에 광저우에서 소천했다.

## 2. 첫 중국인 세례신자 채고

1814년 7월 16일, 모리슨은 채고蔡高 에게 세례를 베풀어 중국 본토에서 세례받은 첫 중국인 그리스도인이 되었다. 모리슨은 일기에서 "사람들이 볼 수 있는 시선 너머에 있는 해변가 높은 산에서 졸졸 흘러내리는 계곡 속에서 나는 성부와 성자와 성령의 이름으로 채고에게 세례를 베풀었다. 하나님께서 예수 그리스도의 보혈로 채고의 모든 죄악을 깨끗하게 씻어 주시고 성령의 영향으로 그의 마음 밭이 정결해질 수 있기를 간구했다. 그가 풍년 추수의 첫 열매가 되기를 장래의 천천만만의 중국인이 그리스도께 귀의했을 때 하늘의 진노로부터 구원받은 첫 그리스도교 개신교의 신자가 되기를 바란다."

채고는 1788년에 태어났는데 출신은 정확하게 알 수 없다. 아마도 마카오 부근일 것인데 이는 모리슨이 채고의 형 채흥蔡兴, 또는 채현(蔡显), 채헌蔡轩이 한 시간쯤 걸어 마카오에 왔다고 언급한 적이 있기 때문이다. 채고는 삼형제 중의 둘째였고, 채운蔡运, 아명은 아삼(阿三)이라는 남동생이 있었다. 그의 아버지는 상인이었는데 해난을 겪어 파산하게 되었다. 1808년 3월, 채가 삼형제는 용삼덕의 소개로 모리슨 집에서 일꾼으로 일했다. 채흥은 문서로 글을 베끼는 일을 하며 모리슨에게 광둥어를 가르쳤고, 채고는 구매를 담당했는데, 채운이 무슨 일을 했는지는 알 수 없다.

몇 개월이 지난 후, 모리슨의 중국어 표현 능력이 점차 늘어 그의 고용인들과 종교에 대한 이야기를 나누기 시작했다. 이때, 모리슨의 고용인은 채씨 삼형제와 요리사, 그리고 관화官话를 가르치는 교사 등 총 5명이 있었다. 모리슨은 그들과 종교에 대한 이야기를 나눴고 가정예배에 참석할 것을 요구했다. 대부분의 상황에서 이 사람들은 모리슨의 요구에 부응하기 위해 어쩔 수 없이 참여한 것이며 자주 장난치거나 웃는 일들이 일어났다. 그러나 채고는 달랐고 이는 모리슨의 관심을 일으켰다. 1808년 8월 7일의 일기에서 그는 처음으로 채고를 언급했다.

"주일, 8월 7일. 오늘 내가 무릎을 꿇고 중국어로 기도할 때 야커亚柯, 야곱으로 추청는 나와 함께했다. 나는 이제 예수 그리스도에 대한 문자 기록을 순조롭게 읽을 수 있고 그에 대해 대화를 할 수 있었다. 두 사람이 나와 함께 있었고 나는 그들에게 그들이 받아들일 법한 내용을 말했다."

글에서 언급한 야커가 채고다. 이 기록을 통해 채고는 이미 명백히 기독교의 영향을 받았고 모리슨의 강론을 마음에 두기 시작했다고 추측할 수 있다. 모리슨은 이런 변화를 마음에 두었고 특히 그의 이름을 언급했다. 이전에 모리슨은 채고의 형 채흥에 대해서 언급하면서 "채흥은 중국인이 공자를 공경하지 않으면 짐승이고 공자를 숭배하지 않는 사람은 배은망덕한 사람이라고 생각한다."고 기록했다.

이후 몇 년 동안 채고의 이름은 또 뜸했고, 5년 후인 1812년의 기록에서 채고는 다시 모리슨의 일기에 빈번하게 등장하기 시작했는데, 특히 10월과 11월이 그랬다. 모리슨의 일기를 통해서 채고는 신앙에 있어서 더 깊은 관심을 갖게 되었고 모리슨에게 기도를 가르쳐달라고 부탁했고 성경을 읽은 후에 모리슨과 자신의 생각을 나눴고 심지어 집에서 모시고 있던 불상을 가지고 나와 모리슨에게 전해주면서 우상과 관계를 단절했다는 것을 보여주기도 했다.

모리슨은 채고가 점점 마음에 들었고 일기에서 그는 아래와 같이 기록했다.

"야커는 계속 사람의 마음을 기쁘게 하는 방식으로 탐색해 나갔다.

아! 하나님께서 그의 마음을 여시기를 원한다. 오늘 밤 그는 다시 와서 기도에 참여하고 기도를 배웠다. 나는 그에게 『예수구법』耶稣救法 마지막 부록에 있는 저녁 기도를 설명하고 무릎을 꿇고 기도했는데 그도 함께 무릎을 꿇었다."

이후에 그는 드디어 세례를 베풀어줄 것을 요청했다. 모리슨은 11월 8일 일기에서 아래와 같이 기록했다.

"11월 8일, 야커는 세례에 대한 이야기를 꺼냈다. 그는 형제들이 알지 못하는 상황에서 세례를 받을 수 있는지 물었다. 그는 비밀리에 세례를 받고자 한 것이다. 나는 그에게 동기를 분별하도록 가르쳤다. 만약에 그의 바람이 신중한 동기에서 나온 것이며 정부가 기독교 신앙을 받아들이는 것을 허락하지 않는 것을 이해한다면 비밀리에 세례를 받는 것은 동의할 수 있다. 그러나 자신이 그리스도인인 것을 수치스럽게 여기고 있다면 세례를 허락할 수 없었다. 야커는 가정 기도 후에 『예수구법』의 강해를 들었다. 오늘 나는 그가 이 책 전체를 한번 읽는 것을 들었다."

채고의 비밀 세례의 요청은 모리슨에게 거절당했고 이후 채고는 또 한동안 모리슨의 일기에 등장하지 않았다. 모리슨은 신앙에 대한 채고의 관심은 일시적일 것이라고 생각했다. 1813년 2월, 그는 런던회에 보낸 보고에서 채고에 대해 이렇게 평가했다. "채고는 아마도 잠깐의 신념만 있었던 것 같다." 이후의 1년여의 시간 동안에 모리슨은 다시 채고를 일기에서 언급하지 않았다. 그러나, 그 이후 모리슨의 회고를 통해서 채고가 모리슨을 멀리하지 않았고 예배에 지속적으로 참여했으며 아침 저녁으로 기도했고 『예수구법』의 십계명을 읽었다는 것을 알 수 있다.

1814년 6월, 채고는 다시 세례를 베풀어줄 것을 서면으로 요청했다.

> "예수께서 우리를 위해 속죄해주신 것이 복음입니다. 예수의 자비하심, 기묘하심과 우월한 표현은 글이나 말로 표현할 수 없는 것입니다. 이제 나는 예수를 믿고 그의 피 흘리신 공로를 의지하여 나의 죄를 용서받고자 합니다. 나는 죄가 있고 부족함이 있는 사람인데 만약에 예수께서 나의 죄를 용서하신다는 것을 믿지 못한다면 나는 영원히 고통을 받아야 할 것입니다. 그러나 나는 이제 예수를 통하면 죄 용서를 받을 수 있음을 알게 되었습니다. 그렇다면 우리는 온 마음과 온 뜻으로 그분의 공로를 의지해야 합니다. 이렇게 하지 않는다면 좋은 사람이 아닙니다. 나는 자신을 의지하여 선을 행할 수 없습니다. 나의 과거에 대해서 생각할 때 나는 힘이나 공로나 지식이 있어본 적이 없습니다. 오늘 나는 27살이 되었습니다. 나는 하나님께서 나를 세상에서 살도록 하여 주신 은덕에 대해서 아무런 보답도 한 적이 없습니다. 나는 나의 부모와 친척과 친구들의 은덕에 보답한 적이 없습니다. 나는 원망하고자 하는 것일까요? 나는 자신의 행위를 의지하고 하는 것일까요? 아닙니다. 나는 온전히 천부 상제를 부르고 그를 의지하여 죄 사함을 받고자 합니다. 나는 항상 하나님께 성령의 임재를 간구해야 할 것입니다."

모리슨은 채고를 안지 7년이 되었으니 그에 대해 깊이 알고 있었으며 그의 성질이 좋지 않은 것도 알고 있었으나 간절히 원하는 마음이 있기에 그에게 세례를 베풀 것을 허락했다. 1814년 7월 16일, 모리슨은 마카오 해안가의 한 조용한 곳에서 샘물로 그에게 세례를 베풀어 중국의 첫 세례교인이 되게 하였다.

채고가 세례 받은 후 영성에 있어서 진보가 명확하지는 않았지만 모리슨 가정에서 모이는 예배에는 꾸준히 참석했다. 몇 마일 이내의 거리에만 있으면 채고는 항상 주일 예배에 참석하러 왔다고 모리슨은 회고했다. 1817년, 마카오에 있는 동인도회사 인쇄소가 단속되었고 모리슨을 도와줬던 사람들이 다 연루가 되었는데 모리슨의 도움으로 많은 사람들이 도망을 갔다. 사건이 평정된 이후 사람들은 비록 모리슨을 도왔지만 예배에 참여하는 숫자는 대폭으로 줄었다. 1818년 1월 모리슨의 보고에 따르면 세 사람만 예배에 참석했는데 그중 한 사람이 채고였다. 채고는 신앙적으로 진보가 명확하지는 않았지만 꾸준했음을 알 수 있다.

1818년 10월 10일, 모리슨은 다시 보고서에서 채고에 대해 언급했는데 이때 채고는 위독한 상황이었다. "내가 과거에 세례를 베풀어준 야커는 현재 심각한 폐병을 앓고 있고 그의 생명은 곧 마무리될 것 같다."고 말했다. 이후 모리슨은 1년 동안 그에 대해 아무런 이야기를 하지 않았는데, 1819년 11월 4일에 런던회에 보낸 편지에서 채고는 이미 소천했고 그 때는 아마도1818년 10월이었을 것으로 보인다.

중국의 첫 세례 신자가 세례 후 4년 만에 병으로 소천했다. 그가 소천했을 때 나이는 31세였다. 중국의 첫 세례 신자를 기념하기 위해서 런던회는 1916년 5월 6일 마카오에서 예배당을 지었고 "채고기념당"이라고 명명하였는데 이는 오늘날의 지도당志道堂으로 중화기독교회에 속해 있다.

### 3. 하진선

하진선何进善, 1817-1871, 자는 복당福堂, 광둥 난하이南海사람으로 양발 이후 런던회가 안수하여 세운 두 번째 중국인 목사다. 하진선은 어려서 아버지를 따라 말라카에 이주하였다. 당시 런던회는 이미 말라카에서 영화서원을 열어 중국과 외국 어린이들을 교육하고 있었고 하진선은 이 학교에서 공부했다. 하진선이 처음 입학했을 때 영화서원은 막 설립되었던 단계였으나 원장 밀른 목사는 교육이념에 있어서 매우 앞서갔으며 교육 목표도 매우 명확했다. 밀른은 중국어와 영어를 모두 잘하는 학생을 훈련하여, 학생들로 하여금 기독교의 힘을 느낄 수 있도록 하고 싶었고 그들이 선교사업에 헌신할 수 있도록 이끌고 싶었다. 영화서원의 교과목을 통해서 알 수 있는 것은 하진선은 중문과 영문 읽기와 쓰기뿐만 아니라 기독교의 기초지식을 배웠고 당시 서학 교육에서 자주 다루는 과정인 지리학, 천문학, 기하학, 윤리학을 배웠다. 하진선은 공부하는 기간에 기독교를 받아들였고 세례를 받아 교인이 되었다.

1840년 아편 전쟁이 발발하였고 1842년에 중국 근대사의 첫 불평등조약인 『난징조약』을 체결하였는데 조약에 따라 중국은 홍콩을 할양하고 5개의 개항장을 개방했다. 런던회는 적시에 자신들의 선교방침을 조정하고 선교의 주된 역량을 남양의 말라카에서 중국으로 옮겼다. 영화서원 원장인 제임스 레그는 1843년에 서원을 홍콩으로 옮겨 영화신학원英华神学院으로 개명하였다. 런던회의 극동지역 책임자 메드허스트는 런던회의 본부를 상하이로 옮겼다.

새로운 형식에 적응하기 위해서 런던회는 말라카 시기의 영화서원과 밀접한 관계가 있었던 중국인 사역자 양발, 하진선, 취앙, 허씬 등을 홍콩으로 파견했다. 그들은 광둥에서 선교할 것을 명 받았다. 하진선은 주로 홍콩에서 레그를 도와 교육사업과 선교를 했다. 런던회는 그의 학문, 인품과 능력을 높이 평가하고 1846년에 그를 목사로 안수했다. 목사가 된 하진선은 더욱 열심히 선교했고 그의 족적은 광둥 둥완东莞, 불산佛山, 광저우 등지에 편만했다.

1864년, 홍콩에 있는 런던회 신자들이 모금을 하여 불산교회를 세울 것을 계획했고, 하진선은 불산교회를 건축하는 일에 참여했다. 건축하는 과정 중에 하진선은 그 교회의 담임목사로 청빙을 받았다. 그의 주관 아래 불산교회는 1870년에 완성되었고 성대한 낙성식을 거행했다.

광둥의 반기독교 바람이 불었을 때였기에 불산교회가 헌당예배를 드리던 날 현지의 유지들과 민중들은 예배당을 공격하였고 신자들은 흩어졌고 미처 피하지 못하고 구타를 당한 사역자들도 있었다. 하진선은 혼란을 틈타 뒤쪽 창문으로 탈출하여 홍콩으로 갔다. 충격을 받은 하진선은 얼마 후에 중풍을 앓게 되었고 이듬해 2월 15일에 광저우에서 소천했다.

하진선은 사역을 하면서 글을 쓰는 것을 잊지 않았다. 『마가주석』马可注释, 『십계주석』十诫注释, 『성경석의』圣经析义 등을 저술했다. 가장 높이 평가할 수 있는 것은 그의 문언문 성경번역이었는데, 말라카시기에 그는 구약성서의 일부를 번역하였고 1854년에 마태복음을 번역하였으며 1856년에 마가복음을 위해 주석을 썼다. 그의 성경은 레그의 수정을 걸쳐 홍콩에서 출판되었다. 이 번역본은 "진산역본"으로 불리고 중국인이 스스로 번역한 첫 성경이지만 아쉽게도 유실되었다.

하진선의 아들인 허후何啓는 근대 중국의 유명한 개량파 사상가이자 변호사, 의사, 교육가이자 자선가였다.

## 생각해볼 문제

1 서방 식민 확장과 선교운동의 관계에 대해서 간략하게 서술하시오.

2 역사 속에서 모리슨의 역할을 어떻게 평가할 것인가?

3 양발과 홍수전의 관계를 간략하게 서술하시오.

4 선교사는 아편 전쟁을 어떻게 대했나? 우리는 어떻게 보아야 하는가?

5 첫 중국어 성경의 이름은 무엇인가? 어떻게 번역이 되었는가?

# 제 4 장

# 19세기 개신교의 전파와 발전 (하)

제2차 아편 전쟁 이후 불평등조약의 보호를 받아 유럽과 미주의 각 선교회는 중국에 대량의 인력과 물질을 투자하였고 이 시기에 내화 선교사 및 선교회의 숫자가 급속도로 증가하였다. 선교사들은 여러 종류의 기구들을 세웠고 이로 인하여 기독교의 영향력이 중국인들의 생활 각 영역에 스며들었으며 복음이 중국 전역에 확산되었다. 본 장에서는 불평등조약 중에서 선교 조항에 초점을 맞추고, 분석을 통하여 기독교가 중국에서 급속도로 전파된 상황을 고찰하려고 한다.

## 제1절 불평등조약 보호 아래에서의 기독교 전파

### 1. 중국 근대 불평등조약 및 선교 조항

서구 열강은 무력으로 청 정부를 협박하여 일련의 불평등조약을 체결하였고, 중국사회 각계각층에 깊은 영향을 주어, 중국 사회의 자립 발전 방향에 혼란을 야기하였다. 청 정부는 주권을 점차 잃어갔고 중국은 반식민지, 반봉건사회로 전락하고 말았다. 거액의 배상금은 중국 백성들의 부담을 더했고 수많은 중국 백성들이 극도로 빈곤한 삶을 살게 되었다. 서구 공업품은 강제적으로 중국 시장에 진출하여 심각하게 중국의 경제체계를 파괴하여 중국 민족의 경제 발전을 가로막았다. 결국 불평등조약으로 인하여 중국 사회는 극심한 혼란과 빈곤에 처하게 되었다.

선교 조항이란 보교조항保教条款 또는 "선교 허용조항"이라고도 불리며 일련의 불평등조항을 통하여 외국인 선교사가 중국에서 선교하는 것을 허용하거나, 그들의 생명과 안전을 보호해야 한다는 조항이다. 심지어 선교사가 중국에서 "자유롭게 선교"할 수 있는 특권을 허용하는 것이다. 중국근대사에서 불평등조약이 이루어지기까지는 세 개의 단계를 거치는데 선교 조항도 마찬가지로 세 가지 단계를 거친다.

첫 번째 단계는 불평등조약의 개창기开创期이다. 제1차 아편 전쟁에서 실패한 후 청나라 정부가 강요에 의하여 서구 열강과 체결한 일련의 불평등조약을 말한다. 중영 "난징조약"南京条约은 영국인이 5개의 개항장에서 집을 임대하여 거주할 수 있다고 규정하였다. 이 조항에 근거하여 선교사들은 5개의 개항장에 거주하면서 선교 거점을 세웠다. 1844년 중미 "망하조약"望厦条约을 체결하여 미국인은 영국인이 "난징조약"을 통하여 획득한 모든 이익 외에도 처음으로 선교활동 관련 내용을 조약에 추가하였다. "합중국민合众国民은 5개의 개항장에서 무역을 하고 장기 거주 또는 단기 거주할 수 있으며 민가를 임대할 수 있거나 또는 땅을 임대하여 건물, 병원, 예배당을 건축할 수 있고 매장지로 사용할 수 있다."[1] 이어서 체결한 중프 "황푸조약"黄埔条约은 선교권을 확장하고 청 정부가 선교사에 대한 보호 강도를 강화할 것을 규정했다. 조약 제22조는 "프랑스인들은 예배당, 병원, 구제원周济院, 학교, 장지 등 용지를 사용할 수 있으며 지방관은 영사와 함께 프랑스인들이 거주하기 좋고 건축하기 좋은 땅을 상의하여 정한다. (중략) 중국인이 프랑스인들의 예배당, 장지를 침범하거나 훼손할 시 지방 관리는 규정에 따라 엄중하게 처벌한다."[2]

1 人国人大常委会办公厅研究室编, 『中国近代不平等条约汇要』, 北京: 中国 民主法制出版社, 1996年, 第21页.

두 번째 단계는 제2차 아편 전쟁 이후에 체결된 일련의 불평등조약을 말한다. 1858년 6월 청 정부는 러, 영, 불, 미와 각각 "텐진조약"天津条约을 체결하였다. 이 시기의 조약에서는 배상금뿐만 아니라 더 많은 통상 도시의 개방에 이어 선교 조항도 더 확대되고 선교사에 대한 보호가 강화되었다. 제일 먼저 체결한 중러 "텐진조약" 제8조는 "천주교는 본래 선을 행하는 종교로 중국에서 본분을 지켜 전도하는 사람들을 모두 아끼고 보호해야 하고, 업신여기고 모욕하는 것을 금한다. 또한 이 본분을 지키는 사람들이 전도하고 가리키는 것을 금하지 말아야 한다. 만약 러시아인이 개항장을 통해서 내지로 들어가서 전도하는 사람이 있다면 영사와 내지 변경 지역의 지방관은 정해진 인원수에 맞는지 허가증을 검사하고 선교하는 사람인 것이 인정되면 감독 조사를 쉽게 할 수 있도록 인장을 찍고 통행을 허락해야 한다."[3] 이외에도 조항 제5항에는 개항장에 "천주교 교회"를 건축할 때 중러 쌍방이 상의하여 토지를 구매해야 한다고 강조한다. 후에 중미, 중영, 중프는 각각 "텐진조약"을 체결하여 선교관련 조항을 명기하였다. 청 정부는 선교사와 교민을 보호해야 할 의무가 있으며 선교사는 개항장 도시에서 땅을 매입하여 예배당을 지을 수 있다. 예를 들면 중프 "텐진조약" 제10항에는 이런 규정이 있다. "대프랑스인은 모두 예배당, 병원, 주급원周急院, 학당, 장지 등을 지을 수 있다. 지방관리는 영사와 함께 상의하여 대프랑스인이 거주하거나 건축하기에 편한 곳을 결정한다. (중략) 만약 중국인이 대프랑스 예배당이나 장지를 침입하거나 훼손하면 지방 관리는 규정에 따라 엄격하게 단속하고 엄중하게 처벌

2 同上, 第31页.
3 同上, 第60页.

하여야 한다."[4]

1860년 10월 영·프 연합군은 베이징을 침공했고 베이징성에서 약탈을 일삼고 유명한 원명원을 불살랐다. 10월 영, 프, 러 이 세나라는 또 한 번 청나라를 협박하여 각각 "베이징조약"北京条约을 체결하였고, 진일보한 선교의 권리를 획득하였다. 중프 "베이징조약" 제6조에는 "(중략) 각처 군인과 민간인은 천주교를 전하고 함께 모여 설교하고 예배당을 세워 예배드릴 수 있도록 허락하며 함부로 조사하고 구속하는 자는 상응한 처벌을 내려야 한다. 일전에 천주교를 믿는 자들을 박해할 때 몰수한 천주교 성당, 학당, 장지, 전토, 가옥 등 재산을 배상하여야 하며 베이징 주재 프랑스 공사에게 교부하여 해당 지역의 교인들에게 전달한다. 동시에 프랑스 선교사들은 각 지역에서 자유로이 토지를 사거나 빌려서 건물을 세울 수 있다." 학자들의 연구에 따르면 해당 조항의 마지막 문장 "프랑스 선교사들은 각 지역에서 자유로이 토지를 사거나 빌려서 건물을 세울 수 있다."는 프랑스어 조약본에는 없고 중국어 조약본에만 있는 조항이다. 이는 당시 번역을 담당하고 있던 파리해외선교회 선교사 루이스 들라마르Louis Delamarre, 1810-1863가 사적으로 추가한 내용이다.[5]

세 번째 단계는 주로 1875년 9월 중영 "옌타이조약"烟台条约과 이후의 일련의 조약을 말한다. 이 조약들은 중국의 서남 변경과 광대한 내륙지역을 서구 열강에게 완전히 개방한 조약들이다. 이 조약들에는 선교활동을 보호하는 내용들이 드물었지만 선교사들은 그 이전 조약들의 보호를 받아 중국 내지까지 깊숙이 들어갈 수 있었고 이 지역들에서 선교활

4 同上, 第85页.

5 顾裕禄,『中国天主教的过去和现在』, 上海: 上海社会科学出版社, 1989年, 第54页.

동을 펼쳤다.

불평등조약에 기록된 선교 조항 관련 내용은 다섯 가지로 정리할 수 있다. 첫 번째, 조약은 청나라 각계 정부 부처로 하여금 조약 각 항목의 내용을 게시판에 게시하여 "천하백성들에게 고하여 알릴 것"을 요구했다. 두 번째, 청나라가 강희대제로부터 백여 년 동안 지켜온 종교 금지 정책을 부정하고 금교 기간에 천주교에 대한 핍박은 억울한 안건으로 처리한다. 세 번째 교회 재산을 배상한다. 1846년 2월 20일에 반포한 실금령施禁令에서는 "돌려준다"로 명시하고 "베이징조약"은 "상환한다"로 수정한다. 네 번째, 각 개항장에서 "전토 임대, 자유 건축"을 허락한다. 다섯 번째, 중국 관원이 백성과 종교의 충돌 사건을 해결할 때 그의 권력을 제한한다.[6]

## 2. 기독교 선교 국면의 변화

선교 조항의 보호 아래에 선교사들은 중국 전역에서 선교할 수 있는 기회를 획득하였다. 이후 중국의 대문은 선교사들에게 완전히 열렸고 기독교는 중국에서 신속한 속도로 전파되었다. "1856년 이후의 40년 동안은 불가피하게 개신교의 선교가 가장 빠른 속도로 전파된 기간이 되었다. (중략) 1856년에 이르러 상주 선교사는 주로 남부 연해지역 4개 성에 머물러 있었고 다른 지역을 순회한 선교사는 거의 없었다. 그러나 1898년도에 이르러 18개성 거의 모든 지역 및 만주滿洲까지 선교사의 족적이 남겨졌고 각 성마다 상주 선교사가 있었다."[7] 케네스 스콧 라투렛Kenneth

6 参见杨大春,『晚清政府基督教政策初探』, 北京: 金城出版社, 2004年, 第26-27页.
7 赖德烈,『基督教在华传教史』, 第308页.

Scott Latourette, 1884-1968이 말한 것처럼 이 시기에 선교사의 족적은 전 중국에 미쳤다. 전체적인 상황을 보면 선교는 점차 안정되었고 선교 중심은 점점 북상하는 양상을 보였다.[8] 북상은 대체로 두 가지 단계를 거치는데 첫 번째 단계는 두 번의 아편 전쟁 시기로 상하이를 중심으로 진행되었으나 그 외의 몇몇 개항지의 경우 광저우에서는 광저우 시민들이 강력한 진을 치고 지켰기에 영국인이 입성하는 것을 성공적으로 저지하였다. 기독교가 가장 먼저 들어간 광저우가 오히려 선교사들이 포기한 지역이 되었다. 1858년 1월 영·프 연합군이 강제적으로 광저우를 점령하면서 기독교가 다시 그곳에서 시작하게 되었다. 상하이는 선교 중심지로서 그 위치가 확립되기 시작하자 흔들리지 않고 지금까지 중심으로서의 지위를 지켜오고 있다. "난징조약"南京条约이후에 새로 중국에 들어온 선교회와 선교사들은 대부분 상하이를 첫 정착지로 정했다. "1840년대 초 광저우 이외의 네 개의 개항장이 열린후 개신교 선교사들은 예전의 선교사들보다 더 넓은 활동 공간을 획득하였다. 비록 이미 광저우와 마카오 지역에서 수십 년간 터를 닦고 사역을 해왔지만, 선교사들은 활동 중심을 북방 연해 지방으로 옮겼다. 대체로 1845년 이전에는 광저우와 홍콩, 마카오를 포함한 화남 연해 지역은 개신교 선교사가 가장 집중된 지역이었다. 그러나 1845년 이후 개신교 선교활동의 중심은 급속히 장수성江苏省과 저장성浙江省지역으로 이동해갔다. 이로 인하여 상하이는 개신교가 중국에서 활동하는 새로운 본부가 되었고 이동하는 속도도 점차 빨라 졌다."[9]

제2차 아편 전쟁 이후 선교 중심으로서의 상하이의 위치는 더욱

8 아편 전쟁 이후 기독교가 중국에서 전체적으로 북상하는 것에 관한 연구는 栾晓光, "新教在华传教活动北移探析(1840 - 1900)," 江西师范大学硕士学位论文, 2011年, 6月를 참고.

9 吴义雄,『在宗教与世俗之间—基督教新教传教士在华南沿海的早期传教活动研究』, 第204页.

더 견고해졌다. 많은 선교회에서 상하이를 제1기지로 여기고 중요한 시설을 이곳에 설치하였으며 전국적인 중요한 활동도 상하이에서 개최되었다. 예를 들면 1877년, 1890년, 1907년에 세차례 진행한 선교사 대회는 모두 상하이에서 개최되었다. 1905년까지 15개의 선교회 또는 교회 기구가 상하이를 본부로 정하고 128개 교회를 건립하였으며[10] 35종에 달하는 신문잡지를 발간하였다.[11] 런던선교회 한 단체만 예를 들면 1905년에 선교회는 화동교구에 상하이본부 하나가 있었고 남녀선교사 각각 5명과 2명, 화인목사 1명, 남성 전도사 15명, 여성 전도사 2명, 남성 교사 6명, 여성 교사 4명, 교인 459명, 새 신자 83명, 주일학교 2개, 남학교 4개, 여학교 4개가 있었고 헌금은 1,837파운드였다.

상하이가 선교 중심으로서의 지위가 확립된 이후 각 선교회는 신속하게 선교사들을 파송하여 장강 유역의 화중과 화서교구, 황허 유역의 화북과 서북교구를 개척하였다. 런던선교회 화북교구는 1861년, 1905년에 개척되어 텐진, 베이징, 소장萧张, 창저우沧州, 동안东安 등 5개의 본부가 있을 뿐만 아니라 그 외 각지에 74개의 지부, 남녀전도사 각 18명과 15명, 화인 남성 전도사 48명, 여성 전도사 11명, 남성 교사 32명, 여성 교사 16명, 교인 1,998명, 새 신자 2,932명, 주일학교 8개, 남학교 32개, 여학교 8개가 있었으며 헌금은 3,435파운드에 달했다. 런던선교부 화중교구는 1861년에 개척되었고 1905년에 해당 교구는 한커우, 우창, 쇼간孝感, 텐먼天门, 자오스皂市, 충칭重庆, 후난湖南 등지에 본부를 개설하고 32개의 지부, 남녀전도사 각 22명과 4명, 화인 남성 전도사 117명, 여성 전

10 参见程佳伟,『上海基督教传教时空演进初探(1608-1912)』, 上海: 复旦大学硕士学位论文, 2010年, 第29-30, 72页..

11 参见张化,『上海宗教通览』, 上海: 上海古籍出版社, 2004年, 第495-501页.

도사 4명, 남성 교사 21명, 여성 교사 8명, 교인 8,364명, 새 신자 500명, 주일학교 9개, 남학교 21개, 여학교 7개가 있었으며 헌금은 686파운드에 달했다.[12]

이 시기는 시간대가 길고 지역이 넓으며 선교회, 교파, 선교사 인원수가 가장 많은 기간으로써, 이 기간에 나타난 상황은 비교적 복잡하다. 때문에 이 기간의 역사를 정확하게 기술하려면 많은 지면이 필요하다. 우리는 먼저 통계 수치를 사용하여 개괄적으로 이 기간의 특징을 소개하려고 한다.

우선, 이 기간 중국 선교에 동참한 선교회 숫자의 증가를 보자. 1842년 "난징조약"南京条约 이전에 중국에 온 선교회는 모두 8개 단체였는데, 영국 2개 단체, 미국 5개, 네덜란드 1개 단체가 이 기간에 선교를 하였다. 이 기간 중 네덜란드선교회는 유일한 선교사인 귀츨라프를 파송하였다. 1835년 귀츨라프의 사임으로 인하여 네덜란드선교회의 중국 선교도 중단되었다. 미국에 속한 침례회는 남북전쟁으로 인하여 남북 두 개의 선교회로 분열되었다. 따라서 중국에서 선교하는 침례교도 1845년 미북침례회와 미남침례회로 분열되었다. 위에서 언급한 선교회의 사역지는 주로 광저우, 마카오 및 남양 일대에 집중되었다.[13] 제2차 아편 전쟁 이후 선교회의 숫자는 해마다 증가하여 1876년에 29개, 1889년에 41개, 1906년에 82개로 증가하였다. 만약 독립선교회도 포함한다면 1906년의 선교회는 무려 91개에 달한다. 이 숫자들을 통하여 볼 수 있듯이 1890년 이후 15년 동안 선교회의 숫자가 두 배로 성장하였고 이 시기는 증가 속

12 统计数字均见汤清, 『中国基督教百年史』, 香港:道声出版社, 1990年, 第182-183页.
13 参汤清, 『中国基督教百年史』, 第169-237页.

도가 가장 빠른 시기임을 알 수 있다.[14]

이어서 선교사 인원수의 증가를 보자. 통계에 따르면 1842년 이전에 파송을 받고 동양에 온 선교사는 모두 60명이었고 17명은 중국에 들어올 수 있는 기회가 있었고 전체 선교사의 28%에 달했다.[15] 미국 선교사 사무엘 윌리암스卫三畏의 보고에 따르면 1855년에 이르러 동양에 온 선교사는 모두 188명이고 사무엘 윌리암스는 아래와 같이 자세하게 설명하고 있다.

> 188인 중 86명은 아직 중국에 남아 있으며 7명은 건강의 원인 또는 기타 원인으로 이미 이직하였고 3명은 캘리포니아주에 있는 중국인들을 대상으로 사역하고 있다. 32명은 사역하다가 또는 귀국 도중에 생명을 잃었고 3명은 현지인에 의하여 살해되었다. 37명은 이미 조국으로 돌아갔다. 60명은 교회를 떠났고 대부분 사람들은 건강 또는 다른 원인으로 교회를 떠났다. 이들 중 2명은 아직 중국에 남아있고 한 명은 상하이에서 영국목사로 1명은 홍콩의 빈민가학교에서 관리인으로 일하고 있다.[16]

1858년 중국에 머문 선교사는 모두 81명이었는데, 1876년에는 473명으로 증가선교사 부부 344명 포함하여 독신 남성 선교사 65명, 독신 여성 선교사 63명하

14 See Donald MacGillivray, ed., *A Century of Protestant Missions in china* (1807-1907), (Shanghai: The Presbyterian Mission Press, 1907), 667.

15 또 다른 자료에서는 파송을 받고 동양에 온 선교사가 모두 63명이며 중국 본토에 온 선교사는 24명뿐이고 38%를 차지한다고 기록하고 있다. 见姚民权等, 『中国教会简史(征求意见稿)』(未刊打印稿), 1998年, 4月, 第84页.

16 卫三畏, "太平天国起义前后外国传教士在华活动的几项资料," 史其志译, 載于北京太平天国历史研究会编, 『太平天国史译丛』, 第二辑, 北京: 中华书局, 1983年, 第150页.

고 1889년에는 1,296명 남성 선교사 589명, 선교사 아내 391명, 독신 여성 선교사 316명, 1906년에는 3,833명 남성 선교사 1,604명, 선교사 아내 1,148명, 독신 여성 선교사 1,081명 으로 증가하였다.

이어서 선교 거점과 중국인 전도인의 증가를 보자. 1876년 선교 거점이 모두 91개, 지부가 511개, 안수 전도인 73명, 미안수 전도인 511명, 전도부인 Bible-women 90명이었다. 1889년에는 선교 거점의 숫자는 불명확하고 안수 전도인 211명, 미안수 전도인 1,266명, 전도부인 180명이었으며, 1906년에 이르러서는 선교본부 632개, 지부 5,102개, 안수 전도인 345명, 미안수 전도인 5,722명, 전도부인 894명으로 증가했다.[17]

마지막으로 교회와 신도 인원수의 증가를 보자. 1853년의 신도 수는 350명, 1876년에는 교회 312개, 성찬교인은 13,035명이었던 것이 1889년에는 교회가 522개, 성찬교인 37,287명, 1906년 세례교인이 178,251명, 새신자는 78,528명으로 총 256,779명이 되었다. 신도 수의 증가에 따라 교회의 헌금도 따라서 증가했다. 1876년 헌금 금액은 9,271.92냥, 1889년은 36,884.54냥, 1906년에는 301,263냥으로 증가하여 30년 동안에 헌금액은 32.5배 증가하였다.[18]

자유롭게 선교를 할 수 있었기에 1860년부터 1900년의 40년 사이에 비록 많은 어려움이 있었지만 선교사들은 적지 않은 성과를 거두었다. 동부 연해 지역에는 각 선교회의 기본적인 선교 네트워크가 구성되었다. 당시 선교회의 관리는 삼급제 三级制 를 채용하여 사용하였다. 제1급은 교구 Mission, 또는 본부, 주교구 Diocese, 장로구 Presbytery 등이고 제2급은 거

17 Donald MacGilivray, ed., *A Century of Protestant Missions in China* (1807-1907), 667.
18 Donald MacGilivray, ed., *A Century of Protestant Misions in China* (1807-1907), 668.

점Station, 또는 선교거점, 전도기지, 총회이고, 마지막 급은 지부Out-station로 나뉜다. 미국선교회를 예로 들면, 1905년의 통계로 그들은 총 4개의 교구, 16개의 거점, 184개의 지부가 있었고, 184개 지부 안에는 103개의 교회와 307개의 집회소가 포함되어 있었다.

### 3. 내화 선교회 개황

제2차 아편 전쟁 이전에 중국으로 온 선교회는 모두 7개이다. 영국런던회, 네덜란드선교회, 미국형제교회선교회, 미국침례회, 미국성공회, 영국성공회선교협회, 미국장로회 등이 회중교회, 장로교, 성공회, 침례교회를 대표하며 선교사는 영, 미, 독 세 나라에서 주로 파송되었다. 이외에 대영성서공회와 미국성서공회도 중국에 들어왔다. 네덜란드선교회는 단 한명의 선교사를 파송하였고 귀츨라프가 1835년에 사임한 후 더 이상 선교사를 중국으로 파송하지 않았다.

선교회의 숫자가 많아서 모두 서술하기 어렵기에 런던선교회를 대표로 소개하고자 한다.

1807년 모리슨이 중국에 도착함으로 런던선교회가 중국에서의 선교 역사를 시작하였다. 제1차 아편 전쟁까지 런던선교회의 주요 활동 지역은 남양이었다. 그들은 말라카를 중심으로 갠지스강해외선교회를 세웠고 이 선교회는 남양 선교 기지라고 불리기도 했다. "난징조약"南京条约 체결 이후 1843년 8월 22일부터 9월 4일까지 중국에 온 선교사들이 홍콩에서 회의를 개최하였다. 이 회의에서는 주로 성경번역에 관한 사안을 토론하였으나, 회의 기간에 런던선교회는 갠지스강해외선교회를 포기하는 결정을 내리게 되었고 그곳에 있던 사역, 시설을 모두 홍콩과 상하이로 옮겼다. 화남구, 상하이구, 푸젠구가 이어서 개척되었다. 제2차 아편 전쟁 이후 화북구와 화중구도 개척되었다.

화남교구: 이 교구는 주로 교육과 의료사역이 돋보이는 교구이다. 교육 영역에서 가장 유명한 곳은 바로 영화서원英华书院이다. 1843년 레그理雅各가 책임을 지고 있던 영화서원은 말라카에서 홍콩으로 이전했다. 가장 유명한 병원은 1848년에 광저우에 세워진 혜애의원惠爱医院이다. 유명한 화인 목회자로는 양발梁发 및 첫 공식 중국인 목사 허푸탕何福堂 등이 있다.

"백년대회" 보고에 따르면 1905년 해당 교구에는 광저우, 홍콩, 버뤄博罗, 마카오 4개의 거점이 있고 이들 거점 아래에는 14개의 지부가 있었다. 남녀전도사 각 6명과 5명, 화인 남성 전도사 21명, 여성 전도사 8명, 남성 교사 10명, 여성 교사 12명, 교인 965명, 새 신자 709명, 주일학교 2개, 남학교 13개, 여학교 12개에 헌금은 308파운드에 달했다.

상하이교구후에 화동교구로 변경, 1843년 메데스트와 윌리엄 록하트雒魏林가 상하이에 도착하여 해당 교구의 사역을 시작하였다. 후에 해당 교구는 장시 남부와 저장 북부로 확장되었기에, 장저교구江浙教区라고도 불린다. 1900년에 이르러 해당 교구에는 이미 24개의 교회와 남녀병원 각각 한 개, 학교 13개, 세례교인 약 2,500명이 있었다. "백년대회"의 보고에 따르면 1905년 해당 교구에는 상하이 거점 하나, 전도사 남녀 각 5명과 2명, 화인목사 1명, 남성 전도사 15명, 여성 전도사 2명, 남성 교사 6명, 여성 교사 4명, 교인 459명, 새 신자 83명, 주일학교 2개, 남학교 4개, 여학교 4개에 헌금은 1837파운드에 달했다.

푸젠교구福建教区: 19세기 90년대 해당 교구에는 교회가 20여 곳이 있었고 선교사들의 격려로 이 교회들은 대부분 자립하였다. 이외에 해당 교구에서 세운 병원과 학교도 아주 유명하다. 중국교회의 첫 신학교도 1866년 이 교구에서 창립하였다. 그해에 영국장로교는 샤먼厦门에서 신학교Theological College라고 이름한 전도인 훈련기구를 창립하였다. "백년대회"의 보고에 따르면 1905년 해당 교구에는 샤먼厦门, 창저우漳州, 혜안惠安, 띵저우汀州 등 4개의 선교 거점이 있었고 그 아래에 101개 지부, 남녀 전도사 각 7명과 6명, 화인 안수 성직자 122명, 남성 전도사 73명, 여성 전도사 12명, 남성 교사 49명, 여성 교사 10명, 교인 2,962명, 새 신자 3,944명, 남학교 52개, 여학교 7개에 헌금은 1,609파운드에 달한다.

화북교구华北教区: 화북교구는 죠셉 에드킨스艾约瑟가 개척한 교구로 그는 1861년 5월 20일에 텐진天津에 도착했다. 도착한 지 일 년도 안되어 두명의 화인이 세례를 받고 교회에 출석했다. "백년대회"의 보고에 의하면 1905년 해당 교구에는 텐진天津, 베이징北京, 소장萧张, 창저우沧州, 동안东安 등 5개의 거점, 그 아래에 74개의 지부, 남녀전도사 각 18명과 5명, 화인 남성 전도사 48명, 여성 전도사 11명, 남성 교사 32명, 여성 교사 16명, 교인 1,998명, 새 신자 2,932명, 주일학교 8개, 남학교 32개, 여학교 8개에 헌금은 3,435파운드에 달한다.

화중교구华中教区: 1861년 7월 크리피스 존杨格非과 윌슨 선교사가 한커우汉口에 도착하여 화중교구를 개척하였다. 1863년, 윌슨 선교사가 병환으로 소천하여 이후 화중구의 모든 사역은 크리피스 존 선교사가 담당하였다. "백년대회"의 보고에 따르면 1905년 해당 교구에는 한커우汉口, 우창武昌, 쇼간孝感, 텐먼天门, 조시皂市, 충칭重庆, 후난湖南 등 거점이 있고 32개의 지부, 남녀전도사 각 22명과 4명, 화인 남성 전도사 117명, 여성 전도사 4명, 남성 교사 21명, 여성 교사 8명, 교인 8,364명, 새 신자 500명, 주일학교 9개, 남학교 21개, 여학교 7개에 헌금은 686파운드에

달했다.[19]

## 4. 중국내지선교회

중국내지선교회China Inland Mission, CIM: 이하 내지회와 영국 선교사 허드슨 테일러Hudson Taylor, 1832-1905는 긴밀한 관계를 가지고 있으며 내지회는 그가 독자적으로 창설한 단체이다.

1853년, 허드슨 테일러는 중국선교회의 파송을 받고 처음 중국에 도착하여 상하이上海, 저장浙江, 장시江西, 푸젠福建, 광둥广东 등지에서 순회전도의 방식으로 전도했다. 그 당시에는 조약의 보호가 없었기에 이런 방식으로 전도하는 것은 상당히 위험했고 효율도 미미했다. 허드슨 테일러는 3년 동안 닝보宁波에 머물러 있다가 1857년에 중국선교회에서 나왔고 1860년 그는 병으로 귀국하였다. 이번 귀국길에서 그와 그의 아내는 저장浙江을 위하여 적어도 5명의 선교사를 모집할 수 있기를 원했고 이를 위하여 적극적으로 노력했다. 1863년 드디어 2명의 선교사가 그들의 영향을 받아 중국으로 출발했고 1865년 또 다른 4명의 선교사가 동참하였다.

허드슨 테일러는 중국에서 6년 동안 살았기에 많은 외국선교회가 중국에서 선교하고 있는 상황을 잘 알고 있었다. 1864년말 잡지사에서 그에게 중국을 소개하는 글을 써줄 것을 요청하였다. 이로 인하여 그는 자료를 수집하기 시작하였고 조사를 통하여 각 선교회가 중국에 파송한 선교사가 겨우 115명인데다 최근에 91명으로 축소되었다는 사실을 알게

19 统计数字均见汤清,『中国基督教百年史』, 第182-183页.

되었다. 더욱 그를 불안하게 했던 것은 이 선교사들이 모두 개항장에 있다는 것이다. 그는 중국 18개 성 가운데 아직 11개 성에 선교사가 없다는 것을 알게 되었다. 허드슨 테일러는 부모님의 영향을 받아 어려서부터 한 사람이 복음을 전혀 듣지 못한 상황에서 죽는다는 것은 불행한 일임을 알고 있었다. 그러나 천천만만에 달하는 중국인들이 지금 이런 어려움에 처하여 있고 그들은 복음을 들어보지 못한 상황에서 허송세월을 하고 있다.

**그림 064** 허드슨 테일러

1865년 6월 25일 주일 이른 아침 허드슨 테일러는 영국 남부 도시인 브라이트Brighton의 해변에서 기도중에 자신이 중국 내지에 선교사를 파송하는 책임을 질 것을 결정하였다. 그는 자신의 성경 욥기 18장 여백에 "자원하는 마음이 있고 능력이 있는 24명의 일꾼을 위하여 기도한다. 브라이튼, 1865년 6월 25일." 허드슨 테일러는 아직 선교사가 없는 중국 11개 성에 두 명씩 선교사를 파송하고 나머지 2명은 몽골로 파송할 수 있기를 원했다.

이틀 후, 허드슨 테일러는 친구와 함께 런던은행에서 계좌를 개설하고 10파운드를 적금하였다. 계좌명은 "중국내지선교회"였다. 내지회는 이렇게 설립되었다. 허드슨 테일러의 요청에 따른 내지회의 취지는 아래와 같다. 1. 내지회는 교파를 나누지 않는 초교파적인 믿음의 단체이다. 2. 국적의 구별이 없고 중국에서 선교하고자 하는 마음이 있으면 내지회의 파송을 받으면 된다. 3. 내지회의 선교사는 고정 수입이 없고 모든 것을 하나님께 의지한다. 4. 중국인들과 일치한 생활습관을 유지하여야 한다. 5. 내지회의 본부는 중국에 두고 런던에는 사무실만 개설하고 중요한 지도자들은 모두 중국에서 섬긴다. 6. 내지회의 목적은 복음을 전하는 것이며 교회를 건축하거나 기독교 단체를 결성하는 데 있지 않다.[20]

허드슨 테일러는 신도의 "영적인 수요"를 강조한다. 그는 선교사역의 목적은 영적인 신앙이고 이는 중국이 가장 시급한 수요이고 중국이 물질 생활에서의 성장은 부수적인 문제로 영적인 수요가 해결되면 다른 영역의 수요도 따라서 해결될 것으로 간주했다. 허드슨 테일러의 이러한 주장은 중국에서 학교를 통하여 또는 신문, 도서 번역 등 문화 활동으로 선교사역을 추진할 것을 주장한 티모시 리처드Timothy Richard, 1845-1919, 영 앨런林乐知, Young John Allen, 1836-1907, 윌리엄 마틴丁韪良, William Alexander Parsons Martin, 1827-1916 등 선교사들의 노선과는 선명한 대조를 이루었다. 선교와 과학, 교육, 문화, 위생의 관계에 대해서 허드슨 테일러는 아래와 같이 말했다.

> 만약 의료 사역이 사람들에게 매력을 주어 그들로 하여금 우리에게 접근하게 하여 우리가 예수 그리스도를 전한다면 의료 사역은 축복을 받을 것이다. 그러나 의료 사역이 복음 전도의 자리를 대신하게 되면 이는 아주 큰 잘못이 될 것이다. 만약 우리가 학교 또는 교육으로 성령의 능력을 대신하여 사람의 마음을 변화시킨다면 이 또한 아주 큰 잘못이다. 만약 우리가 사람이 거듭나서 새롭게 되는 것이 아

20 参见赖德烈,『基督教在华传教史』, 第329-330页.

니라 교육의 과정을 통하여 변화 받는다고 생각한다면 이 또한 크나 큰 잘못이다.[21]

허드슨 테일러는 내지회를 엄격하게 관리하였고 1900년까지 내지회 회장으로 섬겼다. 그는 곧 내지회의 정신적인 지도자로 그의 인도하에 19세기 말까지 내지회가 중국에 모두 650명의 선교사, 270개의 선교거점, 5,000여 명의 신도를 소유한 단체로 개신교가 중국에 있는 가장 큰 선교단체들 가운데 하나가 되었다. 1905년 허드슨 테일러가 세상을 떠날 때 내지회는 중국에 849명의 선교사, 20,000명 이상의 신도가 있었다.

『중화귀주』中华归主의 통계에 따르면 1861-1880년 기간에 내지회는 개신교가 선교활동에서 많은 개척 사역을 진행하였다. 간수甘肃, 구이저우贵州, 스촨四川, 산시山西 등지도 모두 내지회가 개척한 곳이다. 1881-1900년 전국개신교선교회 거점은 132개에서 498개로 증가하였는데 90개는 내지회가 건립하는데 공헌하였다.[22]

그림 065 내지회 선교 포스터

물론 내지회는 지식적인 전도 노선을 비교적 소홀히 여기는 경향이

21 转引自顾卫民,『基督教与近代中国社会』, 第142页.
22 『中华归主』(中), 第578-579页.

있다. 따라서 근대 중국 사회에서 주류사회의 관심을 받지 못하였기에 중국 사회에서의 영향력이 비교적 적고 단체도 급격히 변화하는 사회에 적응하기 어려워 사회 변화에 대한 반응도 비교적 둔감해졌다. 때문에 20세기에 들어와 내지회는 가장 큰 선교단체로 발전하고 있었지만 그 영향력은 오히려 계속 감소하였다.

## 제2절 청말 교안

교안, 광의의 의미는 "기독교가 중국에서 전파되는 과정에 교회 세력과 비교회 세력 사이에 발생한 모든 모순과 충돌 사건을 말한다."[23] 이는 중국기독교사에서 나타난 독특한 현상이며 또한 중국 근대사적으로 중요한 사건이다. 따라서 교안에 관한 연구는 중국 근대사와 중국 기독교사의 공동의제이다. 교안, 이 단어는 일찍 청대 말엽에 이미 사용되었다. 1878년 12월 8일 청두成都장군 헝쉰恒训이 상주서에 "교민 또는 평민은 모두 중국 백성이다. 오늘날 믿는 자들을 도처에서 볼 수 있으니 소송에 관련된 교민이 너무 많아 이루 헤아릴 수 없다. 때문에 "교안"이라는 단어로 경계를 분명히 해야 한다. 이후에 평민과 교민이 서로 고소하는 일이 생기면 반드시 교회 관련 사건 또는 선교사에 관련된 일이어야 하며 살상이 있거나 실제로 교회당 건물을 허무는 일 등이 발생하여

23 温瑞、冯雪梅, "'教案'概念考辨," 『温州大学学报(社会科学版)』, 2012年, 4期.

야만 교안으로 칭한다. 교민과 평민의 소송은 안건의 대소에 상관없이 모두 중국 규례를 따르며 규례에 따라 중국에서 자체적으로 처리한다. 교안의 명목을 도용하여 선교사가 나서서 무리에 항의하는 것을 금하며 따라서 구별을 하여 소송의 근원을 청결히 한다."[24]

각 영역의 관점을 종합해보면, 우리는 교안을 기독교 선교 과정에서 선교사, 중국기독교도, 중국 민중, 서구 열강, 청 정부 사이에 일어난 각종 분규와 소송이 걸린 안건으로 본다. 교안은 "기독교 천주교와 개신교를 포함 가 중국에서 전파되면서 선교사, 교민 및 외국 세력과 중국 관방 및 민중 사이에 발생한 각종 분쟁, 다툼, 충돌 및 이로 인하여 발생하는 교섭과 소송사건을 말하며 또한 '민교충돌' 民教冲突 또는 '민교의 논쟁' 民教之争"이라고 불리기도 한다.[25]

교안은 본래 민사사건에 속한다. 그러나 서구 열강의 개입으로 인하여 그리고 청 정부의 부패무능 때문에 아주 많은 경우에 본래는 일부에 국한된 민교충돌이 "정치적 사건"으로 변화되었다.[26] 이런 사건이 발생하게 된 원인은 다방면일 수 있다. 그러나 종합해서 보면 대체 아래의 세 가지로 귀납할 수 있다.

첫째, 제1차 아편 전쟁 이후 서구 열강은 중국에 대한 침략을 강화하고 무력을 사용하여 청 정부로 하여금 일련의 불평등조약을 체결하도록 하였고 중국은 점차 반식민지 반봉건사회로 전락하게 되었다. 선교사는 이런 불평등조약의 보호에 의거하여 중국 광대한 지역에 들어가 선교하게 되었고 이는 또한 교안을 일으키게 된 주요 요인이 되었다.

24 『教务教案档』, 第3辑, 第1358-1359页.
25 乔飞, 『从清代教案看中西法律文化冲突』, 北京: 中国政法大学出版社, 2012年, 第4页.
26 中国第一历史档案馆、福建师范大学历史系编, 『清末教案』, 第一册 , 北京: 中华书局, 1996年, 前言, 第1页.

둘째, 기독교와 중국문화 사이에 있는 충돌이 특수한 정치정세 속에서 확대되어 민교충돌의 문화요인이 되었다. 제2차 아편 전쟁 이후 많은 사신계층士绅阶层들이 반기독교의 대열에 가담하여 삼강오륜과 명분, 그리고 교화를 지킨다는 기치를 들고 일어났다. "사대부가 공자의 경을 논할 줄 모르고 다른 예수의 설 "신약"이라는 책이 있다고 한다. 중국 수천 년의 예의인륜사서법칙礼义人伦诗书典则이 하루아침에 바닥으로 곤두박질쳤다. 이 어찌 청의 변고이기만 할까 이는 개벽이래 명교의 돌변이고 공자, 맹자가 구천에서 통곡할 일이다."[27]

셋째, 일부 선교사의 그릇된 행동이 민중들의 반감을 초래하였다. 그들은 송사를 독점하거나 악행이 있는 신도들을 감싸고 강제로 토지를 매입하여 민중들의 분노를 초래하였다.

청나라 말기 교안의 시작과 끝나는 시간에 대해서는 학계에 여러 가지 관점이 있다. 본 교재에서는 중국제1역사당안관中国第一历史档案馆과 푸젠사범대학 역사학과가 연합하여 편저 출판한 "청나라 말기 교안"의 시작과 끝나는 시간을 기준으로 삼는다. 즉 1842년부터 1911년까지를 말한다. 불완전한 통계에 의하면 이 기간에 발생한 크고 작은 교안이 무려 1,600여건에 달한다.[28]

청나라 말기는 대개 4개의 시기로 구분할 수 있다.[29]

27 曾国藩, 『曾国藩诗文集』, 上海: 上海古籍出版社, 2005年, 第267页.
28 参见戚其章, 『晚清教案纪事』, 北京: 东方出版社, 1990年, 第1页.
29 关于教案研究的分期, 参见黎仁凯, 王栋亮, "略论晚清教案的分期及其特点," 『历史教学』, 2005年, 第10期.

## 1. 교안 발생 초기

첫 번째 시기는 교안 발생 초기로써, 시작과 끝나는 시간은 1842년부터 1860년으로 이 시기는 두 번의 아편 전쟁 기간으로 볼 수 있다. 이 기간에 제1차 아편 전쟁의 실패로 청 정부는 강제로 일련의 불평등조약을 체결하였다. 연해 5개의 개항장이 개방되었고 선교사들은 이 개항장에서 거주하고 선교할 수 있는 기회를 얻었다. 천주교도 이 기간에 제한적으로 금지가 풀렸다. 1846년 2월 20일 도광道光황제는 조서를 내려 천주교를 가리켜, "사람이 선을 행하도록 독려하는 것으로 다른 사교와는 다르다."고 하였다. 때문에 "조사하여 금지하는 것을 면한다."라고 명을 내렸다. 뿐만 아니라 조서에서는 방산房产정책을 이행할 것을 규정하였다. "강희연간康熙年间에 각 성에서 오래된 천주교 성당이 사찰로 개조되어 여승이 살고 있는 곳은 조사하지 않아도 되나 원래의 구 건물은 조사를 분명히 하여 현지의 믿는 사람들에게 돌려주도록 한다." 당연히 조서에서는 선교사들이 내지에 들어가서 선교하는 것을 명확하게 금지하였다. 다른 말로 하면 청 정부는 제한적으로 선교사가 중국에서 선교하는 것을 허용하였으나 선교구역은 개방된 개항장 및 하루 거리로 왕복 가능한 교외로 제한하였다. 학자들의 통계에 따르면 이 기간에 총 68건의 교안이 발생하였고 발생지는 주로 즈리直隶, 푸젠福建, 장수江苏, 허베이湖北, 저장浙江, 장시江西 등 성에 집중되었다.[30]

이 기간에 발생한 교안의 주요 원인은 대부분 선교사들이 규정을 어기고 지역 경계를 넘어서 선교했기 때문에 일어났다. 1848년의 칭푸교

30 参见黎仁凯、王栋亮, "略论晚清教案的分期及其特点," 『历史教学』, 2005年, 第10期.

그림 066 양저우교안 유지

안青浦教案과 1856년의 시린교안西林教案 등이 이런 이유로 일어났다.

1848년 3월 8일 런던선교회의 메데스트麦都斯와 윌리엄 록하트雒魏林, 뮤어헤드慕维廉는 규정을 어기고 소책자를 나누어 주고자 상하이 근교의 칭푸현青浦县에 갔는데 마침 그때에 만 명이 넘는 선원들이 조운漕运의 폐지 때문에 운집하여 있었다. 세 명의 선교사가 전도 소책자를 나누고 있을 때 선원들이 앞다투어 소책자를 받고자 그들에게로 다가왔다. 윌리엄 록하트 선교사는 사람들이 점점 더 많이 몰려드는 것을 보고 당황한 마음에 손에 들고 있던 지팡이를 휘둘러 사람들을 물리치려고 하다가 부주의로 앞에 선 사람에게 찰과상을 입혔다. 선원들은 이에 불만을 가지고 무리지어 선교사들을 공격하였다. 칭푸 현령은 소식을 듣고 다급히 역사役使를 파견하여 세 명의 선교사를 구출해 가마에 실어 상하이로 돌려보냈다. 세 명의 선교사도 경상을 입었다.

사건 발생 이후 칭푸 현령은 명령을 내려 즉각 "선교사를 습격한 자"를 체포하라고 하였다. 상하이 도타이선령道台咸龄도 편지를 써서 메데스트 선교사 등에게 문안을 전하는 동시에 선교사가 독단적으로 칭푸로 간 것은 "협정을 위반한 것"이라고 지적했다. 소위 "협정"은 1845년에 체결한 "상하이 토지 임대규칙"上海租地章程에서 "외국인이 다닐 수 있는 거리는 보행으로 하루 왕복 거리에 한하며 밖에서 밤을 보낼 수 없다"는 규정을 말한다.[31] 칭푸青浦는 상하이 현성에서 80리 떨어져 있기에 하루 안에 왕복하는 것은 어렵다. 그러나 선교사들은 항상 24시간 이내에 왕복하기 위하여 새벽에 출발하곤 한다. 상하이 주재 영국 총영사 앨코크Rutherford Alcock, 1807-1897는 "협정위반"은 무시하고, 이 일이 다른 서양인들의 생명 및 안전과 관련된 일이라고 여기고 상하이 도타이선령道台咸龄의 편지를 돌려보내고 오히려 죄인을 엄정하게 벌하지 않으면 중영 관계를 저애할 것이라고 협박하였다. 동시에 모든 영국 선박들은 모두 납세하는 것을 멈추라고 명령하고 심지어는 1천 4백 척의 조선漕船도 항구를 떠나는 것을 금하였다. 이는 경도京都의 세수에 영향을 주려는 의도이다. 그는 군함을 난징南京에 보내어 양강 총독 리싱왠李星沅에게 위협을 주려하였다. 당시 프랑스와 미국영사는 모두 영국과 "일치된 태도"를 가질 것을 공표했다. 이런 무력의 위협 아래에서

**그림 067** 아우구스트 샵딜레느

31 姚民权,『上海基督教史』, 上海: 上海市基督教两会, 1984年, 第10页.

칭푸 현령은 10명의 "가해자"를 체포하여 조리돌림을 하고 세 명 선교사가 제출한 "유실물명세서"에 따라 은 300냥의 벌금을 내렸다. 리싱왠李星沅은 번사藩司 부성쉰傅绳勋을 선교사의 집에 파견하여 사죄하게 하고 칭푸 현령을 면책하고 상하이 도타이선령도 해직 조사하도록 하였다. 일이 이 정도 되어서야 앨코크는 안건을 종결할 것에 동의하였다.

1856년 발생한 시린교안西林教案도 프랑스 외국인 선교사 아우구스트 샵딜레느马赖가 구이저우 구이양과 시린西林을 오가며 신도들을 늘려가기 시작하면서 발생했다. 그가 사역하는 중에 어떤 살인자가 체포되어 사형을 받을 지경에 이르렀다. 아우구스트 샵딜레느는 신도의 간청으로 뇌물로 그 살인범을 구출하였고 이는 엄청난 민노를 초래하였다. 1856년 장밍펑张鸣凤이 서령 현령에 임명되었는데 현지인들이 아우구스트 샵딜레느에 대한 고소를 받아들였고 아우구스트 샵딜레느를 체포하였다. 장밍펑은 아우구스트 샵딜레느가 소소한 작은 죄명 몇 개를 고백하거나 또는 은 300냥을 부과하고 변경에서 추방하는 것으로 안건을 마무리 짓기를 원했다. 그러나 아우구스트 샵딜레느의 태도가 오만하여 장밍펑은 어쩔 수 없이 현장에서 중형을 내렸고 이는 선교사를 죽음에 이르게 했다. 이 사건이 바로 중국 근대사에서 유명한 "마신부사건"马神甫事件이다.

통계에 따르면 1844년부터 1858년 기간에 프랑스 선교사만 봤을 때 불법으로 내지에 들어온 선교사가 33명이나 되었다.[32]

## 2. 교안 다발기

제2시기는 교안 다발기로서 시작과 끝 시간은 1860년 제2차 아편전쟁으로부터 1897년 산둥 위기 폭발까지의 기간을 말한다. 중·프 "베이징조약"北京条约의 체결에 따라 선교사는 중국 전역에서 선교할 수 있을 뿐만 아니라 "전지田地를 임대하고 매입하며 자율로 건축"할 수 있는 특권을 얻게 되었다. 또한 중국 각급 관처의 안전보장의 약속도 받았다. 더 심한 경우 천주교 선교사는 과거에 소유하였던 교회당을 "변상"받을 기회도 획득하였다.[33] 조약의 보호가 있기에 중국에 온 선교사들의 인원수는 급증하였고 그들은 중국의 깊은 내지로 들어갔으며 신도들의 숫자도 대폭 증가했다. 기독교와 중국 사회의 접촉면이 부단히 확대되어 민교의 충돌범위와 건수도 따라서 확대되고 증가되었다. 1885년 중·프 전쟁 이후 교안의 엄중성이 점점 더 심각해지고 교안이 발생하는 원인이 특히 복잡하여졌다. 종합하면 대체로 3가지 유형으로 나눌 수 있다.

첫째, 교회당 옛터를 반환하는 가운데 일어나는 교안이다. 본래 청 정부의 규정은 원래의 터에 새로운 업주가 있다면 현지 정부는 다른 터를 택하여 보상하는 것이다. 그러나 각지 정부가 집행 과정에서 열강의 압력을 못 이겨 대다수는 이 규칙을 집행하지 못했다. 따라서 선교사가 강압적으로 옛터를 강요하여 그 터에 살고 있는 업주의 불만을 일으켜 교안을 유발하였다. 예를 들면 1863년 폭발한 제1차 충칭교안重庆教案과 같은 사례이다. 일찍 1858년에 프랑스 선교사는 "텐진조약"에 의거하여 현지에서 촨둥川东에 있는 4곳의 교회 "옛터"를 반환할 것을 요구하고 강제적으로 이미 그 자리에 있는 장안사长安寺를 철거하고 진원당真原堂을 지었다. 그러나 교회당을 짓는 과정에서 많은 백성들의 재산과 민가를 침범하였다. 후에 또 다시 민가를 강점하고 진원당을 확장하자 민중의 분노를 촉

32 张力、刘鉴唐,『中国教案史』, 成都: 四川社会科学出版社, 1987年, 第333页.
33 顾裕禄,『中国天主教的过去和现在』, 上海: 上海社会科学出版社, 1989年, 第54页.

발하였다. 1863년 3월 더 이상 참을 수 없었던 충칭 민중들이 함께 뭉쳐 진원당과 부근의 교사 사택을 때려 부쉈다. 교안 발생 이후에 청 정부는 프랑스의 세력에 굴복하여 사죄와 배상을 하고 "폭도"를 처벌하였다.

둘째, 내지에서 강제적으로 가옥을 임대하고 땅을 구입하여 건축을 하는 중에 일어난 교안들이다. "베이징조약"의 규정에 의하면 "프랑스 선교사들이 임의로 각 성에서 토지를 임대하거나 매입할 수 있고 자율로 건축할 수 있다." 조약의 규정이 비교적 모호한데 어떻게 "각 성省"을 이해하는지가 관건이다. 조약에는 "내지"内地라는 글이 없다. 따라서 선교사들이 내지에서 부동산을 살 때 대부분은 제지를 받았다. 본래, 제지를 받는 것은 정상적인 현상이었으나 어떤 서구 열강 정부들은 나서서 간섭하였고 이로 인하여 선교사들은 내지에서 부동산을 구입하는 일에서 더 대담해졌고 어떤 선교사들은 더 당당해졌다. 그들은 부당한 방법이나 강제 점령 등의 방법으로 토지와 가옥을 구매하였다. 이홍장李鸿章은 "사전에 지방관과 상의 없이 전지, 부동산 매입을 도모하고 강제로 계약을 체결하는 일이 각처에 있으니 도대체 어찌됨인고? 천동충칭川东重庆, 유양酉阳 일대, 뒤프레스范若瑟가 사사로이 구입한 부동산이 셀 수도 없이 많은데 근래에 산시山西 커우와이口外 풍전팅丰镇厅, 몽골황무지를 점령 매입하는 일이 유난히 많아지고 있다."[34] 예를 들면, 1869년에 발생한 안칭교안安庆教案도 유사한 상황이다. 1869년 초 프랑스 천주교 선교사와 영국 내지회 선교사 몇 명이 안칭에 들어가 낮은 가격으로 15채의 민가를 반 매입 반 임대하여 교회당으로 개조하였고 이는 현지 백성들의 불만을 초래하여 교안을 야기하였다.

34 顾廷龙, 戴逸主编, 『李鸿章全集』, 第30卷 , 合肥: 安徽教育出版社, 2008年, 第3529页.

세 번째, 신도와 현지 민중의 개인적인 충돌로 촉발한 교안이다. 이런 부류의 교안은 원인이 많아 심지어 어떤 경우는 옳고 그름을 가리기조차 어렵다. 그러나 총체적으로 이 시기에 어떤 신도는 선교사의 보호를 믿고 온갖 나쁜 짓을 저질러 교안으로 이어진 사건이 허다하다. 이런 부류의 교안이 빈번히 발생하여 청 정부에서 각 나라 사무를 관리하는 부서는 각 나라 주재 사절들에게 조서를 보내 단속을 강화할 것을 요구하였다. "입교자들이 선교사의 힘을 믿고 함부로 행동하니 불복하는 마음들이 맺혀서 풀리지 않고 있다. 민교가 서로 다툼으로 큰 사건으로 번지는데 지방 관리가 조사처리하면 선교사가 나서서 두둔한다. 교민은 이런 이유 때문에 관리를 무시하고 민심은 더욱 불복한다. 중국이 지금 정세가 불안한 가운데 많은 죄인과 소송 거간꾼들이 교회를 피신처로 삼아 혼란을 야기시키고 있다. 이로 인하여 백성들이 노를 품고 그 노가 미움이 되고 적이 된다."[35] 예를 들면 1895년 8월에 발생한 구탠교안古田教案은 기독교인 개인과 민간비밀조직인 유교 교도 사이에 일어난 충돌이다. 유교는 백련교의 한 분파로서 당시 구탠古田에서 세력이 상당히 커서 현지사들도 두려워 굴복할 정도였다. 그러나 어느날 어떤 사람이 유교교도와 분쟁이 생겼는데 이 사람은 바로 교회당으로 뛰어가 힘으로 상대방을 제압하였다. 이로 인하여 유교도들이 기독교에 대한 증오를 일으켰다. 8월 1일 유교두목 유싱샹刘兴祥은 무리를 끌고 화산花山 교회요양원을 협공하여 교회당과 선교사들의 거처를 불태웠고 11명이 살해당하고 5명이 상해를 입었다. 영국은 또 군함을 파견하여 위협하고 청 정부를 협박하였다. 결국 지현 왕루린王汝霖은 면직당하고 26명의 현지인을 처형하였다.

35 转引自戚其章、王如绘,『晚清教案纪事』, 北京: 东方出版社, 1990年, 第9 页.

이 기간에 선교사의 권력이 확대되면서 교회가 일반 중국인들의 마음속에서 그들은 법외의 영역으로 간주되었다. 신앙이 아닌 다른 목적을 가진 중국인들이 구름떼처럼 교회로 몰려들었고 중국신도들의 전체적인 소질이 하락하였으며 "식교자"吃教者 현상이 일반화되어 선교사와 진정한 신도들의 고민거리가 되었다. 1868년 "완전히 깨닫지 못한 자"로 자칭한 저자가 쓴 글에서 "식교자"吃教者와 "거짓믿음"伪信의 문제를 지적하였다. 그는 글에서 많은 중국 신도들이 "종교를 빙자하여 믿지 않는 사람들을 속이고 있고" "기독교를 등에 업고 사람을 때리고 욕한다"면서 이 사람들이 "믿지 않는 사람들 안에서 문제를 일으켜", "기독교의 나쁜 모델이 되어서 거룩한 교회를 타락시켰다"고 썼다.[36]

세 번째 원인으로 유발한 교안은 이 시기에 발생 건수가 가장 방대한데, 그 중에 가장 전형적인 교안이 텐진교안天津教案이다. "텐진조약"이후 프랑스 천주교 선교사가 텐진에서 고딕양식의 교회당을 짓고 왕하이러우望海楼로 명했다. 선교사는 해당 교회당을 근거지로 선교사역 이외에 구제사역을 하기 위하여 버려진 태아들을 양육하는 육영당育婴堂을 세웠다. 1870년 여름 바이러스가 창궐하여 육영당에서 영아들이 죽는 현상이 심각하였다. 따라서 민간에서는 프랑스 선교사와 수녀들이 영아들을 살해한다는 헛소문과 심지어 성당이 아동매매를 하고 영아를 살해해 눈을 도려내어 비약을 제조한다는 등 악성 루머가 돌았다. 1870년 6월 21일 수천 명에 달하는 텐진인들이 왕하이러우성당을 겹겹이 에워싸고 상기 소문에 대한 성당의 해석을 요구했다. 양측이 언어소통이 안되는 이유로 오해는 더 깊어져 민중들은 교회당을 향하여 돌을 던졌다. 프랑스영사 퐁

36 参见邢福增,『文化适应与中国基督徒(1860一1911年)』, 香港: 建道神学院, 1995年, 第39-43页.

타니에 Henri Victor Fontanier, 1830-1870 는 소문을 듣고 총을 들고 급히 텐진 질서를 책임지고 있는 삼구통상사무관공서 三口通商大臣衙门 에 달려갔으나 만족스러운 답을 듣지 못하자 성당으로 가는 길에 텐진지현 류제 刘杰 를 만났고 양측은 교회당을 둘러싼 일로 언쟁을 벌였다. 무지막지한 퐁타니에는 총을 들어 류제를 사살하였다. 둘러싼 민중들은 지현이 서양인에 의하여 멸시를 당하고 막료가 죽임을 당하는 것을 보고 격앙되어 한꺼번에 몰려들었다. 그들은 퐁타니에와 그의 비서장을 때려죽였고 기세를 몰아 왕하이러우 뛰어가 성당을 불살라버렸다. 이번 소란으로 선교사와 수녀 12명이 살해되었는데 벨기에 선교사 2명, 이태리와 아일랜드 선교사 각 1명, 그리고 프랑스 일반인 2명과 러시아 일반인 3명이 포함되었다. 교회당 2개, 프랑스 영사관이 전소되고 영미 英美 교회당 4곳이 훼손되었다.[37]

교안 발생후 서구열강은 이것을 기회로 삼아 청 정부를 협박하여 "사건이 엄중하니 법을 제정하여 재발을 방지하여야 하며 불가 시 중국은 세계의 적국이 될 것이다."[38] 청 정부는 어쩔 수 없이 압력에 굴복하여 청 정부 말년의 중신 重臣 쩡귀판 曾国藩 과 이홍장 李鸿章 을 텐진으로 파견하여 이건을 처리하도록 하였다. 결국은 배상, 사죄, 죄인처벌로 마무리 지었다.

### 3. 의화단운동 시기

1897년 11월 1일 두 명의 독일 천주교신부가 산둥구야 山东巨野 모판장좡 磨盘张庄 에서 피살되어 구야교안 巨野教案 이 일어났다. 독일은 이를

37 张力、刘鉴唐, 『中国教案史』, 第409页.
38 『清季教案史料』, 第一辑, 转引自张力、刘鉴唐, 『中国教案史』, 第412页.

빌미로 군대를 출동하여 쨔오저우완膠州湾을 점령함으로 다시 한번 서구 열강이 중국을 나누는 광풍을 일으켰다. 광풍 속에서 가장 큰 피해를 받은 민중들은 어쩔 수 없이 뭉쳐서 서구열강을 반격할 수밖에 없었고 그 대상은 선교사와 중국기독교인들이 되었다. 이 사건이 바로 19세기말 화북지구의 의화단운동이다. 청 정부의 회유로 이 운동은 급격히 승격하였고 8군 연합군은 이를 빌미로 베이징을 점령하였다. 1901년 9월 7일 이홍장이 청 정부를 대표하여 서구 열강과 "신축조약"辛丑条约을 체결하여 중국은 완전한 반식민지 반봉건 사회로 전락하였다. 이 기간에 폭발한 교안은 이러한 정치적인 큰 배경 아래에서 발생하였고 영향이 매우 크기에 단독으로 설명하고자 한다.

### 4. 교안 종료기

네 번째 시기는 교안 종료기이다. 이 기간은 "신축조약"辛丑条约 체결부터 신해혁명까지의 기간이다.

의화단운동은 중외 양측에 모두 큰 충격을 주었다. 때문에 "신축조약" 체결 후, 청 정부와 서구 열강은 모두 진지하게 반성하는 시간을 가질 수밖에 없었다. 교안에 관련된 문제에 있어서 양측은 모두 신중하게 처리해서 교안이 발생하는 것을 미연에 방지해야 함을 의식했다. 때문에 1901년부터 1911년에 이르는 10년 사이에 때때로 교안이 발생했지만 19세기와는 완전히 다른 특징을 보였다.

우선, 이 기간에 교안 발생 빈도가 대폭 감소되었고 양측은 19세기보다는 더욱 이성적인 모습을 보였다. 통계에 따르면 이 기간에 발생한 교안은 모두 169건으로 19세기 후반에 비하면 현저하게 감소했다.[39] 교안이 감소한 원인은 다방면이나 그 중에 두 가지는 우리가 깊이 사고해볼 필요가 있다. 첫째, 선교사들은 의화단운동을 경험한 후에 총체적으로 반성하였고 이에 따른 선교정책의 변화를 가져왔다. 따라서 선교역량을 교육 등 비직접적인 선교사역으로 전환하였고 교회 관리 등 직접적인 선교사역은 중국전도인들이 더 많이 담당할 수 있도록 하였다. 둘째, 의화단운동은 근본적으로 중국의 지식인들을 각성케 하여 중국이 빈곤하고 무력한 근본 원인은 청 정부의 부패무능임을 깨닫게 되었다. 중국 백성들이 계몽하지 못해서, 그리고 민족 공업이 빈약하기 때문임을 깨닫게 되었다. 때문에 주요한 정력을 정치개혁, 기업운영, 교육구국 등 영역으로 돌렸고 예전에 반서양종교 투쟁에 가졌던 관심을 잃었다.

다음으로 이 기간에 발생한 교안들은 반청의 색채가 다분했다. 의화단운동의 생존자들은 각 지역으로 도망쳐 다시 조직을 결성하였다. 청 정부에 의하여 배신을 당한 교훈을 얻고 반종교와 반청을 결합하였다. 예를 들면 1902년 3월 발생한 광종교안广宗教案에서 민중들은 "청을 척결하고 양을 멸하자"라는 구호를 외쳤다. 그들은 쥐루현巨鹿县 사터우사촌沙头寺村에서 봉기의 기치를 들고 한편으로는 "관핍민반"官逼民反의 상서를, 다른 한편으로는 "소청멸양"扫清灭洋의 상소를 들었다.[40] 스촨의 반양교反洋教 투쟁도 이 시점에서는 반종교와 반청을 결합하여 "청을 멸하고 양을 토벌하고 한을 흥하자"는 구호를 외쳤다. 이런 투쟁들의 특징은 이미 우리가 교안의 특징에 내린 정의를 초월하였고 한참 거세게 일어나는 민족자산계급혁명에 일정한 영향을 주었다.

39 张力、刘鉴唐,『中国教案史』, 第855-886页.
40 张力、刘鉴唐,『中国教案史』, 第616页.

마지막으로 “신축조약”辛丑条约 이후 청 정부는 강압에 의하여 일련의 개혁을 진행하였다. 예를 들면 과거제를 폐지하고 서학을 창설하며 입헌 준비 등을 하였는데 이런 개혁은 어느 정도 중서양측의 충돌을 완화하는 역할을 하였다. 선교사의 관점에서 보면 그들도 기독교 문화로 중국문화를 대체하고자 하는 시도를 수정하고 “예수에 공자를 더하다”라는 주장을 제기하였으며 공존을 강조하였다. 총체적으로 20세기 초 10년의 기간 동안 중국은 정치와 문화에서 중대한 변화를 겪었고 중·서 간의 문화충돌은 이전처럼 돌출하지 않았으며 전통적인 사대부들이 참여한 교안은 대폭 감소하였다.

### 5. 교안의 영향

많은 상황 속에서 교안의 발생은 민간모순으로 일어난 사건들이 대부분이어서 사실상 공정하게 해결하기 어려운 일들은 아니었다. 그러나 서방 열강은 통상적으로 교안이 발생한 시기를 틈타 중국에서의 이익을 갈취하였고, 교안은 오히려 열강이 중국을 침략하는 핑계거리가 되었다. 때문에 교안의 발생은 중국의 광대한 민중이 불평등조약의 보호아래에 있는 기독교에 대한 보편적인 생각을 반영하는 동시에 다른 한편으로는 외국 세력이 중국에서의 침투를 더 격화하였다. 이 모든 종교 이외의 사건들이 중국 인민들의 마음속에서 기독교의 모습을 엄중하게 훼손하였고 중국사회 각 계층과 기독교회의 간격이 더 멀어지게 되었다. 아래에서 우리는 청나라관원, 민중, 교회 이 세 가지 방면에서 교안의 영향을 분석하고자 한다.

우선은 청 정부이다. 일부 관원들은 자신이 교회를 반대하기에 민중을 선동하여 기독교를 반대하도록 했다. 예를 들면 1850년 5월 상하이 양경빙천주당洋泾浜天主堂의 십자가와 성상이 벼락을 맞은 듯이 쓰러져 있었다. 사건이 발생한 후 양장총독 루잰잉陆建瀛등 관원들이 건풍황제咸丰皇帝에게 상소를 하여 이는 하늘이 천주교에 진노한 것으로 이를 이유로 민중을 선동하여 천주교를 멸시하게 하였다.

홍수전洪秀全이 이끈 태평천국운동太平天国运动도 조야朝野가 기독교를 증오하는 원인이 되었다. 태평천국은 기본적으로 상제회上帝会를 숭배하기에 많은 청나라 관리들은 기독교와 상제회를 숭배하는 것을 연결지어 이를 외국 선교사들이 가져온 화근이라고 했다. 예를 들면 양광총독 엽명천叶名琛은 "상제회를 숭배하는 것은 천주교의 또 다른 별칭이다."[41]

그 다음은 광대한 중국 민중이다. 그들은 불평등조약이 초래한 피해를 깊이 받았기에 서구에서 온 모든 것에 대해서 견제하고 배척하는 태도를 취하였고 물론 선교사와 그들이 전하는 기독교도 마찬가지로 배척했다. 게다가 중국 민중은 근대과학지식이 결여되었기에 기독교 및 기독교에서 전하는 활동에 대해서 전혀 알지 못하고 선교사들의 행동을 쉽게 의심했다. 선교사들의 도래는 중국의 사신계층士绅阶层에도 영향을 주었는데 그들은 서양 종교를 반대하는 벽보를 대량으로 만들었고 이는 일반대중들에게 지대한 영향을 주었으며 선교사와 교회를 더욱 적대시하게 하였다.

전국적으로 보면 서양 종교 반대 벽보가 가장 성행한 지역은 후난湖南지역으로 책, 가요, 그림 등 벽보의 종류가 다양했다. 1861년 저자명 천하제일상심인天下第一伤心人이 쓴 『벽사기실』辟邪纪实에 이어 얼마 후에

41 王文杰, 『中国近代史上的教案』, 成都: 四川社会科学院出版社, 1987年, 第277-278页.

『벽사실록』辟邪实录이 출현하였고 이런 벽보들은 각 성 군중들의 반종교 정서를 일으켰다. 1862년 샹성湘省의 사신들이 공동으로 논하고 성격문省檄文을 작성하여 교회를 공격하고 훼방하였다. "조상에 불경하고 남녀를 구분하지 않는다." "아이들을 거두어 채생절할采生折割용으로 사용하고 처녀들이 어린 나이에 입당하여 반드시 천제天祭를 거치고 그들로 하여금 홍령환红灵丸을 섭취하게 하여 단약 제련에 사용한다. 이는 정욕과 장생에 유익이 있다.", "밤에 선교사가 주는 부녀자 환약은 모두 춘약으로 여성들로 하여금 남성을 갈구하게 한다."[42] 1869년 9월에 후난湖南에서는 교회를 훼방하는 벽보가 나타났는데 내용도 마찬가지로 "교인이 병환으로 죽어갈 때 몇몇 신도들이 그의 집에 가서 친족들을 모두 물러가게 하고 기도를 하여 제도한다. 환자가 마지막 호흡이 있을 때 그의 눈과 심장을 모두 떼고 외국으로 운송하여 가짜 화폐를 제조하는데 사용한다. 그 다음에 천으로 시체를 말아 유족들에게 넘겨 장례를 치르도록 한다. 교회는 인류

그림 068 "성언에 따라 악귀를 물리치는 전도"(谨遵圣喻辟邪全图)의 기독교 멸시 주제(题材)

그림 069 "'성언에 따라 악귀를 물리치는 전도'(谨遵圣喻辟邪全图)의 전통 가족 이념이 선교에 미치는 영향"의 글에서 기독교 멸시 주제

42 同上, 第22页.

의 지혜가 마음으로부터 오는 것으로 여기고, 눈은 내장총명이 있는 곳으로 여겨 특히 심장과 눈을 귀히 생각한다."[43]

마지막은 영미 선교사이다. 영미 선교사들은 중국 민중들이 서양 종교를 증오하는 원인을 분석하는 것조차도 하찮은 것으로 여기고 의도적으로 선교활동과 식민지 침략이 밀접한 상관관계가 있다는 역사적 사실을 회피하려고 한다. 그들은 교안의 원인을 간단하게 "중국인들이 서양인들을 미워한다"로 규정하고 대대적으로 선교활동을 미화한다. 예를 들면 티모시 리처드李提摩太는 1890년 선교사 대회에서 청 정부의 교회를 향한 질책과 공격에 대해 아래와 같이 지적한다. "청 정부는 선교사를 몹시 미워한다. 왜냐하면 선교사들이 설립한 교회가 국가의 통제 아래에 있지 않아 반항 세력이 될 수 있다고 여기기 때문이라고 말한다고 하며 아래와 같이 청 정부의 인식을 말한다. 송사에 간섭하며 악인을 비호하고 사사로이 중국 관청에 대항하고 악인과 범인을 입교하도록 허락하고 남녀가 혼합하여 교회당에 집결하며 여성이 가르치게 한다. 그들의 죄는 하늘에 사무친다. 괴상망측한 것을 가르치고 선함은 완전히 잃어버렸다." 그리고 선교사를 위하여 변호하기를 "청 정부는 조금도 선교사들을 통하여 얻게 되는 이익에 대해서는 인정하지 않는다. 그들은 백성들로 하여금 선교사들이 중국에 온 것은 나쁜 일을 하기 위함이라고 믿게 하고 기독교인은 사회의 패륜아라고 말한다. 사실상 선교사들은 중국인들의 이익을 위해 매년 백만 냥에 달하는 은을 사용하고 매년 수천수만의 사람들을 무료로 치료해주며 유용한 많은 책들을 번역했다. 수천수만에 달하는 백성을 교육하였고 그들을 구출하여 굶어죽는 것을 면하게 하였다. 많은 선교

43 同上.

사들의 묘비들은 그들이 중국의 유익을 위해 생명을 바쳤음을 나타낸다. 그러나 관리, 유력인사, 백성들의 이 모든 일에 대한 반응은 겨우 이런 황당무계한 고소뿐이다."[44]

## 제3절 의화단반제애국운동 义和团反帝爱国运动

### 1. 의화단운동의 발발

1840년 아편 전쟁 이후 중국 사회 각 계층은 서구 세력이 중국으로 침투하는 힘의 세기가 점점 더 강해지고 있음을 느꼈다. 이 세력들은 서로 다른 다양한 신분의 사람들로 구성되었다. 이 사람들에 대해 쉬중웨 徐中约는 "중국토지에서 의기양양한 외국공사, 무섭게 몰아붙이는 영사, 기세등등한 선교사와 자사자리한 상인"이라고 형상적으로 묘사한다.[45] 그러나 여러 부류의 사람 중에 가장 깊이 민중들 속으로 들어간 사람들은 바로 선교사이다. 1858년 "텐진조약"과 1860년 "베이징조약" 체결 후 선교사들의 중국 향촌에 들어가는 발걸음이 더욱 빨라졌다.

이런 사람들의 존재는 중국 각계각층의 반감을 사고 배척을 받았는데 가장 큰 반대 세력은 신사绅士와 민중들이었다. 선교사들은 불평등

44 参见汤清, 『中国基督教百年史』, 第632-633页.
45 徐中约, 『中国近代史』, 香港: 香港中文大学出版社, 2002年, 第389页.

**그림 070** 의화단운동

조약의 보호 아래에서 중국 내지에서 선교할 수 있는 자유를 얻었다. 그러나 그들이 너무 많은 특권을 가졌고 서구 열강과 청 정부의 보호까지 받았기에 그들의 노력은 중국 민중의 일반적인 찬사를 받지 못하고 오히려 여기저기에서 의심과 배척을 받았다. 이런 선교사들이 초기에 선교한 신도들중에는 현지의 불량분자들이 많았고 이런 사람들이 교회에 들어가서 교회의 형상을 손상시켰을 뿐만 아니라 일반 민중의 기독교에 대한 적대심을 불러일으켰다. 게다가 선교사는 옳고 그름을 가리지 않고 무조건 신도를 두둔하고 소송을 독점하여 강제적으로 청나라 관원들로 하여금 신도들의 편을 들게 하여 모순은 점점 더 격화되었다.

의화단운동의 대폭발은 바로 이런 중·서 충돌이 완화될 수 없는 지경에 이르러 집중적으로 드러난 모습이다.

의화단은 의화권에서 기인한다. 의화권은 장강 이북지구의 비밀조직으로 백련교와 긴밀한 관계를 가지고 있는 천리교八卦教에서 분리되어 나왔다. 19세기 90년대 후반에 그들은 당시 산동山东 순무巡抚 리빙형李秉

衡의 지지를 받고 공개적으로 외국인을 반대하기 시작하였다. 1899년 이 조직은 공식적인 이름을 "의화단"义和团으로 명명하고서 외국인을 "다마오즈"大毛子로 부르고 중국 기독교인과 외국인을 위하여 일을 하는 사람들은 "얼마오즈"二毛子로 부르며 이 모든 "마오즈"毛子들을 모조리 없애야 한다고 했다.

청 정부 보수세력의 지지를 받은 의화단은 "청나라를 일으키고 외세를 몰아내자"는 기치를 들고 공개적으로 외국인과 주중 외국기구를 공격하기 시작하였고, 마찬가지로 교회도 공격하였다. "권민"拳民의 기독교에 대한 공격은 유래가 깊은데, 가장 두드러진 사건은 1896년 산둥의 쥐루교안巨鹿教案이다. 이때부터 권민은 교회와 교인들을 향한 공격을 멈추지 않았다. 의화단의 배타 정서는 청 정부의 제재를 받지 않았을뿐 아니라 오히려 격려를 받았고 심지어 의화단을 베이징으로 들어오게 하고 공개적으로 외국 거류민을 포위 토벌하여 산둥 화북 일대의 정세가 매우 긴장되었다. 1900년 4월 각 나라 주 중공사들은 청 정부에 각서를 보내어 청 정부에게 기한내에 의화단을 멸할 것을 요구하였다. 청 정부가 아무런 움직임이 없자 외국 군대는 교민을 보호한다는 이유로 당해 5월에 잇따라 베이징과 텐진에 투입되었고 정세는 한층 더 긴장되었다. 영국 선교사 프레데릭Brown Frederick, 1860-?은 친히 안내인을 자처하고 8국 연합군에게 길을 안내했다. 8월 14일 8국 연합군은 베이징성에 침입했다. 8월 16일부터 18일까지 8국 연합군은 베이징 내에서 약탈을 일삼았다. 이런 현상에 대해 연합군 통솔자 알프레트 폰 풀더제Alfred Graf Von Fuldersee, 1832-1904는 이렇게 묘사했다: "연합군은 베이징을 점령한 후 공개적으로 삼일 동안 약탈할 수 있도록 특별히 허락을 받았고 삼일 이후부터는 개인적인 약탈이 성행하였다. 이로 인하여 베이징 주민들이 물질적인 손해가 막대하나 상세한 숫자는 조사하기 어렵다. (중략) 약탈 시 발생한 부녀자 강간 사건, 잔인한 행위, 무차별 살해, 무분별한 방화 등 사건은 그 수가 적지 않았다."[46]

## 2. 의화단의 교회에 대한 공격

의화단이 처음 교회를 공격한 것은 1898년 10월 3일또 다른 주장은 10월 25일이다. 산둥 관현冠县 의화단 수령 자오산두어赵三多, 앤수친阎书勤이 의화단을 이끌고 처음으로 "청을 도와 양을 멸하자"라는 기치를 들고 교회를 공격하였다. 이후에 산둥, 즈리直隶 각 지역의 의화단이 "교회에서 일을 일으키"는 사건이 점점 더 많아지고 교회당을 불지르거나 또는 행위가 바르지 못한 신도들을 살해하곤 하였다.

1900년 6월 21일 청 정부가 외국 열강과 선전포고를 한 후, 의화단이 교회를 공격하는 사건이 절정에 달했으며 6월 22일 조정은 현상금을 내걸고 서양인을 살해하도록 하였다. 훈령이 반포되자 그 영향을 받아 각지에서 공공연히 교회를 공격하는 행동이 시작되었다.

의화단원들은 6월 24일에 베이징성城에 있는 모든 교회당을 공격하고 대사관 구역을 포위하였고 이로 인하여 중국 신도천주교와 개신교의 신도 포함 수백 명이 살해되었다. 기록에 의하면 "수도 성안의 양측两翼, 성외 5리 지면 안에 있는 모든 교회당 및 교민들의 주거지는 모두 불태워 없어지고 교민들이 살해되어 유하御河에 시체가 버려지는 일은 하루도 거르지 않고 발생했다. 또한 스스로 그물에 걸려드는 자들이 많으니 종교를 믿는 부녀자들이 길을 가다가 의화단을 만나면 그 자리에 무릎 꿇어 바로 끌려

46 "瓦西德拳乱笔记," 剪伯赞主编, 『义和 团 资料丛刊』, 第三册, 上海: 神州国光社, 1951年, 第31-34页.

**그림 071** 의화단에 의하여 훼손된 베이징 천주교 북당과 회복 후의 정경

가 죽임을 당한다. 게다가 평민들 중에도 교인이라 모함을 받고 과실치사로 죽는 사람도 많았다. 단坛에서 죽은 자를 위해 태우는 종이돈의 재가 날리지 않으면 바로 믿는 자로 간주되고 보증을 찾을 수 없으면 억울한 죽음을 면할 수 없었다."[47] 의화단이 베이징에 진입해 있는 동안 "경성 내외에서 서양인의 집 34채, 교회당 18개, 남학당 12개, 여학당 11개, 전도학당 4개, 약국 12개, 병원 8개, 인쇄소 3곳, 맹인학당 1개가 소각되었고 죽임을 당한 사람은 부지기수였다."[48]

동일한 상황이 텐진에서도 발생하였다. 음력 4, 5월 기간 의화단 단원들은 텐진天津 부근의 징하이静海, 문안文安, 바현霸县 등 시골지역에서 잇따라 텐진으로 몰려들었다. 6월 14일 저녁 의화단은 창먼커우仓门口, 시먼리西门里, 진수전镇署前 세 개의 교회당을 동시에 불질렀다. 그 다음날 오후 텐허우궁베이天后宫北교회당에 또 불을 지르고 저녁에 왕하이러우望海楼교회당, 마쟈커우马家口교회당 등을 불살랐다.[49] 관청은 의화단을 크게

47 杨典浩, 『庚子大事记』, 转引顾卫民, 『基督教与近代中国社会』, 第330页.
48 张力、刘鉴唐, 『中国教案史』, 第516页.
49 参见张力、刘鉴唐, 『中国教案史』, 520页.

격려하였고 총독부는 의화단의 본부가 되었다.

베이징과 톈진 이 두 대도시 이외에 각 저우현州县의 교회들도 심각한 공격을 받았다. 의화단민은 통저우通州에서 철도를 파괴하고 한창 건축 중에 있는 공리회公理会 예배당을 보고 곧바로 파괴하였다. 이어서 또 다른 천주교 성당을 공격하였는데 처음에는 천주교 무장세력이 의화단에 대항하였으나 인원수의 차이 때문에 결국은 패하고 많은 신도가 살해되고 소, 양과 재물은 약탈당했다.

6월 하순에는 산시山西성 전체에서 대규모 민교충돌이 발생하였다. 6월 27일 타이위안동터우향太原东头巷교회병원이 의화단 단원에 의해 방화 및 전소되었고 영국 여성이 불속으로 던져져 불타죽었다. 7월 3일 산시 순무 웨이현毓贤은 타이위안의 모든 선교사들을 한곳에 모아 감시하라고 명령하였다. 일부 선교사들이 동쪽으로 도망하고자 했으나 다시 붙잡혀 갇히게 되었다. 7월 9일 선교사들은 단체로 웨이현 순무 관아 옆으로 끌려가 상의가 벗겨진 채로 그 자리에서 참수당했다. 피살자는 34명의 잉글랜드와 스코틀랜드 기독교도와 12명의 천주교도가 포함되었다. 타이구현太谷县에서는 6명의 미국 국적 선교사가 살해되었고 그들의 머리는 웨이현 관아에 보내어 웨이현으로 하여금 확인하도록 했다. 산둥다퉁山东大同에서 프란체스코수도회 선교사가 기록하기를 "권민들은 다퉁의 교회당을 불살랐고 신도들은 어디로 도망가야 될지 몰라 몇 무리로 나눠서 대가댁의 마당에 숨었다. 재난은 드디어 이들에게 닥쳤다. 1900년 7월 20일 많은 남성 신도들이 붙잡혀 사찰로 끌려갔고 배교를 거부하였기에 난을 당했다. 어떤 사람은 먼저 관아에 끌려갔다가 족쇄를 차고 감옥에 억류되었고 관청은 그들을 굶겨 죽이려고 했다. 그러나 권민들은 이렇게 죽이는 것을 원하지 않았고 피를 보고자 했기에 며칠 후에 그들을 거리로 끌고 가서 살해했다."[50]

통계에 따르면, 경자년 기간에 몽골蒙古과 산시山西에서 해를 당한 선교사는 모두 178명이다.

동북삼성에서 7월 8일에 료녕녕커우辽宁宁口의 의화단은 벽보를 살포하여 사람들에게 "서양인을 뿌리 뽑자"라고 호소했다. 7월 9일 의화단은 두령 류희록刘喜禄과 장하이张海를 선두로 펑텐선양의 모든 교회들을 공격하였다. 현지의 청군들도 이런 공격행동에 가담했다. 그들은 먼저 난관南关천주교당에 침입했고, 프랑스 선교사 기주교纪主教와 아이리艾李선교사와 백여 명의 남녀 신도가 이들에 의해 살해되었으며, 교회당과 교민의 집들도 소각되었다. 피살된 새 신자는 신보보新宝堡에 42명, 융링永陵 23명, 왕칭먼旺清门 14명, 상쟈허上夹河 2명, 화이런현怀仁县 10여 명이었고, 닝광宁广지역에도 50여 명의 신도가 피살되었다. 신민툰新民屯에서는 모두 38명이 살해되었고 피살된 천주교 신도는 펑텐奉天 한 곳만 1,500명이다. 이들 중 주교 1명, 외국 신부 10여 명, 중국 신부 3명이 있었고, 지린吉林과 헤이룽장黑龙江에도 여러 채의 교회당을 헐고 신부를 구타하는 사건이 발생했다.[51]

비록 산둥이 의화단운동의 발원지이나 조정은 8국에 선전포고를 할 때 산둥 순무 위안스카이袁世凯는 비교적 온건한 방법을 사용하여 선교사들이 즉시 각 개항장에 가서 잠시 피해있을 것을 명령하였다. 동시에 관청이 나서서 교회당을 차압하였다. 그럴지라도 웨이현潍县, 러링乐陵, 타이안泰安 등지에는 여전히 교안이 발생하고 이 교안들로 인하여 모두

50 『在中国耕耘— 刚恒毅枢机回忆录』(上), 台湾: 天主教主徒会 , 1978年, 第255-256页. 转引自顾卫民, 基督教与近代中国社会』, 第331页.

51 张力、刘鉴唐,『中国教案史』, 第526页.

290명의 신도가 살해당했다. 빈저우濱州는 89명, 웨이자창魏家仓에는 17명의 신도가 살해되었으며 주쟈자이朱家寨에 있는 외국인의 집과 병원, 학교, 교회당이 모두 불태워졌다.[52]

왕즈신王志心은 『중국기독교사강』中国基督教史纲에서 교회의 피해 통계수치를 아래와 같이 제공한다. "천주교 주교 5명, 교사 48명, 신도 18,000명, 개신교 교사 188명, 신도 5,000명이 피살되었다."[53] 일찍이 1910년에 차이랜푸柴莲馥는 5권으로 된 『경자교회화인유혈사』庚子教会华人流血史를 편집 출판하여 산둥山东, 즈리直隶, 산시山西 등 성에서 발생한 의화단사건으로 교회와 신도들이 당한 피해를 상세하게 기록하였다.

그러나 역사는 단편적으로만 보아서는 안 된다. 중국기독교사의 연구자라고 하여도 단지 교회가 당한 조난만을 보면 안 되고 이 조난을 역사적인 커다란 배경에서 보아야 한다. 이런 태도가 역사학자로서 공평타당하며 공정한 신분에 부합된다. 사학가 재미화인 탕더강唐德刚은 그의 저작 『청나라 말기부터 민국까지』에서 "청나라 말기 민국 초기에 발생한 각종 국내외 충돌에서 양측의 사상자 숫자를 비교하였는데 얻은 비율은 대략적으로 1,000대 1이다. 바꾸어 말하면 국내외 충돌 중에서 서양인이 만약 한 명이 생명을 잃었다면 무고한 화인 백성은 1,000명의 목숨으로 "동반"相陪(배상이 아니라)을 했다. 예를 들면 차오저우교안曹州教案에서 독일 선교사가 2명이 살해되었다면 독일이 이를 빌미로 침입하여 살해한 화인, 중국 관청이 서양인의 협박을 받아 살해한 화민, 그리고 민교民教충돌로 발생한 사상자까지 계산하면 수천 명 이상이 될 것이다."[54]

52 同上, 第524-526页.
53 王治心, 『中国基督教史纲』, 上海: 上海古籍出版社, 2004年, 第193页.
54 唐德刚, 『从晚清到民国』, 北京: 中国文史出版社, 2015年, 第228页.

## 3. 8국 연합군의 폭주하는 복수

앞에서 말했듯이 8국 연합군은 베이징에 진입한 후 군병들이 삼일 동안 약탈을 할 수 있도록 특허했다. 이런 행동들이 선교사들의 질책을 받지 않았을 뿐만 아니라 많은 선교사들은 오히려 신도들을 거느리고 약탈의 행렬에 가담하였다. 예를 들면 천주교 베이징교구 주교 피에르 파비에Pierre Marie Alphonese Favier, 1837-1905는 공고를 붙여 신부와 신도들이 약탈에 참여하도록 명령했다. 동시에 아래와 같은 규정을 정했다. 빼앗은 물품 총가격이 은 50냥을 넘지 않는 것은 상납할 필요가 없고 초과하는 물품은 바쳐야 한다. 사실상 이는 교회가 장물을 모으는 곳으로 사용된 것이다. 회중교회 선교사 윌리엄 스콧 아멘트梅子明, William Scott Ament, 1851-1909는 연합군이 베이징을 침공한 후, 200여 명의 중국 신도들을 이끌고 경성에서 많은 부자들의 재산을 약탈했고 또 몇몇 선교사들과 함께 몽골 황족의 저택을 강점하였다. 그는 청 정부를 협박하여 수난자에게 배상할 것을 요구하였으며 그의 이런 행위는 미국 주 중국 영사 스캉거使康格, Edwin Hurd Conger, 1843-1907의 보호를 받기까지 하였다.[55] 멀리 미국 본토에 있던 마크 트웨인Mark Twain, 1835-1910은 "북미 평론"에 글을 게재하여 공개적으로 윌리엄 스콧 아멘트의 행위를 질타했다. 그는 "윌리엄 스콧 아멘트 선생은 다른 사람의 죄행을 청산하기 위하여 빈곤한 중국 농민으로부터 13배나 되는 배상금을 착취해서 농민들뿐만 아니라 그들의 부녀자와 무고한 아이들이 천천히 굶어 죽게 하였다. 이렇게 취득한 살인의 대가를 '복음을 전하는데' 사용하였다. 그의 이런 금전을 갈취하는 묘기는 나를 불안하게

55 张力、刘鉴唐,『中国教案史』, 548页.

는 하지 못했다. 결국 그의 행실은 구체적으로 하나님을 욕되게 하는 태도를 보여준다. 그 행실의 무서움과 경이로움은 말할 것도 없이 이전 세대에도 없었고 이후 세대에도 없을 것이다."[56]

선교사들은 약탈에 가담할 뿐만 아니라 연합군의 약탈행위에 이론적, "도의적" 지지를 제공하였다. 미국 선교사 헨리 포터博恒理, Henry W. Porter, 1845-1916는 연합군이 바오띵保定을 정복하고 도시를 전멸한 행위가 보복이 아니고 정의의 행동이라고 지적한다. 그는 중국과 같은 이런 나라에는 서구의 문명표준을 적용할 필요가 없다고 여긴다. 회중교회 선교사 다벨 Z. 셰필드谢卫楼, Davelle Z. Sheffield, 1841-1913는 신학적인 관점으로 연합군이 보복하고 약탈하는 행위에 대해 변호하였다. 그는 개인적인 보복행위만 비기독교적인 것이라고 말한다. 바꿔말하면 연합군의 집단적인 보복행위 및 중국 조정에 대한 어떤 형식의 갈취도 모두 기독교의 도덕에 부합된다는 것이다. 미국 장로교 선교사 리드李佳白, Gilbert Reid는 침략자의 약탈행위를 윤리학의 영역으로 승화하여 "약탈은 고급윤리학"이라고 주장한다.[57]

전후에 중국에 대한 제재에 대하여 선교사들은 일찍 연합군이 베이징에 들어가기 전에 준비하기 시작하였는데 윌리엄 마틴丁韪良과 티모시 리처드李提摩太가 대표적인 인물이다. 6월 18일 윌리엄 마틴은 서구군대가 개입하자마자 경자사건이 바로 해결될 것이라고 예견했다. 해결된 후에 어떻게 할 것인가? 이 문제를 위하여 그는 중국 정부 중건重建에 관한 의견서를 각국의 사절들에게 보냈다. 의견서에서 그는 전후에 서구 열강과 중국 정부 사이에는 완전히 새로운 관계가 이루어질 것이며 서구 열

56 马克, 吐温, "给坐在黑暗中的人," 张启明主编, 『世界散文名篇快读』, 乌鲁木齐: 新疆美术摄影出版 社, 2011年, 第35页.

57 转引自顾长声, 『从马礼逊到司徒雷登— 来华新教传教士评传』, 上海: 上海书店, 2005年, 第335页.

강은 중국의 운명을 자신들이 장악해야 한다고 주장한다. 그는 "1. 자희慈禧 추방 광서황제光绪帝의 합법적인 권리를 회복한다. 2. 자희태후가 정변을 일으킨 후 발표한 모든 법령을 취소한다. 여기에는 신정권이 임명한 사 람을 제외하고 오직 그녀의 도당들을 임명한 법령만 포함한다. 3. 광서황제의 개혁방안을 회복하고 각 나라의 동의를 얻은 뒤에 집행한다. 4. 각 나라는 이익범위를 확정하고 한 명의 대표를 파견하여 자신의 이익 범위 내에서 각 성정부省政府의 행동을 통제한다."[58]

티모시 리처드도 그의 방안을 제기하였는데 이는 윌리엄 마틴의 방안보다 더 구체적이다. 그의 건의에는 중외 연합내각을 조직할 것을 포함한다. 그는 "1. 내각은 절반의 외국인과 절반의 중국인으로 공동 구성한다. 2. 일만 명의 상비군을 중국에 주둔시킬 수 있는 대국은 2명을 내각으로 파견해야 한다. 3. 중국의 총독과 순무는 동일한 인원수예를 들면 12명의 내각원을 파견하여야 한다. 이 사람들은 반드시 열강이 절대적으로 신뢰하는 사람이어야 한다. 4. 내각의 주요 임무는 ① 각 나라 인민들의 생명과 재산을 보호한다. ② 중국 영토의 완전함을 보장해야 한다. ③ 한 나라 또는 몇 개의 나라의 이익이 아니라 차별이 없이 모든 나라의 이익을 보호해야 한다. 5. 새로운 내각은 그 어떤 나라의 직접적인 관할을 받지 않는다. 6. 최고국제법정을 조직하여 이 연합내각에서 발생하는 문제들을 해결해야 한다. 7. 과도 시기에 각 성의 총독과 순무가 책임지고 각 직할구의 질서를 유지하며 군대를 보내어 베이징을 구조하는 것을 금한다."[59] 티모시 리처드의 건의는 명목상으로는 "국제공관"国际共管이나 실질적으

58 转引自顾卫民,『基督教与近代中国社会』, 第343页.
59 转引自顾卫民,『基督教与近代中国社会』, 第344-345页.

로는 서구 열강이 중국을 분할하도록 선동한 것이다. 그러나 열강 사이에 이해균형을 이룰 수 없기에 중국을 분할하려는 음모는 결국 무산되었다.

## 제4절 선교사와 중·서 문화교류

### 1. 교회학교의 발전

밀른米怜이 말라카에서 영화서원英华书院을 건립한 이후로 학교 건립은 중국에 온 선교사들의 어쩔 수 없는 선택이 되었고 또한 중국에 와서 선교할 수 있는 중요한 보조수단이 되었다. 그러나 1860년 이전 교회

**그림 072** 윌리엄 마틴

**그림 073** 티모시 리처드

그림 074 영화서원

학교의 목적은 단일하고 규모도 모두 작았으며 커리큘럼도 규범이 없었고 엄격한 의미에서의 교사도 부족했다. 그래서 1860년 이전에는 교회학교의 숫자가 50개 정도였고 학생 수도 1,000명을 넘지 못했다. 다른 말로 하면 이 기간의 교회학교는 중국 사회에 대한 영향이 미약했다.

1860년 이후 교회학교가 급속하게 발전할 수 있었던 이유는 세 가지가 있다. 첫 번째, 불평등조약의 보호 아래에서 선교사들이 중국 내에서 자유롭게 활동할 수 있는 범위가 내지까지 확대되었다. 선교사들은 연해지역을 벗어나 내지까지 깊이 들어갔고 중국 연해지역에서 선교하면서 쌓은 경험을 직접적으로 내지에 그대로 사용하였는데 학교 건립은 가장 뚜렷한 경험이다. 둘째, 중국 사회에도 거대한 변화가 생겼는데 가장 큰 변화는 양무운동洋务运动이 시작된 것이다. 양무운동은 서구를 배워 교육을 하고 실업을 하는 운동이다. 이 운동의 영향을 받아 중국 사회에서 서학 인재들에 대한 수요가 급증했다. 이 또한 기독교교육의 발전을 자극하였다. 셋째, 교회 내부에서 교회가 교육을 진행할 것인지에 대해서 여전히 논의가 존재했다. 어떤 사람들은 초급학교만 할 것을 주장했고 어떤 사람들은 학교 건립을 반대하였다. 그러나 대다수 선교사들은 교육을 진행하면 기독교의 중국에서의 전파에 도움이 되기에 적극적으로 지지했다. 학교 건립을 주장하는 선교사들 중에 칼빈 윌슨 마티어狄考文가 비교적 대표성이 있다.

칼빈 윌슨 마티어狄考文, Calvin Wilson Mateer, 1836-1908는 미국 선교사이다. 그는 1877년 선교사대회에서 교육 관련 발표를 하였는데 교육의 중요성을 피력하며 교육을 통하여 아래와 같은 다섯 개의 목적을 이룰 수 있다고 주장했다.

> 첫째, 효율이 높고 믿을 수 있는 전도 인재들을 양육할 수 있다. 둘째, 기독교학교에 교사 인력 수급을 할 수 있고 그들을 통해 서구의 좋은 교육을 중국에 소개할 수 있다. 셋째, 사람을 훈련하여 서구문화의 과학과 예술을 소개할 수 있다. 넷째, 교육은 상층계급으로 승진하는 가장 유력한 방법이다. 다섯째, 교육은 중국교육에 자립능력을 증가할 수 있으며 또한 중국교회로 하여금 미신이 침투하는 것을 막을 수 있고 교회밖에 있는 교육계의 회의주의자로부터 오는 공격을 막을 수 있다.[60]

발표 중에서 그는 더 나아가 위의 목적을 이루기 위하여 아래와 같이 네 가지 학교를 세워야 한다고 주장했다.

첫째, 소학교가 아니라 고급학교이다. 둘째, 자연을 주요 과목으로

60 汤清,『中国基督教百年史』, 第559页.

해야 한다. 셋째, 기독교인들의 자녀를 교육하기 위한 것이지 비기독교인 자녀들을 위한 학교가 아니다. 넷째, 학생들의 비용은 전체 학생이 모두 자비량으로 다닐 수 있을 때까지 학생 또는 가장이 납입해야 한다소수의 특별상황 제외.[61]

마티어는 선교사들을 향하여 단합하여 한마음으로 뜻을 모아 교육 사역을 해야 한다고 호소했다. 즉 자원을 통합하여야만 좋은 학교를 세울 수 있고 좋은 효과를 볼 수 있다는 것이다. 통계에 따르면, 1876년 전국 교회학교에는 5,917명의 학생이 있었고 1889년에 이르러 16,836명, 1906년에는 학생 수가 57,683명에 달했다.

당연히 모든 선교단체가 마티어의 교육을 하자는 주장을 받아들인 것은 아니다. 예를 들면 내지회가 그 대표적인 단체이다. 그들은 모든 힘을 직접적인 선교활동에 쓰고자 했다. 때문에 이 단체는 학교가 아주 적을 뿐만 아니라 대부분은 초급교육에 머문다. 1890년 제2차 선교사대회에 이 단체는 366명의 선교사가 있었으나 학생은 겨우 182명이고 런던선교회는 65명의 선교사에 학생이 2,124명이었다.

이 단계는 초기 단계였기에 학교 건립 양식이 비교적 융통성이 있었다. 주간학교, 기숙학교가 있었고 어떤 학교는 오직 기독교인 자녀들을 위해 개설했으며 어떤 학교는 비기독교인 자녀들을 교육하거나 또는 두 가지를 겸해서 하는 학교가 있었다. 어떤 학교는 남학생만 또는 여학생만 모집하였고 어떤 학교는 남녀공학도 있었다. 대략 1894년부터 유치원이 생겼다. 학제로 보면 초기는 초급학교였고 점차 발전하여 고급중학교로 그리고 세기가 교체할 때는 성숙한 학교에서는 점점 대학교로 발전하기

61 同上.

시작하였다.

1877년 선교사대회에서 학교에 관한 자세한 통계가 나왔다. 아래의 도표는 관련 참고자료이다.[62]

| 선교회구분 | 미국선교회 | 영국 및 영연방선교회 | 유럽대륙선교회 | 총계 |
|---|---|---|---|---|
| 남자 기숙학교 | 19개 | 8개 | 3개 | 30개 |
| 학생 수 | 347명 | 118명 | 146명 | 611명 |
| 남자 주간학교 | 93개 | 70개 | 14개 | 177개 |
| 학생 수 | 1,255명 | 1,471명 | 265명 | 2,991명 |
| 여자 기숙학교 | 24개 | 12개 | 2개 | 38개 |
| 학생 수 | 464명 | 189명 | 124명 | 777명 |
| 여자 주간학교 | 57개 | 24개 | 1개 | 82개 |
| 학생 수 | 957명 | 335명 | 15명 | 1307명 |
| 신학교 | 9개 | 9개 | 2개 | 20개 |
| 학생 수 | 94명 | 115명 | 22명 | 231명 |
| 주일학교 | 92개 | 23개 | … | 115개 |
| 학생 수 | 2,110명 | 495명 | … | 2,605명 |
| 교직원 수 | 178명 | 88명 | 24명 | 290명 |

교회학교를 잘 운영하기 위하여 1877년 제1차 선교사대회에서 선교사들은 상의를 거쳐 교재를 편찬할 목적으로 "익지서회"益智书会를 설립

62 汤清,『中国基督教百年史』, 562页.

하였다. 구성원에는 윌리엄 마틴丁韪良, 알렉산더 윌리엄슨韦廉臣, Alexander Williamson, 1829-1890, 칼빈 윌슨 마티어狄考文, 영 앨런林乐知, 루돌프 레흘러黎力基, Rudolph Lechler, 1824-1908, 존 프라이어傅兰雅, John Fryer, 1839-1928 등이 있고 존 프라이어가 총편집을 맡았다. 토론을 거쳐 그들은 두 세트의 교재를 편찬하기로 결정하였는데 한 세트는 초등학교에서 사용하기로 하고 존 프라이어가 책임졌다. 또 다른 세트는 고등학교에서 사용하고 영 앨런이 책임진다. 교재 편찬 사역은 큰 성과를 거뒀다. 1890년의 통계에 따르면 "익지서회"는 모두 50여 종의 서책 74권, 도표 40개를 출판하였다. 심사를 통하여 학교에서 사용하기에 적합한 서책은 48종, 115권이다. 두 가지를 합치면 모두 98종 189권에 달한다.

이 단계에서 학교 건립은 위의 단계에서 나타난 특색을 이어갔을 뿐만 아니라 이번 단계의 독특한 특색도 가지고 있다. 남녀 중학교가 증가했고 대학교를 건립하기 시작했다. 또한 직업 특성이 분명한 학교도 증가하였다. 신학교의 교육 수준이 대폭적으로 높아졌고 학제도 연장하였다. 예를 들면 1876년 닝보宁波에서 건립한 삼일 학원은 학제가 무려 7년에 달한다. 이 학교에서 공부하는 학생들은 어느 정도의 중문기초가 있어야 하고 중문학을 익숙히 알고 있어야 한다. 루터교 계통의 바젤선교회는 순차적 시스템을 갖춘 학교를 운영하였다. 1886년부터 이 학교는 소학교 7년, 중학교 4년, 신학교 4년의 학제로 학생들을 교육했다.

## 2. 광학회广学会

광학회广学会, The Christian Literature Society for China는 개신교 선교사가 근대 중국에서 세운 가장 큰 출판기구이다. 이 기구는 1887년 11월 1일 상하이에서 설립되었고, 설립자는 영국 장로회 선교사 알렉산더 윌리엄슨韦廉臣이다. 처음 이름은 "동문서회"同文书会로 주로 서양 종교 방면의 서적을 번역하는데 주력하였고 직접적으로 선교를 위하여 섬기는 출판기구였다. 1890년 윌리엄슨이 세상을 떠난 후 윌리엄 뮤어헤드慕维廉가 직무를 이어받았다. 그는 기본적으로 알렉산더 윌리엄슨의 출판 노선을 이어갔으며 동문서회는 큰 변화가 없었다. 1892년 티모시 리처드가 동문서회의 감독으로 추천받았는데 전면적으로 동문서회의 모든 업무를 위임받았고 그 후로 출판 노선이 변화가 생기기 시작하였다. 티모시 리처드의 주장에 따라 동문서회의 출판은 종교 지식의 소개와 세속 지식의 보급에 초점을 맞추게 되었다. 당시의 중국 상황에 근거하여 리처드는 세속 지식의 보급이 아주 중요하다고 생각했다. 장원한江文汉의 소개에 따르면 리처드는 출판 사역의 중요성에 대하여 아래와 같은 추정을 하였다.

그림 075 광학회건물

> 리처드는 말하기를 선교는 아래와 같은 몇 가지 방법으로 진행한다. 첫 번째는 교회당을 세워 설교한다. 그러나 그는 이 방법은 선교사들이 신도들과 접촉할 수 있는 인원수의 한계가 있기에 많은 시간이 소요된다고 생각했다. 그 당시 중국에서 설교 사역을 하는 선교사가

모두 천명 정도였는데 그들이 어떻게 설교만을 통하여 4억의 중국 인민들에게 영향을 줄 수 있는가? 두 번째는 학교를 설립하는 것이다. 리처드는 이 방법도 너무 느리다고 생각했다. 선교사는 유럽보다 더 큰 땅에서 여기저기에 학교를 세울 수 없고 게다가 학생은 수년의 교육을 통해서만 사회에서 일정한 작용을 할 수 있다. 세 번째는 병원을 세우는 것이다. 리처드는 병원을 통해서 접촉하는 사람은 모두 환자이다. 환자들은 모두 정상적이지 않은 상황에 처해있기에 효과가 크게 없다고 본다. 네 번째는 문서 출판 사역이다. 리처드는 이 방법이 "백만대계로 감화시키는데" 가장 효과적인 방법이라고 생각했다. 그는 말하기를 "다른 방법은 수천의 사람들을 변화시킬 수 있지만 문자 홍보는 백만 단위의 사람들의 머리를 변화시킨다."[63]

1894년 리처드는 동문서회를 광학회广学会로 이름을 바꿨다. 당시 중국은 때마침 청나라 말기 유신사상维新思想이 성행하고 있어서 광학회의 출판은 유신파 인사들에게 큰 영향을 주었고 이들이 출판한 많은 서적들이 유신파 인사들이 열정적으로 찾는 대상이 되었다. 심지어 광서황제까지 사람을 보내서 광학회의 출판물을 주문하여 구독하였다.

일련의 판매 수치를 통하여 광학회의 영향력을 보자.

1894년 판매총액은 겨우 1,000여 원이었다. 1896년에 5,900원으로 증가하여 4배가 증가하였고 1897년에는 15,500원에 이르고 1899년에는 무술변법戊戌变法의 실패로 인하여 광학회의 판매에도 큰 영향을 받아 총액이 2,600원으로 하락했다. 1900년에는 다시 12,400원으로

63 江文汉, "广学会是怎样一个机构,"『文史资料选辑』, 第15卷 , 第43辑 , 第6-7页.

1901년에는 15,600원, 1902년에는 훌쩍 뛰어 43,500원에 달했다.

이 밖에도 광학회에서 출판한 서적들은 불법상인들이 불법복제하는 대상이 되었다. 우리는 리처드가 편집 저술한 『태서신사남요』泰西新史揽要를 예로 들어 설명한다.

> 이전에 중국 도서판매업자들은 기독교 서적을 판매하는 것을 거부하였다. 그러나 1895년에 이르러 리처드가 번역한 맥컨지麦肯齐의 『태서신사남요』泰西新史揽要가 세상에 나오므로 그들에게 커다란 변화를 일으켰다. 항저우에서만 6가지 이상의 복제판이 출판되어 전국으로 발행되었고 그중의 한 가지는 부자들을 위한 호화판도 있었다. 적어도 100만 권의 복제판이 전 중국에 발행되었는데 광학회의 다른 도서들도 복제대상이 되었다. 영 앨런林乐知 박사의 『시대평론』时代评论도 불법복제되었다. 『태서신사남요』泰西新史揽要는 상하이에서 2달러에 팔렸는데 시안부西安府에서는 6달러에 팔리기도 하였다. 불법 복제판의 수익은 파악할 방법이 없지만 광학회의 정식판본의 수익은 이미 해외에서 모금한 금액의 두 배에 달한다.[64]

광학회에 중요한 공헌을 한 또 다른 사람은 영 앨런林乐知 선교사이다. 그는 미국감리교 선교사로 1860년 파송 받아 중국에 왔다. 얼마 후 미국은 남북전쟁이 발발하였고 그의 경제원이 중단되어 어쩔 수 없는 상황에서 그는 상하이 광방언관广方言馆에서 강의를 하였다. 후에 광방언관이 강남제조국에 합병되어 그도 번역관에서 일했다. 1868년에 앨런은 개

64 苏慧廉,『李提摩太在中国』, 关志远等译, 桂林: 广西师范大学出版社, 2007年, 第173-174页.

그림 076 『만국공보』

인의 힘으로 『중국교회신보』中国教会新报라는 주간지를 발간하였고 1875년에 『만국공보』万国公报로 이름을 변경하였다. "본지는 태서泰西 각국과 관련된 지리, 역사, 문명, 정치, 종교, 과학, 예술, 공업 및 진보적인 지식을 보급하는 정기 간행물이다."[65] 영 앨런은 자신이 『만국공보』를 위하여 원고를 집필하였을 뿐만 아니라 뜻이 맞는 알렉산더 윌리엄슨韦廉臣, 티모시 리처드李提摩太, 윌리엄 뮤어헤드慕维廉, 윌리엄 마틴丁韪良, 칼빈 윌슨 마티어狄考文, 죠셉 에드킨스艾约瑟, 길버트 리드李佳白, Gilbert Reid, 1857-1927, A. P. 파커潘慎文, A. P. Parker, 1850-1924, 에른스트 파베르花之安, Ernst Faber, 1839-1899 등 선교사들과 연대하였다.

1881년, 미국교회는 그를 위한 후원을 회복하였다. 영 앨런은 다시 교회로 돌아와서 사역하였기에 "만국공보"의 편집을 주관할 여유가 없어 1883년 7월에 발행을 중단하였다. 1887년에 광학회가 설립되었고 적극적으로 "만국공보"의 발행을 회복할 것을 지지하였다. 이어 1889년에 다시 월간 형식으로 회복되었고 여전히 영 앨런 본인이 1907년에 세상을 떠나기 전까지 메인 편집을 담당하였다. 그가 세상을 떠난지 얼마되지 않아 "만국공보"는 완전히 발행을 멈췄다. 창립부터 정간까지 "만국공

65 转引自江文汉, "广学会是怎样一个机构," 第8页.

보"는 모두 222기를 출판하였고 큰 영향력을 미쳤다. 유신파 인사들은 무술변법 기간에 베이징에서 동명의 정기간행물을 출판하였는데 영 앨런의 영향을 받은 것이 분명하다.

그림 077 영 앨런

이 기간에 교회의 출판기구로는 마카오의 화화성경서점花华圣经书房, 상하이메이화서점上海美华书馆, 푸저우 로자리오 마카얼서점罗扎里奥 · 马卡尔书局, 닝보宁波 "성삼일출판사"圣三一出版社, 상하이익지서점上海益智书会, 산터우장로회출판사汕头长老会出版社, 푸저우주교단출판사福州主教团出版社, 한커우잉글랜드서점汉口英格兰圣经书局, 한커우성죠우서점汉口圣教书会 등이 있다.

### 3. 동서양의 문화교류

초기의 의약 사역은 주로 교회에 의존하여 진행하였고 선교에 사용되었다. 19세기 중엽 이후 의약 사역은 점차 교회에서 분리하여 교회와는 별개의 사역으로 독립하였다. 관련 통계에 따르면 1874년 모두 10여 명의 의료 선교사가 있었고 1881년에는 19명으로 1876년에 전국에 약 16개의 병원 24개의 진료소가 41,281명의 환자를 수용할 수 있었다. 1889년에는 병원이 총 61개에 달했고 진료소는 44개, 모두 348,439명

의 환자를 수용하였다.[66]

선교회는 새로운 곳에 도착할 때마다 선교거점을 세운 후에 통상적으로 먼저 병원이나 진료소를 개설하여 환자를 진료하거나 약을 처방해주는 등 의료사역을 펼쳤다. 거의 모든 선교거점에는 병원이나 진료소가 하나씩 있었고 한 명 또는 여러 명의 의료 선교사가 운영하였다. 이런 의료기구는 규모가 아주 작았고 시설도 낙후했다. 그러나 서의는 분명히 전통 중의와 다른 근대 의료술이었기에 그들이 사용하는 의료방법 특히 외과수술은 초반에 사람들의 의심을 샀고 심지어 서의들이 눈과 심장을 도려내서 약으로 사용한다는 헛소문도 돌았다. 그러나 병원에서 치유되는 환자들의 소식이 전파되자 이런 의심과 적대감은 점차 감소되었고 치료받으러 오는 사람들도 점점 증가했다. 선교사들은 한편으로 병을 치료하고 한편으로 전도를 했으며 중의가 치료할 수 없는 병증들도 치료하였다. 이는 "광대한 중국인들애 직접 경험을 통하여 실제를 중요시하는 서방 과학지식과 기술에 대해 비교적 온건한 태도를 취하게 했다."[67] 병원에서 자주 종교행사를 진행하기에 복음의 전파에도 길을 열었다. "거의 모든 환자들이 병원을 떠나갈 때 그들의료 선교사의 믿음에 대해 어느정도 감명을 받았다."[68]

선교회와 선교사들은 많은 수의 병원을 개설하였는데 거의 모든 선교회가 한 개 또는 몇몇 개의 병원또는 진료소을 개설하였다. 지면 때문에 비교적 독특한 예만 들려고 한다.

1858년 미북 장로교의 존 글래스고 커嘉约翰, John Glasgow Kerr, 1824-1901

66 Kenneth Scott Latourette, *A History of Christian Mission in China* (1929), p. 452.

67 [美]费正清、刘广京编, 『剑桥中国晚清史(1800-1911年下卷)』, 中国社会科学院历史研究所编译室译, 北京: 中国社会科学出版社, 1985年, 第559页.

68 Kenneth Scott Latourette, *A History of Christian Mission in China* (1929), p. 453.

는 다시 한번 중국에 들어왔다. 그다음 해에 백가伯驾가 창설한 안과 의원을 다시 시작하여 "박제의국"博济医局으로 명하고 종두과를 개설하였다. 커는 44년 동안 원장을 역임하였고 100만에 달하는 환자를 치료하였다. 커는 서양의학 인재양육을 중요하게 생각했고 1862년에 박제병원은 남학생을 모집하기 시작하였다. 1866년 커는 박제병원 내에 박제의과학교를 설립하였고 이 학교는 중국에서 가장 일찍 개설한 교회의과학교가 되었다. 1879년 남화의학교南华医学校로 이름을 바꾸고 두 명의 여학생도 입교하였다. 순중싼도 이 학교에서 공부했었다. 커는 서양의학 및 약학서적 그리고 학교 교재를 편찬하고 번역하는 일에도 열정을 쏟았다. 1859년에 『종두서』种痘书를 출판, 1871년에 편저한 5권의 의서 『서학약석』西学略释, 『안과촬요』眼科撮要, 『할증전서』割症全书, 『염증』炎症, 『화학초계』化学初阶를 연이어 편집 출판하였다. 1883년에 『내과전서』 6권을 출판하였고 1884년에 『체용십장』体用十章을, 1898년에 『실용화학』 등 거의 34종에 달하는 서적을 출판하였다. 이는 서의의 모든 영역을 섭렵하여 중국의 서의교육

**그림 078** 치루대학

체계를 확립하는데 기초를 닦는 작용을 했다. 1868년에 커가 편집 인쇄한 『광저우신보』广州新报는 주간지로 제일 처음 서의 지식을 소개하는 중문 간행물로 그들은 동시에 그들은 국내외의 뉴스를 등재했다. 1884년에 『서의신보』西医新报라는 월간지로 변경하였고 1872년에 커는 정신병원을 건립할 계획을 시작하였다. 1892년에 이르러 토지를 구입하고 1898년에 준공하고 환자를 받지 시작하였다.

1861년에 런던회의 윌리엄 록하트雒魏林가 베이징에 도착하여 병원을 개설하였다.

1873년 런던회는 한커우汉口에서 인제의원仁济医院을 건축하였다. 1875년에 존 케네스 맥켄지马根济, John Kenneth Mackenzie, 1850-1888 의사가 주관하고 1893년에는 1882년에 병원에 와서 외과의사로 근무했던 토마스 길리슨纪立生, Thomas Gillison, 1859-1937이 운영했다. 이 병원에는 소형의과학교도 설립했고 후에 치루대학의학원과 합병하였다.

1878년에 존 케네스 맥켄지의사는 한커우에서 텐진으로 옮겨갔고 이홍장李鸿章부인의 중병을 치료하였기에 이 씨 부부 및 기타 중국인들의 후원을 받아 1880년에 텐진에 병원을 세우고 병원 맞은편에 의학당을 건립하였다. 1888년에 마의사가 세상을 떠난 후에 이홍장 등이 후원을 철회하였고 이어 런던선교회가 병원을 인수하고 웨이허우더魏厚德가 운영하게 되었다.

1886년 캠벨파Church of Christ, 基督会의 W. E. 매클린马林, W. E. Macklin, 1860-1947이 난징南京에서 의술을 펼치면서 선교하였다. 1890년에 병원을 건축하기 시작하였고 1893년에 환자를 받고 병원의 이름을 “기독병원”이라 명하고 매클린이 원장을 맡았다. 이 병원은 오늘날 난징구루병원南京鼓楼医院의 전신이다.

특별히 주목할 것은 여의료 선교사들이 의약사역에서 중요한 역할을 발휘하였다. 중국사회는 전통적으로 남녀수수부가친男女授受不亲을 강조한다. 환자와 의사사이에는 많은 신체적 접촉이 발생하기에 여 의료선교사의 존재는 이 문제로 인하여 발생하는 의혹이나 모순을 대폭 완화하였다. 처음으로 중국에 온 여의료 선교사는 1873년에 베이징에 도착한 미국북회중교회 의사 컴즈Combs이다. 1874년 감리교여성해외선교회Women's Foreign Missionary Society of The Methodist Episcopal Church에서 온 의사가 푸저우에 도착하였다. 1885년에 미국여성선교회가 상하이에서 서문부유병원西门妇孺医院, 마카리트 윌리엄스병원이라고도 불린다을 건립하였다. 1896년에 스코틀랜드여성해외선교회가 동북지구에서 여성의료서비스를 제공하였고 1890년까지 중국에는 22명의 여의사가 있었다."[69]

**그림 079** 현 난징구루병원

**그림 080** 매클린

69 Kenneth Scott Latourette, *A History of Christian Mission in China*, p.457.

병을 치료하면서 전도하는 동시에 선교사들은 중국의 의약학 인재들을 훈련할 필요성을 느꼈다. 그들은 학도들을 모집하기 시작하고 화인 조수들을 훈련시켰다. 산둥떵저우문회관의학원山东登州文会馆医学院, 상하이 성요한서원 및 영국성공회가 홍콩에서 설립한 의학원에서 의학도를 모집하여 중국의 의약인재를 양육했다. "1897년까지 대략 300명의 중국인이 관련된 학교에서 졸업했고 지금 배우고 있는 학생도 250~300명에 달한다."[70] 이 학교들은 아직 교육수준이 비교적 낮지만 중국의학교육의 효시로 중국 가장 초기의 의약인재들을 양육하였다. 국내에서 학교를 설립하여 인재를 양육하는 동시에 학생들을 서구에 유학을 보냈다. 중국에서 첫 번째 해외학위를 받은 여의사 유메이칭尤梅庆은 화인목사가 남겨둔 고아였다. 후에 닝보에서 의료선교를 담당하고 있던 디비베툰 매카티麦嘉缔, Davie Bethune McCartee, 1820-1900가 딸로 입양하고 유학갈 수 있도록 후원하여 그녀는 의학학위를 받았고 귀국 후에 교회병원에서 섬겼다. 유명한 여자기독교의사 스메이위石美玉도 화인목사의 딸이다. 여선교회 선교사가 그녀를 미국으로 데리고 가서 공부했고 1896년에 미시건대학 의학원을 졸업했다. 귀국후 먼저 지우장九江에서 단푸더병원但福德医院을 설립하고 후에 상하이에서 베들레헴병원을 설립하였다.

의학서적을 편찬하고 번역하여 펴낸 책은 선교사가 중국인들에게 서양의학지식을 전달하는 또 다른 매체이다. 초기의 벤자민 홉슨合信의 해부학 작품 『전체신론』全体新论 외에 존 글래스고 커嘉约翰, 존 프라이어傅兰雅, 빌헬름 로브샤이드罗存德, Wilhelm Lobscheid, 1822-1893 등 사람들도 대량의 의학저서들을 번역하거나 의학교육교재들을 편집하였다. 진단법, 붕대싸

70 [美]费正清、刘广京编, 『剑桥中国晚清史』(1800-1911年 下卷), 第559页.

매는 법, 피부병, 매독, 안질, 의학원리와 실천, 열병, 외과학, 해부학, 생리학 등 내용이 포함된다. 이런 의학저서들은 중국근대의학의 기초를 다져 중국인들이 서방과학지식을 인정하고 받아들이는 속도를 가속화했다.

서학이 중국에 들어온 동시에 선교사는 중국문화를 서방에 전달하여 객관적으로 중서문화의 교류를 촉진하였다. 선교사들이 중국에 들어오면 아주 중대한 문제에 직면하게 되는데 그것은 바로 중국문화를 대하는 방법이다. 기독교와 중국문화의 관계를 잘 처리하려고 소수의 비교적 개방적인 선교사들은 중국문화를 배우기 시작하였다. 예를 들면 모리슨은 『영화사전』英华字典을 편찬하는 과정에서 아주 깊이 중국문화와 사회풍습에 대해 이해하려고 노력했다. 깊이 중국문화에 대해 연구한 첫 선교사는 런던선교회의 제임스 레그理雅各, James Legge, 1815-1897로 그는 연구를 통하여 아래와 같이 지적했다.

> 유교사상과 기독교는 적대적인 것이 아니다. 비록 그의 체계와 사상이 동방사회와 시대의 제한을 받기는 하였지만 (중략) 그 누구도 유교서적을 이해하는 것이 대단한 일이라고 생각하게 하지 말라. 중국에 있는 선교사는 이 저서들을 모두 이해해야 한다. 왜냐면 그들은 반드시 그래야만 한다."[71]

1860년대 이후에 기독교와 중국문화의 관계는 선교사들의 보편적인 관심이 되었다. 일군의 진보적인 선교사들은 기독교와 중국문화의 도리는 통한다고 주장했다. 가장 처음 이론적으로 이 문제에 대해서 체계

71 转引自顾卫民,『基督教与近代中国社会』, 第209页.

적인 설명을 한 선교사는 영 앨런林乐知이다. 그는 1869년말에서 1870년초에 자신이 책임편집한 『교회신보』 제64, 65, 68, 69 4호에 걸쳐 장문의 『소변명교론』消变明教论을 연재하여 기독교와 유교사상을 융합할 것을 주장하였다. 그는 기독교의 인성과 윤리도덕에 관한 규범이 유교와 "상호통하는 것이 있고 위배되는 것은 없다."라고 주장했다. 유교경전과 성경의 교훈을 비교함으로 그는 "예수의 마음이 공맹孔孟의 마음과 합한다."라고 결론을 내렸다.

영 앨런의 영향을 받아 『교회신보』는 일련의 예유대화耶儒对话에 관련된 문장을 게재하였다. 예를 들면, 정위런郑雨人의 『성교유교의 이동변별』圣教儒教异同辨에서 기독교와 유교는 "이름이 다르나 도는 같은 근원에서 나왔고 모두 존심양성存心养生의 학문이다."고 말한다. 장경성张更生의 『유교의 책으로 성교의 계시를 증명하라』请以儒书证圣教启에서 이 두 종교는 "서로 발명하고 서로 내외가 일치한다"相发明, 相表里者고 주장한다. 천전광陈振光의 『가르침이 있으면 선한것이다』에서 그는 "유교와 예수교는 수만리의 거리를 두고 있고 수백 년의 세대 차이가 나는데 (중략) '가르침이 있으면 선한 것'라는 말은 어이 비슷할가?"라고 자문자답을 하고 있다. "성诚은 도로 절충 가능하고 이치는 일치하여 모든 것이 맞아떨어진다."

당연히 선교사들은 예수교와 유교 이 두 종교가 공통점이 있다는 기초 위에 기독교의 정신 가치가 유교보다 높다고 주장한다.

첫째, 유교는 "논하는 모든 것이 이 생에서의 오론五伦에만" 적용이 되고 "천론"天伦과 "물론"物伦에 대해서는 말하지 않고 있기에 영 앨런은 유교는 "도를 말하지만 도를 이루지는 못한다. 한 나라에서는 이루지만 천하에서는 이루지 못한다."고 말한다. 독일 선교사 바울 크란츠安保罗, Paul Kranz는 『구세교가 유교설을 이룬다』라는 글에서 더욱 체계적으로 이 관점을 설명했다. "유교 공자는 사람이고 예수는 하나님의 아들이다. 구세교의 진정한 빛은 유교와 다르고 그 위에 있다. (중략) 지금 공자가 다시 중국에서 태어난다면 그는 아마 예수의 제자가 되고 싶어 할 것이다."

둘째, 이 시기의 선교사는 명나라와 청나라의 선교사들과 마찬가지로 원시유교를 숭배하며 신유교는 부정한다. 선교사들은 두 가지 면에서 신흥유교를 받아들이지 못한다. 그 하나는 태극의 사상을 끌어들였기 때문이다. 선교사들은 이 사상은 기독교의 창조론을 위배한다고 생각하고 또 하나는 신흥유교는 비교적 완벽한 이론체계를 세웠다. 특히 주희朱熹파는 선교사들로 하여금 전혀 "유교를 보충할"여지를 주지 않았다. 윌리엄슨韦廉臣은 말하기를

> 송유宋儒가 태극에 대한 설명을 많은 사람들이 믿으나 태극은 무엇인가? 주자周子 왈: "무극无极이 태극太极이다" 그러나 주자朱子가 무극无极을 해석한다. 규칙은 "도의 끝과 시작은 물질이 있으나 실제는 만물의 근본이다."라고 말한다. 중략 주자周子와 주자朱子는 모두 태극이 지각과 영리함이 있는지 말하지 않고 있다. 솔직히 이것이 가장 중요한 것이다.

셋째, 불교와 도교 이 두 종교를 대하는 태도에서 선교사들은 모두 부정적이고 반박하는 태도이다. 윌리엄 마틴丁韪良은 『천도수원』天道溯原에서 "불교와 도교는 선불보살仙佛菩萨로 칭하지만 결국은 훌륭한 스승과 현명한 제자의 관계일 뿐이고 대를 잇는 사람일 뿐이다. 사람이지 신이 아니다."

중국문화의 문제에 관하여 선교사들은 에큐메니칼기독교의 개념

을 제기하여 기독교와 중국문화통용의 신학보루를 해결하였다. 그들은 기독교가 서방에 속한 것이 아니고 세계적인 것이며 기독교가 중국에 왔으면 중국문화의 부족한 부분을 채울 수 있다고 주장한다. 마틴의 주장은 일정한 대표성을 띤다.

> 대도大道는 그 어떤 한 나라나 한 국가에 존속될 수 없다. 진리는 중국과 외국에 모두 통할 수 있다. 공자의 육경六经은 로鲁나라에서 나왔으나 제齐, 위卫, 진晋, 초楚 각 나라에서 통용되고 후대까지 전수되었다. 이는 단지 이 사람만을 중요하게 생각하는 것이 아니라 그가 한 말이 도리에 맞기에 중요하게 생각하는 것이다. 게다가 동방에는 소금, 남방에는 금, 천생백물天生百物이니 각 지역은 각 지역의 특색이 있어 한곳에 모일 수 없고 서로 교환하여야 민간에서 용도가 있다. 도리도 마찬가지이다. 책을 보자마자 읽는다면 책을 펼쳐라. 모두 도움이 될 것이다. 중국의 책을 읽으면 항상 듣던 것을 또 듣기에 나의 지식에 도움이 되고 서양책을 보면 내가 보지 못하였던 것을 보기에 나의 학문의 증진에 도움이 된다. 현재 이 책은 서양인이 쓴 것으로 책 속에서 말하는 도리는 그가 창조한 것이 아니고 하늘이 드러낸 도리이다. 여기서 말하는 하늘은 눈으로 볼 수 있는 하늘이 아니고 천지만물의 대주재이다. 이 주재의 특성은 가장 성명圣明한 것으로 사람은 그를 알 수 없기에 그분을 하나님이라고 부른다. 세상 사람들이 항상 인귀人鬼를 하나님으로 여기기에 구별하여 진정한 하나님이라 부른다. (중략)

이런 인식의 기초 위에 윌리엄 마틴은 1890년 제2차 선교사대회에서 "공자 플러스 예수"孔子加耶穌의 명제를 제기하였다. 그는 말하기를 "그 무엇도 명철한 유교자로 하여금 예수를 세계의 복음으로 받아들이는 것을 막을 수 없다. 그러나 그는 반드시 중국인들에게 공자가 특별한 멘토라고 여겨지는 신념을 포기할 필요는 없다고 주장한다. '공자 플러스 예수', 이 공식으로 인하여 유교자에게 더 이상 뛰어넘지 못할 그 어떤 장애도 존재하지 않음을 의미한다."

문화적인 측면에서의 "공자 플러스 예수"의 공식은 그렇게 많은 반대 의견을 받지 않았다. 그러나 실천측면에서 선교사들 안에서 격렬한 논쟁을 야기하였다. 윌리엄 마틴은 제2차 선교대회에 참석하지 않았다. 그러나 그는 장문의 글을 길버트 리드李佳白에게 부탁하여 대신 낭독하게 하였다. 글의 제목은 "조상숭배—관용을 요하는 간구"이다. 글에서 그는 중국인들이 조상 제사 드리는 행위에 대해 변호했다. 그는 이런 행위가 인성중에 선하고 아름다운 측면을 드러낸다고 주장했다. 이는 중국인들이 후배가 효도를 전하는 중요한 조처로 가정과 가족성원들을 단결하는 중요한 방식이라고 주장했다. 윌리엄 마틴은 또한 조상 제사의 3가지 기본요소를 분석하고 하나하나 설명을 더했다.

첫째는 "배"拜, 절하는 형식에는 일반적으로 무릎 꿇거나 부복하는 형식이 있다. 그러나 이 동작 자체에는 우상을 숭배한다는 의미가 없다. 왜냐하면 부모, 군주, 장관 등 살아있는 사람에게 동일한 동작을 함으로 존경을 뜻하기 때문이다.

둘째, "경"敬, 경하는 동작이 우상을 섬기는 특성이 있는지 여부는 망자에게 어떤 요구를 하느냐에 달렸다. 만약 망자에게 보호를 구한다면 이는 우상숭배의 행위이다. 그러나 이런 심리는 보편적이지 않다. 가관加冠, 혼인, 장례를 진행할 때 망자에게 경의를 표하는 것은 전혀 보호를 구하는 심리가 아니다.

셋째, "제", 윌리엄 마틴은 이 행동이 우상을 섬기는 것인지의 여부를 제사드리는 대상에 의하여 결정해야 하지 제물에 의해서 결정하는 것이 아니라고 주장했다. 서양인들은 꽃으로 조문을 표하고 중국인들은 육식이나 채소, 과일로 조문을 표한다. 양자는 모두 동일한 의미가 있다.

윌리엄 마틴의 이러한 주장은 대회에서 격렬한 논쟁을 초래하였다. 그의 주장은 허드슨 테일러를 위수로 하는 보수파 선교사들의 반대를 받았으나 광학회계통의 선교사들의 지지를 받았다.

## 제5절 중국기독교교인 중의 자립선구자

19세기 말 중국기독교인수가 증가함으로 중고등교육을 받은 중국인들이 교회에 유입되어 중국교회의 민족의식이 각성하기 시작하였다. 자립적으로 교회를 운영하고자 하는 의식들이 점점 더 분명해졌다. 그들은 기독교의 신앙을 받아들였지만 서구열강이 중국에 대한 침략을 증오하고 자강, 독립을 쟁취하고자 노력했다. 의화단운동 후 이런 의식이 점점 강렬해져서 선교사들도 선교전략에 일정한 조율을 하였다. 중국 전도인들의 교회내 지위도 상대적으로 상승하였다. 여러 가지 요소의 종합적인 영향에 힘입어 중국교회의 자립자주가 어렵게 첫 걸음을 내디뎠다.

19세기 후반기 비교적 진보적인 선교사와 중국 전도인들이 교회

자립을 향한 요구가 높아지고 교회가 일정한 자립을 이룰 방법을 모색하기 시작하였다. 소수 선교사들은 중국인이 경제와 인사방면에서 교회사역에 참여하는 것의 중요성을 인식하고 대담하게 중국 동역자들을 임명하였다. 공용언어는 중문을 사용하고 간행물에서는 유교 단어가 많이 사용되었다. 가장 실제적인 방법은 신학교를 세워 체계적인 신학교육을 통하여 중국 전도인을 양육하는 것이다. 통계자료에 의하면 1876년 선교사가 중심이 되어 건립한 신학교모두 신학교의 이름으로 부른 것은 아님는 모두 20개, 재학생 231명이 있었다.[72] 학교 설립 열기는 19세기에 시작하여 20세기까지 지속되었다. 그러나 19세기 말부터 시작하여 수준이 점점 더 높아지고 규모도 확대되었으며 많은 신학교는 대학으로 발전되었고 신학원은 대학의 한 학과가 되었다.

중국 전도인의 측면에서 보면 지식인들로서 중국교회에 출석한 이들 가운데 강한 민족의식을 가지고 있는 사람들이 적지 않았다. 초기 중국교회의 자립 운동은 이렇게 비교적 강한 민족의식을 가진 전도인들로부터 시작되었다. 천멍난陈梦南은 이 시기 교회 자립의 대표 인물이다. 1873년 봄, 천멍난은 풍저원冯泽源, 루핀유鲁聘儒, 장요치张耀岐와 같은 자립정신이 있는 중국 전도인들과 함께 오동광자우화인선도회奥东广肇华人宣道会를 설립하고 두 곳에 선교당을 세웠다. 그들의 이러한 행동은 중국교회 자립운동의 시작으로 간주된다. "초기 자립활동 즉 단독으로 '자립'한 교회기구를 설립하는 것 중에서 가장 영향력 있는 기구는 광저우의 '광자우화인선도회广肇华人宣道会'"이다.[73]

72 汤清, 『中国基督教百年史』, 第648页.
73 罗冠宗主编, 『前事不忘 后事之师』, 第138页.

## 1. 천멍난陈梦南과 오동광자우화인선도회奥东广肇华人宣道会

천멍난陈梦南, 1841-1882의 이름은 각민觉民, 자는 멍난梦南, 호는 몽각거사梦觉居士로 광둥신회외해향인广东新会外海乡人이다. 어린 시절부터 훌륭한 스승의 가르침을 받으며 성장했고 인품과 덕성이 고상하고 학문에 조예가 있으며 "경세제민의 탁월한 인재이다"文章经济, 卓然成立.[74] 30살이 되던 해에 천멍난은 광저우에 가서 동자시童子试에 응시했다. 거기서 그는 혜애로8약가惠爱路八约街에 머물렀다. 당시 팔약복음당八约福音堂이 바로 그가 머물던 구역에 있었고 복음당의 목사는 황메이黄梅였다. 황메이는 광둥순덕广东顺德에서 출생하였고 어릴 때 부모님을 따라 미국에 이민하였다. 후에 존 루이스 셔크叔末士, Rev. John Lewis Shuck 목사로부터 침례를 받고 침례교인이 되었다. 로즈웰 그레이브스纪好弼, Rev. Rosewell H. Graves 목사가 광저우에 도착한 후에 황메이는 결연히 사업을 포기하고 광저우에 와서 그레이브스 목사를 도왔다. 1869년 침례교는 8약가에 웅장한 교회당을 지어 팔약복음당八约福音堂이라고 명명하였다. 그 다음 해에 그레이브스 목사는 병으로 귀국하였고 출발 전에 황메이에게 목사안수를 주었다.

천멍난은 일찍이 예수의 복음을 들어봤으나 열심히 들은 적은 없었다. 광저우에서 시험을 보는 기간에 우연히 교회당을 지나가다가 안에서 예배를 드리는 것을 보고 들어가 황메이 목사가 설교하는 것을 들었다. 예배 후에 신도들은 모두 떠나갔지만 천멍난은 여전히 자리에 앉아서 무언가를 골똘히 생각했다. 이 모습을 보고 황메이 목사가 걸어와서 그에게 복음을 전했고 『천도수원』天道溯源이라는 책을 주었다. 그 후부터 천멍

74 刘粤声, 『广东基督教概况: 两广浸信会史略』, 香港浸信教会, 1997年, 第420页.

난은 자주 교회로 가서 황메이 목사와 말씀을 논하고 책을 빌려 읽었다. 이로써 두 사람은 깊은 우의를 맺었고 믿음을 받아들일 소망이 보였다. 1872년에 이르러 그레이브스 목사가 다시 중국으로 돌아와 의숙义学를 설립하였다. 황메이는 천명난을 추천하여 의숙에서 가르치도록 하였고 그는 그레이브스 목사와 많은 접촉을 하면서 믿고 세례를 받았다.

그때 사회에서는 교회는 서양종교이기에 서양인들의 돈을 탐하는 사람만 종교를 전한다고 소문이 돌았다. 천명난은 이 소문을 듣고 불안해졌고 뜻이 맞는 몇몇 사람들과 약속을 잡고 기도회를 조직하였다. 그들은 중국 신도들이 자체적으로 교회를 세우고 전도할 수 있도록 전심으로 기도했다. 얼마 후에 광저우주장남안广州珠江南岸에 집을 임대하여 교회당을 세웠고 의숙에서 가르치는 일을 사퇴하고 전도에 전념했다. 얼마 되지 않아 그는 남양 신도의 아낌없는 후원을 받아 청동치清同治 12년1873년에 오동광자우화인선도회奥东广肇华人宣道会를 설립하고 아래에 두 개의 선도당宣道堂을 세웠고 하나는 광저우하난챈커우广州河南堑口에 위치하고 루핀유鲁聘儒가 책임지고 다른 하나는 자오칭요구肇庆腰古에 있고 현귀당冼槐堂이 책임졌다. 일년 후 해외 화인 신도들의 후원을 받고 선도회는 광저우차우인지에广州潮音街에 상가를 임대하여 교회당으로 리모델링하고 선도당으로 이름을 지었다. 천명난 본인이 목사로 담임하고 거의 매일 저녁 설교하였다.

1882년 천명난이 병으로 세상을 떠나 광자우화인선도회의 사역이 적지 않은 영향을 받았다. 선도당은 현지 기독교를 적대시하는 주민들의 공격을 받았고 크게 훼손되었다. 수개월 후 교회당은 다시 복구되었고 1883년 12월 1일에 헌당예배를 드렸다. 그레이브스 목사가 친히 와서 축하하고 헌당예배에서 선도당의 자립을 크게 칭찬하였다. 그러나 좋은 시간은 길지 않고 중·프전쟁이 일으킨 소란으로 다시 한번 선도당은 공격을 받고 교회당은 강제적으로 문을 닫게 되었다. 후에 몇 차례 문을 열었으나 여러 가지 원인으로 예전의 상황을 회복하기 어려웠다.

1903년에 풍훠췐冯活泉을 대표로 하는 12명의 화인 전도가 선도당에서 집회를 하고 다시 한번 화인 자립교회를 세울 것을 논의했다. 선도당을 모회로 하고 진흥중화振兴中华를 의미하는 "흥화자립회"兴华自立会로 이름을 정했다. 이로부터 광자우화인선도회의 자립정신은 더욱 크게 확대발전되었다.

## 2. 시썽뭐席胜魔

시썽뭐席胜魔, 1836-1896의 본명은 시즈즈席子直이고 산둥핑양서장촌山东平阳西庄村 사람이다. 시썽뭐는 중의세가에서 태어났고 삼대가 문인이고 어려서부터 좋은 교육을 받았다. 16살에 수재 시험에 합격하고 이후로 의료업과 소송을 도맡아 하면서 생활했다. 비록 생활은 부유했지만 아내가 일찍 세상을 떠나고 자손도 없는 상황에서 갑자기 생활이 공허하게 느껴져 유교와 불교, 그리고 도교 경전을 깊이 연구하여 인생의 답을 찾으려고 했다. 그러나 위로를 받을 수 없었고 후에 아편에 손을 대기 시작하였고 거의 10년간 중독되어 가계를 탕진하고 빠져나올 힘이 없었다.

**그림 081** 시썽뭐

1876년에 화북오성华北五省에 가뭄이 성행하여 중국에 있는 선교사들이 모두 재난구조에 나섰다. 내지회에서 온 영국선교사 데이비드 힐李修善, David Hill과 터너德治安, Turner도 1878년에 산시평안부山西平阳府에 도착하여 재해지원에 나섰다. 1878년은 과거시험이 있는 해로 산시 각지에 있는 수재들이 과거시험에 응시하고자 성도로 몰려들었다. 데이비드 힐은 수재들의 시선을 끌기 위하여 기독교교의를 주제로 현상공모를 하였다. 그는 진리의 근원, 정심正心, 기도, 상선벌악赏善罚恶, 우상, 아편 이 6개의 주제로 출제하였다. 조수들은 제목과 복음전도지, 관련서적, 응모규정 등을 수재들에게 나눠주었다. 시즈즈는 이번 과거에 응시하지 않았지만 여러 경로를 통하여 데이비드 힐의 자료를 얻게 되었고 고액상금의 유혹에 못이겨 열심히 자료를 깊이 연구하여 응모글을 보냈다. 자신이 썼을 뿐만 아니라 친구들을 대신하여 쓰기도 하였다.

결국, 상 받은 4편의 응모 작품 중에 시즈즈와 그가 대필한 두 명의 친구가 삼등안에 들었다. 시즈즈는 친히 데이비드 힐 목사의 집으로 가서 상을 탔고 이 두 사람의 첫 번째 만남은 이렇게 시작되었다. 데이비드 힐의 사람 됨됨이가 시즈즈에게 깊은 인상을 남겼다. 그는 기꺼이 데이비드 힐의 초청을 받아들이고 그의 중문 교사가 되었다. 이후로부터 시즈즈는 데이비드 힐에게 사서오경을 가르쳤고 그 자신은 데이비드 힐의 영향을 받아 "성경"을 읽기 시작하였다. 점차 "성경"의 말씀에 매료되었고 어느 가을 저녁에 시즈즈는 처음으로 기도하는 경험을 가지게 되었고 마치 하나님의 위로하는 음성을 들은 것과 같은 체험을 하게 되었다. 이때부터 그는 교만한 수재에서 경건한 기독교인으로 변화되었고 얼마 안 되어 세례를 받고 정식으로 교회에 출석하였다.

세례를 받은 후에 그가 처음 한 일은 아편을 끊는 일이었다. 마약을 끊는 과정에 그는 마치 한차례의 영적전쟁을 치룬 것과 같은 경험을 하였다. 마약에 중독된 시간이 길었기에 약물만으로는 문제를 해결할 수 없었다. 반드시 그 자신의 굳건한 의지가 필요했는데 그 의지를 지지하는 것은 바로 신앙의 힘이었다. 마약을 끊은 후에 시즈즈는 마약을 끊는 과정에 그는 "마귀야, 네가 무엇을 더 할 수 있니? 나의 생명은 이미 하나님의 손에 있다. 나는 마약을 중단하여 죽더라도 절대 죄 중에서 사는 삶을 선택하지 않겠다"라고 선포했다고 회억했다. 아주 긴 고통의 시달림 속에서 데이비드 힐 등 사람들의 도움을 받고 시즈즈는 성공적으로 마약을 끊고 새로운 삶을 얻었다. 그는 곧바로 집안의 모든 우상을 불살라버렸고 "즈즈"라는 그의 이름을 "썽뭐"로 바꿨다.

시썽뭐가 성공적으로 마약중독에서 풀려나고 우상을 불사른 사건은 온 마을에 큰 영향을 일으켰다. 재혼한 그의 아내는 처음에 기독교를 적대시하였는데 이 사건으로 변화 받고 기독교를 받아들였다. 시썽뭐 부부의 귀의는 가족의 화목을 이루었다. 일찍이 시썽뭐의 계모는 집에서 쫓겨난지 수년이 되었다. 시썽뭐는 자진하여 계모를 집으로 모셔왔고 세상을 떠날 때가지 모시겠다고 약속했다. 시썽뭐와 같은 마을에 살고 있는 형제들은 전혀 화목하지 않았으나 시썽뭐의 지치지 않는 노력으로 드디어 형제들을 감동하여 가정의 화목을 되찾게 되었다.

시썽뭐는 전도인이 되었고 그의 간증으로 사방에서 복음을 전하고 사람들을 주님께로 인도하였다. 1881년, 그는 산시덩촌山西邓村에서 복음당福音堂을 세웠고 자립, 자양, 자전을 권장하고 그 어떤 선교단체에도 소속되지 않았다. 이들 부부는 한마음과 한뜻이 되어 복음을 전할 뿐만 아니라 가난한 사람들을 위한 구제 사역을 하였다. 서부인은 심지어 자신의 혼수와 장신구들을 팔아서 남편의 구제사역을 지지하였다. 아편 중독자들이 아편을 끊을 수 있도록 시썽뭐는 재활원을 설립하고 "천조국"天招局라고 명명하였다. 시썽뭐는 "천조국"을 위하여 규정을 정하고 이곳에 와서 금연을 하는 사람은 반드시 복음집회에 참석해야 하고 아침저녁으로 하나님을 예배하여 자신의 육체와 영혼이 모두 구원받아야 한다고 했다. "천조국"은 그 명성이 널리 퍼져서 아편을 끊으려는 사람들의 발걸음이 끊어지지 않았다. 어떤 사람들은 시썽뭐가 이를 기회로 돈을 번다고 생각했으나 그는 "이 국을 세운 것은 사람을 구하기 위한 것이지 돈을 벌려는 목적이 아니다. 만약 재물이 탐나서 이 국을 설립했다면 하나님께서 허락했을 것 같으냐?"라고 말했다. 그는 또 "주님께서 나에게 맡겨주신 사역은 씨를 뿌리는 농민이 될 뿐만 아니라 또한 그물을 내리는 어부가 되는 것이다. 내가 여기저기로 다니면서 복음을 전하는 것은 씨를 뿌리는 일이고 한 사람 한 사람 아편을 끊게 하는 사역은 사람들로 주님을 믿게 하는 일로서 고기를 낚는 일이다."

1886년, 시썽뭐는 핑양平阳에서 내지회의 목사로 안수받고 핑양平阳, 홍동洪洞, 타이닝太宁 등지에서 목양사역을 하였다. 시썽뭐는 수재출신으로 문필이 훌륭하여 전도하는 과정 중에 회자되는 많은 백화시白话诗를 지었는데 참신하고 우아하며 곡을 붙여 노래하면 쉽게 따라부를 수 있어 많은 신도들의 사랑을 받았다.

시썽뭐는 "천조국"의 장점을 충분히 발휘하여 이를 중심으로 사람들을 도와 마약을 끊을 뿐만 아니라 한편으로는 복음을 전했다. 아주 빠른 속도로 산시山西, 산시陕西, 허난河南, 즈리直隶에 45개의 "천조국"을 개설했다. 그는 "천조국"의 영향을 이렇게 총평했다. "맞습니다. 제가 개설한 '천조국'은 높은 이자를 얻을 수 있는 사업입니다. 여기의 사장님은 바로 저의 주님이십니다. 그분은 곧 만유의 주님이십니다. 제가 얻은 이자는 가격을 책정할 수 없는 영혼입니다. 여기에 오면 복음을 듣고 복음을 믿고 구원을 받은 사람이 적지 않습니다. 개설해서 지금까지 입국하여 마약을 끊은 사람들이 남녀불문하여 수천 명에 달합니다. 복음을 믿은 사람도 적지 않습니다. 그중에는 목사가 되고 장로와 집사가 된 사람도 많습니다. 주님의 이름으로 하는 사업들을 반대할 이유가 있을까요?"

1896년 2월 16일, 시썽뭐는 고향 서장촌에서 향년 62세로 세상을 떠났다.

## 생각해볼 문제

1. 선교조항은 무엇인가? 어떻게 생겼으며 중국 근대선교운동에 어떤 영향을 주었는가?

2. 무엇 때문에 19세기 후반의 중국기독교사를 "충돌과 발전"의 시기라고 말하는가?

3. 교안과 의화단운동에 대해 당신의 견해는 무엇인가? 예를 들어 설명하라.

4. 광학회广学会는 어떤 조직인가? 어떤 역사적인 공헌이 있는가?

5. 19세기 선교사의 문화 활동에서 선교사들이 어떻게 중서 문화교류를 촉진했는지 분석하라.

6. 간단하게 중국기독교 초기 자립 운동의 선구자들을 소개하라.

# 제 5 장

# 20세기 전반기의 기독교 (상)

20세기 상반기는 1900년부터 1950년까지를 일컫는 시기로 기독교가 중국에서 전파와 발전을 이룬 중요한 시기이다. 이 시기 중국의 정국에는 중대한 변화가 일어났고 중국 사회도 급격히 전향하였다. 기독교는 중국의 정치 사회적 변화에 부응하기 위해 많은 조정을 하였다.

## 제1절 세기 초의 발전

20세기의 첫 20년간 중국 사회에는 심각한 변화가 일어났다. 많은 변화 가운데 1911년의 신해혁명辛亥革命의 성공이 가장 두드러졌고 중국 사회는 개방과 진보의 방향으로 나아갔다. 이와 동시에 기독교도 전에 없던 발전을 이루어 가슴을 벅차게 하는 성적을 거두었다. 그러므로 많은 선교사들은 이 시기는 중국교회사의 "황금기"라고 칭한다.

### 1. 교회 내외 환경의 변화와 선교사역의 발전

20세기 중국 사회 발전의 특징은 19세기와 전혀 달랐다. 의화단사변 이후 청나라 조정은 하는 수 없이 서양 열강과 "신축조약"辛丑条约을 체결하였다. 조약은 금전적인 배상과 영토 분할 등 불평등조약에서 관례적으로 있는 조항 외에도, 청나라 조정은 반드시 반제국주의투쟁을 진압할 것을 약속해야 했으며 청나라 국민이 "여러 나라와 원수"가 되는 조직을 세우거나 추가하는 것을 금지하며 이를 어기는 자는 극형에 처한다고 규정했다. 각 성의 관원들은 반드시 외국인의 안전을 보장하여야 하며 그렇지 않을 경우 즉시 해직시키고 영원히 등용하지 않는다. 무릇 반제국주의 투쟁이 발생한 곳에서는 5년간 과거시험을 정지한다. 조약은 또한 의화단을 지지하고 동정하는 관리들을 징벌할 것을 요구하였으며 약 100명의 관리들이 그 법에 저촉되어 추방, 투옥, 심지어 사형에 처해졌다. "신축조약"의 체결은 중국의 주권을 한층 더 상실하게 하였고 외국인이 중국에서 더 많고 더 큰 권익을 획득하게 하였으며 중국은 완전히 반식민지 반봉건사회로 전락되었다. 물론 조약이 집행됨에 따라 청나라 조정 중의 극단적인 보수세력은 막대한 타격을 받았고 기독교에 대한 적의도 다소 완화되었다.

의화단사건 이후 교회는 19세기의 선교 정책에 대해 비교적 심각한 반성을 하고 그에 대해 중대한 조정을 하였다. 예를 들면 교회와 선교사들이 중국 정치와 외교에 관여하는 것을 제한하고 선교사들이 소송에 참여하는 것을 허용하지 않으며 소송 사건이 생기면 반드시 본국 정부를 대표하는 중국 주재 기구에 넘겨 처리하도록 하였다. 예를 들어 1903년 8월 13일, 중국 주재 영국 공사관은 신도와 관련된 소송에 선교사가 직접 개입하는 것을 금지하며 필요할 경우 각 지역의 영사에게 요청해 책임지고 교섭하게 할 수 있다는 '통보'를 발표하였다. 미국인 선교사 아더 핸더슨 스미스明恩博, Arthur Henderson Smith, 1845-1932는 의화단운동이 외국인에 대한 적대적인 행위였고 "중세기中世期가 20세기에 반항하는 폭동"이었음에도 불구하고, 외국 선교사들이 정치와 소송에 너무 열중했다는 비판은 "공정했다"고 말했다. 그는 교회는 진지하게 반성해야 하며 "이 중대한 시점에서 폭로를 두려워해서는 안 된다. 어떤 방식은 솔직하게 인정하면서 버리고, 잘못되고 무가치한 것으로 판명된 방식은 새롭고 더 나은 방식으로 대체해야 한다."고 말했다. 프란시스 포트卜舫济, Francis Lister Hwks pott, 1864-1947는 중국에 대한 8개국 연합군의 군사작전에 있어서 선교사들도 책임이 있다고 인정했다. "이 고소에 대한 답변으로 우리는 적어도 로마 천주교 선교사들이 죄를 인정하는 부분에는 걱정할 필요가 없다. 개신교의 성도들도 이러한 정치적 간섭에 가담한데서 죄가 없는 것은 아니다." 영국인 로버트 하트赫德, Robert Hart, 1835-1911는 선교사는 아니지만 선교에 큰 관심을 가졌다. 그는 선교사와 성도의 지위에 대해 명확한 법률 규정이 있어야 하고 성도는 규율과 법을 지켜야 하며 선교사는 지방 소송에 개입해서는 안 된다고 주장했다. 그는 "선교사는 선교사일 뿐 반드시 선교사업에 종사하는 것으로 제한해야 하며 중국 정부의 관련 소송과 조율에 간섭하는 행위를 피해야 한다. 오직 이 원칙들을 확고하게 지켜나갈 때 지방의 백성들과 공무원들, 그리고 중앙정부의 적개심이 폭력적으로 표현되지 않을 수 있으며 선교사역은 지금의 무능한 상태에서 벗어날 수 있다."[1]

1912년, 중화민국이 성립되자 손중산을 대표로 하는, 서방의 영향을 받은 일부 중국인들은 중국에서 그들의 헌정이상宪政理想을 실천하기 시작하였다. 3월 11일에 공포된 『중화민국 임시약법』에서는 "중화민국 인민은 모두 평등하며 종족, 계급, 종교의 구별이 없다."고 명확하게 규정하였다. 제6조 제7항은 "인민은 종교를 가질 자유가 있다."고 보다 명확히 규정하였다. 종교신앙은 공민의 기본권익으로 중국에서 처음으로 법

1 张海林编著, 『近代中外文化交流史』, 南京: 南京大学出版社, 2003年, 第237页.

그림 082 황화강 72열사묘비

그림 083 손중산

률의 보장을 받게 되었고 역사적으로 뜻깊은 사건이다. 중화민국통치 시기에 헌정은 매우 취약해 보였지만 중국의 첫 헌정으로서 게다가 종교계가 권익을 쟁취하는 면에서 법리적 의거를 제기하였다. 예를 들면 위안스카이원세개: 袁世凱가 집정한 후 보수파의 선동하에 공교孔教를 국교로 삼으려고 시도하였으나 기독교는 여러 종교단체와 연합하여 진보적인 지식인들과 함께 임시약법 정신에 따라 그들과 투쟁하여 승리를 거두었다. 청징이诚静怡는 신앙의 자유를 보호하기 위한 교회의 노력에 대해 자랑스럽게 말했다. "민국 건립 이후, 교회는 세 차례에 걸쳐 신앙의 자유를 획득하고 보장하려고 노력하였다. 그 당시 어떤 사람들이 헌법 조항으로 공교孔教를 국교로 정하자는 주장이 있었기 때문에 전국 기독교인들은 단체를 결성하고 다른 종교들과 함께 몇 달 동안 대치하는 동시에 곳곳으로 돌아다니며 호소하여 마침내 최후의 승리를 얻었다. 전속행위원회판공회前续行委办会는 두 번이나 본회소속 중화간사를 파견하여 베이징과 기타 종교단체에 가서 이 일을 주관하도록 하였다. 해당 판공회에서 이와 같이 인력, 재력 면에서 성도들을 도와주고 전국적인 운동에 힘써 이 운동이 원만한 성과를 거둘 수 있게 되었으니 중국교회를 위해 기뻐해야 한다."[2]

또한, 손중산孙中山을 중심으로 한 많은 민주 혁명가들 중에는 기독교인이 적지 않았는데 초기 혁명가인 루하우동陆皓东, 취봉치区凤墀, 양향보杨襄甫, 천소바이陈少白, 스잰루史坚如 등도 기독교인이다. 1900년의 혜주전역惠州之役에 참가한 봉기자중 30%는 기독교도였다. 1911년 4월 27일, 황화강봉기黄花岗起义가 실패한 후 동맹회원들은 생명의 위험을 무릅쓰고 나라를 위해 목숨을 바친 72명의 혁명가들의 시신을 거두어 안장하였는데 이들이 바로 이름난 '황화강72열사'로서, 그 가운데 24명은 기독교도였다. 중화민국이 창건된 후 기독교인들도 여러 분야에서 직무를 맡으면서 현대 민주국가를 창건하는데 적극 참여하였다. 제1대 민국 국회의원 274명 중에는 기독교인이 60명이 넘었고 부장급 관료 중에도 기독교인이 많이 있었다. 예를 들면, 독일 주재 공사 옌후이칭颜惠庆, 농림부 총장 천진선陈振先, 해군차장 리허李和, 참정원 차장 왕정팅王正廷, 정사당 참모장 린창민林长民 등이 있다. 신해혁명 기간에 기독교인들의 참여는 중국인들에게 기독교의 진보성을 보여주었고 두말할 것 없이 정교 관계를 개선하고 중국 기독교도의 사회적 지위를 높이는 데 도움이 되었다.

서방을 따라 배우는 것은 점차 중국 사회의 공통된 인식이 되었고 완고한 청 정부도 서방을 본받아 신정新政을 채택하고 헌법 제정 절차를 가동하였으며 입헌군주제를 실시하여 청나라의 통치를 유지하려 했다. 청 정부는 1905년에 과거 시험을 폐지하고 서양식 학교를 설립하기 시작

2 "诚静怡: 协进会对于教会之贡献," 1927年, 4月, 1日, 载于,『真光杂志』, 26卷, 6号, 第7, 页.

했다. 중국 지식인의 승급방식도 중학으로부터 서학으로 바뀌어 일시에 서양식 교육이 중국식 교육을 압도하였다. 1915년, 천두슈陈独秀는 『신청년』을 창간하여 신문화운동을 전개하고 서학을 고취하였다. 신문화 운동을 지지하는 신청년파는 중학에 대한 태도가 매우 급진적이였는데 중국의 전통을 뿌리째 뽑고 서학을 전면적으로 도입할 것을 주장하였다. 신문화운동이 일으킨 동서문화 논쟁은 30년 가까이 지속되었다. 1919년 "5·4"운동시기에 "덕德선생민주"과 "사이언스선생과학"은 인기 구호가 되어 한 세대의 중국 지식 청년들의 열렬한 환영을 받았다.

중국 사회에 발생한 이러한 변화는 서방기독교의 각 선교회들로 하여금 많은 선교사를 중국에 파송하여 선교하도록 자극하였다. 일찍이 19세기 말, 미국에서는 해외선교 열기가 일어났는데 "학생자원 해외선교 운동"이 대표적이다. 이 운동의 격려를 받아 학생들의 해외 선교 열정은 고조되었다. 그들은 "우리 세대에 복음을 전 세계에 전파하자"는 구호를 높이 외치며 학생 해외선교자원단을 조직해서 멀리 바다를 건너 북미 이외의 지역 이른바 이교도 지역까지 선교를 하러 갔고, 이들 중 30% 이상

그림 084 옌칭대학

이 중국으로 왔다. 1886-1919년 학생 해외선교자원자 8,140명 중 2,524명이 중국으로 왔다. 1919년, 중국에는 6,636명의 선교사가 있었고 그들은 전국 각지에 분포된 693개의 선교거점을 관리하고 있었으며 총 1,037개의 선교기관, 6,391개의 교회, 8,686개의 순회 선교소가 있었다. 693개의 선교거점 중 578개는 한 선교회에서 설립하고 지도하였는데 전체의 83%를 차지했다. 442개는 5명 미만의 선교사가 주둔하고 있으며, 65%를 차지했다. 57%의 선교사들은 연해 각 성에 분포되어 있었고 27%는 장강 중하류에 분포되어 있으며 17%만이 장강 유역의 내륙의 도시에 분포되어 있었다. 상하이, 베이징, 광저우, 난징, 푸저우, 창사, 청두, 지난 등 이 8개 도시에 있는 선교사는 평균 100명 이상으로서 전체의 26%를 차지했다. 당시 중국에는 5만 명 이상의 도시가 176개에 달하고 이들 도시의 인구는 전체 인구의 6%에 불과했지만, 3분의 2의 선교사와 4분의 1의 신도들이 이 도시들에 살았다. 광둥, 푸젠, 저장, 장수, 산둥, 즈리直隶와 펑텐奉天 등 7개 연해 성의 성도가 전국 성도 총수의 71%를 차지했다. 중국에 선교사를 파송한 선교회도 급속히 증가하여 1900년에는 61개였던 선교회가, 1906년에는 67개, 1919년에는 130개로 급증했다. 이외에도 36개의 교회단체가 중국에서 활동하고 있었다. 성도 수도 마찬가지로 급속하게 늘어 1901년에는 8만 명, 1904년에는 13만 명, 1914년에는 25만 명, 1918년에는 35만 명으로 늘어났다.

교회학교도 의화단운동 이후 점차 회복되고 발전하여 1916년에는 초급소학교 5,637개, 고급소학교 962개, 중학교 291개가 있었으며 각 유형의 학교 학생수는 17만 9,621명에 달하였다. 교회학교의 발전 가운데서 특히 뛰어난 성과를 거둔 것은 고등교육의 발전으로서 대학교가 14개에 달하였다. 신학교육도 발전하였다. 중국의 신학교육은 비교적 일찍 시작되었지만 19세기에는 주로 선교사 조수를 양성하기 위한 것이었다. 통계에 따르면 1877년에는 20개의 신학교에 231명의 학생이 있었고, 1906년에는 68개교로 증가하여 학생 수는 1,315명으로 그 가운데 여학생은 543명이었다. 1917년의 보고에 의하면 전국적으로 신학교와 성경학교가 64개였는데, 남자학교가 48개, 여자학교가 16개였으며 교사 361명, 학생이 1,816명이였다. 학생의 입학조건에 있어서 회문신과汇文神科, 후에 옌칭대학 신과가 됨는 대학 졸업생만 모집하고, 푸젠협화도학원福建协和道学院, 후난협화신학교湖南协和神学校, 성요한대학 신과, 화서협화대학华西协和大学 신과와 진링金陵신학원은 중학교를 졸업했거나 그와 동등한 학력을 갖춘 학생을 모집했다. 문자출판도 급속하게 발전하여 전국의 출판과 발행기구는 약 30개에 달하였다. 1918년의 출판물은 3,451종에 달하였는데 서적이 1,188종, 소책자가 1,152종, 브로셔와 전단지가 1,066종, 도표도 45종에 달하였다. 20세기초에 일련의 유명한 병원과 의학원이 설립되었는데 이를테면 1906년에 창립된 베이징협화병원北京协和医院, 1914년에 창립된 후난샹야의학원湖南湘雅医学院과 스환화서협화대학의학원四川华西协和大学医学院, 1917년에 창립된 치루대학의학원齐鲁大学医学院 등이다.

그림 085 상하이성요한대학(上海圣约翰大学) 베이징협화병원(北京协和医院)

## 2. 선교사 백년대회

중국 내 선교사들은 1877년과 1890년에 두 차례 대회를 열었다. 제2차 선교사대회가 끝날 때 이미 1900년에 제3차 선교사대회를 소집하기로 계획하였으며 이 일을 통일적으로 계획하기 위하여 "통신위원회"通讯委员会를 설립하여 추진하였다. 그러나 의화단운동과 8국 연합군의 중국 침략 영향으로 말미암아 회의는 계속 연기되었다. 거의 1907년까지 연기되어 1907년에 개최하기로 결정하였는데 결국 이 회의는 기독교가 중국에 전파된지 100주년이 되는 기념대회가 되었다. 그래서 3차 회의는 100년 선교대회라고도 불린다.

당시 중국 내 선교사 수는 3,270명에 달했다. 그러나 회의에 참가할 수 있는 인원이 제한되어 어쩔 수 없이 1대 10, 2대 20~25, 3대 26~29의 비율로 대표를 뽑았다. 즉, 선교사 수가 10명인 종파는 1명의 대표를 선출할 수 있고, 20~25명인 종파는 2명의 대표를 선출할 수 있으며, 26~29명인 종파는 3명의 대표를 선출할 수 있다. 이 제도에 따라 361명의 대표, 139명의 원로 선교사들과 함께 총 500명의 정식 대표가 이번 100년 성회에 참석했다. 또 604명의 방문 선교사는 같은 해 4월 일본 도쿄에서 열린 세계기독교학생동맹대회에 참석한 뒤 중국에서 열린 100년 선교대회에 참석했다. 참석자 가운데는 중국 내 각 선교회에서 온 모국母国총회 대표도 66명 있었다. 3차 대회의 총 참석 인원은 1,170명이다.

대회는 1907년 4월 25일부터 5월 7일까지 상하이에서 개최되었으며 주요 행사장으로는 영국 조계지상공부시청과 청년회순교당殉道堂, 성삼일당, 신천안당新天安堂 등이 있다.

대회 시작 전에 설립한 대회 준비위원회는 의견을 널리 청취한 기초에서 12개의 주제 토론을 작성하였는데 그 내용은 중국교회, 화인 사역, 교회교육, 복음설교, 여성 사역, 기독교 문자 출판, 제사 문제, 의약 선교, 성경, 연합과 합일, 공익사업과 총론 등이었다. 몇 가지 비교적 중요한 주제는 다음과 같다.

첫 번째 주제는 당연히 중국교회다. 회의에서는 산터우汕头에서 30년 동안 선교를 해온 원로선교사 존 깁슨汲约翰, John Campbel Gibson, 1849-1919이 주제 보고를 하였다. 그는 기독교가 중국에서 선교한 100년 동안에 이룬 성과에 대해 자부심과 기쁨을 금할 수 없었다고 말하면서 다음과 같이 지적했다. 밀른이 1820년에 쓴『개신교 중국에서의 선교 첫 10년 회고』라는 저서에서 중국 기독교 성도의 수가 20년마다 2배로 증가하기에 제1세기가 끝날 무렵까지 중국 성도 수가 1,000명에 이를 것이라고 예견했었는데 오늘날 우리에게는 그의 예견보다 훨씬 많은 75만 명의 성도가 있다.

물론 깁슨이 낙관적이기만 한 것은 아니다. 그는 선교사들이 중국에서 사실상 서방 기독교를 육성하고 있을 뿐이며 중국교회를 서방 교회의 해외 자녀로 여기고 있을 뿐이라고 지적했다. 이로 인하여 오늘날 중국민족각성의 물결 속에서 중국 기독교인들의 명성은 좋지 못하다. 이 점을 고려하여, 깁슨은 중국교회가 두 가지 일을 추진해야 하는데 하나는 독립이고 다른 하나는 연합임을 강조했다. 이 둘을 비교했을 때 현 상황에서 가장 중요한 것은 독립이라고 촉구했다. 그의 보고서에는 교회의 실천인 자치self-government, 자양self-support, 자전self-propagation을 상세히 분석하고 선교사들에게 이미 각성된 중국의 민족의식에 관심을 가지라고 호소했다.[3]

두 번째 주제는 교회학교 문제인데 보고자는 성요한대학교 교장 프란시스 포트卜舫济였다. 프란시스 포트는 우선 당시의 정세를 분석하면서 양무운동과 유신변법의 영향을 받아 특별히 청 정부가 1905년에 과거시험을 폐지한 후 전국 각지에서 신학新学을 대대적으로 세운 사실을 지적했다. 포트가 볼 때 이런 신학은 세 가지 특징이 있다. 첫째는, 서양西洋적이고, 둘째는 지식을 중시하고 도덕을 경시하며, 셋째는 기독교를 반대하는 것이다. 이를 위해 그는 중국 각 교회에서 기회를 포착하고 각 종파의 힘을 모아 대대적으로 교육, 특히 고등교육을 창설하여 규모, 교사 및 설비 등 방면에서 관영대학보다 우월해야 한다고 건의하였다.

대회에서는 이를 위해 결의를 채택하고 각 선교회에서 비교적 높은 교육을 받은 선교사를 중국에 파송하여 교육을 진행할 것을 요구하였으며 각 선교회가 학교의 배정에 모두 힘을 합쳐 연합할 것을 희망하였다.

세 번째 주제는 "선교사와 중국 민중"이다. 아편 전쟁 이후 선교사들은 불평등조약의 혜택을 받았는데 그들은 이러한 조약의 보호를 받아 선교를 할 뿐만 아니라 행위가 단정하지 못한 성도들을 비호하고 그들이 소송에서 승소하도록 도와주었다. 이것이 바로 중국 기독교 역사에 나타난 이른바 "선교사 문제"이다. 다년간 산둥에서 선교활동을 하여온 칼빈 윌슨 마티어狄考文가 이 문제에 대하여 주제 발언을 하였다. 그는 중국에서 발생한 이른바 민교충돌의 주요 원인은 중국인들이 복음을 적대시한데 있다고 보았다. 그는 선교사들은 서구 상업단체들처럼 불평등조약의 혜택을 받지 못한다고 말했다. 그럼에도 불구하고 그는 선교사들이 중국 민중들과 충돌할 때 외국 세력의 보호를 구하는 것을 선호했다.

3 *China Centenary Misionary Conference Records. Report of the Great Conference HeLd at Shanghai* (1907), pp.8-18.

마티어의 견해는 대회에서 일부 선교사들의 반대에 부딪혔다. 이들은 민교 갈등의 근원이 모두 종교 탓은 아니라고 지적했다. 어떤 선교사는 불평등조약이 부여한 특권을 남용하여 관리로 일하면서 중국교회에서 '식교자'吃教者를 양성하여 중국 사회에서 기독교에 대한 적개심을 초래하였다. 심지어 어떤 사람은 "칼빈 윌슨 마티어 선생의 논문이 교인 비호를 극력 주장하고 있다. 나는 대량의 악이 바로 이 원천에서 생겨났다고 생각한다."고 말했다.[4]

마지막에 대회는 이 문제에 대하여 결의하였다. 결의안은 선교사들에게 영적이고 도덕적인 책임을 질 것을 요구하면서도 '보교조항'또는 선교허용조항의 철회는 시기상조라고 밝혔다. 결의문은 선교사들에게 날로 고조되는 민족주의에 교회가 이용되지 않도록 경각성을 높일 것을 상기시켰다.

이번 대회에서는 또 4건의 공개문건을 채택하였다.

첫 번째는 "중국교회에 보내는 편지"이다. 편지에는 중국 기독교인들이 기독교가 요구하는 가르침을 성실하게 지키고 이웃 나라를 존중하며 이웃과 화목한 중국성도가 되기 위해 노력할 것을 요구했다. 중국정부즉 청 정부에 충성하지 않는 사람들을 교회에서 축출하며 교회를 반란분자들이 은닉하는 거점으로 만들지 않도록 목사들에게 요구하였다.

두 번째는 『본국교회에 보내는 비망록』인데 이 문건에서는 중국교회의 미래 발전에 대하여 4가지 건의를 제기하였다. (1) 기독교교육을 대대적으로 발전시킬 것 (2) 각 종파의 합작과 연합을 촉진할 것 (3) 여성교육을 중시하고 강화할 것 (4) 기독교의 사역은 단지 사람들을 인도하여 세

4 转引阮仁泽、高振农主编, 『上海宗教史』, 上海: 上海人民出版社, 1992年, 第867页.

례를 받게 하는 일만이 아니라 더욱 중요한 것은 사람의 마음을 바꾸는 일임을 강조하였다.

세 번째는 "아편에 관한 비망록"이다. 문건에서는 선교사들이 수십 년 동안 아편 무역을 거듭 비난하여 왔는데 그 효과는 미미하다고 지적하고 있다. 그 주요 원인은 중국과 영국 두 나라 정부가 자기의 재정수입만 생각하고 인민의 생사를 돌보지 않은데 있다.

네 번째는 "중국 정부에 보내는 비망록"이다. 문건은 기독교가 비정치적 단체이며 그 기능은 단지 영적이고 자선적인 것뿐임을 표명했다.

1907년의 백년선교대회에서 총체적으로 볼 때 선교사들의 의견은 기본상 일치했으며 상대적으로 비교적 조화로웠다. 물론 회의에서는 일부 조화롭지 못한 요소들도 나타났다. 보수적 선교사들과 개방적 선교사들은 중국 신자들의 조상 제사, 복음 전도와 사회 사역의 관계, 성경 연구에서의 고등 비평학 등의 문제를 둘러싸고 서로 다른 견해를 발표하였고 이는 후대의 보수파와 모더니즘 사이의 논쟁의 복선을 심어 놓았다. 그리하여 이 대회가 있은 후 얼마 지나지 않아 선교사 진영은 분열되기 시작하였으며 그들 사이에 오랜 논쟁이 벌어졌다. 이때로부터 선교사들은 더는 연합하여 전국적인 선교사대회를 소집할 수 없게 되었다. 그리하여 1907년의 대회는 재중국 선교사들이 연합하여 조직한 마지막 대회가 되었다.

### 3. 기독청년회의 공헌

중화전국기독교청년회 Young Men's Christian Association, 약칭 YMCA 는 20세기 초 복음 전파에 매우 중요한 역할을 했다. 이 기관은 주로 도시의 지식인들을 대상으로 복음을 전하는 일을 책임졌는데, 다양한 활동을 통하여 많은 청년 지식인들이 기독교에 가입하게 되었다.

기독교청년회는 초교파 청년활동과 사회봉사단체로서 영국에서 시작되었는데 그들은 신앙을 견고히 하고 사회봉사활동을 통하여 청년들의 신앙생활을 개선하려 하였다. 1851년, 기독교청년회가 미국에 전해진 후 순수하게 종교활동을 중요시하는 청년단체로부터 점차 "덕, 지, 체, 군", 사육四育을 취지로 하는 사회활동기구로 발전했다. 청년회는 대략 19세기 70, 80년대에 중국에 전해졌으며 가장 일찍 창립된 청년회조직은 대략 1885년 푸저우미이미회영화서원福州美以美会英华书院 내의 "유도회"幼徒会이다. 이듬해 북방에 있는 통저우공리회로하원서원通州公理会潞河书院에서도 학생청년회조직이 설립되었다. 뒤이어 항저우장로회육영서원杭州长老会育英书院에서도 학생청년회가 설립되었다. 이 3개의 청년회조직은 모두 종교적분위기가 짙은 교회학교에서 탄생하였다. 그러나 이 3개의 조직은 서로 독립되었고 서로 예속되지 않았으며 심지어 통신거래도 없었다. 1895년, 기독교청년회 북아메리카협회는 제2차 재중국기독교선교사대회의 요청에 따라 미국인 라이언来会理, D. Willard Lyon, 1870-1949을 중국에 파견하여 청년회활동을 전개하게 하였다. 라이언은 먼저 텐진에 도착해서 청 정부가 설립한 몇 곳의 서양식 학교에서 사역을 전개하면서 이 학교들이 연합하여 도시청년회를 창립할 것을 희망했다. 이러한 노력을 통해

그림 086 텐진기독교청년회성립기념배지(天津基督教青年会成立纪念章)

이 학교들은 기독교청년회에 큰 관심을 가지게 되었고, 그 결과 1895년 12월 8일에 톈진에서 중국 최초의 성시기독교청년회가 창립되었다.

1896년 8월, 북미기독교청년회 학생 간사 겸 세계 기독교학생동맹 총간사 존 랄라이 모트穆德, John Raleigh Mott, 1865-1955가 중국을 방문하였다. 그는 라이언来会理 목사의 동반하에 3개월간 중국의 많은 중요한 도시들을 시찰하였다. 3개월 동안 그는 중국의 여러 대학교를 두루 방문하면서 청년회의 취지를 선전하여 중국 학생들이 세계 기독교도학생단체에 가입하여서 얻는 유익을 진정으로 알도록 하였다. 그는 또 중국 각지에서 학생과 기독교 일꾼들을 위해 소집된 6개 회의에 참석하였다. 그의 영향을 받아 중국 각지 대학들에서 잇달아 22곳의 청년회가 설립되었는데 원래의 5곳까지 합치면 도합 27곳이 된다. 1897년 1월 3일부터 4일까지 이 청년회는 상하이에서 제1차 대학 청년회의 전국대회를 열었다. 이 대회에서는 전국적 조직인 중화기독교학숙청년회中华基督学塾青年会가 설립하고 전국 협회위원회를 선거하였으며 중국 및 해외 위원을 반반으로 구성하고 라이언이 총간사로 선거되었다. 중화기독교학숙청년회는 세계기독교학생동맹의 원칙에 일치하기 위하여 바로 이 동맹에 가입하였다.

1900년의 의화단운동후 청년회는 기독교의 각 선교회와 마찬가지로 중국에서 급속한 발전을 가져왔다. 1899년 5월, 학생청년회 제2차 전국대회가 상하이에서 개최되었다. 대회에 참석한 대표는 102명이였는데 그중 54명이 중국인으로서 9개 성, 24개 대학의 청년회 회원을 대표하였다. 1901년 11월, 제3차 전국대회가 난징에서 소집되었는데 중국과 외국대표가 도합 156명이였고 그 가운데 중국대표가 131명이였다. 1902년 5월, 상하이에서 제4차 전국대회가 열렸고 중, 한 및 홍콩지역에 기독교청년회 총위판회总委办会를 설립했다. 기독교청년회의 활동대상은 더 이상 학생에만 국한되지 않고 지식계까지 확대되었다. 활동범위도 중국뿐만 아니라 북한까지 넓혔다. 1906년 겨울의 통계에 의하면 전국의 학생청년회 총수는 44개였는데 그중 6개는 신학원 안에 있었고 18개는 교회대학 안에 있었으며 1개는 관립官立 대학 안에 있었고 19개는 교회에 마련된 예비학교 내에 있었다. 회원총수는 2,767명이다. 1912년 12월, 중국기독교청년회 제6차 전국회의가 베이징에서 소집되었는데 무드가 이 회의에 참석하였다. 회의는 그의 추진하에 상하이에 중국기독교청년회 본부를 건립하고 중화기독교청년회전국협회로 명명하기로 결정하였다. 대회는 미국인 플래처 브록만巴乐满, Fletcher Brockman, 1867-1944을 전국협회의 초대 총장으로 선출하였다. 당시 전국청년회는 시회 25곳, 회원 11,300명, 학교회 105곳, 회원은 3,876명이었다. 중화기독교청년회의 취지는 "기독교정신을 드러내고 청년동지들과 단결하며 완전한 인격을 양성하고 완벽한 사회를 건설한다."이고, 회훈은 "사람에게 섬김을 받는 것이 아니라 사람을 섬기는 것" 마 20:28이다. 이러한 취지와 회훈의 지도하에 덕, 지, 체, 군群 네 가지 방면에서 청년들을 대상으로 사역을 전개하였다. 많은 사역이 중국에서 개척되어 시범적인 역할을 하였는데 예를 들면 열람실, 사교실, 체육활동실 등을 설치하였다. 1902년에 중국의 최초의 체육운동회가 기독교청년회에서 창도하고 주최하였다. 1909년에 제1회 전국운동회가 난징에서 열렸는데 주최자도 역시 청년회였다. 기독교청년회는 서민교육, 도시노동자 문제 등에도 관심을 기울였다.

1915년에는 중국인민의 반제애국운동이 날로 고조되는 형세에 적응하기 위해 기독교청년회전국협회의 총간사를 중국인으로 바꿔 담당하게 하였다. 중국 국적의 첫 총간사는 왕정팅王正廷이었다. 1년 후, 왕정팅은 외교계로 옮겨 외교관이 되었고 위르장余日章이 대리로 임명되었다.

위르장은 1917년에 정식으로 기독교청년회 전국협회 총간사로 당선되었고 그의 임기는 1935년까지 계속되었다. 1922년 청년회의 발전은 정점에 이르렀다. 당시 전국에 시회는 40곳, 회원은 5만 3,300여 명에 달하였다. 학교회는 200곳에 회원은 24,100여 명에 달하는데 외국국적 간사가 95명, 중국 국적 간사가 87명이었다. 동시에 여성청년회Young Women's Christian Association, 약칭 YWCA도 장족의 발전을 이루었다. 20세기 초의 15년 동안 여성청년회는 7개 대도시에 시회를 설립하여 집행부 여성 이사가 120명에 달하였으며 중국과 서양인이 각각 절반을 차지했고 회원이 빠르게 늘어났다. 여성청년회는 중국 여성들을 힘써 도와주고 그들이 문화지식을 배우도록 이끌어주며 사회에 진출하도록 격려해 주었다. 예를 들면 상하이 기독교여성청년회에서 창립한 여공 야간학교는 훌륭한 사회적 효과를 일으켰다.

1911년부터 1922년까지 기독교청년회는 복음 전파에 매우 적극적이었는데 유명한 설교가인 존 모트와 셔우드 에디艾迪, Sherwood Eddy, 1871-1963를 중국으로 초청하였다. 그들은 대도시를 순회하며 주로 젊은 학생과 지식인을 대상으로 설교를 했다. 청년들의 주 관심사인 사회문제와 구국감정에 비추어 예수 그리스도가 중국을 구원하는 힘이라고 강조하였다. 에디의 설교는 중국 젊은이들과 더 가까웠다. 그의 강연 주제는 "중국의 전환기", "중국의 희망", "국가 패망의 인과", "중국의 모든 어려움을 해결하는 비결" 등으로 매우 목적성이 강하여 중국 청년들의 환영을 받았다. 1911년과 1914년 사이에 에디는 네 차례 중국을 방문하였는데 모두 열렬한 호응을 받았다. 1914년에는 베이징, 톈진, 우창, 창사, 광저우, 푸저우, 상하이, 난징 등지에서 전도집회를 열었으며 청중수는 12만 명에 달했다. 중국의 "세무삼걸"税务三杰인 우야우쭝吳耀宗, 쉬바오챈徐宝谦, 장친스张钦士도 이러한 설교 열기에 영향을 받아 베이징北京기독교 청년회에 가입했다.

## 제2절 비기독교 운동

### 1. 비기독교 운동의 폭발

1912년 중화민국 성립부터 1937년 항일전쟁 폭발까지의 시기는 중국기독교 성장이 관건인 시기이자 중국 사회가 격동하는 시기였다. 중국과 외국의 관계는 정치, 문화 등 여러 원인으로 인해 매우 미묘했다. 이런 복잡한 요소는 기독교에도 반영되어 한편으로는 중국의 지식인들이 기독교를 일방적으로 배척하지 않고 기독교에 관심을 갖기 시작하였으나 다른 한편으로는 기독교 배후의 정치세력에 점점 더 관심을 갖게 되었고 서방 정치세력의 지지를 받는 교회조직을 의식적으로 반대하기 시작했다. 바로 이러한 큰 배경하에서 비기독교 운동이하 "비기운동"이라고 약칭함이 폭발하였다.

비기운동이 일어난 직접적인 원인은 두 가지인데 하나는 『중화귀주』中华归主의 출판이고 다른 하나는 세계기독교학생동맹이 베이징칭화대학에서 제11차 대회를 소집한 것이다. 이 두 사건은 모두 1922년에 발생하였다.

1913년, 미국 선교사 존 모트가 중국에 도착하여 교회의 일치를 추진하면서 중화속행위판회中华续行委办会를 설립하고 중국 주재 선교회와 기독교기구를 조직하여 중국기독교의 제반 사역에 대해 전면적인 조사를 진행하였다. 1921년에 조사를 마치고 1922년에 조사 자료를 정리하여 책으로 편찬하고 중영 두 가지 언어로 출판하였다. 중국어판 제목은 『중화귀주』로 영문판 제목은 *The Christian Occupation of China*로, 직역하면 『기독교가 중국을 점령하다』이다. 이 책은 출판되자마자 즉시 '5.4'세대 지식인들의 강렬한 반응을 일으켰다.

『중화귀주』라는 책의 출판으로 인한 반응이 채 가시기도 전에 또 세계기독교학생동맹이 1922년 4월에 칭화대학에서 제11차 대회를 소집할 예정이라는 소식이 전해졌다. 세계기독교학생동맹은 국제적인 기독교 학생조직으로써 중국은 1897년부터 이 동맹대회에 참가하였다. 1913년 중화민국 건립과정에서의 기독교의 활약에 비추어 동맹은 제10차 대회에서 토론을 거쳐 제11차 대회를 중국에서 개최하기로 결정했다. 이번 회의에 맞추어 중국기독교청년회 등 교회기구에서는 대량의 홍보사업을 하였다. 예를 들면 『청년진보』, 『중화귀주』, 『생명』 등 교회간행물은 모두 『기독교와 세계개조』와 같은 특별호를 발행하여 기독교가 새로운 시대를 가져올 수 있다는 소망을 나타냈다.

이런 행동은 기독교를 반대하는 일부 인사들의 "강렬한 불만"을 불러일으켰다. 그들은 기독교를 반대하는 타깃을 직접 세계기독교학생동맹대회에 돌

**그림 087** 중화귀주『中华归主』

렸으며 1922년 2월 26일에 상하이에서 "비기독교학생동맹"을 결성하였다. 참가자들은 대부분 사회주의사상의 영향을 받은 청년학생들이였다. 3월 9일 사회주의 청년단의 기관지인 『선구자』에 "비기독교학생동맹 선언"이 발표되었다. 선언은 다음과 같이 지적하였다.

> 현대의 사회조직은 자본주의적 사회조직이다. 이 자본주의적 사회조직에는 한쪽에는 일하지 않고 먹는 자산계급이 있고 다른 한편에는 일하고도 먹지 못하는 무산계급이 있다. (중략) 이러한 잔혹하고 억압적이며 비참한 자본주의 사회는 비합리적이고 비인도적이어서 다른 것을 도모하지 않으면 안 된다. 그러므로 우리는 "악인을 도와 악행을 저지르고 있는 악마인 현대의 기독교와 기독교교회가 우리의 적임을 인정하고 그와 결전을 하지 않으면 안 된다. (중략) 우리는 자본주의를 반대하며 때로는 자본주의가 일반 대중을 기만하는 것을 옹호하는 현대기독교와 기독교교회를 반대하여야 한다. (중략) 학생 여러분! 청년 여러분! 근로자 여러분! 우리 중 누가 자본주의의 죄악을 모르겠는가? 자본가의 잔혹함과 무정함을 우리 누가 모르는가? 지금 이 자본가의 앞잡이들이 저기서 우리를 지배하기 위하여 회의를 하고 있는데 우리가 어떻게 그것을 반대하지 않을 수 있겠는가! 일어나라! 일어나라!!!

상하이의 "비기독교학생동맹"의 영향을 받아 베이징대학의 일부 학생들도 이에 적극 호응하여 3월 11일에 "비종교대동맹"非宗教大同盟을 설립하고 3월 21일에 "비종교대동맹선언"을 발표했다.

우리는 인류사회를 위해 종교의 해독을 쓸어버릴 것을 스스로 맹세한다. 우리는 인류사회에 끼치는 악영향이 재앙으로 인한 불운보다 수천수백 배 더 큰 종교를 극도로 미워한다. 종교가 있으면 인류가 없고 인류가 있으면 종교가 없다. 종교는 인간과 양립할 수 없다. (중략) 이 세상에서 중국은 매우 청결한 나라, 무교의 나라이다. 그런데 최근 수십 년 동안 기독교 등은 하루하루 중국에 전염병을 주사하고 있다. (중략) 기독청년회는 기독교예비학교요 기독교양성소다. (중략) 우리가 비종교대동맹을 결성하는 것은 실로 더는 참을 수 없기 때문이다. 동맹의 취지는 오직 비종교적인것으로 그 어떤 당파와 관련이 없으며 아무런 다른 작용도 없으며 특히 인종국가남녀노소의 구별은 더구나 없다. 신교信教와 비교非教의 중간지대는 없다. 종교를 미신하지 않고 또는 종교의 해독을 쓸어버리려 하는 자는 비종교대동맹의 동지이다. 이에 특히 선언하며 천하에 알리는 바이다.

상하이, 베이징 두 지역에서의 행동은 신속하게 전국으로 확산하여 각지에서 호응의 목소리를 불러일으켰으며 따라서 비기운동의 제1차 고조를 일으켰다. 그러나 이들의 반대는 세계기독교학생동맹 대회의 개최를 막지는 못했다. 1922년 4월 4일부터 8일까지 세계기독교학생동맹 제11차 대회가 칭화대학에서 예정대로 거행되었다.

1922년 여름에 이르러 비기운동이 점차 잠잠해지면서 운동의 제1단계는 기본적으로 종결되었다. 비기운동이 갑자기 일어났다가 첫 단계에서 급락한 원인에 대해 양톈훙杨天宏은 다음과 같은 세 가지 이유를 제시하였다.

첫째, "운동은 시작부터 명확한 목표가 없었다." 운동의 말기 목표는 세계기독교학생동맹 제11차 총회를 겨냥했으나 총회가 끝나자 운동은 바로 목적을 잃어버렸다.

둘째, "운동에 통일적인 조직 지도자가 없었다." 비기운동은 상하이, 베이징 등 주요 도시에 조직을 만들었으나 이들 조직은 서로 예속되지 않고 각자 자기 일을 했다.

셋째, "참가자들은 주로 대학교의 학생들로서 여름방학기에 들어선 후 다수의 학생들이 방학에 집으로 돌아가며 재학생 수가 매우 적어 세력을 이루기 어려웠다."[5]

이밖에 비기진영의 분화分化도 소홀히 할 수 없는 원인이다. 세계기독교학생동맹대회 개최전부터 상하이와 베이징의 일부 지식인들은 헌법이 규정한 종교자유의 원칙을 수호해야 한다고 주장하는 등 냉정한 태도를 보였다. 비종교대동맹에 속한 일부 학자, 주로 베이징대 교수들도 사람들에게 "과격"과 "배척"이라는 이미지를 주기 싫어 이성적인 방향으로 돌아서기 시작했다.

## 2. 비기독운동의 발전

일반적으로 비기운동은 모두 6년 동안 지속되었다고 본다. 1922년부터 1927년까지 세 번 시작하고 세 번 멈췄는데 학계에서는 3단계라고 부른다. 1922년 봄과 여름이 첫 번째 단계였고, 두 번째 단계는 1924년 4월부터 1925년 5월까지, 세 번째 단계는 1925년 6월부터 1927년 7월까지였다. 뒤의 두 단계를 간단히 서술하면 다음과 같다.

5 杨天宏, 中国非基督教运动(1922-1927), 載于, 『历史研究』, 1993年, 第6期, 第87页.

1924년 3월 하순, 영국성공회가 설립한 광저우성삼일학교 The Anglican Trinity College 에서 일부 학생들이 학생회를 결성하고 학생 자치를 추진하였다. 이 일이 영국 국적의 교장에게 전해지자 그는 단호히 반대하면서 학생들에게 제멋대로 학생회를 조직하는 것을 허용하지 않는다고 경고했다. 학생들이 그에게 그 이유를 물으니 그는 성삼일학교는 영국 사람이 운영하기에 중국 학생들이 마음대로 활동하도록 내버려둘 수 없다고 대답하였다. 학교의 또 다른 영국계 책임자도 나서서 학생들을 간섭하면서 학생회의 창립은 정치적 의도가 있다며 단호히 반대하였다. 이런 상황에서 학생들과 학교 측이 강하게 대립하였다. 학교 측은 만약의 사태에 대비해 아예 4월 9일 여름방학을 앞당겨 학생들이 강제로 학교를 떠나 집으로 돌아가게 하였고 비교적 활발하게 움직이던 몇몇 학생을 퇴학시켰다.

학교 측의 이러한 조치에 학생들은 격노하였고 그들은 곧 조직적으로 학교 측의 거동에 항의하였다. 4월 22일, 또 광저우의 몇몇 신문에서 동시에 그들의 선언을 발표하여 사회 각계의 지지를 구했다.

> 우리 성삼일의 학우들은 가장 진실한 태도로 친애하는 전국 학생들에게 우리가 받고 있는 가련한 압박과 고통을 충실하게 보고한다. 특히 외국인들이 세운 학교의 학생들과 나아가 전국동포들은 중국 사람들에 대한 제국주의자들의 가혹한 대우를 알고 외국인이 세운 학교의 학생들이 당면한 가련함을 알고 일어나 우리를 지지하며 노예식 교육을 반대하며 제국주의의 압박과 침략을 반대하기를 바란다.

선언은 세 가지 주장을 제기했다. 1. 교회학교 내에서의 집회와 결사의 자유를 쟁취한다. 2. "노예화" 교육을 반대하고 교육권을 쟁취하며 3. 제국주의의 침략에 저항한다.

5월 초, 성삼일학교 학생들은 두 번째로 선언을 발표했는데 제1차 선언에서 제기한 세 가지 주장을 재천명한 기초 위에 학교 측에 세 가지 요구를 추가하여 제시하였다. 1. 퇴학당한 학생을 다시 불러들이며, 2. 교장은 모욕적인 언어에 대해 학생들에게 사죄해야 한다. 3. 학교내에서 집회와 결사의 자유를 허용한다.

성삼일학교 측이 학생들의 요구를 묵살하자 학생들은 학생퇴학단을 구성해 자퇴선언을 했다. "우리는 이제 교육권을 되찾기 전에 우리의 목적을 이루기 전에 노예교육을 단 하루라도 더 받지 않으려고 성삼일을 떠나기로 결정했습니다."[6]

광저우성삼일학교 사건은 직접적으로 전국에서 교육권 회수를 핵심으로 하는 비기운동이 다시 폭발하도록 야기하였다. 1924년 8월, 상하이의 일부 청년들이 비기독교동맹을 재조직하였다. 얼마 후 후난, 후베이, 허난, 스촨, 장시, 저장, 산둥, 산시 즈리直隶, 광둥 등 성에서도 앞다투어 유사한 조직이 설립되었다. 이때는 마침 국공이 합작하고 국민혁명의 기세가 고조되는 시기였기에 국공 양당은 모두 이 운동에 적극 호응하였다. 중국사회주의청년단 기관지 『중국청년』, 중국공산당 기관지 『향도』向导, 국민당의 신문 『민국일보』 등 간행물들은 교회교육을 반대하는 글을 잇달아 발표하여 교회학교 학생들의 자유를 쟁취하는 행동을 지지하였는데 이를 "국민성"国民性을 쟁취하는 운동이라고 하였다.

6 『中国青年周刊』, 1924年, 第2卷, 第36期, 第15页.

많은 교회학교의 학생들도 이 운동에 동참하여 중국정부에 교육권을 회수할 것을 촉구했다. 이에 따라 운동의 중심은 점차 교회교육 반대와 교육권 회복으로 옮겨갔다. 10월, 전국교육연합회는 제10기 대회를 소집하고 "국외인이 국내에서 교육사업을 처리하는 안을 취소"하고 "학교내에서 종교를 전하는 것을 금지" 등 두 가지 안건을 통과하였다. 이 양대 안건은 "교육권 회수를 국민적으로 일치된 여론"으로 만들었다.

제2단계 비기운동은 주로 교육계와 지식인들의 요구를 표현하였으며 중국공산당과 중국국민당 등 정당들도 적극 참여하여 운동의 정치색채가 더욱 깊어져갔다. 이 운동은 1925년 5월까지 계속되었다. "5·30 참안"惨案, 학살사건이 폭발하면서 비기운동은 제3단계에 들어서 노동자계급에까지 확대되었으며 전국의 반제정서가 다시 한번 고조되었다.

5·30 학살사건은 상하이에 있는 일본 방적공장 노동자들의 파업운동에서 기인하였다. 5월 14일, 중국공산당의 지도하에 방적공장 노동자들은 파업을 단행하여 공장측이 마음대로 노동자들을 해고하는 행위에 항의하였다. 공장 측은 질서를 유지한다는 구실로 파업노동자들에게 총을 발사하여 공산당원 구정홍顾正红을 사살하였고, 10여 명의 노동자들은 부상당했다. 이 야만적인 사건은 상하이 각계의 강렬한 반감을 불러일으켰고 그들은 조직을 결성하여 여러 가지 방식으로 방적공장 노동자들을 성원하였다. 5월 30일, 상하이학생연합회에서 학생들을 조직하여 난징루에서 시위행진을 하다가 영국 군경의 총격을 받아 학생 4명이 즉사하고 30여 명이 중상을 당하였다. 이것이 바로 국내외를 경악케 한 "5·30 참안"이며 이로 인하여 반제애국의 "5.30 운동"이 일어났다.

운동 초기에 그들의 타깃은 영국, 일본 제국주의였다. 상하이의 학생들이 영어로 붙인 대자보에서 이 학생운동은 볼셰비키도 아니고, 기독교도 아니고, 배타주의도 아니며 다만 인도주의를 호소The student movement is not BoIshevik, not Anti-Christian, not Anti-Foreign, But cry for Humanity하는 것이라고 하였다. 그러나 운동이 심화됨에 따라 또 일부 교회학교들에서 학생들이 반제애국운동에 참가하는 것을 금지하면서 성요한대학 포트卜舫济총장이 지적한 바와 같이 이번 학생운동의 타깃이 점차 교회학교 및 기독교를 반대하는 것으로 바뀌게되었다. 그러므로 기독교를 반대하는 것과 제국주의 침략을 반대하는 것이 점차 일체화된것이 비기운동 제3단계의 특징이다. 강대한 여론의 압력에 의하여 베이징 정부 교육부는 1925년 11월 16일에 포고를 발표하고 "외국인이 후원해서 설립한 학교 청구인정방법"에 관련된 6가지 항목을 제정하여 "학교는 종교의 전파를 목적으로 해서는 안 되며 학교의 교과과정은 반드시 교육부의 기준에 부합해야 하며 종교과목을 필수과목으로 편성해서는 안 된다."라고 명확하게 규정하였다. 그러나 당시 중국은 군벌할거軍閥割據시대에 처해있었기에 전국적으로 민족주의정서가 팽배하고 교육권 회수의 목소리가 거세지고 있지만 중국 학생과 지식인들의 요구는 실현되기 어려웠다. 때문에 1926년 봄, 교육권 회수의 목소리는 한동안 가라앉았다.

1926년 7월, 북벌 전쟁이 시작되자 학생들과 청년 지식인들이 이에 적극 호응함으로써 민족주의 정서가 최대한으로 고양되었다. 한 시기 잠잠했던 비기운동이 다시 신속히 발흥하면서 전례없이 격렬한 형식으로 표현되었다. 북벌 전쟁 기간에 비기운동은 한때 교회사역을 파괴하고 외국선교사를 추방하는 등의 경향을 보였다. 예를 들면 1927년 3월 24일, 북벌군은 난징을 점령하고 진링金陵신학원을 약탈하였는데 모든 설비가 약탈되거나 파괴되었으며 교직원의 주택이 약탈당하고 동东숙소가 불탔으며 사생들은 여러 지역으로 도망쳤다. 이번 충격으로 학원은 1년 반 동안 휴교하였다가 1928년 10월 1일에 수업을 재개하였다. 국공분열로 말미암아 대혁명이 실패하면서 비기운동도 중단되었다.

### 3. 비기운동에 대한 교회의 대응

비기운동은 세 단계로 나눠는데 각 단계의 성격이 서로 다르기 때문에 교회 및 중국기독교인 개인이 비기운동에 대한 태도도 때에 따라 다르게 나타난다.

제1단계, 비기운동이 기독교를 직접 겨냥했지만 너무 많은 교안의 충격을 겪었기에 비기운동에 대한 교회의 반응은 익숙한 듯이 아주 냉정하였다. 그러나 신문화 운동에서 성장한 일부 중국 기독교 지식인들은 이 운동의 다름을 느끼고 이에 적극적으로 반응하였다. 이 기독교도들 가운데서 1919년에 창립된 베이징기독교도설교단北京基督徒证道团이 가장 두드러졌는데 이 단체는 후에 생명사로 이름을 바꾸고 잡지 『생명월간지』를 출판하였다. 1922년 3월 18일, 생명사 구성원의 한 사람인 류팅방刘廷芳은 "비기독교학생동맹선언"에 대해 2,500자에 달하는 평론을 썼다. 평론은 "선언"에 대하여 다음과 같이 평가하였다.

> 이 글은 세 가지 특색이 있다. 1. 이 글은 아주 좋은 구어체 문장으로 어휘 선택이 매우 깔끔하고 조리가 있다. 2. 이 글은 이성을 따지지 않고 감정에만 의거한 미숙한 글이다. 3. 이 글은 선동하는 글로 처음부터 끝까지 편파적이고 격렬하다. 이 글은 기독교를 반대하려는 것이므로 따라서 기독교의 산물인 "세계기독교학생동맹"을 반대한다. 그러나 반대 논조는 과학자, 철학자, 역사학자들의 침착하고 실

제적이고 구체적인 연구나 연구 후의 세심하고 정확한 비판이 아니라 초보 볼셰비키의 말투였다.

동일한 권호의 『생명월간지』에 류팅방刘廷芳 등은 "신문화시기에 몇몇 학자들이 기독교에 대한 태도"에 관한 특별 칼럼을 개설하여 후스胡适의 『기독교와 중국』, 장동순张东荪의 『기독교에 대한 나의 소감』, 가오이한高一涵의 『종교에 대한 나의 태도』, 저우주어런周作人의 『기독교에 대한 나의 소감』, 천두슈陈独秀가 2년전에 발표한 『기독교와 중국인』 등을 싣기도 했다.

1922년 4월 10일, 기독교계의 잰여우원简又文, 양이후이杨益惠, 잉위안다오应元道, 판즈메이范子美, 우즈지앤乌志坚 등 5인이 공동명의로 『비종교운동선언에 대하여』를 발표했다. 이는 기독교가 비기운동에 가장 비중있게 응답한 문서이다. "선언"은 비기운동에 대한 견해를 10가지 측면에서 피력했고 양텐홍杨天宏은 이 10가지를 네 가지로 요약했다.

1. 비기독교동맹의 언론행동은 과학정신을 위반하였다. 잰여우원简又文 등은 다음과 같이 인정하였다. 비기독교 동맹인사들이 종교에 대하여 내린 결론은 "귀납의 절차에 의거하지 않고 과학적 방법을 이용하며 스스로 사실을 탐구하여 이론을 수립하는 근거로 삼거나 또는 세계적인 종교학자들의 권위있는 학문적 이론들을 이용하지도 않는" 것이다. 그들이 발표한 언론들은 "가설"이 아니라 "독단적"인 것이다. 그는 종교철학, 종교심리학, 비교종교학, 종교역사학 등 학문분야를 "전혀 연구하지 않았"기 때문에 종교의 운명을 단정할 자격이 없다. 오늘에 와서 그들은 "타인의 연구범위를 침범하여

독단적으로 논리를 세운다." "기독교에 대한 그들의 공격은 먼저 인간의 죄를 들추어 잠깐의 쾌감을 느끼려고 하는 것"으로 그들은 중세기의 교회를 바라보는 굳어진 안목으로 20세기의 기독교와 교회를 대하면서 "기독교를 불변의 고정된 죽은 종교"로 간주하고 있다. 이러한 것은 모두 "과학의 정신과 절차"에 부합되지 않으며 "진정한 과학자의 행동"이 아니다.

2. 비기독교운동은 신앙 자유의 원칙을 파괴하였다. 잰여우원 등 비종교동맹은 "자기와 다른 신앙을 공격, 소멸하는 것을 취지로 삼고 자기와 다른 신앙을 소유하고 있는 사람들이 각자 자기의 신앙을 믿는 것을 허용하지 않는다. 그들은 '자유전도의 수단'으로 자기들의 주장을 전파하는 것이 아니라 수많은 교인들에게 독설을 퍼붓고 저주하며 공공연히 도전하는 방식"으로 그들의 운동을 추진하고 있다. "이러한 모든 태도와 행동은 20세기 자유 신앙과 자유사상의 중국에서 용인할 수 없는 것이다."

3. 비기독교운동이 세계기독교학생동맹대회를 공격한 것은 명의상으로는 애국이지만 실상은 나라를 욕보이는 것이다. 잰여우원 등은 세계기독교학생동맹이 중국에서 회의를 열어 각국 학계 지도자들이 우리나라에 모이는 것은 "우리나라의 우수한 문화와 배우기를 즐기는 특성을 다른 사람들에게 보여주는 좋은 기회"라고 말했다. 비기독교인들은 자신을 정면으로 표현하지 못하고 오히려 "불합리한 논의"로 타인을 비방함으로써 "우리나라 학계, 사상계가 쇠락하는 현상을 폭로하였다. 이는 우리나라 학계의 어리석고 치욕스러운

행동이며, 외국 인사들이 우리나라의 학계의 이러한 지혜롭지 못하고 나라를 욕보게 하는 거동을 비웃고있을까 두렵다."

4. 비기독교인들은 공론에 불과하며 사회개조에는 아무런 성과도 없다. 잰여우원 등은 기독교 선교사역이 일부 지적할 만한 점이 있긴 하지만 기독교는 중국에서 실제적인 일을 많이 했다고 지적한다. "기독교의 교육에서, 자선사업에서, 사회에서, 도덕에서의 성과는 모두 고증이 가능함으로 전부 부정하여서는 안 된다." 현재 반기독교운동에 종사하는 사람은 "자신은 더 건설적인 계획이 없으면서 빈말만 쏟아놓고 조급해야 할 때 서두르지 않는다. 그들은 이런 정신, 재력, 시간을 더 크고 더 중요한 사회봉사에 쓰는 것이 아니라 오히려 교회안의 건설사역을 무너뜨리는데 사용한다." "이는 파괴적이고 소극적인 거동이며 양호한 종교로 그들의 정신생명을 소중히 해야 한다."[7]

광저우에서 『참빛잡지』를 편집한 장이징张亦镜도 비기운동에 호응한 용장이다. 그의 지도아래 20편의 비기독문장을 수집하여 『참빛잡지』에서 하나씩 비판하였다. 훗날 그는 이 반박문 중에서 13편을 엄선하여 『비기독교언론비평회간』을 편찬하였다. 또 일부 교회인사들은 비기독교운동의 충격을 받아 기독교와 중국문화의 융합문제를 적극 반성함으로써 기독교 토착화운동을 추진하였다. 1927년에 장신스张欣士가 편집한 『국내 최근 10년간의 종교사조-옌칭화문학교연구과燕京华文学校研究科 참고자

7 杨天宏, 『基督教与近代中国』, 成都: 四川人民出版社, 1994年, 第188-189页.

료』가 바로 이 방면의 성과 중 하나이다. 이 글은 1917년부터 1927년까지 10년 동안 중국 학계와 교계의 종교문제에 관한 논문 44편을 3개 부분으로 나누어 실었다. 그 가운데 세 번째 부분은 『반기독운동과 기독교내부의 혁신 (1922년부터 1927년)』이라는 제목으로 우레이촨吴雷川, 쉬바오챈徐宝谦, 자오즈천赵紫宸 등의 반성문을 실었다. 특히 자오즈천의 『풍조속에서 떨쳐 일어난 중국교회』의 영향이 크다. 그는 그의 글에서 "중국교회는 오래전부터 철저한 사상과 개조를 해야 한다. (중략) 교회가 지금 큰 시련과 큰 고통을 받고 있는가? 축하할 만하다! 여명전에 암흑이 있으리니 닭이 울면 곧 날이 밝을 것이다."[8]

그림 088 참빛잡지『真光杂志』

비기운동의 제2단계와 제3단계에서는 주제가 기독교자체에서 교육권 회수와 반제애국으로 바뀌었기 때문에 기독교교회와 기관, 개인들이 운동에 참여하게 되었다. 이는 각계 인사들로 하여금 기독교도도 중국인으로서 애국적 지조를 가지고 있으며 단결할 수 있는 역량이라는 것을 점차 인식하게 하였다.

8 张钦士编,『国内近十年来之宗教思潮—燕京华文学校研究科参考材料』, 北平: 燕京华文学校出版, 1927年, 第465-465页.

## 제3절 교회의 자립과 연합

19세기 후기에 자립의식은 이미 중국교회에서 싹텄다. 그러나 자립 선구자들의 많은 노력에도 불구하고 19세기 자립교회의 비율은 총체적으로 매우 적었으며 특히 경제적으로 자립하는 것은 매우 어려웠다. 통계에 따르면 1876년에는 전국 312곳의 교회 중에서 완전 자립교회는 18곳이였으나 1889년에는 522곳의 교회 중에서 완전 자립교회는 94곳으로 모두 작은 비율을 차지하였다. 20세기에 들어선 후 중국교회가 자립하려는 움직임이 더욱 거세졌다. 1900년, 가오펑츠高凤池 등은 상하이에 상하이 기독교교회를 설립하였고 1903년, 후난 천저우陈州 교안 사건에 자극을 받아, 가오펑츠高凤池, 시에홍라이谢洪赉, 왕정팅王正廷, 위궈전俞国桢과 샤추이방夏粹芳 등은 교안教案을 없애고 선교권을 회수하기 위해 상하이에서 중국기독교인회中国基督徒会를 설립했다. 중국기독교인회 설립 이후 홍콩, 베이징, 닝보 등지의 신자들의 적극적인 호응으로 지회가 설립되었다. 앞에서 언급한 광저우장로회자립회广州长老会自立会는 1903년에 설립되었는데 계속 광자우화인선도회广肇华人宣道会의 자립정신을 발휘하였다. 1905년에는 광저우장로회자립회, 광저우구세자립침례회가 설립되었다. 총체적으로 20세기 초에 자립교회는 중국 대지에서 이미 성행했다. 이 시기의 자립교회 중에서 위궈전俞国桢이 창립하고 이끈 중국예수교자립회가 가장 대표적이다.

## 1. 위귀전과 중국예수교자립회

위귀전은 자가 종주이고 1853년 1월 30일에 저장 닝보에서 태어났다. 어려서부터 서당에서 서당 훈장의 사랑을 많이 받았다. 1866년에 융장베이안甬江北岸에 있는 미국장로회학당에서 공부하였다. 다음 해에 이 학당은 항저우로 옮겨와 항저우장로회남숙男塾으로 이름을 고쳤으며 후에 육영서원育英书院으로 명명하였는데 이곳이 바로 즈장대학之江大学의 전신이다. 1868년에 위귀전은 세례를 받고 교회에 가입했다. 1872년에 졸업한 후 그는 파견을 받고 닝보일교회소학교에서 교편을 잡았다. 1875년에 그는 재차 육영서원에 들어가 공부하는 한편 다른 소학교의 교원을 겸임하였다. 1877년 졸업 후, 선교에 종사하기 시작하여 저장, 장수, 안후이 등지에서 선교를 했다. 위귀전은 사역에 대한 열정이 높고 정력이 넘쳤으며 말솜씨가 출중하여 신도들의 환영을 받았다. 1892년에 그는 상하이홍구장로당즉 후일의 상하이갑북당 上海闸北唐에 전도사로 추대되었고 1894년에는 목사 안수를 받았다.

그림 089 위귀전(俞国桢)

1900년의 의화단운동은 위귀전을 비롯한 애국 기독교도들의 민족주의 각성을 크게 불러일으켰다. 그들은 제국주의 열강의 침략에 격분하였고 외국선교사들의 조종하에 있는 중국교회에 크게 불만을 품었다. 그래서 서양선교회를 떠나 자주적으로 교회를 운영하자는 생각이 싹텄다. 위궈전은 교회가 불평등조약의 보호를 받는 것을 견결히 반대하면서 교회가 독립자주적으로 나서서 외국인의 통제에서 벗어날 것을 주장하였다. 1903년, 상하이의 시에홍라이谢洪赉, 가오펑츠高凤池, 위궈전俞国桢과 왕정팅王正廷, 샤추이방夏粹芳, 송야오루宋耀如, 장찬분张蟾芬, 시버환奚伯绶 등 13명은 "교화教祸를 미연에 방지하는 법을 타당하게 마련"하고 "중국신도들이 본국에서 복음를 전하는 것이 적합하다는 요리"를 선전하기 위하여 중국기독교인회를 발기설립하였는데 각지의 유식한 신도들이 모두 이에 호응하였다. 이듬해 그는 이 회의 회정会正으로 추대되여 회 사업을 책임지게 되었다.

상하이홍커우장로회당上海虹口长老会堂에서 10여 년간 목사로 섬기던 위궈전은 자주 선교사들과 충돌이 발생하였고 경제상의 분쟁으로 말미암아 고민이 많았는데 교회의 모든 지출을 외국 선교사들에게 의존하였다. 위궈전은 황즈지黄治基 목사, 시에융친谢永钦 집사 등과 상의하여 중국예수교자립회를 설립하였으며 1906년 1월 25일정월 초하루에 자립회 성립을 공적으로 선포하고 청나라 상하이지방 장관인 소송태병비도苏松太兵备道 루이청瑞澄에게 청을 올려 보호를 요청하였다. 얼마 후 상하이도上海道에서 "상하이도 중국예수교자립회 보호 관련 유고"라는 칙령이 발표되었다. "지금 이 목사가 자립하는 교회를 세운 취지는 민중을 구분하지 않고 한 주主의 평화를 가르치는 것으로서 (중략) 전반적 국면에 도움이 되는 것이기에 결코 적지 않다. 이를 비준하고 각기 현관서에 가서 처리하는 외에 이에 널리 알려 여러 사람들이 모두 준행해야 하며 다른 이유를 들어 범하지 않도록 한다. 이에 특별히 지시한다."[9]

9 『圣报』, 1922年第1期, 扉页, 转引自罗伟虹主编, 『中国基督教(新教)以』, 第325页.

중국예수교자립회는 9개의 요강이 있는데 그 중 제1조와 제2조는 그 명칭과 취지를 설명하고 있다.

> 1. 명명: 본회의 설립은 각 회 중국성도들이 교안의 참담함을 우려하며 외환이 날로 더해지는 것을 슬퍼하여 나쁜 것을 없애고 구하려고 조직된 것으로서 애교애국의 사상과 자립자치의 정신을 가지고 있으므로 예수교자립회라고 명명한다.
>
> 2. 취지: 본회는 자립이라고 명명하였으므로 모든 일은 외인의 힘을 빌리지 않으며 교안을 없애며 교의의 보급과 민교의 조화와 공익을 유지하며 민중의 지혜를 개화시키고 교회의 명예를 보존하며 국가의 체면을 돌보는 것을 목적으로 한다. 각 회의 성도들은 피차 구분하지 않고 구역을 제한하지 않고 동지들과 연합하여 함께 할 것이다.[10]

중국예수교자립회는 창립되자마자 전국 교회들의 호응을 받았으며 1915년에 이르러 16개 성과 남양 각지에 이 자립회에 가입된 교회가 분포되었다. 1919년, 상하이 장완江湾에 융즈탕永志堂을 세워 자립회 전국 본부로 삼았다. 1920년에 제1차 전국대회를 소집하였는데 각 지방의 대표 130명, 대표회소는 189곳, 회원은 1만여 명이 참석하였다. 대회는 정관을 심의 및 결정하고 이사회를 선출하였으며 위궈전을 중국예수교전국총회 종신회장으로 추대하였다. 1924년에 이르러 회소는 330곳에 이르

10 转引自段琦,『奋进的历程』, 第115-116页.

렀고 신도는 2만여 명에 달했다. 30년대에 들어 자립회는 여러 가지 이유로 발전이 둔화되었고 어떤 때는 그 존속조차 어렵게 되었다. 그러나 여러 사람의 노력으로 지탱되어 1958년 중국교회가 연합예배를 드릴 때까지도 상하이에는 중국예수교자립회라는 이름을 가진 31개의 교회당이 있었다.

1924년, 위궈전은 자베이탕閘北堂 목사직을 사직하고 중국예수교자립회 사업에 전념하였다. 그는 고령에도 불구하고 사방으로 다니며 자립정신을 선전하고 각지 교회들이 빨리 자립하도록 격려하였다. 1932년, 그는 원저우에 설교하러 갔다가 과로와 감기로 병에 걸려 11월 16일에 세상을 떠났다.

## 2. 중화전국기독교대회

1910년 6월, 전세계 159개 기독교 선교단체가 스코틀랜드 에딘버러에서 소집된 세계선교대회는 각 종파가 서로 존중하고 협력하며 교회의 하나됨을 도모하고 복음을 전세계에 전파하기 위해 노력하자고 제창했다. 1913년, 미국 선교사 존 모트穆德박사가 청징이의 초청을 받았고 그는 에딘버러대회의 정신으로 중국에 와서 중국교회의 하나됨을 이루고 중화귀주운동을 전개할 것을 희망하였다. 그는 광저우, 상하이, 베이징, 지난과 한커우, 선양 등지에서 분구分区회의를 소집했다. 이들 분구회의가 모두 성공적으로 개최되었다는 전제하에 상하이에서 전국회의를 열었다. 회의는 에딘버러에 있는 대회기구의 모델을 참조하여 "중국속행위판회"中华续行委办会, The China Continuation Commite of the National Misionary Conference를 설립했고, 위판회는 대회와 대회 사이의 기간 동안 이전 대회의 결의를 집행하고 교회사역을 추진한다.

몇 년간의 사업을 거쳐 교회의 지도자들은 중화속행위판회가 분명히 정식기구는 아니며 중국교회를 대표할 수도 없다는 것을 느끼게 되었다. 이러한 인식을 전제로 1919년 12월 16일부터 29일까지1-20일 상하이에서 규모가 비교적 작은 전국회의가 소집되었는데 15개 성에서 온 117명이 참가하였고 중국과 서구대표가 각각 절반을 차지했으며 그들은 대부분 교회 책임자였다. 회의는 우선 "중화귀주운동"을 발기할 것을 제의하고 이를 위해 위원회를 설립하여 구체적으로 이 운동을 조직하게 하였으며 이어서 하나의 전국적인 정식조직을 설립하기 위하여 중화속행위판회 정관을 개정하고 이 조직으로 "중화귀주운동"의 진행을 감독하도록 하였다. 몇 차례의 토론을 거쳐 최종적으로 중화기독교전국대회의 소집을 성사시켰다.

1922년 5월 2일부터 11일까지 중화기독교전국대회가 상하이시

그림 090 1922년 중화기독교전국대회 개최 회의장

난징로에 있는 시청에서 열렸다. 당시 중국교회의 신자는 345,853명이 있었고 재중 서방선교사는 6,000여 명, 중국국적 교회 사역자들은 24,732명으로 선교사의 4배가 넘었다. 교회는 이미 전국 1,713개 현 가운데 1,587개 현에 분포되어 있었고 126개 현에만 교회가 없었다. 회의의 정식 대표는 1,031명, 특별 초청 대표는 92명이였는데 정식 대표 가운데 중국 국적 대표가 568명으로서 463명인 서방 선교사 대표보다 100여 명이 더 많았다. 대회의 주제는 중국교회에 집중되었다. 당시 회의 준비사업에 참가하였고 대회에 참석하였던 류팅방刘廷芳박사는 "오늘 우리의 이 모임은 중화기독교에서 전례없는 대회이다. 중국에서 기독교 역사가 시작된 이래 전교회의 공식 대표가 한자리에 모여 '중국의 기독교회의 문제'를 논의하기는 이번이 처음이기 때문이다. 대회는 주제에 따라 5개 파트로 나누었는데 세 번째 파트인 '중국교회의 사명'이 이번 회의의 핵심으로 볼 수 있다. 이 파트는 전적으로 중국의 동역자들이 책임졌고 서방의 선교사들은 중국동역자들의 초청을 받지 않는 한 일절 참여할 수 없었다. 나머지 각 파트들은 다음과 같다.

제1분과에서는 교회의 현황을 소개하였는데 분과장은 성공회주교 우더쓰吴德施였다.

제2분과에서는 주로 중국교회의 미래를 토론하였는데 분과장은 비지아러毕嘉乐 목사였고, 제4분과에서는 중국교회의 지도자를 양성하는 문제를 토론하였는데 위르장余日章이 분과장을 맡았고, 제5분과에서는 교회연합문제를 토론하였고 실제로는 중화전국기독교협진회의 설립을 토론하였다. 분과장은 런던회의 스바이헝施白珩 목사가 맡았다.

제3분과는 분과장 청징이의 인솔하에 대회를 위해 『교회선언』을 작성하였는데 선언의 핵심 내용은 중국교회의 토착화 문제에 관한 것이다. 선언에는 특별히 한 절을 할애하여 "중국토착교회"에 대해 전문적으로 토론하였다. 토착교회에 대해서는 다음과 같이 규정하였다. "우리가 토착화한 기독교교회는 한편으로는 여전히 세계 각 종파의 기독교회와 역사적으로 연속적인 관계를 가지고 있는 동시에 다른 한편으로는 중화민족의 고유한 문화와 정신적 경험을 실재적으로 통합시켜야 한다." 선언은 두 부분으로 나뉘는데 첫 번째 부분은 "동역자들에게 고하는 글"로 교회의 하나됨, 토착화, 영성 등 방면의 문제를 토론했다. 또한 사회에 대한 교회의 의무, 중국교회와 각국 교회와의 "친선", 세계적인 선교 문제를 토론했다. 두 번째 부분은 "국민께 고하는 글"로 우선 우리 나라의 영광스러운 역사를 회고하고 나아가서는 우리의 위험한 현상태를 묘사하였으며 중국이 위험한 국세에서 벗어날 출로는 기독교에 있다고 지적하였다.

제5분과에서는 총회의 또다른 문서인 『중화기독교협진회헌장』을 제정하였는데 헌장에는 협진회 설립이유, 협진회의 직권, 조직방법, 회원선출, 경비조달, 전국회의의 조직 등 방면의 내용이 포함되었다. 중화전국기독교협진회中华全国基督协进会를 설립하고 초대 회장으로 위르장余日章을 선출하고 부회장으로 장창촨江长川과 선교사 발머巴穆德, Harold Balme, 1878-1953를, 총간사로 청징이诚静怡를 선출했다. "이번 대회의 주요 목적은 연합사역을 조성하려는 것이었지만 그 요소와 암시된 취지는 중국이 앞으로 서구 선교사들이 점차 관리책임을 줄일 수 있음을 믿고 또한 중국교회로 하여금 자립, 자양, 자전을 진행하게 하는 것이다."[11]

"협진회는 전국 각 교회가 협력하여 조직한 기구로 전문적으로 각 교회가 각자가 감당하여야 할 공동의 책임을 질 수 있도록 돕는 것이다."

11 陈鸿钧, "民国十一年基督教全国大会," 『中华基督教会年鉴』, 第7卷.

구체적으로 말하면 협진회는 다음과 같은 사업을 해야 한다. “첫째로 협진회는 각 교회를 도와 사람을 위하여 교회를 세워야지 지역을 보고 교회를 세우지 않도록 도와준다. 특별히 농촌교회의 사역에 집중하여야 한다. 둘째로, 협진회는 각 교회를 도와 가정에 새로운 기초를 닦아준다. 셋째, 협진회는 공업계에서 박애의 원칙을 실시하도록 각 교회를 도와주어야 한다. 넷째, 협진회는 각 교회를 도와 사력을 다하여 아편의 죄악을 대항할 것이다. 다섯째, 협진회는 각 교회를 도와줌으로써 국제 문제에 대한 자기의 주장을 표명하여야 한다. 여섯째, 이상의 각 항목을 정리하면서 협진회가 소홀히 할 수 없는 가장 중요한 항목은 각 교회를 도와 그들의 영적생활을 더 깊이 있게 하는 것이다.”[12]

협진회는 비록 전국적인 조직이지만 참가자는 대부분 재중 각 대종파들이였다.[13] 선교사들이 압력 때문에 많은 중국인들을 협진회에서 직무를 맡게 하고 심지어 일부 핵심 직책까지도 중국인이 장악하도록 했지만 협진회의 재정권과 인사권은 줄곧 서양인들의 수중에 있었다. “1922년 5월에 상하이에서 소집된 기독교전국대회는 사실상 각 대교파의 배후에 있는 선교회가 연합으로 주최하였다. 대회의 모든 보고, 연설, 선언은 모두 영어로 되었고 대회에서는 중국기독교협진회를 설립하였지만 실상은 외국선교회의 조정기구일 뿐이었다. 비록 회장, 총간사는 중국인이지만 실제 일을 맡은 사람도 역시 선교사였다.”[14] 1950년, 중국교회가 진정으로 독립하려 할 때 협진회의 저항이 진정 두드러지게 나타나기 시작하

12 全绍武, “什么是中华全国基督教协进会,”『中华基督教会年鉴』, 第7卷, 1924年,第64-67页.

13 중화전국기독교협진회 회원으로는 16개 공회 및 6개 교회단체로서 기독회, 감리회, 자립회, 침례회, 숭진회, 중화기독교회, 중화성공회, 화북공리회, 예현회, 미이미회, 침신회, 중화행도회, 행도회, 감리공회, 준도회, 우애회, 중화기독교교육회, 중화국내전도회, 광학회, 중화성경회, 중화기독청년회전국협회, 중화기독교여성청년회전국협회 등이다. 1926년, 내지회가 이 협진회에서 탈퇴하였다.

14 曹圣洁,『曹圣洁 口述史』, 上海: 上海书店, 2016年, 第48页.

였다.

### 3. 자립의식이 사람들의 마음속에 깊이 스며들다

20세기가 도래함에 따라 특히 중화민국이 성립된 이후 중국교회의 자립 의식은 사람들의 마음속에 깊이 스며들었다. 전국 각지에서 자립적인 행동이 나타났을 뿐만 아니라 많은 교회자립의 이론도 생겨났다. 중국의 저명한 목사들이 잇달아 연설을 발표하여 교회의 자립을 고취하였고 교회의 출판물들도 대량의 지면을 사용하여 교회자립의 이론에 관한 글을 발표하였다. 왕즈신王治心은 그의 글에서 다음과 같이 지적하였다. "중국교회의 유일한 임무는 바로 기독교라는 하나의 외국 땅콩을 빨리 중국 땅에 심는것이다." 그는 중국기독교인의 책임이 "바로 이 땅을 개간하여 중국의 비료로 종자를 배육함으로써 종자가 발육하고 성장하여 중국산 낙화생落花生을 맺게 하는 것이다."[15]라고 하였다. 기독교의 자립은 중국 인민의 지지를 받았다. "그러나 유감스럽게도 기독교가 중국에 와서 백여 년 동안 발달하지 못한 것은 우리나라 기독교인이 자립하여 전도하지 않음으로 인하여 사회가 의심하고 시기하고 믿지 않았기 때문이다. 우리 중국의 열심이 있는 기독교인들은 이것을 보고 모든 희생을 아끼지 않고 자립 기독교회를 제창하였다. 최근 몇 년 동안 베이징, 푸저우, 상하이, 텐진, 저장, 산시, 산장량광三江两广 등 지역에서 잇달아 설립되었다.[16] 기독교회 내에서도 자립의식은 사람들의 마음속에 깊이 자리잡게 되었다. 자

15 『圣报』, 1925年, 第1期,7, 页,转引自罗伟虹,『中国基督教(新教)史』, 第328页.
16 易新, "湘省自立基督教会之可喜可虑," 『通问报』, 1914年, 9月, 9日, 第35期.

립정신은 노래를 통해 전해지고 있다. "중화교회는 지금으로부터 자립하고 그리스도의 제자들은 저마다 앞장을 서며 속히 복음나팔을 불어 오늘 동포들을 깨워라. (중략) 당당한 중화, 국가의 문화보존, 말씀을 즐거워하고 하나님을 경외하며 선조들의 뜻을 이어가자. (중략) 만민이 한마음으로 마음을 합쳐 질주하며 함께 고난을 극복하자. (중략) 자립, 자양, 자치, 자전 세상 만물은 모두 주님의 몸에 속했다."[17] 20세기 전반기에 각종 저애가 있음에도 불구하고 각종 형태의 자립교회가 우후죽순처럼 생겨났는데 돤치段琦는 이런 교회를 3가지 유형으로 나누었다.

> 첫째 부류는 외국교회에서 벗어나 "중국인의 교회"가 되고 주님의 "뜻이 있는 신도가 되어 자립, 자양, 자전을 도모하고 (중략) 절대로 서양 교회의 관할을 받지 않는"교회이다. 이런 교회는 주로 화동지구에서 발전되었다. 중국예수교자립회가 바로 이러한 교회에 속한다.
>
> 둘째 부류는 화북의 중화 기독교회모형으로서 연합과 자립을 결합하였고 조직면에서 외국교회를 이탈하고 서로 다른 교파의 중국신도들을 연합하였으나 여전히 각 선교회와 양호한 관계를 유지한다.
>
> 셋째 유형은 교파 내에서 자립자양하고 선교회와 협력관계를 유지하는 것인데 이런 교회모형은 주로 화남에 있다. 예를 들면 민난샤먼, 장저우漳州, 진징金井 등의 교회가 모두 이 유형에 속한다.[18]

17 朱葆元, "中华教会自立歌," 『紫晶』, 1935年, 9卷, 1期, 第115-116页.
18 段琦, 『奋进的历程』, 第128-129页.

그중 두 번째 부류의 중화기독교회는 그 모형이나 규모와 영향 면에서 모두 중국 기독교 역사에서 매우 중요한 자립현상이었다. 중화기독교회는 자립과 토착화운동이라는 큰 배경에서 설립되었다. 일찍이 1908년에 산둥장로회의 일부 목사와 교사들이 중화기독교회라는 이름으로 선교회를 설립하기 시작하였으나 1919년 6월에 이르러 비로소 산둥 옌타이烟台에서 정식으로 설립되었고 자체적으로 예배당을 세웠다. 중화기독교회가 실시한 자립은 많은 교회들의 호응을 받았으며 산둥의 적지 않은 지방들에서는 연이어 자립교회를 건립하였다. 1924년에 각기 진지를 둔 자립교회들을 연합하기 위해 지난에서 "산둥중화기독교회총회"를 설립하였다. 중화기독교회는 "교파를 초월하여 하나가 된다"는 원칙에 따라 종파를 제창하지 않고 국경을 가리지 않으며 중국의 국정에 맞게 자양, 자립, 자전의 토착화 교회운동을 추진하고자 노력하였다.[19] 이러한 주장은 전국 각지의 호응을 받았으며 많은 지방에서는 잇달아 중화기독교회라는 간판을 내걸었다. 1927년 10월, 중화기독교회는 상하이에서 제1차 전국회의를 개최하였다. 회의에 참석한 88명의 대표 중 66명은 화인교회의 지도자로서 이들은 전국의 11개 교구와 53개 분구分区를 대표하였으며 신자 수는 12만 명을 넘어 전국 신자총수의 3분의 1에 이르렀다. 회의는 만장일치로 청징이를 회장으로 추대하였다.

청징이诚静怡, 1881-1939는 베이징 출신으로 만족이다. 1900년에 영국런던회가 톈진에서 운영하는 교회학교인 양정학원养正学院을 졸업하고 선교사를 도와 성경번역을 하였다. 1903년-1908년, 성경번역을 위해 영국으로 갔으며 후에 잉글랜드신학원에서 공부하였다. 1910년에 중국교

19 姚民权、罗伟虹, 『中国基督教简史』, 北京: 宗教文化出版社, 2000年, 第188页.

회의 대표로 에딘버러세계선교대회에 참석하여 발언에서 중국교회의 자립을 주장하였다. 1913년에 중화속행위판회가 설립되었고 청징이가 간사를 맡았으며 1922년에는 중화전국기독교협진회 총간사로 섬겼다. 청징이는 귀국 후 줄곧 중국교회의 자립과 토착화를 추진하는데 힘썼다. 항일전쟁이 발발한 후 청징이는 주의력을 대후방大后方으로 옮겨 변강봉사사업边疆服务工作을 추진할 계획을 세웠다. 아쉽게도 "군사를 내었으나 쳐부수기도 전에 몸이 먼저 죽으니" 1939년 계획이 막 잡히자 청징이는 그해 12월 10일에 세상을 떠났다. 성도의 여러 기독교단체들에서는 그를 위해 성대한 추도대회를 열고 중국기독교회에서의 그의 중대한 기여를 높이 치하하였다.

## 제4절 향촌교회 및 복음의 전파

1920-30년대에 중국에는 일찍이 기세 드높은 농촌건설 운동이 일어난 적이 있는데 량수밍梁漱溟과 안양추晏阳初가 바로 이 운동의 대표자이다. 통계에 따르면 당시 약 700개의 공영과 민영 단체가 향촌 건설사업에 주력하였고 이런 단체들은 전국 각지에 1,000여 곳의 실험구를 세웠다. 이 운동에는 기독교도 큰 역할을 했다. 1955년, 미국의 역사학자 윌리엄 브라운Wiliam Brown은 "중국 기독교 농촌운동, 1920-1937"이라는 글에서 기독교가 처음으로 중국의 농촌 문제를 인식하고 그에 상응하는 행동을 취했으며 보다 앞서가는 계획을 제기했다고 밝혔

다. 류지아펑刘家峰 박사도 자기의 전문저서 『중국기독교농촌건설운동연구(1907년-1950년)』에서 "기독교단체는 중국농촌건설운동의 중요한 참여자일 뿐만 아니라 한 때 선구자였다."[20]고 말했다.

그림 091 청징이

20세기 초, 일부 신학적으로 개방적인 서방 선교사들은 그들의 업무의 중심을 도시에서 농촌으로 옮겨 농업과 농촌사회에 서비스를 제공하여 중국 농촌을 기독교화하는 목적에 도달하기 위해 노력하였다. 비록 이 목표는 끝내 실현되지 못했지만 이는 오늘날 우리의 교회사업에 매우 귀중한 경험을 남겨주었다. 예를 들면 중화전국기독교협진회에서 향촌교회를 발전시키기 위해 제정한 상세한 계획과, 진링金陵신학원에서 농촌교회사업일꾼을 양성하기 위해 중국의 첫 신학대학이자 현재까지 유일한 향촌교회과를 설립한 것이다.

본 장에서 우리는 또 중화전국기독교협진회가 발기한 "5년 부흥운동"과 "변강 봉사운동"을 소개하여야 한다. 이 두 운동은 비록 농촌 교회 건설운동과 직접적인 연관은 없지만 성격상 비슷한 점이 많다. 때문에 우리는 본 장에서 관련 내용을 소개하고자 한다.

20 刘家峰, 『中国基督教乡村建设运动研究(1907-1950)』, 天津: 天津人民出版社, 2008年, 第202页.

## 1. 민국 시기의 향촌건설운동

전통적인 농업국가였던 중국은 19세기 말까지 줄곧 폐쇄 또는 반 폐쇄적인 자연경제 상태에 처해있었다. 청 정부가 아편 전쟁에서 패배한 이후 서방에서 한창 일어나기 시작한 자본주의 경제형태가 불평등조약에 의거하여 중국에 강제로 침략하여 들어왔다. 이는 중국의 자연경제에 심각한 충격을 주었고 중국 농촌은 준엄한 도전에 직면하게 되었다. 이미 2,000년간 발전해온 전통적인 농촌경제는 심각하게 파괴되었다. 게다가 20세기 초에 화북지역에 자연재해가 계속되면서 그렇지 않아도 어려웠던 농촌의 국면이 더욱 심각해졌다. 장기간 농촌건설 운동에 종사한 기독교인 안양추晏阳初는 "농촌운동의 사명"이라는 글에서 다음과 같이 지적했다. 중국은 농업 대국이다. 그러나 현재 중국농민에게는 보편적으로 "어리석고愚, 가난하고贫, 약하며弱, 개인주의적私'이라는 네 가지 큰 병해가 존재하고 있는데 이러한 병해는 중국농촌의 가난과 낙후한 상태를 가중시켰고 또한 중국 쇠락의 중요한 원인이 되었다. 저명한 유학자 량수밍梁漱溟 역시 중국의 농촌문제는 "농촌의 파괴"로 말미암아 발생한 것인데 파괴의 원인에는 천재天灾도 있고 인재도 있다고 지적하였다. 천재란 자연재해를 말하고 인재란 사회기풍의 변화와 중국자연경제의 파괴를 말한다.

결론적으로 농촌건설 운동이 일어나기 전에 중국의 농촌은 이미 붕괴가 시작되고 있었다. 농촌의 토지가 황폐해지고 농민들은 의지할 곳을 잃고 유랑한다. 농촌경제의 쇠락과 농민들이 가난, 그들의 낙후하고 비참한 상황은 사회각계의 관심을 불러일으켰으며 특히 나라와 백성을 걱정하는 지식인들의 관심을 불러일으켰다. 많은 지식인들이 중국 정치에

그림 092 링(金陵)대학의 농업 실험장

農林新報

第十一年 第十三期

그림 093 링(金陵)대학에서 주최하는『농림신보』

대한 믿음과 흥미를 잃은 후 그들의 에너지를 중국 농촌으로 돌려 중국 현대사에서 짧지만 기세 드높은 농촌건설 운동을 일으켰다.

농촌건설 운동은 20세기 30년대 중기에 이르러 최고조에 이르렀다. 우리 나라의 저명한 사회학자 천쉬징陈序经은 농촌건설 운동에 대하여 다음과 같은 개괄적인 서술을 한적이 있다. “민국 15년부터 민국 25년까지 ‘농촌건설’이라는 이 구호는 한 시기를 진동하였다고 말할 수 있지만 ‘농촌건설’운동은 또한 전국적으로 확산되었다고 말할 수 있다. 북으로는 허베이, 남으로는 광둥, 서로는 스촨, 동으로는 장수江苏, 저장에 이르는바 단지 이론적으로만 농촌건설을 제창한 것이 아니라 실제적으로도 농촌사업을 실험하는 사람들이 도처에 있었다. 띵현定县, 저우핑邹平, 후이현辉县, 신자우新造, 바현巴县, 쿤산昆山, 시아오산萧山 등 기타 여러 곳에서도 향촌 실험구가 설립되었다. 민국 24년까지 농촌건설에 관련된 단체가 천여 개나 되었을 것이라는 추정도 있다. 같은 때 이런 단체와 관계가 있는 농학사 1만여 개가 더 생겼다. 이론적인 측면에서도 량수밍梁漱溟 선생의 저서 외에도 농촌건설사업을 제창하는 출판물도 10여 가지나 되었다. 우리 행정원에서부터 여러 성의 정부, 현 정부, 구 관공소에 이르기까지 이 운동에 적지 않은 주의를 기울였다."[21]

천쉬징陈序经이 말한 바와 같이 이 운동에는 각급 정부 외에도 많은 개인, 사회단체, 그리고 학교가 참여했다. 학교를 예로 들면, 교회대학 옌칭燕京대학은 허베이칭허河北清河에 농촌건설실험구를 설립했고, 진링金陵대학은 우장乌江에, 치루대학齐鲁大学은 용산에 같은 성격의 실험구를 설립했다. 이 운동의 주도역량이 주로 중국의 지식인이었기 때문에 이론적인 영역을 매우 중요하게 생각했으며 그들은 많은 잡지, 서적을 출판하여 농촌건설이론을 토론하였다. 1933년부터 1935년까지 연속 3년 동안 주현邱县, 띵현定县, 우시无锡에서 전국농촌사업토론회를 개최하였는데 세 차례의 회의 참가자는 각각 60여 명, 150여 명, 200여 명이었으며 매번 회의가 끝난 후에는『농촌건설실천』문집을 출판하였다.

이러한 지식 엘리트들 가운데 량수밍梁漱溟과 안양추晏阳初는 매우 전형적인 인물로서 한 사람은 유교학자이고 한 사람은 기독교인이다. 량수밍은 저명한 유교 학자로서 일찍 베이징대학에서 교편을 잡았었다. 그는 자신의 이상을 실현하기 위해 1931년에 산둥 저우핑현에 농촌건설연구원을 설립하고 농촌건설 운동에 종사하였으며 1937년에『농촌건설이론』이라는 전문저서를 출판하였다. 량수밍은 유교의 정치 이상을 전제로 농촌건설 운동은 인민의 "이성"을 개발하는 것으로부터 착수해야 하며 중국의 전통 윤리정신을 중심으로 서방 문화의 장점을 받아들여 새로운

21 陈序经,『陈序经文集』, 广州: 中山大学出版社, 2004年, 第120页.

사회조직구조를 건립해야 하며 이렇게 해야만 민족의 의지를 통일하고 중국의 문제를 해결할 수 있다고 주장하였다.

그림 094 안양추

안양추는 기독교인으로서 평민교육을 제창하고 추진한 것으로 유명하다. 1922년부터 그는 전민식자운동全民识字运动을 발기하여, "문맹을 퇴치하고 신민新民이 되자"고 제창하였다. 1926년, 그는 평민교육총부를 허베이성 띵현에 설립하고 그의 농촌교육계획을 힘써 추진하였다. 안양추는 중국 농민문제의 핵심은 "우매하고, 가난하고, 약하며, 개인주의" 이 4대 질병이라고 주장했다. 이 4대 질병에 대해 그는 "학교식, 사회식, 가정식"을 병행하는 방법으로 근본적으로 치료할 것을 제안했다. 그는 "문화와 예술교육으로 우매함을 공격하고, 생계교육으로 빈곤을 퇴치하고, 위생교육으로 약자를 돕고, 공민교육으로 개인주의를 극복해야 한다."고 주장했다.

안양추가 평민교육촉진회를 발기할 때 오랫동안 난징에서 교육사업에 종사해온 타오싱즈陶行知도 적극 참여하여 난징에서 평민교육을 보급하였다. 1927년, 농촌교육을 보급하고 농촌인재를 양성하기 위하여 타오싱즈는 난징 베이쟈오北郊 샤오장晓庄에서 시험향촌사범학교를 설립하였는데 이는 샤오장晓庄사범학교의 전신이다. 타오싱즈는 "실제 농촌 생활에 적합한 살아있는 교육과 농촌에서의 실제적인 생활로써 생활을 중심으로 생산하는 학교를 건설해야 한다. 살아있는 농촌 중심학교로부터 살아있는 사범학교를, 살아있는 사범학교로부터 살아있는 교사를, 살아 있는 교사로부터 살아있는 학생과 살아있는 국민을 생산해야 한다. 살아 있는 농촌교육에는 살아 있는 농촌교사가 있어야 하며 살아 있는 농촌교사는 농부의 솜씨, 과학적인 두뇌, 사회를 개조하는 정신이 있어야 한다. 살아 있는 농촌교육에는 살아 있는 방법이 있어야 하며 살아 있는 방법은 교학教学을 하나로 합치는 것이다. 가르치는 방법은 배운 방법에 근거하고, 배운 방법은 만든 방법에 근거한다. 일을 하는 대로 배우고 배우는 대로 가르친다."[22]

## 2. 민국 시기의 향촌교회

총체적으로 볼 때 중국의 기독교는 농촌교회이다. 20세기 초, 농촌 인구는 전국 총인구의 80~85%를 차지하였고 교회 인구의 비율은 전국 평균보다 약간 높았는데 약 70대 30, 즉 70%의 신자가 농촌에 살았다. 1930년대에 진링金陵신학교에서 교사로 활동하던 미국인 선교사 프랜시스 프라이스毕范宇, Frank Wilson Price, 1895-1974는 중국에 약 15,000개의 교회가 있고 그 중 3분의 2 이상이 농촌이나 농촌지역에 있다고 추정했다.

그럼에도 불구하고 선교사들은 그들의 활동을 농촌이 아니라 도시에 집중시켰다. 『중화귀주』의 통계의 따르면 선교사의 66%, 중국인 직원의 34%가 인구 5만 명 이상의 도시에 집중돼 있었다. 이들 도시에 사는 세례 신자는 24%에 불과했다. 때문에 선교회에서 도시 신도의 20%를 돌보는데 80%의 에너지를 바치고 있다고 불평하는 선교사들도 있었다. 농촌교회에 투입한 나머지 20%의 선교에너지도 도시교회의 모델을 답습

22 陶行知, 再论中国乡村教育之根本改造—在上海青年会的演讲, 见,『陶行知全集』(第二卷), 长沙: 湖南教育出版社, 1985年, 第1-2 页.

했고 도시교회는 서구식교회의 모델을 답습했을 뿐이다.

19세기 후반부터 시골에서 선교하던 선교사들은 중국의 농촌문제를 인식하였다. 그들은 간단하고 직접적인 포교 방법으로는 사람들이 복음을 받아들이기 어렵다는 것을 알게 되었다. 그래서 농촌을 위해 봉사하는 방법으로 선교를 촉진하자고 생각하였지만 이 방면의 훈련을 받은 적이 없는 그들은 3농을 전혀 모르는 상황에서 봉사하려 해도 어찌할 도리가 없었다.

진링金陵 대학교에서 교편을 잡고 있는 농업선교사 존 그리핑郭仁凤, John B. Grifing은 세 명의 서로 다른 선교사가 농촌에서 같은 농민에게 선교한 경험을 담은 소설을 쓴 적이 있다. 이 농민은 흉년, 전란으로 이미 지극히 곤궁한 상태에 처했다. 첫 번째 선교사는 직접적인 방법을 써서 이 농민에게 교회에 가서 내생의 행복을 찾으라고 권했다. 두 번째 선교사는 간접선교의 방법으로서 농민의 후손을 교육함으로써 이 농민이 복음을 받아들이게 하려고 아들을 교회학교에 보내어 공부하도록 권하였다. 이 두 선교사 모두 성공을 거두지 못했다. 원인은 이 농민이 너무 가난해서 교회에 입고 다닐 체면이 서는 옷도 없었고 아들을 학교에 보낼 여윳돈도 없었기 때문이다. 세 번째 선교사는 자신의 선교입장을 완전히 바꿨다. 무명옷을 입고 자신도 농민의 차림새를 하였다. 그는 우선 농민들의 생산에 관심을 돌렸는데 농민의 집뜰에 뽕나무가 있는 것을 보고 농민에게 무독누에종이를 한장 주고 누에치는 방법을 가르쳐주었다. 몇 달 동안의 접촉을 통해 그들 사이에는 매우 좋은 관계를 이루었다. 선교사는 적절한 때에 농민에게 학교가 다음 주에 개학하게 되니 아들을 학교에 보낼 것을 알려주었다. 이 농민은 선교사의 도움으로 누에치기와 생산에 모두 성공하여 수입이 늘어났고 아들을 학교에 보낼 돈도 있게 되었다. 이 선교사가 바로 이 학교의 선생이었다. 그는 아이로 하여금 반나절은 학교에서 공부하고 반나절은 집에서 부모의 농사일을 돕게 했다. 선교사는 이 농민을 돕는 일 외에도 마을의 다른 농민들을 도와 그들을 위해 성인 야간학교를 꾸려 농한기에 문화 지식을 배우도록 격려해주었다.

시간이 흐른 뒤 이 농민은 감동이 생겨 선교사에게 "당신은 왜 이런 일을 하십니까? 누가 당신을 보내서 한 겁니까?"라고 물었다.

선교사가 말하기를 "주님께서 저를 보내 주셨습니다. 저는 그분을 위해서 이 일을 했습니다."

농민은 "그분은 틀림없이 아주 위대하고 좋은 주님이시겠군요. 저도 알고 싶습니다." 선교사는 그에게 "그럼 일요일에 학교에 와서 얘기합시다."라고 반가워했다.

그러자 농민은 즉시 "그럼 좋습니다, 우리 가족 모두 오겠습니다."라고 했다.

위와 같은 내용은 한 편의 소설에서 인용한 내용이지만 이와 유사한 사례가 중국 시골교회에서 보편화되어 있을 것이라 확신한다. 중국 기독교사에서 세 번째 선교사와 같은 사람이 마침내 1907년에 중국에 왔다. 조나단 그로브高鲁甫, George Groff, 1884-1954라는 미국 선교사가 링난학당岭南学堂, 링난대학교의 전신으로 부임하였는데 그는 중국에 온 첫 농업선교사였다. 이후 수십 명의 농업 선교사들이 중국에 건너와 주로 교회대학에서 가르쳤으며 이들 대학에서 농림과나 농과를 개척하여 농촌에서 봉사할 인재를 양성하였다. 당시 농림과에 열중했던 교회대학으로는 링난대학교, 치루대학교, 옌칭燕京대학교, 진링金陵대학교가 있었으며 그 중에서도 진링金陵대학교의 성적이 가장 두드러졌다. 1924년에 이르러 중국에 온 농업선교사는 27명이 되었으며 이 중 15명이 링난대학교와 진링金陵대학교에서 교편을 잡았다.

교회대학의 농업교육에 힘입어 교회도 행동하기 시작했다. 20년대 초기에 한 선교사가 "교회의 향촌화" 주장을 제기하여 교회의 사역 중심을 도시로부터 농촌으로 옮겨 농업 선교의 방법으로 농촌교회를 농민을 위해 봉사하는 교회로 만들어 복음의 전파를 촉진해야 한다고 주장했다. 본질적으로 보면 "교회의 향촌화"는 교회의 농촌사회화를 말하는데 구체적으로 말하면 복음 전파를 핵심으로 하는 교회를 농촌 봉사를 핵심으로 하는 교회로 전환시키는 것이다.

중국기독교농촌건설운동에 종사하는 단체는 세 부류로 나눌 수 있는데, 한 부류는 교회이며 허베이河北, 허난河南, 산둥山东, 산시山西 등 네 성을 포함하는 화북华北지역에서 가장 큰 성과를 거두었다. 1931년, 화북지역 농촌교회사업을 더욱 잘 조율하고 향촌목장이념을 보급하기 위해 화북회중교회의 창도하에 "화베이华北기독교농촌사업촉진회"가 설립되었다.

그림 095 링난대학

두 번째 부류는 기구로서 가장 유명한 것은 물론 중화전국기독교협진회이다. 중화전국기독교협진회는 향촌교회사업을 전문적으로 지도하는 "향촌문제와 향촌교회위원회"를 세웠다. 1926년 2월 2일부터 5일까지이 위원회는 진링金陵대학 농과와 연합하여 진링金陵대학에서 전국기독교농촌지도자회의를 소집하였다. 구정2월 12일은 설달 그믐날이 다가왔지만 여전히 227명의 대표가 참석했는데 그중 201명은 중국대표였다.

세 번째 유형은 신학원이다. 신학원이 교회를 위해 어떤 인재를 양성해야 하는가 하는 것은 언제나 교회에서 생각해볼 가치가 있는 문제이다. 당시 한 선교사는 향촌의 신학교육은 단지 마을을 위해 설교자를 양성하는 것이 아니라 각 방면에서 신자를 인도하고 목회하며 또한 농촌공동체의 지도자가 될 수 있는 설교자를 양성해야 한다고 지적했다. 진링金陵신학원은 이를 위해 매우 중요한 공헌을 했는데 아래에 진링金陵신학원의 향촌교회과를 소개하려 한다.

1920년부터 진링金陵신학원의 교과목 구성은 이미 향촌교회에 관심을 두기 시작하였으며 그 해에 신학원은 일부 농업에 관한 과정을 학생들의 필수과목으로 포함시켰다.

미국인선교사 프랜시스 프라이스毕范宇는 진링金陵신학원 향촌교회과의 창립자이자 주요 지도자이다. 1926년 3월, 프라이스는 학사 졸업반 학생 7명을 데리고 장수성 수치앤宿迁에 가서 3주간의 실습과 고찰을 진행했다. 진링金陵대학농학원은 고찰보고를 출판하였고 이 보고를 매우 높이 평가하였다.

고찰을 통해 프라이스는 향촌교회에 대해 아주 감성적인 인식을 가지게 되었다. 그는 향촌교회의 사역은 대부분 설교와 예배에 집중되어 있고 종교교육, 사회봉사, 신자훈련 같은 중요한 일들이 소홀히 여겨지고 있다는 것을 알아차렸다. 동시에 그는 향촌교회 봉사활동에 종사하는 목사들이 향촌교회 봉사활동에 전문적인 훈련을 받은 적이 없다는 것도 알아냈다. 따라서 그는 선교회가 돈을 직접 교회에 투자할 것이 아니라 향촌교회 목회자 양성사업에 돌려야 한다고 생각했다. 이런 이념의 지지하에 프라이스는 향촌교회의 전도자를 훈련할 생각을 갖게 되었다.

1925년 가을부터 1926년 2월까지의 중국신학원과 성경학교의 교육과정에 대한 주징이朱敬一의 조사에 따르면 20개이상의 신학원의 교육과정 중 95%가 도시교회를 위해 설계되었고 5%만이 향촌교회를 위해 설계되었다.

1929년, 신학원이사회에서는 향촌교회과를 설립하기로 결정하고 프라이스를 주임으로 임명하였다. 그러나 이때 프라이스는 이미 귀국하여 휴가 중이어서 향촌교회과의 계획은 잠시 보류할 수밖에 없었다. 이듬해 프라이스는 휴가를 마치고 진링金陵신학원에 돌아와 즉시 향촌교회과를 설립하는 사업에 참가하였다.

농촌교회를 위한 인재양성인만큼 이 과목에는 학생들을 위한 실습

**그림 096** 진링신학원 옛터(金陵神学院原址)

장소가 필요하였다. 이를 위해 프라이스와 진링金陵대학 농학원 교수 존 로싱 벅卜凱, John Losing Buck, 1890-1975은 여러 차례 고찰을 거쳐 최종적으로 1931년에 진링金陵신학원 향촌교회와 실험구로 난징장닝현南京江宁县 춘화전淳化镇을 선정했다.

1932년 가을, 제1회 향촌교회과 학생들이 정식 입학하였다. 이 과는 중고졸업생을 모집하며 학제는 4년이다. 첫 3년은 본 학원에서 공부하고 4년째는 반드시 진링金陵대학 농학원에서 1년 농학과정을 선택 이수해야 하며 춘화전에서 반년 이상 실습해야 한다. 1937년에 항일전쟁이 발발할 때까지 농촌교회과는 도합 20명의 학생들을 졸업시켰다.

농촌교회과의 교육목적은 "농촌교회 보급"이라는 매우 중요한 이념, 즉 농촌 교회설립의 원칙과 방법을 보급하는데, 예를 들면 성도를 어떻게 훈련하고 교회를 어떻게 관리하며 어떻게 자양을 이루는가 등이다. 근본적으로 말하면 이 이념은 향촌교회와 향촌사회의 공동발전을 강조하는 것이다. 1935년 겨울, 향촌교회에서는 전국에 있는 48명의 향촌교회사업일꾼들을 소집하여 향촌교회사업을 토의하였다. 1936년, 각 종파와 단체의 힘을 연합하여 기수와 차례를 나누어 농촌교회인재를 훈련시키기 위하여 보급부를 설립하였다. 1937년 1월, 진링金陵신학원은 난징에서 각 신학원 대표들을 초청하여 확대 계획을 토론하였는데 전국을 9개 구로 나누고 각 구는 하나의 신학원 또

**그림 097** 진링신학원에서 출판한 향촌교회

는 교회 기구가 책임지도록 하여 공동으로 중국 농촌교회 건설을 추진하기로 하였다.

항일전쟁 기간, 향촌교회과는 멀리 청두로 가서 화서협화신학원华西协和神学院에서 계속 학교를 운영했다. 이 과는 풍부한 재정적 지원 덕분에 학생은 6명에 불과했지만 9명의 교사가 일했고 윈난, 구이저우, 스촨 3개성 교회와 연합해 수많은 향촌교회 사역을 개척했다.

항일전쟁 승리 후 농촌교회과는 난징으로 옮겨서 계속 학교를 운영하였다. 신중국 창건 후 신학원의 학교 운영에 새로운 문제가 나타났다. 게다가 1952년의 연합으로 농촌교회과는 사라졌고 춘화전실험구淳化镇实验区는 더는 존재하지 않게 되었다.

## 3. 중화국내전도회

1918년 8월 초, 전국의 교회 지도자들이 루산庐山 리앤구莲谷에서 회의를 가졌는데 어떤 참석자가 윈난전도 문제를 제기하였다. 먼저 제기한 사람은 홍콩 성공회 후수전胡素贞여사, 난징장로회 차이수쭈앤蔡素娟여사, 구강감리회 스메이위石美玉여사, 베이징감리회 숭파샹宋发祥부인이다.

이 제안은 제기되자마자 상하이청년회전국협회 위르장余日章, 상하이 『흥화보』兴华报의 천웨이핑陈维屏, 상하이중화속행위원회 청징이诚静怡 등의 적극적인 호응을 받았다.

협의를 거쳐 상술한 동지들은 윈난전도준비위원회를 구성하였고 또 몇몇 선교사들은 고문을 맡았다. 상하이여성청년회 룻 팩슨安如慈, Ruth Paxon여사, 가흥장로회 밍정더明增德여사, 중화속행회원 아베 리빙스턴 워닝슈이스苑礼文, Abbe Livingston Warnshuis, 1877-1958 박사 등이다.

1918년 말까지 위원 인원수는 70여 명으로 증가했고 고문위원도 15명으로 증가했다. 이 사역을 중화국내전도회 윈난부라고 명명하였다.[23] 1919년 3월 20일, 준비위원회는 윈난에서 1년간 사업하기로 한 첫 번째 팀의 전도단 단원들을 츠滇로 파견하였는데 그들의 주요 임무는 윈난의 전도 환경을 조사하는 것이었다. 단원들의 명단은 다음과 같다. 리찡챈李静谦 여사, 천위링陈玉玲 여사, 딩리메이丁立美 목사와 부인 띵메이이다丁梅义达 여사, 리윈썽李云陞 목사, 상잰탕桑坚棠 목사 등이며 고문위원 쟈페이리贾腓力 부인도 자비로 함께 갔다. 일행 7명은 상하이에서 출발하여 4월 10일에 무사히 윈난 시내에 도착했다.

당시 변강지역 전도에 적극적인 단체로 성공회가 산시에서, 장로회는 헤이룽장의 전도사역에 참여하였다. 이 역량들을 하나로 묶어 더 좋

그림 098 스메이위

그림 099 딩리메이

23 以上资料, 参见陈铁生, "云南布道之发轫," 『中华基督教会年鉴』, 第五期, 1918年, 第78-79页.

은 전도 효과를 거두기 위해 1919년 12월 16일부터 20일까지 상하이에서 중화귀주운동이 소집되었다. 중화기독교 전국대회기간 분산된 이 몇 갈래의 전도역량을 한데 모아 통일적으로 중화국내전도회에 귀속하고 각 지부를 구성할 것을 강력히 주장하였다.

중화국내전도회 각 부문은 다음과 같다.

첫째, 총회. 중화국내전도회 총회사무처는 상하이 원명원로 23호에 설치되어 있다. 전도회가 성립될 때 도합 100여 명의 위원을 세웠는데 그들 중에 상하이에 거주하고 있는 위원들이 집행위원으로 되여 전국과 연락하는 임무를 맡았다. 위원회는 회장 1명, 부회장 2명, 중·영문 서기 각각 1명, 회계원 1명을 둔다. 위원회 산하에 중보기도부문, 홍보부문, 문서부문, 회원부문 등 구체적인 부서를 두어 각종 업무를 책임지게 한다. 총회는 통신연락 외에도 문자의 홍보를 매우 중시하고 홍보책자를 편집 인쇄하고 『복음종』福音钟 등을 출판한다.

이외에 특별히 언급해야 할 것은 활동비 전부를 국내 기독교인의 헌금으로 충당했다는 것이다.

둘째, 협진부协进部. 협진부는 사실 중화국내전도회 각지에 있는 지회로서 전도회 현지회원들이 연합하여 만든 것으로 총회의 연락, 전도회 취지의 홍보, 신도들의 단결을 담당하고 있다. 협진부의 설립은 중화국내 전도회와 거의 동시에 진행되었다. 전도회 설립 초기에 발기인의 한 사람인 후수전胡素贞 여사는 홍콩에 첫 협진부를 조직했다. 홍콩협진부사업이 성공함에 따라 조건을 갖춘 지방들에서도 연이어 협진부를 설립하였다. 협진부는 전도사역을 추진하고 신도들의 관계를 도모하는 것 외에도 총회경비의 주요 조달기구이기도 하다. 통계에 따르면 총회 조달경비의 60%가 각 협진부의 수중에서 나온 것으로 그중 성과가 가장 현저한 것은 홍콩, 상하이, 구랑위鼓浪屿, 한커우汉口, 난징, 베이징, 얜타이, 지난, 싱가포르 등지의 협진부이다.

셋째, 교구. 교구는 실제로 전도를 집행하는 부서로서 지면의 제한을 받아 3개 교구만 소개하고자 한다. 물론 이 교구들은 초기시기 중화국내전도회의 가장 중요한 사역구역이기도 하다.

윈난지부: 앞글에서 이미 언급한 바와 같이 중화국내전도회의 창립은 윈난에 가서 선교하려는 몇몇 열성자들의 생각에서 비롯되었다. 윈난은 변강에 위치하여 있고 인구가 많고 땅이 넓은 것을 감안하여 7명의 외국 선교사와 약 100명의 중국 국적 전도사만이 이곳에서 일하고 있다. 그들은 즉시 윈난행 전도단이 가동되어야 한다고 생각했다. 그리하여 각 영역에서 온 힘을 다하여 1년도 안 되는 시간에 윈난에 첫 번째 그룹의 전도자들을 파견하였는데 그중에는 유명한 딩리메이丁立美 목사도 포함되었다.

윈난부에 도착한 후 7명은 두 팀으로 나뉘여 한 팀은 남성들로 구성되었는데 계획에 따라 윈난부를 떠나 근처의 현과 향에 가서 전도 환경을 고찰하였다. 다른 한 팀은 여성들로 구성되어 성 소재지에 남아있으면서 전도 사업을 시작하였다. 그들이 먼저 성 소재지에 세운 여자학교와 유치원은 윈난 사회 각계의 환영을 받았고 성 소재지에서의 전도 국면이 열리면서 사역이 순조롭게 전개되었다. 그러나, 일정한 시간이 지난 후 윈난성의 성 소재지에서 여러 선교회가 이 지역에서 선교를 하고 있기에 전도단은 더욱 필요한 곳에 에너지를 집중해야 하기 위하여 점차 윈난성 소재지에서의 선교를 포기하고 윈난 서부와 남부로 방향을 바꾸어 발전을 모색하였다.

이러한 노력을 거쳐 30년대 초에 이르러 윈난지부에는 뤼펑禄丰,

거지우个旧, 멍즈蒙自, 추슝楚雄 등 4개 전도구가 있었고, 성경학교도 하나 세웠다.

헤이룽장지부: 헤이룽장에서의 전도사역은 일찍부터 시작되었으나 1922년에서야 이 지역이 중화국내전도회에 완전히 들어왔다. 전도회는 방문지역의 전도사역을 매우 중시하였으며 하얼빈에 총협진부를 설치하여 이 지역의 사역을 책임지고 조율하게 했다. 30년대 초까지 13개의 전도구가 건설되었는데, 그중 중요한 것으로는 다헤이허大黑河, 베이안전北安镇, 커산현克山县, 바이췐현拜泉县, 하이룬현海伦县, 성 소재지 버쿠이省城卜魁, 넌장현嫩江县과 하이라얼海拉尔 등이 있다. 이외에도 초등학교, 평민학교, 사교회당 등 교육 서비스기관이 개설되었다.

몽골지부: 몽골의 전도는 조금 늦었지만 전도회 설립 초기부터 이미 몽골에 전도사를 파견하자는 의견이 있었다. 1922년에 전도회에서 소집된 강만대회江湾年会에서는 몽골에서 전도할 계획을 정식으로 제기하고 "몽골전도준비위원회"를 설립하고 즉시 준비에 착수하였다. 준비위원회는 1년의 준비기간 동안 몽골의 상황을 조사하는 한편 몽골 전도계획을 어떻게 가동할 것인가를 연구한다. 1923년 몽골전도는 예정대로 시작되었다. 몽골의 전도에 대한 전국교회의 지지를 얻기 위해 몽골지부는 1925년에 공개서한을 발행하여 전국의 6천여 예배당에서 매년 정월 첫 주일에 몽골 전도예배를 거행하고 4천만 몽골 동포들을 위하여 기도하며 인력과 재정적 지원을 해줄 것을 요청했다.

중화국내전도회는 중국교회의 토착화 목소리가 높아지고 자립운동이 일어난 배경에서 생겨났다. 전적으로 중국인들이 조직하고 계획하여 경비의 조달과 인원 배치는 모두 중국 기독교인과 전도인들이 하였고 외국 선교사들은 고문역할만 하였다. 그러나 당시 중국 정국의 혼란으로 인해 전도회의 사업은 뜻대로 전개되지 않았다.

### 4. 5년전도협진운동

1922년 5월, 중화전국기독교협진회가 설립되었다. 협진회의 설립 시기는 공교롭게도 중국 기독교가 극히 큰 어려움을 겪고 있을 때였다. 중국에 대한 서방 열강의 침략이 격화됨에 따라 중국과 외국의 갈등이 더욱 심각해졌으며 게다가 신문화운동의 영향으로 중국인들의 민족의식이 갈수록 고양되어 전국적 범위의 배외排外 운동이 일어났다. 기독교회도 이런 배경에서 큰 충격을 받았음이 분명하다. 특히 북벌 전쟁 기간에 온 나라가 제국주의를 반대하는 소리 속에서 선교사들은 대량으로 중국에서 철수하지 않을 수 없었고 따라서 서방교회의 재정지원도 대폭 줄어들었다. 중국 기독교의 발전은 분명 금세기 이래 처음으로 침체기에 처했으며 준엄한 도전에 직면했다. 협진회 간사 순언산孙恩三이 말한 바와 같이 "지난 2년간 전국 기독교는 거대한 풍랑과 반종교 고조를 겪은 후 고통을 돌이켜 반성하고 자신을 돌아보았다. 한편으로는 복음의 진실됨과 선을 더욱 깊이 깨닫게 되었고 다른 한편으로는 오늘날 중국 신도들의 질을 더욱 높이며 인원수를 확충해야 하며 그런 후에야 의심과 비방이 많고 업무가 밀집된 환경 속에서 복음 전도의 막중한 책임을 짊어질 수 있을 것이다."[24] 이런 국면에 대처하기 위하여 협진회는 1929년 봄에 "5년전도협진운동"을 전개하여 신도들의 소질을 높이고 신도 수를 늘이며 중국교회를 부흥시킬 것을 제안하였다.

24 孙恩三, "五年运动之发轫与进展,"『中华基督教会年鉴』, 第十一卷(1929-1930)上, 第四部分, 第1页.

1930년 1월, "5년전도협진운동"이 정식으로 가동되었다. 제7차 기념대회의 결의에 의하면 "5운运"에는 두 가지 기본취지가 있다. "갑: 신자들이 그리스도에 대해 더 많이 알아가고 공동체를 더 많이 세우며 두려움을 모르는 정신으로 기독교의 가르침을 우리 일생 동안 준행하도록 하기 위해. 을: 이러한 전도확장운동을 실시함으로써 최근 5년내에 적어도 현재 신도 수의 2배로 확장한다."[25]

이 운동을 더욱 잘 추진하기 위하여 협진회는 5운五运위원회를 설립하고 "5년전도협진운동"의 6가지 구체적과업에 맞추어 각각의 전문위원회를 세우고 집행간사를 임명하였다.

첫째 과업은 "종교교육의 개진"이다. 협진회는 각 교회에서 인원을 추천하여 12명으로 구성된 종교교육위원회를 설립하고 전문적으로 종교교육의 설계와 개진 등에 종사하게 하였다.[26]

둘째 과업은 "기독교화 가정의 추구"이다. 기독교화 가족위원회에서 제정한 전국 가족운동의 계획은 "농촌 가정의 기독교화와 부모 교육을 촉진하는 두 가지 사업에 중점을 둔다."[27] 운동 기간 매년 10월에 가정 운동 주간을 가진다.

셋째 임무는 "설교와 수련회의 확장"이다. 전도 수련회를 조직하여 전국 교회의 전도사역을 추진하고 문자홍보와 순회강연 등의 방법으로 개인전도를 적극 격려한다.

넷째 임무는 "수탁주의의 중요성"이다. 수탁주의는 "5년전도협진운동"의 기본 원칙으로 "모든 신도는 반드시 그의 모든 시간, 재능, 기도,

25 鲍引登, "五年运动," 『中华基督教会年鉴』, 第十二卷(1933年), 第17页.
26 孙恩三, "五年运动之发轫与进展," 『中华基督教会年鉴』, 第十一卷(1929-1930)上, 第四部分, 第2页.
27 管萃真女士, "基督化家庭运动," 『中华基督教年鉴』, 第十三卷(1934-1936), 第89页.

재산 나아가 영적인 생명까지 모두 하나님께 위탁을 받는다는 것을 깨달아야 천국의 사역이 비로소 발전의 희망이 있게 된다."[28] 이 임무를 책임지고 추진하는 수탁위원회는 주의력을 아동과 청년들에게 집중시키고 여러 가지 방법을 통해 그들의 수탁의식, 즉 청지기 의식을 훈련시킨다.

다섯째 임무는 "청년사역의 중요성"이다. 당시 국내청년들이 "생활이 답답하고 출구가 없다"[29]고 느끼고 있는 점에 비추어 이 사업을 매우 중요하게 생각하였다. 그러나 협진회의 인력이 제한되어 있어 총체적으로 확장하지 못했다. 오히려 상하이, 난징, 베이핑 등 각지에서 자기의 실제 상황에 근거하여 대대적으로 전개하였다.

여섯째 임무는 "식자识字 운동을 추진시키는 것"이다.

"5년 전도 부흥운동"의 전개는 대다수 교회와 광범한 신도들의 환영을 받은 동시에 일부의 질의와 비판도 받았다. 비판하는 사람들은 교회의 일은 장기적이고 세밀하며 은연중에 감화하는 일이어야지 일회성 행사로 그치거나, 매우 빠르고 힘차게 하는 일이 되어서는 안 된다고 여긴다. "5년전도협진운동"의 사역방법은 마치 소련이 제정한 경제발전 5개년 계획의 영향을 받은 듯 이런 계획방식으로 교회를 발전시키려고 시도하였는데 이는 분명히 실현되기 어렵다.

"5년전도협진운동"은 상술한 반대자들 외에도 다른 방면의 어려움을 겪게 되었다. 가장 현저한 어려움은 두 가지였다.

중국은 땅이 넓을 뿐만 아니라 국내 정치 정세가 불안하여 협진회는 각 교회에 일일이 사람을 파견하여 연락할 수 없었고 오직 통신만으로

28 孙恩三, "五年运动之发轫与进展," 第4页.
29 同上, 第6页.

업무를 전개하였다. 그 때문에 광대한 교회와 신자들의 적극성을 충분히 동원할 수 없었다.

다른 한편으로 중국교회의 상황은 워낙 복잡하였다. 비록 협진회가 "5년전도협진운동"을 시작하기 전에 이미 이 문제를 인식하고 교회에 대한 조사에 착수하였지만 중국교회는 신도 수 통계 면에서 줄곧 혼란한 현상이 존재하여 교회의 실정을 제대로 이해할 수 없었다. 때문에 위원회는 실행 가능한 업무 목표와 계획을 세우는 데 어려움을 겪었다.

바로 그 이유로 "5년전도협진운동"의 효과는 기대했던 목표에 거의 도달하지 못하였다. 그러나 이번 운동은 중국교회에 많은 혜택을 가져다주었다.

첫째, 교회의 협력 정신을 촉진시켰다. "5년전도협진운동" 가운데 모든 임무는 전 교회에서 온 힘을 모아 협력해야만 완수할 수 있는 사역이다.

둘째, "5년전도협진운동"을 전개하는 과정에 교회의 각 방면의 사업에 종사하는 핵심 인재들이 훈련되었는데 이들은 이후 중국교회의 발전에 중요한 역할을 하였다.

셋째, 교인과 신도들의 개인적인 영적 삶의 추구를 어느 정도 촉진시켰다. "5년전도협진운동"에는 "주님께서 당신의 교회를 부흥케 해달라고 기도하라. 그리고 나부터 시작하라."는 아주 유명한 구호가 있다. 이 구호가 오늘날까지 전해지고 있는 것은 이 구호가 사람들의 마음속에 깊이 새겨져 있음을 보여주는 동시에 당시 적지 않은 신도들이 이 구호에 깊은 감동을 받았음을 말해준다.

## 생각해볼 문제

1. 20세기 중국 사회에는 어떤 심각한 변화가 일어났으며 교회에 주는 영향은 어떠하였는가?

2. 20세기 초에 중국의 기독교에는 어떤 변화가 일어났는가?

3. 중국기독교청년회는 어떤 조직이며 중국교회에 어떤 영향을 주었는가?

4. "비기운동"은 몇 개 단계로 나눌 수 있는가? 각 단계의 발전과정을 간단하게 설명하라.

5. 중국 기독교 향촌교회운동에 대해 당신은 어떤 평가를 하는가?

6. "5년전도협진운동"이란 무엇인가?

# 제 6 장

# 20세기 전반기의 기독교 (하)

20세기 전반기에는 제1세대 중국기독교 지도자들이 탄생하고 중국기독교 지식인들이 배출되었는데, 이는 중국교회 내부적으로 민족의식이 강화되었으며 그들은 자립의 길을 모색하기 시작했다. 중국기독교가 이 시기에 당면한 과제는 자립과 토착화라고 말할 수 있다. 자립은 교회주권의 문제가 주요 관심사이고, 토착화는 기독교 교의와 중국 문화와의 관계에 초점을 둔다.

## 제1절 토착화의 탐구

### 1. 토착교회의 논의

영어단어 "토착화" indigenization 에는 "현지생산"이라는 뜻이 포함된다. 교회의 지도자를 구성하고 있는 인원들의 본국화 本国化 뿐만 아니라 토착화교회의 교회 제도를 제정하고 토착화교회의 예식, 예배를 형성하며 토착적인 신학과 종교예술, 예를 들면 문학, 음악, 희극, 예술, 건축, 회화 등을 산출하는 것을 포함한다.[1] 청징이 诚静怡 의 해석에 따르면 토착화교회는 한편으로 중국성도가 책임을 지고 다른 한편으로는 동방의 고유 문명을 발휘함으로 기독교는 "서양종교" 洋教 라는 오명을 벗는 것을 말한다고

1 汤清, 『中国基督教百年史』, 第657页.

해석한다. 19세기에 기독교가 중국에 전파된 이후, 서구의 각 선교회는 모두 중국교회의 명칭에 본인들의 교파 명칭을 보존하였을 뿐만 아니라 심지어는 전수한 사람의 나라 이름까지 남기게 하였다. 예를 들면, 중국에서 성공회는 영국성공회, 미국성공회, 캐나다성공회로 구분하여 불렀다. 토착화운동이 시작된 이후 각 선교회에서 관리하던 중국 내의 각 주류 교파들 예를 들면 성공회, 루터교, 감리교는 모두 "중화"라는 이름을 붙여 "중화성공회", "중화루터교" 등으로 불렀다. 비단 명칭을 바꾸었을 뿐만 아니라 전국협진회의 중국 지도자들은 중국 성도들이 자체적으로 선교와 전도사역을 발전시킬 것을 제안하였다. 그리하여 협진회 내에 국내전도회가 설립되었다. 일찍 1919년 봄에 중화국내전도회는 딩리메이丁立美 목사 등 7명을 윈난 지역으로 파송하여 선교하도록 하였고 산간벽지 지역을 중국 성도들이 자체적으로 개척한 선교구로 삼았다.

토착교회를 형성해가는 과정에 일부 교회와 개인은 예배 의식 및

그림 100 중화성공회 휘장

그림 101 상하이홍더탕(上海鸿德堂)

그림 102 세박사조문(성누가작업실 쉬산춘(徐三春) 그림)

그림 103 진링여자대학(金陵女子大学)

교회 분위기의 토착화를 진행했다. 1927년 2월, 상하이내지회의 일부 성도들은 토착화 교회 모델을 만들기 위한 목적으로 상하이기독교신단체新团契를 세웠다. 그들은 공명 음악사를 조직하고 중국풍의 찬송가를 편찬 사용하며 교회당 정중앙에 성단圣坛을 설치하였다. 예배활동 중에 향을 피우고 국악기로 찬송가 반주를 하였다. 종교활동 인도자의 복장, 설교, 기도의식도 일반 예배당과 다르게 진행했다.[2] 이밖에 새로 건축한 상하이 장로교 홍덕당鴻德堂은 높은 기둥과 두꺼운 담, 원관과 기와를 사용하여 중국 궁전식 건축양식으로 교회 건물을 건축하였다. 난징 성공회 썬즈까오沈子高회장은 여러 차례 도르가 미술회를 조직해 중국식 회화기법으로 성경이야기를 그렸다. 난징샤관下关성공회학교의 예배당은 멀리서 보면

2 『中华基督教年鉴』, 第10期, 第10页.

오래된 사찰처럼 보인다. 더 심각한 것은 1922년 노르웨이선교사 라이첼트艾香德, K. L. Reichelt, 1877-1952는 난징의 교외에서 기독교도우회基督教道友会, 또 다른 이름은 징펑산기독교충린景风山基督教丛林을 설립하였다. 그는 특별히 중국 불교도들을 대상으로 기독교를 전하기 위하여 불교를 사용하여 기독교를 연구하였다.[3] 이 조직은 후에 홍콩으로 이전하였다. 교회학교도 토착화운동의 영향을 받음에 따라서 변화를 겪었다. 동시에 20년대부터 중국 인민들의 교육주권을 되돌려 받으려는 요구가 거세짐에 따라 대다수 교회학교는 중국정부에 등록하였다. 예를 들면 광저우링난대학广州岭南大学은 1927년에 중룽광钟荣光을 교장으로 교체하였고 푸저우화남여자문리학원은 왕스징王世静을 교장으로, 난징진링金陵대학은 천위광陈裕光을 교장으로, 진링金陵여자문리학원은 오이방吴贻芳을 원장으로 임명하였다. 성요한대학 등 소수의 몇몇 대학 외에 대부분 대학은 중국인이 교장을 맡았다.

1920년대의 중국교회에 있어서 토착교회는 새로운 것이었고 교회 지도자와 신학자들을 흥분케 하는 화두였다. 때문에 전국대회 이후 교회의 일부 의식이 있는 사람들이 기독교 전국대회 "교회선언"의 정신에 입각하여 적극적으로 토론하고 좋은 건의들을 나눴다.

"교회선언"은 토착교회에 대하여 매우 공정한 설명을 하고 있다.

> 우리가 토착교회라고 부르는 교회는 한편으로는 세계 각 종파의 기독교 교회와 역사적인 연대 관계를 가질뿐만 아니라 한편으로는 중화민족의 고유한 문화와 정신적인 경험에 실제적으로 적합해야 한다.[4]

3 朱维铮,『基督教与近代文化』, 第150页.

이 말에는 두 가지 내용이 담겨있다. 하나는 중국교회의 사도전통을 보장하였을 뿐만 아니라 중국교회와 세계교회가 다름을 강조했다. 그러나 이러한 다름은 오히려 교회의 보편성을 강화했다. "교회선언"의 정의에 따르면 중국의 토착교회는 반드시 두 개의 기본점이 있어야 한다. 하나는 총체적인 기독교전통이고 다른 하나는 중화민족의 문화이다. 이후의 토론은 모두 이 두 가지 전제하에 진행되었고 단지 어느 시점에서는 전자, 또 어느 시점에서는 후자를 강조하였을 뿐이다.

청징이는 교회지도자로서 전국대회에서 총간사로 선출되었고 그는 토착교회에 대한 인식을 교회 권리의 측면에서 보기를 원한다. 그는 아래와 같이 말한다.

> 내가 주장하는 토착교회는 적어도 아래와 같은 두 가지 의미를 포함한다. (1) 기독교를 어떻게 동방에서 동방인의 수요에 맞게 할 것인가? 기독교 사역이 어떻게 동방의 습관과 환경 및 역사 사상, 사람들의 마음속에 뿌리내린 수천 년의 문화의 진수들과 융합할 수 있을 것인가? (2) 교회의 모든 사역은 중국 성도가 책임지고 담당하여야 하나 백 년 동안 중국에서의 모든 기독교 사역은 거의 서양 목사가 담당했고 경제, 치리, 사상 모두를 서양 형제들의 가르침을 받음으로 중국의 교회는 균형을 이루지 못한 교회가 되었다. (중략) 앞으로 중국인은 중국교회의 책임을 더 이상 다른 사람에게 전가해서는 안 된다.[5]

4 『基督教全国大会(教会的宣言)』, 第521页, 转引自林荣洪, 『中华神学五十年』, 香港: 中国神学研究院, 1998年, 第304页.

5 诚静怡, 『本色教会之商榷』, 第9-10页 . 转引自林荣洪, 『中华神学五十年』, 第304页.

청징이의 주장은 매우 절박한 현실성을 가지고 있다. 그에 따르면 토착화는 단순한 사상적인 문제가 아니라 체제의 문제이기도 하다. 사실상 토착화 체제의 보장이 없다면 토착화의 교회, 토착화의 신학은 공중누각에 불과하다.

자오즈천赵紫宸의 논술은 문화, 경제, 조직신학 등 토착교회의 다각적인 영역을 포함한다.

> 토착교회는 중국기독교의 종교생활과 경험이 국토국풍에 적합하도록 기독교와 중국고문화가 포함하고 있는 모든 진리를 하나로 통합해야 한다. (중략) 여러 시기를 거친 후 (중략) 토착교회는 경제 측면에서 온전히 중국인이 조율 가능하며, 관리 측면에서 중국인이 모두 담당하고, 조직 측면에서 중국인의 천성에 완전히 적합해야 하며, 신학 측면에서 온전히 중국의 사상으로 자유롭고 윤택하게 해야 한다. 만약 이 몇 가지 사항을 이룰 수 없다면 토착교회는 완전한 교회가 되지 못한다.[6]

왕즈신王治心은 문화의 융합을 강조한다. 토착화는 중국인들의 마음속에 심어진 서양종교의 이미지를 없애는 것이다.

> 토착교회란 바로 서양화된 교회를 중국민족성에 적합하도록 성공적으로 개조된 중국교회를 말한다. 이런 개조는 기독교의 진리를 흔드는 것이 아니라 중국 고유문화와 기독교의 진리가 하나로 융합하

6 赵紫宸, "本色教会的商権," 『青年进步』, 第七十六册(1924年, 10月), 第9页, 转引自林荣洪, 『中华 神学五十年』, 第304页.

는 것을 말한다. 중국기독인들의 종교생활이 중국인들의 정서와 멀어지는 것이 아니라 오히려 적합하게 하는 것이다.[7]

류팅방刘廷芳의 건의는 기독교신앙과 교의를 근본적으로 정리하는 방법이다.

중국의 성도들은 배 타고 건너온 선물을 받아들였다. 그러나 반드시 혼합된 결합품 중에서 자신이 직접 기본적인 요소를 제련해내야 하며 하나님의 인도를 받아 자신의 민족과 나라의 역사와 경험에 따라 다시 조합하여 중화 본색의 기독교교리를 만들어내야만 자신의 교리라고 할 수 있다. 교회의 규칙, 예절, 예식, 조직 등도 마찬가지이다.[8]

**그림 104** 왕즈신

**그림 105** 류팅방

7 王治心, "中国本色教会的讨论," 『青年进步』, 第71册(1925年, 1 月), 第13页, 转引自林荣洪, 『中华 神学五十年』, 第305页.

## 2. 기독교방문단

1949년 9월 21일부터 30일까지, 중국인민정치협상회의가 베이징에서 개최되었다. 8명의 종교계 대표가 참석했는데 그중 5명은 기독교인이었다. 거기에는 우야우쭝 중화기독교청년회전국협회 출판부 담당, 덩위즈 邓裕志, 중화기독교여청년회전국협회 사무총장, 자오즈천 赵紫宸, 옌칭대학교 종교대학 학장, 장쉐앤 张雪岩, 『전가, 반월간』 편집총무, 류량무어 刘良模, 중화기독교청년회전국협회 사역부 담당 등이 있었다. 회의에서는 『중국인민정치협상회의 공동강령』을 반포했고, 중화인민공화국 공민은 종교신앙의 자유가 있음을 명확히 했다. 그리고 1949년 10월 1일에 중화인민공화국이 창립되었다.

마오쩌둥 1949년 11월 3일에 상하이 기독교단체, 교회, 학교, 병원, 출판사 그리고 기독교청년회, 여청년회 등 35개 기구와 180여 개 단체가 공동으로 "상하이 기독교단체의 인민정협기독교대표 환영"만찬을 개최하여 우야우쭝, 덩위즈, 류량무어 등의 상하이 귀향을 환영했는데 이 장면이 성황을 이루었다.

그 후, 3명의 정협 대표는 많은 장소에서 정협회의의 정신을 알리고 『공동강령』에 공민의 종교 신앙의 보호 내용을 언급하면서 기독교인들도 시대의 변화에 따라 밝은 곳으로 나아가야 함을 강조했다.

전국정협회의 개최 이전에 이미 일부 교파 교회 지도자들은 우야우쭝 등을 찾아 새로운 중국에 대한 자신들의 생각을 전달했다. 당시 감리회 卫理公会 화북 지역 감독이었던 장창촨 江长川 은 그들에게 5가지 의견을 올렸다. 거기에는 신앙의 자유, 집회의 자유, 그리고 선교의 자유를 줄 것

8 刘廷芳语, 转引l林荣洪, "五四'时期的本色神学思潮," 載于刘小枫编, 『道与言—华夏文化与基督教文化相遇』, 上海,三联书店, 1995年, 第665页.

그림 106 1949년 9월 제1기 정협회의 기간 마오쩌둥(毛泽东) 주석이 우야우쭝을 회견. 제1차 정협회의에 참석한 종교계 대표들(앞줄 왼쪽부터 덩위즈, 주이잔, 우야우쭝, 자오즈천 뒷줄 왼쪽에서 류량무어, 장쉐앤, 자오부추, 마잰)

과 중국 기독교인들은 인민의 입장에서 정부의 법령을 준수하며, 교회는 인력과 물력을 동원하여 정부의 신중국 건설에 협조하여 인민을 섬겨야 하며 협력하여 교회의 자립, 자양, 자전을 조기에 이루도록 해야 한다는 것이었다. 신중국 성립 이후, 각 지역 교회들은 전쟁 기간에 교회당이 침범당하고 교회 사역이 제한받는 등 어려움들을 겪었기에 전국 정협의 『공동강령』의 정신과 공산당과 새 정부의 종교에 대한 입장을 빨리 알고 싶어했고 또한 실제적인 어려움과 문제들의 해결에 대한 기대가 컸다.

이에 정협의 기독교 대표들과 중화전국기독교협진회中华全国基督教协进会, 중화기독교청년회전국협회中华基督教青年会全国协会, 중화기독교여성청년회中华基督教女青年会전국협회는 전국적인 기독교방문단을 구성하여 각 지역 교회들에 정협회의의 경과의 성과들을 설명하기로 결정했다. 방문단은 “중앙 인민 정부의 종교 신앙 자유의 정책을 알리고”, “교회와 지방 정부를 이어주고” 동시에 각 지역 교회들의 상황을 파악하여 “교회 내의 협력을 강화하고" 또 "제 때에 혁신을 이루도록 했다." 방문단은 먼저 질문지를 만들어 각 지역 지도자들이 선행 준비하게 하여 구체적인 의견을 제시하도록 했다. 거기에는 교회 사역, 교회 경제, 교회와 선교회 관계, 지역 교회 단체의 연합과 기독교 전국 회의를 여는 것 등이 있었다.

방문단은 화북, 화중, 화동, 화서, 동북, 화남, 서북 등 지역에 있는 상하이, 난징, 우한, 항저우, 지난济南, 난창, 창사长沙, 베이징, 텐진, 타이왠太原, 시안, 선양, 푸저우, 샤먼, 광저우广州, 홍콩 등 18개 도시를 방문하려 했다.

방문단은 1949년 11월에 화중 지역을 시작으로 1950년 5월에 서북 지역까지 약 반년간 방문을 진행했는데 여러 가지 원인으로 본래 계획했던 동북 지역과 화남 지역을 방문하지 못했다. 각 지역 교회들은 "마치 가뭄이 단비를 기다리듯" 방문단의 방문을 고대하며 모두 준비위원회를

| 지역 | 시간 | 참가인원 | 방문도시 |
|---|---|---|---|
| 화중 지역 | 1949년 11월 18일 - 12월 15일<br>12월 7일~11일 | 우야우쭝, 류량무어, 우까오즈(吴高梓), 투위칭(涂羽卿), 아이낸산(艾年三), 린융위(林永俣), 류메이리(刘美丽) | 항저우, 난창, 창사, 한커우, 우창, 카이펑. |
| 화동 지역 | 1949년 11월 1일~4일<br>- 11월 15일~17일 | 선티란(沈体兰), 우이방(吴贻芳), 차이쿠이(蔡葵), 판위무(潘玉槑), 선티란(沈体兰), 판위무(潘玉槑), 차이즈칭(蔡志澄) | 난징, 항저우, 사오저우 수저우(苏州) |
| 화북 지역 | 1949년 11월초<br>1950년 4월 13일 - 5월 | 장쉐앤, 우야우쭝, 덩위즈(邓裕志), 류량무어, 투위칭, 추이시엔샹(崔宪祥), 우까우즈, 왕즈중(王梓仲) | 지난, 베이징 |
| 서북 지역 | 1950년 5월 15일 ~20일 | 우야우쭝, 류량무어, 투위칭, 아이낸산 | 시안, 타이왠. |

구성하여 접대하고 활동들을 준비했다. 도시에 있는 교회들 뿐만 아니라 그 주변 지역에 있던 교회들도 찾아와서 방문단과 만나 교류했다. 예를 들면 창사长沙에서는 후난湖南성 28개 단체에서 온 대표들이 참석하여 좌담회를 가졌고 시안西安에서는 서북 5개성 교회에서 파견한 대표들과 좌담회를 가졌다.

방문단의 주요 사역과 성과로 다음 몇 가지를 언급할 수 있겠다. 첫째, 무엇보다 다리 역할을 했다. 각 지역 교회 지도자들과 지방 정부 간에 관계를 맺어주면서 기독교가 당면한 문제들을 반영하여 타당하게 조치하도록 했다. 신중국의 성립 이후 각 지역 교회들과 새 정부 간의 연결이 부족하여 문제가 발생했을 때 직접적인 소통이 이루어지지 못했다. 방문단은 각 지역 지방 정부로부터도 큰 관심을 얻었다. 후베이성 주석 리샌낸李先念, 후난성 주석 우링푸吴苓圃, 허난성 주석 우즈푸吴芝圃, 장시성 주석 사오스핑邵式平, 그리고 난창南昌, 카이펑开封 등 도시 시장과 각 지역 당과 정부의 지도자들의 접견을 받고 담화를 나누었다. 방문단은 정부와 교회대표들이 자주 접촉하고 연계하여 교회가 당면한 문제들을 해결하기를 건의했다. 예를 들면 방문단이 우한을 방문한 지 3일만에 후베이성 정부는 "종교 신앙의 자유를 존중하고 교회당을 보호하기 위한 정책으로" 각 하급 정부기관들에 교회당 보호에 관한 훈령을 내려 보냈다. 신중국 창건 이래 어떤 지역에서는 교회당을 제대로 보호하지 못하였기에 성 정부는 각 현에 정해진 기간 내에 조사하여 바로잡을 것을 요구할 뿐만 아니라 네 가지 구체적 규정까지 제정했다. 예배당을 침범하지 말고, 교회 건물을 사용하더라도 강제력을 행사하지 못하며, 반드시 교회의 동의를 거치고, 현급 이상 기관의 허가를 받아야 한다.

토지 개혁을 시행할 때 교회 인원이 도망하여 교회 재산을 사람들이 거주하도록 나누어주었을 지라도 교회 주인이 돌아오면 군중을 설득하여 예배당을 돌려주도록 한다. 각급 군과 정부 기관들은 중앙의 규정에 따라 최고 기관의 허가를 받고 교회와 교섭하여 교회의 건물을 사용할 수 있지만 조작하는 방식으로 강제 점유해서는 안 된다. 각급 군과 정부 기관 인원들은 교회 사람들의 신앙 습관을 존중해야 하며 모욕하는 행동이 발생해서는 안 된다.

두 번째로, 인민정협과 『공동강령』을 선전하고 당과 정부의 종교 신앙 자유 정책을 알림으로 교회와 기독교인들의 오해를 해소하고 사람들의 마음을 안정시켰다. 방문단은 가는 곳마다 적어도 한번의 집회를 하면서 그 지역 교회 지도자들과 교회기관 대표들에게 전국정협의 의미와 성과를 알렸다. 어떤 이들은 그 지역 신학원과 교회 대학들에서 강연회를 통해 신중국의 종교정책을 알리고 인민 민주 정권과 통일전선을 알렸다. 각 지역 정부들도 교회의 어려움들을 적절하게 해결하려는 진정성 있는 자세에 교회들도 점차 정부의 종교 신앙 자유의 정책의 진실성을 인식하게 되었다. 예를 들면 허난성 정부가 교회 대표들이 제시한 문제에 대해 "해결하겠다고 흔쾌히 답하므로" 교회 지도자들도 "정부의 성의와 진실성을 믿었다."

세 번째로, 각 지역 교회들의 정황과 부딪힌 문제를 알고 토론하였고 기독교도 혁신이 필요함을 역설했다. 각 지역 교회들은 방문단이 도착하기 전에 먼저 제시한 문제들에 대해 충분한 준비를 하였고 방문단이 도착하자 심도 깊은 토론을 진행했다. 예를 들면 화중 지역을 방문했을 때 "자립 자양의 문제", "교회 경제 문제", "중국교회와 서양선교회의 관계", "교회의 사역", "교회의 단결과 하나됨" 등 기독교 혁신에 관련된 문제들을 심도있게 논의했다. 토론을 통하여 각 지역 교회 지도자들은 현재 당면한 교회 건물이 점유된 문제, 교회 학교에서 정상적으로 종교 교육을 진행할 수 없는 문제, 외국 선교사들의 사역이 제한받는 등 어려움들은 사실은 "지엽적인 문제였고", 더 큰 문제는 "기독교 자체적인 잘못과 한계에 의한 것임"을 알게 되었다. 자립 자양에 관해서는 중국교회가 일찍 제기했던 자립 자양 운동을 계속하여 발전시킴으로 중국 기독교 사업을 계획적으로 절차 있게 진행하여 단기간에 완전한 자립 자양으로 나아가야 할 것을 모두가 공감했다. 그리고 중국교회와 서양선교회의 관계에 관련해서는, 선교회의 경제적인 지원은 "한동안 계속 필요하며" 앞으로도 중국교회에 "외국 선교사들이 영원히 필요치 않은 것이 아니며" 단지 신중국이 성립한 이후 "서양 선교사들은 이전과 같은 중요성을 지니지 못한다는 것이라" 생각하게 되었다. 창사长沙에서 기독교는 "새로운 관점과 계시"가 필요하며, 중국교회는 "맹목적으로 다른 사람들의 문장을 베끼지 말고" 계속 노력하여 "자립, 자전, 자양의 길을 걸어" 중국의 토양에 뿌리를 내리기 위해 "신중하게 교회의 변혁의 필요를 느끼면서" 기독교적 입장에 서서 시대와 소통하고 신중국의 건설을 위해 노력해야 한다."고 했다. 그리고 우한武汉에서 교회 지도자들은 "지금은 중국교회에 자립 자양이 필요한 시기이며" 그 방법으로 "자립은 생명에 달려있고, 자양은 생산에 달려있으며, 자전은 삶에 달려있는 것으로" 自立在乎生命, 自养在乎生产, 自传在于生活 기독교에 근본적인 혁신이 필요함을 명확히 제시했다. 기독교 방문단이 각 지역에서 중국교회는 혁신이 필요하다고 피력함으로 후에 중국 기독교가 반제국주의 애국 운동을 전개하는데 사상적 토대를 놓게 되었다.

## 3. 왜 토착교회인가? 어떻게 만들 것인가?

민국시기 중국교회의 선배들은 어떤 도전들에 직면하였기에 이토록 강력하게 토착화의 문제를 생각하게 되었는가? 린룽홍 선생의 연구에 따르면 아래와 같은 세 가지 이유가 있다.[9]

첫째, 종파주의이다. 종파는 서방교회의 특징이며 더 큰 문제는 종교개혁 이후 종파가 우후죽순처럼 생겨났고 서로 종속되지 않으며 각자 도생한다는 것이다. 심지어 어떤 경우에는 서로 공격한다. 서방교회의 역사를 보면 종파는 역사적이고 문화적인 배경이 있다. 그러나 초기의 외국 선교사들은 이 문제를 의식하지 못했다. 그들은 복음을 중국에 들여온 동시에 그들의 종파의식도 중국에 가져왔다. 통계에 의하면 1920년대에 서방교회가 중국에 설립한 선교조직만 하여도 130여 개에 달하는 것으로 집계되었다. 서로 다른 종파사이에는 대부분 경쟁의 구도를 형성하고 보통 이러한 경쟁은 악성적인 방향으로 발전한다. 중국교회사의 유명한 "양빼기" 현상은 바로 이런 악성 경쟁의 가장 대표적인 결과이다. 이런 경쟁은 성도 수 증가를 위하여 타인을 비방하거나 또는 자신을 높이는 것을 수단으로 삼는다. 이는 중국교회에 일정한 영향을 주었으며 오늘까지도 적지 않은 자칭 영적인 사람들이 이런 방법을 사용한다.

중국인은 중中을 중시하고 화합을 숭상하지만 또한 "다양성 속의 일치"를 주장한다. 때문에 중국교회는 종파주의의 관념을 받아들이기 어렵다. 1920-30년대에 중국교회의 많은 지도자와 신학자들은 종파주의에 대해 서로 다른 정도의 비평을 제기하였으며 교회의 하나됨을 위하여 노

9 林荣洪,『中华神学五十年』, 第298-303页.

력하였다. 여러 종파가 연합된 "중화기독교회"를 조직한 것이 대표적인 예이다.

둘째, 서양 색채 즉 서양 종교색채이다. 기독교가 중국에 들어오면서 완전히 서양의 맛 그대로 들어왔다. 이는 많은 사람 특히 사대부들로 하여금 기독교로부터 뒷걸음치게 하였다. 왕즈신은 이렇게 말했다.

> 유감스럽게도 어디든지 갈 수 있는 기독교가 중국에 온지 이미 117년이란 시간이 지났지만 아직도 중국의 문화와 사상에 뿌리를 내리지 못하고 있고 아직도 서양에서 물려받은 풍습, 문화, 사상을 그대로 이용하여 양육하고 재배하고 있지만 여전히 중국문화와 사상의 영향을 받지 못할 뿐만 아니라 심지어는 기독교와 중국의 문화사상이 서로 그림의 떡으로 밖에 남을 수 없는, 화목할 수 없는 상대로 남게 되었다. 때문에 기독교는 아직까지도 서양 옷을 입고 중국 땅에서 손님으로 살아가고 있어서 형식파는 그녀를 향해 귀빈을 대하듯 하고 반대파는 그녀에 대해 서양 종교라고 통렬히 규탄한다. 언제 불교를 서양 종교라고 욕하는 것을 본적이 있는가? 이는 기독교가 중국의 문화사상에 아직 뿌리를 내리지 않았음을 증명하는 것이다.[10]

5·4운동 이후 중국인들의 민족의식이 고양되었고 교회도 영향을 받아 많은 의식 있는 사람들이 기독교의 서양 종교색채에 대해서 반성하기 시작하였다. 서양종교의 색채를 벗어버리는 방법은 바로 중국의 문화,

10 王治心, "中国本色教会的讨论," 『青年进』, 第79册(1925年, 1月), 第12页, 转自林荣洪, 『中华神学五十年』, 第300-301页.

예의, 조직, 예술 등으로 기독교신앙을 드러내는 것이다.

셋째, 제국주의 색채이다. 기독교가 이토록 신속하게 대규모적으로 중국에 들어오게 된 것은 상당한 부분 서방의 포함炮舰외교정책 덕분임을 부인할 수 없다. 때문에 제1차 아편 전쟁 이후부터 기독교는 제국주의 침략의 도구라는 오명을 벗어버릴 수 없었고 따라서 중국기독교인은 제국주의의 앞잡이로 인식되었다. 1922년에 폭발한 "비기독교운동"의 타깃은 바로 제국주의였고 사람들은 기독교를 중국을 침략하는 제국주의의 선봉으로 취급하였다.

중국교회의 토착화는 바로 이 세 가지 측면에 초점을 맞추어 전개된 것이다. 종파주의에 대하여 중국교회는 하나됨의 운동을 제기하였다. 많은 기독교 지도자들이 종파는 외국인의 소유물이고 중국의 기독교인들과는 무관한 것이라고 지적하였다. 서양의 색채에 대해서는 기독교와 중국문화의 융합을 강조했다. 제국주의에 대해서는 교회는 먼저 불평등조약을 폐지하여 중국기독교인과 중국인민이 평등한 지위를 가지게 해야 한다고 주장한다. 청징이诚静怡는 다음과 같이 말했다. "만약 우리가 노력을 통하여 불평등의 지위를 평등의 지위로 바꾸지 않는다면 이런 불평등의 병폐는 날로 더 심하게 될 것이다."[11]

어떻게 토착화교회를 세워 나갈지에 대해서 1924년 『신학지』는 쉬주환许祖焕의 "어떻게 중국 토착교회를 세울 것인가"라는 제목의 글을 실었다. 그의 글은 『교회선언』 중의 관련 논술에 대해 총결론을 내면서 아래와 같은 4가지로 정리하였다.[12]

11 诚静怡, "中国基督教的性质和状态," 转引自林荣洪, 『中华神学五十年』, 第302页.
12 参见段琦, 『奋进的历程』, 第245-246页.

첫째, 담대하게 실험하고 선전하라. 『교회선언』은 "국내 예수 그리스도의 제자들에게 요청한다. 모든 역량을 다하여 연합하고 체계적인 기부를 통하여 자양의 목적을 이루자. 과감한 실습을 하고 실험을 두려워하지 말며 자치의 목표에 도달하자." 둘째, 교회의 예절과 예식, 그리고 신조를 정리한다. "우리 중화성도들이 신중한 연구와 담대한 실험으로 교회의 예절과 예식, 교회의 조직과 시스템, 교회의 전도 및 보급 방법을 자체적으로 정리하여야 한다. 셋째, 체계적으로 재조직한다. 넷째, 중국문화가 담지하고 있는 진리와 융합하여야 한다."

구체적으로 말하면 중국토착교회를 창건하기 위한 토론은 주로 아래와 같은 내용과 연관되어 있다.

(1) 교회의 주권 문제: 이 문제는 매우 민감한 문제이고 또한 반드시 해결해야 하는 문제이다. 대다수 사람들은 중국교회의 주권을 중국성도들에게 이전해야 하며 서구선교사는 그들을 도와서 보조적인 사역을 해야 한다고 생각한다. 『교회선언』은 이에 대해 명확한 진술이 있다. "현재 중국교회에서 섬기고 있는 서구 선교사들이 실제적인 도움을 주고 중화성도들을 보조해 주면 그들이 반드시 큰 책임을 질 수 있을 것이다. 또한 중화성도들은 그들의 실험 과정에 제한을 받지 않을 자유가 있어야 한다."[13]

(2) 인재 양육의 문제: 교회의 인재에 대한 수요는 다방면이다. 그러나 현재 가장 급히 요구되는 인재는 두 가지 부류의 인재이다. 한 부류는 토착화를 이끌 수 있는 지도자형 인재이고 다른 한 부류는 토착화된 저술형 인재이다. 잉위안다오应元道는 교회 인재 양성의 문제는 "토착교회

13 转引自段琦, 『奋进的历程』, 第246页.

의 생사에 관련된 문제"라고 지적한다.[14]

자오즈천赵紫宸은 인재 양성에는 전국적인 기획이 있어야 한다고 지적하면서 "교회는 대규모의 전국적인 계획이 있어야 한다. 구체적으로 앞으로 10~20년 사이에 재능이 특출한 지도자 몇 명, 저자 몇 명, 전도자와 회중관리자 몇 명, 도시사역자 몇 명이 필요한지 구체적으로 기획하여야 한다."[15] 그러나 중국교회는 1920년대부터 계속하여 장기적인 인재양성 계획이 미비한 상황이다. 게다가 그 당시에 전도인들의 수입이 적어서 전도팀이 고정적이지 못하고 전체적인 능력의 향상에도 한계를 나타낼 수밖에 없다. 인재는 타고나는 것이 아니라 훈련되어야 한다. 인재를 등용하는 과정은 또한 양육하는 과정이다. 교회는 인재가 성장할 수 있는 환경을 만들어야 한다.

## 4. 토착화신학 및 모델

토착교회에 관한 논의는 결국은 토착화 신학에 관한 토론이다. 당시 토착화신학 토론에는 많은 문제가 산재해 있었고 여러 가지 주장들이 제기되었다. 종합하면 두 가지 큰 영역으로 나눌 수 있다. 한 가지는 문화의 측면에서 기독교와 중국 문화의 관계를 논하는 것이고 이는 문화신학의 모델이라고 할 수 있다. 다른 하나는 정치적인 측면에서 기독교가 중국의 시국에 끼칠 수 있는 공헌인데 정치신학의 모델이라고 할 수 있다.

문화신학의 모델에 관하여 아래와 같은 몇 가지 주장이 있다. 첫

14 转引自林荣洪,『中华神学五十年』, 第309页.
15 转引自林荣洪,『中华神学五十年』, 第310页.

째, 기독교는 중국문화를 인정한다. 기독교 신학은 중국 고대의 전통으로 해석할 수 있다는 주장으로 즉 유교로 예수를 해석하는 것이다. 우레이촨吴雷川, 왕즈신王治心이 이 모델의 대표적인 인물이다. 둘째, 기독교는 중국문화에 대립한다. 이 모델은 이원론을 특징으로 하고 있는데 성과 속의 구분을 강조하고 기독교와 중국문화는 대립한다고 생각한다. 왕밍다오와 워치만 니가 대표적인 인물이다. 셋째, 기독교는 중국문화를 완성한다. 1920-30년대의 많은 교회 인사들 웨이줘민韦卓民, 자오즈천赵紫宸, 시에숭까오谢颂羔 등은 이 설에 동의한다.

웨이줘민은 일찍 "기독교와 동방문화가 만났을 때 모든 면에서 도움이 되기에 염려할 필요가 없다. 진리는 필연코 승리할 것이다. 기독교가 그의 메시지를 전할 때 중국문화에는 그를 도울 수 있는 많은 부분이 있다. …(중략)… 기독교와 중국문화 전통이 만나면 기독교의 내용은 더 충

**그림 107** 우레이촨

**그림 108** 웨이줘민

실해졌다. 동시에 중국문화 자체도 정제 과정을 거쳐 기독교문화와 부합하지 않는 요소를 제거하여 기독교화된 문화로 변화한다. 이런 과정을 통하여 중국신학이 탄생할 것이다. …(중략).”[16] 이런 주장은 단지 기독교가 중국문화를 인정한다는 정도로 간단하게 볼 것이 아니다. 그들은 기독교의 신성성과 대체 불가성을 강조한다. 기독교가 중국문화를 완성한다는 것은 그리스도의 신성을 중국문화에 주입하는 것을 강조한다.

시에숭까오谢颂羔는 “유가 전통사상의 약점은 단지 명사 사용에 있는 것이 아니라 중국에 신학자와 종교 선지자가 없다는 것이다. 내가 보기에 유가 이론 중에서 말하는 신은 인격이 있다. 그러나 중국에는 그를 확실하고 무오하게 나타낼 수 있는 예수가 없었을 뿐이다.”[17]

정치신학의 모델에 관하여 이 시기의 주요 논제는 단 하나이다. 그것은 바로 구국이다. 1921년 중국기독교청년회는 “인격구국”人格救国이라는 주장을 제기했다. “근래에 국난은 갈수록 심해지고 시조도 긴급하니 구국의 소리가 하늘을 진동한다. 협회의 직책은 지극히 시급하고 절절한 것이고 역사 변혁의 부름을 받아 우리가 여러 가지 경험을 토대로 얻은 결론은 완전한 인격이야말로 중국을 구하는 가장 크고 유력한 무기임을 믿는다. 협회는 “인격구국”을 기치로 백성들과 군자와 만나는 사람들에게 호소한지 이미 4년이 되었다. (중략) 오천 년 문물광명 속에서 중화민국은 일약 세계 강국의 행렬에 올라섰으며 이를 위하여 오늘 협회는 40여 개 도시의 청년회 및 197개 학교의 청년회를 이끌고 함께 이 사명을 이루고자 한다.”[18]

16 林荣洪, “五四’时期的本色神学思潮,” 載于刘小枫编, 『道与言一华夏文化与基督教文化相遇』, 第671页.
17 林荣洪, “五四’时期的本色神学思潮,” 載于刘小枫编, 『道与言一华夏文化与基督教文化相遇』, 第673页.
18 谢扶雅, “青年会全国协会之组织及现状,” 『中华基督教会年鉴』, 第七期, 上海: 中华全国基督教协进会, 1924年, 第50-51页.

## 제2절 화합본성경의 번역과 출판

### 1. 화합본 이전의 관화官话 역본성경

이른바 "표준화"란 원나라 이후부터 점차 형성된 일종의 통용 구어체 언어를 말한다. 첸쏸둥钱玄东은 명·청 이래 "남북이 통일되어 하나가 되었고 왕래가 빈번하고 각지각처의 사람들이 모여 살면서 서로 담화하고자 하면 통용하지 못하는 자신의 방언을 희생하고 서로 공감할 수 있는 표준음을 사용해야 했다. 이로 인하여 일반 통용 언어가 생겼는데 이를 '관화'官话라고 한다."[19] 중국의 관화는 모두 3대 계통으로 나뉘는데 북방관화베이징을 중심으로, 난징관화난징을 중심으로, 서남관화청위 成渝를 중심으로 나뉘는데 각 계통은 더 세분화하여 나눌 수 있다. 이를 통하여 관화체계가 얼마나 복잡한지 알 수 있다. 20세기 초, 중화속행위반회续行委办会는 중국의 언어 분류에 대하여 조사를 하였고 조사 보고는 1922년에 출판한 『중화귀주』中华归主에 실렸다.[20] 조사에 근거하여 위판회는 다음과 같은 결론을 얻었다. "관화 자체는 북부관화, 남부관화와 서부관화 3가지로 나뉜다. 이 세 가지 관화는 서로 비슷하여 어느 한 관화를 구사하는 사람도 조금만 훈련을 받으면 바로 다른 관화를 알아들을 수 있다. 전국 각 성에서 관화를 사용하는 사람은 총 3억 명 정도에 이르고 이는 전체 인구의 4분의

19 钱玄同, 『钱玄同文集』, 第五卷, 北京: 中国人民大学出版社, 1999年, 第8页.

20 见中华续行委办会调查特委会编, 『1901-1920年中国基督教调查资料』(又称『中华归主』) 上卷, 蔡, 咏春等译, 北京: 中国社会科学出版社, 2007年, 第52-57页.

3을 차지한다."[21]

사실 일찍이 1922년 이전에 선교사들은 이미 이 문제를 인식하고 있었고 관화성경을 번역하는 일에 관심을 가졌다. 본서의 제3장 제3절에서는 이미 중국성경 번역 사역에 대해 소개하였다. 당시에 번역한 몇 개의 번역본은 모두 교육을 받은 사람들을 대상으로 진행된 번역본으로 대부분 중문 문어체 즉 우리가 말하는 문리본文理本이다. 그러나 19세기 후반에 들어서면서 성도 수의 증가로 인하여 점점 더 많은 일반 대중들이 교회에 출석하기 시작하였다. 이들은 대부분 문맹 또는 반문맹으로 문리본성경을 읽을 수 없었다. 교회 현실의 수요에 비추어 선교사들은 관화본성경의 번역에 착수하기 시작하였다.

기독교 최초의 관화성경 번역본은 『난징관화역본』이다. 이 역본은 런던선교회 선교사 헨리 메드허스트麦都思, W. Henry Medhurst와 존 스트로낙施敦力 约翰, John Stronach의 지도 아래에서 중국인 한 명이 참여하여 직접 문리본을 번역하여 완성하였다. 1854년에 먼저 『마태복음』이 번역되어 상하이에서 출판되었고, 1857년에는 『신약』 일부분의 번역을 마쳤다.

1861년에 영국성서공회는 화북지역의 선교사들을 조직하여 『베이징관화역본』을 번역하기 시작하였다. 이를 위하여 위원회를 구성하였고 존 쇼 버든包尔腾, John Shaw Burdon, 1826-1907, 영국성공회, 죠셉 에드킨스艾约瑟, Joseph Edkins, 1823-1905, 런던선교회, 사무엘 아이작施约瑟, Samuel Isaac Schereschewsky, 1831-1906, 미국성공회, 헨리 블로젯白汉理, Henry Blodget, 1825-1903, 미국회중파교회, 윌리엄 마틴丁韪良, William A. P. Martin, 1827-1916, 미국장로회 등의 사람들로 조직되었다. 그들은 『난징관화역본』을 참고하여 그 다음해에 『마가복음』을 번역

21 同上, 第55页.

하고 1872년에 『신약』의 번역을 마쳤다. 『베이징관화역본』은 하나님에 대한 호칭이 다르게 사용된 기존의 번역본들의 번역을 보류하기 위하여 특별히 세 가지 버전으로 출판하였다. 각각 상제버전上帝版, 신버전神版, 천주버전天主版이다. 1874년, 아이작이 번역한 『베이징관화구약역본』이 출판되었고 1878년에 영국성공회는 베이징관화번역인 『신약역본』과 아이작의 『구약역본』을 합쳐서 『베이징관화신구약전서』를 출판하였고 이 책은 『화합본성경』이 출판되기 전에 북방에서 가장 유행하는 성경관화역본이 되었다.

1887년, 영국성서공회와 잉글랜드성서공회의 그리피스 존杨格非, Griffith John, 1831-1912은 화중지구에 적합한 관화성경을 번역하였다. 그리피스 존은 성경번역에 심혈을 기울여 왔고 1886년에 천문리본浅文理本의 번역을 마쳤다. 성서공회의 위임을 받고 바로 천문리본의 기초에서 관화본성경 번역에 착수하여 1889년에 신약을 마쳤고 잉글랜드성서공회를 통하여 이름을 『화중관화역본』이라고 명명한 『화중관화번역본』을 출판하였다.

초기 관화성경번역에 참여한 많은 번역자 중에서 미국성공회 사무엘 아이작 주교는 매우 뛰어난 선교사였다. 1881년에 그는 한커우汉口에서 일사병으로 반신불수가 되어 거동이 불편해지자 소속 선교회의 선교사역을 사임하였으나 성경번역을 여전히 이어갔다. 1887년 여름, 그는 베이징관화 『구약성경』을 개정하기 시작하였다. 이때 그는 이미 펜을 잡을 수 없어 겨우 오른손 중지를 사용하거나 또는 손에 막대기를 들고 타자기의 자판을 두드릴 수밖에 없었다. 그는 먼저 한자를 로마자 병음표기로 타자하고 다시 한 글자 한 글자 대조하며 한자로 바꿨다. 1906년, 사무엘 아이작이 세상을 떠난 후, 성서공회는 그가 개정한 관화 『신약』과 그가 번역한 『구약』을 통합 출판하였고 관주를 첨부하였다. 따라서 이 번역본은 최초의 관주가 있는 완전한 성경이 되었다.

### 2. 관화화합본官话和合本의 번역

1890년에 내화 선교사들은 상하이에서 제2차 선교사대회를 개최하였고 대회에서는 관화화합본Union Version 번역 계획을 제정하였다. 목적은 중국 내 각 선교회에 제공하여 이 번역본을 전국 통용번역본으로 보급하고자 하였다. 이번 번역계획에는 표준화본, 천문리浅文理본, 심문리深文理본 등 세 가지 서로 다른 번역본의 번역이 포함된다. 이를 위하여 대회는 세 개의 위원회를 구성하였고 각각 세 가지 번역본의 번역 작업을 담당하였다. "성경은 하나이며 역본은 세 가지"임을 강조하였다. 표준화본 위원회는 미국장로회 선교사 칼빈 윌슨 마티어狄考文, Calvin Wilson Mateer,

그림 109 칼빈 윌슨 마티어(狄考文)

그림 110 『표준말화합역본신구약전서』

1836-1908가 주석을 맡고 회원으로는 천시 구드리치富善, Chauncey Goodrich, 1836-1925, 헨리 블로젯白汉理, 그리피스 존杨格非, 조지 오웬文书田, George Owen, 1843-1914, J. R. 하이크스海格思, J. R. Hykes, 오즈伍兹, Henry Woods, 프레데릭 발러鲍康宁, Frederick William Baller, 1852-1922, 알프레드 G. 이온즈仲钧安, Alfred G. Iones ?-1905, 스펜서 루이스鹿依士, Spencer Lewis, ?-1939 등의 사람들로 구성되었다. 화합본은 베이징관화를 기초로 삼고 영문 킹 제임스 버전을 대본으로 하여 번역했다.

1891년에 번역을 시작하여 마티어가 『신약』의 번역을 책임지고 미국회중파선교회 선교사 구드리치가 『구약』의 번역을 책임졌다. 1906년에 『마태복음』이 제일 먼저 번역되었고 1907년에는 전체 『신약』 번역이 마무리되었으며 1918년에 『구약』 번역이 완성되었다. 1919년 2월, 『관화화합본신구약전서』가 정식출판되었고 "상제본"과 "신본" 두 가지 역본으로 번역되었다. 해당 역본은 출판된 지 10년도 안 되어 판매량이 가장 많은 중문 번역성경이 되었다.[22]

**그림 111** 성경번역위원회

22 A. H. Jowet murray, "The New Mandarin Bible," *The Chinese Recorder* (July 1919), p. 439.

문헌 번역의 관점에서 보면 『화합본성경』은 비교적 높은 성과를 거두었으며 이는 구어체 번역에서 서양경전의 모범이라고 할 수 있다. 구어체는 표현 방식이 훨씬 자유로움으로 성경원문에 더 충실했다. 번역에 참여한 선교사들은 모두 중국어에 매우 깊은 조예가 있다. 예를 들면 마티어와 구드리치 이 두 책임자는 중국 내에서 활동하는 선교사들을 위하여 중문교재와 중영문사전을 편찬하였었다. 『화합본』 번역과정에서 이 두 사람은 모두 각자의 번역 원칙을 정하였다. 마티어는 1900년에 『교무잡지』*The Chinese Recorder*에 "관화본성경의 스타일"The Style of The Mandarin Bible이라는 글을 써 번역의 원칙을 제시했다. "1. 관화를 사용하는 사람들이 자주 사용하고 이해할 수 있는 단어를 사용하고 문어체와 자주 사용하지 않는 단어를 사용하지 않도록 한다. 2. 문장구조는 구어체 형식을 사용한다. 3. 언어 스타일은 간결하고 명료해야 한다. 4. 제대로 된 중국어 스타일을 사용한다. 외국인이 주도하여 관화창작을 하기에 단어의 선택, 문장의 작성, 또는 사자성어를 사용할 때 의도치 않게 서양 색채를 띨 수 있다."[23]

1912년, 구드리치도 『교무잡지』에 "3억 인을 위한 성경번역"A Translation of the Bible for Three Hundred Millions이라는 글을 발표하여 자신의 번역 원칙을 표명하였다. "1. 사용하는 언어는 반드시 방언이 아니라 통용하는 언어여야 한다. 2. 사용하는 언어는 반드시 우리의 킹 제임스 번역본처럼 간단해서 봉독할 때 모든 계층의 사람들이 모두 이해할 수 있어야 한다. 3. 우리의 번역은 반드시 헬라어와 히브리어 원문의 뜻에 가장 근접해야 한다. 4. 『성경』 안의 구어는 가능하다면 반드시 직역해야 하며 의역을 피

23 C. W. M., "The Style of the Mandarin Bible," *The Chinese Recorder* (July 1900), pp. 332-336.

해야 한다."[24]

『관화화합본성경』의 성공적인 번역은 문언문의 폐지를 창도한 중국신문화운동에 모델을 제시하는 역할을 하였다. 1921년 저우줘런周作人은 『성경과 중국문화』를 제목으로 한 글을 발표하여 관화합본이 중국 신문학운동에 끼친 시범적 효과를 충분히 긍정하였다. 저우줘런은 화합본이 "유럽화된 문학의 국어"를 채택하였으며 "구어체의 번역본이 좋은 작품이며 문학적으로도 큰 가치를 가지고 있다. 비록 우리는 어떻게 하는 것이 가장 좋은 것인지 결정은 할 수 없지만 현재로서는 가장 근접한 아름다운 모델을 선정하면 된다. 목전에 이 번역은 보기 드물게 좋은 구어체라고 할 수 있다. 이 역본의 목적은 종교적인 것이기에 문학적인 측면에서 크게 관심을 가지지 않았을 수도 있지만 신중하고 성실한 번역법으로 인하여 원작의 문학 스타일을 많이 보존하고 있다. 때문에 번역본의 문학적인 가치도 높아졌다."[25]

1890년에 결성된 세 개의 위원회 중 심문리深文理: 문리체 역본의 초기 멤버로는 존 찰머스湛约翰, John Chalmers, 1825-1899, 다벨 Z. 셰필드谢卫楼, Davelle Z. Sheffield, 1841-1913, 소파韶波, M. Schaub, 1850-1900, 존 웨리惠志道, John Wherry, 1837-1919, 죠셉 에드킨스艾约瑟 등으로 구성되었고 천문리淺文理: 조금 쉬운 문리체 역본 위원은 존 S. 버든包约翰, John S. Burdon, 1826-1907, 헨리 블로젯白汉理, 존 깁슨汲约翰, John C. Gibson, 1849-1919, 예다우썽叶道胜, I. G. Genähr, 1856-1937, 로즈웰 그레이브스纪好弼, Rosewell H. Graves, 1833-1912, 존 라이트 데이비스戴维思, John Wright Davis, 1849-1917 등의 선교사들로 조직되었다. 이 두 위원회가 성경을

24 Chauncey Goodrich, "A Translation of the Bible for Three Hundred Millions," *The Chinese Recorder* (October 1912), pp. 589-560.

25 『小说月报』, 社编, 『圣书与中国文学』, 北京: 商务印书馆, 1925年, 第16页.

번역하는 시기에 중국어 문체 언어는 중대한 변화를 맞이하였는데 이 시기에 이르러 구어체가 점차 문언문을 대체하고 있었다. 때문에 선교사들은 1907년 제3차 선교사대회에서 이 두 위원회를 하나로 합병하여 한가지 관화문리본성경만 번역할 것을 결정하였다. 1915년에 『구약』을 끝내고 1919년에 『신약』, 1919년 6월에 『문리화합역본』성경을 출판하였다.

### 3. 화합본성경의 수정

『관화화합본』성경의 번역은 장장 27년에 걸쳐 모두 일곱 명의 선교사가 직접 번역 작업에 참여하였다. 이 번역본은 1919년 2월 신구약합본이 출판된 지 10년도 안 되는 사이에 중국의 대다수 교회에 의하여 받아들여졌다. 이런 현상은 세계 번역사뿐만 아니라 『성경』번역 역사에서도 보기드문 현상이다. 이 역사적 사실은 이 성경역본이 많은 외국선교사들의 인정을 받았음을 충분히 설명할 수 있다. 선교사들은 『영어개역성경』*Revised Version*이 영미교회에 미쳤던 영향력과 마찬가지로 화합본도 중국교회에 동일한 역할을 할 것이라고 여겼다. "『국어화합역본』은 1919년에 현재의 합본 형식으로 세상에 출판된 이후 중국교회에 의하여 '신성한 경전—하나님의 말씀'으로 인정되었을

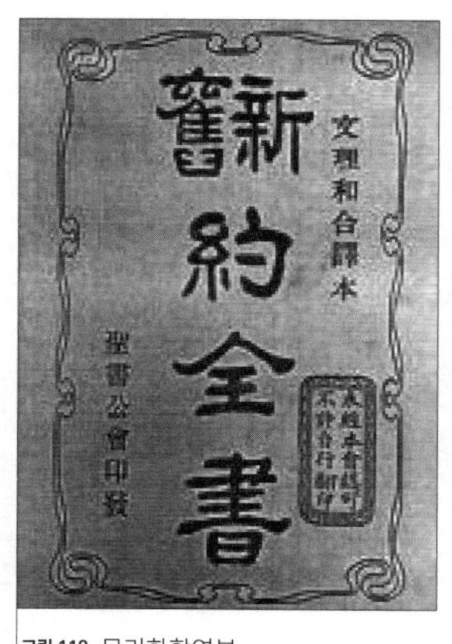

**그림 112** 문리화합역본

뿐만 아니라 '학술계의 거작'으로 존경받는다."[26] 현재까지 이르러 이 역본은 여전히 광대한 중국 기독교도들에 의하여 받아들여진 최고 권위의 역본이다.

그러나 이 역본에도 부족한 점이 있다.

첫째, 『관화화합본』의 번역 원본 측면에서 보면 1890년에 각 선교회 선교사들은 상하이에서 "중문성경 번역대회"를 개최하고 성경화합본을 번역할 계획을 제기하였다. 회의에서는 1885년에 출판한 『영어개역성경』을 화합본역본의 원본으로 결정하였다. 『영어개역성경』은 1611년에 출판된 킹 제임스 번역본에 기초하여 18, 19세기의 성경 연구 성과를 종합하여 수정한 번역본으로 1881년에서 1885년에 출판되었다. 이후 성경연구는 장족의 진보를 이루었고 이에 기초하여 1952년에 『영어개정표준역』성경이 출판되었고 신약은 일찍 1946년에 출판 이 때에 『관화화합본』은 이미 출판된지 30여년이 되었다. 1971년에 『영문개정표준역』 신약이 다시 수정 출판되었다.[27] 『관화화합본』의 대본이 이미 여러 차례의 대규모 수정을 거쳤다. 그러나 화합본은 여러 가지 원인으로 인하여 시종 원래의 번역을 유지하고 근 백 년 동안 일어난 성경연구의 성과를 담지하지 못하고 있다. 이는 큰 아쉬움이 아닐 수 없다.

둘째, 『관화화합본』은 처음으로 모두 구어체로 번역된 중문성경이다. 그러나 이 성경이 번역될 무렵은 중국의 신문화운동 전이었기에 서면체로서의 구어체는 무르익지 않은 시기였다. 당시 번역자들도 이 같은 미숙함을 인지하고 있었다. 번역위원회에 제시한 보고에서 이런 내용이 기

26 赵维本, 『译经溯源—现代五大中文圣经翻译史』, 香港: 中国神学研究院, 1993年, 第40页.
27 参见, "Preface to *the Revised Standard Version*."

재되어 있다. "좌편에는 암초가 있고 우편에는 소용돌이가 있으니 한편으로는 하류가 속俗에 가까울까 두렵고 언어가 한쪽으로 치우쳐 비속하고 애매하게 된다. 또 다른 한편으로 구름 위로 치솟아 또 다른 문어체가 될 것이 두렵다. 구어체의 단어는 한정적이고 언어의 구조도 융통성이 결여되어 있다. 문언문은 사용할 수 있는 단어가 『강희자전』보다 더 많고 구조는 사용하는 외인들이 말로는 융통성이 강해서 마치 고무공 같다고 하였다."[28] 이 말에는 유의하여야 할 두 가지 정보가 있다. 첫째는 문언문의 단어는 참고할 『강희자전』이 있으나 『성경』번역할 때에는 참고할 구어체 사전이 없었다. 둘째, 문언문의 구조는 "상당한 융통성"이 있는데 구어체는 "융통성"이 없다고 한다. 이는 구어체의 어법이 아직 형성되지 않았음을 의미한다. 이런 이유 때문에 화합본에는 약간의 비규범적인 언어 현상들이 나타나는 것이다.

셋째, 『관화화합본』성경을 번역할 때, 아래와 같은 4가지 원칙을 따른다. 그 중에 세 번째 원칙은 "번역문의 문구는 반드시 원문에 충실해야 하나 동시에 중문의 운치와 어조를 잃지 말아야 한다."[29] 『성경』번역과정에서 "번역문은 반드시 원문에 충실해야 한다"에 대한 이해는 전후에 변화가 있었다. 시작할 때는 "문자적으로 정확할 것을 견지한다"로 이해했다가 후에는 점점 "의미 측면에서의 정확"으로 이해하는 경향이 생겼다.[30] 이런 다른 이해는 필연적으로 성경번역에 일정한 영향을 미치기 마련인데 예를 들면 1908년에 출판한 『표준화합역본신약전서』와 1920년

28 转引自赵维本, 『译经溯源一现代五大中文圣经翻译史』, 第36-37页.

29 见赵维本, 『译经溯源一现代五大中文圣经翻译史』, 第37页. 다른 세가지는 1. 번역문은 반드시 전국에서 사용하는 언어여야 하고 지역적인 토속어를 사용하지 말아야 한다. 2. 번역문은 반드시 간결해야 한다. 예배당의 강대상에서 봉독할 때 각계층의 인사들이 모두 알 수 있도록 해야 한다. 3. 원문의 암유(또는 은유)는 직역을 해야지 의역을 사용하지 말아야 한다.

30 同上, 第38页.

출판한 『표준화합역본신구약전서』는 개정의 흔적이 뚜렷하다. 세 가지 예를 들어보자.

마태복음 3장 3절:
1908년 번역본: "광야에 외치는 자의 소리가 있어 가로되 주의 큰 길을 예비하며 그의 작은 길을 곧게 하라."
1920년 번역본: "광야에 외치는 자의 소리가 있어 가로되 주의 길을 예비하고 그의 길을 곧게 하라."
마태복음 5장 38절:
1908년 번역본: "눈에는 눈, 이에는 이로 갚으라 하였다는 것을 너희가 들었으나"
1920년 번역본: "또 눈으로 눈을, 이로 이를 갚으라 하였다는 것을 너희가 들었으나"
마태복음 21장 13절
1908년 번역본: "내 집은 기도하는 집이라 일컬음을 받으리라."
1920년 번역본: "내 전은 기도하는 전이라 일컬음을 받으리라."[31]

『표준화합본』성경역본은 수없이 많은 번역자들의 심혈이 깃든 책으로 우리는 성령님의 역사를 볼 수 있다. 그럼에도 불구하고 맹목적으로 이 역본이 절대무오하다고 생각하지는 말아야 한다. 시간이 흘러감에 따라, 성경 원본 연구의 성과가 계속 풍부해지고 있기에 『표준화합본』성경은 반드시 수정하여야 한다.

31 同上, 第38-39页.

## 제3절 전쟁 시기의 기독교

일찍 1931년 9월 18일에 일본 군국주의자들은 국내외를 경악하게 한 "9·18사변"을 일으켜 중국을 향한 무장 침공의 서막을 열었다. 불과 몇 개월이 지나지 않아 동북 전역이 함락되었다. 침략에 대하여 중국 기독교계는 짧은 시간의 화평주의와 저항 사이의 토론이 진행되었다. 결국 대다수 기독교인들은 무장하여 침입에 반격할 것을 지지하였고 각 지역의 교회들은 적극적인 조치를 취하여 항전을 도왔다. 이런 움직임은 이미 동북지역을 통치하는 일본인들의 불만을 샀고 그들은 동북 기독교에 대해 고압정책을 취했다. 1932년에 위만주국이 설립된 후에는 아예 동북교회와 내지교회의 연결을 차단하였다.

1937년 7월 7일, 일본 군국주의는 또 트집을 잡아 루거우차오 사건卢沟桥事件을 일으켜 전면적인 중국 침략전쟁을 시작하였다. 이로써 항일전쟁이 전면적으로 발발하였고 나라 전체가 공동의 적에 대항해 함께 적개심을 불태우고 침략자에 대하여 항거하였다. 중국교회도 예외가 아니었다. 그들은 적극적으로 항전에 동참하였고 가능한 모든 영역에서 항전을 지지하였으며 나라와 민족을 지켰다. 중국 내 서구선교사들은 중국을 동정하고 난민을 보호하는 일에 참여하였고 일본군의 만행을 드러내는 데 적극적으로 참여하였다. 그러나 영미 각 나라 정부의 소위 중립태도의 구속을 받아 여전히 화평의 방법으로 국가 간의 문제를 해결할 것을 호소하였다. 그러나 1941년 태평양 전쟁이 발발한 후 일본군은 먼저 중국에 있는 서양인들에게 어려움을 주었고 많은 선교사들은 부득이하게 중국을 떠났으며 중국에 남은 선교사들은 감시받고 연금되며 심지어 강제수용소에 잡혀 들어갔다. 이런 상황속에서 선교사들은 공개적으로 중국 항전을 지지하게 되었다.

항일전쟁 시기 특히 1941년에 기독교가 중국에서의 사역이 큰 피해를 보았다. "통계에 의하면 수용소에 갇힌 영미 선교사들이 약 1,200명 정도가 있었고 후에 일본이 두 차례 송환하였으나 1945년 6월에 이르러 766명의 선교사들이 여전히 수용소에 수감되어 있었다. 그리하여 대략 천 명도 안 되는 선교사들이 후방에 남아있었기 때문에 전쟁 이전과 비교할 때 선교사가 거의 5천 명이 감소하였고 기독교 성도 수는 1945년 초에 대략 77만 명이 집계된다.[32]

### 1. 점령지역의 교회

1931년 "9·18사변" 이후 동북이 함락되었고 일본 침략군은 각종 수단을 동원하여 현지의 기독교 교회를 장악하였다. 1932년 3월 1일에 일본제국의 괴뢰국인 만주국이 성립된 이후 일본군은 기독교에 대한 통제를 강화하였다. 1934년 관동군은 남만주 철도조사국의 권한을 위탁받아 동북 전역의 종교 실태를 조사하여 여러 권의 『종교조사보고서』을 제작하였다. 이 보고서를 기초로 만주국 정권의 종교정책을 제정하여 각 종교에 대해 엄격한 통제를 실시하였다. 루거우차오 사건 이후 만주국 정권은 기독교에 대한 통제를 더욱 더 강화하여 일의 대소와 상관없이 교회의 조직, 인사, 집회, 전도 등 방면에 모두 관여하고 만주국 정부의 경찰과 헌

32 顾长声,『传教士与近代中国』, 第399页.

병은 수시로 수사에 관여할 수 있었다. 일본 침략자의 마음에 들지 않거나 또는 만주국 당국의 의심을 받는 교회는 모두 단속의 위협을 받았다. "이때에 이르러 동북교회는 이미 외부로부터 오는 핍박에서 이제는 내부의 통치를 받는 단계에 이르러 언론, 신앙, 집회의 자유 모두를 잃어버렸다."[33] "9·18사변" 이전에 동북기독교청년회는 항일활동을 조직하여 일본 군국주의의 침략 음모를 폭로하였고 이로 인하여 만주국 일본경찰의 엄밀한 통제를 받았으며 어떤 청년회 간사는 심지어 동북에서 추방당하기도 하였다. 감시와 통제 외에도 만주국 정권은 여러 가지 핑계로 기독교도들을 체포하였다. 첫 대규모 체포행동은 1935년 가을에 발생하였다. 일본경찰국 헌병대는 "반만항일"反满抗日을 빌미로 잇따라 46명의 기독교도들을 체포하였다. 체포된 사람중에는 교회 지도자, 교회기구 직원, 평신도, 심지어 신학생들까지 있었다. 제2차 대규모 체포행동은 1941년 말에 일어났으며 주로 서구선교사들을 체포하였고 천주교와 기독교선교사가 모두 체포대상이었다. 체포 후에 선교사들은 대부분 수용소에 들어갔고 선양수용소에만 적어도 60여 명의 선교사가 수감되었다.[34] 기독교를 보다 효율적으로 통제하기 위하여 1936년 만주국 정권의 강압에 의하여 동북 각 교회는 12월 1일에 선양에 "만주기독교연합회"를 결성하였다. 이 연합회에는 모두 13개 종파의 494개 교회가 참가했는데 그중에 겨우 15개 교회만 만주국 정권의 지지를 받고 연합회의 실제적인 지도자가 되었다. 연합회에서 간사를 맡고 있는 일본인 야마시타 에이유키山下永幸가 연합

33 李廷魁, "东北大会报告书,"『中华基督教会全国总会第十届监事扩大会议纪录』, 第60页, 转引自徐炳三,『近代中国东北基督教研究— 以政教关系为研究视角(1867-1945)』, 华中师范大学博士论文, 2008年, 第166页.

34 Alvyn J. Austin, *Saving China: Canadian Missionaries in the Middle Kingdom 1888-1959* (University of Toronto Press: Toronto, 1986), p.285. 转引自徐炳三, "近代中国东北基督教研究—以政教关系为研究视角(1867-1945)," 华中师范大学博士学位论文, 2008年, 第174页.

회의 실권을 잡고 있었다.

1937년 루거우차오 사건 이후 일본인은 서슴없이 중국 침략 전쟁을 발동하여 항일전쟁이 폭발하였다. 일본군은 군사적인 우세를 이용하여 단시일 내 중국의 화북, 화동, 화남의 넓은 지역 및 철도 인근지역을 점령하였다. 일본군은 동북에서 사용하던 방법을 화북에 그대로 적용하여 화북에 괴뢰정부를 세웠다. 1940년 3월, 왕징웨이汪精卫는 난징에서 "국민정부"를 건립하고 화북 괴뢰정부를 "화북정무위원회"로 개명하였다. 항전 전반기에 일본과 영미는 교전국이 아니었으므로 중국 주재 영미기구에 대해서 비교적 관대한 태도를 취했다. 덕분에 교회는 일본인들의 강렬한 핍박을 받지 않았고 교회 및 교회활동은 기본적으로 정상적인 운영을 하였고 심지어는 중국 민중들의 피난처가 되기도 하였다. 교회도 때를 놓치지 않고 널리 복음을 전했고 성도의 수도 따라 증가하였다. 일본 점령군은 본국에서 목사들을 파송하여 교회 및 교회기구를 통제하고자 하였으나 큰 작용을 하지 못했다. 옌칭대학은 다시 미국선교사 존 레이던 스튜어트司徒雷登를 교장으로 등용했고 학교문앞 눈에 띄는 곳에 미국 국기를 게양하여 옌칭대학이 미국의 재산임을 표명하였다. 때문에 태평양 전쟁 발발 전에 일본인은 학교 밖에서는 엄밀하게 통제했지만 예칭대는 여전히 기본적으로 정상적인 교무활동을 유지할 수 있었다.

1941년 12월 8일, 일본군이 진주만을 습격하였다. 미국은 불가피하게 일본에 선전포고를 하였고 이로 인하여 태평양 전쟁이 시작되었다. 국제 및 국내 정세는 이때부터 급변했고 중국교회도 심각한 타격을 입었다. 일본 헌병대는 가장 먼저 옌칭대학을 점령하였다. 그들은 교장 존 레이던 스튜어트와 베이핑협화병원北平协和医院원장을 협화병원에 구속하고 30여 명의 교직원을 체포하여 감옥에 가뒀다. 중국의 유명한 신학자이며 옌칭대학종교학원 원장인 자오즈천赵紫宸은 바로 체포된 교수들 중 한명으로 일본 헌병에 의해 반년 동안 감금되었다. 옌칭대학은 일본군의 막사로 베이핑협화병원은 일본군 병원으로 사용되었다.

상하이의 일본군은 곧바로 조계구에 진입하여 "대일본육해군점령"이라고 쓴 엄청난 묶음의 봉인종이를 들고 다니며 무력을 과시했다. 감리회의 무얼탕慕尔堂이 일본군에 의하여 점령당해 헌병사령부로 사용되었다. 일본인들은 상하이에 거주하고 있는 영미 선교사들에게 집 밖으로 한 발도 나가지 말고 그 어떤 물품도 이동하지 말라고 통보했다. 며칠 뒤엔 다시 영미인사들이 일본인이 발행한 통행증을 받아야만 자유롭게 행동할 수 있도록 했다. 교회의 계좌는 동결되었고 경제 공급이 차단되어 교회는 힘겹게 버틸 수밖에 없었다.

베이핑과 산시성에서 일본헌병대의 기독교 증오로 교회가 입은 박해와 피해가 화북지역에서 가장 컸다. 일본 헌병은 교회당과 학교, 병원, 신학원과 청년회를 점령하거나 봉인하였다. 수십 명의 목사, 의사, 교사가 차례로 체포되었고 어떤 사람들은 일본 헌병의 잔인한 고문으로 고통 가운데서 죽어갔다.

산둥성의 일본 괴뢰 정권은 시종일관 교회세력을 적대시했고 심지어 치루대학齐鲁大学을 영미 간첩기구로 간주했다. 진주만 사건 이후 일본군은 바로 교회기구를 폐쇄하고 청년회 총간사와 교회지도자들을 체포하였다. 치루대학은 일본국적 교수가 나서서 산둥대학으로 재개편하면서 교회와의 관계가 끊어졌다. 치루병원은 일본군이 점용하였다.

화북의 기타 지역인 화북, 핑진平津 등 지역에서 일본군은 공개적으로 교회재산을 몰수하지 않았지만 일본헌병과 간첩기관은 한 번도 교회기구를 향한 파괴와 통제를 멈춘 적이 없다.

난징 방면의 상황도 상당히 불리했다. 교회인사의 회고와 기억에 의하면 전대미문의 난징대학살에서 기독교인들도 대거 희생되었고 교회도 심한 파괴를 당했다. 난징시 구역의 교회 외에 지오현郊县의 장로교회 리수이탕溧水堂, 리양탕溧阳堂, 쥐룽탕句容堂, 둔화탕敦化堂은 폭파되거나 점거당했다. 각지에 있는 감리교 교회당도 모두 약탈당해서 정상적인 종교 활동을 할 수 없었다.

광저우, 홍콩 등지의 교회도 심각한 타격을 받고 심한 손실을 받았다.

일본은 통제를 강화하기 위해 일본인들이 교회를 이용하게 했다. 1942년초에 일본 간첩기관은 화북지구의 일부 교회지도자들에게 강경책과 유화책을 사용하여 화북교회의 정상적인 활동을 회복하는 것을 전제로 강제적으로 일본인이 "화북기독교연합촉진회"를 조직하는데 동의하도록 하였다. 해당 "촉진회"는 베이핑에 설치되었는데, 우선 간첩기구의 통제를 받는 일본목사가 조직하고 결성한 다음에 중국목사에게 이양한다. "촉진회"는 사실상 일본 침략군에 의하여 조종당하는 교회의 허수아비들을 이용하여 교회의 모든 활동 상황을 간섭하고 감시하는 기구이다. "매번 예배 및 크고 작은 모임이 있을 때에 반드시 먼저 설교 내용을 상세하게 헌병대에 보고하여야 하고 통과해야만 행사를 할 수 있다. 예배시에는 적군의 헌병이 현장에 와서 감시하고 보고를 받았다. 때문에 정의의 복음은 전할 수 없고 종교의 자유는 완전히 상실되었다."[35] 일본 침략자들은 단지 "촉진회"를 세우는 것에 만족하지 않았고 그들의 계획은 "화북기독교단"을 건립하는 것이었다. 중국교회 목회자들이 시국의 변화에

35 『公报』, 1942年, 第5-6合刊, 第14页, 转引顾卫民, 『基督教与近代中国社会』, 第393页.

대처하기 위하여 자체적으로 설립한 화북기독교연합 촉진회는 당연히 일본침략자의 요구에 맞지 않았다. 일본은 이미 화북에서 영미세력을 대체하였기 때문에 한걸음 더 나아가 영미가 통제하고 있던 기독교를 일본이 통제하는 도구로 전락시키고자 하였다. 일본 본국에는 이미 기독교조직이 있었다. 때문에 화북에서 행정수단을 사용하고 정치의 압력을 가하여 교회가 정해진 시간안에 교단을 결성할 것을 강요하였다. 교회 조직이 일본의 통제를 받을 뿐만 아니라, 형식과 명의에서도 완전히 일본화되었다."[36] 일본 침략자들의 압력에 "화북기독교단"은 1942년 10월 15일 최초로 결성되었다.

상하이 등지에서 일본인은 동일하게 양면적인 수법을 사용하여 교회를 통제하였다. 태평양전쟁이 폭발한 후에 일본군국주의는 점령지의 교회를 통제하기 위하여 아베 요시무네阿部义宗를 회독주교으로 보내어 장난교회를 통제하고자 하였고 스에카네 토시오末包敏夫를 파견하여 상하이에서 청년회전국협회 간사를 맡게 하였다. 교회와 청년회는 그들과 지혜롭게 대처하여 평안하게 이 시기를 넘어갈 수 있었다. 1942년 『공보』에 목랑目郞으로 서명한 저자가 쓴 "상하이 함락 후의 교회"라는 제목으로 된 문장을 실었다.

> 일본인들은 강경책과 유화책을 사용하여 교회를 대했다. 한편으로는 군부를 이용하여 무력으로 압박하였고 다른 한편으로는 일본인 목사를 중국에 파견해 친선을 베풀고 있다. 일본인 목사가 상하이에서 세운 교회는 이름을 "중국기독교회"로 불렀다. 항저우에서 조직

36 霍培修, "沦陷时期的华北基督教团," 『天津文史资料选辑』, 第21辑, 天津: 天津人民出版社, 1982年, 第168页.

한 교회는 이름을 "동아기독교회"로 명명하였다. 명칭은 다르지만 침략의 목적은 오직 하나였다. 목사들은 대부분 주색을 즐기는 자들로 일본에 이미 가정이 있으면서 중국에서 또 처첩을 거느리고 살아가고 있었다. 다른 사람들이 보기에는 이들에게는 전혀 기독교인의 모습이 보이지 않았고 진짜 목사인지 아니면 가짜 목사인지 하늘만이 알 수 있을 것이다.[37]

각 지역의 교회학교는 대부분 현지의 괴뢰정권으로 이양되었는데 그들은 학교와 교회를 분리하여 영어과목을 일어과목으로 바꿨다. 그리고 "대동아공영권"大东亚共荣圈이라는 선전을 늘리고 노예화교육을 실시하였다. 이는 중국학생들이 일본 침략의 사실을 받아들여 기꺼이 망국노가 되도록 하려는 시도이다. 결론적으로 항일전쟁 기간동안 함락된 지역의 교회는 헤아릴 수 없는 어려움속에 있었다.

## 2. 기독교인들의 항전구망抗战救亡운동 참여

항일전쟁이 폭발한 이후 중국 기독교계는 전국 인민과 함께 적극적으로 항일구망抗日救亡의 도가니 속에 뛰어들었다. 중화기독교청년회 전국협회는 군인복무위원회军人服务委员会를 설립하였고 애국청년들을 조직하여 큰 전장으로 보내어 전방에 있는 장병들을 섬기게 하였다. 그들은 부상병과 난민들을 구호하는 사역에 참여하였고 각 지역의 교회와 청년회 모두가 이 사역에 적극적으로 호응하고 전력으로 지지하였다.

37 转引自顾卫民,『基督教与近代中国社会』, 第391-392页.

**그림 113** 류량무어(刘良模)오른쪽 첫 번째와 쩌우언라이 등의 단체사진

사실상 중국 기독교계의 항일운동은 일찍 1931년 "9·18사변" 때에 이미 시작되었다. 일본 제국주의자들이 "9·18사변"을 도발한 후에 많은 기독교인들이 여러 가지 방법으로 일본 침략자들을 저항하는 대열에 뛰어들었다. 예를 들면 상하이기독교청년회의 우야우쭝吴耀宗, 덩위즈邓裕志, 연보항阎宝航 등도 적극적으로 동북항일애국단체의 호소에 응하여 애국단체에 참가하거나 또는 자체로 단체를 설립하여 항일구망의 문제를 연구하였다.

당시 기독교 청년회 전국협회 학생 간사를 맡고 있던 류량무어刘良模는 청년들을 조직하여 "의용군행진곡", "대도행진곡" 등 구망救亡가요를 배우고 따라 부르게 하였다. 1936년 여름, 그는 상하이의 한 공공체육장에서 일종의 군중항일합창대회인 "만인합창대회"를 조직하여 친히 지휘하였다. 노랫소리 하늘 높이 울렸고 심지어 그들을 보호하고 감시하는 책임을 맡은 무장경찰들도 따라서 불렀다. 이는 민중들의 항일열정을 크게 북돋아 주었다.

항일전쟁이 전면전으로 폭발하기 전에 우야우쭝은 오직 사랑주의 주장을 견지하였다. 그는 당시 중국 오직사랑사의 책임자로 『오직 사랑』 간행물의 편집총괄을 맡았다. 오직 사랑주의는 모든 폭력을 반대하고 기독교의 사랑으로 인류가 당면하고 있는 모든 문제를 해결하여야 한다고 주장한다. 1932년 1월 28일, 일본군대가 갑자기 상하이를 공격하였고 우야우쭝은 일본 침략군의 잔인성과 중국 군인들의 희생을 두려워하지 않고 국토를 지키려는 영웅정신을 직접 목도하였다. 일련의 사건으로 그는 점차 오직 사랑주의 주장을 버리고 적극적으로 항일구망운동에 뛰어들었다.

1935년의 "12·9운동" 후에 전국의 항일구망운동이 또 한 번의 고조되었다. 동년 12월 12일, 상하이 천주교 유명인사 마샹부어马相伯는 상하이 문화계인사 283명과 연합으로 "상하이문화계구국운동선언"을 발표하였다. 선언에서는 베이핑 학생들의 애국행동을 칭찬하고 그 어떤 괴뢰조직이나 화북의 자치를 반대하며 한마음으로 단결하여 일본 침략자들과 사투를 벌일 것을 호소하였다. 12월 21일, 상하이기독교여청년회의 덩위즈邓裕志, 천웨이쟝陈维姜 등은 상하이부녀계구국연합회의 발기활동에 참가하였다. 1936년 5월 31일, 전국각계구국연합회를 설립할 당시 마샹부어, 우야우쭝은 모두 연합회의 집행위원이었다.

항일을 주장하였기에 장수성침례회연합회 주석 및 루장대학沪江大学 교장 류잔은刘湛恩은 불행히도 1938년 4월 7일에 괴뢰국 간첩에 의하여 출근길에 암살당했다.

1937년 "칠칠사변" 이후 일본 침략군이 점점 더 밀고 들어오자 국민정부는 전시의 수도를 충칭으로 옮겼고 전국 각지로부터 많은 사람들이 서남지역으로 망명했다. 청년 학생들도 학교의 이전과 함께 잇따라 고향을 떠나 대후방大后方에 들어갔다. 기독교청년회는 망명한 청년학생들을 돕기 위하여 국제지원을 받아 상하이에 전국학생구제위원회를 설립하여 학생 대출, 여비 보조, 의약 보조 등 구제사역을 하였다. 이후로 푸저우, 쿤밍, 충칭, 청두, 구이양, 구이린, 시안 등 도시에서도 뒤를 이어 학생구제기구를 설립하여 학생들을 도왔다.

전국 각지 교회, 교회학교, 교회병원들도 전국의 상황과 마찬가지로 난민구제와 부상자들을 구급하는 일에 모두 투입되었고 항전을 위해 공헌했다. 항전이 끝나고 중화전국기독교협진회는 1946년에 제12기 대회를 소집하였다. 해당 조직은 사업보고에서 "이 비상시기에 국난이 눈앞에 왔으니 본회는 시국의 수요에 응하여 정례적인 사역을 제외하고 모두 전시구제 및 비상시기의 사역을 중심으로 활동한다."[38] 교회단체가 전시

**그림 114** 류잔은

**그림 115** 펑위샹

에 진행한 구제사역은 다방면의 것으로 주요한 형식은 아래와 같다.

전선에 구호인원 파송. 기독교청년회전국협회는 특별히 군인복무사军人服务社를 조직하였고 이 조직이 각지에 세운 지회가 50여 곳이 된다. 이들은 청년 자원자를 모집하여 전장에 파송하여 부상자를 구호하고 장병들을 위로하였다. 1938년, 충칭기독교회와 각계각층은 공동으로 충칭 홍십자구호위원회를 조직하였고 산하에 의사와 간호사 80여 명으로 조직된 4개의 의료팀을 결성하여 장시성 시우수이修水, 우닝武宁 등 현县의 전선에 가서 봉사하게 하였다. 중화기독교전국총회도 기독교부상장병봉사협회를 조직하였고 "헌신", "섬김"을 구호로 하여 진晋, 위豫, 추안川, 샹湘 등지로 오가며 최전선에 있는 장병들을 섬겼다.

의복과 경비를 모아서 항전을 지원했다. 예를 들면 스촨四川감리교회는 1937년에 성도들을 조직하여 항일군인들을 위하여 면옷을 지었다. 충칭기독교청년회는 청년과 각 교회를 조직하여 부상자들을 위하여 4천 벌에 달하는 속옷을 모았고 항일 최전선에 있는 장병들을 위하여 면조끼 2천여 벌을 모았다. 1940년에 충칭기독교단체는 음악자선회를 열어 후방에 있는 동포들이 헌금과 헌물을 하여 전방에 있는 장병들을 지원할 것을 호소했다. "기독장군"으로 불리는 펑위샹冯玉祥은 항전시기에 중국 각계에서의 영향력을 이용하여 후방의 각 지역을 오가면서 전선을 위하여 물질을 모으고 경비를 모금하였다.

전시에 후방봉사에 참가. 항전 기간에 충칭이 수도인 후방은 전시에 유일하게 보급하고 휴양할 수 있는 기지였기에 후방의 봉사사업은 피흘려 싸우는 전방보다 결코 쉬운 것이 아니었다. 교회는 상당한 에너지를

38 陈文渊, "九年来本会工作报告," 『协进』, 1946年, 9期, 第6页.

쏟아 후방의 봉사사업을 하였다. 예를 들면 충칭기독교계는 적극적으로 공습복무구호연합사무처空袭服务救护联合办事处에 가입하여 인력을 조직하여 방공시설을 파고 난민을 구제하며 부상자를 위로하였다. 청두에서는 교회가 특별히 군인 가족 중에서 출정자의 가족들을 대상으로 복리부를 설립하여 군인 가족들의 어려움을 덜어주었다.

교회 지도자들은 해외 인사들을 향하여 중국의 항일을 지지해줄 것을 호소했다. 기독교계의 지도자들은 대부분 해외 특히 미국과의 친분이 있었다. 때문에 항전 시기 그들은 이런 인맥을 이용하여 해외 인사들에게 중국의 항전을 지지해줄 것을 호소했다. 유명한 교회 지도자인 청징이诚静怡는 호주와 홍콩 등지를 오가며 기독교의 국제관계를 이용하여 해외 각 나라가 우리나라의 항전을 지지해 줄 것을 호소했다. 중국기독교의 애국열정은 국제기독교계 친구들에게 깊은 감명을 주었고 그들은 도의와 물질에서 우리 나라의 항전을 후원하기 위하여 잇따라 도움의 손길을 보내왔다. 영미 각지의 교회도 적극적으로 반응하였고 뉴욕교회에서 중국을 지지하는 후원금 4,500달러를 보내왔다. 영국 각 교회 연합회의에서는 중국항전시기에 힘을 다하여 중국에 있는 교회병원을 후원할 것을 결의하였다. 런던에 있는 각 교회는 일제 제품을 보이콧할 것을 선포하고 캔터베리 대주교는 일본 침략자를 견책하고 중국 인민의 항일사업을 지지한다고 특별성명을 발표하였다.

**그림 116** 장원한(江文汉)이 연안을 방문할 당시 마우저둥과의 기념사진(1939년 6월 23일)

이밖에 교회와 교회 기구들도 적극적으로 공산당이 통제하고 있는 적진 후방 근거지에 필요한 도움을 주었다. 예를 들면 옌칭대학의 교장 존 레이턴 스튜어트司徒雷登는 청년 학생들로 하여금 적이 점령하고 있는 지역에서 빠져나와 적진의 후방 깊숙히 들어가서 항일에 참여할 수 있도록 도왔다. 불완전한 통계에 의하면 옌칭대학만 하여도 700여 명이 항일 무장에 참가하였다. 기독청년회전국협회는 1939년 6월에 장원한江文汉, 량시오추梁小初, 페이치费奇로 조직된 팀을 연안延安에 보내어 계획중에 있는 "청년회봉사처"의 설립을 위하여 3일 동안의 고찰을 하였다. 중공 측은 그들의 고찰을 매우 중요하게 생각하였으며 저우언라이가 친히 시안에서 연안으로의 모든 일정을 동행하였을 뿐만 아니라 마오쩌둥은 친히 그들을 회견하였고 그들에게 공산당의 통일전선 정책을 소개하였으며 특별히 중공의 종교정책을 소개하였다. 방문을 마치고 돌아온 장원한은 11월 17일에 청년회북미협회에 보고서를 써서 그들의 고찰 경과와 보고 들은 것을 알렸고 특별히 마오쩌둥과의 담화내용을 상세하게 기록하였다.[39]

상하이에서 선티란沈体兰 등 기독교애국인사들은 숭칭링이 이끄는 "보위중국대동맹"保卫中国大同盟에 참가하였다. 1939년 겨울, 그들은 상하이 시민의 겨울옷 기부 행사를 발동하였고 두 차례 상하이민중위로단을 조직하여 최전선에 가서 신스쥔新四军을 위로하고 상하이에 돌아온 후에는 다시 한 번 각계각층에 신스쥔의 영웅 항전 사례들을 소개하였다.

일부 서구의 선교사들도 자발적으로 항전을 지지하는 활동에 종사하였다. 중국 침략 난징 대학살 기간에 일부 정의감이 있는 서구인사들은 자발적으로 난징에 남았으며 "난징안전구국제위원회"와 "국제홍십자회

39 参见江文汉, "1939年江文汉延安访问记," 载于, 『档案与史学』, 1998年, 8月, 第4-11页.

**그림 117** 피치(费奇)

**그림 118** 웨이터린(魏特琳)

난징위원회"를 조직하여 할 수 있는 모든 방법을 동원하여 중국난민을 도와주었다. 국제위원회는 난징에 위치한 중국 주재 미국대사관이 있는 지역 및 진링金陵대학, 진링金陵여자문리학원, 진링金陵신학원, 진링金陵여자신학원, 진링金陵중학교, 구루병원 등 교회기구를 중심으로 안전구를 지정하고 25곳에 난민수용소를 확정하고 난민수용소에는 약 20만 명의 난민을 수용하였다. 이 두 개 위원회의 대부분 구성원들은 교회, 기독교청년회, 교회학교, 병원 소속의 사람들이었다. 예를 들면 청년회 간사인 미국인 조지 A. 피치费奇, George A. Fitch, 1883-1972가 위원회 총간사를 맡고 진링金陵여자문리학원 교무장은 미국인 웨이터린魏特琳, Minnie Vartrin, 1886-1941이 위원을 맡았으며 미국 성공회 목사 존 G. 매기约翰 马吉, John G. Magee, 1884-1953가 국제위원회와 국제홍

**그림 119** 존 G. 매기(约翰 马吉)

**그림 120** 난민들로 만원이 된 난징국제안전구

십자회 난징위원회 주석을, 진링金陵 신학원 교수 제임스 H. 매컬럼明思德, James H. McCallum, 1894-1984 박사는 국제홍십자회 난징위원회 위원을 맡았다. 1937년에 에드워드 H. 클레이튼葛烈腾, Edward H. Clayton, 1886-1946이 항저우 전시부녀수용소를 개설하였다. 1938년에서 1939년까지 다이페이스戴斐士 사모가 금화난민여공장을 설립하여 부녀자 90여 명을 수용하였고 그들은 항전 군인들을 위하여 솜옷을 봉제하였다. 공개적으로 일본 제국주의의 폭행을 폭로하고 항일을 위하여 헌금헌물을 한 선교사는 더 많다. 어떤 선교사들은 이를 위하여 생명까지 바쳤다. 예를 들면 광둥성 사오관스韶关市 교회의 선교사 모리등摩利邓은 광저우가 점령당한 후 다른 선교사들과 함께 구제, 의료, 운송, 공급 등 사역을 하였다. 어느 성탄절 저녁에 병원을 떠나는 중에 폭탄에 의하여 부상을 당했고 그날 저녁에 세상을 떠났다. 이런 업적들은 기독교인들 뿐만 아니라 중국 인민들이 잊지 않을 것이다.

항전 기간에 적들의 점령지역에 위치한 교회들은 심한 피해를 받았다. 농촌교회는 대략 25%, 도시교회는 50%가 피해를 본 것으로 추정된다. 동시에 대후방의 교회는 장족의 발전을 이루었고 서남 지역의 "기독교세력은 30% 정도가 확장되었"을 것으로 추정된다.[40]

### 3. 대후방교회大后方教会 및 변경봉사边疆服务

813송루전역八一三淞沪会战이 끝나고 불과 3개월 후인 1937년 11월 20일에 국민정부는 수도를 스촨 충칭으로 옮긴다고 공표했다. 따라서 스촨은 항전의 후방이 되었다. 중국교회의 일부 전국적 기구도 따라서 청두成都, 충칭重庆등 서남성시로 이동했다. 1937년, 천충꾸이陈崇桂는 후베이 사시湖北沙市에 위치한 신학교를 충칭으로 이전하였으나 여러 가지 원인으로 인하여 부득불 운영을 중지하였다. 1944년에 내지회의 지지를 받아 천충꾸이는 독자적으로 충칭신학원을 개설하였다. 난징이 점령된 후에 지아위밍贾玉铭도 난징에 있던 중국기독교영수학원中国基督教灵修学院을 스촨으로 이전하고 여기저기 전전하다 1941년에 다시 충칭으로 옮겼다. 1941년 중화전국기독교협진회는 상하이에서 충칭으로 이전했고 총간사 천원우앤陈文渊이 책임을 맡았다. 그러나 상하이 쪽에는 여전히 사람을 두어 사무를 처리하게 했다.

교회대학도 잇따라 내지로 이전했다. 스촨청두의 교회대학인 화서협화대학교华西协和大学校 안에는 옌칭대학燕京大学, 치루대학齐鲁大学, 진링대학金陵大学, 진링여문리학원金陵女子文理学院 등 학교의 3천 명에 달하는 학생들이 모여있었다. 화서연합교회대학의 경비지출을 유지하기 위하여 미국기독교대학 연합위탁부联合拖事部는 매년 120만 달러에 달하는 예산을 배

40 参见顾长声, 『传教士与近代中国』, 第410页.

정하였다. 당시 후방교회대학의 재학생 총인원은 4천여 명에 달했고 교회 중학생까지 계산하면 총인원은 거의 15만 명에 이르렀다.

항전 기간 내륙지역의 기독교는 시각을 확장하여 다른 종교와 교제하고 친목을 다지는 현상도 나타났다. 1943년 5월 펑위샹冯玉祥이 대표하는 기독교계, 바이충시白崇禧가 대표하는 이슬람교계, 위빈于斌이 대표하는 천주교계, 타이쉬太虛가 대표하는 불교계가 중격에서 중국종교도친목회中国宗教徒联谊会를 조직하였다.

대후방에서 진행한 교회 활동에서 가장 사람들에게 널리 알려진 활동은 1939년에 시작된 "변경봉사"边疆服务이며 발기인은 청징이诚静怡이다. 1939년 봄 그는 서남 지역에 들어가서 후방교회를 돌아보며 그 지역으로 망명하여 간 동역자들을 위로하였다. 그는 현지의 동역자들과 상의하여 국민정부행정원 원장 쿵샹시孔祥熙의 동의를 받아 12월에 정식으로 "중화기독교회전국총회변경봉사부"中华基督教会全国总会边疆服务部, 이하 "변부边部로 칭한다를 설립하였다. 남부로 이전한 치루대학齐鲁大学 문학원 원장 장부어화이张伯怀가 변부의 주임을 맡았다.

"변부"의 취지는 아래와 같다. "그리스도의 섬김 정신 및 중앙이 변경을 돌보는 마음으로 변경에 있는 민중들을 섬기며 이를 통하여 변민边民들의 지식을 계발하고 변민들의 질고를 구제하며 그들의 생활을 개선한

그림 121 변경봉사

다. 변민들의 단결을 촉진하고 국가능력을 보강한다." 봉사服务의 신조는 "삼민주의三民主义를 입국행정의 근본대도로 하고 사해四海의 형제를 민족단결의 이상적인 목표로 하며 변경봉사를 국가민족의 긴박한 수요로 여기고 자신을 세우고 사람을 세우는 것을 봉사운동의 철학적 기초로 하고 괴로움과 고생을 참고 인내하는 것은 봉사 정신의 자연적인 표현이며 실사구시实事求是는 봉사자들이 갖추어야 할 정당한 풍조이다."[41]

"변부"는 중화기독교회전국총회에 소속되었고 아래에 두개의 봉사구服务区를 둔다. 하나는 촨시川西봉사구와 다른 하나는 시캉西康봉사구이다. 그들의 봉사 내용은 크게 두 가지로 나누는데 하나는 현지에서의 봉사사역 즉 교육, 의료위생 등이고 다른 하나는 조사, 연구 사역으로 학교 및 학술기구와 연합하여 추진하며 변경봉사사업의 합리화와 과학화를 위하여 기초를 마련한다.

1942년 10월 20일, "변부" 주임 장부어화이张伯怀는 청두방송국에서 연설을 통하여 "변부"의 사역을 소개했다. 그의 소개에 따르면 짧은 3년사이에 "변부"는 이미 두 개의 봉사구에 연달아 40여 명의 의사, 교직원, 사회사업자, 연구원과 목사를 파견하였다. 그들은 주로 아래와 같은 사역을 하였다.

1. 교육사업. "변부"의 봉사자들은 두 개의 봉사구의 산채에서 지극히 어려운 환경임에도 불구하고 변민들에게 글을 가르쳤다. 어떤 지역에서는 6명의 학생이 하나의 청유등清油灯을 같이 사용할 정도로 환경이 어려웠다. 변민들의 공부 열정도 높아 어떤 변민들은 몇십 리 떨어져 있는 산채에 살지만 저녁마다 공부하러 왔고 수업이 끝나면 횃불을 들고 큰

41 转引自杨天宏,『救赎与自救--中华基督教会边疆服务部研究』, 北京: 三联书店, 2010年, 第73-74页.

소리를 외치며 집으로 돌아갔다. “변부”는 3개의 완전소학교完全小学를 세웠는데, 두 곳은 촨시봉사구川西服务区에 한 곳은 시캉봉사구西康服务区에 위치하였다. 이 밖에 4개의 민중학교民众学校, 5개의 순회전도대, 1개의 민중도서관, 1개의 비앤파우초대소边胞招待所를 세웠다. 부녀교육을 위하여 영아원, 부녀훈련반, 어머니회, 모범가정, 공중목욕탕 등을 건립하였다. 후에는 직업교육을 개설하여 많은 이족彝族 동포들이 와서 농사짓는 법도 배웠다.

2. 위생사역. 변민들의 위생의료조건이 낙후한 실정에 비추어 “변부”에서는 대량의 인력, 물력을 동원하여 위생사역을 펼쳤다. 한편으로는 변민들의 질병을 치료해주고 다른 한편으로는 질병예방 지식도 가르쳤다. “변부”는 이미 두 곳의 병원, 세 곳의 진료점을 운영하고 있었고 다섯 개의 순회 의료팀을 조직하였다. 순회 진찰의 효과는 매우 좋았고 시캉봉사구의 순회의료팀은 6개월에 8차례 순회 진찰을 하면서 9천여 리의 산길을 넘어 거의 만 명에 달하는 환자를 치료하였기에 변민들은 진정으로 이 봉사팀을 받아들였다.

3. 생계사역. 빈민들의 빈곤퇴치를 위하여 “변부”는 수시로 변민들에게 구제와 대출을 해주는 한편 실제적인 수요에 따라 촨시川西에 부녀자모직습예소习艺所를 설립하여 현지에서 생산하는 양털 자원을 이용하여 현지 부녀자들을 훈련하였다. 이런 훈련은 어느 정도 현지의 직업의 발전을 추진하였고 변민들이 생산한 직물 중에 자체 소비 후의 잉여상품은 판매되었다. 재배업에 있어서 “변부”는 시창西昌 부근에 개간구를 지정하여 2천여 묘亩의 평탄하고 풍요로운 황지를 개간하였고 거기에서 생산한 양식을 변민들에게 공급하였다.

4. 조사연구사역. 조사연구는 봉사 지침을 결정하는 근거가 되고

봉사할 때 발생하는 많은 문제를 해결할 수 있다. 환시에서는 세 번의 여름 학생봉사팀을 조직하여 많은 자료를 수집하였을 뿐만 아니라 전후로 6명의 전문 연구원을 파견하여 융민戎民과 창민羌民들의 사회와 토사土司의 정치제도 등을 연구하도록 하였다.

5. 학생 여름방학 변강边疆봉사팀 운영. 거의 매년 여름 청두와 충칭의 대학생들이 지도교수의 지휘하에 변강으로 와서 연구조사를 하도록 "변부"는 팀을 조직 운영하였다. 그들은 2개월의 방학 기간에 각자의 사역을 배정받아 많은 활동을 조직하였고 이런 움직임을 통하여 일반인들이 변강에 대한 흥미를 불러일으켰다. 뿐만 아니라 그들의 활동을 통하여 수만 명에 달하는 변민들이 실제적인 도움을 얻게 되었고 대학생들에게도 가치가 있는 보충교육이 되었다.

6. 종교 사역. "변부"직원들은 변경 지역에 깊숙이 들어간 후에 한편으로 변민들의 기존에 섬기던 종교에 대해 연구할 뿐만 아니라 다른 한편으로 변민들에게 기독교를 전했다. 전도 인원은 변민들이 교회로 들어올 수 있도록 친히 모범을 보여 자신의 좋은 봉사 태도로 변민들을 감화하였다. 그러나 여러 가지 원인으로 인하여 선교사역은 그렇게 순조롭지 못했다.

"변부"는 1939년에 설립되었고 1955년에 마무리하여 그들의 섬김은 16년간 지속되었다. 직접 변강봉사사역에 참여한 직원은 180~200명 내외이고 그리고 몇 번의 여름방학을 거쳐 몇백 명의 대학생들이 동원되어 변강에서 단기봉사를 하였다.

"변부"에서는 "변강봉사단 단가"를 창작하였는데 가사는 아래와 같다.

하늘은 창창하고 광야는 망망하며 우주는 드넓어 자유로이 누빈다. 막을 집으로 낙酪을 풀浆로 어디든지 고향이로다. 중원이나 변강을 가릴 것 없이 전체 중화는 본디 하나이다. 의료를 실시하여 건강을 회복하고 학교를 세워 현량贤良을 세운다. 이는 인민을 위하여 당연한 것이다. "천하일가, 중국일인"天下一家, 中国一人, 공묵孔墨의 유훈은 거짓이 아니니 천산이 갈라놓을 수 없고 만 리 이내가 한 가족이니 단결하면 강한 것이 더 강해진다.[42]

## 4. 불안한 시국 속에서의 기독교

1945년 가을, 14년 동안 피로 점철된 전쟁을 치르고 중국은 드디어 항전의 승리를 거두었다. 온 국민의 열렬한 승리의 환호속에서 기독교회는 회복과 재건을 시작하였다. 1946년 12월, 중화전국기독교협진회中华全国基督教协进会는 상하이에서 제12기 대회를 개최하였다. 대회선언 가운데 몇 마디의 말이 당시 전국교회에 존재하는 보편적인 정서를 드러냈다. "우리는 9년의 항전을 겪었다. 강적의 압박에서 해방되어 다시 자유를 얻고 신앙과 예배의 자유를 누릴 수 있게 되었다. 우리는 전국기독교운동의 대계를 상의하기 위하여 이 자리에 함께 모였다. 우리는 한없는 기쁨 속에서 전능하신 하나님께 감사를 드린다."[43]

항전 승리 1년 전은 제2차 세계대전이 거의 끝나가고 있는 시기였고 반파시즘 진영의 승리가 거의 확실시되어 가고 있었다. 중국에 있는

42 转自杨天宏,『救赎与自救—中华基督教会边疆服务部研究』, 第77页.
43 "第十二届年会宣言," 載于『协进』, 1946年, 9期, 第4页.

각 교회와 선교단체는 앞다투어 전후 회복과 재건을 위한 계획을 세웠다. 예를 들면 미국 기독교계는 인원을 중국에 파견하여 조사를 하였고 교회와 협력하여 계획을 세우는 동시에 미국교회들은 모금활동을 벌여 중국교회의 발전을 도왔다.

이런 정세 아래에서 해안 각지에서 내지로 들어간 교회와 기관단체들은 모두 원래의 지역으로 돌아가 멈추었던 교회사역을 회복하려고 계획하고 있었다. 때문에 전쟁이 끝나자마자 교회는 국민정부의 움직임에 따라 전쟁 전의 선교지로 돌아갔고 거기에서의 사역을 다시 재건하였다.

서구의 각 선교회와 교회기구들은 또다시 많은 선교사들을 중국에 파송하였다. 이들 중에는 전쟁 전에 이미 중국에서 선교하였다가 전쟁이 폭발하여 잠시 피신간 선교사들도 있었고 처음으로 중국에 온 선교사들도 있었다. 전국은 선교의 열정으로 가득 찼고 내화 선교사들의 인원수는 급속히 전쟁 전의 상태로 회복되었다. 1946년 초부터 복원사역을 시작하여 1947년 말에 이르러 선교사 수는 3,500명 정도로 증가하였고 미국 선교사가 60% 이상을 차지하였다. 그들은 동북, 화북, 화동, 화남 등 연해 성省으로 파송되었고 교회부흥계획을 실행하였다. 동시에 200여 개의 교회 진료소와 병원은 의사와 약이 부족한 상황에도 불구하고 의료활동을 회복하였다.

교육 영역에서 항전 시기에 내지로 옮겼던 대학들이 모두 옛터로 돌아와 학교를 다시 시작하였다. 전국에 대략 10분의 1의 전문대 대학생들이 교회대학에서 공부하였다. 중학교 교육도 전쟁 전보다 더 많이 보급되었고 1937년에는 교회중학교 학생 수가 53,000명으로 전쟁 후인 1947년에는 재학생이 74,000명으로 증가하였다.

중화전국기독교협진회는 1946년 7월에 충칭重庆에서 상하이로 돌아가 그해 12월에 7박 8일의 제12기 대회를 개최하였다. 이는 마지막으로 회의를 소집한 후 9년이 지나서 개최한 회의로 모두 127명의 대표와 특별게스트들이 이번 대회에 참석하였다. 이 회의에서는 전국범위 내에서 "삼년촉진奋进 운동"을 전개했으며 3개의 목표가 있었다. "첫째, 성도 개인이 주님께로 돌아오는 운동 촉진, 두 번째는 주의 교회의 부흥운동 촉진, 세 번째는 전국의 중화귀주운동中华归主运动 촉진"이다.[44]

비록 교회의 회복과 재건 운동의 진행시간이 짧고 얼마 안 되어 바로 내전이 폭발하여 각지가 여전히 전란 속에 있었다. 비록 사회가 혼란한 상태에서 이 운동을 진행하였지만 교회는 여전히 여러 가지 영역에서 성과를 거두었다. 항전이 폭발하기 전에 기독교 개신교 성도의 인원수는 대략 53만 6천명이였으나 1949년 성도 수는 이미 83만 5천명으로 56% 증가하였다. 1946년부터 1949년까지 3년 동안에 당회는 5,800여 개에서 6,500개로 증가하여 27% 증가한 것으로 드러났다.[45] 이로써 항전 이후의 각 교회의 노력은 상당히 효과가 있었던 것으로 드러났다.

그러나 교회가 신속하게 회복하는 과정에 국내정세는 급격히 변화가 왔다. 국민당 군대는 전투에서 빈번이 실패하였고 1949년 1월 화이하이전역淮海战役이 끝난 후, 국민당은 군사적 우세를 완전히 잃었고 실패는 기정사실이 되었다. 선교사들이 장기적으로 진행한 반공산선전은 많은 성도들의 공황 정서를 일으켰고 "현재 많은 사람들이 특히 각국 기독교인들이 '공산주의'라는 단어만 들어도 '호랑이를 두려워하듯 두려워'하거나

44 『协进』, 编者, "第十二届年会日程速写," 载于, 『协进』, 1946年, 9期, 第22-23页.
45 参见顾卫民, 『基督教与近代中国社会』, 第410页.

**그림 122** 『텐펑』(天风)(1948년 9월 25일 제6권 12기)

또는 '철천지 원수처럼 미워'한다."[46] 순식간에 교회 안에서 공산당이 기독교를 박해한다는 소문이 돌았다. 예를 들면 1947년 12월에 다시 발행하기 시작한 『진링신학지』金陵神学志에는 이런 보도가 실렸다. "본원의 전 졸업생 지아오동황현胶东黄县 신학원 원장 장안탕藏安堂 목사와 판밍징范明经 목사 등 모두 3명의 목사가 금번에 순교하였다. 그들은 모두 십자가에 못박혀 죽었고 삼일 후에 죽은 것으로 확인되며 상황이 극히 비참하다. 주님 안의 모든 동문들이 전쟁구역에 있는 동역자와 성도들을 위해 기도해주기 바란다."[47] 이 소식은 진링협화신학원金陵协和神学院 제1기 졸업생 차오성제曹圣洁의 질의를 받게 된다. 그는 50년대까지도 장안탕 목사가 "여전히 진링金陵협화신학원에서 교직에 있었다."고 지적했다.[48] 왕웨이판汪维藩의 『자목』自牧에서도 장안탕 목사가 1952년 이후에도 교회 강당에서 섬겼다고 언급한다.[49] 어떤 선교사는 붙는 불에 키질하기까지 하였는데, "믿는 자가 믿지 않는 자와 멍에를 같이 하지 말라"고 편파적으로 강조했다. 1948년 8월 중화전국기독교

46 "书刊介绍, 『共产主义与基督教』," 『女青年月刊』, 1933年,12卷, 9期, 第36页.
47 『金陵神学志』, 第二十三卷一、二期合刊, 第78页.
48 见曹圣洁, "从抗战胜利到全国解放时期的外国差会和传教士," 载于罗冠宗编, 『前事不忘 后事之师』, 第364页.
49 汪维藩, 『自牧』, 南京: 金陵协和神学院, 2014年, 第118-119页.

협진회中华全国基督教协进会는 영국선교사 빅토르 헤이워드海维德, Victor E. W. Hayward, 1908-1988의 기획하에 두 번째 편지인 "전국 성도에게 드리는 서신"致全国信徒书은 다음과 같이 기록한다. "교회의 입장은 당연히 종교적이며 정치적인 것이 아니다. 교회는 기독교인의 신앙을 근거로 하고 그리스도의 죄사함과 거듭남의 경험에서 생기는 힘을 의지하여 신앙을 실천한다. 때문에 교회는 그 어떤 정치당파와 타협하지 않고 정치적인 세력을 이용하여 그의 이상을 실현할 수 없다."[50] 1948년 9월 25일, 『텐펑』天风 6권 12기에는 프라이스毕范宇의 연설원고인 "공산주의는 민주 및 기독교에의 도전이다"를 실었다. 편집자의 소개에 의하면 위 문장의 내용은 단행본으로도 발행할 계획이며 프라이스도 이를 위하여 글을 써서 기독교가 어떻게 공산주의를 대해야 하는지에 대해서 설명할 것이라고 소개했다. 글에서는 캔터베리대주교 템플汤朴, Temple의 말을 인용하여 "공산주의는 기독교의 이단아고 나치즘은 반기독교적인 이단 사설이다." 프라이스는 공산주의는 전세계가 당면한 도전이라고 지적했다. "기독교교회로 말하면 이런 도전은 중세기 회교도들이 서아시아에서 유럽 기독교 국가를 휩쓸어서 초래한 위협보다 더 엄중하다." 공산주의를 어떻게 대처할지에 대해서 프라이스는 자신의 의견을 피력하였다.

> 기독교의 답변은 반드시 두 가지 측면의 내용을 포함해야 한다. 그것은 바로 물질적인 것과 정신적인 것이다. 식량은 국민 생활의 근본이다. 그렇기 때문에 기독교도 반드시 그리스도, 바울, 야곱 및 여러 선지자들의 전통을 충실하게 지켜 정부, 사회, 혹은 경제 관계 등

50 『协进』, 第七卷第五期,1948年, 10月, 16日, 第3-4页. 参见曹圣洁, "从抗战胜利到全国解放时期的外国差会和传教士,"载于罗冠宗编, 『前事不忘 后事之师』, 第369页.

방면에서 공개와 공의를 전하고 실천해야 하며 단지 빵만 전하는 복음이라면 배를 불릴 수 없을 것이다. 우리는 반드시 기독교의 혁신으로 공산주의를 대해야 하며 반드시 기독교의 '공동'共同으로 마르크스주의의 '공산'共产을 대적해야 한다. (중략) 기독교는 반드시 민간으로 깊숙이 들어가 민중들을 도와 그들의 물질과 정신생활의 수준을 높이고 그들을 도와 그들을 압제하는 세력과 싸워야 하며 기독교의 형제 사랑을 실천하고 기독교사회주의를 위하여 싸워야 한다."[51]

국내정세의 변화로 인하여 기독교계는 1948년부터 서구선교회가 추진하에 대처와 후퇴전략을 계획하였다. 그들은 주로 아래와 같은 8가지 조치를 취하였다.

1. 기독교 안과 밖에 존재하는 소위 자유주의자들에게 적극적으로 지도자의 책임을 지고 "제3세력"을 양육할 것을 격려한다.
2. 빨리 중국국적 전도인을 양육하여 외국인 선교사 불가 국가에 머물러 민심을 안정시켜야 한다.
3. 농촌교회에 대한 지원을 강화하여 농촌교회의 역량을 강화하고 교회의 중심을 도시에서 농촌으로 이동하여야 한다.
4. 성도들을 향한 반공선전을 강화해야 한다. 심지어 공산당 정책이 교회를 핍박한다는 소문도 만들어야 한다.
5. 성경 및 기타교회 서적을 발행하는 사역에 박차를 가하고 이미

51 参见毕范宇, "共产主义于民主及基督教的挑战," 『天风』, 六卷12期, 1948年, 9月, 25日, 1-7页.

인쇄한 서적은 모든 방법을 동원하여 판매하여야 한다. 예를 들면 성서공회가 1949년 한 해 사이에 12대의 비행기를 동원하여 무게가 100톤에 달하는 성경을 곧 해방하게 될 화중과 시난지역에 운송하였다. 또한 광학회는 이미 창고에 대량의 용지들을 보관하고 있었지만 1947, 1948년 2년사이에 또 75톤의 용지를 구입하였다. 새로운 서적을 편찬할 시간이 없으면 구 서적을 재출판하고 미처 팔지 못한 책들은 무료로 배포한다.

6. 성도들을 조직하여 집중된 것을 분산하여 교회가 핍박을 받는 순간 교회는 바로 지하와 가정의 형식으로 전환한다. 1949년 중화전국기독교협진회는 『집—기독교인 가족매뉴얼』을 출판하여 성도들이 배울 수 있도록 하였다. 이 책의 서문에는 기독교의 입장에서 가정이 교회 안에서의 작용을 재인식해야 한다고 말한다.
7. 교회의 중요한 문건, 부동산증명, 토지문서, 유가증권 등 귀중품은 홍콩에 두어 보관한다.
8. 교회 재산을 정리하여 정확하게 등기하고 보관한다.[52]

1949년 4월 5일, 국제선교협회 책임자 존 모트穆德는 상하이에 20시간 머물면서 상하이에 있는 각 선교회 책임자 및 핵심 선교사들을 소집하여 그들의 사업보고를 들었고 특히 교회의 에큐메니칼의 특성에 대해 강조했다. 이후 중화전국기독교협진회는 국내외 교회 지도자 72명이 참석한 "긴급회의"를 소집하여 변화에 따른 대책계획에 대하여 상의하고 배정하였다.

52 参见顾长声,『传教士与近代中国』, 第423-424页.

1948년부터 시작하여 중국에 있는 선교사들의 거취가 선교회와 선교사들의 중요한 관심사가 되었다. 1948년 하반기에 미국의 각 선교회는 중국에 있는 선교사들이 중국에 남거나 귀국하는 문제에 대해 검토했다. 대부분은 선택권을 선교사들에게 맡겼다. 1949년에 11개의 선교회를 대상으로 진행한 설문에 따르면 1개의 선교회를 제외한 10개의 선교회는 모두 선교사가 중국에 남을 것을 바라거나 또는 격려하였다. 그러나 중국인민해방군이 도강 전투에서 승리를 거두자 선교사들은 앞다투어 중국에서 철수하였다. 1951년 봄까지 외국선교사는 전부 중국 내지를 제외한 홍콩지역이나 동남아 일대로 철수하여 다시 중국에 들어갈 기회를 기다렸다.

## 생각해볼 문제

1. 토착교회는 어떤 교회를 말하는가?

2. 중국교회 선배들의 토착화신학에 대한 주장들을 예를 들어 설명하라.

3. 토착화의 주장과 오늘날 강조하는 기독교 중국화는 어떤 관계가 있는가?

4. 『관화화합본』和合本 성경은 어떻게 생기게 되었는가?

5. 항일 전쟁 기간의 교회의 태도를 설명하라.

6. 전쟁 후 기독교의 회복 작업에 대해서 간단하게 서술하라.

7. 중화인민공화국의 성립 전후에 선교사들의 거취에 대하여 논술하라.

# 제 7 장

# 기독교삼자애국운동의 시작

근현대에 들어서서 약 한 세기 반 동안 전개된 중국 선교 운동으로 중국교회의 발전과 성도들의 성장을 가져왔고 민족적 기질과 애국적 정서를 가진 기독교인들은 일찌기 중국교회의 주도권이 반드시 국가와 교회를 사랑하는 중국 성도들에게 주어져야 하며, 교회는 서양선교회의 통제에서 벗어나 자치, 자양, 자전의 이상을 실현해야 한다고 주장했다. 그러나 국가의 주권이 상실되고 열강들의 멸시를 받고 전쟁이 잦았던 시기에 교회는 줄곧 서양선교회와 선교사들의 지배하에 있었기에 중국교회의 자주독립의 소망과 노력은 이룰 수 없었다.

1949년에 중화인민공화국이 창립된 이후 중국의 역사는 새로이 쓰이게 되었다. 우야우쭝을 대표로 한 애국적인 기독교인들은 기독교가 제국주의에 의해 이용된 역사적 교훈을 심각하게 돌아보면서 중국기독교 삼자애국운동을 시작했다. 삼자애국운동은 중국 기독교로 하여금 제국주의와의 관계를 철저히 청산하고 중국교회의 교권을 회복하여 "양교"洋教의 부정적인 이미지에서 벗어나 독립자주를 실현하도록 하였고 새로운 중국에 적응하면서 사회주의 사회 조건 속에서 교회를 발전시킬 수 있는 새로운 길을 열었다.

天風
週刊
TIEN FENG (Christian Weekly)
歡祝中華人民共和國誕生

그림 123 1949년 10월 1일 『텐펑』(天风)에 실린 신중국 탄생 경축 사설

## 제1절 삼자혁신운동

### 1. 신중국에 대해 취한 교회의 상이한 입장

해방전쟁이 전략적 결전 단계에 들어선 이후, 국민당 정부는 군사적으로 연이어 패배하면서 정치는 사분오열의 상황에 접어들고 경제도 파탄되면서 패배는 기정사실이 되었다. 이처럼 정권 교체의 상황을 맞으면서 중국교회와 기독교인들의 태도도 각기 달랐다.

일부 기독교인들은 서양 선교사들의 영향을 받아 헛소문을 듣고 공산당을 "적그리스도"의 "붉은 용"으로 모독하면서 공산당은 기독교에 대해 먼저 긍정하지만点头 후에는 부정하고摇头 마지막에는 목을 자르는杀头 "삼두"三头 정책을 펼 것이라 하면서 곧 창립하게 될 새 정권에 대해 극도로 불신하면서 불안해하고 갈팡질팡했다. 그리하여 신앙이 보수적인 교회들은 세계 종말이 곧 온다는 분위기에 휩쌓이게 되었다. 예를 들면 상하이가 해방되기 이전 집회처聚会处 교회들은 특별 기도회를 열었는데 그들은 장강长江을 경계로 하여 인민해방군이 남하하지 못하도록 기도했고, "복음으로 혁명을 소멸하자"는 구호를 외치면서 내지와 변방 지역으로 "이주할 계획"을 세웠다. 또 어떤 이들은 공산당이 교회를 핍박하기에 분산하여 아예 가정교회로 전환할 것을 제기했다. 중화전국기독교협진회 기독가정운동위원회는 "그리스도화된 가정 운동"을 추진하여 교회들은 가정으로 돌아갈 것으로 권유하면서 시국의 변화에 대처했다.

대다수 교회와 기독교인들은 정치와 거리를 둔다는 종교적 입장을 취하면서 정치를 초월하고 현실을 초월한다고 했지만 사실은 관망적 태도를 취했다. 그들은 교회의 미래와 운명에 관심을 갖고 기독교가 당면한 어려움과 새로운 사회에 적응하지 못함을 보면서 변화를 원하고 자신의 모습을 개선하려 했지만 그러한 어려움들을 중국 기독교인들의 저열한 근성과 교회 내부적 문제로 돌리면서 선교회 체제 안에서 해결할 수 있기를 바랬다.

1949년 6월에 중화전국기독교협진회는 상하이가 해방되고 얼마 지나지 않았을 때 향후 교회 사역의 계획을 제시했다. 앞으로 "기독교사회주의를 철저히 이루어야 하며", 기독교의 문제는 "성도들의 이기적 본성"과 교회에 나타난 "부패 분자"들에 의한 것으로, 이후 "교회는 생산과 십일조를 강조하면서", 청년들을 "그리스도에 귀의하고 교회에 헌신하도록" 이끌어, "예수님의 행위로 증언하는 교훈을 실천하므로", "그리스도 안에서 전진하는 사람"이 되도록 해야 한다고 했다.[1] 같은 해 가을, 19명의 중국 기독교 유명인사들은 공동의 명의로 "영미교회 선교부"에 공개편지를 띄웠다. 그들은 중국의 역사는 이미 새로운 국면에 들어섰기에 이 "위대하고 역사적인 변화 과정에" 중국 기독교인들은 자신들의 사역과 "해외 선진 교회들과의 관계"를 새롭게 돌아보아야 한다고 했다. 그들은 새로운 시대에 중국 기독교인들은 "반드시 중국 국민으로", 중국의 교회는 "반드시 중국 사회의 한 부분이 되기 위해" 교회는 정책의 결정권과 경제 관리권을 중국인 지도자들에게 넘겨주어 점진적으로 중국교회의 자양을 이루어야 한다고 했다. 그러나 그들은 기독교가 제국주의에 의해 이용된 사실은 인정하지 않았으며 "중국의 선교사역은 정부의 정책과 아무

1 "中国基督教会今后工作的方向," 載于, 『协进』, 第7卷, 第12期, 1949年, 6月, 第4-6页.

관련이 없었으며 (중략) 선교사들이 중국에 온 것은 사랑의 복음을 선전하고 중국 인민들의 필요를 채우기 위한 것 외에 다른 목적은 없었다."고 했다. 그리고 선교사들은 "앞으로도 그들의 자리가 있을 것이며 그들의 도움은 여전히 필요하며", "해외의 경제적 원조는 원칙적으로 계속되어야 한다."고 했다.[2] 그 당시 일부 교회 지도자들은 여전히 기독교와 제국주의 관계를 제대로 파악하지 못하고 외국 선교회와 선교사들의 지지를 받으면서 그 체제 속에서 개혁을 단행하려 했던 것이다. 그들의 입장은 일단 서양 선교회들의 지지를 받았다. 1950년 봄, 북미 선교단체 연합회 중국 위원회는 회신에서 "제시한 중국교회의 미래 정책에 관해 진심으로 공감한다."고 하면서 "선교회의 중국 선교는 정부의 정책과 처음부터 지금까지 직접적인 연계가 없었던 것으로" 중국교회가 "기독교의 정신과 원칙에 계속하여 충실하면", "계속하여 지원하겠다."고 밝혔다.[3]

그러나 일부 식견이 있는 기독교인들은 곧 어두움의 제도에서 해방되어 새롭게 태어날 중국에 대한 기대와 열의로 가득했다. 그들은 기독교는 "마땅히 새로운 인식, 새로운 각오, 새로운 주장을 가져야 한다. 새 술은 낡은 부대에 담을 수 없는 것으로 기독교도 구습에서 벗어나 '새 사람'을 입어야 한다."고 생각했다.[4]

우야우쭝을 대표로 한 기독교 진보 인사들은 기독교와 제국주의 관계 문제를 더 심각하게 생각했다. 1948년에 우야우쭝은 "기독교의 시대적 비극"이라는 글을 통해 기독교와 자본주의 관계는 "상호연결되고 상호의존되어 있을 뿐만 아니라 거의 쌍둥이 형제처럼 되어 있다."고 했

2 『天风』, 全文刊登了这封公开信的中文译稿, 见, 『天风』, 第8卷, 第5期, 1949年, 11月, 5日, 第4-5页.
3 『天风』, 第9卷, 第24期, 1950年, 6月, 24, 第12页.
4 吴耀宗, "人民民主专政下的基督教," 載于, 『天风』, 第8卷, 第4期, 1949年, 8月, 20日, 第4页.

다. 뿐만 아니라, 그는 중국 기독교가 당면한 위기를 예견하기를, "만약 우리의 사상 노선이 현재 서양 기독교의 사상 노선을 따른다면 우리도 무의식 중에 제국주의 문화 침략의 수단이 될 수 있다."고 했다.[5] 그들은 중국 기독교는 반드시 자아혁신을 해야 하는데 그것은 중국 기독교가 당면한 어려움은 외부적 압력이나 박해에 있는 것이 아니라 내적인 소홀함과 잘못에 있기 때문에 "오직 '자아비판'을 통해 과거의 잘못을 성실히 돌이키는 것만이 새롭게 태어나는 유일한 길"이 된다고 했다.[6]

1949년 6월, 상하이 『대공보』大公报는 다섯 명의 기독교인에게서 온 편지, "기독교인들의 각성"을 실었는데 그 주요 내용은 제국주의의 기독교 이용을 반대하는 것이었다. 이 편지는 기독교인들로부터 큰 반응을 얻어 한 달여간의 토론이 이루어졌다. 이에 『대공보』는 우야우쭝에게 글로 다시 결론을 내어 주기를 요청했다. 이에 우야우쭝은 "기독교의 개조"

그림 124 "기독교인들의 각성"(『대공보』 1949년 6월 17일)

5 吴耀宗, "基督教的时代悲剧," 载于, 『天风』, 第5, 卷, 第14期,1948年, 4月, 10日, 第2-4页.
6 "争取服务人民的时机," 载于, 『天风』, 第8卷, 第3期, 1949年, 8月, 13日, 第2页.

라는 글을 썼다. 그는 문장 중에 명확히 밝히기를 "과거 그리고 현재, 기독교는 확실히 종교를 이용하여 중국인들을 '침략', '착취', '기만', '우민화'하는 수단으로 삼았다." 그러기에 "중국교회는 오늘 명목상으로는 독립적이지만 실제적으로 서양 선교회의 직접 간접적인 영향과 통제하에서 벗어나지 못했다." 미래 중국교회는 반드시 "방법을 바꾸어 회개하고 새롭게 태어나야 한다." 그 방법은 첫째, 기독교는 반드시 자본주의 제국주의의 체제에서 힘써 벗어나야 한다. 둘째, 중국교회는 반드시 일찍이 추진했던 자립, 자양, 자전의 원칙을 실행하여 참된 중국교회가 되어야 한다. 셋째로, 기독교는 반드시 현재의 시대와 자신의 과거의 역사를 잘 알아야 한다. 마지막으로, 기독교는 반드시 그 시대적인 흐름 속에서 평화와 민주를 사랑하는 모든 이들과 협력하여 (중략) 공동으로 신중국 건설에 뛰어들어야 한다.

그는 "중국 기독교의 운명은 다른 누군가의 손에 달려있는 게 아니라 기독교인 자신들의 손에 주어져 있다. 그러므로 전국 기독교인들은 적극적으로 용감하게 즐거운 마음으로 중국의 이전 역사에 없었던 위대한 시대를 맞이해야 한다.[7]

## 2. 기독교 방문단
## : 저우언라이周恩来 총리와 기독교 지도자들의 세 차례의 담화

기독교 방문단은 각 지역에서 예배당이 점용占用되고 교회의 사역이 간섭을 받는 상황을 발견하였고, 일부 교회 지도자들은 방문단이 마땅

7 『天风』, 第8卷, 第1期, 1949年, 7月, 30日, 第8-10页.

히 중앙인민정부에 정황을 보고하고 해결방법을 찾아야 한다고 했다. 그래서 방문단은 1950년 4월에 베이징에 도착하여 중앙정부와 연결하여 "듣건대 우야우쭝 등은 각 지역에서 모은 교회 관련 문제 100여건을 총리에게 보고하고 정부가 지령命令을 내려 지역 교회들을 보호해 주기를 희망했다."고 한다.[8] 1950년 5월 상순上旬에 저우언라이 총리는 방문단 구성원들과 기타 기독교 지도자들을 세 차례 접견하였고 솔직한 대화를 나누었다고 한다.

5월 2일 오후, 저우언라이는 정무원에서 우야우쭝, 덩위즈, 류량무어, 투위칭, 추이시엔샹, 왕즈중, 장창촨 등 7명의 기독교 지도자들을 접견했다. 기독교 지도자들은 저우언라이에게 신중국 성립 이후 기독교 상황을 보고했다. 그리고 기독교가 현재 당면한 어려움의 해결에 도움을 요청했는데 중앙 인민 정부에서 각 지역 교회들 대문에 포고布告를 붙여 교회당을 보호해 줄 것을 요청했다. 6일에 저우언라이는 다시 한번 기독교 지도자들을 접견했다. 첫 번째 좌담회에 참여한 7명 외에 양쇼우펑杨肖彭, 링위시우아이凌俞秀霭, 아이낸산, 링현양凌贤杨과 자오푸산赵复三 등 베이징과 텐진 교회의 지도자들도 자리를 같이 했는데 회담 시간은 세 시간을 넘겼다. 그리고 13일에 저우언라이는 세 번째로 기독교 지도자들을 접견했는데 담화에 참가한 기독교 지도자는 19명으로 늘어났고 담화 시간도 4시간 반 늘어나 새벽 3시가 되어서 끝났다.

저우언라이는 기독교계의 의견을 청취한 후, "중국 인민은 종교 신앙의 자유를 갖는다"고 재천명했고 신중국은 "반종교운동을 진행하지 않을 것이며" 공산당과 기독교계는 "정치에 있어서 서로 협력하고 공존하

8 中国基督教三自爱国运动委员会编, 『回忆吴耀宗先生』, 上海: 中国基督教三自爱国运动委员会, 1982年, 第51页.

며 서로 존중해야 한다."고 말했다. 동시에 그는 기독교가 신중국에서의 가장 큰 문제는 "제국주의와의 관계 문제인데", 그것은 "100년 가까이 기독교가 중국에 전파되면서 중국문화에 끼친 영향은 제국주의의 중국 침략과 관계되는 것으로", 오늘도 "미 제국주의는 여전히 중국의 종교 단체들을 이용하여 중화인민공화국을 파괴하는 활동을 시도하기 때문이다."고 했다. 그러기에 "중국인들은 기독교에 아주 나쁜 인상을 갖는데 기독교를 '양교'로, 제국주의 중국 침략의 일부분으로 보고 있기에 기독교를 반대한다." 기독교가 이후에 어떻게 할 것인가에 대해 저우언라이는 우선 제국주의를 반대하는 입장을 분명히 하고 민족적 자각을 하여 지난 백 년간의 제국주의와의 관계를 정리하고, "제국주의와의 모든 관계를 단절하여 종교를 종교 본래 모습으로 되돌려놓아야 한다."고 했다. 동시에 종교 단체는 민주와 애국의 입장에서 자신을 온전히 하고 "독립 자주적이고, 자력 갱생을 하여, 자치, 자양, 자전의 교회를 세워", 기독교가 중국의 기독교가 되어 기독교는 중국인들에게 새로운 모습으로 나타나야 한다고 했다.[9]

저우언라이는 기독교 지도자들과 담화하기 전 3월 16일에서 5월 4일까지 중공 중앙에서 제1차 전국통일전선공작회의를 개최했다. 회의에서 기독교에 대한 태도는 명확했다. "그 내부로부터 민주적 각성 운동을 하여 정치적으로 경제적으로 제국주의 침략 세력과 국내 반동 세력들과 연계를 단절하여 자치, 자급, 자전의 종교 단체로"[10] 발전하는 것이었다. 저우언라이는 회의에서 "우리는 중국교회는 중국인들에 의해 운영되

9 "周恩来总理关于基督教问题的四次谈话," (1950年, 5月), 載于, 『中国基督教三自爱国运动文选』(第一卷 1950-1992), 上海: 中国基督教三自爱国运动委员会, 1993年, 第475-480页.

10 李维汉, "在1950年3月召开的全国统战工作会议上的报告," (1950年, 3月, 21日), 載于, 『李维汉选集』, 北京: 人民出版社, 1987年, 第221页.

어야 한다고 생각한다."[11]고 했다. 그래서 기독교 대표 취이현상이 처음 담화에서 지난 20여 년간 중국교회는 자치, 자양, 자전의 비전을 갖고 있었음을 저우언라이 총리에게 말했을 때, 저우언라이는 찬성을 표했고 이것이 기독교가 이후에 추구해야 할 길이라 했다. 담화에 참석했던 기독교 지도자들은 저우언라이의 "진지하고 관대한" 태도와 "기독교에 대해 가지고 있는 정확한 인식"에 깊고도 좋은 인상을 받았다.[12]

저우언라이와의 세 차례 담화를 통해 중국 기독교 지도자들은 "심각하고도 분명한 하나의 계시"를 받았다. 그것은 "기독교는 마땅히 자발적으로 제국주의의 세력과 영향을 제거하여" 중국교회가 자치, 자양, 자전을 이루어야 한다는 것이었다. 그들은 이제야 교회를 보호하는 훈령通令을 내려 보내 줄 것을 중앙 정부에 요청하는 것이 중국 기독교의 가장 시급한 일이 아니라 오히려 중국 기독교가 먼저 중국인들의 마음 속에 박힌 기독교는 "양교"라는 부정적인 이미지를 개선하는 것임을 분명히 알게 되었다. 이제 기독교의 입장을 대변하는

关于基督教问题的四次谈话
(一九五〇年五月二日——二十日)
周恩来
五月二日的谈话

그림 125 저우언라이 "기독교 문제에 관한 세 차례의 담화"

11 "周恩来在第一 次全国统战工作会议的第二次报告," (1950年, 4月, 13日), 陕西省档案馆藏, 123/8/1, 第13页.

12 『天风』, 第九卷第21期, 1950年, 6月, 10日, 第12页.

“대외 선언문을 발표해야 할 필요성”을 갖게 되었다.[13]

## 3. 『삼자 선언』 발표

저우언라이와의 제1차 담화 이후, 5월 3일, 기독교 지도자들은 저우언라이와의 다음번 만남에서 구체적인 의견을 제기하기 위해, 우야우쭝에게 『기독교 문제 처리에 관한 초보적 견해』关于处理基督教问题的初步意见의 초안을 작성해 줄 것으로 부탁했다. 『초보적인 견해』初步意见는 주로 5가지 내용을 포함했다. “제국주의 세력을 제거하고 민족 자각의 정신을 배양하는 방안”, “기독교 단체의 등기 문제”, “교회 건물의 점용을 처리하는 방법”, “종교 신앙 자유를 위한 각종 규정” 그리고 “중앙 종교 기구를 설립하는 문제” 등이 있었다. 7일 저녁, 전국 정협 종교 분과회에서 기독교 밖의 인사들은 목전에 기독교의 가장 중요한 문제는 제국주의 세력을 제거하고 인민들의 기독교에 대한 인상을 바꾸게 되면 이상과 같은 문제들은 모두 풀리게 될 것이라 했다. 그리고 저우언라이와의 제2, 3차의 긴 담화를 통해 우야우쭝 등 일행은 깊은 감회 속에서 기독

文件發起人致全國同道的信

그림 126 『삼자 선언』 발기인들이 전국 동역자들에게 보내는 편지

13 吴耀宗, “开展基督教革新运动的旗帜,” 载于, 『中国基督教三自爱国运动文选』(第一卷 1950-1992),第17页.

교 혁신에 관한 결심을 다지게 되었다. 우야우쭝은 『초보적인 견해』를 다른 지도자들과 의논하여 11일에 『중국 기독교 이후 노력의 방향』中国基督教今后努力的途径으로 개정했다.

5월 29일에 우야우쭝 일행은 상하이로 돌아와 기독교 각 단체 지도자들과의 좌담회를 열었고 베이징, 톈진, 상하이, 닝버, 항저우 등 지역을 왔다 갔다 하면서 그 지역 기독교 지도자들의 의견을 청취하고 협상했다. 협상 과정 중에 일부 교회 지도자들은 일부 내용에 관해 특히 기독교와 제국주의 관계에 관해서 다른 의견을 드러냈다. 그래서 우야우쭝은 "의도적이든 또는 비의도적이든 유형무형의 방식으로 관계가 있었다."로 표현을 바꾸면서 다른 의견들도 존중했다. 여덟 차례의 수정을 통해 마지막에 완성되었는데 그 이름을 『신중국 건설에서 중국 기독교가 노력해야 할 방향』中国基督教在新中国建设中努力的方向, 아래에는 『삼자 선언』으로 쓸 것임으로 했다. 『삼자 선언』은 "본래 선언이 아니었으나 후에 선언이 되었다. 본래 기독교의 문제 해결을 위해 정부에 드리는 청구서였는데 후에 기독교가 자신의 입장을 표명하는 문건이 되었다."[14]

1950년 7월 28일에 40명의 교회 지도자들과 기독교 단체와 기구 책임자들이 공동 서명으로 공식적으로 『삼자 선언』을 발표했다. 선언과 더불어 『발기인들이 전국 동역자들에게 보내는 편지』发起人致全国同道的信도 함께 전국 1,000여 명의 기독교 책임자들에게 보내 지지 서명을 해줄 것을 요청했다.

『삼자 선언』에는 서언, 총체적 임무, 기본 방침, 그리고 구체적인 방법 등 네 부분으로 되어 있는데 "기독교인들이 신중국에서 가져야 할

14 吴耀宗, "开展基督教革新运动的旗帜," 载于, 『中国基督教三自爱国运动文选』(第一卷 1950-1992), 第17页.

분명한 정치적 입장을 밝히고 중국인들이 주도하는 중국교회를 이루며 전국에 있는 기독교인들이 신중국 건설에서 감당할 책임"과 같은 구호와 목표를 제시했다. 삼자 선언에서 제시한 중국 기독교의 총체적 임무는 "독립적이고 민주, 평화, 통일과 부강의 신중국 건설을 위해 노력하는 것"이었다.

기본 방침은 과거에 제국주의가 기독교를 이용한 사실을 알고 기독교 내부에 존재하는 제국주의 영향을 제거하고 "일반 성도들이 애국 민주의 정신과 자존 및 자신하는 마인드를 키워줘 최단 시간 내에 자치, 자양, 자전에 이르도록 하는 것을 기독교 혁신의 목표로 삼는 것이다." 구체적인 방법은 "구체적인 계획을 제정하여 …(중략)… 자력갱생의 목표를 실현하는 것", 그리고 종교 사역 측면에서는 교파 간의 단결을 이루고 리더십을 갖춘 인재를 양성하고 교회 제도를 개변하고 동시에 생산 노동을 중요하게 생각하고 시대를 알며 문예활동, 지식인 교육, 의약위생, 아동보육 등 인민에게 유익한 사업을 전개하는 것이다.[15]

『삼자 선언』은 애국 기독교인들이 시대의 요구에 부합하려는 자각으로 중국 기독교의 정치적 입장을 표명할 뿐만 아니라 동시에 신중국 건설에서 교회의 비전을 선포하는 것이었다. 그것은 애국과 애교의 통일을 보여주며 중국 기독교에 있어서 중요한 역사적 의미를 갖는 문건으로 중국 기독교의 미래 발전에 있어서 특별히 의미를 갖는다.[16] 『삼자 선언』은 많은 기독교인들의 적극적인 호응을 받았고 인민들의 뜨거운 지지도 받았다. 8월 말까지 1,527명의 제1차 선언 지지자들의 서명을 모았다.

15 "中国基督教在新中国建设中努力的途径," 载于, 『中国基督教三自爱国运动文选』(第一卷 1950-1992), 第2页.

16 "'中国基督教在新中国建设中努力的途径'发起人致全国同道的信," 载于, 『中国基督教三自爱国运动文选』(第一卷 1950-1992), 第3-4页.

그리고 『삼자 선언』의 초안 작성과 발표 과정에 새 정부의 큰 지지와 격려도 받았다. 6월 1일에 저우언라이는 우야우쭝에게 전보를 보내 선언의 기본 방침은 바람직하며 중국 기독교를 대표하는 사람들이 이 주장에 적극적으로 호응하고 기독교의 혁신에 협조적이 되기를 희망한다고 했다.[17] 7월 19일에는 마오쩌둥毛泽东도 선언은 매우 유용한 것으로很有用的 각 지역에서는 지지할 것注意赞助으로 지시批示를 내렸다.[18] 그 후 중국 공산당 중앙에서는 『천주교와 기독교 문제에 관한 지시』를 통해 "각 지역의 당정 기간과 인민단체들은 옆에서 적절한 지지를 해줄 것"을 요구했다. 여기서 주목할 것은 중국 공산당이 모든 것을 대신하지 않고 그리고 자신

人民日報
中國基督教界發表宣言
社論

그림 127 1950년 9월 23일 『인민일보』 첫 면에 실린 『삼자선언』 전문과 첫 서명을 한 지지자들의 명단

社論
基督教人士的愛國運動

그림 128 1950년 9월 23일 『인민일보』의 사설: 중국 기독교인의 『삼자 선언』 지지에 대한 긍정적 평가

17 中共中央文献研究室编, 『周恩来年谱(1949-1976)』(上卷), 北京: 中央文献出版社, 1998年, 第45页.

18 毛泽东, "对吴耀宗等的中国基督教会三自宣言的批语(1950年, 7月, 19日), 載于, 『建国以来毛泽东 文稿』(第一册), 北京: 中央文献出版社, 1987年, 第438页.

의 의견을 교회 지도자들에게 강요하지 않았다는 것이다.[19] 그래서 저우언라이는 "선언의 언어와 우리의 말은 다르다." "마치 제국주의와 기독교와의 관계를 우연적인 것처럼 다루었다."고 했다. 그럼에도 "한 글자도 고치지 않고 그대로 발표했다."[20]

9월 23일에 『인민일보』 첫 페이지에 『삼자 선언』의 전문이 실렸다. 제1차로 서명한 1,527명의 이름도 실었고, 그리고 『기독교인사들의 애국운동』이라는 사설도 곁들여 실었다.

사설은 "기독교 인사들의 자치, 자양, 자전 운동을 환영하며", 이는 "중국 기독교가 제국주의 영향에서 벗어나 정상적인 종교 애국 운동으로 나아갈 수 있도록 중국 기독교인들이 노력해야 할 바이고", 바라건대 "이 운동의 성공이 (중략) 중국인들의 기독교에 대한 인상을 바꿀 것을 기대했다. 왜냐하면 그들이 자신들의 종교 활동이 제국주의 중국 침략 활동으로부터 분리했기 때문임을 인식해야 한다." 그리고 사설은 이는 "중국 종교계의 정확한 노력의 방향으로" 전국 인민들로부터 큰 환영을 받을 것이라 했다.[21] 그리하여 9월 23일은 중국기독교삼자애국 운동의 기념일이 되었다. 9월 24일자 『대공보』, 『문회보』, 『신문일보』 등도 『삼자 선언』을 모두 옮겨 실으면서 지지를 보냈고 그 영향을 확장해 나갔다.

19 "中共中央关于天主教、基督教问题的指示"(1950年, 8月, 19日), 载于中共中央文献研究室编: 『建 国以来重要文献选编』(第一册), 北京: 中央文献出版社, 1992年, 第408-412页.

20 "周恩来总理关于基督教问题的四次谈话(1950年5月), 载于, 『中国基督教三自爱国运动文选』(第一卷 1950-1992), 第480页.

21 基督教人士的爱国运动(1950年9月23日), 载于, 『中国基督教三自爱国运动文选』(第一卷 1950-1992), 第481页.

## 4. 삼자혁신운동의 개막

『삼자 선언』의 발표와 중국기독교삼자혁신 운동의 전개는 그 시작부터 순조로웠던 것은 아니었다. 문건 초안을 작성하기 시작할 때부터 일부 인사들의 반대에 부딪쳤고 그들은 미국을 제국주의로, 기독교가 제국주의에 의해 이용되었음을 인정하지 않으면서 관련 내용을 선언에서 삭제할 것으로 요구했다. 우야우쭝은 상세한 해명과 설득에 나섬과 동시에 압력에 맞서 원칙을 견지하여 선언의 발표를 성취시켰던 것이다. 선언을 발표한 이후에도 삼자혁신운동은 여전히 여러 저항들을 받았다. 일부 선교사들은 중국 기독교 지도자들에게 혁신선언에 서명하지 말 것을 권했고 심지어 "각종 헛소문을 퍼뜨려 삼자혁신운동의 발기인을 공격했다."[22]

1950년 7월 5일, 중화성공회中华圣公会는 상하이에서 회의를 개최하여 『중화 성공회 동역자들에게 보내는 편지』를 발표하여 성공회의 입장을 6가지로 제시했다. 『중화 성공회 동역자들에게 보내는 편지』에서 민족 해방에 대해 아주 다행으로 생각하고 『공동강령』과 종교 신앙 자유의 정책을 진심으로 지지하며 제국주의 봉건주의와 관료 자본주의와는 타협할 수 없을 뿐만 아니라 나아가 반대하며 중화성공회는 "자치, 자양, 자전에서 이미 일정한 성과를 거두었음을" 밝히며 "단시간 내에 자력 갱생의 목표를 이룰 것을" 다짐한다고 했다. 그러나 기독교의 문제는 소수의 사람들이 많은 이들에게 해악을 끼친 것으로 전체 교회에 해당되지 않는다고 했다. 앞으로 교회가 강조해야 할 것은 "영적 수양과 종교 교육을 강화하여 기독교적인 인격과 가정을 이루는 것"과 "노동 생산과 사회 봉

22 吴耀宗, "八个月来基督教三自革新运动的总结," 载于, 『天风』, 第11卷, 第17-18期, 1951年, 5月, 8日, 第210页.

사에 중시하는 것"이라 했다.[23] 이처럼 정치적 입장을 묻지 않은 종교적 태도는 그 당시 중국교회 가운데 보편적이어서 『삼자 선언』의 정신과는 거리가 멀었다.

기독교 방문단이 각 지역을 방문하면서 때론 기독교 전국 회의도 열어 가면서 교회 혁신 추진 가능성을 논의하기도 했다. 『삼자 선언』을 발표한 이후 여러 측과의 협상을 통해 본래 1950년 여름과 가을 즈음에 기독교전국회의를 열어 『삼자 선언』 서명을 추진하면서 삼자혁신운동을 전개하고 준비위원회도 조직하려 했다. 그러나 반대파들의 방해로 기독교전국회의는 열지 못했다. 그 당시 주요 교단 교회들이 참석하는 중화전국기독교협진회는 중국 기독교를 가장 잘 대표하는 전국적인 단체였다. 삼자혁신운동의 전개를 위해서 아직 자체적 전국적인 조직 기구가 없는 상황에 중화전국기독교협진회의 지지가 무엇보다 중요했다. 당시 중화전국기독교협진회는 1950년 10월에 제14차 연례회를 열기로 되어 있

**그림 129** 광저우시 성도들이 "혁신 선언"을 지지하여 한 서명

23 載于, 『协进』, 第9卷, 第1期, 1950年, 9月, 6日, 第19-20页.

어 이번 연례회를 둘러싸고 쌍방이 맞붙게 되었다.

중화전국기독교협진회는 명분상으로 중국교회 지도자가 회장을 맡고 있었지만 실제 권력을 행사하는 이는 당시 사무부총장副总干事으로 지냈던 헤이워드海维德, Victor E. W. Hayward, 1908-1988와 같은 서양 선교사들이었다. 그래서 협진회 측은 처음부터 삼자혁신운동에 부정적이었고 특히 우야우쭝과 같은 애국인사들에 대해 배척했다. 연례회 준비 기간에 헤이워드는 이미 회의 과제에 대해 정해 놓았다. 『삼자 선언』을 언급하지 않고 제국주의가 기독교를 이용한 것에 대해서도 언급 없이 단지 종교적 입장에서 삼자의 선언을 다룸으로 사실 『삼자 선언』을 배격했다. 헤이워드 등은 우야우쭝이 대회 주석단에 들어오는 것을 저지했고 그를 주석 후보로 올리는 것을 반대했다. 심지어 만약 우야우쭝이 주석으로 선출하게 되면 "영국과 미국의 선교회는 모든 보조금을 바로 정지할 것"이라 위협했다. 헤이워드는 각 지역 교회 대표들에게 신중국에는 종교 신앙 자유가 없다는 여론을 조성했고 협진회는 "구헌장에 따라 현상태 유지할 것이며"[24] 아무런 개혁도 단행하지 않았다.

정부의 대대적인 지지로 우야우쭝 등은 많은 노력을 통하여 연례회의 시작 전에 여러 가지 부정적인 영향을 제거하고 각 교단 교회들의 지지를 얻어냈다. 10월 10일에서 25일까지 중화전국기독교협진회 제14차 연례회를 상하이에서 진행했고, 연례회의 주제는 "그리스도의 복음과 오늘의 교회"였다. 회의 참석 대표와 내빈 140여 명에는 협진회 회원 교회의 공식 대표 외에 참예수교회真耶稣教会, 집회처聚会处, 예수가정耶稣家庭 등 토착 교파들도 초청되어 우정友谊 대표와 내빈으로 회의에 참석했다.

24 缪秋笙, "美帝怎样通过基督教协进会破坏三自革新运动," 載于, 『天风』, 第11卷, 第22期, 1951年, 6月, 9日, 第8-11页.

그러나 외국 선교사들의 회의 참석은 허락하지 않았다. 회의 첫 세션에서는 교회 혁신 문제를 토론하여 『삼자 선언』을 일치된 마음으로 통과시켰다. 그리고 전국 기독교인들은 『삼자 선언』의 서명 운동에 적극 참여하고 각 교회와 교회기관 단체들은 최대한 노력하여 5년 이내에 자치, 자양, 자전의 목표를 이루기로 다짐했다. 그리고 전국적인 기독교 단체들을 초청하여 "5년삼자운동촉진위원회"를 성립하기로 했고 각 지역 기독교 연합 조직들도 같은 기구를 설립하여 삼자운동으로 추진하기로 했다. 회의에서는 특히 청년 성도들을 독려하여 새로운 시대의 지식을 배우고 토지 개혁을 지지하는 등 운동을 전개하기로 했다. 두 번째 세션에서는 협진회의 개혁의 문제를 논의했다. 회의에서는 우까오즈吴高梓를 회장으로 우야우쭝을 포함한 3명을 부회장으로 선출했다.[25]

이로부터 중국 기독교 삼자혁신운동은 전국 각지에서 줄기차게 일어났다. 『삼자 선언』의 서명을 예를 들면, 1950년 9월 말에 지지 서명 인수는 3,268명이었고, 12월 7일에는 26,727명, 12월 31일에는 빠르게 증가해 78,596명이 되었다.[26] 그리고 1951년 4월에는 서명한 인수는 18만 명을 돌파했다.[27] 1954년 7월 기독교 제1차 전국대회 때 『삼자 선언』을 지지하여 서명한 기독교인의 수는 417,389명에 달했다. 이는 전국 기독교인 수의 2/3에 해당했다.[28]

25 中华全国基督教协进会从此日渐式微, 于1955年, 结束.

26 吴耀宗, "基督教革新运动的新阶段," 载于, 『中国基督教三自爱国运动文选』(第一卷 1950-1992), 第20页.

27 "彻底割断基督教与美帝国主义的联系," 载于, 『人民日报』, 1951年, 4月, 17日.

28 吴耀宗, "中国基督教三自革新运动四年来的工作报告," 载于, 『中国基督教三自爱国运动文选』(第一卷 1950-1992), 第43页.

## 제2절 삼자혁신운동의 추진

### 1. 항미원조와 공소운동

1950년 6월에 한국전쟁이 발발했다. 전쟁 발발 직후 미군을 중심으로 하는 유엔군이 참전하였고 포화는 압록강변에까지 쏟아져 중국의 안전을 위협했다. 10월 중국 정부는 나라를 지키기 위해 중국인민지원군을 조직하여 조선에 파견하여 참전했다. 동시에 국내에서는 항미원조운동을 거세게 진행했다. 각 지역 교회들도 전국 인민들과 함께 국가방위를 위한 항미원조에 참여했고 애국선언을 발표하고 애국공약을 세우고 집회와 시위를 하면서 미 제국주의의 침략을 질책했다.

1950년 11월 28일에 당시 미국 유엔 대표였던 오스틴奥斯汀, Austin은 유엔에서 중국 인민과 중국교회를 모독하는 발언을 하고 대만 해방을

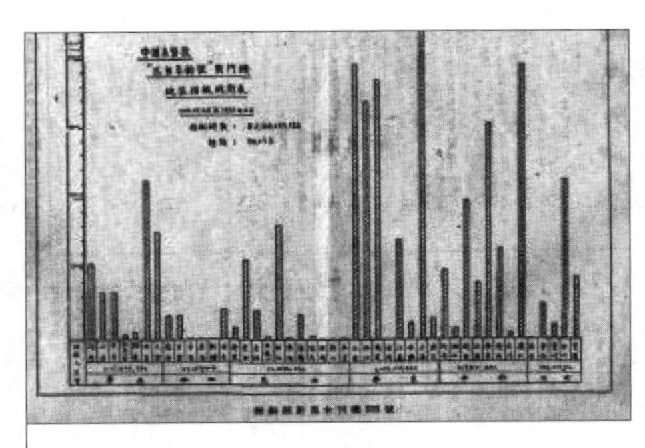

그림 130 "기독교삼자혁신호" 전투기 모금 통계

저지하기 위해 미국 제7함대가 대만 해협 진출한 행위를 "변호"했다. 그는 미국 기독교가 중국에 세운 13개의 대학과 초등학교 중학교들은 중국인들에 베푼 "은혜"로 말하면서 삼자혁신운동을 "배은망덕"한 행위로 공격했다. 그러면서 중국교회와 교회학교 그리고 교회병원들은 미국의 지원이 없으면 모두 문 닫게 될 것이라 했다. 이는 중국 각 지역 교회 단체와 교회학교들의 분노를 자아냈고 그들은 반미 애국 대회와 시위 행진을 하면서 오스틴의 무례한 언사에 항의했다. 시위에 참가한 인원수는 20만 명에 달했다.

12월 20일에 상하이 기독교 단체와 교회 대표 300여 명은 "항미원조 국가방위 행동 대회"를 열고 상하이기독교 단체 항미원조 위원회를 설립하고 『상하이기독교 항미원조 애국운동대회 선언』을 발표했다. 중화기독교회 전국 총회는 각 지역교회들에게 5가지 임무를 적극적으로 수행할 것을 호소했다. 1. 각 예배당은 국기를 걸어 성도들에게 국가에 대한 사랑을 심어주고 2. 각 교회들은 애국주의 시사时事 공부를 강화하고 3. 교회 내부 제국주의 세력과 중국 기독교내 불량분자들을 숙청하고 4. 항미원조와 삼자혁신운동을 더 심화하고 5. 기독교 혁신 선언과 5대국 평화공약을 위한 서명을 운동을 계속 확대 전개하며 일본의 무장과 일본과 편향된 강화媾和를 위해 추진하고 있는 투표 운동을 반대한다. 1951년 4월 28일에 옌칭대학교燕京大学 종교대학 학장 자오즈천은 세계교회협의회世界基督教教会联合会가 중국인민지원군의 한국전 참전을 질책한 것에 대한 항의로 대회 주석직을 사퇴했다. 항미원조운동은 중국 기독교인들의 애국열정을 더 끌어올렸고 삼자 혁신의 길에 대한 각오를 더 단단히 하게 했다.

신중국 건설 초기에 진행한 토지개혁과 반혁명에 대한 진압 그리고 항미원조 이 세 운동 가운데 교회 내부에 숨어있는 반혁명 분자들이 노출되었다. 그 당시 정부는 교회 안에 숨어있는 반혁명분자들을 제거하는 것은 정치문제이지 종교 신앙의 자유와 무관하다고 여러 번 강조했다. 항미원조운동으로 기독교 내부에서는 미 제국주의가 기독교를 통제하고 이용하여 중국을 침략한 사실을 폭로하는 공소운동이 일어났다.

1951년 4월에 정무원 문교 위원회 부주임이었던 루띵이陆定一는 "미국의 보조금을 받고 있는 기독교 단체 처리에 관한 회의"에서 제국주의가 기독교를 이용한 대량의 사실을 폭로했다. 그리하여 회의에 참석했던 기독교 지도자들도 크게 놀랐고 치열한 사상투쟁도 일어났는데 미국 선교사들 위주로 한 "교회 내부에 숨어 있는 제국주의 분자"들을 공소했다. 그리하여 기독교 내부에서 공소운동이 시작되었다.

24일에 『인민일보』는 "기독교인들의 미 제국주의에 대한 공소운동"이라는 사설을 발표했는데 공소운동은 중국 기독교인들의 "자아 교육의 운동으로", "삼자혁신운동을 심화 발전시키는 가장 중요한 방법이며 대부분 성도들의 절박한 필요이기도 하다."고 했다.[29] 이후 교회 내부의 공소운동은 전국 범위로 확대되어 일어났고 중국기독교 항미원조 삼자혁신준비위원회는 "공소지도위원회"控诉指导委员会를 발족했다. 상하이, 난징, 칭다우 등 대중 도시들에서 대규모의 공소 대회가 열렸다. 불완전한 통계에 따르면 1951년 전국 133개 도시의 기독교 교회와 단체들에서 진행한 규모 있는 공소회는 228차례나 되었다.[30] 1951년 이후, 공소운동은 군중 비판의 형식에서 문자 폭로 위주로 바뀌었다. 1951년 6월에서 1954년

29 『人民日报』, 1951年, 4月, 24日.

30 吴耀宗, "中国基督教三自革新运动四年来的工作报告," 载于, 『中国基督教三自爱国运动文选』(第一 卷 1950-1992), 第45页.

12월까지 전국 13개 기독교 저널에 158편의 공소 문장이 실렸다. 공소에 참여한 이들은 대부분 각 교회와 각 기독교 단체 그리고 기구의 책임자들이었으며 그들은 자신이 직접 겪은 서양 선교 단체와 선교사들이 중국에서 활동한 각종 사실을 말했기에 설득력이 있었다.

공소운동은 중국 기독교인들의 정치적 각오와 애국 의식을 고양시켰고 그들로 하여금 제국주의가 기독교를 이용한 본질에 대해 분명하게 알게 했다. 그러나 이 같이 폭풍우처럼 몰아친 공소운동은 타격면이 너무 커서 좋지 않은 영향도 미쳤다. 어떤 목회자들은 간첩으로, 반혁명으로, 미 제국주의 졸개로 잘못 분류되어 불공정한 대우를 받았다. 그리고 어떤 목회자들은 억압적 환경으로 마음에 거리끼는 말을 하여 거짓 고발과 거짓 자아 검토를 하여 불필요한 잘못을 저지르고 상처도 남겼다.

## 2. 자치, 자양, 자전의 기본 실현

삼자혁신운동의 초기에 우야우쭝과 같은 중국 기독교 지도자들은 중국 기독교의 미래가 제국주의와 관계를 단절하고 자치, 자양, 자전의 중국교회를 세우는 것에 달려있다고 했지만, 그 당시 역사적 조건에서 보면 그들이 사실상 당장 서양 선교 단체들과의 연결을 그만두는 것 특히 경제적 관계를 끊는다는 것은 중국교회에게 불가능하고 비현실적이었다. 최초의 계획은 삼자의 실현이 일정한 시간을 필요로 하기에 "중국교회는 당장 서양 교회들과의 경제적 인적 관계를 끊어야 한다고 생각하지 않는다. 이는 불가능하며 필요하지도 않다. (중략) 상당한 기간을 거쳐야 자립과 자양을 온전히 이룰 수 있을 것이다."[31]

1950년 10월, 중화전국기독교협진회는 제14차 연례회에서 공식적으로 5년 이내에 자치, 자양, 자전을 이룬다는 목표를 세웠다. 그러나 한국전쟁이 발발하고 형세가 급변하면서 중국교회는 부득이하게 서양 선교 단체들과의 관계를 단번에 자르게 되었다.

1950년 12월 16일에 미국은 중국에 운행 금지를 선포하고 미국에 있는 중국의 모든 재산들을 동결하면서 교회의 보조금도 함께 동결하였다. 12월 28일에 중국 정부도 중국에 있는 미국의 재산을 통제하고 조사할 것을 명하고 중국에 있는 미국 재산들을 모두 동결시켰다. 그 중에 다수는 교회 재산이었다. 그 당시 미국 기독교는 중국에 58개의 선교 단체가 있었고 중국에 있는 외국 선교회의 절반 이상을 차지했다. 그리고 미국선교회의 보조금을 받는 중국교회는 약 15개가 있었고 그 외 교회 조직과 단체 그리고 기독교 출판 기구와 구제 단체들이 있었다.[32] 그리고 "미국중국구제위원회"美国援华救济委员会를 통해 "미국 선교회의 보조금을 받는 교회병원, 교회학교, 구제 기구는 훨씬 더 많았다. 1951년 상하이 한 지역에서만 정부에 등록된 종교 단체와 기관이 660개로, 그 중 기독교 단체가 412개가 되며 미국의 보조금을 받거나 미국 자본이 경영하는 곳이 290여 개나 되었다.[33] 그러기에 미국선교회의 경제적 단절이 중국 기독교에 미치는 영향은 매우 컸다. 장기간 미국의 보조금에 의존하던 중국교회, 교회 단체와 기관들은 미국선교회와 관계를 단절하는 아픈 결정을 내릴 수밖에 없었다. 그리고 정부의 지지 하에 자력 갱생의 길에서 자립과 자양의 목표를 앞당길 수밖에 없었다. "당면한 형세의 발전으로 우리는 더

31 吴耀宗, "展开基督教革新运动的旗帜," 载于, 『中国基督教三自爱国运动文选』(第一卷 1950-1992),第15页.

32 郭沫若, 关于处理接受美国津贴的文化教育机关及宗教团体方针的报告, 载于, 『人民日报』, 1950年, 12月, 30日.

33 "教会消息," 载于, 『天风』, 第11卷, 第13期(周刊总 258号), 1951年, 4月, 7日, 第15页.

급진적이고 더 철저한 조치를 취할 수밖에 없게 되었다. (중략) 중국교회 자양의 문제는 3년, 5년에 걸려서 해결할 문제가 아니라 한시가 시급한 문제가 되었다." "최단 시간 내에 중국 기독교 사업의 자양의 전부 계획을 완성해야 했다."[34] 그러나 교회 자체적 노력으로 이 어려움을 뚫고 나갈 수 없었다. 정부의 도움이 필요했다.

1950년 12월 29일에 중앙인민정부 정무원은 『미국의 보조금을 받는 문화교육 구제 기구 및 종교단체의 처리에 관한 방침의 결정』关于处理接受美国津贴的文化教育救济机构及宗教团体的方针的决定을 통과시켜 미국의 보조금을 받는 중국 종교단체는 "중국 신도들이 완전히 자체적으로 운영하는 단체로 바뀌어야 하며" 정부는 "그들의 자립, 자양, 자전의 운동"을 지지할 것이다고 했다.[35] 같은 날 『미국의 보조금을 받는 문화교육 구제 기구 및 종교단체 등록 조례』도 통과시켜 관련 기관과 단체들은 법에 따라 등록하도록 했다. 1951년 1월 5일, 상하이에 있는 전국적인 기독교 단체와 지방 기독교 단체들 책임자 26명은 정부의 결정을 지지한다는 성명을 발표했다. 이들은 "애국의 정신과 자존의 심리에 근거하여 (중략) 자신의 힘으로 신중국 인민들을 기반으로 더 건실하고 신중국 사회를 더 잘 봉사할 수 있는 기독교 사업을 일으키겠다."[36]고 했다.

중화기독교회 전국 총회 준비위원회는 결의를 통과시켰는데 1951년 1월부터 "외국으로부터의 어떤 지원도 절대 거부할 것"을 결의했고 "각 교회는 즉각적으로 외국의 보조금 일체를 단절하고 자신의 힘으

34 吴耀宗, "基督教革新运动的新阶段," 載于, 『中国基督教三自爱国运动文选』(第一卷 1950-1992), 第22页.
35 郭沫若, "关于处理接受美国津贴的文化教育机关及宗教团体方针的报告," 載于, 『人民日报』 1950年, 12月, 30日.
36 吴耀宗, "八个月来基督教三自革新运动的总结," 載于, 『天风』, 第11卷, 第17-18期, 1951年, 5月, 8日, 第15页.

로 본 회에서 필요한 각종 사역을 유지하여" "새로운 토착 교회를 세워 갈 것"을 호소했다.[37] 중화루터회信义会는 전국 총무부 확대회의를 열어 "제국주의와 관계를 깨끗하게 끊을 것"을 결정하고 16개의 선교 단체와 경제적 관계를 단절하고 삼자를 이룰 구체적 방안을 제시했다. 그리고 교회의 이름을 "중국기독교루터회"信义会로 개명했다.[38] 화남지역의 18개 교회와 기독교 단체는 천주교회와 함께 "교회삼자계획연구회"를 설립했다. 그리하여 화남 지역에 있는 교회들의 삼자혁신운동은 "초보적으로 이론에서 실천으로 진입"하게 되었다.[39]

1951년 4월 16일에서 21일까지 중앙인민정부 정무원 문교위원회 종교사무처는 베이징에서 "미국의 보조금을 받는 기독교 단체 처리 회의"를 열어 어려움을 극복할 수 있는 방안을 논의했다. 회의에 출석한 대표는 총 154명이었고 전국 31개 교단과 26개 기독교 단체에서 왔다. 이번 회의는 기독교에서 조직한 것은 아니지만 "규모가 크고 포괄 면도 넓어" 중국 기독교에서 보기 드문 큰 성회가 되었다.[40]

회의에서 루띵이陆定一는 인민 정부가 회의를 개최한 목적은 중국 기독교의 자치, 자양, 자전의 운동을 격려하고 미국의 보조금을 받는 기독교 단체들을 도와 중국 성도들이 자체적으로 운영하는 단체가 되도록 도우려는 데 있다고 했다. 그는 애국주의의 내용을 설명하고 미국 제국주의가 기독교를 이용하여 전 세계를 침략하고 신중국을 침략하려는 음모를 밝히면서 중국 기독교에 대한 기대를 말했다. 회의에서는 "미국의 보

37 蔡志澄, "中华基督教会全国总会以具体行动响应自养号召," 载于,『天风』, 第11卷, 第4-5期, 1951年,2月, 3日, 第46-47页.

38 "中国基督教信义会通过重要决议," 载于,『天风』, 第11卷, 第6期, 1951年, 2月, 17日, 第6页.

39 『天风』, 第十一卷第30期, 1951年, 4月, 7日, 第6页,『天风』, 11卷, 15期, 之后的资料缺失.

40 『天风』, 第十一卷第17-18期, 1951年, 5月, 8日, 第1页.

조금을 받는 기독교 단체에 관한 처리 방법"을 토론하고 통과시켰다.

그리고 회의 대표들은 『중국 기독교 각 교회 단체 대표들의 연합 선언』도 발표하였다. 『선언』에서는 하나님의 성전을 정결케 하며 기독교의 순결을 지키며 교회 내의 제국주의적 요소들을 반드시 제거해야 할 것이라 했다.

인민 정부의 기독교에 대한 "신중하고 주도면밀하고 세밀한" 도움으로 중국 기독교는 자치, 자양, 자전의 결심을 확고히 하고 중국 기독교인들 스스로 "자체의 힘으로 더 온전하고 더 순결하고 더 인민을 섬기는 중국 기독교 사역"을 일으킬 것에 대해 결의를 다졌다. 『선언』은 각 지역 교회들이 "결정적으로 철저하게 영원히 완전하게 미국 선교 단체들과 기타 선교 단체들과 모든 관계를 단절하라"고 호소했다.[41] 그리고 회의에 참석한 교회 대표들은 항미원조와 토지개혁 그리고 반혁명을 진압하는 삼

中國基督教各教會各團體代表聯合宣言

그림 131 『중국 기독교 각 교회 각 단체 대표들의 연합 선언』(1951)

41 "中国基督教各教会团体代表联合宣言," 载于, 『天风』, 第11卷, 第17-18期, 1951年, 5月, 8日, 第2-3页.

대 운동을 지지하기로 했다. 그리고 기독교가 미국을 두려워하고, 미국을 숭상하고 미국에 매료되는 사상을 제거하기로 했다. 이번 회의를 통해 "중국 기독교는 제국주의와의 모든 관계를 일체 단절함으로 중국 기독교를 위해 빛나는 새로운 기원을 열어 젖히게 되었다."[42]

회의 이후, 각 지역 교회들은 다시는 외국 보조금을 받지 않기로 결심했다. 그리고 정부는 부동산세를 감면하는 등의 형식으로 교회가 어려움을 극복할 수 있도록 도왔다. 1951년 7월 24일에 정무원은 『미국의 보조금을 받는 기독교 단체 처리 방법』에 교회와 기독교남녀청년회YMCA, YWCA는 "교회당과 사무실로 사용하는 건물의 부동산 세금을 정부는 면제한다"는 규정을 명문화했다.[43] 중국 기독교인들의 꾸준한 노력으로 삼자혁신운동이 큰 발전을 이루어 중국교회는 자양을 거의 이루게 되었다.

중국교회가 외국 선교회들과 경제적 관계를 단절함에 따라, 외국 선교사들도 점차 중국을 떠났다. 신중국 성립 전후, 간첩 활동을 했던 선교사들 외에는 중국 공산당은 선교사들을 강제 출국시키지 않았다. 해방 전쟁 초기에 공산당은 각 해방 구역에서 "평화적으로 비즈니스하고 선교하는 외국인들을 보호하라"고 요구했다.[44] 전쟁에서 더 큰 승리를 거두게 되면서 해방구는 확대되었고 공산당은 해방구에 계속 남아 있는 외국 선교사들에 대한 정책으로 "계속 체류하고 업무도 계속 볼 수 있으나" 새로 오는 선교사들은 받지 않았다.[45] 예를 들면 베이징 해방 이후, 베이징에는 70여 명의 선교사들이 남아 있었다. 동북 안동, 선양, 하얼빈 등 지역에

42 『天风』, 第11卷, 第17-18期, 1951年, 5月, 8日, 第1页.
43 "对于接受美国津贴的基督教团体处理办法," 载于, 『中国基督教三自爱国运动文选』(第一卷 1950-1992), 上海: 中国基督教两会, 2006年, 第38页.
44 逄先知主编, 『毛泽东年谱(1893-1949)』(下卷), 北京: 中央文献出版社, 1993年, 第270页.
45 中央档案馆, 『中共中央文件选集』(第14册), 北京: 中共中央党校出版社, 1990年, 第515页.

남아 있는 중화루터회 선교사도 15명이 되었다. 쉬저우徐州도 해방된 이후 교회 사역은 정상적으로 진행되었고 두 명의 미국 선교사는 마지막 비행기를 놓치게 되면서 "남아서 하던 일을 계속 했고 곤란하게 만들지 않았다." 1948년에서 1949년 사이, 전쟁의 승패가 날로 분명해지면서 각국은 자국의 국민들을 보호하기 위해 철수를 서둘렀다. 어떤 외국 선교사들은 본국의 사람들과 함께 해방구역에서 벗어나 아직 해방되지 않은 지역으로 가든지 아니면 홍콩으로 갔고 선교사들 가운데 일부 노약자들은 본국으로 귀국했다. 예를 들면 1949년 중화루터회信义会의 신의신학원信义神学院은 후베이 서커우滠口에서 홍콩으로 옮겼다.

그 당시 서양 선교회들마다 선교사 철수 문제를 놓고 서로 다른 입장을 취했다. 일부 선교회들은 중국에서 철수 결정을 내리지 않고 선교사들을 계속 남아있도록 했다. 영국교회 선교부는 "중국교회의 사역이 크게 제한을 받거나 위협을 느끼지 않는 상황에서 영국 선교사들은 철수할 필요 없다."고 하면서 영국교회 선교부는 중국에 있는 중앙 기구들과 긴밀히 연락을 취하면서 "각 교구 지역의 선교사들의 움직임을 파악하고", "중국 동역자들을 도와 어려움을 극복하려 했다."[46]

그리하여 신중국 성립 초기에 일부 외국 선교사들이 중국 본토를 떠났지만 대다수는 여전히 남아 있었다. 북미 기독교 해외 선교부에서 발표한 숫자에 따르면 1949년 초 중국에 남은 미국 선교사는 1,758명이었다. 미국 정부의 철수 명령에 따라 137명의 노약한 선교사들만이 미국으로 귀국했다. 그 숫자는 전체 선교사의 1/10에 지나지 않았다. 그 당시 기독교 대학에서 가르치는 미국 교수들만해도 1,000명이 넘었다.[47]

46 『天风』, 第7卷第7期, 1949年, 2月, 19日, 第16页, 第7卷第7期残缺,找不到资料.

1950년 저우언라이는 중국교회 지도자들과의 담화에서 자원하여 중국으로 떠나려 하거나 아니면 반동적인 행위 증거가 분명한 이들 이외의 선교사들은 "우리는 그들이 즉시 떠날 것을 요구하지 않는다."고 했다. 외국 선교사들은 계약이 완료된 후 떠날 수 있으나 "외국 선교사들을 중국으로 초청하지 않을 것임도 분명히 했다.[48] 1951년 3월, 중공 중앙은 『종교 혁신 운동을 적극적으로 추진할 것에 관한 중공 중앙의 지시』에 명확하게 규정했다. "모든 종교의 관리 권한은 중국인들이 가지며 외국인의 조종을 허락하지 않는다. (중략) 그러나 중국에 오랫동안 머문 외국 선교사 가운데 정치 활동을 하지 않고 선하고 법을 지키는 이들 특히 교무 권한을 갖지 않은 이들은 계속 체류할 수 있다."고 했다.[49] 그 당시 중국교회는 교회 지도자들이 앞으로 중국교회는 반드시 독립 자주의 길을 가야 한다는 것을 인식하고 있었지만 실제로는 외국 선교사들이 여전히 중요한 지위를 갖고 있었다. 삼자혁신운동이 시작된 이후 특히 항미원조와 공소운동이 전개되면서 외국 선교사들은 점차 중국을 떠나게 되었다. 1949년 9월 25일에 약 50명의 미국 선교사들이 선박 제너날 고든호를 타고 상하이를 떠나 홍콩을 거쳐 미국으로 떠났다. 그리하여 1951년 초 "중국에 남은 외국 선교사의 수는 얼마 되지 않았다."[50]

1951년에 "미국의 보조금을 받는 기독교 단체 처리 방법"에 근거하여 외국 선교회는 중국에서의 "모든 활동을 정지해야 했고" 미국 선교사들과 교회 사역자들 가운데 "자발적으로 떠나려는 자들은 귀국이 허락

47 『天风』, 第7卷第7期, 1949年, 2月, 19日, 第15页, 情况同上.

48 "周恩来总理关于基督教问题的四次谈话,(1950年, 5月), 载于, 『中国基督教三自爱国运动文选』(第一卷 1950-1992), 第480页.

49 中共中央文献研究室编, 『建国以来重要文献选编』(第二册), 北京: 中央文献出版社, 1992年, 第94-96页.

50 吴耀宗, "基督教革新运动的新阶段," 载于, 『中国基督教三自爱国运动文选』(第一卷 1950-1992), 中国基督教三自爱国运动委员会, 1993年, 第22页.

되었고” 남아 있는 이들도 “교회나 단체의 행정 요직을 맡을 수 없었다.”[51] 그리하여 1953년 말에는 “기독교 외국 선교사들은 거의 모두 출국하였고”,[52] 난과 광둥에만 6명이 남아 있었다.[53] 같은 해 12월 전국종교사역工作회의 때 외국 선교사는 “오직 한 명만 남아 있었다.”[54] 외국 선교사들은 철수 초기에는 대부분 멀지 않은 장래에 다시 돌아올 수 있기를 기대했다. 미국 남침례교의 산둥과 허난 등 지역에서 사역하던 선교사들은 철수하면서 “후에 다시 올 수 있도록 하겠다.”고 했다.[55] 많은 선교사들은 철수할 때 중국 동역자들에게 교회 부동산 문서는 초계草契나 사진만 남겨 두고 땅 문서红契와 원본 등 증거 자료들은 모두 가지고 떠났다.

1956년 “선교 사업 연구 도서관”의 통계에 따르면, 중국을 떠난 선교사의 수는 모두 2,291명었다. 그 중 퇴직하거나 미국과 캐나다에 돌아간 선교사는 1,296명이다. 그 외 995명 가운데 아세아 다른 지역으로 파견된 사람은 870명으로, 이들은 주로 동아시아나 동남아로 갔으며 대만에 197명, 일본에 146명, 홍콩에 91명이 갔다. 그들은 본래 사역을 계속하였다. 예를 들면 홍콩에서는 충지학원崇基学院을 설립하였고 대만에서는 동해대학교东海大学를 설립하였고 진링金陵신학원 이사회는 본래의 이름으로 진링金陵신학원 탁사부托事部의 명의로 동남아에 신학교육활동과 종교경전 중국어 번역 작업에 종사했다.[56] 선교사들의 철수로 근 한세기

51 “对于接受美国津贴的基督教团体处理办法,” 载于,『中国基督教三自爱国运动文选』(第一卷 1950-1992), 中国基督教两会, 2006年, 第37-38页. 情况同上.

52 中共中央宜传部办公厅, 中央档案馆编研部合编,『中国共产党宜传工作文献选编(1949-1956)』, 北京: 学习出版社, 2012年, 第765页.

53 “三年来全国基督教工作基本总结和今后工作的方针任务的意见”(1953年, 12月, 4日), 陕西省档案 馆藏, 档案号, 123/3/305, 第6页.

54 陆定一部长在中央宗教工作会议上的总结报告, (1953年, 12月, 16日), 河北省档案馆藏,档案号, 938/1/7, 第47页.

55『天风』, 第7卷第7期, 1949年, 2月, 19日, 第15页.

56 吴耀宗, “美帝国主义传教事业的新策略,” 载于,『天风』, 1962年, 第1-2期, 第5页.

반의 서양의 중국 선교 운동은 마침표를 찍게 되었다.

### 3. 중국기독교삼자애국운동위원회의 탄생

신중국 성립 이후, 특히 삼자혁신운동의 발기 이후 교회 지도자들은 중화 전국기독교협진회에서 기독교 전국 회의를 개최하기를 고대했다. 회의는 본래 1950년 8월로 정해졌다. 주제는 "기독교와 새로운 시대"였고 회의는 기독교의 개혁 계획을 검토하고 기독교 사역의 강령을 협상하고 기독교 협력 기구 강화 등을 논의하려 했다. 그러나 외국 선교사들의 방해와 신정권이 막 세워지고 여러 방면의 조건이 성숙되지 못해 몇 번의 연기를 하면서 결국 회의는 열리지 못했다.

1951년 4월에 베이징에서 열린 "미국의 보조금을 받는 기독교 단체 처리 회의"는 중국 기독교 각 교단과 교회를 거의 포괄했다. 21일의 회의에서 중국 기독교 항미원조 삼자혁신운동위원회 준비위원회가 설립되었다. 삼자혁신운동의 "전국 총괄 상위 기관"으로 준비위원회의 주요 업무는 기독인들의 항미원조운동을 확대 심화하고 삼자혁신운동을 추진하여 자치, 자양, 자전의 교회를 세우고 기독교 애국주의 교육을 전개하는 것 등이었다. 우야우쭝이 주석으로 당선되었고, 류량무어는 서기를 맡았다. 25일 준비위원회는 베이징 기독교청년회에서 제1차 회의를 개최했고 회의에서는 세 개의 사역 팀을 설치하여 업무를 진행하게 했다. 거기에는 연락팀 팀장은 정잰예郑建业가 맡고 선전팀 팀장은 류량무어가 맡았고 총무팀 팀장은 투위칭涂羽卿이 맡았다. 중국 기독교 항미원조 삼자혁신운동위원회 준비위원회의 설립은 "기독교 혁신 운동의 질적인 발전을 이루었다"[57] 이 준비위원회는 중국기독교삼자애국운동위원회의 전신을 이룬다.

그러나 이번 회의는 중앙인민정부 정무원 문화교육위원회 종교사무처에서 소집한 것으로 그 주된 내용은 교회의 경제 문제에 관련된 것으로 진정한 의미에서 중국기독교전국회의라고 할 수는 없다.

공소운동 이후, 각 지역 교회들은 "반제 애국, 삼자 혁신"을 중심으로 다양하게 학습 활동들을 전개했다. "중국기독교항미원조삼자혁신운동위원회" 中国基督教抗美援朝三自革新运动委员会 준비위원회는 1951년 11월에 "기독교삼자혁신운동간부학습반"을 운영했고 상하이 기독교도 1953년 8월

**그림 132** 중국 기독교 제1차 전국회의와 회의 대표들이 회의장을 들어서는 모습(베이징 덩스커우 회중 교회당)

**그림 133** 1954년 7월 22일에서 8월 6일까지 중국 기독교 제1차 전국회의가 베이징시 덩스커우 회중교회에서 개최

57 吴耀宗, "中国基督教的新生," 载于, 『人民日报』, 1951年, 5月, 24日.

과 1954년 3월에 각각 두 차례의 삼자혁신학습반을 운영했다. 목회 동역자들은 학습을 통해 반제 애국에 대한 각오를 높였고 사상적으로 큰 변화를 겪었다. 삼자혁신운동이 심화됨에 따라 중국 기독교의 모습도 근본적인 변화를 겪었다. 대외적으로 외국 선교회의 보조금을 철저히 끊었고 외국 선교사들은 철수했고 외국 선교 단체가 중국 기독교를 지배하던 시대는 끝나갔다. 대내적으로는 기독교 내부의 혼란 상황을 정돈하고 중국교회는 새로운 모습으로 단장하게 되었다. 그리하여 기독교전국회의의 시기가 무르익고 있었다.

1954년 5월 중국기독교항미원조삼자혁신운동위원회中国基督教抗美援朝三自革新运动委员会 준비위원회는 상하이에서 전체 회의를 열어 기독교 전국회의를 개최하기로 했다. 7월 22일부터 8월6일까지 중국 기독교 제1차 전국회의는 베이징 덩스커우灯市口 회중교회公理会에서 열렸고 62개의 교단과 단체 232명의 대표들이 참석했다. 이는 "해방 이후, 중국 성도들이 제국주의의 속박에서 벗어나 진정한 자치, 자양, 자전의 교회를 세우고 스스로 일어서기 위해 소집된 중국 기독교의 첫 번째 전국적인 회의였다."[58]

우야우쭝은 대회에서 "지난 중국 기독교 삼자혁신운동 4년간의 사역 보고"를 했다. 보고에서는 삼자혁신운동을 진행한 이래 "중국교회는 인사, 행정, 경제 등 여러면에서 제국주의와의 관계를 청산하고 제국주의의 영향력을 제거함으로 기본적으로 자치, 자양, 자전을 이루게 되었다."고 했다. 중국 기독교의 새로운 모습은 아래 4가지 방면에서 나타났다. (1) 중국 기독교 교회와 단체는 기본적으로 제국주의 통제를 벗어나 중국 성도

58 吴耀宗, "中国基督教三自革新运动四年来的工作报告," 載于, 『中国基督教三自爱国运动文选』(第一卷 1950-1992), 第41页.

들이 스스로 운영하는 종교 단체가 되었다. (2) 기독교 내 제국주의 영향을 숙청하기 시작했다. (3) 전국 성도들은 삼자혁신운동을 통해 반제 애국 의식을 형성했고 여러 애국 운동과 세계 평화 운동들에 참여했다. (4) 신중국의 교회는 애국·애교를 기초로 새로운 생명력을 나타냈다. 그리고 보고에서는 아래와 같은 내용들도 언급되었다. 중국 기독교는 이후 『중화인민공화국 헌법』을 지지하고 사회주의 사회 건설을 위해 노력하고 제국주의 침략을 반대하고 세계의 지속적 평화를 이루어야 한다. 애국주의 학습을 통해 제국주의 영향을 철저히 숙청해야 하며 자치의 정신을 관철하고 교회 내의 단결을 촉진시켜야 한다. 자양의 문제를 연구하여 교회가 자양을 이루는 것을 도와야 하며 상호 존중의 원칙 하에 자전 사역도 연구하여 순수한 복음을 전해야 한다. 애국주의 정신을 도모하여 애국하고 수법하며 순결한 교회를 이루는 등 일곱 가지 방침도 제시했다.[59]

어떤 이들은 "혁신"이라는 두 글자에 대해 쉽게 교회 제도를 바꿔

**그림 134** 제1차 전국회의에서 사업 보고를 하고 있는 우야우쭝

59 吴耀宗, "中国基督教三自革新运动四年来的工作报告," 载于, 『中国基督教三自爱国运动文选』(第一卷 1950-1992), 第44-52页.

버리거나 신앙에 간섭하는 것으로 오해하고 있어 이들의 우려와 오해를 해소하고 단결을 강화하고 반제 애국 운동의 기본 성격과 임무를 명확히 하기 위해 회의에서는 "혁신"을 "애국"으로 바꾸었다. 8월5일에는 중국 기독교삼자애국운동위원회를 공식 발족하였고 이로 중국 기독교에 "가장 광범위한 대표성을 갖는 전국적인 지도자 기구"가 탄생했다. 『중국기독교삼자애국운동위원회 요강』은 "전국 기독교인들을 단결하여 중국교회의 자치, 자양, 자전을 온전히 이루고 반제 애국과 세계 평화 운동을 적극 참여하기 위함"을 취지로 정했다. 그리고 상호 존중의 원칙도 밝혔다. 우야우쭝은 중국기독교삼자애국운동위원회 주석으로 당선되었고, 천잰전陈见真, 우이방吴贻芳, 천충꾸이陈崇桂, 장창촨江长川, 추이시엔샹崔宪详, 딩위장丁玉璋 등은 부주석을 맡았다. 대회에서는 중국기독교삼자애국운동위원회 139명의 위원을 선출했고 이후를 위해 11명의 자리는 비워두었다.

회의는 『기독교전국회의가 전국 동역자들에게 보내는 편지』를 발표했는데 거기서 삼자에 대한 명확한 해석을 내놓았다. "자치의 목적은

中國基督教全國會議告全國同道書

그림 135 『기독교전국회의가 전국 동역자들에게 보내는 편지』

교회를 통일하거나 교회의 제도를 바꾸려는 게 아니며 중국교회를 제국주의와의 관계에서 단절하여 중국 기독교인들이 단결하여 스스로 교회를 치리하기 위함이다. 자양의 목적은 교회의 경제를 간섭하려는 것이 아니라 각 교회가 제국주의와의 경제적 관계를 단절시켜 중국 성도들이 스스로 책임지는 교회가 되도록 하기 위함이다. 그리고 자전의 목적은 신앙을 통일시키거나 신앙을 변화시키려 함이 아니라 제국주의 사상적 영향을 차단하여 각 교회에서 전하는 복음이 더 성경에 부합되는 순수한 복음이 되게 하려 함이다."

그리고 이후 "반제 애국의 기초 상에서 중국 기독교의 모든 교회와 모든 성도들의 대단결을 이룰 것이며" 중국기독교삼자애국운동위원회의 지도하에 "반제 애국과 교회의 자치, 자양, 자전을 더 철저하게 이룩하기 위해 노력할 것이다."[60]고 했다.

이번 회의에서는 단결을 강조했고 상호존중의 원칙을 확립했다. 우야우쭝은 사역 보고에서 과거 삼자혁신운동의 한계는 "교파적 경향을 다소 띠고 있었던 것"인데 이후에는 "각 교회 각 교파와 여러 신학적 관점 사이의 차이를 인정하고 서로 존중의 원칙을 지켜갈 것이다."고 했다. 『전국 동역자들에게 보낸 편지』, 『네 가지 결의』 등 문건들은 상호존중의 원칙을 반복하여 강조했다.

"중국기독교삼자애국운동위원회 요강"에는 "각 교회의 신앙, 제도와 예식을 존중하며 각 교회의 신앙, 제도와 예식을 서로 존중할 것을 강조했다.

회의에서는 『중화인민공화국 헌법 초안 결의에 관한 지지』, 『미국

60 『中国基督教三自爱国运动文选』(第一卷1950-1992), 第76页.

제국주의가 중국을 침략하여 평화를 파괴한 것에 대한 질책 결의』, 그리고 『중국 기독교 전국회의 네 가지 결의 사항』 등 문건들을 통과시켰다. 이번 회의는 서양 선교 단체들의 조종을 받지 않은 역사에 유례가 없는 기독교 전국 회의로 "중국 기독교 역사에서 가장 광범위하게 단결을 이뤄낸 것이 되었다." 많은 애국 기독교인들은 교파를 구분하지 않고 삼자애국운동의 깃발 아래 연합하여 새로운 전국적인 지도 기구도 설립해 냈다. 이는 중국 기독교가 삼자혁신에서 삼자 애국의 새로운 단계로 진입했음을 뜻하기도 한다.

9월 1일과 2일에 중국기독교삼자애국운동위원회 상무위원회가 상하이에서 열렸는데 전국 삼자의 조직 기구와 주요 인원들을 통과시켰다. 리추원李储文이 비서장을 맡고 학습위원회와 『텐펑』天风 주간周刊 위원회를 설치하기도 했다. 그 후 각 지역에서도 대표회의를 열어 삼자 애국 조직 구성에 착수했다. 1955년 말에는 전국 각 시와 현현县 급의 지방 삼자 애국 조직이 197개 만들어졌다. 1958년 이후 스촨, 광둥, 산시, 허난, 산둥, 윈난 등 지역에서도 대표 대회를 열어 성급 단위의 삼자 애국 조직들이 만들어졌다.

## 생각해볼 문제

1. 신중국 성립 이래, 기독교는 신중국에 대해 어떤 다른 태도들을 취했었는가?

2. 『삼자 선언』은 어떻게 발표되었는가? 그 주요 내용은 무엇인가?

3. 삼자의 원칙 그리고 선교 운동과 외국 선교사들을 어떻게 볼 것인가?

4. 삼자애국운동은 역사 속에 있었던 자립운동과 토착화 교회는 어떻게 다른가?

# 제 8 장

# 기독교의 조정과 좌절

삼자애국운동은 애국 운동일 뿐만 아니라 하나의 교회 정결 및 재건 운동이었다. 1950년 중기, 삼자애국운동을 계속 심화하는 동시에 중국 기독교는 조정 가운데 교회 건설의 노력을 했다.

상호존중의 원칙하에 중국 기독교는 우선적으로 신학교육을 개혁하여 진링협화신학원金陵协和 神学院과 옌징협화신학원燕京协和神学院을 설립하였다. 그리고 1958년부터 연합 예배를 시행하면서 종파주의를 타파하게 되었다. 그리하여 중국 기독교가 종교 파벌주의로 쪼개져 있던 국면을 타파하고 교회가 하나로 되는 일에서 큰 진보를 이루게 되었다. 중국 기독교가 1956년에 제기했던 유명한 "세 개의 간증과 열 개의 임무"三大见证, 十项任务는 교회 발전의 청사진을 제시한 셈이다.

그러나 1950년대 후기부터 나라가 좌경의 잘못된 노선으로 들어섬에 따라 교회의 활동은 크게 충격을 받았다. 그래서 교회 예배에 참석하던 인원수가 줄어들었고 성직자들도 대량으로 지방으로 추방되고 교회당의 수도 계속하여 줄어들었으며 교회의 사역도 매일 위축되었다. 문화대혁명의 10년의 동난에는 모든 교회당이 문을 닫았고 공식적 교회 생활은 정지되었다. 그리하여 중국교회는 암흑의 시기를 겪었다. 그럼에도 일부 성도들은 어려운 환경에서도 계속하여 신앙을 견지했고 자발적으로 모임을 가져왔고 이런 그들의 간증은 시련을 겪으면서 더 빛나게 되었다.

## 제1절 교회 사역의 조정과 발전

### 1. 건국 초기의 교회 상황

해방전쟁 시기 전쟁의 혼란과 교통의 불편으로 기독교에 대한 전국적인 조사와 통계를 낼 수 없었다. 그러나 1949년 이후에는 중국 전역이 해방되고 사회가 점차 혼돈에서 안정을 되찾으면서 중화전국기독교협진회는 중국기독교단체 조사편집위원회를 구성하여 교회의 자료를 수집하여 1949년 10월과 1950년 12월 중영 대조로 된 『중국기독교단체조사록』을 출간했다. 그 내용에는 전국의 각 교파들, 외국선교회, 기독교청년회, 교회학교, 교회병원 등 교회와 기독교 기관들의 기본적인 정황이 담겨있었다. 1950년의 출판에는 당시 중국 기독교는 교회당과 집회 장소가 20,251곳, 기독교인수 936,030명, 그 가운데에는 사도믿음회使徒信心会, 그리스도인집회처基督徒聚会处, 지방교회地方教会와 영공단灵工团 등 교회들은 포함되지 않았다.[1]

각 종파소속 교회의 기본적인 통계 수치는 아래와 같다:

| | 교회 | 당회 (개) | 기타 집회 장소(개) | 교우 (명) | 년도 |
|---|---|---|---|---|---|
| 1 | 중화신의회 | 5,351 | 4,291 | 65,000 | 1950 |

1 中华全国基督教协进会编印, 『订正中国基督教团体调查录』, 上海, 广学会, 1950年, 第44页.

| | | | | | |
|---|---|---|---|---|---|
| 2 | 중화기독교침례협회 | 165 | 166 | 16,701 | 1948 |
| 3 | 중화기독교순도(循道)공회 | 565 | 268 | 44,410 | 1946 |
| 4 | 중화기독교회 | 1,053 | 1,714 | 176,983 | 1948 |
| 5 | 중화기독교복음회(메노나이트) | 8 | 60 | 2,733 | |
| 6 | 중화기독교웨슬레공회 | 452교구 | | 102,693 | 1949 |
| 7 | 중화기독회 | 7 | 55 | 3,765 | 1949 |
| 8 | 중화성공회 | 607 | 53 | 76,741 | 1949 |
| 9 | 중국신소회(神召会) | 150 | | 12,000 | 1948 |
| 10 | 중국예수교자립회전국총회 | 211 | 400 | 11,564 | |
| 11 | 중국기독교장로총회 | 50 | | 30,000 | 1947 |
| 12 | 중국기독교내복회(来复会) | 16 | | | |
| 13 | 중국기독교선도(宣道)회 | 135 | 48 | 20,000 | |
| 14 | 중국기독교영양(灵粮)세계포교회 | 13 | 14 | 3,300 | |
| 15 | 내지회 | 1,281 | | 85,345 | 1934 |
| 16 | 벧엘교회(伯特利教会) | 4 | 7 | 450 | 1950 |
| 17 | 참예수교회(真耶稣教会) | 845 | 400 | 125,000 | |
| 18 | 남부대만기독교장로회 | 85 | 34 | 33,216 | |
| 19 | 예수가정 | | 총 104개 "가정" | | |
| 20 | 구세군 | 44 | | | |
| 21 | 숭진회(崇真) | 112 | 57 | 21,765 | 1950 |
| 22 | 기독교중화침례회연합회 | 500 | | 65,000 | 1948 |
| 23 | 기독교공의(公谊)회 | 1 | | 12 | 1950 |
| 24 | 기독교재립안식교중화총회 | 515 | 35 | 21,117 | 1948 |
| 25 | 화북기독교공리(共理)회 | 188 | 187 | 18,235 | 1940 |
| | 합계 | 12,462 | 7,789 | 936,030 | |

신중국 성립 초기, 중앙 정부는 종교신앙 자유 정책을 정하면서 교회의 "선교활동에 대해 간섭하지 않으면서 정부의 허가를 받을 필요도 없이"[2] 각 지역 교회는 자유롭게 활동하도록 조치했다. 그럼에도 시국이 불안하고 전쟁의 후유증으로 기층에 있는 교회당은 빌려 쓰이고 징용되는 사례가 나타났고 성경이 몰수되고 교회의 사역이 방해받는 정황들이 나타났다. 기독교 방문단은 화북 5개성에서만 이와 같은 기독교에 관련 160여 건의 사안들을 발견하여 관련 당국에 보고하여 정상화하도록 요구했다.[3] 전체적으로 볼 때 신중국 성립 초기 교회는 여러 어려움에 직면했고 교회 사역도 위축되었다. 그럼에도 일부 지역의 교회들에는 여전히 발전적 전망들이 보였다. 1953년에 중국 기독교인 수는 63만 8천 명으로 줄었고 교회당은 6,767곳, 성직 인원은 약 7천 명이었고, 그 중에 약 1/5에서 1/4은 목사였다. "1953년 이후 장수, 후난, 허난 및 스촨 등 지역의 농촌 교회들에서는 기독교인들이 일부 회복되고 성장하는 정황도 나타났다."[4]

## 2. 교회 사역의 조정

삼자혁신운동이 발기된 이후 각 교회들은 『삼자 선언』에 대한 서명운동을 전개하는 한편 교회혁신의 호소에 호응하여 각 교회의 사역 조정에 나섰다. 당시 삼자혁신운동이 제기한 자양은 외국과의 경제의존 관

2 "中央关于基督教教会传教活动问题的电报(1950年, 2月, 2日), 載于中共中央文献研究室编, 『建国以来刘少奇文稿』(第一册), 北京: 中央文献出版社, 第445页.

3 吴耀宗, "展开基督教革新运动的旗帜," 載于, 『中国基督教三自爱国运动文选』(第一 卷 1950-1992), 第6, 9页.

4 中共中央宣传部办公厅, 中央档案馆编研部合编, 『中国共产党宣传工作文献选编(1949-1956)』, 北京: 学习出版社, 2012年, 第767页.

계를 탈피하여 자력갱생의 교회가 되는 것이었고, 자치는 중국교회와 교회사역이 서양의 전통을 탈피하여 중국 신도들에게 적합한 제도, 규정과 의식을 제정하는 것이었고, 자전은 누가 전하는가 하는 문제뿐만 아니라, 무엇을 전하는가 하는 문제로 중국 기독교인들이 반드시 스스로 예수 복음의 진수를 발견하여 현실 도피적인 서양신학의 울타리를 벗어나 중국교회 자체의 신학 체계를 형성하는데 있었다.[5]

1954년 제1차 전국회의에서는 교회를 정결하게 하고 교회를 세우는 사역의 방침이 제기되었다. 그 후 각 지역 교회들은 복음을 전하고 교회를 세우는 노력을 했다. 상하이, 항저우, 장수, 저장, 산둥, 광둥, 광시, 호베이, 후난, 허난, 산시 등 성들과 도시에서는 예배당을 수리하던지 신축하기도 했다. 1954년에서 1955년 기간 베이징, 텐진, 선양, 닝부어宁波, 샤먼, 푸저우, 창춘, 지난, 수저우苏州, 광저우 등 도시에서는 전 도시적인 부흥회, 수련회, 포교집회들이 열렸다. 이 기간 많은 교회들은 신도 수가

**그림 136** 성삼일당

5 吴耀宗, "基督教革新运动的新阶段," 载于, 『中国基督教三自爱国运动文选』(1951-1992), 第22-23页.

증가했고 교회당을 신축하기도 했다. 상하이시를 예로 들면 1955년에 세례나 침례를 받은 교회의 성도수는 4,249명이었다. 중화성공회는 성삼일예배당圣三一堂을 수리 보수하고 중국포교회中国布道会는 새로운 예배당을 구입하였고 영양당灵粮堂은 새 예배당을 건축했다.[6] 저장은 "지난 3년간 중화기독교회는 2,587명이 증가했고, 중화성공회는 1,473명, 침례회는 1,312명, 중국 예수교자립회는 신중국 성립이래 2,968명이 증가했다."

중화성공회 주교단은 1955년 6월에 세 명의 주교를 새롭게 축성했다. 신학교육 방면에는 "학생들은 해마다 입학 신청에 적극적이었고", 1955년 10월에 진링金陵협화신학원과 앤징燕京협화신학원의 재학생 수는 200명에 달했고 100여 명의 학생이 졸업하여 각 지역 교회에 파송되었다. 중국교회 신학자들도 "교회 경전 작품과 신학 문제의 비교 연구"를 시작했다. 출판 사역으로는 1955년 광학회, 청년협회도서국, 침례회도서국과 중국 주일학교연합회는 총 275,700권의 책을 출간했다. 이는 1954년에 비해 약 2배 정도 증가한 숫자다. 중화성공회는 1955년에 포켓용袖珍 신구약 성경전서를 출판했고, 『은언』恩言, 『성공』圣工 등 간행물들을 창간했다.[7]

대외협력 차원에서는 1956년에 중국기독교삼자애국운동위원회는 중국 기독교 국제연락위원회를 설립하고 대외우호협력 사업을 전개했다. 우야우쫑吴耀宗, 류량무어刘良模, 딩광쉰丁光训 등 교회 지도자들은 비정부기구 대표로 각종 국제회의에 적극적으로 참여하여 정의, 평화와 반제국주의와 패권주의를 주장했다. 중국교회는 적절한 방식으로 해외 교류

6 孙金富编, 『上海宗教志』, 上海: 上海社会科学院出版社, 2001年, 第545页.

7 吴耀宗, "关于中国基督教三自爱国运动的报告," 『中国基督教三自爱国运动文选』(第一卷 1951-1992)』, 上海: 中国基督教两会, 2006年, 第82-84页.

를 진행함과 동시에 외국의 저명한 교회 지도자들을 중국으로 초청하여 해외 교회지도자들이 중국교회의 새로운 모습을 직접 체험할 수 있도록 했다. 시대적 상황으로 그 당시 중국교회는 동유럽 사회주의 국가들의 교회들과 빈번한 교류 활동을 가졌다. 예를 들면 우야우쭝은 베를린, 비엔나에서 열린 세계평화이사회 회의에 참석하였고 우야우쭝과 우이방吴贻芳은 핀란드의 수도 헬싱키에서 개최된 세계평화대회에 참석했고, 류량무어와 정잰예郑建业는 민주독일 기독교 민주 동맹 제5차, 제7차 대표대회에 참석했고, 딩광쉰은 성공회 람베스 주교회의 예비회의에 참석했고, 그리고 참관인 자격으로 세계 기독교교회연합회가 헝가리 부다페스트에 진행한 중앙위원회 회의에 참석했다. 그리고 딩광쉰은 장기간 중국에서 선교했던 캐나다 평화이사회 회장이었던 엔티콧J. G. Endicott, 1899-1993과 홍콩 마카오 성공회 회장이었던 홀R. O. Hall, 1895-1975의 방문을 접견했고 그리고 세번이나 영국 캔터버리 주교 죤슨H. Johnson을 접견했고 영국공의公谊회 대표단을 요청하여 접견하기도 했다.

그 외 진링협화신학원과 앤징협화신학원의 초청으로 체코슬로바키아의 커메이니스克美尼斯 신학원 원장 허루마더赫鲁玛德와 헝가리 개혁교회 야노스 페테르Janos Peter, 1910-1999 주교 그리고 인도 루터회 멍껀니孟根尼 감독이 각각 중국에 와서 강연했다.

이 시기 신중국의 사회주의 개조의 기본이 완성되어 신민주주의 혁명에서 사회주의 혁명에로 과도하게 변화됨에 따라, 온 나라가 활기차 있었다. 삼자애국운동도 계속 심화되어 어려운 과정을 겪으면서 자치, 자양, 자전을 이루고 교회의 순결성을 확보하게 되었다. 이를 기초로 하여 중국교회 지도자들은 점차 사역의 중심을 교회 자체의 건설에 두기 시작했다.

1956년 3월 15일에서 23일의 기간 동안, 중국기독교삼자애국운동위원회는 베이징에서 제2차 전체회의확대를 열어 중국교회의 시대적 증언과 사명인 "세 개의 간증, 열 개의 임무"三个见证, 十个任务를 제기했다. 우야우쭝은 회의에서 "중국기독교삼자애국운동 보고"를 통해 1954년이래 지금까지 진행된 삼자애국운동의 성과를 전체적으로 한데 모아서 설명하였다. 그것은 주로 세 가지로 정리된다. 첫째, 중국교회의 단결에 힘입어 삼자애국운동은 전국 범위에서 광범위하고 심도있는 발전을 이루었다는 것이다. 둘째, 중국교회는 삼자를 이루고 교회를 건설하는 일에서 큰 진보를 이루었다. 셋째, 전국 교회의 사역자들과 신도들의 애국주의 각오가 보편적으로 제고되었다는 것이다. 그들은 더 적극적으로 조국의 사회주의 건설과 국가의 각종 운동에 참여했고 세계 평화를 이루는 운동에서 적극적으로 참가했다고 평가했다.

이 보고에서 "세 개의 간증, 열 개의 임무"三个见证, 十个任务를 명확하게 제기했다. "세 개의 간증"三个见证은, 첫째로 중국교회가 삼자를 이룬 간증이다. 몇 년간의 삼자애국운동을 통하여 중국교회는 서구 선교회의 통제와 식민주의의 억압에서 능히 또한 마땅히 벗어나야 한다는 것과 중국기독교인들은 단결하여 자신의 교회를 세우고 부흥케 하여 자치, 자양, 자전의 중국교회를 온전히 이루고 그것을 통해 중국교회 성도들이 더욱 그리스도에게 순종하여 그리스도의 복음을 위한 아름다운 간증을 할 수 있다는 것이다. 둘째는 사회주의 건설에 참여한 간증이다. 신중국에서 기독교인들은 일상생활에서도 하나님의 선하심과 온전하심 그리고 기쁘신 뜻을 더욱 발견할 수 있게 되었다는 것이다. 신중국에서 체험은 기독교는 반드시 사회주의 제도와 공산주의 제도를 반대해야 한다는 관점이 근거가 부족하다는 것을 알게 하였다. 세 번째는 세계 평화를 위한 간증이다.

중국 기독교인들을 포함한 전세계 기독교인들은 세계 평화의 문제에 있어서 분명한 입장을 취해야 한다는 것이다. 왜냐하면 우리가 전하는 구속의 복음은 평화의 복음이기 때문이다. 중국 기독교인들은 세계 평화를 사랑하는 모든 기독교인들과 협력하여 전쟁을 소멸하고 세계의 지속적 평화와 전인류의 행복을 이루기 위해 노력해야 하며 그리고 대만의 평화적 해방을 위해서도 노력해야 한다는 것이다.

"열 개의 임무"十个任务로는 서로 간의 단결을 확대하고 공고히 하며 실제적 정황에 기초하여 교회의 조직기구, 인사배정, 사역경제 등을 전면적으로 고려하고 정립하여 조직 구조를 건전하게 하고 리더십을 강화하고 제도를 확립하고 사역을 개선하여 1957년 이전에 전국 교회의 자양의 문제를 해결하는 것이다. 자전의 사역도 잘 진행하여 생명의 샘인 복음의 진리를 깊이 체득하고 기독교 출판사업을 발전시키고 성도들이 선호하는 문서들을 시기 적절하면서도 풍부하게 출판하는 것이다. 그리고 신학의 연구와 편역 사업을 추진하고 중국교회에 필요한 인재들을 계획적으로 양성하고 성도들도 각자의 위치에서 사회주의 건설에 적극적으로 참여할 것을 전국 신도들에게 호소해야 한다. 그리고 전 세계 평화를 사랑하는 그리스도인들을 협력하여 국제적 우의와 협력을 다져야 한다. 그리고 애국주의 학습을 통하여 사회주의 건설에 대한 열정을 품도록 하는 것이다.

이번 회의에서 "전국동역자들에게 고함"告全国同道书을 발표하여 "세 개의 간증과 열 개의 임무"三个见证, 十个任务는 중국교회의 새로운 과업이기에 전국 기독교인들은 한마음과 한뜻으로 하나님을 바라보면서 그분의 능력에 힘입어 삼자의 교회를 세우고 사회주의 건설에 이바지하고 세계의 평화를 이루는 일에 자신의 모든 것을 바칠 것으로 호소했다. 그리고 열 개의 임무를 통하여 하나님께 영광이 되고 조국이 더욱 빛나고 교회가 더욱 부흥할 수 있도록 최선을 다할 것으로 호소했다.

회의 이후, 각 교파 교회들은 대부분 회의의 정신에 따라 조직과 사역을 조정했다. 중화기독교회는 저장, 후베이, 장난, 장안江安, 장화이江淮, 민난闽南, 민중闽中, 민베이闽北 등 지역에서 각각 회의를 열어 과거의 비합리적 지역 분할을 취소하고 통합하여 새로운 기구로 태어났다. 중화성공회 의총 주교원 및 상무위원회에서도 연석회의를 열어 "전국 성직자와 성도들에게 보내는 중화성공회 주교원의 편지"를 통과시켜 그해에 공통기도문을 통일하여 출판하기로 했다. 그리고 중화성공회는 새 주교를 임명하고 상하이 성삼일 예배당을 전국을 위한 주교당으로 봉헌예식을 거행했다. 중화기독교감리회 화북 연례회의, 화동 연례회의, 푸저우 지역 회의를 열어 예식을 거행하고 성직 임직식을 새로 갖고 경제, 인사, 조직 등 면에서 개편하여 서양 선교회 산하에 있던 복잡한 행정 조직을 간소화하였고 각자도생의 경제 방식을 하나의 통일된 관리제도 하에 두었다. 침례회 저후浙沪 의회는 처음으로 대표 대회를 가졌고 침례회 연회 대표들은 각 지역 교회들의 연결을 강화하기 위해 하나의 전국적인 자문기구 설립을 제안하기도 했다. 유감스러운 것은 1957년 후반기부터 국가의 좌경 정책이 점차 만연되고 강화되면서 교회 재건의 계획은 좌절되고 교회의 활동들도 위축하기 시작했다는 것이다.

서양 선교회들은 지금까지 중국에 학교, 병원, 구제, 출판기구 등 다양한 사회 문화 사업을 전개했었다. 신중국 성립 초기, 기독교가 설립한 교회 대학이 13개, 교회 중학교 239개였다.[8] 그러나 1951년에 중국 교육

8 中华全国基督教协进会编, 『中国基督教团体调查录』, 上海: 广学会, 1950年, 12月, 第45-54页.

부는 "외국의 지원을 받는 대학교 처리 회의"를 열어 학교의 정황에 따라 공립학교로 전환하던지 이사회와 행정을 재편하거나 혹은 중국인이 운영하는 사립학교로 전환할 것을 결정했다. 그러면서 미국 국적의 이사와 행정직원은 모두 해임하기로 했다. 같은 해 2월, 각 교회대학들은 그 지역 인민정부에 등기 수속을 시작했고 연말에는 외국의 지원을 받던 교회학교들은 모두 공립으로 변경했다. 1952년 6월부터 전국의 대학교들은 학과를 재편하기 시작했고, 그 과정에서 교회대학들 내의 어떤 학과들은 폐지되고 어떤 학과들은 다른 대학에 합병되기도 했다. 그러면서 교회대학의 이름은 모두 폐기되었다. 이와 동시에 전국 사립 중학교와 초등학교들은 전부 공립으로 변경했다. 그 후 중국에는 더 이상 교회학교가 존재하지 않게 되었다. 교회병원과 구제 및 복지기관들도 비슷한 과정을 겪었다.

1951년 3월, 중앙출판국은 베이징에서 "기독교 출판 회의"를 열어 "기독교 출판 사업의 이후 노력의 방향"을 통과시켜 중화기독교출판협회中华基督教出版协会를 출범시켰고 우야우쭝이 사무총장을 맡게 되었다. 협회는 기독교 출판 기구들을 조정하여 연합으로 출판하고 공동으로 발행하고 출판물에 대해서 심사를 단행하기로 했다.

기독교 출판물의 심사 단행으로 출판 사업은 위축되기 시작했다. 1953년에 광학회, 중화침례회도서국, 청년회전국협회출판부와 중국주일학교협회가 연합 편집 위원회를 구성하였고 1956년에는 합병을 통하여 중국기독교연합도서국中国基督教联合书局을 출범시켰다.

### 3. 신학교육의 개혁

1949년 이전에 중국은 약 50-60개의 신학원과 성경학교가 있었다. 이들은 각기 다른 교파에 속했고 대부분 작은 규모로 운영되었다. 신중국 성립 초기, 특히 6·25전쟁이 발발한 이후, 신학원들은 대부분 지원자가 부족했고 운영에 어려움을 겪었다. 미국의 선교회에 의존하던 신학원들이 미국의 재정 지원이 끊기면서 상황은 더욱 어려워졌던 것이다. 그리하여 신학원의 재편과 개혁은 불가피했다. 1952년, 중국 교육부가 전국 대학들이 학과 조정을 진행할 때 교회대학들은 모두 철회되고 다른 일반 대학들에 합병되었다. 바로 그때 중국 기독교 신학원들도 합병되었다.

1952년부터 각 지역 신학원들은 연이어 합병되었다. 그중 비교적 규모가 큰 신학원은 난징의 진링金陵협화신학원, 베이징의 앤징燕京협화신학원, 화서의 충칭신학원, 화남의 광저우협화신학원이 있었다. 그외 작은 성경학교들도 있었다. 그 가운데 진링金陵협화신학원과 앤징燕京협화신학원의 설립은 중국 기독교 신학교육의 새로운 면모를 대표했다. 이 두 신학원은 관리와 교학에 있어서 모두 "상호존중, 진리 표방"을 주창했다.[9]

1952년 8월 25일에서 29일 기간, 중국 기독교 항미원조 삼자혁신운동위원회 준비위원회는 각 지역 교회와 신학원의 요청에 따라 상하이에서 "화동지역 신학교육 좌담회"를 가졌다. 5일간의 협상을 통해 화동지역 11개 신학원은 자원하는 방식으로 연합하기로 하여[10] 난징에 새로운 연합 신학원을 설립하기로 했다. 이를 위해 화동연합신학원 준비위원회를 출범시켰고 화동연합신학원 설립계획을 제정했다. 그리고 9월 22일에 정식으로 진링협화신학원으로 명명하고 4일부터 수업을 시작했다. 12월

9 吴耀宗, "中国基督教三自革新运动四年来的工作报告," 载于, 『中国基督教三自爱国运动文选』(第一卷 1950-1992), 第47页.

10 这11所神学院校是, 上海的中央神学院, 上海的浸会神学院、杭州的中国神学院、南京金陵神学院、无锡的华北神学院、济南的齐鲁神学院、漳州的闽南神学院、福州协和神学院、宁波三一圣经学院、镇 江浸会圣经学院、济南明道圣经学院.

10일에 진링협화신학원 이사회를 처음으로 열어 우야우쭝吴耀宗을 주석으로, 추이시엔샹崔宪详 천충꾸이陈崇桂 사우징산邵镜三을 부주석으로 하고, 딩광쉰丁光训을 원장으로, 청쯔이诚质怡와 띵위짱丁玉璋을 부원장으로 임명했다.

그림 137 50년대 딩광쉰 원장

진링협화신학원의 교육목표는 "영적생명을 기르고 거룩한 도를 연구하고 애국주의 각오와 인식을 높이고 신중국의 기독교회에 다양한 은사의 사역자들을 길러내어 복음을 전하고 인민을 섬기고 삼자혁신운동을 추진"하도록 하는 것이었다. 신학원은 3년제의 연구과, 신학과와 성경과를 두었고 1년제의 연수 과정도 두었다. 1956년에는 교역자 전문과정도 개설했다. 1952년에 연합을 이룰 때 33명의 교사, 102명의 학생이었는데 거기에는 10명

그림 138 진링(金陵)협화신학원을 구성한 11개의 신학원 책임자들과 사생들

의 신입생이 포함된다. 1957년 봄학기를 마칠 때 신학원은 114명의 졸업생을 배출했는데 그들은 전국 11개 성과 3개의 도시에 분포되어 있었고 그중 16명이 목사 안수를 받았다.[11]

신학원은 신학연구를 중요하게 생각했으며 신학 연구 및 사역 지도 위원회를 설립하여 교회의 지도자들과 신학 교수들을 초청하여 강연회를 열고 영적 경험도 교류하였고 신앙적 깨달음을 나누었다. 그리고 중국교회역사에 대한 새로운 정립도 시도했다. 1953년 9월, 『진링협화신학지』金陵协和神学志를 창간하였고 그 당시 시대적 상황속에서 이루어진 신학적 사고를 담은 중요한 논문들을 실었다. 이는 신중국신학작업의 중요한 성과물들이었다. 1957년까지 『진링협화신학지』는 모두 7기가 출간되었다.

그 당시 진링金陵협화신학원의 선생과 학생들은 모두 다양한 교파에서 왔기에 서로 다른 신학적 관점을 가지고 있었다. 그래서 신학원은 교학과 신앙에서 서로 존중하는 원칙을 강조했고 그리고 교과과목에도 이러한 정신을 반영하여 소수의 필수과목 외에 성경과 신학과목들은 모두 병렬并列 과목을 열어 분반하여 수업하도록 했다. 찬송편찬위원회를 구성하여 서로 다른 찬송 중에서 선별하여 『찬미시선』赞美诗选과 『보천송찬』普天颂赞을 만들어 제공했다. 그리고 학교 예배에서도 서로 다른 교파 출신들은 자신들의 전통에 따라 예배를 조직하도록 하여 서로 존중하면서 신앙의 충돌없이 전체적으로 조화로운 분위기를 형성해 갔다. 그 당시 교회 지도자들은 "협화신학원은 조화의 신학원", "서로 음해하지 않고 서로 존중하는 모습"은 그야말로 "중국교회 역사에서 하나의 큰 업적"이 되

11 徐如雷, "金陵协和神学院四十年," 载于, 『金陵神学志』, 总第18期, 第8-9页.

그림 139 50년대 진링(金陵)협화신학원 학생들

었다고 평가했다.[12]

1958년에서 1960년은 "정풍", "반우파", "대약진" 등의 영향으로 진링金陵협화신학원은 3년간 휴교하기도 했다. 1961년 초에 중국 기독교 제2차전국회의에서 "진링"金陵을 계속하여 잘하자는 결정을 내리고 옌칭협화신학원을 "진링"金陵에 합병시키는 방안을 검토했다. 1962년 5월에 진링金陵협화신학원은 난징에서 이사회를 열고 진링金陵협화신학원과 옌칭협화신학원 합병안을 통과시켰다. 따라서 "진링"金陵은 전국의 유일한 신학원이 되었다. 우야우쭝은 이사회 주석으로 당선되었고 천짼전陈见真, 시에융친谢永钦, 추이시엔샹崔宪详, 자오즈천赵紫宸, 리추원李储文을 부주석으로, 우까오즈吴高梓를 서기로 임명했다. 딩광쉰은 계속하여 원장을 맡고 쟝이전蒋翼振과 리룽방李荣芳을 부원장으로 추가 임명하였다. 그리고 베이징에 연구실을 하나 설립하기로 했다.

12 同上.

1961년 4월에 진링金陵협화신학원은 회복되었고 1년짜리 교역자 연수반을 운영했다. 당시 24개의 성과 도시 및 자치구에 86명의 학생이 있었다. 1962년 9월에 새학기를 시작할 때 제2기 교역자 연수반과 본과반 두 개 반을 개설했다. 본과에는 20여 명의 학생이 있었고, 연수반에는 윈난과 구이저우 소수민족 교회에서 온 학생 7명있었다. 그 후에는 신입생을 받지 않았고 본과반은 "문혁"이 폭발할 때까지 계속되었다. 1966년 8월에 진링金陵협화신학원은 다시 휴교되었고 교직원들은 교구에 있는 삼림농장에 가서 노동했다.

1952년 5월에 화북 지역에 세개의 신학원 즉 옌칭종교학원, 베이징신학원, 연합여자성도圣道학원은 연합을 시도하면서 삼원三院연합준비위원회를 구성했다. 후에 진링金陵협화신학원의 영향으로 1953년 4월 19일에 설립대회를 갖게 되었다. 앤징燕京협화신학원은 왕즈중王梓仲이 원무위원회 주석을 맡고, 쟝이전蒋翼振과 리뿌칭李步青이 부주석으로, 리룽방李荣芳이 교무장을 맡았다. 1953년 여름에는 베이징성결교회신학원, 써커우滠口루터교신학원, 후난성경학원, 베이징하나님의성회神召会진리학원, 화중협화신학원과 베이징향산영성학원 등이 연이어 베이징협화신학원에 합병되었다. 그해 3월에 베이징협화옌칭신학원 이사회를 열고 천충꾸이陈崇桂가 이사장을, 장창촨江长川이 부이사장을 맡았다.

그 외 당시 중국에서 유명한 신학원으로는 상하이영성학원灵修学院과 충칭신학원重庆神学院이 있었다.

1956년 8월에 상하이에 있던 중국 기독교 영수灵修학원, 중국기독교전도인휴양원, 화이언평신도怀恩业余신학원과 성경학사学社 등 4개의 신학교육기관은 연합하여 중국기독교상하이영수灵修신학원을 설립했다. 그리고 도학과道学科, 신학과, 평신도과业余科와 연수과进修科 4개의 학제를 시행했다. 주꾸이썬竺规身이 이사회 주석을 맡고, 지야위밍贾玉铭이 원장을 맡았다. 10월 3일에 영수학원이 개강행사를 거행했으며 우야우쭝이 방문하여 축사를 했다. 영수학원은 "단결 협력하며, 주안에서 하나가 되며, 믿음의 길을 따르며, 애국의 길을 걷는다"는 선언을 했다.[13] 그러나 1959년에 영수학원은 폐교됐다.

충칭신학원은 중국의 서남부 지역에 자리 잡은 신과神科, 도과道科, 성경과를 운영하는 초교파 신학원이었다. 서로 존중이라는 원칙에 입각하여 예배당에서 성가를 『보천성찬』普天圣赞과 『송주성가』颂主圣歌 두 가지를 사용했다. 주요한 과목에는 신구약성경 각권 연구, 성경총론, 조직신학과 성경신학, 그리스도의 생애, 교목학, 교회역사, 설교학, 성경지리, 성악圣乐, 국어, 헬라어, 영어, 애국주의학습 등이 있었다. 그러나 1960년에 폐교되었다.

화남지역에는 광저우협화신학원广州协和神学院이 있었다. 광저우협화신학원은 1914년에 설립되어 처음 사용한 학교이름은 광저우기독교협화신도神道학교였는데 미국, 영국, 캐나다, 뉴질랜드의 선교회들과 중화기독교회광둥협회, 중화성공회홍콩마카오교구, 중화기독교순도循道공회화남교구 등이 연합하여 설립했다. 1918년에 광저우협화신학원으로 개명했다. 1952년에는 광둥광시침례회연회, 루터회信义会, 충전회崇真会와 리쌘회礼贤会의 신학원도 연이어 합병되면서 광둥성 지역에서 유일한 신학원이 되었다. 원장은 쾅닝파邝宁法가 맡았고 1960년에 폐교되었다.

13 『天风』, 总第515号, 1956年, 10月, 17日, 第17页.

## 4. 예수가정의 해산과 워치만 니와 왕밍도 사건

1950년 초기 전국 숙반肃反운동과 삼자혁신운동의 전개에 따라 중국교회는 한차례의 "성전청결" 운동을 펼쳤다. 그때, 예수가정과 워치만 니 그리고 왕밍도는 징계를 받았다.

1949년, 예수가정耶稣家庭은 전국에 100여개의 가정을 두고 있었다. 그중 산둥 타이안 마쫭泰安马庄에 "본가"老家를 두어 약 300여 명이 거주하고 있었고, 기타 지역의 모임들은 "작은집"小家으로 불렀다. 예수가정은 초기에 삼자혁신운동에 적극적이었다. 그래서 『삼자 선언』에 처음 서명한 사람들 1,527명 중 예수가정이 381명을 차지하여 서명한 참여자가 가장 많은 교회였다. 그래서 삼자혁신운동의 초기에는 예수가정을 자립 자치와 토착화교회의 전형으로 평가되어 『텐펑』天风, 『전가』田家, 『은우』恩友 등 잡지에 예수가정을 소개하는 글들이 여러 편 발표되었다. 그리하여 본래 "조용했던" 예수가정은 크게 이름을 얻게 되었다. 1950년에는 찡띠앤잉敬奠瀛은 중화전국기독교협회 제14차 연회에서 자신들의 교양, 자양에 대한 경험을 소개했다. 그리고 1951년에 그는 "미국의 지원을 받는 기독교단체 처리회의"处理接受美国津贴的基督教团体会议에 참석하여 회장단 임원이 되었고 새로 설립된 중국기독교항미원조삼자혁신운동위원회 준비위원회 위원을 맡기도 했다.

그러나 사실 찡띠앤잉敬奠瀛의 지난 30여 년간 봉건가부장적인 치리로 예수가정은 폐쇄적이 되고 신도들을 노역奴役하고 착취하는 단체로 되어있었다.

중국이 토지개혁을 하면서 농민들이 토지를 얻고 노동에 대한 열정이 높아지고 삶이 개선되는 상황은 예수가정의 신도들에게는 큰 충격으로 다가왔고 그에 따라 내부에서 불만들이 터져나오기 시작했다. 그리하여 1952년초에 찡띠앤잉敬奠瀛은 상하이로 도피했다. 마쫭을 지키던 "가장"은 무력감을 느껴 전국기독교삼자혁신준비위원회에 편지를 써 도움을 청했다. 1952년 4월부터 8월까지, 산둥성 지방정부의 협조로 전국삼자혁신준비위원 3명이 마쫭에 들어가 혁신을 도왔다. 그리고 5월에 찡띠앤잉은 마쫭으로 돌아와 공소와 비판을 받았다.[14] 그때 비판되었던 내막黑幕은 봉건적 가부장제로 독재를 했고 신도들에게 욕설과 폭행을 행했고 혈연 가정을 해체하고 부부, 부모와 자녀 간에 단결하지 못하게 하고 각 가정의 수입을 전부 "가정"人家에 상납하게 하고 소위 말하는 "공동 생활"을 시행하면서 사유재산을 허락하지 않았다. 그리고 혼인을 도맡아 했고 신도들에게 가난한 삶吃粗穿破을 권장하면서 자신은 오히려 안락한 삶을 누렸다는 것이었다. 그래서 대부분 사람들의 요구와 희망사항에 따라 "가정"을 해체하고分家 혈연적 가정을 회복하고 재산을 분배하고 농업호, 공업호, 의약호, 교원호教员户, 귀가호回家户와 안치호安置户 등 상황에 따라 타당하게 배치했다.[15] 이 일은 10월에 기본적으로 종결되었다. 마쫭의 본집이 해체된 이후, 일부분 성도들은 그 지역에 남아 산둥 베이신쫭예수교당北新庄耶稣教堂을 세웠다.

산둥 마쫭 "본가"老家에서 진행된 혁신모델이 각 지역의 "작은집"小家들에까지 전개되면서 "분가"를 이루었다. 1952년 말에서 1953년 상반 년까지 난징, 상하이, 타이안 등 지역의 예수가정은 혁신하면서 해체되어 갔다. 1956년에 예수가정이 린취临朐, 마쫭 등 지역에서 일부 회복

14 敬奠瀛, 1952年, 被捕入狱, 1957年, 病逝于西安.

15 沈德容, "协助山东马庄耶稣家庭革新经过," 載于, 『在三自工作五十年』, 上海: 中国基督教基督教三自爱国运动委员会, 2000年, 第10-20页.

움직임이 있었지만 문화혁명이 시작되면서 모두 정지되었다.[16]

1948년 4월에 워치만 니는 집회처의 전국 지도자 자리를 회복했다. 신중국 성립 직전에 워치만 니는 상하이에서 전국 동역자 집회를 열어 내부적으로 "복음으로 혁명을 소멸하자"는 구호하에 공산당에 대항하기로 했다. 구체적으로 이민계획과 연해지역에 있는 성도들을 내지로 옮겨 새로운 사회에 대항하도록 했다. 삼자혁신운동이 진행되면서 워치만 니는 집회처는 일찍이 삼자를 이루었고 제국주의와 관계가 없기에 삼자운동이 따로 필요 없다고 했다. 그는 기회주의적으로 집회처에서 토치개혁에 대한 반대 서명을 『삼자 선언』에 대한 지지로 삼으면서 정치적 입지를 세우려 했다. 그래서 그는 미국의 지원을 받는 기독교 단체 처리에 관한 회의에 참석했다. 집회처는 삼자애국운동의 참석을 여러 번 번복했다. 1953년에서 1955년기간 많은 지역의 집회처들은 삼자애국운동에서 퇴출당하기도 했다.

그러나 워치만 니의 주요문제는 경제적인 부분과 혁명을 반대한데 있었다.[17] 40년대에 충칭에서 약품 장사를 하면서 국민당 군대에 군수약품을 제공하여 "군의소장"军医少将의 군대 계급을 수여받기도 했다. "오반"五反운동 과정에 동북군정위원회 공안부는 그가 중국생화제약공장 이사장 기간에 그가 범한 "오독"五毒죄를 찾아냈다. 1952년 4월에 선양에서 그를 체포했다. 조사과정에 그에게 반혁명의 혐의가 있음을 알아 상하이공안국에서 이송했다.

1956년 초, 상하이 공안국은 "상하이 기독교집회처 안에 워치만

16 陶飞亚, 『中国的基督教乌托邦研究—以民国时期耶稣家庭为例』, 北京: 人民出版社, 2012年, 9月, 第312页.

17 中国政府, 1951年, 2月, 公布了, 『中华人民共和国惩治反革命条例』, 1979年, 7月, 公布的, 『中华人民共和 国刑法』, 中明确列入反革命罪, 1997年, 颁布的新, 『刑法』, 取消了反革命罪.

니의 반혁명 집단이 은폐"하고 있는 것을 차출하여 그 중 핵심 인사들을 체포했다. 2월에 상하이에서 "워치만 니 반혁명 집단의 죄증전시회"倪柝声反革命集团罪证展览会를 열어 그들이 생산한 가짜 약, 가짜 싸인, 집회처 성도들의 재산 리스트와 증인들의 녹취록 등을 전시함으로 많은 사역자들과 신도들이 놀라기도 했다. 6월에 상하이시 최고인민법원은 워치만 니의 안건을 공개 심의하였고 상하이시 인민검찰원에서 워치만 니에게 공포한 죄목은 이렇다. 군사 정치 경제 정보를 빼돌렸고, 국민당에 대도시 발전공장들을 폭격하고 흡혈고둥吸血虫的钉螺을 저장 지역과 장수 연해江浙沿海 지역에 뿌리도록 종용하고 항미원조를 파괴하고 청년 신도들이 지원군에 입대하는 것을 위협하고 지원군에 가짜 약을 팔았으며 국가 자산 172억 원옛 화폐가 어치를 절도하고 신도들이 토지개혁을 반대하는 일에 서명하도록 선동하고 삶이 부패하고 부녀를 강간한 죄목 등이었다. 강간당한 부녀자들 중에는 여자 동역자들도 포함되어 있었다. 이런 죄목들로 워치만 니는 15년 형을 판결 받았다. 그가 상소했지만 1957년 1월에 최고인민법원은 상소를 기각하고 원심을 유지했다. 1972년에 워치만 니는 안후이에서 병으로 사망했다.[18]

1950년 삼자혁신운동을 시작한 이후 교회의 지도자들은 지속적으로 왕밍도王明道에 대한 설득 작업을 이어왔다. 1954년 7월에 있은 제1차 기독교전국대회에 참석하도록 설득하기위해 천짼전陈见真, 쟝창촨江长川, 주꾸이썬竺规身, 씨에융친谢永钦, 천충꾸이陈崇桂 등 5명의 기독교계 덕망이 높은 원로들이 직접 왕밍도의 집을 방문하여 설득했지만 그는 아예 문도 열지 않고 되돌려 보냈다. 왕밍도는 신앙의 다름을 빌미로 삼자애국

18 关于倪拆声案件, 可参考, 『当代中国的宗教工作』, 编辑委员会编, 『当代中国的宗教工作』, 北京: 当代 中国出版社, 2009年, 第204-209页.

운동에 참석을 거부할 뿐만 아니라 그가 편집자로 있는 『영양계간』灵粮季刊을 통해 삼자애국운동과 그 지도자들을 맹렬히 공격했고, 정부는 사실 삼자운동을 통해 기독교를 소멸하려 한다고 비판했다. 그리고 삼자애국운동의 지도자들을 "불신파"不信派로 비판하면서 "문장을 통해 비판하고 격렬한 언어로 그들을 공격하고 반대하고 모욕"했고 신도들에게 그들과 왕래를 완전히 단절하라고 요구했다. 이는 그 당시 중국 기독교의 반제국주의와 애국운동에 정면으로 반하는 행동이었다. 그가 한때 인정했던 "종교의 형식을 빌어 반혁명 활동"을 전개한 것이고 항미원조 기간에는 "성도들은 군대에 입대해서는 안 되며 감옥에 들어가더라도 군에 가지 말라"고 했고 "설교를 통해 정부와 공산당을 반대하는 생각을 퍼뜨리고 (중략) 신도와 정부의 관계를 이간하여 대립하도록 했다." 해외에서 그가 중국정부에 의해 총살되었다는 거짓 소문이 돌고 있음에도 "나와서 그 거짓을 잠재우지 않고 오히려 자신은 전 세계가 주목하는 사람으로 정부도 나를 맘대로 다루지 못한다고 생각하여 더 과감하게 정부와 대립했다."[19] 그래서 1955년 8월에 왕밍도 부부는 투옥되었다. 한때 감옥에서 왕밍도는 자신의 잘못을 인정하여 1년 후 석방되기도 했다. 1956년 9월에 그는 베이징 삼자 애국운동위원회 확대회의에서 공개적으로 "자아 검토"를 했다. 그는 잘못을 인정하면서 손실을 최소화하겠다고 했다. 그리고 얼마 지나지 않아 그는 잘못을 인정한 것을 부인하고 다시 원래의 입장을 고수했다. 따라서 그는 1958년 4월에 다시 체포되었다. 1960년에 베이징시 중급인민법원에서 반혁명죄로 무기 판결을 받고 평생 정치 권리를 박탈당했다.[20]

19 王明道, "我的检讨," 載于, 『天风』, 1956年, 第20期, 第7-8页.
20 王明道后于, 1979年, 保外就医, 移居上海, 1991年, 7月, 在上海病逝.

## 제2절 연합예배

### 1. 연합예배의 배경

20세기 초 기독교 역사에서 중요한 사건들이 발생했다. 하나는 기독교의 확장이고 다른 하나는 연합운동이다. 1910년의 에딘버러 선교대회는 기독교 연합 운동의 시작이었다. 19세기 이래, 서양 선교회와 선교사들은 복음을 중국에 전하는 동시에 자기들의 교파와 분열을 중국에 들여왔다. 교파 분열을 넘어 교회의 하나됨을 이루는 것은 식견 있는 중국교회 지도자들의 꿈이었다. 위꿔전俞国桢, 류팅방刘廷芳 자오즈천赵紫宸 쟈위밍贾玉铭 등은 미래에 중국교회가 있다면 그것은 반드시 교파가 나뉘지 않은 교회가 되어야 한다고 했다. 자립운동시기 일부 지역의 교회들은 연합 예배의 시도들을 했다. 그리고 교회의 행정, 경제 및 조직면에서도 부분적으로 연합을 이루기도 했다. 토착화 운동 중에 중국 기독교인들은 예식, 교회의 시가诗歌 등 면에서 통일하고자 하는 시도를 했다. 그러나 선교회 조직과 외국 선교사들의 지배로 중국교회의 하나됨의 꿈은 이루기 어려웠다. 1949년에 중국에 들어 온 서양 선교회와 교회 단체는 107개였고, 중국 본토의 작은 종파와 독립적이고 초교파적인 교회 단체들이 즐비하여 중국 기독교는 대략 130여 개의 교파와 교회기관들로 되어 있었다. 각 교파간에 교의, 교회제도의 차이에 늘 의견차이가 생기고 논쟁이 끊이지 않았다. 그로 인하여 중국에서의 기독교는 교파가 많고 조직 체계가 혼잡하고 각자도생하면서 분열되어 있었다.

삼자애국운동은 교파를 나누지 않는 중국 기독교의 애국운동이다. 이로 인해 중국교회는 잡다한 서양 선교회들의 통제와 속박에서 벗어나 독자적으로 사고하고 선택할 수 있게 되었다. 또한 중국 각 교회들은 애국주의 깃발 아래 다른 어느 때보다 더 긴밀하게 연락하고 상호 간의 이해와 인식을 더해 갔고 교파 간의 선입견을 많이 내려놓고 더욱 단결하게 되었다. 신학교 간의 통합, 제1차 전국회의에서 제기한 서로 간에 단결할 것에 대한 호소, 그리고 1956년 전국 삼자 제2차 전체위원확대회의에서 제기한 교파 간 조직기구와 인사 그리고 경제와 사업에 관한 협력의 구상은 모두 그 이후에 이룰 연합예배를 위한 좋은 토대가 되었다.

그러나 1958년, 좌경左倾 사조의 영향으로 국가가 총노선总路线 "대약진"과 인민공사의 "세개의 붉은 깃발"三面红旗를 주장하면서 전국 교회들은 사회주의 학습교육운동에 가담하게 되었다. 그 당시 소련의 종교학설의 영향으로 교회 교역자들도 착취계급으로 분류되어 그들 스스로 착취계급적 속성이 있음을 인정하게 하고 자산계급적 삶의 방식을 버리도록 사상의 개조를 하고 노동 인민들과 같이 스스로 생산에 종사하는 노동자가 되게 했다. 그리하여 1958년 봄과 여름부터 대량의 교역자들은 농촌과 공장으로 내려가 생산 활동에 종사하게 되면서 교회 사역을 위한 시간을 확보하기 어려웠다. 그리고 신도들은 사회 낙오자로 취급되면서 많은 이들은 더이상 교회에 예배하러 오지 않았다. 특히 대약진이 진행되면서 신도들은 생산에 종사하는 것과 교회 활동에 참여하는 것 간의 갈등을 더 겪게 되었다. 왜냐하면 농촌 성도들의 생산활동은 반드시 합작사의 통일된 배정에 따르게 되고 도시의 성도들도 의무노동에 필히 참여하게 되면서 교회 생활에는 큰 제약이 따랐기 때문이다. 그래서 교회에서 예배하는 인원수가 크게 줄어들었고 많은 예배당은 텅텅 비게 되었다.

예를 들면 베이징시에 명목상으로는 65개의 예배당이 있었지만 1958년 여름에는 한 명의 성도도 없는 예배당이 십여 곳이 되었고 성도 수가 20인 이하인 교회가 20여 곳이 되어 온 도시를 다 합하여도 예배에 참석하는 인원수는 5백 명을 넘지 못했다.[21] 상하이 기독교도 교회당과 집회 장소가 208곳으로 수용할 수 있는 신도 수는 3만 8천여 명이었지만 주일 예배에 참석하는 인수는 1만 7천 명에 머물렀다.[22] 성도들의 유실과 헌금의 감소로 교회의 경제적 어려움이 가중되어 교회 유지가 안되었다. 경제적인 어려움과 특정 시대의 시대적 요구로 자원을 통합하고 인력과 물력을 집중하고 남아도는 인력을 분산시키는 것은 어쩔 수 없는 선택이 되었다. 그래서 교회를 합병하고 연합 예배를 드리는 방향으로 나아가게 되었다.

## 2. 연합예배의 형성

1958년 상반기 『톈펑』天风 잡지에 6회 연속으로 "교파는 그대로 방치해야 하는가", "교파는 적당히 바뀌어야 한다", "상하이에 있는 각 교회기관들은 연합하여 사무를 볼 수 있다" 등등의 독자들의 편지가 실렸다. 이들은 모두 교회 연합의 필요성을 제기하고 인력과 물력을 절감하여 교회의 기타 사역과 사회주의 건설을 지원해야 한다고 주장했다. 『톈펑』 7, 8월 호에서도 "교파 문제를 논함"과 "중국 기독교의 빈식민지적 상황을 철저히 개변해야 한다"라는 두 편의 기고문이 실렸다. 교파는 기독교

21 沈德容, 『在三自工作五十年』, 第43页.
22 罗伟虹, "上海社会发展与宗教的兴衰," 载于, 『当代宗教研究』, 1995年, 第1期, 第5页.

가 사회주의 시대로 도약하는 장애이며 "중국 기독교가 아직 반半 식민지적 상황"이라는 것과 "제국주의 잡동사니"라는 비판이 가해졌고 더 나아가 제국주의가 중국을 분할하여 통치하려는 음모에 지나지 않는다는 단순화된 비판도 이어졌다. 기고문은 종교의 낡은 관습들을 과감하게 버리고 제국주의가 남긴 사분오열된 국면들을 마감해야 한다고 주장했다.[23]

1958년 3월, 닝버시 기독교는 모든 일을 통합적으로 관리하여 생산에 지장이 되지 않는 조건하에 종교활동을 적절하게 배정하고 "지금의 집회 장소와 가정교회의 활동을 모두 각 교회 안으로 통합"하는 방안을 제시했다. 그리고 경제도 통일적으로 관리하고 교역자들도 통일적으로 배정하고 재산도 통일적으로 관리함으로 "신도 수가 적고 자립할 수 없는 종교장소는 주변에 있는 교회당에 병합하는 등 4가지를 제안했다. 그리하여 닝버시는 전체 교회당 수를 271곳에서 20개 장소로 병합하고 시내 안의 24곳을 4곳으로, 후에는 한 곳으로 병합했다.[24] 4월에는 순도循道공회 원저우교구温州教区 웨둥乐东연합교구도 5리 이내의 모든 교회당을 병합하여 주일에 사역자를 파송하는 횟수를 줄였다. 전하이현镇海县의 26개 장소도 지역에 따라 병합했다. 5월에 원저우교회温州教会도 병합을 결정하고 합병 이후의 교회조직, 사역 제도 등 구체적인 조치도 취했다. 원저우교회는 본래의 교파명칭을 취소하고 인사, 경제, 조직형식을 통일하고 교회 장소도 그 지역에 적중한 위치에 두기로 하였다. 그들은 상호존중의 원칙에 따라 세례, 침례, 머리를 가리는 것蒙头, 안식일을 지키는 등에 관해서는 자주적으로 선택하게 했다. 성찬을 매월 한 차례 진행하고 여러

23 "彻底改变中国基督教的半殖民地面貌," 载于, 『天风』, 总第559号, 1958年, 8月, 25日, 第16页.
24 徐畅成, "基督教在宁波的轨迹," 载于, 『宗教』, 总第, 18期, 第107页.

컵 사용을 주장했다. 일정한 준비를 거쳐 윈저우교회温州教会는 7월 첫주일부터 연합예배를 드렸다.[25]

저장浙江 교회들의 연합예배 시행은 전국 각 지역의 적극적인 호응을 얻었다. 따라서 크고 작은 도시들에서 모두 교회당을 병합하고 연합예배를 드리기 시작했다.

1958년 7월 15일, 상하이시 교역자들은 "상하이시 기독교 사역자들의 사회주의 자아 개조 공약"을 제기하고 상하이시의 반식민지화된 교회의 상황을 확실하게 바꾸기로 했다. 그들은 교회와 교회단체들이 비대해지고 일은 적고 사람만 많은 상황을 바꾸어가며 점진적으로 상하이 각 교회당들의 비합리적 분포를 바꾸고 사회주의 상호협력의 새로운 풍토를 조성하고 인력과 물력을 절약해 가기로 했다.[26] 8월 12일, 13일, 15일에 상하이 기독교사회주의교육위원회는 3일 동안 연속으로 천여 명이 참석한 상하이기독교사역자 및 성도 대표대회를 개최했다. 회의에서는 각 구区에서 연합예배 준비위원회를 결성하고 구를 단위로 하여 연합예배를 시행하기로 했다. 회의를 마치고 각 구 연합예배준비위원회는 연합의 지역과 연합 이후의 사항들에 대해 반복적으로 토론하고 협상했다. 그리하여 "다른 사람을 합병해 온다"는 교만 심리와 "우리가 합병된다"라는 부당 심리를 극복하려 했다. 연합예배의 장소는 모두 규모가 크고 환경이 좋은 교회당을 선택했다. 서로 다른 의식과 습관, 예를 들면 어떤 이들의 큰 소리로 울고 떠드는 방식을 조율하거나 또 어떤 것들에 대해서는 적절하게 배려하면서 서로 존중의 원칙하에 총체적으로 진행해갔다. 그리고

25 "温州教会实行合并," 载于,『天风』, 总第561号, 1958年, 9月, 22日, 第20页.
26 "上海市基督教工作人员社会主义自我改造公约," 载于,『天风』, 总第577号, 1958年, 7月, 28日, 第15页.

연합 이후 어떤 교회당의 이름을 바꾸고 인사와 경제를 통일적으로 관리했다. 몇 주간의 준비를 거친 후 9월 7일에 상하이 교회연합 예배를 정식으로 드렸다. 상하이시 208개의 예배당을 22개로 합병했고 74명의 교역자만 남겼다. 1965년에는 예배당을 재차 합병하여 11개가 되었다.[27]

1958년 7월 베이징 교회들도 "실제적 상황과 수요를 고려하여 일부분의 교역자들만 남겨 그들이 사무적인 일과 주일예배설교 등 업무를 관장하도록 하고 (중략) 본래 65개의 교회당을 4개만 남겼다. 동서남북에 각 한 곳씩 남겨" 성도들의 예배에 편리를 제공했다.[28] 1962년 베이징시 기독교삼자애국운동위원회 제2차 대표회의를 열어 상호 존중의 원칙하에 서로 다른 교파 교회들이 모여 연합예배를 드렸다. 광저우广州 교회도 1959년 봄에 연합하기 시작하여 본래의 52개였던 교회당을 14개로 합병했다. 그리고 1960년에 두 번째로 합병하여 9개가 되었다.

1958년 여름과 가을에 따리大理, 선양, 난창, 하얼빈, 텐진, 잉커우营口, 난징, 항저우, 구이양, 양저우 등 중대형 도시에서 교회당을 합병하고 연합예배를 드렸다. 그리하여 1958년 말에는 거의 전국 교회들이 모두 연합 예배의 길에 들어서게 되었다.[29]

연합예배 이후, 교회는 본래 각 교단의 상급기관들구회, 중회, 대화, 총회등과의 관계는 실제적으로 단절되었다. 전국 각 교단, 조직, 기구들 예를 들면 중화기독교회전국총회, 중화성공회전국총의회, 중화기독교감리회공회중앙연의회年议会, 기독재립안식일회중화 총회 등은 명분상으로는 존재했지만 사실은 유명무실하여 아무런 활동도 전개할 수 없었다. 단 중화

27 孙金富编, 『上海宗教志』, 上海: 上海社会科学院出版社, 2001年, 第546页.
28 诚冠怡, "对北京教会新面貌的感想和希望," 载于, 『天风』, 总第559号, 1958年, 8月, 25日, 第21页.
29 沈德溶, 『在三自工作五十年』, 第44页.

성공회만이 1960년에 미국성공회가 대만 지역을 미국성공회 전도구역으로 정하는 것에 항의했다. "대약진" 기간에 각 교파들은 또 한 번 인원을 삭감하고 사무를 병합하였다. 사실 이미 더 이상 볼 사무도 없었고 거의 마비상태가 되었다. 1966년에 문화대혁명이 폭발하면서 각 교단 기구들과 교회들은 전부 활동이 중단되었고 교단 이름과 조직체계와 활동은 중국에서 자연적으로 종적을 감추게 되었다.

전국 각 지역 교회들이 지역에 따라 초교파적으로 연합예배를 실행하는 과정을 겪었는데, 푸젠福建성의 방식은 다른 지역들과 매우 달랐다. 푸젠성은 교회의 연합을 지역에 따라 진행하지 않고 본래 소속된 교파에 따라 진행하면서 본래 교파적 특성을 유지했다. 예를 들면 푸저우시福州에 본래 6개의 교단이 있고 43개 교회당이 있었다. 1958년에 교회당을 합병하여 5개가 되었는데 성도들은 원래의 교파 안에서 연합 집회를 가졌다. 예를 들면 화썅당花巷堂은 토요일 오전에 안식교가 집회하고 오후에는 참예수교회가 집회를 갖고 주일 오전에는 중화기독교회, 감리회와 성공회가 연합 예배를 드렸고 저녁에는 집회처聚会处가 모임을 가졌다.

연합예배의 목적은 중국 기독교의 반半식민지적 정황을 개변하고 특정한 역사적 조건 하에서 교회를 보전하고 인력과 물력을 통해 사회주의 건설을 지원하려는 데 있었다. 연합예배는 상호존중과 대의에 따라 작은 차이는 극복한다는 원칙에 입각하여 신앙과 의식의 차이에 따른 충돌은 피할 수 있었다. 이는 기독교의 서로 다른 종파들의 연합에 좋은 본보기가 되었다. 연합예배가 특정한 역사적 시기에 당시 좌경사조의 영향 하에 이루어졌지만 필경은 연합예배를 통해 교단이 난립하는 상황을 마감하고 중국 기독교는 새로운 시기에 진입하게 되었다.

### 3. 연합예배의 의의

교회당 병합과 연합예배는 교회이론, 교회정치, 교회제도, 조직체계 및 성례성직 등 여러 방면과 연결되어 있다. 연합예배를 진행하는 과정 가운데 일부 지역교회는 협력의 방안을 제시하고 교회제도 개혁의 연구를 진행했고 연합 이후의 중국교회에 대해 새로운 사고를 했다.

타이왠시太原市 기독교는 대외협력을 위한 계획을 제정하여 전 도시 연합예배를 진행함과 동시에 비교적 구체적인 교회제도 방면의 개혁도 단행했다. 예를 들면 조직기구차원에서 각 교회의 위원회, 집사회, 이사회 등 행정 사무적 기구들은 일단 모두 정지시키고 교회들의 모든 행정 사무를 통일적으로 삼자애국운동위원회 산하에 두었다. 교회의 예식, 규례, 시가诗歌의 내용에 있어서 각 교회는 각자의 예배의식을 고집하지 않고 같은 시가를 사용하고 성가 수정팀을 만들어 시가의 내용에 대해 개혁했다. 외래 도서에 대해서는 모두 비판적으로 받아들이고, 믿음과 행위가 하나임을 주장하고, 사회주의에 유익한 교리들을 강조했다. 성도들이 노동을 사랑할 것을 권장하고 자연을 정복할 수 있다는 신념과 시비를 밝히 분별하고 적아敌我의 구별을 명확히 할 것을 주장했다. 자발적으로 개혁을 진행한 교파들에 대해서도 관련 규정들을 내놓기도 했다.[30]

스촨四川성 완현万县의 중화성공회, 루터회, 포교회布道会와 집회처는 연합 이후 각 교회 책임자들로 교무연구팀을 만들어 교회의 예식, 규례에 관해 규정을 정하고 연합으로 교무사역을 추진해 갔다. 상하이시 교회는 연합을 추진하면서 각 지역의 연합예배 준비위원회를 구성하여 일

30 "太原市基督教改革不合理的教会制度," 载于, 『天风』, 总第561号, 1958年, 9月, 22日, 第20页.

정한 기간의 준비를 마친 후 연합예배를 위한 교회 체제를 공식적으로 출범시키려 했다. 그러나 형세의 발전 변화로 이 계획은 시간적 제약성으로 인하여 이루어지지 못했다.

중국교회가 단시간 내에 연합예배를 성사시킬 수 있었던 것은 첫째, 중국문화는 조화와 포용성을 좋아하여 서로 다르면서도 조화를 추구하고 자기의 입장만을 고집하지 않았기 때문이었다. 둘째로 사실 대다수 중국 기독교인들은 교파 의식이 강하지 않았고 그들이 교회에 가입한 것은 어떤 교파적의 특별한 교의에 의한 것이 아니었다.

셋째, 각 교회들은 삼자애국운동이라는 토대 위에서 서로에 대한 이해와 단결을 강화할 수 있었다. 넷째, 그 당시 특수한 사회적 조건하에서 중국교회는 자신을 보존하기 위해 연합하지 않을 수 없었다. 각 교파 교회지도자들은 교파가 서양 교회에 주는 의미도 알고 교파주의의 폐단도 분명히 알고 있었기에 중국에서는 그것이 유익보다 폐해가 더 크다고 생각했다. 이들의 지지와 주도하에 연합을 이루면서도 상호존중과 구동존이求同存异의 원칙하에 신학과 예식 방면에서 일정하게 각자의 전통도 살렸다.

중국교회의 연합예배는 기념비적 의미를 가지며 중국 기독교의 발전에 심원한 영향을 끼쳤다. 그것은 삼자애국운동의 결과이자 또한 삼자애국운동의 추진 과정이었다. 연합예배는 중국기독교의 교파주의 국면을 마감하고 교파주의 벽을 허물었기에 중국교회가 하나됨의 길에서 큰 진전을 이루었다. "몇 십년의 중국 기독교인들의 하나됨의 소망을 이루었다. (중략) 중국교회는 더 이상 제국주의 선교회의 부속 기관이 아니며 명실상부한 독립자주 교회로 태어났다."[31] 연합 예배의 모델은 또한 기독교의 보편 합일 운동에 하나의 실천적 경험과 가능한 방식을 제공함으로 중국 기독교가 세계교회에 제공한 하나의 기여이기도 하다. 이는 "지난 30년간의 가장 중요한 역사적 돌파와 쾌거가 아니더라도 적어도 가장 중요한 역사적 돌파와 쾌거 중의 하나는 될 것이다."[32]

그러면서도 연합예배는 각 교파 교회들이 장기간 준비하고 대화하고 협상하여 이룬 것이 아니다. 그래서 교파를 단지 기독교의 식민지적 특징으로 보았고 연합에 대해서도 신학적 검토를 충분히 한 후 이룬 것이 아니어서 그 기초는 약했다. 연합의 과정에 일부 지역에서는 기계적 합병을 이루면서 성급하게 추진된 면도 있었다. 이는 오늘에 와서 중국교회가 연 예배의 형식을 더욱 강화함과 동시에 교회론, 예배예식, 교회 제도 등 면에서 계속 탐구해 갈 것을 요청한다.

## 제3절 기독교 유명 인사

### 1. 우야우쭝 吴耀宗

우야우쭝은 1893년 11월 4일에 광둥성 광저우시의 비기독교인 가정에서 태어났다. 그는 어려서부터 총명하고 배우기를 좋아했고 성적이 우수했다. 그는 1913년에 세무전문학교를 졸업하고 광저우, 뉴우쫭 牛

31 "这一年," 载于, 『天风』, 总第567号, 1958年, 12月, 19 日, 第4页.
32 "评信仰与教制大会," 载于, 『天风』, 1993年, 第11期, 第30页.

庄 등 지역 세관에서 일했다. 1917년에는 베이징 세관 총서로 옮겨 일했다. 그는 세관에서 일하면서도 자주 우주의 의미, 인생의 목적 그리고 중국의 미래 등 문제를 고민했다.[33]

그림 140 우야우쭝

우야우쭝은 일찍 베이징 기독교 청년회의 활동에 참석했다. 어느 날 그는 신약 마태복음 중 산상수훈을 읽고 크게 감동을 받았다. "그 순간 나는 자기도 모르게 그 빛나는 형상에 항복하여 주여 당신은 나의 구주이십니다."고 고백했다.[34] 그 후 우야우쭝은 기독교 신앙에 뜨거운 열정을 갖게 되었고 1918년 여름에 세례를 받았다. 1920년에는 우야우쭝은 그 당시의 "철밥통"으로 불리는 세관직을 포기하고 베이징 청년회에서 일하게 되어 학생부 간사와 주임 등 직분을 맡았다. 우야우쭝이 풍족했던 세관 직무를 포기했던 것은 애국 사상 때문이었다. 그는 영국 제국주의자들이 중국 인민들의 피땀을 빨아먹는 일에 가담하고 싶지 않았다.[35] 그리고 기독교를 사랑해서였다. 그가 하나님을 믿게 된 것은 인생에서 보다 고상한 것을 추구하기 위해서였지 명예와 이득과 같은 물질적인 향락에 있지 않았다.[36]

33 江文汉, "吴耀宗一中国基督教的先知," 载于, 『回忆吴耀宗先生』, 上海: 中国基督教三自爱国运动委员会, 1982年, 第19页.

34 吴耀宗, "我所认识的耶稣," 载于赵晓阳编, 『中国近代思想家文库: 吴耀宗卷』, 北京, 中国人民大学 出版社, 2014年, 第145页. 吴耀宗在他其他的著作中也以相似的语言叙述了他接受基督教信仰的经过, 参吴耀宗, "一个基督徒的自白—基督教与唯物论," 载于, 『天风』, 总第102期, 1947年, 12月, 27日, 第4页; 吴耀宗, 『黑暗与光明』, 上海: 青年协会书局, 1949年, 第76页.

35 管易文, "忆念知友耀宗先生," 载于, 『回忆吴耀宗先生』, 第11页.

36 邓裕志, "基督教界的杰出思想家吴耀宗先生," 载于, 『回忆吴耀宗先生』, 第66-67页.

1927년에 우야우쫑은 미국 콜롬비아대학으로 유학갔고 귀국한 후 상하이 중화기독교청년회 전국협회에서 학교팀校会组 간사를 맡았다. 그리고 1934년에는 출판팀 팀장과 청년협회 서회书局의 총편집을 맡기도 했다. 그리고 1937년에 우야우쫑은 다시 미국으로 가서 뉴욕 유니온 신학교에서 기독교 사상가 폴 틸리히와 라인홀더 니버의 학생이 되었다.[37] 그리고 다음해 3월에 청년회 전국협회 출판부 책임자가 되었다.

우야우쫑은 일찍 "섬김을 받으려 하는 것이 아니라 섬기려 함이라"는 성경의 교훈과 인도의 성자 간디의 영향으로 평화주의唯爱主义를 받아들여 인격구국人格救国의 주장을 했다. 1931년에 그는 『평화』唯爱라는 계간중문판의 편집을 맡았고 후에 기독교 평화사唯爱社 중국지부 주석을 겸직했다. 9.18사건으로 중국 동북지역은 일본에 점령되었다. 우야우쫑은 민족을 향한 의분에 쌓였고 그는 항일애국의 진보 인사들과의 교류를 통해 그의 사상에 큰 변화를 겪었다. 그 결과 그는 절대 평화주의만으로 중국을 구할 수 없다고 생각하여 평화주의 사상을 포기했다. 그는 "전국각계구국회", "동북회", "국난교육회" 등 항일구국 운동 단체에 가입하여 항일 애국 선전 활동에 동참했고 구국 활동에도 종사했다.

1937년 루거우차오 사건卢沟桥事变 이후 중국은 전국적인 항전을 시작했다. 우야우쫑은 중국 공산당의 항일 민족통일전선 정책을 지지했고 쑹칭링宋庆龄이 발기한 "보위중국대동맹"保卫中国大同盟에 가입했다.

1938년과 1941년에 우야우쫑은 한커우汉口와 충칭에서 저우언라이와 세 차례의 회담을 했다. 저우언라이는 그에게 중국 공산당의 종교정책을 설명했고 마르크스 레닌주의자들은 무신론자이긴 하지만 종교 신앙

37 罗伯特, 傅尔登, "回忆吴耀宗片断," 载于, 『回忆吴耀宗先生』, 第117页.

의 자유를 존중하며 종교 인사들과 협력하여 함께 항일하기를 원한다고 했다. 이번 만남은 우야우쭝에게 많은 계발을 주었고 공산당에 대해 더 깊은 이해를 갖게 되었다.

1941년에 우야우쭝은 청년협회 서회와 함께 스촨 청두의 화서빠华西坝로 자리를 옮겼다. 이듬해에 그는 기독교연합출판사 사장을 겸직했다. 그 기간 그가 편역하고 출판한 진보적 성향의 책들인 『청년총서』는 수십 종에 달한다. 예를 들면 "사회주의 새 역사", "이윤을 반대하는 제도", "오늘의 소련" 등이다. 우야우쭝은 청두의 청년 학생들이 항일 민주 운동에 가담하는 것을 지지했고 그들에게 여러 가지 편리를 제공하기도 했다.

1942년에는 『공보』公报에 "기독교와 새로운 중국"이라는 글을 발표했다. 그는 기독교는 새로운 중국의 건설에 아래와 같은 기여를 할 수 있다고 했다. 첫째, 중국 인민들에게 중국 민족과 정의와 공리는 반드시 승리할 것이라는 신념을 세워줄 수 있고, 둘째로 기독교는 국민들이 희생과 자기 극복과 섬김의 정신을 북돋아 줄 수 있다. 셋째, 기독교는 새로운 중국의 건설에 많은 유용한 인재를 제공할 수 있다. 넷째, 기독교는 민주정치의 실현을 촉진하는 동력이 될 수 있다. 기독교는 사람의 개성, 인간의 가치와 존엄을 존중한다. 이는 민주정신의 기초이며 기독교의 자유 평등 박애의 정신은 민주정치의 실현을 촉진하게 될 것이다.[38]

1943년 그는 『하나님을 본 사람은 없나니』没有人看见过上帝를 완성했는데 이 책이 그의 신학적 대표작이 된다. 이 책에서 그는 그의 독특한 하나님 이해, 숭고한 기도, 과학적 진리관을 소개했는데 이는 기독교와 유

38 吴耀宗, 『黑暗与光明』, 第332-335页.

**그림 141** 『하나님을 본 사람은 없나니』(没有人看见过上帝)

물론 간의 대화를 한 시도였다.[39] 1945년에 우야우쭝은 청두에서 『텐펑』天风 잡지를 창간하고 기독교의 사회 생활에 대한 기본적 입장이 자유, 평등, 박애임을 제시했다.[40]

항일전쟁이 승리로 끝난 이후, 우야우쭝은 1946년 초에 상하이로 돌아와 국공 내전을 반대하는 애국 민주운동에 투신했다.

6월에 우야우쭝은 상하이의 인민단체평화 청원회에 참석하고 난징에 가서 국민당 정부에 청원하다가 "싸관참사"下关惨案[41]를 겪게 된다. 그 이후, 우야우쭝은 정치적 입장이 더 확고해지면서 "기아를 반대하고, 내전을 반대하며, 박해를 반대"하는 애국 민주 운동을 지지하고 그 운동에 참여했다.

39 吴耀宗, "没有人看见过上帝," 载于赵晓阳编, 『中国近代思想家文库: 吴耀宗卷』, 第59-136页.

40 按照他的解释, 刊名, 『天风』, "没有特别的意义, '天风,' 二字在中国文学上是一个熟识的名词, 它也多少带点宗教的意味. 在现在忧患交煎的时候,我们愿意同着读者, 仿佛登了一 个高山, 仰观俯察, 愿顾后瞻前, 让天上飞来的清风, 把我们混乱了的脑筋, 吹的清醒一点, 把我们迷糊了的视线,弄的明亮 一点, 把我们沉闷了的心情,煽的火热一点, '天风,' 的意义, 如此而已." 参吴耀宗, 『黑暗与光明』, 第6页.

41 역자주: 싸관참사는 국민당이 본격적으로 공산당에 전면적인 공격을 시행하는 첫 사건이 된다.

1948년 부활절에 그는 『텐펑』에 "기독교와 시대적 비극"이라는 글을 발표했는데, 기고문에서 그는 중국 기독교 안에 적지 않은 사람들은 무의식 중에 제국주의와 문화 침략의 도구가 되어있다고 했다. 기독교는 반드시 자체적 개혁을 시행해야 하며 그렇지 않으면 도태되고 말 것이라 했다. 본래 그리스도를 본받아 인민의 편에 서서 고난을 함께 감내해야 하는 교회가 오히려 인민을 압박하는 세력이 되었다고 했다. 그러면서 "어찌 진정한 기독교인이라면 이러한 상황에서 마음에 고통을 느끼지 않겠는가!"라고 말했다.[42] 그리하여 우야우쭝은 외국 선교사들의 반대를 받았고 결국 『텐펑』 사장직을 내려놓아야 했다.

그러나 중국인민해방군의 연이은 승리에 우야우쭝은 "국가의 미래를 보았고 기독교 혁신의 가능성을 보았다."고 했다.[43] 건국 전야에 그는 『대공보』大公报에 "기독교의 개조"라는 글을 발표했는데 그는 거기서 기독교가 바뀌어야 할 4가지에 대해 썼다. 첫째, 기독교는 반드시 자본주의, 제국주의의 체계에서 벗어나야 한다. 둘째, 중국교회는 반드시 이전에 제기했던 자립, 자양, 자전의 원칙으로 돌아가야 하며 그리하여 진정한 중국교회가 되어야 한다. 셋째는 기독교는 반드시 현재의 시대를 알고 자신의 과거의 역사를 알아야 한다. 그래서 역사를 거울삼아 미래를 향해 나아가야 하며 낡은 것은 버리고 새로운 것을 세우고 어둠을 버리고 광명에로 나아가야 한다. 넷째로, 기독교는 반드시 그 시대적 큰 흐름에 뛰어들어 모든 평화와 민주를 사랑하는 사람들과 같이 하고 (중략) 공동의 노력으로 새로운 중국을 건설해야 한다."[44]

42 吴耀宗, "基督教的时代悲剧," 载于, 『天风』, 第5卷, 第40期, 1948年, 4月, 10日, 第2–4页.

43 曹圣洁, "对祖国和教会至诚的爱— 吴耀宗先生的处境伦理思考与实践," 载于, 『吴耀宗生平与思想研讨』, 上海: 中国基督教三自爱国运动委员会, 1995年, 第71页.

1948년 12월 우야우쭝은 세계기독교학생동맹이 스리랑카 콜롬보Colombo에서 개최한 "아시아 기독교 사역자 지도자 회의"에 참석하고 그 후 홍콩을 거쳐 베이징에 도착하여 새로운 정협政协의 준비작업에 참여했다. 1949년 9월에는 그는 종교계의 대표로 중국인민정치협상회의 제1차 전체회의에 참석했고, 전국위원회 위원으로 당선되었고, 그 후 상무위원으로 선출되어, 『공동강령』共同纲领의 제정 작업에도 참여했다.

정협 회의 이후, 그는 적극적으로 인민정협의 『공동강령』을 소개하고 선정했다. 그리고 기독교 대표단을 조직하여 『삼자 선언』의 초안을 만들어 삼자 애국운동을 창도하고 이끌어 갔다.

우야우쭝은 시종일관 사회에 관심을 가지고 국가대사에 민감하며 나라를 구하고 사람을 구하는 일에 앞장섰다. 중화인민공화국이 성립 이후 그는 중국인민대표대회의 대표로, 상무위원회 위원으로 선출되었고, 제1차, 2차 전국정협의 상무위원으로, 제3, 4차 전국정협 위원 및 정무원 정치법률위원회 위원으로, 화동지역 행정위원회 위원, 화동지역 문교위원회 위원, 중국인민구제총회의 부주석 등 요직을 담당했다. 우야우쭝은 세계평화이상회 이사로 오랫동안 있었고, 국제평화회의에 여러 차례 참석하면서 각국의 동료들에게 신중국의 위대한 성과를 소개하고, 각국 인민간 종교간 이해와 우의를 증진하는데 앞장섰고, 제국주의와 식민주의를 반대하고 세계평화를 지키는 일에 큰 기여를 했다.[45]

우야우쭝은 중국 기독교의 발전에 관심을 가졌고 중국교회의 발전을 위한 구상을 게을리하지 않았다. 1956년 3월 중국기독교삼자애국운

44 吴耀宗, "基督教的改造," 载于, 『天风』, 第8卷, 第1期(总第173号), 1949年, 7月, 30日, 第8-10页.

45 沈德容, "吴耀宗先生生平," 载于, 『吴耀宗先生逝世十周年纪念文集』, 上海: 中国基督教三自爱国运动委员会, 1989年, 第3-4页.

동위원회 제2차 전체위원회확대 회의에서 그는 "우리 기독교의 근본적인 사명은 예수 그리스도의 구원의 복음을 간증하는 것이다. 동시에 은혜를 입은 자녀로서 그가 속한 시대 속에서 하나님의 뜻과 그분의 섭리를 간증하는 데 있다."고 했다. 그는 "세 가지 간증, 10개의 임무"라는 큰 그림을 제시했고 그 목적은 "중국교회를 위대한 조국과 부합하는 교회를 건설"하는데 있었다.[46] 10가지 임무는 그 당시 중국교회가 교회를 온전히 세워 가는데 강한 지도적 의미와 현실적 가치를 지녔다. 아쉬운 것은 우야우쭝의 "3개의 간증과 10개의 임무"도 좌경화된 정치적 형세 속에서 "그 영향력을 온전히 발휘하지 못하게" 되었다는 것이다.[47]

1961년 8월에 우야우쭝은 장원한江文汉과 오랜 시간의 대화를 통해 교회 건설에 관한 구상을 내놓았다. 예를 들면 교회를 위한 인재를 양성하기 위해 수준 높은 신학원을 세우고, 기독교 출판과 기독교 사료 연구에 관련된 5년 계획을 제정했다. 그러나 문화대혁명이 발발하면서 이러한 계획은 모두 물거품이 되었다.[48]

1962년부터 1966년까지, 우야우쭝은 고령의 몸으로 근시가 심하고 행동도 불편한 상황임에도 매일 정해진 시간에 출근했다.[49] 문혁 기간에는 우야우쭝도 다른 이들처럼 큰 충격을 받았다. 그래서 온갖 고초를 다 겪으면서도 진리는 절대적 권위가 있음을 굳건히 믿었다.[50] 그는 다른 교회 지도자들에게 "50명의 우리와 같은 이들만 남는다면 기독교는 다시

46 吴耀宗, "关于中国基督教三自爱国运动的报告," 载于,『中国基督教三自爱国运动文选』(1950-1992), 第68-82页.
47 沈德容,『吴耀宗小传』, 上海: 中国基督教三自爱国运动委员会, 1989年, 第67页.
48 江文汉, "吴耀宗一中国基督教的先知," 载于,『回忆吴耀宗先生』, 第57-58页.
49 中国基督教三自爱国运动委员会编,『回忆吴耀宗先生』, 第217-218页.
50 江文汉, "吴耀宗一中国基督教的先知," 载于,『回忆吴耀宗先生』, 第58页.

**그림 142** 우야우쭝 선생 서거 10주년 기념회의

부흥을 맞이하게 될 것"이라 말했다고 한다.[51] 우야우쭝은 만년에 "병으로 허약한 체질이었지만 지난 30년간 기독교 사업을 위해 혼신의 힘을 다 쏟았기에 심신은 심히 지치지만 그야말로 모든 정력을 다 쏟았기에 후회 없을 듯하다."고 말했다.[52]

1979년 6월 초, 상하이시 기독교삼자애국운동위원회는 문화혁명 이후 첫 회의를 열었다. 그때 오랫동안 병석에 있던 우야우쭝은 휠체어를 타고 회의 현장을 방문하여 동료들을 문안했다. 9월 2일에는 상하이 무언탕沐恩堂이 예배를 회복했다. 이 소식은 다년간 중국 기독교를 위해 모든 것을 바친 우야우쭝에게는 그야말로 "마치 엄동설한을 보낸 후 초봄을 알리는 뇌성을 들은 것처럼" 그의 아픈 마음에 큰 위로로 다가갔을 것이다.[53]

51 曹圣洁, "追忆吴耀宗先生的往年,"『境遇中的思考』, 上海: 基督教全国两会, 2010年, 第354页.

52 谢扶雅, "吴耀宗与斯宾诺莎哲学," 載于,『谢扶雅晚年基督教思想论集』, 香港: 基督教文艺出版社, 1986年, 第46页.

53 汪维藩, "试论吴耀宗先生的神学思考," 載于,『吴耀宗生平与思想研讨一纪念吴耀宗先生诞辰 100 周年』, 第131页.

사실 그는 얼마나 그 집회에 참석하고 싶었겠는가! 그러나 그의 병은 이미 심화되었고 의사의 만류로 참석하지 못하고 9월 17일 새벽에 그는 상하이에서 서거했다.

우야우쭝은 기독교 지식인으로서 5·4운동과 반기독교운동非基运动의 영향을 강하게 받아 과학과 이성에 근거하여 신앙에 대해 깊은 성찰을 했다. 그는 애국·애교하고 진리를 추구하고 하나님을 신봉했지만 맹목적으로 믿지 않았다. 신학적으로는 사회복음의 영향을 많이 받아 그리스도의 복음은 개인을 구원하는 종교일 뿐만 아니라 사회를 개조하는 복음이라 생각했다. 그는 실제 행동을 중히 여기는 종교개혁자이자 사회 활동가였다. 그는 일찍 1925년에 "나는 평생을 중국을 개조하고 건설하는 사업에 바치겠으며 그 방법은 정신적이고 운동적인 방식으로 진행하겠다."고 다짐했다.[54] 그가 평생 추구하는 것은 어떻게 효과적으로 중국 사회를 개혁할 것인가였고 그가 기독교 신앙을 받아들이고 더 적극적으로 행동할 수 있는 이론적 기초를 갖게 되는 것이었다.[55] 그의 하나님과 그리스도에 대한 신앙은 교회를 개혁하고 사회를 섬기는 더 큰 내적 동력이 되었다.

우야우쭝은 기독교가 마땅히 사회에 영향을 미치고 개조하는 일에 앞장서야 한다고 생각했지만 그 당시 기독교는 중국에서 시대에 뒤떨어져 있다고 판단했다. 그래서 새로운 사회적 상황 속에서 기독교에 대한 새로운 이해를 얻으려 노력했다. 그리하여 기독교 신앙은 자신의 중국인의 신분에 공감하고 조화를 이룸으로 중국인들이 기독교에 대한 인상을 바꾸고 "양교"洋教의 부정적인 시각에서 벗어나야 한다고 생각했다. 그의

54 张化, "为什么吴耀宗先生会成为三自爱国运动的领袖," 載于, 『吴耀宗生平与思想研讨—纪念吴耀 宗先生诞辰100周年』, 第137页.

55 吴利明, 『基督教与中国社会变迁』, 香港: 基督教文艺出版社, 1990年, 第74-75页.

생각과 행동은 처음부터 끝까지 애국 그리고 애교와 갈라놓을 수 없었다. 장원한江文汉은 우야우쭝은 "우리 나라 기독교의 첫 선지자"라고 했고, 까우쌍런高尚仁은 그는 "기독교 선진 사상의 지도자"로, 덩위즈邓裕志는 그를 "걸출한 사상가"와 "애국·애교의 모범"으로, 딩광쉰丁光训은 그를 "좋은 선생과 좋은 벗"으로 기독교 "사상가이자 실천가"로 각각 평가했다. 그의 동역자였던 류량무어刘良模는 우야우쭝을 "경건한 그리스도인이자 나라를 사랑하는 중국인"으로 그리고 중국기독교삼자애국운동의 "초석을 놓은 사람"으로 평가했다. 우야우쭝은 참으로 시대 정신에 민감하게 대응하면서 분명한 역사 의식을 소유한 기독교의 탁월한 사상가이자 실천가로, 걸출한 교회 지도자이자 시대가 낳은 기독교의 위인伟人이었다.

## 2. 자오즈천赵紫宸, 쟈아위밍贾玉铭과 천충꾸이陈崇桂

자오즈천1888-1979은 20세기 중국 기독교 걸출한 신학자이자 신학교육가이며 기독교 작가 시인 성가작가圣诗作家이자 교회 지도자다. 그는 국제 기독교 사상계에서 높은 명성을 얻었고 그를 "동방인의 심령으로 기독교 신앙을 해석한 수석 학자", "근대 중국에서 가장 큰 영향을 지닌 신학자"라는 평가를 받는다.

자오즈천은 저장성 더칭현德清县 씬쓰전新市镇에서 불교와 민간 종교의 영향을 깊게 받고 어릴 때부터 서당 교육을 받았기에 국학에도 깊은 조예를 갖고 있었다. 15세 때에 수저우苏州 추이잉翠英중학교에서 공부했고 1907년에는 동오东吴대학에 입학하고 거기서 세례받고 감리교에 가입했다. 1910년에 대학을 졸업하고 문학학사를 받았고 1914년에는 미국으로 유학을 떠나 밴더빌트 대학교에서 공부하여 1916년과 1917년에 연이어 사회학 석사와 신학사 학위를 받았다. 그는 성적이 우수하여 그 학교의 "창립자상"创校者奖章을 받았다.

그림 143 자오즈천

학업을 마치고 귀국하여 모교인 동오대학에서 철학과 교수로 가르쳤다. 후에 학교 교무장과 문리대학 학장도 맡았다. 1926년에는 스튜어트司徒雷登의 요청으로 앤징대학교燕京大学 종교대학에서 가르쳤다. 1928년부터는 종교대학 학장으로 20여 년간 봉직했다. 1939년에서 1940년 사이, 짧은 기간 쿤밍에서 성공회 원린탕文林堂의 사역도 감당했다. 1941년에 자오즈천은 성공회로 교단을 옮겨 홍콩에서 허밍화何明华 주교에 의해 성공회 성직자로 안수를 받았다. 진주만 공습 이후, 앤징대학 11명의 교수과 함께 자오즈천은 일본군에 체포되어 193일간 투옥되기도 했다. 1947년에 자오즈천은 미국 프린스턴대학교에서 명예신학박사를 받았다. 그리고 1949년에는 중국 기독교의 5명 대표 중 한 명으로 새로 소집된 정협회의政协会议에 참석했다. 1950년에 그는 삼자혁신 운동에 적극적으로 참석하여 초기 『삼자 선언』에 서명한 40여 명의 교회 지도자 가운데 한 명이 되었다. 1953년에는 새롭게 설립한 앤징협화신학원 연구교수가 되었고, 1962년에 앤징신학원이 진링金陵협화신학원에 병합될 때 그는 명예교수로 피택되었다. 그러나 그는 난징에 가서 복직하지는 않았다. 1952년 공소운동控诉运动 기간 맹렬한 비판을 받았고 성직이 박탈되기도 했다. 1957년에는 우파로 몰려 문화대혁명 기간에는 큰 충격을 받았다. 그리고 돌아가시기 전에 명예회복이 되었다.

자오즈천은 에큐메니칼 교회운동의 적극적인 참여자이자 추진자로 세계 기독교계에서 큰 명망을 가졌다. 그는 중국기독교 대표단의 일원으로 1928년, 1938과 1947년 각각 예루살렘, 인도 마드라스와 카나다 휘트비에서 개최한 세계선교대회에 참가했다. 그리고 1948년 네덜란드 암스테르담에서 개최한 세계기독교교회연합회 창립대회에서 동아시아 교회 대표로 6명의 회장단 중 한 명이 되었다. 그리고 1951년에 세계교회협의회와 한국전쟁에 대해 의견을 달리하면서 그는 회장직을 사퇴했다.

자오즈천은 동서양의 학문에 조예가 깊었고 평생 동안 기독교와 중국문화의 융합의 문제에 매진했고 중국의 자체적 신학의 구성에 헌신했다. 1920년대부터 그는 적극적으로 기독교의 토착화, 중국화의 길을 모색했다. 그는 중국 기독교가 "양교"의 이미지를 벗어나기 위해서는 자체적 토착교회와 토착신학을 구성해야 한다고 했다. 비록 그가 중국 기독교 신학의 구성에 있어서는 일관되었지만 그의 전기와 후기의 신학은 매우 달랐다. 1920년대 새로운 사조, 비기독교 운동 그리고 민족주의가 기독교에 강한 도전을 가져왔기에 그의 초기의 신학은 하나님의 내재성을 강조하고 기독교는 이성적이고 과학적이고 애국적이어야 한다고 강조했다. 그에게서 서양 자유주의 신학과 중국 유가 인문주의의 영향이 뚜렷하게 나타난 것이다. 그러나 1930년대 시국의 변화로 특히 일본이 중국을 침략하면서 그는 인간성에 대한 낙관주의적 태도를 버리면서 그의 신학적 사고에도 변화가 생겼다. 1930년대 후반 특히 그가 감옥의 삶을 경험하고 나서 그의 신학은 근본적인 전환을 이루었다. 그는 계시를 강조하고 기독교 전통이 신학에서 갖는 중요성을 강조하여 하나님의 초월성에 집중하면서 인간이 구원 문제에 있어서의 무능력을 인식했다. 물론 그의 신학은 여전히 상황적이었다. 그는 토착교회와 토착신학에 대한 구상도 고립적으로 이루어지는 것이 아니며 중국교회와 보편교회도 불가분리적 관계에 있다고 인식했다. 그리하여 그는 중국의 토착교회가 교파주의를 벗어나 자양, 자치, 자전의 기초 위에 이루어져야 하지만 중국교회와 서양교회 간의 관계 문제도 균형있게 다루면서 타당하게 이루어야 한다고 했다.

자오즈천은 일생에 수많은 작품을 냈다. 대표저서로는 『기독교철학』, 『예수의 인생철학』, 『학인』学仁, 『예수전』, 『바르트의 종교사상』, 『중국문화에서 기독교까지』, 『기독교 이해』基督教进解, 『성 바울 전』, 『투옥기』, 『기독교 윤리』, 『신학 4강』 등이 있다. 그외 에도 방대한 신학 논문, 단편短论, 시평, 설교, 기도문 등이 있고, 시집으로는 『고기잡이』大鱼, 『유리소리』玻璃声이 있으며, 편역한 성가집으로는 『공동체 성가집』, 『민중 성가집』 등이 있다. 그의 대부분의 작품은 상무인서관商务印书馆과 종교문화 출판사에서 5권으로 출간한 『자오즈천 문집』와 『자오즈천 성악圣乐 전집』에 수록되어 있다.

쟈아위밍贾玉铭, 1880-1964, 자는 덕신德新, 호는 성오惺吾, 산둥성 안츄우安邱 사람으로 창러昌乐현 쑈오링小岭촌에서 태어났다. 어릴 적 미국 장로회에서 개설한 러따오乐道원에서 공부하고 중학교 시절 예수를 믿게 되었다. 중학교를 졸업하고 그는 산둥 떵저우登州 문회관文会馆 문학과에서 공부하여 1901년에 졸업하고 학사학위를 받았다. 그 후 그는 "교사관"教士馆, 신학원에 입학하여 3년 간의 신학교육을 받았다. 1904년에 졸업하고, 같은 해에 장로교 목사로 안수를 받았다. 그 후 그는 루난鲁南 지역의 안츄우安邱, 지닝济宁 씬저우忻州 등 지역에서 목회했고 그의 고향 쑈오링小

岭 교회를 설립하기도 했다.

쟈아위밍은 1915년부터 난징진링신학원에서 가르치면서 그의 신학교육의 생애를 시작했다.

1922년에는 산둥 텅현藤县으로 돌아와 화북신학원 부원장 및 교수로 있었고 후에는 원장이 되었다. 1928년에는 미국 웨스트민스터신학원으로부터 신학박사 학위를 받았다. 1930년에는 다시 난징으로 가서 진링金陵여자신학원 원장을 지냈고, 1936년 10월에는 난징에서 중국기독교영수灵修학원을 창설했다. 1937년 항일전쟁 발발 이후 영수학원은 휴교하였고 쟈위밍의 가족은 청두로 이주했다. 그는 그 지역 교회의 지지로 1939년 스촨성 꽌현灌县 영암산灵岩山에 중국기독교 영수학원을 회복했고 그리고 1941년에는 충칭 난안南岸으로 자리를 옮겼다. 항일전쟁이 끝난 후 영수학원은 1945년에 난징으로 옮겼다가 다시 상하이로 이전했다. 1956년에는 중국기독교영수학원은 다른 몇몇 신학원과 연합하여 상하이 영수灵修신학원을 설립하고 쟈아위밍이 원장을 맡았다. 쟈아위밍은 평생 신학교육 사업에 종사했고 그는 신앙과 생명의 결합을 중요하게 생각했고 신학 지식과 풍성한 영적 생명의 결합을 강조했다.

쟈아위밍은 중국기독교장로회총회 회장을 역임했다. 1948년에는 중국기독교 장로회를 대표하여 네델란드 암스텔담에서 개최한 세계복음회의에 참석했고 부회장으로 선출되기도 했다.

쟈아위밍은 신학교육자이자 다작의 신학자였다. 1921년에 쟈아위밍은 난징에서 영광灵光신문사를 창설하여 『영광』灵光 격월간의 편집장을 맡았다. 주요 저작으로는 『성경교리』圣经要义, 『신도학』神道学, 『완전구원』, 『그리스도의 족적』基督圣迹, 『선도법』宣道法 등이 있다. 그외 대량의 성시를 지었고, 『영교시가』灵交诗歌, 『승리의 시가』得胜诗歌, 『성도의 심성』圣徒心声

등 성시집圣诗集이 있다.

그림 144 쟈아위밍

쟈아위밍은 일찍 중국교회의 자양이 없이는 행정권과 재정권은 중국인의 손에 들어올 수 없고 이러한 중국교회는 "패작"败儿이 될 수밖에 없다고 생각하여 적극적으로 중국교회의 자립에 앞장섰다. 신중국 성립 이후, 쟈아위밍은 삼자애국운동에 참여했다. 그는 "교회를 사랑하는 성도는 조국의 인민도 사랑하게 된다."면서 신중국의 교회는 "경험 있는 신앙과 신앙 있는 경험" 그리고 "풍성한 생명과 생명의 풍성함이 있는", "진리를 발견하고 진리에 대해 발견하기"를 바랐고 남은 시간에 최대한의 노력으로 나라를 사랑하고 기독교를 사랑하는 본분을 다할 수 있기를 바랬다.[56]

쟈아위밍은 1954년에 중국기독교삼자애국운동위원회 상무위원으로 당선되었고 1956년에는 부주석으로, 1961년에는 전국회의에서 부주석을 연임하기도 했다.

천충꾸이陈崇桂, 1883-1963는 마가로 불리기도 했는데 1883년에 후베이성 우창의 가난한 고통장箍桶匠[57]의 집에서 태어났다. 그는 6세에 교회에서 세운 꿍린公林 초등학교에 입학했다. 16세에는 스위스 행도회行道会의 도로道路 예배당에서 세례를 받았다. 1901년 행도회行道会의 지원으로

56 贾玉铭, "教会在新中国光明的前途," 載于, 『天风』, 总第502期, 1956年, 4月, 16日, 第24页.
57 역자주: 나무로 통을 만드는 직업

그림 145 천충꾸이

우창 감리회가 설립한 박문서원博文书院에서 공부하게 되었다. 1904년에는 졸업 후 스위스 행도회行道会의 성경학교에서 가르쳤고 주일학교를 섬기면서 설교도 했다.

1906년 10월 우창교회가 장수성의 리쑤칭李叔青을 초청하여 부흥회를 열었는데 그때 천충꾸이는 크게 감동을 받고 헌신하기로 결단했다. 가정의 반대에도 불구하고 교직을 사퇴하고 교역에 전념하였고, 1907년부터는 전임 사역자가 되었다.

천충꾸이는 1909년에 찡저우荆州에 신도학당神道学堂 설립에 적극 참여하였고 교원이 되어 중국 전도인 양성에 전력했다. 1909년부터 1925년까지 학당에서 교원으로 있으면서 찡저우荆州중학교를 설립하기도 했다. 찡저우荆州에서 체류하는 동안 그는 신학원에서 가르치면서 대량의 문사철文史哲과 신학 서적들을 읽어 이후 문서 사역을 위한 기초를 다졌고 후베이와 기타 지역에까지 가서 부흥회를 이끌면서 명성을 얻기도 했다. 1919년에서 1922년 기간 그는 초청을 받아 미국과 스위스를 방문하여 여행 포교를 진행하면서 유창한 영어와 스위스어로 설교를 하여 많은 인기를 누렸다. 그는 시카고 휘튼대학에서 공부하여 심리학 학사학위를 받기도 했다. 1922년에 천충꾸이는 찡저우荆州로 돌아와 목사 안수를 받고 행도회行道会 중국기독교 이사회 대표가 되었다.

1925년에 천충꾸이는 신학원에서 사직하고 "기독장군"基督将军으로 알려진 펑위이썅冯玉祥 장군의 요청으로 군종 목사随军牧师를 지냈고 서북군인 기독교협진회 총간사를 맡았고 짱쟈커우张家口에서 홍따우弘道학원을 설립하기도 했다. 1926년에 펑위이썅冯玉祥이 짱쭈어린张作霖과 전쟁에서 패배하고 구소련으로 도피했고 군대는 해산되었다. 천충꾸이는 온 가족을 거느리고 내몽골 싸라치萨拉齐 진의 아라산 마을阿拉善旗로 피신하여 거기서 4개월간 머물렀다. 그 기간 매일 성경을 읽고 영성수련하고 묵상한 내용을 기록하여 후에 『영수일신』灵修日新이라는 이름으로 출간했다.

1927년 말, 천충꾸이는 상하이로 돌아와 『포교잡지』布道杂志를 창간하고 포교와 문서사역을 시작했고 애국과 애교를 선전하였다. 이 잡지는 그 당시 가장 많은 발행량을 자랑하는 기독교 잡지가 되기도 했다. 천충꾸이는 1928년에 예루살렘 감람산에서 개최한 세계기독교선교대회에 참석하였고 귀국하여서는 1936년까지 창사시 후난성경학원의 원장을 맡았고 거기서 가르치기도 했다.

항일전쟁 발발 후, 천충꾸이는 가족과 함께 스촨으로 갔고 구이저우, 윈난, 스촨 등 지역에서 순회 포교 활동을 전개하면서 많은 집회도 이끌었다. 1941년에 초청을 받아 말레시아와 싱가포르에서 부흥 포교 집회를 인도했고 태평양전쟁이 폭발하면서 거기서 2년간 귀국하지 못했다. 특히 말레시아에서 일본군에 여러 차례 심문을 당하면서 정신적으로 지치고 고뇌하는 과정 중에 『중보기도』代祷, 『위로하시는 하나님』赐各样安慰的神, 『성도생활 문답서』信徒生活问答 등의 책을 내기도 했다. 1944년에 많은 고초를 겪은 후 싱가포르에서 태국을 거쳐 귀국했다.

9월에는 충칭신학원을 설립하고 원장을 맡고 교수직을 겸했다. 1948년에 다시 한번 유럽과 미국을 방문했지만 여러 사람의 만류에도

1949년에 중국으로 돌아왔다.

1950년부터 천충꾸이는 적극적으로 삼자혁신운동에 참여했고 『삼자 선언』 초안 작성에도 함께 하여 40인의 발기인 중 한 사람이 되었고 1951년에는 중국기독교 항미원조 삼자혁신운동위원회 준비위원회 부주석을 맡았다. 1952년 『텐펑』에 "나의 정치사상의 변화의 과정"이라는 문장을 발표하여 그 당시 교역자들과 성도들에게 큰 영향을 미쳤다. 1952년에 진링金陵협화신학원이 설립되어 천충꾸이는 이사회 부주석을 맡았고 1954년 중국 기독교 제1차전국회의에서 중국기독교삼자애국운동위원회 부주석에 당선됐다.[58] 1957년 전국정협회의에서 천충꾸이는 "극좌"노선이 종교신앙 자유의 정책을 파괴한다고 비판했다가 "우"로 몰리게 되었고 1963년 돌아가시기 전에야 "우파"의 모자를 벗고 명예 회복을 했다.

천충꾸이는 복음 전도자였을 뿐만 아니라 거의 매주 각 교회의 요청으로 설교를 했고 문서사역에도 크게 기여하면서 집필 번역 편집한 책들만 40여종이 되었다. 『영수일신』灵修日新 외에도 『그리스도와 나』基督与我, 『여러 가지 안위』各样的安慰, 『하나님의 약속』神的应许, 『개인 포교 연구』个人布道研究, 그리고 영문 자서전인 『지난 40년간』四十年来 등이 있다.

58 王典昌, 雷渊澄, "陈崇桂牧师小传," 载于, 『金陵神学志』, 1990年, 第1期, 总第12期, 第53-56页.

## 제4절 기독교의 위축과 멈춤

### 1. 문화대혁명 이전의 기독교

1956년 중국이 "백화제방百花齊放, 백가쟁명百家爭鳴"[59]의 쌍백双百의 방침을 제기하고 "대명대방"大鸣大放의 운동을 전개하면서 일부 교회 지도자들은 그 당시 정부의 종교 업무에 대해 비판과 건의를 했다. 그러나 1957년의 정풍운동과 "반우파"의 확대로 일부 인사들이 비판을 받았고 자오즈천, 천충꾸이, 웨이줘민韦桌民 등은 "우파"로 몰리게 되었다. 10월부터 전국삼자상무위원회에서 "반우파"투쟁을 전개하면서 그것이 전국 각지로 퍼졌고 교회 안에서 일부 인사들을 우파 분자로 몰아갔다. 반우파투쟁기간 일부 사람들은 교회의 생존을 위해 "우회적으로 교회를 구한다"曲线는 양심에 어긋나는 말들을 했다.

1958년부터 중국공산당중앙은 사회주의 건설 총노선, "대약진"과 인민공사라는 "세 개의 붉은 깃발"三面红旗을 제시하고 전국적으로 "힘을 다해 노력하여 앞서가고 수량은 많이, 속도는 빠르게, 질량은 좋게, 원가는 낮게, 사회주의를 건설하자"鼓起干劲, 力争上游, 多快好省地 建设社会主义고 호소했다. 곧 바로 전국적으로 "좌경"의 급진적 대약진 운동이 전개되면서 국

59 역자주: 백화제방(百花齊放)이란 온갖 꽃이 만발하여 수많은 학설이 자유롭게 토론하며 발전하는 모습을 말하며, 백가쟁명(百家爭鳴) 또한 수많은 학자나 학파가 자유롭게 자신들의 사상을 내세우는 것을 말한다. 이 말은 중국 역사상 사회적, 정치적으로 가장 혼란스러웠던 춘추전국시대때 등장한 제자백가들이 서로 토론하고 발전해나가는 과정에서 나온 말이다. 백화제방、백가쟁명은 1950년대 마오쩌둥에 의해서 중국사회에 다시 등장하게 되며 쌍백운동(雙百運動)으로도 불린다.

가 경제건설과 인민들의 삶에 큰 어려움을 가져와 1959년에서 1961년 3년간의 고난시대困难时期를 겪었다. 이러한 여건 속에서 교회도 큰 영향을 받았다. 예를 들면 교역자들은 사회주의 교육의 정치학습과 자아개조 운동을 벌였고 많은 교역자들은 공장이나 농촌에 가서 생산노동에 참여했다. 교역자들이 교회를 떠나 있었기에 교회는 점차 위축되었다.

게다가 그 당시 종교에 대한 인식이 보편적으로 부정적이었고 종교는 자본주의 이데올로기의 산물로 사회주의 생산력의 발전에 소극적인 요소로 취급했다. 더 급진적으로는 공산당의 종교 사업의 최종목적은 종교를 소멸하는 것으로 종교를 제한하고 약화시켜 점차 소멸하는 정책을 펴야 한다고 생각했다.[60] 예를 들면 저장성 찐화金华 지역에서는 "조직적이고 계획적으로 무종교지역无宗教区, 종교퇴출운동退教运动을 폈고,"[61] 핑양平阳현에서는 "종교소멸의 위성을 띠우자"消灭宗教放卫星[62]고 하면서 행정적인 방법으로 강제적으로 신도들이 신앙을 포기하게 하고 종교를 소멸하려 했다.

1960년 이후, 국가가 "대약진"의 잘못을 수정하면서 종교 정책에 대해서도 조정하였다. "우파"로 몰렸던 사람들의 명예를 회복하고 진링金陵협화신학원도 개교하였고 청년 목회자들을 위한 대학원생도 모집하였다. 중국기독교도 제2차 전국회의를 소집한 이외에 인력을 모아 기독교 사료들을 수집 정리하였다. 1959년 전국삼자는 23명의 사료팀을 조직하여 장원한江文汉이 팀장을 맡아 제국주의가 기독교를 이용한 중국 침략 사

60 萧志恬, 『当代中国宗教问题的思考』, 上海: 上海社会科学院, 1994年, 第144页.

61 林浩, "试析目前国内基督教徒人数增加的原因," 載于, 『宗教』, 1982年, 第1期, 第38页.

62 역자주: 위성을 띠운다(放卫星)는 말은 대약진 과정에 성급하게 발전을 추구하면서 과장된 보고 거짓된 보고들이 흥행했는데 그때 사용했던 용어다. 예를 들면, "밀의 위성을 띠우자," "벼의 위성을 띠우자"등 방식으로 사용됐다.

료를 편찬하기 시작했다. 1962년에 전국삼자는 "우리 나라 기독교 사료 모집" 공고를 내고 중국어와 외국어로 된 서적, 교회단체의 출판물 그리고 기타 문물 자료들을 모아 "하나의 정확하고 완전한 역사 서설"을 쓸 준비를 했다. 사료팀은 『기독교 역사 이야기』基督教史话, 『선교사와 불평등 조약 자료 선집』传教士与不平等条约资料选辑, 『근대 선교사업과 선교의 죄증 자료 선집』近代传教事业和传教士地罪证资料选辑, 『선교사와 의화단 운동』传教士与义和团运动 등 전문 서적들을 편찬했다. 그러나 정치적 상황이 급변하면서 이런 저작들을 공개 출판하지는 못했다. 중국기독교 역사 특히 제국주의가 기독교를 이용하여 침략한 역사에 대한 자료들을 발굴하고 정리하였고 이 자료들은 사료가 풍부하고 관점이 명확했다. 비록 이 자료들이 일부 "좌경화"된 관점을 피할 수 없었지만 여전히 중요한 역사적 가치를 지녔다.

1962년 이후 계급투쟁이 확대되고 좌경 사상이 다시 몰려오면서 종교 사업의 오류는 더욱 심해졌다. 예를 들면 1964년의 전국 농촌에서 사회주의 교육 운동을 전개하면서 신도들은 차별을 받았고 교회 활동들은 제약을 받고 교역자들은 폭력적 탄압을 당했다. 이 시기 교회는 크게 위축되었고 교역자들은 자원의 원칙이기는 했지만 유배되어 공장이나 농촌으로 내려가 노동 단련을 받았다. 신도들은 크게 유실되었고 개방된 예배당의 수는 크게 줄었다. 예를 들면 상하이 교회당은 1958년에 연합예배를 드릴 때 22곳이었는데 1965년에는 11곳이 되었다. 1962년에는 전 도시에서 세례 받은 성도가 417명이 있었는데 1963년에는 세례를 거행하지 못했고 1964년과 1965년에는 각각 6명과 4명에게 세례를 베풀었다.[63] 『톈펑』天风 잡지는 1956년부터 주간에서 반월간으로 바뀌었고

63 萧志恬, 『当代中国宗教问题的思考』, 第159页.

1961년에는 월간으로, 1965년에는 비정기적으로 출판했는데, 이 해에는 단 한 번 출간하고는 간행을 중지했다. 교회의 활동들도 거의 정지됐다.

## 2. 제2차 기독교 전국대회

인민공사와 "대약진"의 잘못을 수정하는 과정에 잠시의 조정기가 시작됐다. 기독교도 풀린 분위기 속에서 전국회의를 열었다. 사실 "중국기독교삼자애국운동위원회의 요강简章"에 따르면 기독교전국양회는 3년마다 한 번씩 열려야 하는데 이번에는 3년이 지체되어 열렸다. 1960년 11월 12일에서 1961년 1월 14일 사이에 제2차 기독교 전국회의를 상하이에서 열었다. 정식 회의를 열기 전, 2달 동안 예비회의를 가졌는데 전국 각 지역에서 300여 명의 책임자들이 모였다. 예비회의는 "온건하고 부드러운 가운데 자아 교육의 신선회神仙会 방식"을 택하여 "감투를 씌우지 말고 몽둥이를 휘두르지 않고 머리채를 잡지 않는"不戴帽子, 不打棍子, 不抓辫子 "3불"三不의 방침을 정했다. 예비회의에서는 국제 국내 형세, 종교신앙의 자유와 자아개조 등의 문제에 대해 배우고 토론했고 "스스로 문제를 제기하고, 스스로 문제를 분석하고 스스로 문제를 해결하는 방식"을 통하여 독립적으로 사고하고 자유롭게 토론하면서 "마음이 상쾌하고 생기가 넘치는" 분위기 속에서[64] 정식 회의를 위한 사상적 토대를 만들었다.

그리고 1961년 1월 9일에서 14일까지 정식 회의를 개최했다. 회의에 참석한 인원들은 전국 25개 성, 시, 자치구의 대표 319명이었고, 거기에는 윈난에서 온 리수족傈僳族, 징퍼족景颇族, 카와족佧佤族의 5명의 대

64 "基督教界前进的方向—祝贺中国基督教第二届全国会议胜利闭幕," 載于, 『天风』, 总第604-605号, 1961年, 2月, 27日, 第4页.

표도 포함되었다. 회의에 참석한 대표들의 인원수나 출신 지역들은 제1차 전국회의보다 더 광범위했다. 회의는 마침 중국기독교삼자애국운동이 발기된 지 10년차였고 중국 기독교가 내부에 있는 반혁명 분자들을 숙청하고 교회 안의 나쁜 사람과 나쁜 일들 그리고 불법적인 행위들을 단속한 후여서 중국기독교의 면모는 확연히 변하여 진정으로 자립의 교회로 거듭난 상태였다.

전국삼자 부주석 우이방吴贻芳이 전국삼자 상무위원회를 대표하여 사업보고를 하였고 1954년 이래 전국 삼자의 사업을 회고했다. 회의에서는 중국기독교삼자애국운동위원회 규례를 수정하고, "중국기독교 제2차 전국회의 결정"을 통과시키고 중국기독교삼자애국운동위원회 제2기 위원을 선출했다.

회의에서는 중국기독교삼자애국운동이 이룬 10년의 성과를 중국 기독교가 기본적으로 제국주의의 통제에서 벗어나 제국주의 침략 수단으로 사용되었던 기독교를 중국 성도들의 자체적 종교사업으로 변화한 것이라고 했다. 동시에 사회주의 교육 운동을 통하여 기독교 인사들의 정치와 사상적 개조에 있어 큰 진보가 있었다는 것이다. 그 당시의 정치적 형세 속에서 회의는 교회 활동은 사회주의 건설 사업에 기여해야 하며 공업과 농업의 생산에 부정적인 영향을 미치지 말아야 함도 제기했다. 회의에서는 삼자애국운동의 주요한 임무는 반제국주의 애국의 깃발을 높이 들고 중국 기독교와 제국주의와의 관계를 철저히 단절하고 제국주의 영향력을 계속하여 제거하고 제국주의가 중국 기독교를 이용하려는 음모를 경계하고 폭로하며 중국 기독교의 자치, 자양, 자전을 완전히 이루자고 했다. 그리고 총노선, "대약진", 인민공사의 세개의 붉은 깃발을 지지하며 조국의 사회주의 건설 사업에 적극 참여하며 계속하여 정치학습을 강화하고 적극적으로 생산, 노동과 사회 실천에 참여하며 인민 정부의 종교 신앙의 자유 정책 시행에 협조하며 생산과 국가정책과 법령 그리고 사회주의 이익에 복종하는 전제하에 종교생활을 진행하는 것이다.[65]

회의에서는 우야우쭝을 중국기독교삼자애국위원회 주석으로, 천짼전陈见真, 우이방吴贻芳, 딩광쉰丁光训, 덩위즈邓裕志, 딩위장丁玉璋, 쎄융칭谢永钦, 쟈아위밍贾玉铭 등이 부주석으로 리추원李储文을 비서장으로 선출했다.

## 3. 문화대혁명 시기의 기독교

1966년에서 1976년기간 중국에는 문화대혁명이 폭발했다. 10년간의 문화혁명은 큰 재난으로 당과 국가와 각 민족 인민에게 엄중한 재난을 가져다준 내란이었다.[66] 이 시기 당과 정부의 정확한 종교 정책은 전면 부정되었고 종교 사업은 거의 마비되었다. 열광적인 "개인 숭배"의 형세 속에서 종교비판과 종교소멸의 행위는 날로 더해 갔다. 1975년 1월 제4차 전국인대는 중화인민공화국 제2부 헌법을 통과했는데 인민은 "종교를 신앙하는 자유와 종교를 신앙하지 않고 무신론을 선전할 수 있는 자유도 있다"고 되어 있다. 국가의 근본을 이루는 헌법에 "종교를 신앙하지 않고 무신론을 선전할 수 있는 자유" 조항을 넣은 것은 종교에 대한 멸시적 태도를 보여주는 것으로 종교가 문혁 중에 아무런 입지도 갖추지 못함을 뜻한다.

65 "中国基督教第二届全国会议决议," 载于,『天风』, 总第604-605号, 1961年, 2月, 27日, 第9-10页.

66 "关于建国以来盟的若干历史问题的决议,"(1981年, 6月, 27日, 中国共产党第十一届中央委员会第六次全体会议通过), http://cpc.peopIe.com.cn/GB/64162/71380/71387/71588/4854598.htmI.

문화혁명기간, 기독교는 궤멸적 타격을 받는 것을 피할 수 없었다. 전국과 각 지역 삼자애국조직은 해산되었고 교역자들은 다른 업종으로 바꾸었고 교회당은 일률적으로 폐쇄되고 모든 집회는 중지되었고 성경도 소각되고 교회의 활동도 전면 금지되었다. 일부 신앙을 견지했던 교역자들과 성도들은 폭력적 탄압을 당했고 감금되고 심지어 공민의 권리도 박탈되었다. 대부분 기독교인들은 신앙을 마음 속에만 둘 수밖에 없었고 신앙을 공개할 수 없었지만 그래도 숨어서 성경을 읽고 기도하는 삶을 계속했다. 그리고 일부 기독교인들은 거대한 압박으로 신앙을 포기하기도 했다.

문혁의 과정 중에 조직적이고 공개적인 교회의 활동은 취소되었지만 경건한 기독교인들은 성경에 "모이기를 쉬지 말라"고 한 말씀을 기억하여 그리스도인으로서 신앙의 삶은 계속했다. 그들은 공개적인 것에서 사적인 것으로, 교회조직적인 것으로부터 자발적인 것으로, 집중하던 데로부터 분산하는 데로, 교회당에서 가정과 광야로, 집회 시간은 낮에서 밤으로, 그들은 계속하여 모이고, 기도하고, 성경을 읽고, 찬양하고, 간증했다. 성경이 없으면 성경을 외우고 성경을 필사하기도 했다. 난징에는 "25곳의 가정집회가 계속되었고",[67] 원저우温州에서는 성도의 집에서 주일 예배가 진행되었으며 성찬이 베풀어졌고 교제와 집회 그리고 심령부흥회 등 활동이 이어졌다. 대형 활동들은 높은 산 외진 지역에 가서 이루어졌고 그들은 찬송은 등사하고 짧은 형식의 시가, 설교는 참고자료를 그리고 성경과 성경 각권 단행본은 손으로 적은 것들을 등사한 것으로 출판

67 丁光训, "教会在中国依然存在一在世界信义宗联盟所组织的一次大会上的讲话," 载于, 『金陵神学 志』第9期, 1988年, 11月, 第1-2页.

하기도 했다.[68] 건국초 원저우에는 약 7만 명의 성도가 있었지만 1981년에는 20만 명이 증가했다.[69] 이는 문화혁명 기간 성도 수는 줄어든 것이 아니라 오히려 증가했음을 보여준다. 윈난, 구이저우 등지 소수민족 교회의 성도들은 큰 산이나 동굴에서 "광야 예배"를 드렸고 윈난의 우띵武定과 뤼췐禄劝의 묘족, 이족과 리쑤족의 성도들은 집회를 계속했고 성도 수는 증가했다.

문혁 기간에 중국 기독교는 마치 음침한 골짜기를 지나는 것과 같았다. 그러나 혹독한 훈련을 통해 고난의 세월을 경과하면서 "주의 교회는 죽지 않았고 오히려 고난을 통해 성장했고 주님의 간증도 소멸된 것이 아니라 조용하게 결실을 거두었다." 그럴지라도 문혁이 중국 기독교에 남긴 상처는 헤아리기 어려울 정도이다.

68 欧阳后增, "温州教会一瞥," 载于, 『天风』, 1996年, 第1期, 第11-12页.
69 徐鸽, "改革开放形势下的温州基督教," 载于, 『当代宗教研究』, 1989年, 第1期.

## 생각해볼 문제

1 1950년 초 신학원 연합의 배경은 무엇이었는가? 연합에서 어떤 원칙을 고수했는가?

2 “3개의 간증, 10개의 임무”를 제기한 이후 각 교회는 어떻게 자신의 재건에 임했는가?

3 중국 기독교 연합 예배의 배경, 과정 그리고 영향을 무엇이었는가 약술하라.

4 1950년대 후기 이후 중국 기독교는 어떤 어려움을 겪었는가? 우리에게 남긴 역사적 교훈은 무엇인가?

# 제 9 장

# 개혁개방 시기의 중국 기독교(1979-2000)

1978년 12월에 개최된 중국공산당 11기 3중전회에서는 "사상을 해방하고 실사구시하자"解放思想, 实事求是라고 호소하면서 당의 사업의 중심을 사회주의 현대화 건설로 전략적으로 수정했다. 종교 영역에서는 당과 정부가 "혼란을 바로잡아 정상으로 회복"拨乱反正 하면서 종교와 신앙의 자유 정책을 회복시켰다.

1982년 3월에 중국공산당중앙은 『우리나라 사회주의 시기 종교문제에 관한 기본 관점과 기본 정책』약칭하여 "1982년 중공중앙 19호 문건"을 제정한다. 이 문건에는 중국공산당의 종교문제에 관한 기본 관점이 설명되었고 종교 사업의 기본 방침은 종교 신앙의 자유를 존중하고 보호하는 것이며 종교 영역의 각종 업무의 원칙적 규범과 가이드라인을 제시했다. 이 기본 원칙은 지금까지 사용되고 있다. 같은 해 12월, 전국인대 5기 5차 회의에서는 『중화인민공화국 헌법』을 새롭게 통과했고 "중화인민공화국

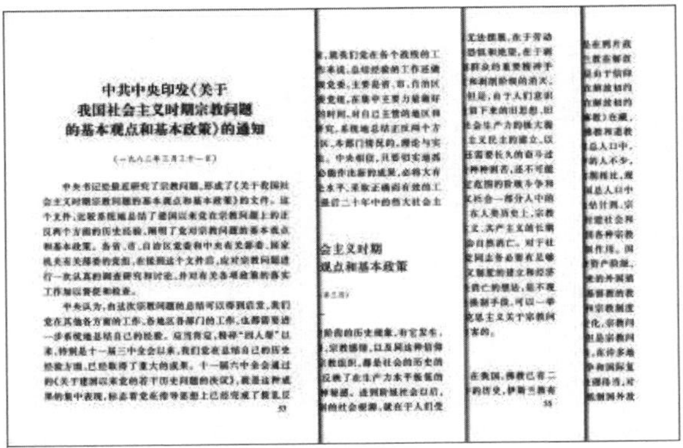

中共中央印发《关于我国社会主义时期宗教问题的基本观点和基本政策》的通知

**그림 146** 『우리나라 사회주의 시기 종교문제에 관한 기본 관점과 기본 정책』(약칭하여 "1982년 중공중앙 19호 문건"이라 부른다.)

공민은 종교 신앙의 자유"가 있음을 전면적이고도 명확하게 서술했다.[1]

이 시기에 종교의 본질이 "인민을 마취시키는 아편"인가에 대한 문제에 대해 학계는 사상 해방적인 태도로 마르크스주의 종교이론의 문제를 토론함으로써 종교활동의 정상화를 위해 유리한 외부환경을 조성했다.

이러한 사회 정치적 배경 속에서 기독교는 활동을 재개했다. 1979년에 각 지역 교회들은 연이어 예배를 회복했고 삼자 조직도 업무를 회복했다. 1980년에는 중국기독교협회를 설립하여 기독교 양회의 체제를 확립했고 "삼자를 견지하고 교회를 재건하는 것"을 중심으로 교회 사역의 전면 회복을 추진함으로 중국교회는 "후기종파 시대"宗派后时期로 진입했다. 1980년 중기 이후에는 중국 기독교는 "삼자원칙으로 교회를 잘하자"는 인식하에 "삼자"에서 "삼호"三自迈向三好를 내세우면서 중국교회는 새로운 시대로 진입하였다. 1998년 11월에 신학사상 건설을 제창하면서 중국 기독교는 본격적으로 새로운 발전 단계로 진입했다.

1 『宪法』, 三十六条全文是, "中华人民共和国公民有宗教信仰 自由 任何国家机关、社会团体和个人不 得强制公民信仰宗教或者不信仰宗教,不得歧视信仰宗教的公民和不信仰宗教的公民 国家保护正 常的宗教活动 任何人不得利用宗教进行破坏社会秩序、损害公民身体健康、妨碍国家教育制度的 活动 宗教团体和宗教事务不受外国势力的支配,在这次宪法修订的过程中, 丁光训、刘 良模、罗冠 宗等教会领袖和其他宗教领袖一道, 不但首先倡议对条文进行修改, 而且提出了具体建议,『宪法』, 该条文的修订基本采纳了 宗教界领袖的意见和建议.

## 제1절 기독교의 재건

### 1. 기독교회복운동

1978년 12월에 문화혁명 이후 첫 전국종교회가 소집되고 회의에서는 "종교활동 장소 문제를 적절히 해결할 것"을 새로운 시기 종교 사업의 중요한 과제로 설정했다.[2] 1979년 4월 8일에 저장성 닝버 백년당에서 예배를 회복하면서 문화혁명 이후 예배를 회복한 첫 교회당이 되었다. 같은 달, 베이징 미쓰탕米市堂도 예배를 회복했다.[3] 그리고 8월에 푸젠 싸먼시 씬지에탕新街堂이 회복되고 9월에는 상하이 무언탕沐恩堂과 칭신탕清心堂, 항저우 구러우탕鼓楼堂이 예배를 회복했다. 그 이후 각 지역에서 연속하여 예배가 회복되면서 1980년 10월에 전국에 회복된 교회당은 50여 곳이 되었다.[4] 1979년 6월 초에는 상하이 기독교삼자애국운동위원회 제3기 위원회 제3차 회의가 열렸고 새로운 위원회를 선출함으로 전국에 가장 일찍 회복한 삼자 조직이 되었다. 각 지역의 삼자 조직들도 연

**그림 147** 닝버 백년당

2 任杰,『中国共产党的宗教政策』, 北京: 人民出版社, 2007年, 第105页.

3 北京米市堂曾在 1971年开放, 但只允许外国外交人员、留学生等外国信徒做礼拜.

4 "国务院宗教事务局肖贤法局长在基督教第三届全国会议上的讲话," 载于,『天风』, 1981年, 第1期(复总2号), 第26页.

告全国主内弟兄姊妹书

그림 148 『전국 주 안의 형제자매들에게 고함』

그림 149 1980년 10월 6일에 개막된 중국 기독교 제3회 전국회의

이어 업무에 복귀하면서 정부의 종교 신앙 자유의 정책 시행에 협조하여 교회들이 재산을 되찾고 예배를 빠르게 회복하도록 도왔다.

1980년 2월 25일에서 3월 1일까지, 중국기독교삼자애국운동위원회는 상하이에서 상무확대회의를 열었다. 회의에는 전국 16개 성시에서 온 37명의 대표가 참석했다. 회의에서는 지난 10여 년간 중국교회가 정지되고 파괴된 것을 어떻게 회복하고 발전시킬 것인지 등 중대한 문제들을 토론했다. 3월 1일에 회의는 『전국 주 안의 형제 자매들에게 고함』이라는 서신을 띄워 "주님의 교회는 지난 긴 고난의 세월을 경과하고도 소멸된 것이 아니라 오히려 시련을 통해 더 성숙되었고 주님에 대한 간증도 멈춘 것이 아니라 오히려 조용한 가운데 결실을 거두었다"고 했다. 서신은 전국 성도들에게 "마치 구약의 선지자 학개, 스가랴, 그리고 스룹바벨처럼 열정을 가지고 일어나 성전을 건축하자"고 호소했다.[5] 『전국 주안의

5 "中国基督教三自爱国运动委员会常务委员会告全国主内弟兄姊妹书," 載于, 『天风』, 1981年, 第1期(复总1号), 第2-3页.

형제 자매들에게 고함』의 언어는 구구절절하여 재난을 겪은 성도들에게 오랜 가뭄 후에 내린 단비와 같이 어둠 속의 등불처럼 사람들의 마음을 크게 위로했다. 회의는 새롭게 성경을 인쇄 출판할 것과 신학교육의 회복을 가장 긴요한 사역으로 결정했고 동시에 전국적인 교무 기구를 설립할 것을 토론했다. 이는 문혁 이후 중국 기독교가 처음 진행한 전국적인 회의로 중국기독교삼자애국운동위원회가 조직적으로나 업무적으로 회복되었음을 뜻하며 기독교 전국회의의 개최를 위한 사상과 여론 상의 준비 과정으로 "한 차례의 예루살렘 회의"였다는 평가를 받았다.

그리고 1980년 10월 6일부터 13일 사이에, 중국 기독교 제3회 전국회의를 난징에서 열었다.

이는 1961년 제2회 회의 이래, 19년만에 개최된 전국회의로 전후 시대를 연결하는 중요한 회의였다. 회의 공식 대표는 202명인데 실제 참석자는 176명으로 전국 25개의 성, 자치구와 직할시에서 왔다. 거기에는 조선족, 리쑤족, 징푸어족, 묘족, 쫭족 등 5개 소수민족의 대표 9명도 있었다. 딩광쉰丁光训은 "회고와 전망"이라는 개막사를 통해 "삼자의 성과는 크다", "삼자의 임무는 끝나지 않았다", "교회는 독립적으로 운영해야 할 뿐만 아니라 잘 해야 한다"는 등 관점을 피력함으로 중국교회가 나아갈 방향을 명확히 했다. 이 회의에서 중국기독교협회를 설립했다. 이 회의를 통해 사람들의 인식을 통일하고 교회 조직을 재구성함으로 중국교회의 회복과 재건을 위한 토대를 놓았다. 새롭게 구성된 위원회는 14일에 우이방吴贻芳을 중국기독교삼자애국운동위원회 명예 주석으로, 딩광쉰을 중국기독교삼자애국운동위원회 주석과 중국기독교협회 회장으로 선출했다.

제3회 전국회의 이후, 각 지역 교회들의 회복의 속도는 더욱 빨라

**그림 150** 회의 기간 중 우이방 여사와 딩광쉰 주교

졌다. 푸젠성은 1980년 말에 14개의 시와 현에서 25개의 예배당이 회복했고, 저장성 원저우는 1981년에 31개의 교회당과 270여 개의 집회 처소가 회복되었다. 그리고 윈난, 신장, 하이난도 등 외진 지역들과 소수민족 지역의 교회들도 회복되고 또한 새로운 집회 처소들이 생기기도 했다. 1980년대 중기에는 티벳 지역 이외 전국 각 성, 시, 자치구에는 모두 그리스도의 이름으로 모이는 예배당과 집회 처소들이 있게 되었다.[6]

회수한 교회당들은 성도들이 자체의 힘으로 수리하고 확장했다. 푸젠성 푸텐莆田 지역에서 1984년 5월의 2주 간에 성도들의 헌금과 노동에 의해 10여개의 예배당을 보수했다. 장수성 앤청盐城에서는 성도들의 헌금과 자발적인 노동에 의해 70여 개의 농촌 집회 장소를 만들었다. 산둥성 써우꽝현寿光县에서도 자금이 부족함에도 불구하고 성도들의 헌금으로 심지어 성도들 자신이 직접 목재를 준비하고 목공 벽돌공 수리공으로

6 "中国基督教三自爱国运动委员会第三届、中国基督教协会第一届常务委员会工作报告," 載于, 『中国基督教第四届全国会议专辑』, 上海: 中国基督教两会, 1986年, 第14页.

**그림 151** 농촌 교회 보수 장면

나서고 심지어 채소와 양식을 준비하여 식사를 해가면서 60일만에 새로운 예배당을 세우기도 했다. 이 시기 중국교회는 각 처에서 삼자의 기치를 높이 들고 허물어졌던 것들을 재건하고 활기차게 발전하는 모습을 보여주었다.

교회당의 숫자가 증가함과 동시에 성도들의 수도 날로 늘어났다. 상하이 무언탕은 예배를 회복한 이후 얼마 지나지 않아 주일에 3부 예배를 드리게 되었다. 매번 참석하는 성도의 수도 그 예배당이 수용할 수 있는 인원수를 초과하여 교회당 안에서 서서 예배를 드리는 사람들도 빼곡했고, 심지어 선으로 확성기를 연결하여 교회 마당에서도 예배를 드리도록 했다. 항저우의 구러우鼓楼예배당도 회복한 지 1년도 되지 않아 성도 수가 1,600명에서 2,000명이 되었고 주일예배를 3부로 드리고 참석 인원은 3,000명에 달했다. 광둥성 농촌과 소수민족 지역에서도 성도 수는 빠른 속도로 증가했다. 산둥성 린이临沂 지역에 1955년에는 성도 수가 2만 명이 안되었지만 1986년에는 10만 명에 달했다. 1984년에 장수성 쉬저우徐州 펑현丰县의 8개의 농촌 집회 처소에서 한번에 1,456명에게 세례를 베풀었다.

광시의 좡족壮族 집거 지역은 탠둥田东 현, 바이써百色시 지역으로 1980년에 두개의 교회, 10개의 집회 처소, 600명 미만의 성도가 있었는데, 1982년에는 예배당은 30여곳, 성도 수는 3,000명을 넘어섰다.[7] 기독교전국양회가 1986년에 25개 성, 시, 자치구와 인촨银川, 씨닝西宁, 우루무치 3개 도시에 대해 실시한 기독교 실태에 대한 통계에 따르면, 전국에는 예배당이 4,044곳, 집회 처소가 16,868곳, 성도들의 등록 인수 3,386,611명이고, 그해 세례를 받은 성도가 151,062명이 되었다.[8]

그러나 10여 년간의 신학교육과 교회생활의 정지로 교역자들은 고령화되고 세대 단절까지 있어 많은 지역의 교회들은 양은 많으나 목자가 부족한 상황이었다. 1980년 초, 광시广西 전지역에 목사는 15명뿐이었는데, 그 가운데 80세가 넘은 사람이 3명, 70이 넘은 사람이 5명, 60이

**그림 152** 교회당을 회복한 후 상하이 무언탕의 예배 장면

**그림 153** 농촌 교회 집회 정경

7 "从『广西山区』一文看海外反华势力的破坏宣传," 载于, 『中国基督教第四届全国会议专辑』, 第121页.

8 沈德容, "一年来全国两会工作简要汇报(书面,1986.8一1987.8)," 载于, 『天风』, 1987年, 第11期(复总59号), 第5页.

넘은 사람이 6명이었다.[9] 안후이 화이난교회는 5명의 목사가 있었는데 가장 젊은 분이 70세를 넘겼고, 연세가 가장 높은 분은 94세였으나 여전히 교회에서 사역하고 계셨다. 동북 연변 조선족 지역에는 단 한 명의 목사만 목회하고 있었지만 고희古稀의 나이였고, 닝샤 회족 자치구에는 목사가 없어 "마게도니아"의 부르짖음은 절박했다. 그리하여 교역자를 양성하고 배출하여 안수하는 것이 교회 재건에 있어서 절박한 일이 되었다.

그래서 각 지역 교회들은 청장년 교역자들에게 안수를 비교적 많이 진행했다. 허난성 카이펑开封 자유로 예배당自由路 礼拜堂은 1981년 11월 22일에 예배를 회복한 이후 카이펑 지역 10여 개 현县의 교회를 위해 11명의 목사를 안수했다. 1982년 기독교전국양회의 지지로 윈난성은 "윈난성기독교목사안수사역팀"을 조직하여 8개의 현县에 내려가 목사 안수를 주었다. 그중 7개 현县은 소수민족의 마을에서 진행했다. 안수받

**그림 154** 1982년에 중국기독교양회의 지지로 윈난에서 소수민족 목사를 안수함

9 从,『广西山区』, 一 文看海外反华势力的破坏宣传," 载于,『中国基督教第四届全国会议专辑』, 第121页.

은 이들 중 묘족이 3명, 징퍼족 1인, 리쑤족 3인, 이족彝族이 3명이었다. 1985년 산시성 바이수이현白水县 교회는 장로를 안수했는데 이는 건국 이래 이 지역에서 처음으로 안수한 교역자였다. 그래서 1986년까지 전국 각 지역에서 약 300명의 목사를 안수했다. 그중 1/6은 여자 목사였고, 전국 교회 교역자 수는 모두 4,575명이 되었다.[10] 1986년에 안수한 목사만 69명, 장로 172명, 새로 파견된 전도사 376명, 평신도 사역자의공, 义工가 26,336명이었다.[11]

## 2. 기독교양회체제의 형성

1958년 연합예배를 진행한 이후 중국 기독교의 본래의 종파 제도는 와해되었지만 새로운 교회 체제를 만들지 못하고 삼자조직이 점차 교회 관리와 교무 사역을 떠맡게 되었다. 교회가 회복되었지만 각 지역 교회는 서로 연결이 어려워 전체적으로 혼란스럽고 산만했다. 그리하여 교회 지도자들은 현재의 삼자조직 이외에 또 하나의 교무기구를 설립하여 교회의 목양사역을 도울 필요가 있다고 생각하여 그 준비 작업에 착수했다.[12]

그리하여 1980년에 제3기 전국회의에서 정식으로 전국적인 교무기관인 중국기독교협회中国基督教协会를 설립했다. 그 주요한 책무는 "각종 교역 사역을 감당하며 주님이 기뻐하시는 전도자를 길러내고 성경과 영

10 "告全国主内弟兄姊妹书," 載于, 『中国基督教第四届全国会议专辑』, 第2页.

11 沈德容, "一年来全国两会工作简要汇报 (书面,1986.8一1987.8)," 載于, 『天风』, 1987年, 第11期(复总59号), 第5页.

12 "中国基督教三自爱国运动委员会常务委员会告全国主内弟兄姊妹书," 載于, 『天风』, 1981年, 第1期 (复总1号), 第2-3页.

성 자료를 출간하고 각 지역 교회와 성도들의 연결을 강화하는 일"이었다.[13] 중국기독교삼자애국운동위원회와 중국기독교협회를 약칭하여 중국기독교양회로 혹은 기독교전국양회中国基督教两会로 부른다. 『중국기독교삼자애국운동위원회정관』과 『중국기독교협회정관』을 보면 그들 사이에는 누가 누구를 지도한다는 의미가 없이 서로 간의 다른 역할을 가지고 분업, 합작하는 것으로 삼자조직은 주로 독립적으로 자주적으로 교회를 운영하고 교회를 협조하여 정부정책의 시행을 돕는 것으로 되어있고 기독교협회는 교무에 치중하여 각 지역 교회들이 독자적으로 감당할 수 없는 사역, 예를 들면 성경을 출판하고 발행하고 영성 자료들을 번역 출판하고 신학교육과 훈련을 진행하며 각 지역 교회와 성도들을 연결하는 일을 감당한다. 그러면서도 두 기관은 모두 교회를 잘 운영하는 것을 자신들의 임무로 여기고 함께 교회를 섬기는 사역을 감당한다. 중국이라는 나라 상황과 교회적 정황에서 기층 교회들의 사역을 협조하고 조정하는 기독교양회의 역할은 대체 불가능하다.[14]

1982년 말까지 전국 24개 성, 직할시, 자치구는 기독교 대표회의를 열어 삼자애국조직을 새로 선출하고 기독교협회혹은 교무위원회를 설립했다. 시와 현급 지역들에서도 대표회의를 열어 기독교협회를 설립했다. 그리하여 기독교양회가 점차 체제를 갖추게 되었다. 1983년에는 기독교전국양회는 난징에 사무실을 냈다.[15]

13 "中国基督教第三届全国会议决议," 载于, 『中国基督教第三届全国会议文件』, 上海, 中国基督教两会, 1980年, 11月, 第24页.

14 "同心协力建立基督的身体—按三自原则把教会办得更好," 载于, 『中国基督教第六届全国会议专辑』, 上海: 中国基督教两会, 1997年, 第17页.

15 当时, 中国基督教两会主席、会长及金陵协和神学院院长丁光训主教,以及负责外事工作的韩文藻都 居住在南京, 于是成立南京办事处, 协助他们开展对外交往工作. 1987年, 爱德印刷厂建成投产, 南 京办事处工作范围扩大到统筹协调全国的圣经发行工作. 1997年后, 又兼顾农村工作委员会和少 数民族工作委员会的工作. 南京办事处作为中国基督教两会的派出机构, 为中国教会的重建和发展 做出了很大贡献. 2005年, 因中国基督教两会工作调整, 撤销南京办事处.

중국기독교양회는 설립 초기부터 "삼자를 견지하며 교회를 재건한다"는 사업의 중심 성격을 확정했다. 1981년 2월과 7월에 각각 교무 문제 좌담회와 신학 좌담회를 열고 교회[당회]의 조직, 예식과 신조, 농촌 교회의 인도 목양 그리고 교역자 양성 문제, 도서 출판과 신학에서의 삼자의 필요성, 교파 문제 처리에 있어서의 특수성, 국내 복음 사역의 직책과 주권, 그리스도인의 국가관, 애국관, 사회제도관, 자유관 등 문제들에 대해 의견을 광범위하게 나누었다. 이 기초 위에, 1982년에 기독교양회의 상세 업무를 구체적으로 규정했다. 거기에는 교회 예배를 회복하고, 종교 활동 장소 문제를 해결하고, 성경과 교회 서적과 잡지를 출판하고, 전국에서 통용하는 찬양집을 편찬하고, 신학교육을 전개하여 빠른 시일 내 사역자들을 양성해내고, 신학 문제의 토론을 조직하고, 선별적으로 국제적인 우호 교류를 증진하고, 정부의 종교 및 신앙자유 정책 시행에 협조하는 등 10가지 교회 사역을 추진하기로 했다.

1980년에 전국삼자는 "성경출판팀"을 구성하여 『관화화합본성경』[官话和合本圣经, 세로 줄 정자체]을 다시 찍기로 했다. 이는 새로 교정하는 등

**그림 155** 1984년 윈난 교회에서 발행한 묘족어 성경

복잡한 과정을 줄이고 하루빨리 출판하여 성도들에게 공급하기 위함이었다. 상하이에서 처음으로 135,000권의 『신약성경』과 『신구약전서』를 찍어 1980년 10월과 12월에 출판했다. 그 후 기독교전국양회는 장수성과 푸젠성의 기독교양회에 위탁하여 난징과 푸저우에서 성경을 인쇄했다. 그리하여 1982년까지 세 곳에서 성경을 285,000권을 출판 발행함으로 성경 공급의 부족 상황을 어느정도 해소했다. 그리고 현대적 읽기 방식을 선호하는 젊은 세대들의 필요를 고려하여 전국기독교양회는 1984년 7월에 "가로 조판 간자체 성경출판위원회"横排本简体版圣经出版委员会를 설립하여 가로 조판 간자체 성경의 교정과 출판 및 발행을 맡도록 했다. 중국어로 된 성경 외에 기독교전국양회는 소수민족 교회를 위해 소수민족 언어로 된 성경을 인쇄 출판했다. 1982년 6월에는 건국 이래 처음으로 10,000권의 조선어 『신구약전서』를 인쇄하여 동북 3성에서 발행했다. 1984년 4월에는 10,000권의 묘족어 『신약성경』을 인쇄하여 윈난에서 발행했다. 윈난 교회는 몇 년 사이에 묘족, 이족彝, 와족佤, 리쑤족傈僳, 라후족拉祜 등 5가지 소수민족 언어로 된 성경과 찬송가 총 8만 권을 인쇄 발행했다.

1981년 기독교전국양회는 성가圣诗 사역팀을 구성하고 1982년 3

그림 156 전국기독교양회가 출판한 『찬송가(신편)』와 작업하고 있는 성가위원회

월에는 성가위원회를 설립하여 새로운 찬송가집贊美诗本을 편집했다. 숫자보简谱와 오선보로 된 『찬송가』신편을 1983년과 1985년에 출판했다. 『찬송가』신편에는 400여 곡의 찬송을 수록했는데 그 중에서는 300여 곡의 서로 다른 교파의 찬송가들을 포함시켰고 100여 곡은 중국 기독교인들이 창작한 곡들을 수록함으로 중국 기독교인들이 하나님으로부터 받은 소중한 영성 체험을 수록했다.[16] 그 외에도 단가短歌 40여 곡도 부록에 넣었다. 이는 건국 이후 중국 기독교가 자체적으로 교파를 넘어 전국적으로 통용할 수 있는 찬송가를 처음 편집한 것이다. 이는 중국교회가 실행한 자전自传의 결과물로 신학적 관점에서 서로 존중하고 시가와 문자에 있어서 누구나 즐길 수 있고雅俗共赏 음악 품격에 있어서는 다채로움을 추구했다.

1986년까지 기독교전국양회는 『신구약전서』, 『신약전서』, 『신약전서와 시편』을 210만 권, 『찬송가』신편을 70여만 권을 출판 발행함으로 성도들의 필요를 맞추어 갔다.

『텐펑』天风 잡지는 1980년 10월에 복간하여 전국에 공개 발행했다. 1985년에는 격월간을 월간으로 변경했다. 이 시기 기독교전국양회는 진리를 설명하고 성도들의 필요를 채우고 평신도 지도자의공, 义工들을 양성하기 위하여 『성경을 어떻게 읽을 것인가』, 『핵심 진리 문답』要道问答, 『기독교 의공义工 연수 강의』, 『진링협화신학지』, 『함수교재』, 『영적 만나』, 『들의 백합화』 등 서적들을 400만 권 이상 발행했다.

1979년 원단元旦에 진링협화신학원 교사들을 주축으로 난징대학 종교연구소를 설립했다. 이는 진링협화신학원의 복교复校를 위한 교수요

16 曹圣洁, "关于赞美诗编辑工作的发言," 載于, 『天风』, 1983年, 第2期(复总14号), 第12-13页.

원 준비 차원이었다. 그리고 1981년 2월 28일에는 중국기독교의 유일한 전국적인 신학원 진링협화신학원이 복교 및 개교했다. 제1기에는 46명의 신입생이 입학했다. 신학원은 “서구교회의 것들을 옮겨오는 것이 아니라 오늘 중국교회 실제적 정황에 근거하여 교재와 교학 방식을 정할 것이며 우리는 성경과 신학을 연구하여 하나님이 새로운 시대 우리에게 주신 조명亮光과 지난 30년간의 실천 경험과 깨달음으로 그리스도의 복음을 천명할 것이다.” 라고 선언했다.[17] 1986년까지 진링金陵협화신학원은 전국 26개의 성, 시, 자치구로부터 280여 명의 학생들을 선발했다.

1984년 9월 『진링협화신학지』의 복간은 중국교회가 신학적인 사고를 하고 신학을 건설하는데 있어 중요한 정기간행물이다.

그림 157 『텐펑』(복간호)

그림 158 진링(金陵)협화신학원 복교

그림 159 『진링(金陵)협화 신학지』(복간호)

17 陈泽民, “要办好神学院” (1980年, 中国基督教第三届全国会议发言).

각 지역 기독교양회는 교회의 발전의 수요를 채우기 위해 제한된 여건 속에서 각고의 노력을 통하여 11개의 신학원을 연이어 개교했다. 진링金陵 협화신학원 1981년 2월 외에도, 선양신학원 헤이룽장성, 지린성, 요녕성 3개의 성이 연합하여 설립한 것으로 후에 동북신학원으로 개명, 1982년 10월, 푸젠신학원 1982년 10월, 베이징신학원 1983년 봄, 스촨신학원 스촨, 윈난, 구이저우 3개 성이 연합하여 설립, 1984년 10월, 저장신학원 1984년 10월, 톈진신학원 1984년 10월, 중남신학원 광둥, 광시, 후난, 후베이, 허난 등 5개성이 연합하여 설립, 1985년 5월, 화동신학원 상하이, 산둥, 장시, 저장, 푸젠 4성 1시가 연합하여 설립, 1985년 9월, 안후이신학원 1986년 4월과 광둥협화신학원 1986년 9월 등이 설립되면서 전국적, 지역적, 성급, 3개급三级의 신학원이 형성되었다.[18] 1986년에 신학원 재학생이 594명이 되었다. 1986년에 베이징신학원과 톈진신학원은 합병하여 옌징신학원燕京神学院을 설립했다.

신학원의 운영방침을 명확히 하고 교학 기획을 통일하기 위하여 1985년 8월에 기독교전국양회는 저장성 머깐산莫干山에서 7일간의 신학교육 좌담회를 가졌다. 회의에서는 신학원은 종교연구소도 영성수련원도 아니며 애국과 애교를 함께 강조하며 영성과 지식을 겸한 영灵, 덕德, 지智, 체体, 군群이 고루 성장하도록 해야 한다고 강조했다. 또한 중국신학교육은 "삼자를 지지하고 종교적으로 조예가 깊고 애국·애교하며 품성이 좋은 교회인재들을 양성한다"는 방침을 세웠다.[19]

정규 신학교육을 받은 사역자들의 세대간 격차가 생기고 문혁 기간에 평신도지도자들이 교회의 각종 집회와 예배에서 중요한 역할을 한 것을 고려하여, 평신도지도자들이 기층 교회를 이끄는 것이 이 시기 중국

18 沈德容, "一年来全国两会工作简要汇报(书面,1986. 8-1987. 8),"载于『天风』1987年 第11期(复总59号), 第5页.

19 兴文, "火热地工作 冷静地思考—记全国两会神学教育座谈会,"载于『天风』1985年 11期(复总35号), 第2-3页.

**그림 160** 1979년 딩광쉰 등 중국교회 지도자들이 미국 제3차세계 종교평화 회의에 참석

교회의 중요한 특징이 되었다. 그리하여 평신도지도자들의 신앙적 자질과 관리 능력이 교회의 발전에 직접적인 영향을 끼쳤다. 따라서 평신도지도자들에 대한 훈련을 무엇보다 중요시했다. 저장성기독교양회는 1980년 겨울부터 청년 평신도지도자 연수반을 개설하여 뜻있는 청년성도들이 연수를 받도록 하여 그들을 젊은 사역자들로 길러냈다. 푸젠성기독교양회도 1981년 5월부터 평신도지도자 연수반을 열어 평신도지도자들에게 어떻게 예배와 집회를 인도하고 성경 진리를 바르게 해석할 것인지를 가르쳤다. 허난성기독교양회는 1981년부터 1983년 사이 5기의 평신도지도자 훈련반을 운영하여 397명을 훈련했고 그중 183명은 전도사로 임명하고 48명은 목사로 안수했고 24명은 장로로 세웠다. 1983년 광씨广西교회는 난닝南宁에서 제1기 평신도지도자 훈련반을 만들어 30명의 훈련생을 모집했는데 이들은 한족, 장족, 묘족, 모난毛难족 등 4개의 민족으로 구성되었다. 1984년 닝쌰宁夏교회는 핑뤄平罗현에서 제1기 평신도지도자 훈련반을 열어 훈련을 마친 후 2명의 장로, 5명의 집사를 안수함으로 자

치구 전체에 교역자가 없던 상황을 타개했다. 이 시기 전국 각 지역에서 개설한 평신도지도자 훈련반, 연수반进修班, 평신도业余 신학반 등은 수백기数百期에 달하여 전례없는 규모를 이루었다.[20]

1982년 4월에 기독교전국양회는 평신도지도자 훈련교재를 편찬하는 작업을 시작했다. 그리하여 1983년 2월부터 『기독교의공义工 연수반 강의』 자료가 연이어 출판되었다.

기독교전국양회의 총괄적인 조정 하에 이 시기에 신학교육과 평신도지도자 훈련은 일정한 규모를 형성하고 여섯 개의 단계로 이루어졌다. 1. 연수과정函授课程: 주로 진링金陵협화신학원의 연수과에서 출판한 『연구교재』매 절기마다 한 차례씩 매번 4만부씩 발송를 통하여 집회를 인도하는 평신도들 가운데 지도자들을 대상으로 하여 그들의 훈련을 통해 예배와 집회의 질을 향상시켰다. 2. 평신도业余 성경학교는 일반 성도들을 위해 개설되었다. 3. 신학 단기반은 평신도지도자의공, 义工 가운데 지도자들을 대상으로 하여 집중 교육을 했다. 4. 전문과정: 고등학교 졸업 수준의 청년 성도들을 모집하여 진행한 2년제 신학과정으로 기층 교회의 교역자를 양성하기 위한 것으로 졸업 후에는 전임 전도사가 되었다. 5. 본과과정: 고등학교 졸업생들을 대상으로 한 4년제 과정으로 좀더 높은 수준의 교역자 양성을 목표로 했고 거기에는 교회음악, 미술 및 창작 인재들도 양성했다. 6. 연구과정: 대학 졸업생이나 신학 학부 졸업생들을 대상으로 한 3년제 혹은 4년제 과정으로 수준 높은 교육을 통해 중국 문화에 대해 조예가 있고 사회과학 전문지식도 갖춘 기독교 지식인과 신학원 교사 및 종교 연구자를 양성했다.[21]

20 "告全国主内弟兄姊妹书," 載于 『中国基督教第四届全国会议专辑』 上海: 中国基督教两会, 1986年 12月, 第2页.

중국교회의 또 다른 회복은 세계 교회들과의 관계 회복이었다.[22] 교회가 각종 활동을 회복하게 되면서 중국교회는 세계 교회들과 "상호존중의 원칙하에 평등하고 우호적인 교류를 통하여 주 안에서 하나됨을 추구했다."[23] 1979년의 8~9월에 딩광쉰을 대표로 한 중국 기독교 대표단은 미국에서 개최된 제3차 세계종교평화회의에 참석하고 미국교회를 방문했다. 이는 문화대혁명 이후 중국 기독교 대표들이 처음 참석한 국제회의로 중국기독교가 외부와의 교류를 회복했음을 뜻했다.

중국교회와 세계교회가 지난 20여 년간 단절되었다가 다시 문호를 열어 젖히자 해외 교회들은 중국교회가 걸어온 길과 오늘의 상황에 대해 알기를 원하여 잇달아 중국을 방문했다. 이 때 중국교회를 방문한 이들에는 캐나다, 미국, 홍콩, 오스트레일리아, 일본, 영국, 인도, 연방독일, 민주독일, 헝가리 그리고 조선인민민주주의공화국의 교회 대표단들이었다. 방문한 국제기독교 저명인사들로는 세교협 총간사 필립 포터Philip Potter, 1921-2015, 영국 캔터베리 대주교 런시R. A. K. Runcie, 1921-2000, 아세아 기독교회의 총간사 예진하우叶金豪, 홍공성공회 베이커J. H. G. Baker, 1910-1986 주교 등이 있었다.

영국 캔터베리 대주교 런시는 1982년 1월과 1983년 12월 두 차례나 중국을 방문했다. 처음에는 딩광쉰을 사적으로 방문하였지만 그 국제적 영향은 매우 컸다. 그는 중국기독교의 삼자원칙과 중국교회의 발전

21 丁光训, "关于我国的神学教育一为一次会议准备的发言," 载于『金陵协和神学志』复刊号, 1984年 9月, 第46-49页.

22 "文革"中后期,丁光训等曾参加了一些外事活动,接待海外基督徒或教会人士,如1973年夏接待了 美国国会议员,1975一1976年间先后接待加拿大长老会、苏格兰长老会和美国基督教教会联合会人 士,但这并非教会之间的交往.

23 "中国基督教第三届全国会议决议," 载于『中国基督教第三届全国会议文件』, 上海: 中国基督教两会, 1980年 11月, 第24页.

그림 161 영국 캔터베리 대주교 런시의 중국방문

에 대해 긍정적인 평가를 내놓았다. 그는 "중국 기독교는 반드시 참된 중국적 모습을 가져야 하며 (중략) 또다시 '기독교인이 한 명 생겨나면 중국인은 하나 적어진다'는 말이 나오게 한다면 그것은 용서받지 못할 일이다."고 했다.[24] 그는 "현재 중국인들은 더 좋은 미래를 위해 노력하고 있으며 삼자애국 운동은 기독교가 그 가운데서 더 적극적인 역할을 하도록 보증하고 있고 나는 그 누구도 삼자애국운동을 파괴하는 일을 하지 않기를 바란다."고 했다.[25]

중국교회의 삼자의 간증, 하나됨의 간증 그리고 중국 성도들의 "깊고 견고한 신앙", "역동적이고 기쁘고 사람의 마음을 북돋는 소망" 그리고 "열렬하고 뜨거운 사랑"은 해외 교회들에게도 큰 감동과 격려가 되었다.[26] 영국기독교교회연합회 대표단은 "삼자는 그 당시 진정으로 단결을

24 "英国坎特伯雷大主教伦西博士 1982年 1月 6日 在香港圣约翰教堂的讲道," 載于『中国基督教三自爱国运动文选』(1950-1992), 第494页.

25 "堪特伯雷大主教伦西博士1982年 1月 9日 在南京向中外记者宣读的声明," 载于『中国基督教三自爱国运动文选』(1950-1992), 第495页.

26 "露斯 · 爱彻尔司女士的讲话," 载于『天风』, 1984年 第2期(复总20号), 第15页.

이루었고 (중략) 이는 과거 많은 교파들로 나뉘어 각자 자신들이 속한 세계에 충실했던 다른 지역의 교회들보다 더 강했다."고 밝혔다.[27]

일본기독교협의회 대표단은 성명을 통해 "중국기독교협회와 중국기독교삼자애국운동위원회가 제창한 자주 독립적이고 연합을 완전히 존중하고 공감한다. (중략) 그들은 삼자의 원칙에 따라 교회를 세우고 (중략) 많은 성도들로 하여금 마음으로 삶 속에서 언어 가운데 복음을 전하고 사회를 섬기게 했다."고 했다.[28]

1981년에 중국 기독교는 두 번이나 해외 방문을 하여 아세아 태평양 지역과 유럽과 미국 그리고 홍콩 지역의 교회들과 관계를 정상화했다.

1981년 3월 23일에서 4월 8일까지 중국기독교 대표단은 홍콩에서 진행되는 아시아기독교협의회가 개최한 "아시아교회 복음간증토론회"에 참석했다. 회의에서 중국교회 대표는 "중국기독교의 어제, 오늘과 내일", "중국기독교의 복음을 위한 간증", "중국기독교인이 국가 정치 생활에 참여한 체험과 소감" 그리고 신학교육에 관한 보고를 함으로 회의에 참석한 아세아 태평양 지역의 16개 국가와 지역 교회 지도자들의 큰 관심을 받았다. 회의 이후, 대표단은 홍콩교회를 방문하여 좌담회를 갖고 예배에 참석하고 주일 설교도 하면서 홍콩교회와 성도들과 다방면의 접촉을 하였다. 그리고 "홍콩기독교 형제자매들에게 드리는 편지"를 발표하기도 했다. 이는 개혁개방 이후 중국기독교양회 대표단이 처음 행한 외부 방문으로 큰 의미를 지녔다.

같은 해 9월 23일에서 10월 30일까지 중국 기독교와 천주교 지도

27 『不列颠基督教教会联合会代表团访华报告』, 1983年 12月.
28 『日本基督教协议会代表团申明』, 1983年 10月.

그림 162 중국 기독교 대표단이 홍콩을 방문하여 "아시아교회 복음간증토론회"에 참석

자 일행 10명 천주교 대표 3명, 기독교 대표 7명 은 캐나다기독교교회연합회가 주관하고 캐나다 몬트리올에서 개최한 "하나님의 부르심 – 새로운 시작"이라는 주제의 국제 세미나에 참석했고 북미 여러 교회들을 돌아보았다. 세미나에는 세계 30여 개 국가와 지역에서 온 158명의 대표들이 참석했다. 회의 두 번째 분과토론의 주제는 "중국교회의 경험"이었는데 중국교회 지도자들은 대회에서 중국 기독교와 중국 천주교가 걸어온 여정과 간증을 10여 차례 나누었다.

"중국교회의 진실한 상황에 대해 솔직하고 생동감 있게 소개했고, 중국 기독교인들과 천주교인들의 믿음 생활과 사상과 감정 그리고 정신적 면모를 여실히 보여주었고 중국 성도들의 애국·애교의 입장과 자주독립적인 교회 치리에 관해 나누었으며, 신학사상에 있어서의 탐색과 거둔 결실을 소개했고, 중국교회 대외관계에 있어서 구별된 방침에 대해서 설명했다." 그리하여 "국제사회에서 더 많은 평등하고 상호존중할 수 있는 진정한 친구들을 얻게 되었다."[29]

그 후 기독교전국양회는 연이어 대표단을 파견하여 해외교회들을 방문하였고 국제회의와 중요한 활동에도 참석했다. 예를 들면 마틴 루터 탄생 500주년 기념 활동과 세계와 아시아기독교평화회의에도 참석했다. 대표단은 캐나다, 미국, 영국, 아일랜드, 스위스, 연방독일, 핀란드, 케냐, 동독독일민주공화국, 헝가리, 오스트레일리아, 뉴질랜드, 일본, 인도, 그리고 홍콩 지역을 방문하면서 세계교회들과 광범위한 교제를 가졌다.

중국기독교는 자주 독립적인 교회를 견지하고 삼자원칙을 따르지만 자아 고립이나 맹목적 배타주의를 주장하는 것은 아니다. 중국교회는 평등과 상호존중의 원칙에 따라 중국교회를 대하는 해외 교회, 교회 조직과 성도들과 우호적인 왕래와 연결을 가지면서 주 안에서의 연대를 강화하기를 원한다. 해외 선교사들에 관해서도 중국인들에게 유익한 일을 한 분들에 대해서는 우리는 잊지 않을 것이며 선교사들은 모두 제국주의 분자라고 하는 것에 대해서는 동의하지 않는다.[30] 그러나 선교사들도 올 때가 있고 갈 때가 있는 것으로[31] 우리는 세계교회에 선언한다. "중국 국내의 교회 사역과 선교사역은 중국교회의 주권과 직책에 있는 것으로 외국에 있는 사람은 그의 피부색이 어떠하든지 중국 기독교 당국의 동의가 없이는 중국 국내에서 그 어떠한 선교활동도 금지할 것이며, 이것을 요청드린다."[32] 이는 교회 주권을 온전히 세우기 위함이다.

80년대 초, 기독교양회의 인도로 전국에 있는 동역자들과 성도들

29 陈泽民, "新的开端—记蒙特利尔国际基督教研讨会," 载于『天风』1982年, 第2期(复总8号), 第17页.

30 "爱国爱教,同心迈向新世纪— 中国基督教三自爱国运动五十周年的总结," 载于『中国基督教三自爱国运动五十周年庆祝大会专辑』, 上海: 中国基督教两会, 2000年, 第22页.

31 丁光训, "我们正在怎样办好教会—在世界浸会联盟退修会上的演讲," 载于『丁光训文集』, 南京: 译林出版社,1998年, 第117-127页.

32 丁光训, "回顾与展望—中国基督教第三届全国会议开幕词," 『中国基督教第三届全国会议文件』, 上海: 中国基督教两会, 1980年11月, 第3-21页.

은 "뜻이 같고, 사랑의 마음이 같고, 하나의 생각, 하나의 뜻"으로 큰 믿음과 열정으로 성전 재건 사업에 뛰어들어 중국교회는 "전례없는 활기찬 모습을 띠었다. (중략) 이는 마치 초기 예루살렘 교회의 상황과도 흡사했다."[33]

### 3. 후기 종파 시대에 들어선 중국교회

1958년 대부분 지역의 중국교회는 연합예배를 드렸고 교회 연합의 길에 들어섰다. 예배가 회복된 이후 많은 교역자들과 성도들은 하나님의 은혜에 감사하는 마음을 품고 교회로 나왔고 교회는 예배 형식에서 되도록 많은 사람들이 받아들일 수 있도록 했고 서로 다른 교파 배경을 가진 성도들이 불편함 없이 참석할 수 있게 했다.

상하이 교회는 "최근 2년 동안 전체 도시 성도들은 교파를 나누지 않고 신학사상에 따라 구분하지 않고 예식 습관에 구애받지 않고 본래 어느 교회 소속인지를 묻지 않고 모두 한 주님, 한 믿음, 한 세례, 한 분 하나님에게로 나아갔다."[34] 광저우 동산교회东山堂는 예배를 회복하였고 모두 4명의 목사가 있었는데 각각 4개의 다른 교파 배경을 가졌지만 자신의 교파 배경을 내세우지 않았고 주님의 사랑 안에서 하나되기를 힘썼다. 이런 분위기 속에서 연합예배는 더욱 안정화되어 갔다. 1981년의 중국기독교 대표단의 "홍콩 기독교 형제 자매들에게 드리는 편지"에서 중국교회는 "종파 간 편견들이 점차 해소되고 신앙 안에서 서로 존중하며 서로를

33 "告全国主内弟兄姊妹书," 载于『中国基督教第四届全国会议专辑』, 第2页.

34 "上海市基督教三自爱国运动委员会第三届委员会常务委员会工作报告," 载于『上海市基督教第四届代表会议文件』, 1981年8月, 第14页.

풍요롭게 하여 점차 형제 자매가 동거함이 어찌 그리 아름다운지요"의 광경이 만들어지고 있다고 했다.[35] 이러한 연합은 구체적으로 7가지 면에서 두드러졌다. 1. 각 교파는 본래 자신의 교파의 이름을 내세우며 그 길을 고집하지 않았다. 2. 각 교파는 원래 가지고 있던 전국적, 지방적 조직 기구들의 활동과 기능들을 멈추고 독자적 조직 체계를 유지하지 않았다. 3. 각 교파는 외국과의 활동을 독자적으로 진행하지 않았다. 4. 각 교파는 독자적으로 종교 출판물을 인쇄하거나 전파하지 않았다. 5. 각 교파는 모두 삼자애국운동에 참여했다. 6. 각 교파는 신앙에 있어서 원칙적이고 일치되는 의견은 취하고 비원칙적이고 부차적인 의견은 보류하면서 서로를 존중하고 자기와 다른 신앙이나 예식 전통을 공격하지 않았다. 7. 각 교파는 모두 중국교회의 독립 자주와 애국·애교 그리고 하나님께 영광을 돌리고 인간을 유익케 하는 일을 지지했다.[36] 그리하여 1982년 9월에 기독교전국양회는 "중국교회는 기본적으로 교파가 종식된 시기에 접어들었다"고 선언했다.[37]

이 시기에, 기독교전국양회는 『찬송가』赞美诗 신편, 『핵심교리문답』要道问答 등 문헌의 편성을 통해 연합예배를 더 공고히 하고 '교파후교회'의 형성을 촉진했다. 『찬송가 신편』의 목차 배열에 있어서 세례와 침례, 성찬과 분병掰饼 등을 병기했고, 교회의 절기와 같은 항목을 넣지는 않았다. 이는 신학 관점에서 피차 존중하고 서로 다름을 수용하기 위함이다. 1983년 7월에 출판한 『핵심교리문답』은 중국교회의 신앙고백의 의미를 가졌다. 편저자는 "과거의 교파를 부정하고 새로운 교파를 세우려는 것이

35 "致香港基督教弟兄姊妹书," 載于『天风』, 1981年 第3期(复总4号), 第8页.
36 郑建业, 竭力保守圣灵所赐合而为一的心," 載于『中国基督教三自爱国运动文选』(1950–1992), 第153页.
37 "中国基督教三自爱国运动委员会第三届第二次(扩大)会议中国基督教协会第一届第二次(扩大)会议 决议, (1982年9月24日通过), 載于『天风』, 1983年第1期(总复13号), 第1页.

아니라 서로 다른 전통 중에 훌륭한 부분들을 계승하면서 한 곳에 모으려 했고", "교회사 속에서 다양한 조명과 깨달음을 포괄하면서 서로를 충실하게 하고 서로를 성장케 하고자"하는 취지에 따라 진행했고 "어떤 하나의 관점 하에 통일하려 하지 않았다."[38] 예를 들면 신과 상제, 침례와 세례, 다시 오심再来과 복림复临, 열 개의 계명과 율법의 총강律法的总纲 등을 병렬로 적었다. 작은 차이에 대해서는 문답하지 않고 피차에 대해 판단을 내리지도 않았다.

교회 생활에서는 연합을 강조했고 서로 존중할 것을 각 지역 교회에 강조했다. 1982년 4월, 광시 좡족 자치구 기독교는『전 자치구 교역자와 책임자들에게 보내는 편지』에서 본래 교파의 이름을 취소하고 각 지역의 이름으로 교회를 명명할 것을 호소했다. 1983년 6월 기독교전국양회는 난징에서 사역 좌담회를 열어 신앙, 교의 그리고 예식에서의 차이를 서로 존중하고 서로 다른 차이가 공존하도록 했다.

그 후, 어떤 지역 교회들은 본래 교파의 전통에 따라 집회와 성찬례를 거행하기도 했다. 예를 들면 난징 머처우루莫愁路 예배당에서는 세족식谦卑礼을 가져 성도 간에 서로 발을 씻어주고, 상하이 국제 예배당은 성찬일과 승천일을 정하고 예문礼文성찬례를 거행했다. 1984년 말에 상하이 자베이闸北 예배당에서는 74명의 안식일 교인들이 침례를 받았고, 1985년 초에는 상하이 화이언怀恩 예배당에서는 떡을 떼는 집회를 했다. 그리고 베이징 교회에서는 성찬식을 점차 분잔식分杯式, 궤수식跪受式, 분병식掰饼式, 예문식礼文式 그리고 세족식谦卑礼 등 5가지 방식으로 진행했다. 허난河南 교회는『공통기도문』公祷书을 새로 찍어 성공회 배경의 신부

38 "『要道问答』编写工作回顾," 载于『天风』1984年 第2期 (复总20号), 第16-17页.

가 예배를 사회할 때 사용했다.[39] 이같이 "상호존중의 원칙하에 그것의 생명력이 더 두드러졌고 내용면에서 소극적으로 서로 간섭을 하지 않는 데로부터 적극적으로 서로 배우고 서로를 풍성하게 하는 방향으로 나아갔다. 성령님은 바로 이러한 원리에 근거하여 중국교회를 진리 면에서도 부분적인 면에서 전면적으로, 부족하던 데로부터 풍성하게 발전하도록 인도했다."[40]

1980년 하반기에도 교회는 계속하여 발전하였고 신앙적 특징이 분명한 교파들도 발전하면서 신도의 수가 증가했다. 어떤 지역에서는 자신의 교파적 특징을 강조하면서 "자신들의 전통을 높이고 다른 전통을 배척하고 심지어 다른 교회 성도들을 빼 오기도 하는 (중략) 이는 단순한 개별 현상이 아니었다."[41] 그들의 의도는 본래의 교파를 회복하는 것이었다. 예를 들면 장수성에 1993년에 65만 명의 성도가 있었는데 참예수교회, 안식교와 집회처 성도들이 20여만 명이 되었다.[42] 장수성 앤청盐城의 다른 교파 배경을 가진 성도들은 여전히 각자 헌금함을 관리하고, 각자의 장부를 만들고, 각자의 악기를 다루고, 각자의 설교를 했다. 그래서 교회는 하나됨의 간증이 없었고 같은 마음을 소유할 수 없었다.[43] 푸젠의 어떤 지역에서도 "본래 교파주의가 다시 살아나고 (중략) 각 교파가 각자의 간판을 거는 현상이 통제되지 못했다."[44] 일부 해외 교파교회들도 국내의 형세를 주의 깊게 살피면서 본래의 연대를 회복하려 했고 교파 간의 예속 관계를

39 沈民桐, "增友谊 得鼓励 受教益—记接待不列颠基督教教会联合会访华代表团," 載于『天风』1984年 第2期(复总20号), 1984年 3月 30日, 第11页.
40 汪维藩, "在爱中建立自 己," 載于『中国基督教第四届全国会议专辑』第181页.
41 郑玉桂, "对如何办好教会的感想体会," 載于『天风』1988年 第5期(复总56号), 第9页.
42 韩彼得, "江苏省两会对治好教会的几点实践," 『天风』1993年 第8期(复总128号), 第10-11页.
43 丁建岭, "乃是叫你们彼此相爱—今日的盐城教会," 『天风』1998年 第3期(复总183号), 第10页.
44 『福建省基督教两会会讯』总第20期, 1991年 3月, 第4页.

회복하려 했다. 심지어 암암리에 교회를 개척하고 교파 제도를 만들기도 했다. 1994년에 종교 활동 장소를 등록하는 과정에 일부 본래 교파 배경을 가지고 있던 교회들이 본래 교파의 이름으로 교회 이름을 등기할 것을 요구하고 나왔다. 이러한 분열적 행동들은 연합 예배와 상호존중의 원칙을 손상시켰고 이미 연합하고 있으나 아직 연합되지 않은 교회가 어떻게 연대를 강화할 수 있을지가 이 시대 중국교회가 당면한 가장 중요한 도전이 되었다.

이에 대해 중국 기독교는 교회의 하나됨과 교파적 전통에 대해 깊은 신학적 사고를 진행하였다. 하나됨은 신앙을 통일하는 것은 아니며 신앙에서 서로 다른 인식과 통찰을 가질 수 있으며 중국교회는 사랑의 마음으로 소수자의 위치에 있는 지체들을 더욱 돌보고 배려할 필요가 있다고 생각했다. 그러나 동시에 중국교회는 삼자애국이라는 대동大同 단결의 길을 가면서도 일부 교파적 작은 차이에 대해서는 관용하되 그러나 이전의 교파주의 정서로 회귀하여 중국교회 전체의 단결에 지장을 주어서는 안 된다고 강조했다.[45]

1987년, 기독교전국양회 상무위원회는"진일보 연합을 공고히 하고 단결을 강화할 것에 관한 결의"를 발표했다. 『결의』는 교파 문제의 처리에 관한 공동 행동 준칙과 분열 현상을 극복하고 교회의 연합을 유지할 것을 언급했다.[46] 일부 신앙적 특징에 있어서 큰 차이가 있는 교파에 대해서는 "마땅히 이러한 현실을 인정하고 창조적인 분위기를 형성하여 실제

45 丁光训, "在全国两会委员会会议上的发言," 载于『天风』1990年 第10期(复总94号), 第20–22页.

46 主要内容包括:我国教会实行独立 自主,主张爱国爱教、荣神益人: 在信仰上求同存异,实行彼此尊 重,不互相攻击:不再标出原宗派的名号而独行其是,不再恢复原宗派的组织体系或另立宗派,不进 行宗派性的国际联系,不擅自印发宗派性的出版物, "关于进一 步巩固联合、加强团结的决议,"『天风』, 1987年 11期, 第6页.

적 정황과 조건에서 출발하여 타당하게 안배할 것"을 요구했다.[47] 그러나 전제는 "본래의 교파를 회복하거나 새로운 종파를 설립하거나 교파 조직의 간판을 걸지 않는 것이며 해외 교파 조직이나 기구가 중국교회의 분열을 조장하는 것에 반대하는 것이다."[48] 1998년, 진링金陵협화신학원은 "중국교회의 하나됨"의 세미나를 열어 교회 역사, 성령의 사역, 중국교회의 현실, 세계교회와 중국교회의 관계 등에 대해 다각도로 교회의 하나됨에 대해 토론했고 하나됨에 대한 인식을 더 깊이 가졌다.

## 제2절 삼자의 원칙에 따라 교회 잘하기

1980년대 중기부터 중국기독교 사역의 중심은 회복에서 건설 단계로 진입하였다. "예배당을 회복하는 것을 주된 일로 하던 것으로부터 (중략) 잘 치리하고治好, 잘 양육하고养好, 잘 전하는 것传好으로 중심을 이동했다."[49] 중국 기독교 제4차 전국회의에서 "우리의 전국적인 총체적 사역으로 볼 때 파하는 데서 세우는 데로, 투쟁에서 조화로, 파괴에서 건설로 전환하면서 (중략) 삼자에서 교회를 잘하는 것办好教会으로

47 沈以藩, "全国两会本届第二次常委会上关于教务事工工作的报告(92年 1月 – 93年 5月)," 载于『会讯』第46期, 上海: 中国基督教两会, 1993年 6月 3日, 第5页.

48 高峰, "按三自原则办好教会,为构建和谐社会发挥积极作用,"『中国基督教第八次代表会议专辑』上海: 中国基督教两会, 2008年, 第30页.

49 "在三自原则下办好中国教会—记全国两会第一次会务会议," 载于『天风』1987年第 4期(复总52号), 第9–10页.

나아갈 것"을 제안했다.[50] 이 시기 중국 기독교는 비교적 빠른 성장을 했다. 교회당과 집회 처소는 1980년 중후반에는 "이틀에 3개의 속도로 회복되거나 건설되었다.[51] 그리고 1990년에 들어서서는 "매일 평균 6곳이 회복되거나 재건되었다."[52]

1992년에 전국적으로 개방된 예배당은 7,000곳,[53] 1996년에 12,000곳,[54] 1999년에는 16,000곳으로 증가했는데, 그 중 70%은 신축이었다.[55] 집회 장소는 1992년의 20개에서[56] 1996년에는 250개로,[57] 1999년에는 32,000개에 달했다.[58] 전국 신도 수는 1986년에 300만에서 1992년에 500만으로 발전했고,[59] 1996년에는 1,000만에 도달했고,[60] 1999년에는 1,500만을 넘어섰다.[61]

교회 회복은 도시에서 시작하여 빠르게 농촌으로 확산해 갔다. 80년대로부터 90년대 중반까지 광범위한 평신도지도자의공, 义工 들의 사역과 인도로 농촌교회들은 빠르게 성장했는데 이것이 중국기독교의 중요한 특

50 丁光训, "愿主坚立我们手所作的工," 载于『中国基督教第四届全国会议专辑』上海: 中国基督教两会, 1986年 12月, 第53页.

51 兴文, "为维护宗教合法权益而努力," 载于『天风』1989年第6期(复总78号), 第12页.

52 "爱国爱教,同心迈向新世纪—中国基督教三自爱国运动五十周年的总结," 载于『中国基督教三 自爱国运动五十周年庆祝大会专辑』上海: 中国基督教两会, 2000年, 第19页.

53 "说不尽的恩赐—中国基督教两会常务委员会工作报告," 载于 『中国基督教第五届全国会议专辑』上海: 中国基督教两会, 1992年, 第3页.

54 "同心协力建立基督的身体—按三自原则把教会办得更好,"载于『中国基督教第六届全国会议专辑』,上海: 中国基督教两会 ,1997年, 第3页.

55 "爱国爱教,同心迈向新世纪—中国基督教三自爱国运动五十周年的总结," 载于『中国基督教三 自爱国运动五十周年庆祝大会专辑』第19页.

56 "说不尽的恩赐—中国基督教两会常务委员会工作报告," 载于『中国基督教第五届全国会议专辑』, 第3页.

57 "同心协力建立基督的身体—按三自原则把教会办得更好," 载于『中国基督教第六届全国会议专辑』,第3页.

58 "爱国爱教,同心迈向新世纪—中国基督教三自爱国运动五十周年的总结," 载于『中国基督教三 自爱国运动五十周年庆祝大会专辑』, 第19页.

59 "说不尽的恩赐—中国基督教两会常务委员会工作报告," 载于『中国基督教第五届全国会议专辑』, 第3页.

60 "同心协力建立基督的身体—按三自原则把教会办得更好," 载于『中国基督教第六届全国会议专辑』, 第3页.

61 "爱国爱教,同心迈向新世纪—中国基督教三自爱国运动五十周年的总结," 载于『中国基督教三 自爱国运动五十周年庆祝大会专辑』, 第19页.

징을 이루었다. 90년대 중반부터는 중국의 개혁개방이 심화하면서 도시화가 빠르게 진척되었고 농촌교회들은 오히려 정체현상을 겪고 도시城镇 교회들이 빠르게 성장했다. 농촌교회와 도시교회의 교대 성장으로 인하여 20세기 후반 20년 간에 중국교회가 세계교회에서 가장 빠르게 성장하는 교회가 되었다. 교회의 빠른 성장으로 신학사상의 뒤쳐짐과 교역자들의 부족 그리고 규정과 제도의 미성숙 등으로 교회에는 많은 혼란이 발생했고 이단과 사이비 종교들도 확산하기 시작했다. 이때 중국 기독교는 "삼자의 원칙에 따라 교회를 잘 운영하자"를 구호로 제시하면서 교회 사역을 전면적으로 추진해 갔다.

### 1. 농촌교회와 도시城镇교회의 연이은 부흥

80년대에서 90년대 중반까지 기독교는 경제적으로 비교적 낙후한 지역에서 발전하기 시작했다. 특히 농촌에서 기독교 인구가 폭발적으로 성장했다. 광시广西 산간 지역의 교회들이 "빠르게 회복되고 예배를 회복하고 집회를 열고 성경을 읽고 기도하며 세례와 성찬을 나누면서 아주 활발하게 진행되었다."[62] 장수성 수베이苏北 화이인淮阴 지역 기독교인 수는 1981년 37,000명에서 1995년 37만으로 15년간 10배의 성장을 했다.[63]

허난성의 90%의 기독교인들은 1985년에서 1994년간에 교회에 가입했고 대부분 농촌 지역에 집중되어 있었다.[64] 90년초 상하이시 기독

62 "从『广西山区』一文看海外反华势力的破坏宣传," 載于『中国基督教第四届全国会议专辑』, 第121页

63 沙广义, "有关江苏基督教发展几个问题的探讨," 載于『宗教』, 南京: 南京大学教研究所, 总第35-36期, 1997年,第79页.

64 樊化江, "对河南近年来基督教发展的思考," 載于『宗教』第29-30期, 1995年, 第86页.

교 인구는 10만 명이었는데 그중 60%는 농촌상하이 외곽 지역 등에 있었다.[65] 창춘시 기독교인 수는 1993년은 1990년보다 145% 성장했고 그중 농촌이 93.5%를 차지했다.[66] 그 당시 전국의 80% 신도는 농촌에 있었다.[67]

기독교가 농촌에서 빠르게 전파되고 발전할 수 있었던 것은 사회경제적 측면에서 제11차 3중전회 이후 개혁을 농촌에서 먼저 시작하여 "가정 단위 도급생산"包产到户의 생산책임제를 시행하면서 이전의 인민공사 제도가 해체되어 농민들이 비교적 자유롭게 자신의 생산과 생활을 안배하면서 이루어졌다. 당시 기독교의 연대 의식과 신앙적 실천은 농촌의 "전면청부제"联产承包라는 새로운 생산 방식에서 서로 돕고 서로 합작을 도모하는 기능을 했다. 그리고 당시 농촌에 의료 서비스가 부족한 상황에 교회의 치유 사역도 큰 몫을 담당했다. 예를 들면 장수성 따펑大丰현에서 본인이나 친인척이 병치료를 위해 교회에 나오는 인구가 90%를 차지했고[68] 산시성에서는 병이 치유되면서 입교한 사람이 약 64%를 차지했다.[69] 농촌 지역은 종친사회적 전통의 영향으로 "종친종교"宗亲宗教, 곧 "한 사람이 종교를 믿어서는 안 되고 전 가족이 종교를 믿어야 한다"는 현상이 나타났다. 모든 가족이 종교를 믿는 현상으로 인해 농촌교회들은 가족성과 지역성이라는 특징을 띄게 되었다. 개혁 개방 초기에 기타 민간종교와 민간신앙은 미신으로 취급되었기에, 아직 교회가 회복되지 않은 상황에서

65 "坚持三自原则 办好农村教会的几点设想一农村教会组汇报," 载于『中国基督教第五届全国会议专辑』, 第100页.

66 长春市社科院课题组, 宗教热探析," 载于『宗教』[双月刊(复印报刊资料)]』, 1994年 4 月, 中国人民大学书报资料中心, 第5页.

67 "坚持三自原则 办好农村教会的几点设想一农村教会组汇报," 载于『中国基督教第五届全国会议专辑』, 第100页.

68 杜家宏, 林台南, 农村基督教活动情况的分析及消除不正常发展的途径," 载于『宗教』, 总第35-36期, 1997年, 第83页.

69 巩丽霞, "山西省基督教的发展趋势分析预测," 载于『宗教』, 总第15期, 1989年, 第60页.

기독교의 조기 전파는 농민들에게 신기神祇 숭배라는 필요를 채워주었다. 선교적 차원에서 보면 열정적인 성도들이었던 의공义工들이 자발적으로 농촌에 다니면서 알기 쉬운 언어로 설교하고 전도하면서 전국적인 평신도 운동이 일어났다. 이것이 중국교회 성장의 중요한 특징을 이룬다.

농촌 지역에서 기독교의 빠른 전파는 본래 많은 면에서 폐쇄되고 낙후된 농촌 지역에 적극적인 영향을 미쳤다. 예를 들면 교회에서 식자반识字班, 사경회 등을 조직하면서 농촌 신도들의 문화 지식 수준을 끌어올렸고, 모임과 집회를 가지고 예배하고 찬양함으로 농촌의 척박한 문화 생활을 풍성하게 이끌었다. 그리고 기독교 윤리를 만들어 풍습을 개량하고 마작과 술주정과 같은 나쁜 습관을 고치고 가정의 화목과 이웃과의 관계 개선에 도움을 주었고, 서로 돕기를 장려하면서 경제 발전과 삶의 개선에 유리하게 작용했으며, 사랑의 마음을 일깨워 어려운 이들을 돌보도록 했다. 교회와 성도들의 이러한 아름다운 간증은 기독교가 농촌에서 급속으로 성장하게 된 중요한 원인이 되었다.

이 시기 농촌교회들은 방임된 상태에 놓여 있었고 제대로 된 인도와 가르침이 부족하여 빠른 성장 중에 "사람도 많고 집회도 많지만 자질은 낮은", 즉 표면적인 부흥을 경험하기는 했지만 실제적으로는 소양과 자질이 떨어지는 현상이 두드러졌다. 농촌 교회는 정규 신학교육과 훈련을 받은 사람이 부족하고 대다수 의공들은 신앙의 경건성과 열정은 있지만 문화적 수준이 낮고 성경 지식도 부족하여 실제로는 가르침의 수준이 낮고 교회를 관리하는 능력이 떨어졌다. 한편, 성도들은 문화 수준이 낮고 신앙적 자질도 떨어져 공리적功利 색채가 농후했다. 예를 들면 장수성 따펑현大丰县 교회는 농촌 인구가 88%를 차지했는데 그 가운데 부녀자들이 62%, 중노년이 73% 그리고 초등학교 수준이나 문맹이 약 85%였다.[70] 홍저현洪泽县 신도들은 문맹이나 초등학교 수준이 88.7%를 차지했다.[71] 장수성은 경제 문화 발전이 전국의 선두에 있는데도 이런 상황인데, 기타 중서부의 낙후된 지역은 더 말할 것도 없었다. 전체적으로 농촌 교회는 “노인이 많고”, “부녀자들이 많고”, “문맹과 반문맹이 많고”, “환자가 많은” 4가지 많은 특징이 있는데 이는 농촌교회의 건강한 발전을 위해 큰 도전이 되었다.

그리하여 중국기독교는 “어떻게 농촌교회를 잘할 것인지”에 대해 큰 관심을 가졌다. 1987년 2월에 기독교전국양회는 농촌교회 건설에 사업의 중심을 두면서 “농촌교회사역 강화를 위한 결의”를 하였다. 결의에서 농촌교회 사역자들과 평신도 지도자들의 양성과 배출에 속도를 높이고, 성도들에게 적합한 독서자료들을 출판하고, 집회 장소를 합리적으로

**그림 163** 교회 의공 훈련

70 杜家宏、林台南, “农村基督教活动情况的分析及消除不正常发展的途径,” 載于『宗教』, 总第35-36 期, 1997年,第83页

71 吕朝阳, “苏北农村基督教发展现状及其原因分析,” 載于『南京师大学报』(社会科学版),1999年, 第6期.

배정하고, 집회 처소들의 조직 관리를 건전하게 하고, 기독교 기층기관으로써 양회를 조직하고, 성도들의 이단 사설 분별력을 높이고, 불법과 위법 행위들을 단속하고, 외부 세력의 침투를 차단하는 등의 안건을 다루었다. 그리고 각 지역의 기독교양회는 인력을 조직하여 농촌교회들을 탐방하고 지원할 것을 제안했다.[72]

1988년 3월에서 4월까지, 기독교전국양회는 5명의 설교단을 파견하여 허난성 난양南阳과 핑딩산平顶山 지역에 한달 간의 순회설교를 하였다. 그들은 약 20개의 시와 현县에서 105차례 설교를 했고 설교를 들은 성도 수는 6~7만 명에 이르렀다.[73] 같은 해 7월에는 허난성 기독교양회도 위동豫东, 위난豫南, 위시豫西, 위베이豫北 4구역으로 나누고, 매년 봄, 가을, 겨울 세 계절에 혼란 퇴치를 목적으로 하여 이단들이 창궐한 지역을 중심으로 농촌으로 32명의 설교단을 파송하여 다년 간 설교 훈련을 시키고 세례와 성찬을 베풀었다.

상하이에서는 도심 지역 교회와 근교의 교회들을 연결하여 협력하도록 했다. 1996년 설 명절 기간에 상하이시 기독교 양회는 17명의 교역자들을 조직하여 근교에 있는 교회들에 가서 심령부흥회를 열었다.[74] 난징시 교회들은 계절을 단위로 설교 진행표를 만들어 계획적으로 사람들을 기층 교회에 내려보내 설교 및 세례와 성찬을 진행했다. 1994년에 127인이 기층에 내려가서 94차례 설교하였는데, 5,000여 명이 세례를 받고 15,000여 명이 성찬에 참여하였으며 40,000여 명이 설교를 들었다. 그리고 훈련 과정으로는 농촌교회의 의공, 전도인들을 배양하기 위해

72 "全国两会常委会在蓉举行联席会议," 载于『天风』, 1987年 第11期(复总59号), 第2-3页.
73 "全国两会派出讲道团去河南," 载于『会讯』, 第27期, 1988年 6月16日, 第3页.
74 华耀增, "上海基督教两会的几件工作," 载于『中国基督教第六届全国会议专辑』, 第166-172页.

"의공을 중시하고 서로 연결을 도모한다"는 이름 하에 광범위한 훈련과 "장기 계획과 단기 실시"라는 체계적인 훈련도 진행했다.[75] 푸젠성 여러 지역에서도 순회 전도단을 조직하여 농촌 교회에 가서 설교하고 시비를 구분하게 하고 바른 가르침으로 목양하여 이단을 저지하고 성도를 견고하게 세워갔다.

농촌교회 전도인 양육을 돕기 위해 진링金陵협화신학원은 1980년에서 1995년까지 『연수교재』函授教材 79기를 291만 9천 권 출판 발행했고 『진링金陵협화신학지』후에는 진링(金陵)신학지로 명명 27기를 총 19만 9천 권, 11개 종류의 "연수총서" 총 73만 6천 권을 각각 출판했다. 그리고 기독교전국양회가 발행한 "의공연수반강의" 여섯 종류 총 61만 권, "신학교육총서" 15종 44만 5천 권을 출판했다.[76] 1987년부터 진링협화신학원은 허난성 농촌 교회를 위한 1년 단위 연수반 4기를 운영했다. 첫 기수에 허난성 47개 현과 시에서 온 기층 교회 전도인 47명을 모집했다. 1989년에는 성경연구반3년제를 증설하고 해마다 1,000명의 학생을 받았다.

**그림 164** 일부 『연수교재』, 『진링(金陵)신학지』와 신학교육총서

75 李兰成, "方向明确 关键在'办'," 载于『中国基督教第六届全国会议专辑』, 第214-218页.

76 葛筠, "金陵复校以来出版的书刊小计," 载于『金陵神学志』, 第28期, 1996年 9月, 第49-50页.

1994년에 농촌사역위원회는 농촌교회 훈련을 잘하기 위해 목표 지향성, 실용성, 실효성이라는 방침을 정하고 교사진을 파견하여 헤이룽장성, 장시성, 허베이성, 윈난성, 산시성 등지에서 훈련을 진행했다. 1996년에는 제1회 "의공훈련소총서"义工培训小丛书를 출간했고 『중국기독교의 공훈련교학 대강』의견수렴용을 통해 훈련 방침, 훈련 단계, 훈련 시간, 시간 배정, 과정 설치, 훈련 교재, 훈련생, 조직관리 등 8개 방면의 규범을 제정했다.[77]

이 시기 전국의 많은 현과 시 기독교양회들은 농촌교회 평신도지도자 전도인들을 교육하기 위해 훈련센터를 설립했다. 1997년에서 2001년까지 기독교전국양회가 직간접적으로 참여한 평신도지도자 훈련만 110차에 달하고 21개 성, 시, 자치구 등 지역의 평신도지도자들을 훈련했으며 훈련을 받은 평신도지도자 수는 8,000여 명에 달했다.

**그림 165** 중국기독교양회 농촌사역위원회에서 개설한 지방 의공 훈련반

77 "农村工作委员会工作报告," 載于『中国基督教第六届全国会议专辑』, 第314-324页.

농촌교회는 점차 준비된 평신도지도자들을 갖추게 되었고 이들은 교역자의 부족을 보완하여 농촌 교회를 목양하고 관리하는 데 큰 기여를 하였다.

1992년 덩샤오핑의 남방 순회 강연 이후 중국의 개혁은 새로운 단계에 들어섰다. 그때부터 중국의 경제는 빠르게 성장했고 많은 농촌 청년들은 일자리를 찾기 위해 도시로 몰려 들고 농촌 학생들도 도시에 와서 공부하면서 도시 이민의 흐름이 형성되었고 도시화도 빠르게 진행되었다. 도시화로 인해 농촌교회의 발전은 점차 둔화되었고 심지어 어떤 지역은 정체 현상이 나타났다. 도시 주민들은 경제와 사회의 전환 과정에 삶과 일의 불확실성도 커지면서 많은 스트레스와 압박감을 느끼게 되었다. 물질의 풍요는 정신적 공허함을 다 채울 수 없었고 점점 더 많은 도시 거주인들은 교회를 찾았고 해결 방법을 찾았다. 그리고 대외 개방의 확대로 외국과의 무역, 기업 경영, 노무, 문화 예술과 체육의 교류, 유학, 여행 등의 증가로 도시 주민들이 기독교를 접할 수 있는 기회도 확대되면서 도시 교회들도 부흥하기 시작했다. 예를 들면 1990년에서 1995년 사이 하얼빈시의 성도 수는 6배나 증가했는데 그중 72.11%는 1990년 이후에 교회 활동에 참석한 자들이었다.[78] 무한시 교회도 10년간 성도 수가 2,500명에서 18,778명이 되었고 예배 처소도 6개에서 60개로 발전했다.[79] 원저우시 핑양平阳에서도 1990년에서 1995년사이 세례받은 성도 수가 연평균 9.58%로 증가했고 1995년에서 1999년까지 연 증가율은 11.68%에 달했다. 그 가운데 새신자 수의 증가가 가장 컸다.[80]

78 叶乃滋, 哈尔滨市群众信教热现象研究," 载于『当代宗教研究』, 1996年, 第3期, 第2页.
79 梅川, 十年来武汉市郊县教会的可喜变化," 载于『天风』, 1997年, 第6期(复总174号), 第8-9页.
80 陈村富, 『转型时期的中国基督教:浙江基督教个案研究』, 北京: 东方出版社,2005年, 第41页.

도시교회城镇教会 신도들의 성별 비례, 연령 구성, 교육 정도, 직업 분포 등도 많이 변했다. 예를 들면 후베이 두창현都昌县은 노인과 부녀자들이 많고 문맹자들이 많던 상황에서 남자 성도, 젊은 성도, 중학교 정도의 문화 수준을 가진 신도 수가 많아졌고, 성도들의 신앙적 동기도 본래의 기복적인 것에서부터 점차 "하나님께 영광 돌리고 사람을 유익케 하려는 것"荣神益人과 내세에 대한 관심으로 변화되었다.[81] 1997년의 표본 조사에 근거하면 80년대와 비교하였을 때 90년대 상하이 교회 수세자들 가운데 중년 성도 수가 50%를 차지했고 이들 중 대학 이상의 학력을 가진 사람이 19.5%였다고 한다.[82]

1996년 상하이 무언탕 새신자 교육에 참석한 이들은 대부분 젊은 이들이었고 전문대 이상이 22%를 차지했다. 베이징 깡와스缸瓦市 교회의 경우, 80년대에는 예배를 회복한 후 주일 집회 참석자 중에 젊은이들이 거의 없었으나, 1995년에는 세례 받은 사람들 가운데 35세 이하가 37%를 차지했고, 1999년에는 39%로 증가했다. 그리고 1995년에서 1999년 사이에 세례를 받은 사람들 가운데 전문대 이상 졸업자가 15.6%에서 31.1%로 증가했다.[83]

이 시기 학자들 가운데서도 기독교에 대해 호감을 가진 젊은 지식인들이 나타났다. 기독교와 관련된 번역, 창작과 연구를 하는 이들 가운데 기독교 신앙을 추구하는 이들이 생겼는데 이들을 "문화그리스도인"文化基督徒이라 부르기도 했다. 이들의 연구는 기독교가 사회적으로 영향력을 형

81 刘铨玉, 徐贵水, 试论农村基督教发展现状､趋势与社会功能," 载于『宗教』总第37-28期, 1997年, 第63-64页.
82 刘建, 罗伟虹, 晏可佳, "基督教徒的信仰与行为," 载于『当代宗教研究』, 1999年, 第3期, 第3页.
83 高师宁, 从北京看中国城市基督徒的信仰," 载于『基督宗教与中国文化』, 北京: 中国社会科学出版社, 2004年, 第294页.

성하는데 큰 역할을 했다. 그리고 동남 연해 지역은 민영 경제가 일찍 발전했는데 그 중 기독교적 전통이 깊은 지역 예를 들면 저장성 원저우와 같은 지역에 "기업가 그리스도인"老板基督徒들이 나타나기도 했다. 그들은 그들 지역의 예배당 건축 등에 큰 기여를 했다. 하지만 기업가들이 교회를 세우고 관리하면서 제멋대로 하는 등 바람직하지 않은 일들도 있었다. 도시 교회의 발전과 특히 성도 구성의 변화 및 새로운 기독교인 그룹의 출현으로 도시 교회의 목양 방식, 조직 관리, 사역 방식 등등에 큰 변화가 요청됐다. 1997년 11월 기독교전국양회는 첫 자전自传 토론회를 열어 도시 지식인들과 청년 성도들의 비례가 증가하고 아직도 적지 않은 사람들이 기독교 신앙에 대해 탐색하고 있는데 그들을 온전하게 하나님 앞으로 인도하는 문제를 토론했다. 그리고 도시 교회는 정신문명 건설에 있어서 기독교 윤리와 도덕을 실천하고 시장 경제 발전에 있어서 성도들에게 건강한 재물관을 가르치고 실직 등과 같은 삶의 어려운 문제를 긍정적으로 대하도록 지도할 것을 나누었다.

## 2. 혼란 현상과 이단 사이비

1980년에서 1990년까지 성도 수는 계속하여 증가하고 교회와 처소도 많아졌지만 기독교는 이러한 빠른 변화의 요구를 충족시킬 수 없었다. 교회는 교회 조직이 온전하지 않고 제도가 제대로 구비되지 못하고 교역자도 턱없이 부족하고 해외 세력들이 침투하고 성도들의 소질은 낮음으로 기독교 내에는 각종 혼란 현상이 나타나고 심지어 이단과 사이비들이 번지기 시작했다. 기독교의 이름 하에 활동한 사이비들로 교회가 어려움에 처하고 사회에 피해를 끼치기도 했다.

그 당시 많은 농촌들 특히 외진 지역에 있는 농촌 교회들은 무질서하게 운영되었고 가부장적인 폐단들이 나타나고 성도들의 신앙이 미신화되는 경향들이 나타났다. 일부 전도인을 자처하는 자들이 도처에 다니면서 모임을 만들고 사람들을 미혹하여 제멋대로 세례를 베풀었다. 그들의 속임수와 침입으로 어떤 농촌 교회들은 방언을 말하고 환상을 보고 영가灵歌를 부르고 영무灵舞를 추고 영적 길灵程을 걷고 영과 교접하고 밤샘 집회를 하면서 혼란을 조성하여 나쁜 영향을 끼쳤다. 어떤 이들은 병을 치유하고 귀신을 내쫓고 환자들이 의사를 보거나 약 먹는 것을 금하고 환자들에게 강압적으로 금식 기도를 하게하고 심지어 환자를 때리기도 했다. 그래서 병을 치료할 수 있는 적절한 시기를 놓침으로써 사망에 이르게 하는 사태들도 벌어졌다.

그리고 성사圣事도 남용하여 "믿은 날에 세례를 주고", "오늘 믿고 내일 세례를 주면서", "자질에 상관없이 마구잡이로滥 신도를 확보하고 교회의 규례를 무시하고 성사를 제멋대로乱 시행하고 교의를 모르면서 제멋대로乱 가르치고 규정을 따르지 않고 사사로이乱 집회를 만드는" 등 "일람삼난"一滥三乱의 현상이 나타났다.[84] 그리고 농촌의 많은 새 신자들은 병을 고치고 귀신을 쫓고 하나님의 기적을 구하고 심지어 기독교에서 반대하는 봉건적이고 미신적인 것들을 예수의 이름으로 행하면서 기독교의 신앙 내용으로 삼았다. 이들은 공리적功利 색채가 아주 농후했다. 예를 들면 어떤 성도들은 전도인들이 먹고 마시고 남은 것들을 먹고 마시면서 그것이 영적인 양식이고 영적인 생수라 했다. 적지 않은 농촌 성도들은 기독교 진리에 대한 정확한 이해가 부족하여 저급한 정신적 추구에 만족하

84 叶小文, "在中国基督教第七次全国代表会议上的讲话," 载于『中国基督教第七次代表会议专辑』, 上海: 中国基督教两会, 2002年, 第39页.

여 쉽게 속임을 당하고 이단 사이비에 노출되어 있었다. 1994년 산둥성 남부의 한 현县의 95개 집회 장소 가운데 거의 절반이 이단 사이비의 소란을 겪었고 심지어 일부 훈련을 받은 사역자들까지도 이단에 가입했다.[85] 외딴 소수민족 교회들에서도 이단들이 유행했다. 예를 들면 윈난 소수민족 교회에는 "쓰리피"私利匹, "헝니"恒尼가 있었는데, "쓰리피"가 주장하기를 집회는 비밀리에 해야 한다는 것이었고, "헝니"는 15가지를 금지하는데 그 중 인간의 모양이 있는 인민폐는 사용 불가하며 계획 생육을 반대하고 화학 비료와 농약을 사용하지 못하게 하고 정부의 구제 물품을 받지 못하게 했다.

이 시기 중국 각 지역에서 잡다한 이단들이 활동했고 이들은 기독교의 깃발 하에 사회에 해악을 끼치는 사교邪教들이었다.

| 이름 | 창립자 | 창립시간 | 신앙특징/강변사설 | 사회적 해악 |
|---|---|---|---|---|
| 후한파이(呼喊派) | 리창써우(李常受) | 1962년, 1978년 미국에서 들어옴 | 집회 때 큰 소리로 부르짖고, "창써우" 주를 경배하고 찬양한다. | 종교 열광을 부추기고, 당과 사회주의를 반대하고 사회 치안을 방해한다. |
| 문도회(门徒会), 삼속기독(三赎基督), 광야좁은문(旷野窄门), 이량양교(二两粮教), 몽두회(蒙头会) | 찌산보우(季三保) | 1989년 | 하나님이 세운 그리스도로 자칭, 제3차 구속을 말하며, 병 고치고 귀신을 쫓고, 생명을 괴롭히며, 세계 종말 강조하는 등 미신 사설. | 성도들로 하여금 생산에 종사하지 않고 재산을 팔고, 학생은 자퇴하고, 승천을 기다리며, 병에 걸려도 의사의 도움을 거부한다. |

85 田丰, "对山东一些地区出现的异端邪说的思考," 载于『天风』, 1994年 第12期(复总144号), 第11页.

| | | | | |
|---|---|---|---|---|
| 전방위교회(全范围教会) | 쉬융저(徐永泽) | 1984년 | 큰 소리로 울며, "울음 중생"(哭重生)을 강조. | 교회를 분열시키고, 성도들의 정신착란을 일으키고, 가정 생활을 교란한다. |
| 영영교(灵灵教), 영생도(永生道), 부활도(复活道) | 화쉐허(华雪和) | 1983년 | "둘째 예수"(耶稣第二)로 자칭하며 종말을 부풀렸다. | 유언비어 날조하고, 사회 질서 교란하고, 가족의 화목을 파괴했다. |
| 신약교회(新约教会) | 메이치(梅绮) | 1960년 | "피, 물, 성령의 온전한 진리" | 정권을 공격하고, 사회의 안정을 해쳤다. |
| 주신교(主神教) | 류쟈궈(刘家国) | 1993년 | 그리스도의 부활의 "주신"으로 자처하여 오직 "주신"을 믿어야 구원받는다고 함. | 사회주의 제도를 공격하고, 사회 질서를 교란하고, 여성을 겁탈하고, 재산을 갈취했다. |
| 뻬이리왕(被立王) | 우양밍(吴扬明) | 1988년 | "왕으로 옹립"을 자칭하며, 세계 종말의 도래를 선동하면서 오직 자신을 믿어야 구원받는다 함. | 악의적으로 당과 정부를 공격하고, 재물을 사기치고, 여색을 탐하고, 부녀자들을 겁탈했다. |
| 통일교 | 문선명 | 1954년, 1980년 중국 진출 | 성혼을 축복하고, 신의 3대 축복과 영계의 존재를 강조. | 비밀리에 침투하여 활동을 전개하고, 혼인을 정해준다. |
| 싼반푸런(三班仆人) | 쉬원쿠(徐文库) | 80년대 | 성경의 권위를 부정하고 그리스도의 구속을 부정하고, 종말의 도래를 강조한다. | 재물을 사기치고, 폭력적 범죄를 행하고, 사회 질서를 크게 교란했다. |
| 천부의 자녀(天父的儿女) | 따웨이 머쉬 바이커(大卫·摩西·白克) 데이비드 브란트 버그 "모세" (David "Moses" Brandt Berg) | 1968년, 1980년대 중국에 전파 | "하나님의 계시"를 받았다 주장하며,『모세서신』을 만들어 경전으로 삼고, 세계 종말을 선언하면서 성도들은 주를 위해 모든 것을 포기할 것으로 권고하며 심지어 재산과 몸도 바칠 것을 요구한다. | "공산주의가 최후의 핵전쟁을 일으킬 것이라" 하면서, 매음과 비슷한 방식으로 성도들을 모았고, 경비를 헌금하게 했다. "가정"에서 군거 하고 난교를 행했다. |

| 다미선교회 | 이장림<br>(한국) | 1988년 | 말세론을 강조하며, 선동하고 조직하여 단체로 "승천"자살 활동을 했다. | 사회 안정을 크게 훼손하고 사람들의 생명 재산 안전에 해악을 끼쳤다. |
|---|---|---|---|---|
| 세계엘리야<br>복음선교회 | 박명호<br>(한국) | 1980년 | 자신을 최후의 선지자 "엘리야"로 자임하고 "석선"(石仙)으로 "석국"(石国)을 조직한다 했다. | 침투하여, 사람들을 현혹하여 재산을 팔게 하고, 국가 안전과 정상적인 생산과 생활 질서를 파괴했다. |
| 동방번개<br>(东方闪电/全能神) | 쪼우웨이산<br>(赵维山) | 1989년 | 성경을 왜곡 부인하고, "전능신"과 "여 그리스도"를 선전했다. | 사기, 음란, 폭력, 성적 유혹과 물질적으로 유혹하여, 교회의 건강한 발전과 사회의 정상적인 질서와 공공 안전을 파괴했다. |

80년대부터 가장 영향력을 사교邪教는 후한파이呼喊派였다. 가장 일찍 중국 정부에 의하여 제압되고 제거당한 사교였다. 후한파이는 집회와 기도 때 큰 소리로 부르짖기로 유명하다. 창립자 리창써우李常受는 1932년 산둥성 얜타이烟台의 기독교 집회에 참석했고 1946년에 상하이로 가서 워치만 니로부터 중요하게 쓰임을 받았다. 1948년에 그와 워치만 니는 "이민"移民과 "내놓으라"交出来 등 운동을 조직했고 상하이에서 "백의행진"白衣游行 등을 하면서 "복음으로 혁명을 소멸"以福音消灭革命하려는 시도를 했다. 그는 공개적으로 공산당을 "사탄의 조직"이라 했고 공산주의는 "사탄주의"라고 모함했다. 그리고 해방군이 양즈장长江을 도강하기 전에 "신에게 양즈장长江을 경계를 정할 것으로 기도하였고 (중략) 만약 홍군이 도강을 감행하면 그들을 모두 양즈장长江에 빠져 죽게 해달라"고 기도했다.[86]

1949년 4월 상하이가 해방되기 전에 대만으로 도망하여 거기서 집회처 사역을 하다가 1962년에 미국으로 이민하여 L.A.에 정착했다. 1967년부터 리창써우는 L.A.의 "지방교회"에서 부르짖기 운동을 전개했다. 그는 "주의 이름을 부르짖는" 방식으로 "영을 자유롭게 한다"고 했다.

1978년부터 리창써우는 사람들이 귀국하여 친척 탐방을 하고 비즈니스를 하는 기회를 이용하여 원저우温州에서 활동을 전개했고 본래 집회처聚会处의 성도들과 연결을 시도했다. 후에 사람들을 보내 대량의 서적과 녹음 테이프를 배포하여 영향력을 키워갔다. 그는 기독교양회와 교회를 "큰 음부"大淫妇라고 하면서 추종자들을 통하여 정상 집회와 충돌하고 교회당을 점령하기도 했다. 저장성 둥양东阳현에서 후한파이는 강대상을 점령하는 등 형식을 통하여 불법적으로 5개의 예배당 가운데 2개를 점령했다. 쌍창上仓교회 예배당은 일 년 내에 10여 차례 강점되기도 했다.[87] 1983년 2월에 후한파이는 때리고 부수고 빼앗는 방식으로 둥양현东阳县현의 삼자 의공 훈련반에서 소동을 피웠다. 그리고 이우에서 후한파이 200여 명이 정상적으로 드리는 예배에 돌진하여 경찰과 충돌을 빚기도 했다. 이 두 차례의 집단적인 사건은 사회에 아주 악랄한 영향을 미쳤다. 그래서 이를 "뚱양-이우 사건"이라 부른다. 1983년 6월에 후한파이 책임자는 저장성 핑양平阳에서 회의를 열어 "1년 내에 저장浙江성을 점령하고打下, 2년 내에 전국을 점령한다"는 구호를 내걸기도 했다.[88]

후한파이는 교회를 분열할 뿐만 아니라 집회를 방해했다. 심지어 "머리를 쓰지 말고 오직 영으로만"을 주장하면서 광신적인 행위를 선동했고 심지어 성도들의 신체 건강을 훼손하여 사람의 정신적 이상을 초래

86 唐守临, 任钟祥, 『为真道竭力争辩(驳斥李常受的异端邪说)』,上海: 上海市基督教教务委员会, 1983年, 第3-6页.

87 "记东阳, 义乌圣经进修班," 载于『天风』, 1983年, 第4期(总复16号), 第14-15页.

88 邓福村, "所谓'东阳义乌事件'的真相," 载于『天风』, 1983年 第2期(总复14号), 第29页.

하는 등 극도로 발광하면서 사회의 질서를 엄중하게 해쳤다. 그들은 허난성 농촌 지역에서 사람의 시선을 피해 깊은 밤에 집회를 열었다. 그래서 "한밤회"半夜会라 불렀다. 청년 남녀들도 "주님을 먹는다"吃主, "기도로 읽는다"祷读 등의 이름 하에 실제로는 방종하게 행함으로 풍속을 문란시켰다. 1981년에 허난성 난짜우현南召县에서 심지어 "아들을 죽여 제사를 드리는" 인간성을 말살하는 비극을 연출하기도 했다. 후난성 천저우郴州에서는 1982년부터 후한파이의 영향으로 어떤 지역에서는 묘목에 벌레가 생겨도 조치를 취하지 않고 오직 기도만 했다. 그리고 가정의 상황을 고려하지 않고 일자리를 포기하고 전도에 나섰고 어떤 이들은 집을 짓지 않고 천막에 살면서 주님이 다시 오기를 기다렸고 어떤 이들은 치료를 거부하고 귀신을 쫓고 치유를 기다렸다.

본래 집회처의 구성원이었던 탕서우린唐守临과 런중샤앙任钟祥이 1983년에 『진리를 위해 힘껏 변호-리창써우의 이단 사설을 반박함』为真道竭力争辩 - 驳斥李常受的异端邪说이라는 책을 써 리창써우의 이단 사설을 폭로하고 비판했다. 후한파이가 타격을 받고 제거된 이후에 각 지역에 있던 핵심 일꾼들은 간판을 바꾸어 따로 새롭게 시작하면서 다양한 사교 조직으로 변모해 갔다. 그 중에 동방번개, 중화대륙행정집행역中华大陆行政执行站, 전방위교회 등이 있다.

동방번개东方闪电는 1989년에 자오웨이산赵维山에 의해 후한파이로부터 분리 독립한 분파로 90년대에 가장 악명 높은 사교 조직이다. 동방번개东方闪电가 그 진면목이 알려진 후에 "실제신", "전능신" 등 이름으로 바꿔 부르기도 했다. 자오웨이산赵维山이 헤이룽장성에서 허난성으로 도망한 후 1993년에 "참신교회"真神를 설립했다. 후에 허난성 정저우郑州의 여신도를 물색하여 그에게 "전능"이라는 이름을 지어주고 그를 "신"으로 높였다. 그는 성경을 곡해하고 교의를 수정하여 신은 동방의 여성의 형상으로 두 번째 성육신하는데 중국에 강림한다 하여 그녀를 "동방의 번개" 혹은 "여 그리스도"로 불렀다.

동방번개东方闪电는 『동방에서 발한 번개』, 『신의 신비스러운 사역』 등의 책자를 통해 "3개 시대론"이라는 사설邪说, 즉 여호와의 통치 시대인 율법 시대와 예수 통치 시대인 은혜 시대는 지나갔고, 이제는 전능신이 통치하는 "나라 시대"国度时代로 오직 전능신에 의해서만 구원을 받고 그렇지 않을 때 번개에 맞아 죽임을 당하게 될 것이라 했다. "동방번개"는 "내막 파악"摸底, "길 내기"铺路와 "간증"이라는 3단계를 통해 신도를 미혹하여 입교하도록 유인했다. 그리고 일단 입교하게 되면 각종 수단을 동원하여 조정하고 압박하고 재물을 탈취한다. 심지어 여색을 통해 유혹하고 납치, 폭행 등 깡패들이 하는 방식으로 여러 건의 살인, 상해, 납치와 재물 갈취 등 사건들을 일으켰다. "동방번개"는 잘못된 교의를 가르치고 세뇌시켜 성도들을 정신적으로 조종하고 성도들의 절대적인 순종을 요구하고 무조건적인 충성을 하도록 하여 심지어 혼인이나 가정에서도 스스로 주장하지 못하도록 강요함으로 사회와 가정의 의무를 버리게 했다. "동방번개"는 세계 종말을 내세워 "붉은 용의 나라 중국"은 곧 멸망할 것이라 호도하면서 두려움을 조성하여 사람들을 입교시키는 일에 몰두했다. 그들의 활동은 전국 대부분 성과 도시에 퍼졌다.

이같은 이단들과 기독교의 깃발을 든 사교들은 모두 성경을 왜곡하고 그리스도를 부정하며 교회를 훼방하고 교주教主를 숭배하고 종말을 강조하고 사회를 위태롭게 하고 성도들을 해치고 정부를 전복하려는 공통의 특징을 가진다. 교주들은 대부분 도덕적으로 패악하고 재물을 탐하고 여색을 탐하고 행악하는 자들이다. 그들은 기독교의 사회적 형상에 먹

칠을 하고 가는 곳마다 정상 집회를 교란하고 교회를 분열시키고 사회에 해악을 끼쳤다. 이런 사태를 기독교전국양회는 주목하면서 『텐펑』에 각종 이단과 사교를 폭로하고 진리를 바르게 분별할 것을 독촉하는 문장을 실었다. 전국과 각 지역의 기독교양회는 교회들은 자신을 바르게 하고 단단하게 세울 것을 촉구했다. 교역자들과 의공들은 풍부한 영적 생명과 더불어 시비를 분별하는 능력을 그리고 성경의 온전한 진리로 성도들을 가르쳐 중국교회를 예수 그리스도의 반석 위에 굳건하게 세워갈 것을 촉구했다.

### 3. "삼자"三自에서 "삼호"三好로

1980년에 중국기독교 제3차전국회의에서 "교회는 자체적으로 운영할 뿐만 아니라 잘 운영해야 한다"고 하면서 "삼자"三自에서 "삼호"三好 즉 "자치에서 치호治好, 자양에서 양호养好, 자전에서 전호传好"를 이루어야 한다고 제시했다. 1980년대 중후반에 중국 기독교는 성장기에 들어섰다. 이때까지 교역자들은 단지 교회당 수를 늘리고 신도 수가 증가하는 것을 교회를 잘하는 유일한 기준으로 여겼다. 이에 대해 딩광쉰丁光训은 "질을 따지지 않고 양만 따지는 것은 교회를 잘하는 방도가 아니다."고 했다.[89] 그는 교회를 잘 하는 것은 "조국을 사랑하고 중국 특색의 사회주의를 지지하고 삼자애국의 원칙을 견지하고 외부 침투를 방지하고 불법과 위법을 반대" 하는 등 정치적으로 잘할 뿐만 아니라 "교회의 사역이 성경에 부합되고 설교와 성경해석을 통해 성도들의 영적 지식의 진보와 성도

89 丁光训, "全国两会委员会会议上的发言," 载于『天风』, 1990年, 第11期(复总第95), 第20-22页.

들의 신앙적 자질이 향상되어 시비를 제대로 분별케 하는" 종교적으로 잘 하는 것을 포괄한다고 여러 차례 강조했다.[90]

1992년 제5차 전국회의에서 중국교회는 "삼자의 원칙에 근거하여 교회를 잘해야 하는 새로운 시대"에 진입했다고 선언했다. 그리고 1996년에 제6차 전국회의에서는 삼자의 원칙에 근거하여 교회를 잘하는 것을 4가지로 제시했다. 독립 자주적 원칙을 견지하며, 애국·애교를 주창하며, 서로의 단결을 증진하고, "삼호"三好를 힘있게 추진해야 한다는 것이다.

(1) 조직과 제도를 보강하고 자치를 온전하게 한다

전통교회들에 혼란이 생기고 이단과 사설들이 만연하게 된 것은 이 시기 중국 기독교의 조직 건설이 취약하고 관계 형성이 제대로 이루어지지 않고 규정과 제도들의 규범이 결핍했기 때문이다. 기독교양회는 중국 기독교가 자치를 추진하고 이루는 제도적 보장으로 기독교 양회의 기능을 제대로 발휘하고 그 효율성을 높이기 위해서 1987년부터 1990년 사이 중국 기독교는 "관계를 바르게 하기"理顺关系라는 주제로 토론회를 개최했다. 회의에서는 삼자원칙으로 교회를 건설한다는 큰 목표 하에 삼자조직과 교무기구는 각자의 규정에 따라 제 역할을 다할 것을 다짐했다. 그리고 "장기간 정도의 차이는 있었지만 삼자조직이 일정하게 교회 관리에 개입했던 관습을 개변하여" 기독교협회가 주로 책임지고 "관련된 교무직무를 맡기로" 했다.[91] 1988년 12월에 기독교전국양회는 『삼자애국조직과 기독교협회의 관계 정립에 관한 결정』에서 "각급 기독교협회의 작

90 丁光训, "在江泽民总书记接见宗教界人士时的发言," 载于『会讯』(第40期), 上海: 中国基督教两 会,1992年 3月 7日, 第1-3页.

용을 충분히 발휘하여 (중략) 교무와 관련된 업무를 더 잘 관리하도록" 명확히 제시했다.[92] 이는 삼자의 원칙을 포기하는 것이 아니며 더욱이 삼자애국조직을 철회하는 것도 아니라 오히려 삼자의 원칙에 따라 교회를 더 잘하기 위한 조치였다.[93] "관계를 바르게 하기" 토론회에 관해 국내외 교회에서 다양한 추측들이 난무했다. 이에 딩광쉰은 삼자조직을 마감한다는 소문은 사실이 아니며 이는 오해나 왜곡에 불과하다고 해명했다.[94] 1990년 기독교전국양회 전체위원회확대회의에서 "관계 정립은 삼자 조직을 취소하거나 삼자의 원칙을 취소하는 것이 아님"을 분명히 했다.[95] 관계 정립에 관한 토론은 삼자조직과 교무기구 기간의 일을 나누고 맡기고 동시에 협력해서 일하는 관계를 더 분명히 하고 교회 치리에 필요한 조직적 구성을 더 효과적이게 하는데 있다.

조직을 보완함과 동시에 제도적 보완도 이루어졌다. 중국교회는 예배를 회복한 이래 "교회 연합 운동으로 각 교파의 본래 규칙들은 타당성이 없어졌고 새로운 것은 아직 형성되지 않아 교회는 공백 지대에 놓이게 되었고 새롭게 지켜야 할 규칙은 세워지지 않고 그래서 우선순위도 정해지지 못했다."[96] 따라서 될수록 빨리 교회의 규정들을 만들고 교회의 치리 제도를 구비하는 것이 "자치를 치호로" 가는 데 있어 급선무가 되었다.

1980년대 중기에 장수성과 광시 자치구 등지에서는 『교역자 선임 시행 방법』, 『성도입교지침』, 『광시기독교 교회통용규례』 등 규례와 제도

91 徐鴿, "理顺关系建设教会," 載于『天风』1989年, 第2期(复总第74号), 第2-3页.
92 『关于理顺三自爱国组织与基协的关系的决议』,『天风』1989年第, 4期(复总第76号), 第14页.
93 形人, "一个高举三自明确方向的会议," 載于『天风』1990年, 第1期(复总第85号), 第4-5页.
94 魏克利, "对丁光训主教的一 次访问," 載于『天风』1990年, 第1期(复总第85号), 第13页.
95 "在第二次全体委员会(扩大)会议上的工作报告』(1990年 8月 22日) ,載于『天风』1990年, 第11期(复总第95号), 第13页.
96 "教会治理的几点意见一教会治理组汇报," 載于『中国基督教第五届全国会议专辑』, 第76页.

를 제정했다. 전국적 차원에서 전국적 교회 규범을 기획한 것은 1987년부터다. 그해 2월에 기독교전국양회에서는 "자치를 추진하고 교회 규정과 제도 제정에 관한 결의"를 만들어 "각 성, 시, 자치구는 실행 가능한 교회 규정 제도를 만들고 (중략) 전국적인 교회 규정 제도 초안을 만들 것"에 대해 요구했다.[97] 8월에는 각 지역 교회들이 규례와 제도를 만드는 일을 지원하기 위해 그리고 전국적인 교회 규례를 만들기 위해 교회 규례와 제도 위원회를 설치했다.

4년간의 노력과 7번이나 되는 수정을 거쳐 1991년 12월에 『중국 기독교 각지역 교회 시행 규정과 제도』를 통과시켰다. 이는 중국교회가 자치를 이루는데 의거할 수 있는 새로운 규범과 규례가 있는 새로운 단계에 진입했음을 뜻했다. "이로 인해 중국 기독교는 지난 40년간의 연합의 과정에서 이를 수 있는 최고 단계에 올랐다는 평가를 받았다. 이는 중국의 독특한 색다른 창조적이고 개척의 의미를 지니는 것이었다."[98] 기독교전국양회의 추진으로 전국 각 지역에서도 규례와 제도를 제정하기 시작했다. 5년간의 시행과 1년여 간의 수정 과정을 거쳐 1996년 12일 28일에 『중국기독교교회규례』中国基督教教会规章를 공식적으로 발표하고 실시했다.

중국교회의 제도 건설에는 성직 제도에 대한 탐색과 구비도 포함했다. 1988년 6월 26일에 상하이 기독교양회는 무언탕에서 선이판沈以藩과 쑨앤리孙彦理 두 분의 주교 축성 예전을 베풀었다. 이는 연합 예배 시행 이후 중국교회가 가진 첫 주교 축성이었다. 축성례祝圣礼는 중국교회 후교

97 "全国两会常委会在蓉举行联席会议," 載于『天风』1987年, 第11期(复总第59号), 第2-3页.
98 丁光训, "闭幕词," 載于『中国基督教第五届全国会议专辑』, 第58页.

그림 166 선이판(沈以藩)과 쑨앤리(孙彦理) 주교의 축성예전

파 시기의 예문과 예식을 제정하는 기회가 되었고 가장 큰 특징은 안수식에 주교 외에 주교제를 시행하지 않았던 교파의 목사들도 참여했다는 것이다. 축성 예전에서의 기도는 전통 예문을 사용하기도 하고 목사의 현장 기도도 있었다. 새로운 주교는 관할 교구를 갖지 않았고 행정적인 특수 권한도 없었다. 이는 주교제의 회복이 아니며 주교제의 교파로 가는 것을 의미하지 않고 후교파 시기에 성직에 관한 중국교회의 탐색이었다 할 수 있겠다.

중국 기독교가 자치를 이루어 감에 있어 가정교회들과 단결하는 것이 매우 중요한 사항이었다. 문화대혁명 시기 중국교회는 문을 닫았지만 그리스도인들의 가정 집회로 인해 "복음의 참 빛은 꺼지지 않고 오히려 더욱 왕성했다."[99] 예배가 회복된 이후에도 교회당의 수량이 제한적이고 성도들의 거주지가 분산되어 있는 상황에서 교회당이 없고 기독교양회조직도 없고 사역자가 없는 상황에서 자발적으로 모임을 가지면서 기독교양회 밖에 "우리와 연결을 갖지 않은 많은 수의 성도"들이 형성되었다.[100]

기독교전국양회는 대다수 가정집회도 "자치, 자양, 자전" 하는 것으로 보고[101] 교회당에서 예배에 참석하든 가정에 집회를 하든 "그리스도

99 "致香港基督教弟兄姊妹书," 『天风』1981年, 第3期(复总4号), 第8页.

100 "丁主教在中南海参加李瑞环同志召开的宗教界春节座谈会上的发言," 載于『会讯』, 上海: 中国基督教两会, 第49期, 1994年 3月 8日, 第1页.

의 가르침을 따르고 심령과 진정으로 주를 섬기고 같은 마음의 소원을 갖는다면 (중략) 함께 애국·애교의 길로 걷는 것이라"생각한다.[102] 그래서 기독교전국양회는 다양한 방법으로 간극을 좁히고 서로 간에 이해와 소통을 강화하고 피차 화해와 연대를 촉진하려고 노력했다. 따라서 각 지역 기독교양회는 성경과 다양한 영성 서적들을 제공하여 목양과 훈련 사역에 도움을 주려 했다.[103] 교회당삼자은 설교나 세례 그리고 성도를 목양하는 등 사역에 있어서 가정 집회들에 도움을 주어[104] 서로 연결을 갖고 함께 성장하기를 추구했다.[105]

1994년부터 중국은 종교활동 장소 등록을 시작했다. 등록 과정 중에 일부 지방에서는 자의적으로 가정교회를 금지시키는 상황들이 발생했다. 이에 딩광쉰 등 중국교회 지도자들은 가정교회 중 불법과 위법인 경우는 극히 소수이기에 기독교양회는 "마땅히 그들을 보호해야 하며 분별없이 가정교회들을 금지시키는 행위는 하지 말아야 한다"고 했다.[106] 동시에 각 지역 정부들에게 종교 신앙의 자유 정책을 존중하고 교회 등록 문제를 타당하게 처리해 줄 것을 요청했다. 딩광쉰은 "예수 그리스도의 이름으로 행하는 그리스도인이라면 (중략) 불법적인 일을 하지 않는다면 그들이 어디에 있든 우리 삼자와 기독교 협회는 그들을 위한 사랑의 사역, 연결하는 일, 목양하는 사역, 성경을 보급하는 일을 계속해야 하며 봉사

101 "说不尽的恩赐—中国基督教两会常务委员会工作报告," 载于『中国基督教第五届全国会议专辑』, 第13页.

102 "中国基督教第三届全国会议决议,"载于『中国基督教第三届全国会议文件』, 上海: 中国基督教两会, 1980年 11月, 第24页.

103 "第四次主席, 会长会务会议纪要," 载于『会讯』, 第50期, 1994年 4月 10日, 第3页.

104 沈德容, "基督教两会常务委员会工作报告," 载于『天风』, 1983年 第1期(总复13号), 第2页.

105 丁光训, "回顾与展望—中国基督教第三届全国会议开幕词," 载于『中国基督教第三届全国会议文件』, 上海: 中国基督教两会, 1980年11月, 第3-21页.

106 丁光训, "在全国两会委员会会议上的发言," 载于『天风』1990年 第10期(复总94号), 第20-22页.

하는 일, 단결하는 일, 교육하는 일, 그리고 어려울 때 돕는 일을 계속 해야 한다."[107] 이는 기독교양회가 가정교회들에 취하는 일관된 태도였다.

해외 세력들의 침투를 막는 일은 삼자의 중요한 일이다. 1981년 미국의 "오픈도어"敞开的门와 네덜란드 "안드레 형제 국제"安德烈弟兄国际 이 두 기구는 중국에 232톤에 달하는 100만 권의 성경을 밀수하는 "진주행동"珍珠行动을 계획했다. 그들은 사전에 사람들을 고용하여 중국 해안선 지형을 사진 찍고 변방 부대의 움직임을 감시하고 비밀 언어로 통신하면서 암암리에 서로 연락을 취했다. 6월 18일에는 "미국의 전 해병대" 지도자였던 사람이 필리핀에서 떠나 광둥성 싼터우汕头 해변에서 "군사적 정확성"军事的准确性이라는 행동을 실시했다.[108] 그들은 대량의 성경을 바다에 던져 파도 물결을 타 중국의 해안에 닿게 했다. 후에 알려지기를 성경을 밀수하는 배는 필리핀에서 떠나 미국 중앙정보국이 위성으로 전체 과정으로 감시했다고 한다. 중국에서 돌아가는 길에서 미 해군 제7함대에서 이륙한 두 편의 전투기가 남중국해에서 호위했다고 한다. 마닐라에 도착한 이후 이들은 미국 대사관에 초대되어 진행 상황을 소개하고 함께 축하했다고 한다.[109]

1989년에 제2차 로잔대회가 필리핀 마닐라에서 열렸다. 주최 측은 중국기독교양회와의 사전 협상이 없이 중국측 참석자들을 일방적으로 결정하였다. 심지어 중국 정부가 이들에게 여권 발급을 허락해야 이들의 명단을 알려주겠다고 했다. 이는 중국 주권에 대한 도발이자 중국교회 독립 자주의 자립 원칙에 대한 부정이었다. 그리고 회의 주최측은 중국 기

107 丁光训, "愿主坚立我们手所作的工," 载于『中国基督教第四届全国会议专辑』, 第56页.

108 "反华小丑的自我暴露," 载于『天风』1982年 第1期(复总7号),1982年 1月 31日, 第27页.

109 David Aikman, *Jesus in Beijing: How Christianits Transforming China and Changing the Global Balance of Power*, Washington D.C., Regnery PubIishing, 2006, pp. 270-272.

독교를 삼자교회관방교회와 가정교회지하교회로 나누어 중국교회의 분열을 시도했다. 그리고 회의 참가 자격을 복음주의자로 한정함으로 중국교회를 복음주의자와 비복음주의자로 대립시키면서 교파 분열을 새롭게 재기하려 했다. 로잔 측이 중국의 국가와 교회의 주권을 무시하고 중국의 내정을 무례하게 간섭했기에 기독교전국양회는 "이런 회의와는 협력의 토대가 부족하다고" 생각하여[110] 회의 참여를 거절했다.

1997년에 중국기독교 양회는 미국 남침례교에서 진행한 "두 트랙 전략"의 침투 활동을 폭로했다. "두 트랙 전략"은 겉으로는 중국기독교양회와 공식적인 교류를 하지만 실제로는 비밀 선교와 침투 활동을 전개하는 것을 말한다. 80년대 중반부터, 미국 남침례교는 기독교양회와 공식적인 협력을 진행하면서 다른 한편으로는 외국인 교사, 외국 기업 직원, 무역 업자 등 신분으로 중국에 "비상주 선교사"非常驻传教士를 파견하여 포교, 세례, 교회 개척 등 불법적인 활동을 진행했다. 11월에 기독교전국양회는 공개 서신을 통해 미국 남침례교의 기만 행위는 "중국교회의 삼자원칙과 반대되며 기독교 교의에도 어긋나기에" 중국교회는 "두 트랙 전략으로 비밀리에 침투하는 활동을 펴는 그 어떤 조직과도 파트너십을 가지기 어렵기에"[111] 중국 남침례교와의 관계를 중단하기로 했다.

위의 사건들에서 볼 수 있다시피 중국의 대외 개방의 확대와 함께 해외 세력들의 기독교를 이용한 중국 침투는 날로 두드러졌다.[112] 중국기독교는 "침투 행위는 종교를 이용한 중국 정치에 대한 전복 파괴와 분열

110 "中国基督教发言人就第二届洛桑会议发表讲话," 载于『天风』, 1989年 第7期(复总79号), 第2-3页.

111 "致海外中国教会朋友们的公开信," 载于『天风』1997年 第12期(复总180号), 第8页.

112 1991年 12月 5日, 国务院总理李鹏在全国宗教工作会议讲话中明确指出,"这种渗透是指以颠覆中 华人民共和国政权和社会主义制度、破坏祖国统一 为 目 的的反动政治活动和宣传, 以控制我国宗教 团体和宗教事务为目的的活动和宣传, 以及在我国境内非法建立和发展宗教组织和活动据点,而不 是指宗教方面的友好往来.

을 시도하는 활동으로써 중국 종교 사업을 다시 지배하기 위한 목적을 가진 것이기에 이는 정상적인 국제간 종교 교류와는 본질적으로 다른 것"으로 본다.[113] 그들은 기독교를 이용하여 중국의 정치를 "서양화"하고 "분열"시키려 하며 종교적으로는 중국 대륙에 들어와 삼자애국운동을 파괴하고 다시 중국교회를 통제하려는 것이다. 그들은 다양한 방식과 수단을 통해 침투 활동을 펼친다. 예를 들면 여행, 자선, 무역, 기업, 방송, 문화, 학술 교류, 인터넷 매체 등을 통해 진행하며 때로는 비밀리에 또는 합법적인 신분으로 자신들의 위법 활동을 엄호하기도 한다. 또한 경제적인 방식으로 중국교회가 외부에 의존케 함으로 자신들의 활동 거점으로 삼기도 했다."[114]

해외 침투로 심지어 "삼자는 결국은 유명무실하게 될 것인데 삼자의 깃발을 언제까지 들 수 있을지 의문이라"는 유언비어를 퍼뜨렸다.[115] 이에 대해 중국 기독교는 "상황을 분별하고 구별하여 대응한다"는 원칙 하에 해외 기독교와도 상호 존중과 평등 상대의 기초 위에 우호 왕래를 이루어 왔고 동시에 지금까지 어렵게 거둔 성과를 지키기 위해 해외 세력의 침투에 대해서는 강하게 대응해왔다. 중국교회는 자신의 눈동자를 보호하듯이 독립 자주와 주권을 지켜왔다. 그것은 국가의 독립 자주와 주권과도 불가분의 관계에 있기 때문이다.[116]

113 "说不尽的恩赐一中国基督教两会常务委员会工作报告," 载于『中国基督教第五届全国会议专辑』, 第10页.

114 "生根建造,固本强肾,与时俱进,办好教会," 载于『中国基督教第七次代表会议专辑』, 上海: 中国基督教两会, 2002年, 第24页.

115 "基督教第五届全国会议前夕对丁光训主教的一次采访," 载于『中国基督教三自爱国运动文选』(1950-1992), 第418-419页.

116 罗冠宗, 『前事不忘 后事之师』, 北京: 宗教文化出版社,2003年, 第1-18页.

### (2) 자양 강화를 위한 다양한 노력

자양은 삼자의 기초다. 자양을 잘해야 자치와 자전도 더 잘할 수 있다. 교회가 회복된 이후 각 지역에서 새로운 교회당을 짓고 다양한 사역을 전개했는데 기본적으로 성도들의 헌금에 의해 이루어졌다. 특히 예배당 신축에 성도들은 큰 관심을 쏟았고 돈 있는 사람들은 자금으로, 체력 있는 사람들은 힘으로 보탰다. 그러나 사회주의 시장 경제의 정황 하에 각 지역 교회들은 자양에 있어 여전히 어려움이 컸다. 도시와 읍에서 새로운 교회당은 건물 수입이 있기 어려웠고 교회가 운영한 기업도 성공하기 어려웠다. 농촌교회 특히 벽지에 있는 농촌교회들은 더욱 어려웠다. 90년대 후기 구이저우贵州성의 일반 시와 현市县의 신학생의 월 수입은 160위안이었고, 산간 지대의 교회의 월급은 더 적어 월 30-60위안 밖에 안되었고 대부분 빈곤 상태에 처해 있었다.[117] 게다가 일부 교회들은 사역자들에 대한 잘못된 인식을 갖고 있었다. 교회 사역자들은 본래 헌신한 자들이기에 그들의 대우 문제를 고려할 필요가 없다고 생각했다. 그래서 중서부 지역의 많은 사역자들은 생활에 어려움을 겪으면서 외지로 나가 일할 수밖에 없었다. 이로 인하여 교회의 인재 유실 현상이 두드러졌다.

80년대 중기에 많은 기관과 단체들이 기업을 운영하면서 경제활동에 뛰어드는 사회 풍조 속에서 많은 지역의 교회들도 자양을 목적으로 기업을 시작했지만 작업장作坊식 작은 규모의 기업들은 성공하기 어려웠다. 그리고 90년대에 사회주의 시장 경제의 흐름 속에서 일부 지역에서는 교회들이 제3산업에 참여하는 것을 장려하여 농촌교회들은 농업과 목축

117 农仆, "共同祷告,献上爱与关怀一贵州教会培训拾零," 载于『天风』 1998年 第2期(复总182号), 第10页.

업에, 성읍 교회들은 상점이나 작은 공장들을 시작했다. 그러나 교회가 경제적 실력이 약하고 성도들도 대부분 경제적으로 하층민이어서 자금 조달이 어려웠다. 그리고 교회에는 전문 인재가 부족하고 운영 경험과 경쟁의식이 부족하고 경제 법칙과 기업 관리를 모르는 등의 원인으로 성공한 예가 거의 없었는데, 이는 큰 교훈이 되었다.

교회의 자양 문제를 해결하기 위해 1988년 10월에 기독교전국양회는 저장성 푸양富阳에서 처음으로 자양 문제 좌담회를 가졌다. 회의에는 10개의 성과 7개의 성 소재지 도시의 기독교양회 책임자들이 참석했다. 회의에서 성과 도시 기독교양회 지도자들은 자양의 문제 해결에 도움이 되기 위해 교회재산을 합리적으로 분배할 것을 제기했지만 그것을 실시하지는 못했다. 1997년 3월에 기독교전국양회는 자양추진팀을 발족했고 후에는 자양추진위원회로 개편했다. 그리고 1998년에는 "중국기독교교회건설 호조기금互助基金"을 만들어 빈곤 지역의 교회당을 세우고 신학생들을 돕는 일을 하기로 했다. 기금회는 1999년부터 운영하기 시작하여 2년간 119개의 예배당 설립을 지원하고 어려운 신학생 599명을 지원했다. 각 지역 기독교 양회들도 빈곤 지역 교회의 자양을 돕기 위해 여러 가지 활동들을 전개했다. 예를 들면 푸젠성 양회는 1993년에 백만부조기금百万扶助基金을 발기하여 연해 지역의 교회들이 산간 지역의 가난한 교회와 신학생들을 돕는 운동을 전개했다. 저장성에서도 빈곤지역교회 건축호조기금과 청년사역자 호조기금 등을 설립했다. 1999년 윈난성 후이저会泽교회는 교회의 자구자탈自救自脱의 방법을 제정하여 과학기술과 정보들을 수집하여 성도들의 생산을 도왔다. 또한 자금을 모아 새로운 품종의 감자를 구입하여 빈곤 탈출을 이루기도 했다.[118]

자양을 추진하는 과정 중에 중국교회의 일부 사역자들과 성도들의 경제활동을 맘몬 숭배로 보고 세상을 사랑하는 것으로 그리고 교회는 오직 전도와 목양 등 영적인 일에만 전념하고 가난할수록 더 영적이라는 잘못된 인식을 바꾸기에 노력하였다. 동시에 성도는 기꺼이 헌신하고 교회 간에도 지체 의식을 갖고 경제적으로 서로 지원하도록 지도했다. 주 안에서 지체로서 서로 자원을 나누고 사랑으로 돕는 정신에 근거하여 우호적이고 아무런 전제 조건을 달지 않는 해외 교회와 성도들의 기부도 받아들였다. 그러나 "명시적으로나 암시적으로 먼저 해외에 도움을 청하거나 모금하지 않으며 해외에 대한 의존을 막기 위해 해외의 지원을 사역자들의 월급이나 복지 등 일상적 지출에 쓰지 않는다."고 명시했다.[119]

(3) 신학적 사고를 독려하고 자전을 추진하다

50년대의 삼자애국운동은 "누가 전할 것인가"하는 문제를 해결했다고 하면, 80년대에 이르러 중국교회는 "무엇을 전하는가"하는 더 어려운 문제에 봉착하게 되었다. 즉 "우리는 중국에서 어떤 복음을 전해야 하는가"하는 것이었다.[120] 그것은 신학건설神学建设과 밀접히 연관되었다. 이는 독자적으로 중국교회를 운영하는 입장에서 "중국 특색의 독립된 신학 이론을 구성하는 작업은 필수 사항으로 그래야만 서구적인 중국 기독교가 진정으로 중국적인 기독교로 탈바꿈할 수 있기 때문이다."[121]

80년대 초에 기독교중국양회는 자전의 문제와 신학건설의 문제를

118 "教会要用实际行动先脱贫," 载于『天风』 1999年 第12期(复总205号), 第24页.
119 "关于教会自养的一些认识— 自养探讨组汇报," 载于『中国基督教第五届全国会议专辑』, 第92页.
120 谢扶雅, "金陵神学志复刊志感," 载于『金陵神学志』第2期,1985年 6月, 第30页.
121 汪维藩, "要建立具有中国特色的神学," 载于『第六届全国会议专辑』, 第200-204页.

제기했다. 어떤 동역자들은 비극과 굴곡을 겪어온 중국교회의 역사를 어떻게 바라볼 것인지를 제기했다. 그리고 인간의 죄성, 연약함 그리고 타락 이후의 인간을 어떻게 인식할 수 있는지 인간의 본성 속에 선한 면이 여전히 남아있는지를 제기했다. 그리고 어떻게 지난 30여 년간의 중국교회의 영적 경험을 정립할 것인지 등 신학적 과제들을 제기했다.[122]

상하이 동역자들은 50년대에 있었던 신학토론을 상기시키면서 "그리스도인이 세상에 대해 어떤 태도를 취할 수 있는지", "그리스도인과 비그리스도인의 관계", 그리고 창조, 구속, 교회, 인성 그리고 윤리 등 신학적 사고를 계속 진행할 것을 요청했다.[123] 아쉬운 것은 교회의 빠른 성장으로 중국 기독교는 교회의 하드웨어 건설에 힘을 쏟다 보니 신학 연구는 소홀히 하여 중국교회의 자전 연구혹은 신학건설는 뒤떨어졌다.

80년대 중후반부터 중국교회 신학자들은 자전의 내용에 있어 시대 발전에 부합되는 견해들을 내놓았다. 예를 들면 어떤 이는 서구 식민주의와 교파주의 및 불건전한 신학의 영향을 제거하고 중국 성도들의 신앙적 경험에서 중국 특색의 신학을 정립하여 중국교회와 성도들의 삶을 지도할 것을 제안했다.[124] 또 어떤 이들은 중국신학은 그리스도에 뿌리를 두되 중국적이 되어 그리스도화와 중국화의 통일을 이룰 것을 주장했다.[125] 또 어떤 이들은 중국신학 사상은 민족 문화 전통에서 정수를 받아들여 (중략) 현대 중국의 정치, 사회, 경제, 문화의 거대한 변혁에 부응할 것을 주문했다.[126] 또한 "믿음과 사랑은 결합하여 교회의 성격과 사명을 진

122 汪维藩, "漫谈自传,"載于『天风』, 1983年 第2期(总复14号), 第21-22页..
123 沈以藩, "把三自精神贯彻到基层堂会中去," 載于『天风』,1983年 第2期(总复14号), 第26页.
124 蔡文浩, "试谈我国基督教自传的长远目标和目前任务," 載于『金陵神学志』复刊号,1984年 9月, 第24页.
125 陈泽民, "从基督教思想史看自传," 載于『金陵神学志』第2期, 1985年 6月, 第5-6页.
126 沈以藩, "中国教会在神学思考中," 載于『金陵神学志』第9期, 1988年 11月, 第18页.

일보 생각하고", "사랑의 마음으로 주위의 인민 대중과 공감대를 형성하여 (중략) 자신의 민족 동포들과 동고동락할수 있어야 하며 (중략) 각 교파 간의 편견을 타파하여 중국교회의 후종파시기를 열어가야 한다."고도 했다.[127]

90년대에 들어서 자전에 관한 사고는 더 깊어졌다. 예를 들면 어떤 이들은 하나님은 우리가 처한 상황에 대해 어떻게 말씀하시는지를 들어야 하며 우리의 특정한 상황에 기초하여 신학을 발전시키되 서구 신학을 그대로 옮겨오는 것은 경계해야 한다고 했다.[128] 어떤 이들은 중국교회는 "철학에 기초한 신학보다는 성경에 기초한 신학이어야 하며 (중략) 책방에서 만들어진 신학이 아니라 실천에서 형성된 신학이어야 하며 (중략) 중국 전통문화의 융합에 힘써 중국 문화적 특색이 있는 신학이 되어야 하고 역사 속의 신학적 유산을 계승하되 역사에 얽매여서는 안 되며 서구 신학을 참고하되 그대로 옮겨서는 안 되며 아세아 신학을 배우되 중국 본토에 입각해야 한다."고 주장했다. 뿐만 아니라 중국교회는 아래의 신학의 문제를 사고하고 해결해야 한다고 했다.[129] 거기에는 기본 신앙과 교의의 규범과 바로잡음, 믿음과 사랑, 신앙과 행위, 영적 생명과 윤리, 구원과 도덕, 영적인 것과 영적이지 않은 것, 믿음과 불신, 교제와 봉사, 기독교 밖의 문화와 도덕을 어떻게 바라볼 것인지, 신인 관계와 인간 관계는 대립적인가 융합적인가 하는 등등이다. 그 외 후종파 시대 중국교회와 관련된 교회관 문제 및 그리스도인의 양심에 근거한 역사적 책임감과 사회 책임감의 심화와 강화 등이 있었다.[130]

127 沈以藩, "中国教会在神学思考中," 载于『信息』, 香港基督教协进会 ,1988年 7-8月号
128 阚保平, "对于神学处境化问题的探讨," 载于『金陵神学志』, 第16期, 1992年1月, 第8-11页.
129 "中国教会神学建设之思考—神学建设组汇报," 载于『中国基督教第五届全国会议专辑』, 第107-111页.

이 시기 자전 연구와 신학건설은 일부 진보는 있었으나 총체적으로 볼 때 50년대에 제기한 신학적 의제를 크게 넘어서지 못했다. 이에 딩광쉰은 중국교회의 신학적 시야와 사고는 제한되어 교회의 체제, 성경관, 역사관, 세계 평화와 사회 정의, 여성 해방, 현대 생활 속에서 양성 관계, 가정과 환경, 생태 윤리 문제에 대해서는 "우리 안에서 거의 토론되지 않았고 거의 공백으로 남아 있다."고 했다.[131] 1997에 기독교전국양회는 자전연구팀自传研讨会을 만들어 11월에 자전을 주제로 한 토론회를 처음 개최했다. 회의에서는 중국교회는 중요한 시대에 주님의 도를 잘 전하기 위해서는 중국문화와 결합하여 성경의 진리를 진지하게 연구하여 중국교회에 적합한 신학을 발전시킬 것을 제시했다. 거기에는 강단 설교를 순수하고 풍부하게 할 수 있는 창조론, 구속론, 교회론과 해석학이 포함된다. 이 시기에 진행된 자전과 신학건설에 관한 토론과 탐구는 그 후 신학사상 건설을 위한 토대가 되었다.

## 4. 교회 사역의 전면적 추진

(1) 신학교육과 의공훈련

1987년 2월에 기독교전국양회는 신학교육위원회를 설립하여 신학교육의 방향에 대해 명확히 했다. "정치적으로는 중국공산당을 지지하고 사회주의 조국을 사랑하며 중국교회 삼자의 노력을 견지하며 영성과 신학에서 높은 자질을 갖추고 품성이 우수하고 심신이 건강한 (중략) 영,

130 参见陈泽民, "从基督教思想史看自传," 沈以藩, "中国教会在神学思考中," 汪维藩, "中国教会神学建设之思考" 等文

131 丁光训, "金陵神学文选序言," 载于『金陵神学文选』(1952-1992), 南京: 金陵协和神学院, 1992年, 第1-5页.

덕, 지, 체, 군群이 전면적으로 성장하고 중국의 새로운 시대에 주님께 합당하게 쓰일 사역자들을 길러 내는 것이다."[132] 그 후 각급 신학원의 신학연구반, 4년제 신학 본과, 2년제 신학 전문과정과 1년제 신학 훈련과정에 대한 교학 계획을 제정했다. 그리고 17개의 종교과정의 교재 편찬에 들어갔고 신학생들을 선발하여 해외 유학을 보내기로 결정했다. 1987년부터 1996년까지 모두 19명의 학생들을 미국, 캐나다, 영국, 독일, 싱가포르와 홍콩 등지로 보냈다.

연이은 신학원들의 설립에 따라 신학교육의 "조정, 공고화, 제고 그리고 신학원들 간의 교류와 협조"의 과제가 제기되어 신학원들의 규범을 강화하게 되었다. 1995년에 신학교육위원회는 『중국 기독교 신학교육 규범화 건설요강』, 『신학교육 사업에 관한 몇 가지 규정』, 『학과별 교학계획(수정)』, 『중국 기독교 신학원 학위조례』 등 문건들을 제정했다. 이는 중국교회의 신학교육이 새로운 단계에 들어섰음을 뜻한다. 그리고 1996년에 처음으로 진링金陵협화신학원에서 학위를 발급했다. 이 시기에 편찬한 "중국 기독교 신학교육총서"는 건국 이래 처음 자체적으로 출판한 신학교육 서적이다. 1999년에는 전국에 신학원이 18개가 되었고, 신학 졸업생은 3,800명에 달했다.[133]

평신도지도자 훈련에 있어서는 1987년 진링金陵협화신학원이 1년제 신학 훈련반 그리고 1989년에 성경 통신과정을 개설했는데 2년간 학생 수는 2,000여 명에 달했다. 대부분의 평신도지도자 훈련은 각 성의 기독교 양회에서 진행했다. 예를 들면 저장성에서 평신도지도자 단계별

132 "中国基督教神学教育委员会工作报告," 載于『中国基督教第五届全国会议专辑』, 第171页.

133 "爱国爱教, 同心迈向新世纪—中国基督教三自爱国运动五十年的总结," 載于『中国基督教三自爱国运动五十周年庆祝大会专辑』, 第19页.

훈련 계획을 제정하여 현 급에서는 10-25일간의 단기 훈련반을, 시 급에서는 해마다 2개월간의 연속 과정을, 성급에서는 신학원 내에 1년제 목회자 연수반을, 200명 이상의 집회들에서는 4개월 이상의 훈련을 받은 평신도지도자들이 설교를 하도록 했고 200명 이하의 인수가 모이는 집회의 설교자는 반드시 일정한 훈련을 받도록 했다.[134] 이러한 훈련 과정은 주로 어떻게 교회를 잘 할 것인가를 중심으로 교과가 구성되었고 학생들이 훈련을 통해 기독교의 기본 교의를 익히고 순수한 복음을 전하게 하여 교회가 안정적으로 성장할 수 있도록 했다.[135]

(2) 목사 안수

문화혁명 10여 년간 교회의 정지로 중국교회는 목회자 수급이 부족하고 세대 단절도 심했다. 90년대 초 500여만 명의 성도를 가진 중국교회에 "목사 안수를 받은 사람이 1,000명 정도에 불과하다는 것은 놀라운 사실이다. (중략) 그리고 지난 6년간 1,000여 명의 신학교 졸업생들 가운데 목사 안수를 받은 사람은 겨우 10명에 지나지 않았다."[136] 깐쑤성甘肃에 12명의 목사가 있었고 평균 연령도 80.75세였다. 교사 직분을 맡은 사람이 3명이 있었는데 평균 연령은 72.33세였다. 대부분의 농촌 교회들에는 장로나 집사도 없었고 심지어 어떤 지역에는 7-8개의 현县에 한 명의 성직자도 없어 양은 많으나 목자가 없는 형편이었다.[137] 그리하여 기독교 전국양회는 각 지역 교회들에 젊은 사역자들에게 목사 안수를 시행할 것

134 曹圣洁, "建设教会的步伐,"载于『天风』1990年 第3期(复总87号), 第6页.
135 顾约瑟, "各尽其职建立基督的身体," 载于『中国基督教第六届全国会议专辑』, 第148-155页.
136 "说不尽的恩赐—中国基督教两会常务委员会工作报告," 载于『中国基督教第五届全国会议专辑』, 第12页.
137 巩光明, "加强自身建设 按三自原则办好教会," 载于『中国基督教第六届全国会议专辑』, 第173-176页

**그림 167** 중국기독교 제5차 전국회의 기간에 안수받은 45명의 중청년 목사들

을 요청했다. 1992년 제5차 전국회의 기간에 기독교전국양회는 충원먼崇文门 교회에서 연합 목사 안수식을 진행했다. 15개 성과 자치구 직할시에서 온 45명이 안수를 받았는데 그 중 42명은 젊은 사역자들이었다. 1992년에서 1995년 사이에 전국에서 45세 이하로 목사 안수를 받은 사람이 347명이고 교사로 세움을 받은 사람이 272명이었다. 이는 전국 목사와 교사 총수의 41.6%와 63.4%에 해당됐다. 신학교육과 목사 안수의 강화를 통해 교역자들의 부족을 어느정도 완화하여 중국교회는 점차 노년, 중년, 청년으로 이루어진 교역자 구성을 갖추게 되었다.

(3) 문서 출판 사역

1989년 11월, 성경출판위원회가 설립되어 매년 성경 인쇄 양과 각 지역 성경 발행 부수 등에 관해 책임지고 연구하고 계획을 짤 수 있도록 했다. 이 시기에 『관주 신구약 전서』, 간자체 가로 줄로 된 『신구약 전서』, 맹인 성경, 중영 대조 성경을 새롭게 발행했고 계속하여 소수민족 언어로 된 성경과 『성경 구절 집성』经文汇编, 『성경 약해집』圣经简释本, 『기도본 성경』启导本圣经 간소체 등 성경 공구工具 서적들을 새롭게 내놓았다. 그중 1996년 6월에 출판한 『성경간해본』圣经简释本은 중국 사역자들이 편찬한 해석성경助读本圣经이다. 그리고 기독교전국양회는 연합성서공회가 주관하여 천주교와 공역한 『공동역본』 사역에도 참여했다.

성도들이 성경을 구입하는 데 있어 편리를 제공하기 위해 기독교전국양회는 점진적으로 전국적인 발행망을 구축해 왔는데 1996년까지 45개 판매처를 두게 되었다. 동시에 기독교전국양회는 가정교회 성도들에게도 성경을 공급하여 90년대 초에는 약 80여만 권을 제공했다. 그리고 가난한 지역의 성도들에게 무료로 성경을 보급했는데 1995년에 약 3만 권을 제공했다.[138] 1996년부터 매년 12월의 두 번째 주일을 "성경일』圣经日로 정하여 각 지역 교회들이 성경 출판 사역을 위해 기도하도록 했다. 그래서 1980년에서 1999년까지 성경을 약 2,500만 권을 발행했다.[139]

기독교 양회가 편집 출판한 『찬미시』赞美诗 신편은 1996년까지 누계로 약 890만 권을 출판 발행하고 녹음 테이프도 24만 개 발행했다. 1993년에 『찬미시 신편 사화』赞美诗史话를, 1995년 4월에는 『찬미시 신편 단가』赞美诗短歌를 출판하여 농촌과 각종 소형 집회들의 수요를 충족시켰다. 그리고 자랑스러운 일은 중국 기독교인들의 작품이 국제 기독교계의 중시와 호평을 받은 것이다. "그리스도의 영생하심"基督永长久歌, "자비로운 하나님 아버지"慈父上帝歌, "이웃은 네 옆에"邻舍就在身旁歌, "거룩한 밤의 고요함"圣夜静歌 등 가요들이 영어, 독일어, 일본어, 덴마크어로 번역되어 세

138 "圣经出版委员会第二届第三次会议纪要," 载于『会讯』(第55期), 上海: 中国基督教两会, 1995年 9月 20日, 第9-10页.

139 "爱国爱教,同心迈向新世纪—中国基督教三自爱国运动五十年的总结," 载于『中国基督教三自爱国运动五十周年庆祝大会专辑』, 第19页.

**그림 168** 다양한 종류의 성경 버전

계교회에서 불렸다.

1987년 2월에 기독교전국양회는 출판사역연구팀을 출범시켰고, 1989년 11월에는 문서출판사역위원회로 승격하여 문서출판 사업의 4가지 원칙을 제시했다. 애국·애교의 원칙을 따르며 독립 자주적으로 교회를 운영하는 것으로 하며 민족 자존감과 자신감을 고양하고 신앙에 있어서 상호 존중의 원칙을 지킨다는 것이었다.[140] 문서출판위원회는 성경 각 권별 해설서와 성경 연구 방법, 삼자 교육, 핵심적 가르침과 영성 서적, 설교집과 설교 테이프, 교회 음악과 교회 문예 등 14가지 종류의 도서들을 편집 출간에 착수했다. 그리고 1994년부터 선택적으로 해외 도서들을 출판했다. 거기에는 『사람이여, 당신은 어디로 갑니까』 미국 빌리 그래함, 葛培理, 『신편 설교집』 대만 쩌우랜화, 周联华, 『커우쓰왠의 성경 연구』 대만, 寇世远, 『풍성한 생명』 홍콩 리쯔깡, 李志刚 등이 있었다.

『텐펑』 잡지는 1993년에 확장판을 내어 표지는 컬러로 하고 내용

140 "文字出版委员会工作报告," 載于『中国基督教第六届全国会议专辑』, 第295-301页.

도 더 풍성하게 꾸몄다. 구독자는 해마다 증가했고 80년대의 4만 권에서 1995, 1996년에는 12만 권으로 늘어났다.

(4) 여성사역과 소수민족 교회사역

여성은 줄곧 중국교회 성도의 주체였다. 전체성도에서 여성이 차지하는 비율은 70%-80%를 차지했고 신학원의 여학생 수도 56.5%를 차지하고 여성 목사는 목사 총수의 1/6을 차지했다. 그리고 많은 교회들의 여성 평신도지도자 숫자도 70%-75%를 차지했다.[141] 여성 사역을 더 잘하기 위해 1993년에 기독교전국양회는 여성사역위원회를 설치했다. 1999년까지 전국 19개 성, 시, 자치구 기독교양회도 여성사역위원회를 설치했고 5개 성 시에는 여성사역연락원들을 세웠다. 많은 교회들도 여신도회, 여신도 탐방팀, 자매 식자반과 자매 봉사팀 등 소그룹들을 만들었고 여성 문맹 퇴치 활동들도 활발히 전개했다. 예를 들면 상하이 교회는 여성 식자반을 운영했고 항저우 교회는 여성들을 조직하여 복지원의 고아들을 돌보았다. 그리고 청두 교회는 "어린이집"을 설립하여 맞벌이 부부들의 고충을 해결해 주었고, 광저우 교회는 여성들을 조직하여 무료 진료 등 의료 봉사를 진행했다. 이처럼 크리스챤 여성들의 역할을 적극적으로 발휘토록 했다.

1995년 8월에는 중국 기독교 여성 대표들이 유엔 제4차 여성 대회와 NGO포럼에 참석하였고 YWCA와 공동으로 "여성, 기독교와 사회" 국제 세미나를 주관하기도 했다. 각 지역 교회들은 매년 3월에 "세계여성 기도의 날" 활동을 진행하여 오늘에 이르고 있다. 기독교전국양회는 여러

141 "妇女事工委员会工作报告," 載于『中国基督教第六届全国会议专辑』, 第305-313页. 1999年 的 统计, 全国有女牧师 378人, 女教师 498人, 女长老 415人.

**그림 169** 1995년 중국기독교 여성들이 유엔 제4차 여성대회와 NGO포럼에 참석

차례 여성 사역 회의와 여성 사역과 신학사상 토론회를 개최했다. 그러나 중국교회는 여전히 여성들은 사무적인 일에만 참여하고 정책 결정에 참여 기회가 적었고 어떤 지역에서는 여성들은 강단에 서지 못하게 하며 여성 목사는 성례를 집도하지 못하게 했고 여성 목회자 수와 여신도들의 비례가 맞지 않는 등 문제들은 여전히 해결해 가야할 과제로 남아 있다.

중국 55개 소수민족 중에 20여 개 민족에 교회가 세워졌고 90년대 중기에 이르러 소수 민족 성도 수는 80여만 명에 달했다.[142] 특히 묘족, 이족彝, 징퍼족景颇, 리수족傈僳, 와족佤, 하니족哈尼, 라후족拉祜 등 소수민족 가운데 성도 수가 많았고 어떤 민족은 거의 전체가 기독교인이었다. 윈난성과 구이쩌우성 등지에는 소수민족 교회와 성도가 많은 비율을 차지했다. 예를 들면 1981년 구이쩌우성 대표회의에 소수민족 교회 대표가 70%를 차지했고 따화묘大花苗족은 신도가 전체 인구의 90% 이상을 차지

142 "民族事工委员会工作报告," 载于『中国基督教第六届全国会议专辑』, 第302-303页.

했다.[143]

1994년 윈난성의 13개 민족에 신자들이 있었는데 어떤 민족은 거의 전부가 신도였다.[144] 윈난성의 누장怒江자치주에 리수족傈僳의 인구가 50만인데 기독교인이 20만을 차지했다.[145] 그리고 씨쐉반나西双版纳의 타이족傣, 하니족, 와족, 이족, 라후족, 징퍼족, 뿌랑족布朗, 지눠족基诺, 바이족白, 요족瑶에는 교회가 있었다. 소수민족 교회들도 그 지역의 사회 경제 문화의 발전을 위해 적극적으로 기여했고 낙후된 상황을 바꾸려 노력했다. 구이쩌우성 신학반에 쇼오화묘小花苗족 학생은 "쇼오화묘족의 나쁜 풍습을 개선하고 변화시킬 것에 대한 제안서"를 통해 문명한 혼인을 이루고 미혼 남녀간에 "꽃방을 즐기고"耍花房, "달을 밟는"踩月亮 등 정욕적인 활동을 금지하고 무술과 미신을 금지하고 술과 담배를 끊고 더 많은 독서를 통해 문화적 소질을 높이고 부지런함으로 삶을 변화시킬 것을 제안했다.

기독교전국양회는 소수 민족 교회의 발전을 중요하게 생각했다. 1962년에 진링金陵협화신학원에서는 교역자 연수반을 개설하여 윈난성과 구이쩌우성의 묘족, 카와佧佤족, 리수족과 라후족의 7명의 사역자를 모집하여 단독 수업을 진행했다. 중국교회가 예배를 회복한 이후 진행한 전국적인 회의에서는 늘 소수민족 교회의 사역들을 위한 의석 수를 마련해 두었고 여러 차례 소수민족 교역자들을 조직하여 베이징, 상하이, 난징 등 지역을 탐방하여 그 지역 교회들의 경험을 배우게 했다. 1982년에 기독교전국양회는 동역자를 윈난성으로 파견하여 현지 "목사 안수 사역팀"에 가담하여 소수민족 교회의 훈련 사역과 안수식에 참여했다. 1993년 5

143 张勇, "贵州大花苗族教会今昔," 載于『天风』, 1995年第10期(复总154号), 第25页.
144 靖玖玮, "我眷恋的地方—云南教会一 瞥," 載于『天风』, 1994年 第7期(复总139号), 第11页.
145 唐永权, "云南教会见闻," 載于『天风』 1996年 第11期(复总167号), 第10页.

월에는 민족사역위원회를 발족하여 각 민족의 기독교인들 간에 연결과 교회 사역에 관한 교류를 진행하고 『민족교회 사진첩』을 제작하기도 했다. 기독교전국양회는 소수민족 교회들의 훈련 사역과 성경과 찬송가의 수정 출판 발행을 적극 지원했다. 1987년에 기독교전국양회는 상하이, 장수, 저장 3성의 기독교 양회와 함께 윈난에 7만 7천 위안을 지원하여 성경 구매를 도왔다. 그리고 기독교전국양회는 조선어, 묘족어, 징퍼족, 라후족, 와족, 리수족, 이족 등 7개의 소수민족 언어로 된 성경을 연이어 출판 발행했다. 1996년에만 윈난에서 리수족 성경 4.5만 부, 찬송가 6만 5천 권을 인쇄하여 발행했고 징퍼족 언어 성경을 1만 권, 찬송가 1만 5천 권, 그리고 라후족 찬송가 1만 5천 권 바이이족白彝族 찬송가 8천 권을 인쇄하여 발행했다.

(5) 사회봉사

1950년대 이후, 기독교가 운영하던 사회복지기구들은 활동을 정지하였다. 그러나 교회와 성도들은 여전히 빛과 소금의 역할을 이어갔다. 적극적으로 재난 구호를 하고 장애인을 돕고 노인을 돌보고, 학습을 돕고 독거 노인과 고아들을 돌보고 구제하고 다리를 놓고 도로를 건설하는 등 공익 자선 활동을 전개하면서 사람들을 섬기고 사회를 복되게 하면서 하나님께 영광을 돌리고 인류에게 유익을 주는 간증을 남겼다. 1985년에는 저장성 룽촨龙泉시 기독교양회는 사립학교 양진养真중학교를 설립했고 산둥 린취临朐현 교회는 "삼자진료소"를 개설하여 다년간 문명 업체로 평가되었다. 1991년 화동지역에 넓은 범위의 홍수 재해가 발생했을 때 기독교전국양회는 10만 위안을 헌금하고 "홍수 재해를 돕기 위해 적극적으로 헌금할 것을 요청하는 전국 동역자들에게 보내는 편지"를 띄우면서 적극적으로 홍수 재난 돕기에 나섰다.

1985년 4월에는 딩광쉰, 한원자우韓文藻 등 중국 기독교 지도자들이 발기하고 사회 유명인사들과 연합하여 애덕기금회를 난징에 설립했다. 이는 중국의 개혁개방 이후 처음으로 설립된 비영리 사회 조직 가운데 하나다. 애덕기금회의 취지는 다음과 같다. 애덕기금회는 신앙에서 상호 존중하는 원칙 하에 함께 힘과 지혜를 모아 국내외 우호적인 왕래를 하며 중국의 사회 공익 사업을 발전시키며 사회 발전을 촉진시키며 중국의 사회 발전과 대외 개방 사업에 기여하며 중국 기독교인들의 적극적인 기여가 사회 각계 인사들의 공감을 얻고 세계 각국의 인민들이 우호적으로 왕래하고 자원을 나누고 소통의 채널을 열어가는데 기여하려는 목적을 갖는다. 애덕기금회는 중국의 교육사업, 사회복지, 의료위생, 지역사회 발전과 환경보호, 재난관리 등 각종 사회 공익 사업에 헌신하였다. 이는 중국 기독교인들이 사회 봉사하는 새로운 형식이 되었다.

1997년과 1999년에 애덕기금회는 각각 국무원에서 발급하는 "제3차 전국 장애인 돕기 선진 단체"와 "전국민족단결 진보 표창 모범 단체"라는 칭호를 수여받았다. 2000년에 애덕기금회는 3억 5천 위안을 모금하여 대만 지역을 제외한 중국 30개 성, 시, 직할시에서 사회 봉사 프로젝트를 진행했다. 애덕기금회는 교회의 사회봉사 사역을 중요하게 생각하여 교회들에게 운영하는 양로원, 유치원, 농촌 진료소 등 사역들을 지원했다.

애덕기금회는 연합성서공회와 합작하여 애덕인쇄소를 설립하였다. 후에는 애덕인쇄유한회사로 발전했고 1987년 12월에 생산에 들어가 우선적으로 중국교회를 위해 성경과 기타 교회 서적들을 인쇄했다. 2000년까지 중국교회를 위해 성경 23,577,974권을 인쇄하여 중국교회의 성

**그림 170** 1999년 애덕인쇄소 2천만 권 성경 인쇄 경축활동

경 배포사역에 큰 기여를 했다.

1995년 3월에 기독교전국양회는 처음으로 "교회의 사회 봉사 사역 토론회"를 개최하여 중국교회는 앞으로 더욱 사회의 민생 문제에 관심을 가져 교회가 사회로 나감으로 사회도 교회를 이해하게 해야 한다고 했다. 각 지역의 기독교 양회와 교회들은 여건이 되는 대로 사회 봉사에 열중하였다. 안휘성 화이난淮南 교회는 "사회를 향하고 성도들을 섬기며 민중을 치유하고 구제로 선을 행하자"는 취지로 광찌广济 병원을 세웠다. 1992년에서 1999년까지 상하이 교회는 재난 지원과 사회 공익 자선을 위해 184만 위안을 헌금하고 이불과 옷가지 10만여 건을 기증하고 의료봉사자들을 조직하여 지역과 주변 현县들에 내려가 진료와 의료 상담을 1만여 인차人次 진행했다.[146]

1998년 중국 쑹화장松花江, 송화강, 넌장嫩江, 눈강 유역 그리고 창장양

146 华耀增, "愿一切荣耀归于天上父—上海教会复堂20年的感恩见证," 載于『天风』1999年 第11期(复总204号), 第14页.

쯔강 유역에 백 년에 한번 있을 만한 큰 홍수가 발생했다. 전국 양회는 100만 위안을 헌금했고 각 지역 교회들은 주일날 한번의 헌금을 모두 기부하기로 하여 짧은 기간에 1,000만 위안과 647만 위안 어치의 물품 그리고 493,942개의 옷가지와 이부자리를 재해 지역에 보냈다. 재난 지역에 기독교 양회와 교회들도 자신들의 피해는 생각하지 않고 그 지역 재난 구호에 앞장서고 있던 군인들을 위로하여 사회 각계의 호평을 받았다.

이 시기에 각계각층에서 모범이 되는 크리스챤들이 많이 나타났다. 이들은 중국 사회주의 현대화 물질 문명과 정신 문명 건설에 기여를 했던 것이다. 상하이 전구공장의 엔지니어 왕쥐전王菊珍은 "텅스텐-세륨 일렉트로플랙스"钨铈电极를 개발하여 1987년 국가 발명 1등상을 받았고 전국 38붉은깃발수三八红旗手와 상하이시 노동 모범 칭호를 수여받았다. 그리고 상하이음악대학교 마거어순马革顺 교수는 중국 민족적 정서와 언어 그리고 성조를 기초로 하고 국제 합창 예술의 정수를 받아들여 『합창학』이라는 저서를 내어 중국 문연文联의 금종상金钟奖과 종신 영예훈장 등을 수여받고 중국 합창 지휘계의 태두 및 중국 합창 음악의 초석을 놓은 사람으로 평가받았다. 후베이湖北중의학대학의 류우야친刘雅琴은 "피삐디"皮避敌와 "7505" 등 주혈흡충병 예방血防신약 개발에 성공하여 보건복지부卫生部에서 수여하는 중대 과학 연구 성과상과 후베이성 노동 모범 칭호를 수여받았다.

**그림 171** 마거어순

(6) 해외교류

80년대 중반부터 중국 기독교는 유럽과 미국의 주류 교회들과의 관계를 회복하고 교류와 왕래를 활성화했다. 1987년 3월에는 세계교회협의회 사무총장 카스트로 Emilio Castro, 1927-2012 를, 1994년 5월에는 콘라드 라이저 Konrad Raiser, 1938-? 를, 1994년 9월에는 캔터베리 대주교 캐리 G. L. Carey, 1935- 를 초청했고 그 외에도 세계루터교연맹, 세계개혁교회연맹, 세계기독교학생연맹 등 국제조직의 책임자들과 개인들이 중국을 방문했다. 그리고 복음주의 교회와 인사들과도 교류를 진행했다. 1988년 9월에는 미국의 저명한 복음 전도자 빌리 그래함을 초청했고 1999년 1월에는 신학자 존 스토트를 초청했다. 90년대 초에는 중국 기독교는 주변 국가와 지역의 교회와의 연결을 강화하여 인도네시아, 일본, 한국, 필리핀, 싱가포르, 말레이시아 등 지역 교회들과 상호 방문과 교류를 했고 해외 화교 교회들과도 교류를 가졌다. 그 기간에 처음으로 러시아 정교회 대표단 1993년 5월 과 동방교회 지도자 이라크와 러시아 교구 주교, 1996년 8월 를 접견했다. 그리고 1987년 7월에서 9월까지 신학생 대표단이, 1988년 6월에서 7월에는 여성 대표단이 각각 영국을 방문했다. 1990년 9월에 조선을 방문하여

**그림 172** 캔터베리 대주교 캐리의 내방

**그림 173** 미국의 복음 전도자 빌리 그래함 내방

처음으로 조선교회와 연결을 가졌고 1991년에는 한국기독교협회를 초청하여 한국교회와 관계를 맺었다. 그리고 1993년 9월에는 대만 지역의 교회들을 처음으로 방문했다.

세계 주류 교회들과의 교류에 있어서 가장 중요한 사건은 중국기독교협회가 1991년에 세계교회협의회에 가입한 사건이다. 1948년 세계교회협의회 설립 당시 중국 기독교는 4개의 교단에서 회의에 참석했는데 그 당시 자오즈천趙紫宸은 여섯 명의 회장단 가운데 한 사람으로 당선되었다. 1950년 6·25전쟁 당시 세계교회협의회의 친미반중의 결의를 함으로 중국교회는 세계교회협의회의에서 탈퇴하였다. 60년대 이후에 세계교회협의회은 중국에 대한 태도를 바꾸어 "하나의 중국" 입장을 채택하고 중화인민공화국의 유엔 가입을 가장 먼저 지지한 국제기구가 되었다.[147] 중국교회가 예배를 회복한 이후 세계교회협의회은 중국과의 관계 회복에 적극적이었고 역대의 사무총장들이 6회 연속으로 중국을 방문했다. 1987년 9월에 세계교회협의회 집행위원회는 "세계교회협의회의 중국 관련 모든 사항은 반드시 중국기독교협회와 삼자운동이 중국교회에의 대표성을 인정하는 것을 기초로 하며 중국기독교협회와 삼자운동이 대표하고 추구하는 하나됨을 지지한다"는 결의를 통과시켰다.[148]

1991년 2월 세계교회협의회가 오스트레일리아 캔버라Canberra에서 진행한 제7차 대회는 딩광쉰, 한원자우韩文藻와 선이판沈以藩을 특별 내빈과 옵서버로 회의에 초청했다. 충분한 협상을 통해 대회는 2월 18일에 임시로 회의 진행을 변경하여 중국기독교협회의 세계교회협의회 가입을

147 沈以藩, "在堪培拉难忘的十五天一记参加世界基督教教会联合会第七届大会," 载于『天风』1991年 第5期(复总101号), 第8页.

148 "世基联关于与中国关系的决议," 载于『天风』 1988年 第4期(复总64号), 第29页.

통과시켰다. 20일에 세계교회협의회 사무총장 카스트로는 딩광쉰에게 편지를 보내 세교협은 "중국교회가 다시 회원이 된 것을 기쁜 마음으로 환영한다"고 했고 세교협은 "일관되게 하나의 중국 정책을 지지한다"고 재차 언급했다.[149] 중국기독교협회의 세교협 가입은 "세계 기독교가 중국 종교 자유와 삼자의 실행 그리고 무종파 조직의 시대에 들어선 것과 교회를 잘하기 위해 최선의 노력을 하고 있음에 대한 긍정을 뜻하며 이는 또한 중국 기독교가 세계교회에 한 기여이며 동시에 세계 교회로부터 유익한 것들을 중국교회가 배울 것임을 뜻한다."[150]

복음주의권과의 교류에 있어서 1988년의 빌리 그래함의 방문은 세계의 주목을 받았다. 그는 베이징 충원먼崇文门 교회에서 설교를 하였다. 그는 "내가 중국에 온 목적은 미국의 기독교인들과 중국 기독교인들 사이에 하나의 다리가 되는 것이며 심지어 대만의 기독교인들과도 우의를 세워가기 위해서입니다"고 했다.[151] 2000년에는 기독교전국양회 대표팀은 네덜란드를 방문했는데 그것은 빌리 그래함이 주도한 "암스테르담 2,000전도 대회"에 참석하기 위함이었다. 이는 건국 이후 중국교회가 처음 참석한 국제적인 복음주의 행사였다. 해외 화교교회들과 교류에 있어서는 1994년부터 해마다 "화인복음사역나눔대회"华人福音事工分享会를 열어 미국과 홍콩 지역의 화교 교역자들을 초청했고 직접적인 대화와 교회 방문 그리고 설교 등 다양한 형식을 통하여 중국교회의 생활을 알리고 오해를 해소했다. 1999년부터는 나눔대회를 미국 각 지역에서 진행했다. 협력 사역과 동반자 관계에 있어서 가장 큰 성과는 연합성서공회와 협력하

149 "世基联秘书长致中国基协会长的信," 载于『天风』1991年 第5期(复总101号), 第9页.
150 "说不尽的恩赐—中国基督教两会常务委员会工作报告," 载于『中国基督教第五届全国会议专 辑』, 第10页.
151 "葛培理访问我国," 载于『天风』1988年 第7期(复总67号), 第11页.

여 성경 인쇄와 출판 발행 사역을 효과적으로 진행한 것이다. 이를 통해 중국교회의 성경의 필요를 채울 수 있었고 해외 세력들의 성경을 밀수하면서 중국교회에 침투하는 것도 막을 수 있었다.

1984년 12월과 1987년 4월에 중국정부는 영국과 포르투갈과 각각 홍콩과 마카오 문제에 관해 연합성명을 발표하여 1997년 7월 1일과 1999년 12월 20일에 홍콩과 마카오에 대해 중국의 주권을 회복하기로 했다. 이 과도기에 중국 내륙 교회와 홍콩과 마카오 지역의 교회들은 서로 간의 연결을 강화하면서 두 지역이 자연스럽게 전환되고 정권 교체가 이루어지도록 적극적인 역할을 했다. 홍콩과 마카오가 중국에로 주권 이양된 이후 양측 교회는 "서로 종속되지 않고 서로 간섭하지 않으며 서로 존중하는 원칙" 하에 신학교육과 도서출판 그리고 사회봉사 등 영역에서 서로간의 교류와 협력을 강화했다. 1987년에는 대만과도 38년이란 오랜 기간 단절되었던 상태에서 다시금 인원 왕래가 새롭게 시작되었다. 일부 대만의 교회 인사들도 개인의 신분으로 고향 방문을 하였고 그중 쩌우랜화周联华 목사는 1991년부터 자주 중국 대륙에서 왕래했다. 1993년에 중국 기독교 양회는 처음으로 대만을 방문했고 그 후 중국과 대만의 교회들의 교류는 점점 더 많아졌다.

중국 기독교의 대외 교류는 중국 민간 교류의 한 중요한 부분이었다. 1998년 2월 기독교전국양회는 장저민 주석의 요청으로 중국을 방문한 미국 종교계 인사들을 접대하는 일을 감당했다. 2000년 8월에는 중국 기독교 지도자들은 중국 5대 종교 책임자들과 함께 중국종교지도자대표단을 구성하여 미국 뉴욕 유엔 본부에서 진행된 "종교와 정신적 지도자들의 세계평화천년대회"에 참석하여 중국종교지도자들의 품격을 보여주었다.

대외 교류 중에 중국교회는 중국의 국가 주권을 보호하고 대만과 티벳의 종교 인권 등 조국의 통일과 국가의 근본 이익에 관련된 문제에 있어서 중국 기독교인들의 엄정한 입장을 국제 기독교에 분명히 했다.

1994년 9월 2일과 2001년 6월 6일 두 차례에 걸쳐 중국 기독교 양회는 대만 기독교 장로교회가 국제 기독교계에서 한 "대만은 대만이고 중국은 중국"이라는 정치적 선언에 대해 세계에는 오직 하나의 중국이 있으며 대만은 중국의 불가분의 한 부분임을 밝혔다. 대만 장로교와 해외 교회들에게 "중국과 대만의 양안 문제에 있어서 기독교인들의 단결과 국가 통일의 필요성"을 강조하면서[152] 중국 인민들의 감정에 상처를 주지 말 것과 "두 개의 중국"과 "일중일대"一中一台와 "대만 독립"을 지지하는 일을 하지 말 것을 호소했다.[153]

1997년 3월 14일에 기독교전국양회는 "티벳 문제에 관한 성명"을 발표했다. 성명에서는 일부 해외 교회들이 티벳 문제에 관한 결의를 통하여 중국을 질책하려 하는 것에 유감을 표하고 "달라이 라마 집단이 중국을 분열하려는 음모에 가담하지 말 것"을 요구하면서 해외 교회와 단체들이 "진실을 제대로 파악하지 못한 상태에서 쉽게 태도를 표명하지 말 것"을 호소했다.[154]

1997년 6-7월에 기독교전국양회 책임자는 성명을 발표하고 신문 발표회를 했다. 중국 기독교의 진실한 정황을 알리고 해외에서 떠도는 중국이 종교를 박해한다는 소문에 대해 해명했다. 한원자우韩文藻 회장은 성명에서 중국 정부가 일부 사교 두목에 대해서 법률적 조치를 취하고 있으

152 "中国基督教协会声明," 載于『天风』 1994年 第10期(复总142号), 第28页.
153 "关于台湾问题的声明,"载于『天风』 2001年 第7期(总第223期), 第11页.
154 "关于西藏问题的声明," 載于『天风』1997年 第4期(复总172号), 第 6页.

나 "그것은 중국 정부가 기독교를 박해하는 것이 아니며 단지 정상적인 형사 안건 처리"에 지나지 않는 것으로 서방 매체에서 이중 표준으로 중국을 바라보면서 종교 박해 사건으로 조작하는 것을 반박했다.

## 제3절 신학사상 건설의 시작

중국은 1970년대 말부터 20-21세기의 전환기까지 개혁개방의 세례로 정치, 경제, 문화, 사회 건설 면에서 거대한 진보를 거두었고 거대한 변혁을 경험했다. 교회는 구체적인 시대와 사회에 존재하면서 그가 처한 상황 속에서 신학적 사고를 하고 시대의 변화 속에서 신학적 사고를 하여 교회의 생활을 지도해야 한다. 그러나 중국 사회의 빠른 발전에 비해 중국교회는 단지 교회당 숫자와 성도의 숫자 그리고 교회의 사역 면에서 큰 변화를 이루었지만 신학적 사고는 소홀히 한 탓에 중국교회의 신학적 인식은 매우 뒤떨어져 있었다.

따라서 1998년부터 중국 기독교는 신학사상 건설을 통하여 중국의 국가적 상황과 문화와 결합하여 기독교 기본 신앙과 윤리 도덕을 서술하고 바른 신학사상으로 성도들의 영적 생명의 진보를 이루고 그것이 교회 생활과 사회 생활에서 나타남으로 더 효과적으로 복음을 전하고 삼자의 원칙에 근거하여 교회를 잘하여 기독교와 사회주의 사회가 조화를 이룰 수 있도록 했다.

## 1. 신학사상 건설의 배경

당의 11기 3중전회 이후 개혁개방은 사람들을 사상의 질곡에서 해방하여 장기간 폐쇄되고 억압된 분위기를 반전시켜 사회 생산력을 크게 해방하고 발전시킴으로 중국에는 사상을 해방하고 경제를 발전하고 정치가 창명하고 문예가 번영하고 과학이 발흥하고 사회가 진보하는 새로운 기상이 나타났다.

특히 1992년에 덩샤오핑의 남방강화南方谈话 이후 중국은 전국적으로 더 한층 사상을 해방하고 대외 개방을 확대하여 경제 건설을 중심으로 하되 4가지 기본 원칙과 개혁개방의 2가지 중심을 견지하면서 고도의 계획 경제 제도에서 사회주의 시장 경제 제도로 그리고 폐쇄에서 전면 개방에로 사회가 전향하면서 중국 특색의 사회주의 실천은 계속하여 새로운 성과를 이루었다.

중국 특색의 사회주의를 건설하는 과정 중에 종교 "적응론"은 "아편론"을 대체했다. 1993년 장저민江泽民 총서기는 전국 통일전선 회의에서 종교 관리를 잘하기 위한 "세 마디"를 제시했다. 그는 공식적으로 "종교를 적극적으로 인도하여 사회주의 사회에 상호 적응할 수 있도록 하자"고 하면서 이는 종교계 인사들과 성도들이 자신의 종교를 포기하도록 하는 것이 아니라 자신의 조국을 사랑하고 사회주의 제도와 공산당의 영도를 지지하고 국가의 법률과 법규 그리고 방침과 정책을 준수하여 그들의 종교 활동이 국가의 최고의 이익과 민족의 전체 이익에 복종하고 봉사하게 하기 위함이라 했다. 종교인들이 종교 교리를 사회 진보의 요구에 부합되도록 해석하며 그들도 각 민족 인민들과 함께 종교를 이용하여 사회주의 조국과 인민의 이익에 해악을 끼치는 불법 행위를 반대하며 민족 단결과 사회 발전과 국가의 통일에 더 큰 기여를 하도록 하기 위함이다.

종교와 사회주의 사회의 상호적응에 대한 요구는 중국 기독교의 적극적인 호응을 얻었다. 동시에 기독교 내 시대의 발전에 부합되지 않는 신학사상과 현상은 날로 두드러졌다. 예를 들면 기독교의 배타성을 과도하게 강조하여 어떤 지역에서는 기독교인과 믿지 않은 사람들 사이의 모순과 갈등이 날로 두드러졌다.[155] 중국 기독교는 "이미 자주권을 획득한 중국교회가 계속 중국의 실정에 맞지 않는 가르침을 전해서는 안 되며 성도들도 자신의 삶의 어긋나는 가르침을 계속하여 따르지 않을 것이며 사회도 자신들과 계속하여 불협화음을 내는 존재를 용인하지 않을 것"임을 자각했다.[156] 딩광쉰과 같은 중국교회 지도자들도 사회주의와 상호 적응은 단순히 정치적 태도에 머물러서는 안 된다는 것을 인식하고 참된 적응은 신학사상에서의 적응으로 생각하여 "종교 가운데 사회주의 사회와 적응하지 않는 부분을 약화시키고 동시에 사회주의 사회에 적응하는 것들은 강화시켜 (중략) 종교의 면모를 일신해야 한다"고 했다.[157] 그리하여 딩광쉰은 중국 기독교는 일부 외국 선교사들의 근본주의 가르침에서 벗어나 신학사상을 "개조하고 제고시켜"[158] 종교적 관념을 조정하여 "영적인 것과 세상적인 것을 통일할 수 있는 신학사상을 구성하여[159] 교회와 사회주의 사회가 조화되도록 해야 한다"고 주장했다.[160] 그러므로 신학사상 건설

155 刘铨玉, 徐贵水, "试论农村基督教发展现状, 趋势与社会功能," 載于『宗教』, 南京: 南京大学宗教研究所, 总第37-38期, 1997年 第3-4期, 第63-64页.

156 汪维藩, "中国教会神学建设之思考," 載于『金陵神学志』 第16期, 1992年 1月, 第12页.

157 丁光训, "调整宗教观念的呼唤," 載于『会讯』 第69期, 1998年 5月, 第2-3页.

158 丁光训, "基督教自身应有什么改进," 載于『中国基督教三自爱国运动文选』(1993-2006), 上海: 中国基督教三自爱国运动委员会, 2007年, 第43页.

159 丁光训, "调整宗教观念的呼唤," 載于『会讯』 第69期, 1998年 5月, 第2-3页.

160 丁光训, "在三自爱国运动四十五周年庆祝会上的讲话," 載于『丁光训文集』, 南京: 译林出版社, 1998年, 第376页.

은 중국 기독교의 시대와 사회 발전에 대한 응답으로 기본적인 신앙이 변하지 않는다는 전제 하에 신학적으로 기독교 신앙이 중국 인민들과 사회 책임과 의무에 갖는 의미를 이해하고 해석하여 신학사상과 사회주의 사회가 상호 적응하도록 하여 사람들이 애국주의와 사회주의를 지지할 수 있는 사상적 토대를 준비한다.[161]

기독교는 1950년대에 『텐펑』을 통해 한 차례의 신학 토론을 조직하여 분명하게 잘못된 사상과 관점들을 바로잡았다. 그러나 상호존중의 원칙을 고려하여 소극적이고 보수적인 신학사상에 대해서는 더 이상 심도 있는 토론을 이어가지 않았다. 50년대 후기부터 70년대 말까지 교회의 모든 활동은 정지되었고 신학교육도 정지되어 신학적 사고를 계속하지 못했다. 그러나 기독교의 활동이 재개되면서 신학의 구성내용은 자전의 주된 내용이기에 교회 지도자들과 신학자들의 관심이 되었다. 1988년 딩광쉰은 상하이 교회에서 진행한 주교축성 예전主教的祝圣典礼에서 주교들은 4가지 방면에서 교회를 잘 섬길 수 있기를 소망했다. 그 가운데 첫 번째가 "신학사상의 건설"이었다.[162]

그러나 지난 80년대부터 90년대까지 교회가 빠르게 성장하면서 교회 재산을 회수하고 새 예배당을 신축하고 예배를 회복하고 성경과 찬송가를 인쇄 출판하고 신학원을 회복하고 하는 등의 사역들이 중국교회의 대부분의 시간과 정력을 가져가게 되면서 신학건설의 문제는 극소수 인들의 이론적 연구에 머무르고 교회의 실제와 이탈하면서 신학건설은 부족하고 뒤쳐졌다. 그리하여 중국교회는 사회 문화 건설에 있어서 발언

161 丁光训, "三自爱国运动的发展和充实," 載于『天风』2000年 第1期(复总206号), 第5页.
162 丁光训, "走出一条新路来," 載于『天风』1988年 第9期(复总189号), 第5页.

권을 갖지 못했고 학계와 국제 기독교계에서도 중국교회는 신학이 없다는 평가를 들었다. 그리하여 50년 전에 유행하던 협소한 보수적 신학사상이 그대로 중국교회에서 전해지게 되어 중국교회의 신학사상은 "50년 전 상태"로 머물러 있으면서[163] 시대 발전과 사회 진보와 조화를 이루지 못하고 있었다.

90년대에 와서도 교회 강단에서 "백여 년 전에 중국 문화를 부정하는 일부 선교사들의 논조를 반복하고 있었고 혹은 해외 서적에 발표된 우리나라 상황에 부합되지 않는 내용과 현실 생활과 무관한 것들, 심지어 애국·애교의 중국교회 원칙과 반대되는 내용들로" 성도들을 가르치고 있었다.[164] 특히 아래와 같은 것들이 강조되었다. 주님의 재림을 편파적으로 해석하여 현실적 삶을 부정하고 믿는 사람과 믿지 않는 사람으로 사람을 구분하여 사람들 사이에 인위적인 장벽을 만들어 서로 대립시켰고 사람의 말이 아니라 하나님의 말씀을 따른다는 명목으로 국가의 법률과 법규를 무시하고 삼자애국운동을 정교 합일의 운동으로 오해하고 영적인 것을 강조하고 이성을 멸시하여 성도들의 신앙을 열광적이고 미신적으로 이끌었고 개인의 구원만을 강조하고 기독교인들의 사회 책임을 소홀히 다루었고 또한 신앙의 기복적인 경향도 심하게 나타나기도 했다.

그 외 각종 이단과 사교집단들이 교회를 교란했고 기독교의 이미지를 심각하게 왜곡시켰다. 게다가 해외 세력들이 각종 방식으로 중국 사회 현실과 저촉되는 사상으로 침투해 들어와 사람들의 이목을 현혹하여

163 陈泽民, "加强中国教会的神学建设一济南会议上的大会发言," 载于『金陵神学志』, 总第38期, 1999年 第1期, 第5-7页.

164 "同心协力建立基督的身体一按三自原则把教会办得更好," 载于『中国基督教第六届全国会议专辑』, 上海: 中国基督教两会, 1997年, 第17-18页.

중국교회의 자주 독립과 자치의 원칙을 훼손했다.[165] 어떤 이들은 오직 성경을 읽고 기도하고 집회에 참석하는 것만이 영적인 것이며 기타의 것들, 예를 들면 책 읽고 신문 읽는 것들은 모두 안목의 정욕에 속하는 것이라 했다. 또 어떤 이들은 장사하고 돈 버는 일은 세상을 사랑하는 것이기에 하나님을 사랑한다면 사업은 하지 말아야 한다고 했고, 농촌 교회에서는 벼들에 병충해가 생겨도 농약으로 살충하지 못하게 하고 오직 기도에만 열중하라고 가르쳤다.[166] 1998년 여름에 중국의 양즈장 유역에 백 년에 있을 법한 큰 홍수가 발생하여 온 국민이 힘겹게 홍수 구조작업을 하고 있는데 교회에서는 대홍수는 하나님이 믿지 않는 중국인들을 심판하는 것이라 하면서 사회를 역행하는 주장들을 쏟아냈다. 이러한 것들을 "제때에 수정하지 않는다면 기독교인들의 신앙적 소질이 향상될 수 없고 교회의 발전과 복음의 전파도 저해될 것이며 중국교회가 어렵게 이룬 하나됨의 성과도 물거품이 될 수 있었다. 그리고 중국 기독교는 사회문명의 진보와 어울리지 못하게 되고 사회주의 사회와 조화를 이루지 못하고 경제 사회 발전에 주도적 역할을 할 수 없게 될 것이다."[167]

교회 내외적 형세의 전개로 자전自传 연구와 신학건설의 문제가 다시 한번 중국 기독교의 중요한 과제로 부상했다. 1995년 딩광쉰은 "신학사상의 확장"神学思维阔化의 요구를 제시했다.[168] 1996년 8월에 쑨씨페이孙

165 "继续加强神学思想建设 努力办好中国教会—中国基督教开展神学思想建设十年总结报告," 载于『神学思想建设十周年纪念大会专辑』, 上海: 中国基督教两会, 2009年, 第5页.

166 "借鉴拾零," 载于『会讯』1998年 第2期, 上海: 中国基督教两会, 1998年, 第15页.

167 "继续加强神学思想建设 努力办好中国教会—中国基督教开展神学思想建设十年总结报告," 载于『神学思想建设十周年纪念大会专辑』, 第6页.

168 他指出,基督教有许多教义,在因信称义之外,有上帝永不停止的创造,有道成肉身,有基督复活,更 新万有,有圣灵降临,赐人智慧,有登山宝训,有最大的诫命就是爱上帝和爱人如己,有你要人家怎样 待你,你也要怎样去待人,有非以役人乃役于人,等等,但中国教会对这些往往却都弃之不顾. 现在,中国基督教如果只推崇一个教义,这教义又强调信与不信的矛盾,就引起无穷的分裂,破坏祖国的 团结,我们怎样作出见证?" 见丁光训, "回顾走过的路— 丁光训主教在全国两会本届第八次会务会议上的讲话," 载于『会讯』总第53期, 上海: 中国基督教两会,1995年5月, 第3-5页.

锡培는 신학교육위원회에서 중국교회에서 "가장 낙후된 것은 바로 신학사상 건설사역"이라고 지적하고 하루빨리 자전의 낙후된 면모를 일신하여 "점차 중국문화와 결합되고 토착화와 상황화를 이룬 중국특색의 신학사상"을 진행할 것을 주문했다.[169] 딩광쉰은 이에 동의하면서 "신학대토론이 얼마 후 중국교회에서 전개되기를 희망한다"고 했다.[170] 1997년 제6차 전국회의에서 "신학교육 강화와 신학사상 건설"을 중국교회를 잘 하는 10가지 사항 중에 하나로 정했다. 같은 해 11월에 기독교전국양회는 처음으로 자전연구회를 개최하여 중국교회가 지금까지 신학적 사고가 없었던 것이 아니라 신학사고를 정리하지 못한 것으로 "지금은 그 내용을 풍부하게 할 때이다"고 했다.[171] 1998년 8월에 딩광쉰은 시안에서 "종교적 관점에서 종교와 사회주의 상호적응을 어떻게 볼 것인가"의 주제로 좌담회를 가졌는데 회의에서 "종교적 관점을 조정할 필요성"을 제기했고 이제 중국교회는 신학사상 건설을 위해 총력을 다할 때가 됐다고 했다.

## 2. 신학사상 건설의 시작

1998년 11월에 중국기독교삼자애국운동위원회 제6기 회의와 중국기독교협회 제4기 제2차전체회의확대회의를 지난济南에서 열었다. 약칭하여 지난회의济南会议라 부르기도 한다. 딩광쉰은 "성경 중 하나님의 계시는 점진적인 것으로 단번에 이루어진 것이 아니다. 사람의 하나님 계시에 대한 인식도 단번에 이루어진 것이 아니라 점진적으로 점차 완성되어

169 孙锡培, "迅速改变自传滞后的面貌," 载于『会讯』1996年 第4期, 上海: 中国基督教两会, 第4-7页.
170 "丁光训主教读后感," 载于『会讯』 1996年 第4期, 上海:中国基督教两会, 第7页.
171 徐晓鸿, "对自传问题的思考," 载于『会讯』1998年 第2期, 上海: 中国基督教两会, 第5页.

가는 것"이라는 주제로 대회 발언을 했다. 그리고 중국교회는 "하나님이 보시기에 훌륭한 성경관과 상제관"을 가질 것으로 기대했다.[172] 이는 회의 참석자들로부터 큰 호응을 받았다. 중국기독교협회 회장 한원자우韓文藻도 목회자들은 번잡한 일상사무에서 조금 벗어나 "신학사상의 활성화와 변혁"을 위해 시간을 내기를 바랬다. 회의 참석자들도 과거 20년간 중국교회는 대량의 정력을 교회당 건축과 보수하는 일에 쏟고 신학적 사고를 하는 이들은 극히 드물었음을 인정했다. 신학 졸업자들도 설교에만 집중하고 신학적 사고에 대해서는 중요하게 여기지 않았다. 이제는 진정 계획적으로 추진할 때임을 공감했다.

23일에는 회의에서 "신학사상 건설 강화를 위한 결의"를 통과시켰다. 전문은 아래와 같다.

> 중국 기독교 제6기 전국회의 사업 보고에서는신학사상 건설의 중요성을 제기했다. 이번 회의에서는 신학사상 건설의 문제를 집중적으로 논의하였고 이 일의 실행의 필요성과 긴박성을 깊이 공감했다. 회의는 삼자 원칙에 따라 교회를 잘하기 위해서는 신학이론이 교회건설에서 지도적 작용을 해야 함을 인정했다. 중국 기독교인들은 삼자애국운동에 참여하는 과정에 많은 소중한 영적인 경험들을 신학적으로 총화할 필요가 있다. 또한 자전의 심화 발전으로 신학적 사고를 활성화할 필요가 있고 어떻게 복음을 더 잘 전할 것인지와 성도들의 영성과 현실 생활을 어떻게 지도할 것인지를 논의하여 기독교의 윤리 도덕을 통하여 하나님께 영광 돌리고 사람들에게 유익되

172 丁光训, "圣经中上帝的启示是渐进的,不是一 次完成的,而人对上帝的启示和认识,也不是一 次完成 的,也是渐进的,逐步提高的," 載于『天风』 1999年 第2期(复总194号), 第18页.

게 해야 한다.

회의는 신학사상 건설 사역을 더욱 강화하기 위해 자전팀自传小组을 자전연구위원회로 승격하기로 결정한다. 관련된 전문 위원회들은 서로 협력하여 관심 있는 신학적 주제들로 토론 모임을 조직할 것을 요구했다. 기본 신앙을 고수하고 애국·애교의 토대 위에 서로의 의견을 나누고 서로 존중하며 심화 토론하여 성과를 나누고 성경의 보화를 발굴하여 중국교회를 예수 그리스도의 반석 위에 더욱 견고하게 세우고 사회주의 사회와도 더 잘 적응할 수 있도록 한다.

"지난회의"济南会议의 개최와 『결의』 통과는 중국 기독교가 신학사상 건설 사역을 공식적으로 개시함을 의미한다. 『결의』는 『삼자 선언』이후 "삼자애국운동 발전의 또 하나의 이정표"로 인식된다. 이는 삼자애국운동이 보다 성숙되어 새로운 단계에 진입했음을 뜻한다.[173]

딩광쉰 주교는 신학사상 건설의 주요 발기인이자 적극적인 추진자였다. 딩광쉰의 신학사상과 중국교회에 대한 통찰은 신학사상 건설에 풍부한 신학자원이 되었다. 그의 신학사상은 "중국신학사에서의 중요한 이정표"로 불리는 『딩광쉰문집』에 들어있다. 1998년 9월 『딩광쉰문집』의 출판은 신학사상 건설의 전주곡에 해당된다. "지난회의"济南会议에 이어 11월 25일 『딩광쉰문집』 출판 좌담회가 베이징에서 진행되었다. 회의에 참석한 학자들은 『딩광쉰문집』은 "기독교와 중국의 정황이 서로 만나고 기독교의 보편성과 지역성특수성을 다루면서 중국 기독교는 일방적으로 서양신학을 옮기거나 모방하는 것을 반대한다."고 평가했다.[174] 『딩광쉰문

173 "爱国爱教, 同心迈向新世纪一中国基督教三自爱国运动五十周年的总结," 载于『中国基督教三自爱国运动五十周年庆祝大会专辑』, 第16页.

**그림 174** 베이징에서 『딩광쉰문집』 출판 좌담회 개최

집』의 "주요 문장과 번뜩이는 사상은 중국교회와 신학 발전의 궤적을 분명하게 보여주며 중국 신학체계의 구성의 필요성과 그 기본 구도를 체득하게 하였고 중국교회의 큰 발전과 중국신학적 사고에 있어서 근본적인 돌파가 도래하고 있음을 느끼게 했다"고 평했다.[175] 1999년 10월에 『딩광쉰문집』은 한국어로 출판[176]되었고 역자는 "중국인들의 마음과 역사에 부합하는 신학"이라 평가했다.[177]

"지난회의"济南会议 이후, 딩광쉰은 여러 장소에서 일련의 강연과 글을 발표해 신학사상 건설의 방향성을 이끌면서 적극적으로 추진해 갔다. 그의 강연과 문장에는 "어떤 한 분의 하나님을 믿는가", "성경에서의 하나님의 계시와 인간의 하나님의 계시의 이해", "독자의 물음에 답함",

174 "『丁光训文集』出版座谈会在京举行," 载于『天风』1999年 第1期(复总193号), 第12页.
175 卓新平, "迎接中国宗教理解, 社会发展的全新世纪一读 『丁光训文集』," 载于『天风』,1999年 第2期(复总第194号), 第43页.
176 정광훈, 『사랑은 없어지지 않습니다』, 김동완 역, 서울: 민중사, 1999.
177 金钟九, "『丁光训文集』(韩文版)序," 载于『天风』 1999年 第12期(复总第205号), 第12页.

"신학사상 조정의 불가피성과 필연성", "나는 이 50년을 어떻게 보는가", "중국기독교삼자애국운동 50주년 기념회에서의 강연"과 "딩광쉰 주교의 강연요약" 등이 있다.[178] 딩광쉰의 『성경을 어떻게 읽을 것인가』도 상하이 기독교양회에서 재판 발행했다.

신학사상 건설의 과제를 제기한 이후 각 지역 기독교 양회에서도 적극적으로 호응해 왔다. 1998년 11월 말, 장수성 기독교 양회에서는 자전 연구 사역 회의를 열었고 12월에 저장성 기독교 양회도 자전 토론회를 가졌고 상하이 기독교 양회는 두 차례의 회의를 열어 "지난회의济南会议"의 정신을 전달하고 1999년 초에는 자전 팀에서 좌담회를 가졌다. 1999년 1월에 기독교전국양회는 장수성, 저장성, 상하이시 세지역의 기독교 양회 책임자들을 초청하여, "지난회의"济南会议의 정신을 어떻게 실행하고 있는지에 관해 좌담회 형식의 교류를 진행했고신학사상 건설이 현재 사역의 중심이 되어야 함을 재차 강조했다. 『텐펑』 잡지에서도 "함께 신학을 말하기", "텐펑 포럼" 등을 개최했고 『진링金陵 신학지』에서도 "딩광쉰문집 독후감"이라는 칼럼을 만들어 선전의 효과를 확대해 갔다.

신학사상 건설의 필요성을 선전하고 신학사상 건설의 목적, 원칙, 절차 그리고 신학사상 건설의 방법을 탐구하고 각 지역에서 진행하는 신학사상 건설을 지도하기 위해 1999년 12월에 기독교전국양회는 딩광쉰을 팀장으로 한 "신학사상 건설 추진 팀"을 만들었다.

그 이후로 기독교전국양회는 신학사상 건설을 모든 사역에서 가장 핵심 사역으로 하여 힘있게 추진해 갔다. 각 지역 기독교 양회, 신학교와 교회들도 적극적으로 호응하여 토론 모임을 열었다. 1999년 7월에 상하

178 这些文章见于,『金陵神学志』1998年-2000年 各期: 总35期, 总38期, 总39期, 总43期, 总44期, 总第45期, 以及『会讯』1999年 第3期(总第73期).

이 칭푸青浦에서 "『딩광쉰문집』 토론회"를 열었다. 이번 회의는 "당대 중국 기독교 역사에서 처음으로 전국적인 범위에서 전개한 신학 토론회였고 상호 존중의 내실을 풍부히 했다"는 평가를 듣는다.[179] 2000년 8월 산둥성 칭다우에서 "중국 기독교 성경관 학술토론회"를 열어 성경의 권위를 존중하고 성경 전부가 말하게 하고 성경이 오늘에 말하게 하고 바른 성경관을 가질 것을 제기했다. 2000년 9월에 기독교전국양회는 베이징에서 "중국기독교삼자애국운동 50주년기념대회"를 진행했는데 회의에서는 재차 신학사상 건설이 '삼자원칙에 따라 중국교회 잘하기'라는 의미를 강조했다.

### 3. 신학사상 건설의 원칙과 내용

신학사상 건설은 중국교회가 성경에 입각하여 기독교 전통의 진수를 이어받고 중국 문화와 삼자 애국의 경험을 결합하여 오늘 중국 성도들이 알아들을 수 있는 언어로 기독교 기본 신앙과 도덕 규범을 설명하여 중국교회가 새로운 시대 기독교 신앙을 지키고 전하는 일에 도움되고자 하는데 목적을 둔다.[180] 신학사상 건설을 준비하고 추진하는 과정에 중국 기독교 신학사상 건설의 성격, 원칙과 내용에 대해 점차 인식을 같이하게 되었다.

첫째로, 기본 신앙과 신학사상을 적당히 분리한다. 기본 신앙은 변하는 것이 아니나 신학사상은 시대적인 변화에 따라 적절한 조정이 필요

179 田雨, "一 次富有朝气和活力的盛会," 载于『天风』1999年 第9期(复总第202号), 第14页.
180 "有关神学思想建设的若干共识," 载于『会讯』 2000年 第1期, 上海: 中国基督教两会, 第4页.

하다. 신학사상의 변화가 오히려 기본 신앙의 불변성을 보장한다. 그리하여 중국교회는 순수한 기본 신앙을 유지함과 동시에 역동적인 사상과 간증을 갖게 될 것이다.

둘째로, 신학사상의 발전은 다원적일 수 있으며 반드시 한 가지로 귀결되는 것은 아니다. "하나의 천하에 하나의 신학 관점은 건강하지 못한 것이다."[181] 신학사상의 건설은 "신학적 사고를 활발히 전개하면서 피차 간에 서로 존중하는 것으로" 신학적 파벌을 만드는 것이 아니며 하나의 관점을 높이거나 낮추기 위한 것도 아니다. "다른 신학적 관점에 대해 누명을 씌우기 위한 것이 아니라 오히려 경청하고 진지하게 사고하려는 것이다."[182]

셋째로, 신학사상의 건설은 신앙과 관계된 사상과 인식의 문제이기에 단번에 이루는 것이 아니며 강요하는 것도 아니며 전국에 있는 신학교사들과 목회자들이 한동안의 공동의 노력으로 점차적으로 추진하는 것이다. 왜냐하면 중국교회는 "아직 체계적이고 전면적인 신학 이론을 제시하고 구성할 수 없기 때문이다."[183]

넷째로, 신학사상 건설의 근본 요청은 기독교와 사회주의 사회 간에 상호 적응을 위한 것으로 서로 다른 신학사상이라 할지라도 "사회주의 사회 적응에 유리한 관점이면 모두 환영한다."[184] 그래서 "몇 년이 지난 후에 중국 기독교의 신학이 완전히 새롭게 됨으로 중국 사회주의 사회에 잘 적응할 수 있기를" 바라는 것이다.[185]

181 "丁光训主教讲话(摘要)," 载于『会讯』1999年 第3期, 上海: 中国基督教两会, 第8页.
182 "有关神学思想建设的若干共识," 载于『会讯』 2000年 第1期, 上海: 中国基督教两会, 第4页.
183 丁光训, 『丁光训文集』, 南京: 译林出版社, 1998年, 第5页.
184 "有关神学思想建设的若干共识," 载于『会讯』 2000年 第1期, 上海: 中国基督教两会, 第4页.
185 丁光训, "在全国政协九届二次会议民族宗教联组会上的发言," 载于『人民政协报』, 1999年 3月 5日.

신학사상 건설을 시작하는 처음 몇 년간 가장 중요한 문제는 목회자들이 이 문제에 대해 그 중요성과 가능성 그리고 시급성을 인식하는 것이었다. 그러나 토론을 통해 많은 이들은 점차 신학사상 건설이 중요한 것은 그것이 교회 자체의 건설에 필요하고 삼자애국운동의 심화 차원에서 필요하고 외부 세력의 침투를 막기위해 필요하며 교회와 사회주의 사회의 상호 적응을 위해 필요함을 알게 되었다. 그것이 가능함은 중국 종교 신앙 자유의 정책이 좋은 외부 환경을 만들었고 중국 기독교가 50여 년간의 삼자애국운동의 역사적 경험과 성찰이 있기 때문이다. 동시에 외부의 침투에 의해 들어온 잘못된 가르침과 낙후하고 보수적인 신학사상에 비판적 사고를 갖추기 위함이다. 그 시급성은 성도 숫자의 증가와 교회 생활의 정상화 그리고 신학사상의 방향성이 날로 중요하기 때문이다. 낡고 보수적인 신학사상이 사람들을 오도하고 교회 생활이 혼란스럽고 이단 사이비가 창궐하고 외부 세력들의 침투 등 정황들은 정확한 신학사상의 가르침이 절실히 필요하다는 점을 역설한다.

신학사상 건설은 우선적으로 『딩광쉰문집』을 중심으로 하여 그의 신학사상에 대한 토론을 거쳐 이루어졌다. 그 주요한 내용에는 신학사상의 "메인 스위치"라 할 수 있는 성경관 문제인데[186] 딩광쉰은 성경 전체에서 출발하여 하나님은 어떻게 인간의 인식을 높여 갔는지를 살펴야 한다고 했다.[187] 그리고 사랑은 하나님의 가장 중요한 속성으로 우주에서 가장 중요한 진리이며[188] 공의는 사랑에서 파생된 것이라 했다.[189] 우주적 그리

186 丁光训, "在中国基督教三自爱国运动五十周年纪念会上的讲话," 載于『金陵神学志』 2000年 第4期(总45期), 第4页.

187 丁光训, "信怎样一位上帝," 載于『金陵神学志』1998年 第2期(总35期), 第63页.

188 同上, 第11页.

189 丁光训, "圣经中上帝的启示和人对上帝启示的认识," 載于『金陵神学志』1999年 第1期(总38期), 第4页.

스도론을 하나님의 사랑의 확장으로 제시했고 인간론에서 "인간은 하나님의 형상으로 만들어진 것으로" 하나님의 창조의 반제품이며 또한 하나님 창조의 동역자로 이야기했다.[190] 칭푸青浦에서 진행된 『딩광쉰문집』 토론에서는 "창조와 구속의 통일성", "교회 밖에 존재하는 진선미의 문제", "우주적 그리스도", "삼자 50년의 관점에서 본 딩광쉰 주교의 신학사상 탐구" 그리고 "기독교 윤리 도덕의 작용" 등 5가지 주제를 토론했다.

그 외에도, 각 지역에서 진행된 신학사상 건설에서는 구체적인 정황에 기초하여 토론의 주제들이 정해지기도 했다. 장수성, 저장성에서는 자전自传토론 참고 사항 10가지를 제시했다. 거기에는 신앙과 신학의 관계, 자전과 신학의 상황화의 관련성, 신의 사랑과 공의의 관계, 재난은 모두 하나님의 징벌인가? 하나님의 총체적 계획 속에서 인간의 위치는 무엇인가? 인간은 타락 이후 아무런 선이나 가치도 지니지 못하는가? 성경은 사람을 믿는 자와 믿지 않는 자를 구분하는가? 성경 가운데 "이방인"의 의미는 무엇인가? 인간의 이성적 사고는 영적인 것과 대립되는가? 세계는 완전히 타락하여 완전히 허무하게 되어 아무런 희망도 없는가? 교회 밖의 진선미를 어떻게 바라보아야 하는가? 애국·애교의 면에서 "인간의 말이 아니라 하나님의 말을 들을 것", "한 인간은 두 주인을 섬길 수 없다"는 등 성경 구절을 어떻게 이해해야 하는가? 영적인 생명과 윤리 도덕은 어떤 관계인가? 기독교인은 부의 창조, 이혼과 재혼 등 현실 문제를 어떻게 대해야 하는가? 예수님의 재림을 어떻게 가르쳐야 하는가? 미래의 세기에 대해서는 소극적으로 기다려야 하는가 아니면 적극적으로 만들어 가야 하는가?[191]

190 丁光训, 『丁光训文集』, 第6页.

신학사상 건설의 의미는 크다. 딩광쉰은 신학사상 건설을 중국기독교삼자애국운동 50년간에 있어서 "가장 위대하고 가장 관건적인 단계로"[192] 혹은 "네 번째 고점으로"第四高点, "중국교회를 잘하는 데 있어 가장 근본적이고 가장 관건적인 한 걸음으로" 생각했다.[193] 신학사상의 건설을 통해 중국교회는 새로운 모습으로 새로운 세기를 맞을 수 있기를 기대했다. "그의 신학사상은 풍부하고 이성에 반하지 않으며 사회주의 사회에 적합한 것이었다. 그것은 성도들이 조화롭고 온화하며 이치에 맞는 신앙과 간증을 하는데 도움이 되었다."[194] 또한 "성도들이 자신의 기본 신앙에 대한 이해와 확신을 갖도록 했고 교회 밖의 사람들도 교회의 가르침에 귀를 기울이도록 했다."[195]

## 제4절 기독교 유명한 인물들

### 1. 딩광쉰

딩광쉰丁光训, 1915-2012은 중국 기독교의 걸출한 지도자이자 국제적인 명성을 가진 신학자이며 신학교육가이고, 기독교 사회복지의 발기인

191 "江苏, 浙江同工们提出自传研讨参考题目," 载于『会讯』1999年第 1期, 上海: 中国基督教两会, 第15页.
192 丁光训, "我怎样看这五十年," 载于『金陵神学志』2000年 第3期(总第44期), 第3页.
193 丁光训, "三自爱国运动的发展和充实," 载于『天风』2000年 第1期(复总第206号), 第5页.
194 丁光训, "我怎样看这五十年," 载于『金陵神学志』2000年 第3期(总第44期),第4页.
195 丁光训, "调整神学思想的难免和必然," 载于『金陵神学志』2000年 第2期(总第43期), 第9页.

이자 실행자였다.

딩광쉰의 본적은 저장성으로 1915년에 상하이 한 기독교 가정에서 태어났다. 태어난 후 4개월 만에 성공회의 전통에 따라 유아세례를 받았고 어려서부터 기독교적 분위기에서 자라면서 교육을 받았다. 어릴 적 상하이 성요한중학교를 다녔고 1937년에는 성요한대학교 문학사를 받았다. 그리고 상하이 기독교청년회YMCA에서 일했다. 1942년에는 성요한대학교 신학사를 받고 성공회에서 목사안수를 받았으며 상하이 구세주예배당과 국제예배당에서 섬겼다. 1946년에는 캐나다 기독교학생운동의 간사가 되었고 1947년에서 1948년 사이에 미국 뉴욕 콜롬비아대학교 사범대와 미국 뉴욕 유니온신학교에서 공부하여 신학석사 학위를 받았다. 그리고 1948년에는 세계기독교학생동맹世界基督教学生同盟의 간사가 되었다.

신중국 성립 이후 딩광쉰은 해외에서 귀국하여 광학회 사무총장을 맡아 중국기독교삼자애국운동에 적극적으로 참여하여 삼자의 원칙에 따라 "교회를 잘하는 일"办好教会에 헌신했다. 1954년에 중국기독교삼자애국운동위원회 상무위원이 되었고 1955년에는 중화성공회 저장성교구 주교로 축성되었다. 그리고 1961년에는 중국기독교삼자애국운동위원회 부주석으로 당선되었다. 문화대혁명 기간에 그도 불공정한 대우를 받았으나 자신의 신앙을 굳건히 지켰다.

그림 175 딩광쉰

1980년 기독교전국회의에서 딩

광쉰은 "회고와 전망"이라는 개막사를 하면서 삼자의 성과는 거대하지만 삼자의 과제는 끝난 게 아니라고 하면서 중국교회는 "삼자"에서 "삼호"三好로 나아가야 하며 이론적으로 삼자 원칙의 내용을 풍부하게 했다.

중국교회를 잘하기 위해 그는 중국기독교협회를 설립하고 회장직을 맡았다. 그는 중국교회 신학건설의 낙후된 국면을 전환시키기 위해 1988년에 신학사상 건설을 제창하고 적극적으로 추진했다. 그는 중국교회는 자신의 현실적 상황에서 출발하여 기독교 신앙과 중국 전통문화와 민족적 특징을 결합할 것을 강조했다.

1952년에 딩광쉰은 진링협화신학원 설립에 참여했고 1953년에는 원장을 맡아 지난 반세기 동안 그 직책을 유지했다. 재임 기간 신학원 새 캠퍼스를 설립하는 일에 앞장서면서 필생의 정력을 중국 기독교 신학교육 사업에 바쳤다. 그는 올바른 교육 지침과 신학적 방향성을 견지하면서 신학원은 영수학원灵修学院도 종교학원도 아닌 영, 덕, 지, 체, 군群에서 전면 발전을 이룬 목회자를 양성하는 것이라 했다. 그의 리더십으로 지난 몇십 년간 특히 학교가 회복된 이후 30년간에 진링金陵협화신학원은 중국 기독교 신학연구 기지가 되었고 중국교회 인재 양성의 요람이 되었으며 중국 기독교의 최고의 학부가 되고 국제적인 영향력도 갖추게 되었다.

딩광쉰은 세계교회와의 관계회복을 위해 노력했고 민간 외교를 적극적으로 전개하여 국제 기독교계에서도 큰 명망을 얻게 되었다. 1950년에 딩광쉰은 저우언라이周恩来를 수행하여 영국 성공회와 영국 퀘이커교公谊会 방문단을 접견했고 헝가리, 체코 등 국가를 방문하여 신중국을 소개하고 중국 기독교의 삼자애국운동을 알렸다. 개혁개방 이후 그는 국가적 차원과 중국교회의 장기적 발전에 착안하여 해외 우호적인 교회들과 교회 단체들과 새롭게 관계를 맺기 시작하여 중국교회와 세계 교회 간에

**그림 176** 딩광쉰이 저우언라이를 수행하여 영국 캔터베리 주교 존슨 접견

주안에서 지체 관계를 회복했다. 그의 주도하에 중국기독교협회는 1991년에 세계기독교협의회에 가입했다. 대외 관계에 있어서 그는 중국의 국가 주권과 교회 주권을 지켰고 조국의 이익과 형상을 옹호하면서 중국 기독교와 자신의 경험을 통해 중국의 종교 신앙의 자유 정책을 알렸다. 딩광쉰은 쪼우푸추赵朴初 등과 함께 공동 발의하여 중국종교계평화위원회를 설립하고 아세아 종교평화위원회와 세계종교평화위원회와 관계를 맺고 중국 종교의 화목을 촉진시켰고 나아가 아세아 지역의 평화와 세계 평화 유지를 위해 긍정적인 기여를 했다.

딩광쉰은 사회의 민생문제에 관심을 가지고 기독교계와 사회 각계 인사들과 함께 사회 봉사 실천을 추진했다. 그는 청년 시절부터 사회와 민생문제에 관심을 가지고 기독교청년회YMCA의 여러 사회 사역에 적극적으로 참여하면서 중국 사회의 발전과 진보를 위한 뜻을 품고 민중들의 삶의 복지를 위해 열심히 섬겼다. 1985년에 딩광쉰은 사회 각계 인사들을 연합하여 함께 애덕기금회를 창립했다. 그 취지는 신앙에서 상호 존중의 원칙을 지키면서 함께 지혜와 힘을 모아 국내외 인사들과 우호적인 왕래를 하면서 중국의 사회 공익 사업을 발전시키고 사회발전을 촉진하고 사회를 섬기고 사람들을 복되게 하고 세계 평화를 지키는 것이었다. 1986년에는 연합성공공회와 합작하여 애덕인쇄공장 지금은 애덕인쇄유한회사를 세웠고 우선적으로 중국교회를 위해 성경을 인쇄하였다.

딩광쉰은 시종일관 중국 기독교 신학의 사고와 연구에 몰두하였다. 그는 중국신학은 마땅히 중국교회 현실에서 출발하여 기독교 신앙과 중국의 현실적 정황 그리고 전통 문화와 민족적 특징을 결합하여 중국 기독교의 보편성과 지역성의 상관관계를 잘 처리하여 기독교 교의에 부합하면서도 사회주의 사회에 적응하는 신학체계를 세우려 했다. 그는 기독교는 바른 성경관을 가지고 성경 전체의 권위를 존중하면서 경건한 신앙과 이성적인 신학 사고를 해야 한다고 주장했다. 그는 늘 "하나님은 사랑이시다"와 "우주적 그리스도"를 강조하면서 그리스도의 주권과 관심과 사랑은 온 우주에 미치며 그리스도의 우주적 주권은 사랑을 본질로 하여 사랑이 하나님의 최고의 속성이라 강조했다. 그는 "믿음으로 행위를 폐기하는 것"을 반대했고 기독교의 도덕과 윤리를 높이고 기독교인들에게 사회적 책임을 다할 것을 격려했다. 딩광쉰의 신학은 그리스도를 중심으로 하되 "하나님은 사랑이시다"를 줄거리로 삼았으므로 "사랑의 신학"이라고 말할 수 있겠다. 그의 신학사상은 『딩광쉰 문집』에서 기본적으로 표현되었

**그림 177** 딩광쉰의 저서

다.

딩광쉰은 일찍 삼자와 중국화의 관계를 연결시켰고 기독교 중국화의 사상을 제기했다. 그는 "교회적 차원에서 말하면 삼자는 교회의 중국화를 뜻하며 그것의 중국적 특징을 발전시키는 것을 뜻한다."[196] 즉 중국기독교는 "기독교가 가진 식민주의적 성격을 벗어 버리고 외국 기독교의 복제품이 아니라 (중략) 중국 문화에 뿌리는 내려 중국적인 자아를 갖고 중국적인 실체가 되는 것이다."[197]

그는 긴 안목에서 "우리가 삼 년간 온 힘을 다해 중국교회의 중국화를 이룬 것은 예수 그리스도를 위한 중국교회에 있어서 존망이 달린 문제였다."고 했다.[198]

## 2. 정재예郑建业, 선이판沈以藩, 뤄꽌중罗冠宗과 한원자우韩文藻

정재예郑建业, 1919-1991는 안후이성 우후芜湖 사람으로 아버지 쩡허푸郑和甫는 중화성공회 첫 주교원 주석을 맡았던 중국인이었다. 1939년에 정재예郑建业는 동오대학东吴大学에 입학하여 사회학을 전공했다. 1942년에는 성요한대학 철학과와 신학원에 전학했고 1944년에 졸업하고는 상하이 기독교청년회에서 학생부 간사와 덕육德育부 간사로 일했다. 1946년에 목사 안수를 받았고 학생 예배당 일을 도왔다. 1948년에는 캐나다 토론토에 가서 신학을 공부했다. 그리고 신중국 성립의 소식을 듣고 학업을 중단하고 1949년말에 귀국했다. 1950년대부터 정재예郑建业는『텐

196 丁光训, "三自为何必要?,"『丁光训文集』, 第42-43页.
197 丁光训, "回顾与展望,"『丁光训文集』, 第297页.
198 丁光训, "在世基联和日内瓦教会普世中心谈三自运动,"『丁光训文集』, 第13页.

평』과 『기독교총서』의 편집장을 맡았고 우야우쭝의 삼자혁신운동을 적극 도와 『삼자 선언』의 초안 작성에 참여했고 그는 40인의 발기인 가운데 젊은 사람 중의 한 명에 속했다.

1952년에 주교로 축성되었고 1953년에 성공회 중앙의회 상무위원회 사무총장을 맡았다. 정잰예는 중국기독교삼자애국운동위원회 제1기와 2기 상무위원을 맡았고 1981년에는 중국기독교협회 첫 부회장과 사무총장을 맡았다.

정잰예는 애국·애교와 자주 독립적 교회 운영의 발기인이자 실천가였다. 그는 중국교회가 삼자의 길을 선택한 것을 매우 소중해 여겼다. 중국교회는 외국 선교회와의 관계가 단절된 후 지역교회들은 경제적인 어려움에 봉착하고 사람들은 해이해지는 등 문제가 발생했다. 정잰예는 이러한 문제들은 과거 선교회들에 의해 조성된 것으로 교회는 정비되어야 한다 생각하여 저장성, 푸젠성, 산둥성, 화북 지역 등에서 실제적으로 추진했다.

문화대혁명이 끝난 이후 그는 중국교회의 굴곡의 여정은 단지 "영원한 우주의 역사 변천 속의 한순간에 지나지 않는 것으로" 중국 기독교인들의 이런 경험이 바로 하나님의 "독특한 계시"이며 "아름다운 간증"이 된다고 했다. 1981년 이후 그는 『텐펑』 잡지에 여러 편의 문장을 발표하여 교회의 하나됨을 지킬 것을 강

**그림 178** 정잰예

조하면서 "중국 기독교는 이제 실질적인 하나됨을 이루었고 주님은 이러한 특정한 시대에 특정한 지역에서 기묘한 방식으로 중국교회에 특별한 상황을 연출하셨는데 (중략) 그 안에는 주님의 특별한 뜻이 계신 것으로 우리가 바로 이 기묘한 은혜의 시대에 증인이" 되었기에 반드시 소중히 여겨야 한다고 강조했다.

삼자의 원칙으로 교회를 잘 하기 위해 그는 직접 실천하고 경험을 모색하였다. 그는 딩광쉰의 중국기독교협회 설립 작업에 협조하였고 중국기독교협회 장정 초안에 참여하여 "전국에 있는 모든 하나님을 믿고 예수 그리스도를 주님으로 고백하는 그리스도인들을 단결하며 성경에 근거하여 서로 협력하며 우리 나라의 독립 자주의 방식으로 자치, 자양, 자전의 교회로 세워간다"고 명확히 기록했다. 그는 전국에서 통용하는 『핵심교리문답』要道问答, 『기독교 의공 연구반 강의안』, 『찬미시 신편』을 직접 편찬하였다. 여기서 그는 최대한 서로 다른 교파 배경을 가진 사역자들과 신도들의 필요를 만족시키려 노력했다. 그는 기본적인 신앙을 고수하는 전제하에 중국문화를 받아들이고 중국교회의 영적 경험과 특징을 반영하였고 신학적으로 서로 존중하는 정신을 엄격히 실천했다. 그는 기층 소수민족 지역을 포함 교회들을 심층적으로 리서치하면서 각 지역교회들이 문혁 이후 새로운 형세를 설명하였고 또한 정부 부처에 교회의 진실한 상황을 반영하여 정부의 종교 신앙 자유의 정책 시행에 있어 새로운 국면을 여는데 협조했다.

정잰예는 1982년 9월 전국 양회 위원회 확대 회의에서 중국교회 연합 예배의 형식을 일곱 가지로 정리했다. 주요한 내용으로는 각 교파는 원래 교파의 이름을 독자적으로 사용하지 않고 있으며, 각 교파는 독자적인 조직 체계를 갖지 않으며, 각 교파는 독자적으로 해외 활동을 진행하지 않으며, 각 교파는 독자적으로 종교 출판물을 인쇄하거나 전파하지 않으며, 각 교파는 모두 중국기독교삼자애국운동에 참여하고 있으며, 각 교파는 삼자애국운동에 참여하는 다른 교파들과 한마음으로 협력하고 있으며, 신앙에서의 차이를 극복하고 서로 잘 어울리면서 피차 존중하며 다른 신앙과 예식 전통을 공격하지 않으며, 각 교파는 모두 우리나라 교회는 독립 자주적이며 성도들은 애국·애교하며 하나님께 영광을 돌리고 사람을 유익되게 하고 있다. 이상의 일곱 가지 변화는 중국교회가 후종파시대에 들어섰음을 보여주며 "신앙에서 서로 존중하되", "지체들 간에 사랑의 마음으로 서로에 관용하며 평화로 서로 연결하면서 성령이 하나되게 하신 마음을 유지하려 노력하고 있음"을 뜻했다. 1987년 전국 양회는 상무위원회의를 열어 "연합을 더 공고히 하고 단결을 강화할 것에 관한 결의"를 하였는데 그 중에 확인한 세 가지 인식은 정잰예의 분석에 기초했다.

정잰예는 지난 세기 60년대에 이미 중국사회과학원 세계종교연구소 특임 연구원으로 초빙되었다. 문혁 이후 형성된 새로운 분위기 속에서 뤄어주펑罗竹风이 상하이 사회과학원 종교연구소 및 상하이시 종교 학회를 설립하는 일을 도왔고 상하이시 종교학회 부회장과 학술 고문이 되었다. 그는 마르크스의 종교관 배경 분석과 중국 종교의 역사적 특징 등에 관한 문장을 발표했다. 그는 또한 『사해』辞海와 같은 사전 편집에 참여했고 『종교사전』, 『중국대백과전서』종교파트의 부총편집을 맡기도 했다.

정잰예는 1991년 4월 11일에 상하이에서 세상을 떠났다.

선이판沈以藩, 1928-1994은 상하이 사람으로 중화성공회 썬즈까우沈子高주교의 아들이다. 1948년에 진링金陵대학 철학과를 우수한 성적으로 졸업하여 "금 열쇠"의 영예를 얻었다. 1951년에 선이판은 성공회 중앙신학원 연구과정을 졸업 후 상하이 주썽탕诸圣堂에서 섬겼다. 1954년에 목사 성직을 받았다. 1955년에는 성공회 총의회 상무위원회 사무처 간사로 일했다. 1958년 상하이 기독교에서 연합예배를 시행하면서 창닝长宁구와 찡안静安구 연합예배 준비위원회 부주석 그리고 쒸후이徐汇구 연합예배 준비위원회 주석을 맡았다. 1981년 상하이 사회과학원에서 종교연구소를 설립하였는데 그는 특임연구원으로 초빙되었고 같은 해에 국제교회国际礼拜堂 담임목사가 되었다. 1986년 중국기독교협회 본부 부회장, 1988년에는 상하이에서 주교로 축성되었다. 1991년 중국기독교협회 부회장 겸 사무총장을 맡았다. 1980년대 이후 중화기독교청년회 전국 협회 이사, 상하이시 기독교 교무위원회 부주석 그리고 상하이시 인민대표, 정협위원 및 전국정협 제8기 위원을 맡았다. 1994년 8월 7일에 산둥성 웨하이威海에서 회의하는 기간 심근경색으로 돌아가셨다.

선이판은 시종 교회의 건설과 성도의 목회를 중요하게 여겼다. 신학원에서 공부할 때 성요한대학교 기독교인 학생들과 신학모임을 조직하여 "성계 동아리"圣阶团契를 만들어 함께 영성수련을 했다. 지난 세기 50년대부터 기독교 청년 사역에 헌신하였고, 상하이 연합 청년 수련회에서 강사로 활동했고, 『은언』恩言의 편집위원회 부주석을 맡았고 그 당시 기독 청년들이 좋아하는 지도자였다. 그가 국제교회 담임목사로 있는 기간 그는 매우 헌신적이었고, 성도들의 사랑을 많이 받았다. 『선이판 문집 상 – 강단에서 봉사』는 그의 설교집이다.

그림 179 선이판

선이판은 신학자로서, 화동신학

원 조직신학 교수로 있었고, 그의 『조직신학강의』는 정리되어 출판되었다. 그는 기독교와 사회주의 사회의 특징을 결합하여 지속적으로 신학적 사고를 진행했다. 선이판의 신학은 "성육신"을 강조했고 그는 하나님의 아들이 성육신하여 사람이 된 것은 인류의 삶 가운데 정의롭고, 성실하고, 자아 희생적인 행위에 대한 긍정이며 그것은 하나님이 기쁘시게 여기는 것이라 했다. 교회믿음와 사회불신 사이의 관계는 사랑에 기초해야 하며 사랑을 통해서만 우리는 복음을 위한 아름다운 간증을 할 수 있고 우리 자신들도 사회에 의해 받아들여 질 수 있다. 개인과 사회의 관계에 있어서도 성도들마다 다 각자의 영적인 추구가 있지만 그렇다고 종교적 개인주의를 뜻하지 않는다. 사람의 사상적 신앙이나 의식 형태가 어떠하든 인류의 진보와 성과들 중에는 모두 성령의 사역이 있다. 그러므로 중국의 과거와 오늘의 유익한 문화 가운데는 모두 성령의 일하심이 들어있다. 중국 기독교는 반드시 자신의 문화에 뿌리를 둔 교회에 의해 세워져야 하며 중국의 과거와 현재의 문화적 양분을 받아들여 지속적으로 자신을 변화해 가면서 시대적인 진보에 근거하여 자신의신학사상 체계를 세워가야 한다.

선이판은 종교 연구 영역에서 "중국 기독교의 자립 운동", "기독교 중국 선교의 서로 다른 선교 노선을 논함"试论基督教传华的不同传教路线 등 중요한 글들을 발표했다. 개혁개방 초기 그는 종교 본질에 대한 연구와 토론에 적극적으로 참여했고 학술계와도 대화했고 실사구시의 태도로 종교를 대하는 태도를 지지했다. 그는 종교는 사회주의 사회에 적응할 수 있으며 종교계 인사들과 많은 성도들은 공산당의 정치적 지도를 받아들이고 헌법과 법률의 범위 안에서 활동하며 종교단체는 사회 봉사에 앞장서야 한다고 주장했다. 그리고 국가도 종교 신앙 자유의 정책을 확실히 시행하여 법에 근거하여 종교를 관리하고 서로 간에 적응하기 위하여 노력해야 함을 지적했다. 그는 외부와의 교류에서 적극적으로 중국의 종교 신앙의 자유 정책을 알렸고 중국 기독교의 발전의 상황을 분석했다. 그의 학술 논문과 연설문은 책 『선이판 문집(하) - 포럼에서 마음의 소리』에 수록되어 있다.

뤄꽌중罗冠宗, 1920-2011의 본적은 광둥성 까우밍高明으로 상하이에서 태어났다. 1939년에 푸단대학 정치학과에 입학하여 재학 기간 중 세례를 받고 기독교인이 되었다. 1943년 대학 졸업 후 상하이 기독교청년회YMCA에서 학생부 간사로 일하면서 청년 학생들을 위한 사역을 적극적으로 추진했다. 항일 전쟁이 승리한 후에는 상하이 남녀 기독교청년회에서 연합하여 설립한 "상하이 학생 연합 구제 위원회"의 집행 간사를 맡아 경제적으로 어려운 학생들이 학업을 계속할 수 있도록 도왔다. 1945년부터는 우야우쭝 등 기독교 인사들이 발기한 "중국 기독교인 민주 연구회" 집행 간사를 맡아 진보 사상의 교류 활동을 조직했다. 신중국이 성립한 이후에는 상하이 기독교청년회 담당 간사, 부총간사总干事, 총간사, 명예 총간사를 역임했다. 1949년에는 상하이시 민주청년 연합회의 설립에 참여했고 준위원회 상무, 시 청년 연합회 부주석, 비서실장 등을 맡았 1966년에는 전국 청년연합회 부주석을 맡아 종교계 청년들을 애국·애교의 길로 인도했다.

20세기 50년대에는 우야우쭝이 발기한 기독교삼자애국운동을 적극적으로 지지하며 참여하면서 삼자애국운동의 중요한 단계를 두루 경험했다. 1954-1980년에 중국기독교삼자애국운동위원회 상무위원이 되었다. 1956-1981년에는 상하이시 기독교삼자애국운동위원회 사무총장으로, 1981-1992년에는 상하이시 기독교삼자애국운동위원회 주석직을 맡았고 후에는 명예주석으로 지냈다. 1980-1997년에는 중국기독교삼자애국운동위원회 부주석으로 섬겼고 그 기간 중에 사무총장을 잠시 맡기도 했다. 1997-2002년에는 중국기독교삼자애국운동위원회 주석직을 맡았고 2002년 이후에는 중국기독교양회 자문위원회 주임과 명예주임을 각각 맡았다.

그림 180 뤄콴중

뤄콴중은 삼자애국운동의 활동가였을 뿐만 아니라 삼자 노선을 견지하고 발전시킨 이론가였다. 교회 회복 초기에 일부 기독교인들이 문화대혁명의 극좌 노선에 대한 반발로 삼자를 반대했을 때 그는 삼자는 추상적인 이론이 아니라 삼자의 원칙, 삼자의 조직과 삼자의 사람들로 구성된 것으로 삼자의 원칙은 극좌 노선과 구별시킴으로 새로운 역사 시기에 삼자의 원칙을 견지하면서 어려움을 헤쳐 나갔다. 20세기 90년대 중기에 그는 개혁개방의 역사적인 시기에 중국교회는 어떻게 삼자를 견지하고 발전시킬 것인지에 대한 중대한 문제를 진지하게 생각했다. 그는 심층 조사와 연구를 거쳐 삼자의 원칙에 따라 교회를 잘하기 위해서 "4가지 필수요건"四个必须를 제시했다. 그것은 반드시 독립 자주를 견지해야 하며, 반드시 애국·애교하며, 반드시 단결을 강화해야 하며, 반드시 삼호 — 치호治好, 양호养好, 전호传好 — 를 실시하는 것이다. 그리하여 삼자의 원칙과 교회를 잘하는 것의 내적인 관계를 분명히 함으로 새로운 형세 속에서 중국교회가 나아갈 길을 명확히 제시했다.

뤄꽌중은 중국 기독교가 삼자 애국의 길을 걷게 된 적극적인 수호자였다. 그는 중국 기독교가 독립 자주의 길을 걷고 이후 세대들이 중국 기독교가 걸어온 길을 잊지 않게 하기 위하여 중국 기독교가 왜 삼자의 길을 견지해야 하는지에 관해 많은 문장들을 발표하면서 교내외 그리고 국내외 삼자의 원칙을 의심하는 이들을 반박했다. 그는 전국 삼자 주석을 퇴임한 이후에도 많은 정력을 쏟아 두 권으로 된 『중국기독교삼자애국운동 문선』과 『전사불망 후사지사: 제국주의가 기독교를 이용하여 중국을 침략한 역사적 사실에 관한 논평』이라는 책[199]을 편찬하여 역사적 자료에 근거하여 중국 근대 역사 속에서 제국주의가 기독교를 이용하여 중국을 침략한 사실을 힘있게 논증했다. 그리하여 중국 기독교가 삼자를 견지해야 하는 필요성과 중요성을 밝혔다. 이는 세계가 중국 기독교를 이해할 수 있는 중요한 역사 문헌으로 중국 기독교가 독립 자주적으로 교회를 운영해야 할 당위성을 제시하는 교과서와 같은 책들이다.

뤄꽌중은 상하이시 인민대표, 상하이시 정협 상무위원, 부비서실장, 사무실 주임, 전국 정협 위원과 전국 정협 사무위원직을 역임했다. 그는 적극적으로 정책 제정에 임하였고 당과 정부의 종교 신앙 자유 정책의 시행을 도왔다. 개혁개방 초기 종교 신앙 자유의 정책을 더 잘 회복하고 실행하기 위해 그는 자오푸추赵朴初, 딩광쉰 등 10여 명의 전국 정협의 종교계 위원들과 연합하여 1974년 『헌법』 내용 중에 종교 신앙 자유에 관한 옳지 못한 표현을 수정하고 1954년에는 『헌법』에 "공민은 종교 신앙의 자유가 있다"는 조항을 회복할 것을 요구했다. 그 후 많은 토론을 거친 후 1982년 『헌법』 제36조항에 종교신앙 자유의 조항을 통과시켜 중국의

199 역자주: 유동선과 윤신영에 의해 2019년에 『지난 일을 교훈 삼아: 중국교회가 이해한 서구열강의 중국 선교 역사』라는 제목으로 한국어로 번역 출판.

실제에 더욱 부합하도록 하여 오늘에 이르기까지 집행되고 있다. 그리고 그는 정협에서의 유리한 위치를 활용하여 상하이시 종교 장소의 회복을 위해 많은 성과를 거두었다. 2011년 2월 13일에 뤄꽌중은 상하이에서 병으로 돌아갔다.

한원자우韩文藻, 1923-2006 1923년 9월에 상하이에서 출생했다. 1940-1944년 사이 상하이 즈장대학과 성요한대학 토목과에서 공부했고, 재학 시절에서 세례를 받고 기독교인이 되었다. 성요한대학을 졸업한 후, 상하이 기독교청년회 간사, 난징 기독교청년회 학생부 간사를 맡았었다. 1950년부터 난징 기독교청년회 부총간사, 회장, 난징 기독교삼자혁신촉진회 총간사, 난징 삼자애국회 총간사, 주석, 장수성 기독교삼자애국운동위원회 부주석 겸 사무총장을 역임했다. 1961년부터 진링金陵 협화신학원 학술위원회 주석, 사무실 주임, 난징대학교 종교연구소 부소장을 역임했다.

1980년대 한원자우는 중국기독교삼자애국운동위원회 부비서장, 중국기독교협회 부총간사, 장수성 기독교삼자애국운동위원회 주석, 장수성기독교협회 회장, 장수성정협 상무위원 겸 부비서장을 맡았다. 그리고 1985년에는 애덕기금회 부이사장 겸 비서실장을 맡았고 1991년에는 중국기독교협회 부회장, 장수성 정협 부주석을 맡았다. 1997년부터는 전국정협 상무위원, 장수성 정협 부주석, 중국기독교협회 회장을 맡았다.

중국 기독교가 활동을 회복한 이후 한원자우는 장기간 기독교전국양회의 대외 업무를 총괄했다. 다년간의 외부와의 교류 사역에서 그는 독립 자주적으로 교회를 운영한다는 원칙을 견지했고 국제 교류의 경험도 풍부하게 쌓으면서 "합법, 공개, 솔직"이라는 여섯 자의 원칙을 정했다. 외부와의 교류에 있어서 그는 중국과 우호적인 해외 교회들과는 적극적

그림 181 한원자우

인 교류를 이어가면서도 중국에 대한 태도가 애매하고 중국의 종교 신앙 자유의 정책에 대해 충분한 이해를 갖지 못한 교회의 지도자들과도 교류를 가지면서 실질적인 교류를 통해 그들이 중국교회에 대해 가지고 있는 의구심을 해소해 나갔다. 한원자우는 외사 업무에서는 도리를 지키면서도 반중국 반삼자의 세력에 대해서는 양보함이 없이 비판을 가했다. 그러나 대부분의 해외 교회 인사들의 중국 방문과 교류에 대해서는 열정적으로 환영하는 입장을 취했다. 다양한 방식의 실제적인 연계와 교류를 통하여 많은 해외 교회들은 중국과 중국교회에 대한 오해와 편견을 해소해 갔다.

한원자우는 대외적인 일에는 작은 일이 없다고 생각하고 많은 업무를 직접 챙겼다. 예를 들면 중요한 단체의 방문이 있을 때 직접 수행했다. 그는 1983년과 1989년 두 차례 기독교전국양회의 세계교회협의회의 방문을 성사시켰고 1991년에는 드디어 중국기독교협회의 세계교회협의회의 성원이 되도록 했다.

한원자우는 세계평화를 촉진하는 활동에 적극적으로 참여하여 중국종교계평화위원회 부주석 겸 사무총장, 아세아종교평화회의 실행위원, 세계종교평화회의 국제 이사회 이사로 있으면서 아세아종교평화회의, 유엔 종교와정신 지도자세계평화 천년대회 등 국제 간의 세계 평화를 촉진하는 활동에 참여하면서 국제적인 무대에서 국가 주권과 국가 이익을 대변했다.

한원자우는 중국 기독교의 건강한 발전을 추진하고 중국교회가 국제 무대에 다시 진출하고 세계기독교에서 중국교회의 영향력을 확대하고 중국교회의 좋은 이미지를 구축하고 외부 세력의 종교를 이용한 침투 활동을 저지하고 중국 종교 신앙의 자유 정책을 알리기 위해 큰 공헌을 했다. 그래서 그를 "민간 외교관"이라 불렀다.

20세기 80년대 중엽, 중국교회는 빠르게 성장하면서 한 때 성경의 공급이 부족했다. 해외 적대 세력들은 중국의 종교 신앙의 자유 정책을 공격하기 위해 성경을 밀수하면서 침투 활동을 전개했다. 이러한 상황 속에서 한원자우는 딩광쉰 주교와 함께 연합성서공회와 협력하여 애덕인쇄유한회사를 설립하여 중국교회에 우선적으로 성경을 공급했다. 2016년 말까지 애덕인쇄유한회사는 성경을 1억 5천만 권을 찍어냈는데 6천 만 권은 국내 교회에 공급했다. 그 중에는 8가지 소수민족 언어로 된 성경과 점자로 된 성경 등 여러 가지 판본이 포함되어 있다. 1985년에 한원자우

**그림 182** 1982년 4월 한원자우는 딩광쉰 주교와 함께 중국기독교 대표단의 영국방문 기간에 영국 대처 수상을 접견했다

는 딩광쉰 주교와 협력하여 중국에서 처음으로 기독교에 의해 발기한 NGO 단체인 애덕기금회를 설립했다. 그리고 그는 장기간 부이사장과 사무총장을 맡았고 애덕기금회를 이끌고 해외 교회들로부터 많은 자원을 유치하여 국내의 교육, 의료위생, 사회복지, 농촌발전 등 자선 사업에 투입했다. 그리하여 사회로부터 좋은 평가와 존중을 받았고 애덕기금회도 국내외로부터 인정받는 민간 단체가 되었다.

## 생각해볼 문제

1. 중국 기독교 양회 체제의 형성과 그 의미를 서술하세요.

2. 후교파 시대의 중국교회가 세계 교회에 주는 의미와 당면한 과제를 서술하세요.

3. 삼자의 원칙에 따라 교회를 잘 하자고 제기한 것과 그 내용적 의미를 서술하세요.

4. 왜 중국 기독교에 혼란의 상황이 나타났고 이단과 기독교의 이름을 사칭한 사교邪教가 나타났는가?

5. 신학사상 건설의 배경, 목적 그리고 주요 내용은 무엇인가?

# 연대표

| | |
|---|---|
| **635년** | 페르시아 주교 올로펜 장안에 도착하여 경교가 중국에 전래되다. |
| **781년** | 『대진경교유행중국비』가 세워짐. |
| **845년** | (회창5년) 당 무종이 멸불하다. 경교도 발전에 영향을 받다. |
| **1245년** | 교황 인노첸트 4세가 프란치스코회 수도사 카르피니를 몽골에 특사로 파견하다. |
| **1253년** | 교황이 프란치스코회 수도사 루브룩을 몽골에 사절로 파견하다. |
| **1289년** | 원나라 정부가 야리가온에 대한 관리를 강화하여 숭복사崇福司를 설치하다. |
| **1294년** | 요한 몬테코르비노가 원나라 칸발리크에 도착함. 황제를 알현하여 거주와 선교의 허가를 받음. |
| **1307년** | 교황이 칸발리크를 대주교구로, 몬테코르비노를 대주교로 세웠다. |
| **1313년** | 취안저우에 주교구가 세워졌고, 제라도, 페르그리노와 안드레아는 전후로 천주교구의 주교가 되었다. |
| **1328년** | 요한 몬테코르비노 선종. |
| **1336년** | 원순제가 교황청에 사절단을 보내다. |
| **1368년** | 주원장이 제국을 설립. 원나라의 대외 정책을 수정함. |

1535년 로욜라의 이냐시오가 예수회를 설립, 1540년에 교황의 허락을 받다.

1540년 프란시스코 하비에르가 교황특사의 명의로 동방에 선교를 시작하다.

1552년 하비에르가 광동 상천도에 도착. 광저우에 진입 실패에 실패한 후 병으로 선종하다.

1573년 알레산드로 발리냐노가 인도를 순회한 후 마카오에서 1년 동안 머물렀다. 복음이 대륙에서 전파되지 못하는 것을 개탄했다.

1580년 미켈레 루지에리가 포르투갈의 상인을 따라 광저우에 진입, 이듬해에 거주허가 받음.

1582년 루지에리와 프란치스코 파시오가 짜오치에 도착하다.

1583년 마테오 리치와 루지에리가 자오칭에 도착, 장기거주허가를 받음.

1584년 『천주성교실록』天主圣教实录 출판. 이는 중국에 온 선교사가 쓴 첫 중국어 천주교교의 저술이다.

1586년 루지에리와 안토니오 데 알메이다가 항저우에 도착하다.

1594년 마테오 리치와 라자리우스 카타네오등이 복장을 변경할 것에 대해 진정하였고, 같은 해 인준을 받다.

1595년 마테오 리치가 남경에 처음 도착하다.

1600년 교황이 탁발수도회가 중국에서 선교할 것을 허락.

1601년 마테오 리치와 스페인 사람 판토하 신부가 조공을 바친다는 이유로 베이징에 도착하였고, 자명종을 수리한다는 명목으로 베이징에 머무르게 되다.

1603년 서광계가 세례를 받았다. 세례명은 바오로.

1605년 마테오 리치가 선무문 안에 자택을 구입하여 예배당을 세워 선교사역을 시작함. 같은 해, 베이징에서 귀광치와 함께 『기하원본』几何原本의 첫 6권을 번역함.

1609년 마테오 리치가 '천주모회'天主母会를 설립하여 모임을 갖다.

1610년 리즈자오가 마테오 리치의 권면으로 세례를 받아 입교하다.

1610년 마테오 리치가 병으로 선종하여 베이징 성 밖에 묻히다. 니콜로 롱고바르도 예수회 관구장 역할을 담당하다.

1611년 양정균이 카타네오의 도움으로 세례를 받다.

**1616년** 선상파가 남경교안을 일으켰다. 왕펑수, 정더자오, 종밍리 등 교우가 하옥되다.

**1621년** 줄리오 알레니가 산서성山西 장저우绛州에서 교회를 세우다.

**1623년** 아담 샬이 북경에 도착하다.

**1625년** 니콜라스 트리고가 시안에서 집을 구입해 선교활동을 시작하다.

**1627년** 조지 칸디디우스가 타이완에 도착하여 선교를 시작하다.

**1628년** 쟈딩 회의嘉定会议가 열려 용어의 번역, 조상제사, 공자제사 등 문제를 토의하다.

**1628년** 리즈자오가 중국의 첫 천주교 총서인 『천학초함』天学初函을 펴냈다. 이는 명나라 말엽 전래된 서학의 집합체다.

**1632년** 스페인 도미니코회 안젤로 코치가 중국에 도착하여 푸젠에 예배당 두 곳을 건립하다.

**1633년** 도미니코회 모랄레스와 프란치스코회의 카발레로가 코치를 돕기 위에 타이완에 도착하다.

**1634년** 뤄원자오가 카발레로를 통해 세례를 받아 입교하다.

**1637년** 푸젱에서 반천주교운동이 일어나 대부분의 수도사들이 마카오로 옮겨졌다.

**1640년** 아담 샬이 북경교구의 책임자가 되다.

**1640년** 루도비코 불리오가 청두에 도착하여 선교를 시작하다.

**1643년** 도미니코회 모랄레스가 로마 교황청에 도착하여 예수회에 대해 17개 항목의 고발을 하다.

**1645년** 교황 인노첸시오 10세가 중국의 신자들의 조상제사 및 공자제사를 금하다.

**1650년** 청나라 조정이 땅과 돈을 하사하여 아담 샬로 하여금 천주교 성당남당을 재건케 하다.

**1654년** 예수회가 마르티노 마르티니를 교황청에 파견하여 공자와 조상제사가 사회적 관습인 것을 주장하다.

**1655년** 루도비코 불리오와 가브리엘 마갈엔스가 베이징에서 왕푸징 천주당동당을 세우다.

**1657년** 흠천감 회회과 관원인 우밍환이 아담 샬의 역법에 오류가 있음을 지적하며 신구 역법의 논쟁을 시작했다.

1662년 쩡청공이 타이완을 수복하여, 네덜란드의 식민자들과 선교사들을 추방하다.

1664년 양광셴이 강희황제에게 『청주사교장』请诛邪教状을 상소하여, 아담 샬을 고소하다.

1666년 아담 샬 선종.

1667년 예수회 수도사들이 광저우에서 회의를 열어 예수회에 유리한 1656년 교황령을 준수하기로 하다.

1669년 강희황제가 아담 샬을 위해 평반하고, 제문을 보내다.

1676년 페르난도 페르비스트가 예수회 중국 전교구장을 맡다.

1685년 뤄원자오가 광저우에서 주교로 축성되다.

1688년 오어산이 뤄원자오 주교의 집례로 사제가 되었고, 이는 역사상으로 첫 중국인 주교가 첫 중국인 사제를 세운 일이다.

1692년 강희황제는 '관용칙령'을 반포하여, 금교령을 해제하며, 각 성에서 현존하는 예배당을 보호케하다.

1693년 대목주교 메그로가 '천'과 '상제' 두 호칭을 사용하지 못하도록 금하고, 신자들이 공자와 조상에 대한 제사를 금하다.

1700년 예수회 수도사들이 중국 예의에 대한 황제의 해석을 얻고자 강희황제에게 상소를 올리다.

1701년 샤를르 매아르드 드 투르농 주교가 교황특사로 중국에 도착해 중국의 의례논쟁에 대한 문제를 처리하다.

1707년 투르농이 선교 인표를 받지 않아 추방당하다.

1717년 강희황제가 정식으로 천주교를 금교하다.

1720년 교황이 메차바르바를 교황특사로 보내 선교사들이 순명할 것을 확인하고, 강희황제를 달래도록 하였다. 그가 제안한 '준행8조'라는 타협안은 실패하다.

1724년 푸안에서 교안이 발상하였고, 옹정황제가 전면금교를 선포하다.

1742년 교황이 칙서 『경우에 따라서』*Ex quo singulari*를 선포하여 클레멘스 11세의 금령을 재차 확인하였고, 메차바르바의 준행8조를 폐지하였다.

1773년 예수회가 해산되다.

1782년 로버트 모리슨 출생.

1792년 영국 맥카트니 사절단이 중국을 방문하다.

1795년 런던선교회 설립.

1807년 모리슨이 광저우에 도착하다.

1813년 윌리엄 밀른이 마카오에 도착하다.

1814년 모리슨이 차이가오에게 세례를 베풀다.

1815년 밀른이 말라카로 향하여 항하외방전교회를 설립하였고, 『찰세속매월통기전』察世俗每月统记传 을 창간하다.

1818년 영화서원英华书院 설립.

1822년 밀른 소천.

1823년 모리슨과 밀른이 함께 번역한 성경인 『신천성서』神天圣书가 말라카에서 출판되어 첫 중국어성경 번역본이 되었다.

1830년 미부회 선교사 브리지만이 광저우에 도착하다.

1832년 브리지만이 광저우에서 영문기간지인 『중국총보』中国丛报 를 창간하다.

1833년 미부회 선교사 사무엘 윌리엄스가 광저우에 도착하다.

1834년 미부회 선교사 베자가 광저우에 도착. 모리슨 소천.

1842년 2월 윌리엄 밀른의 아들 찰스 밀른이 저우산에서 도착하여 선교하다.

1842년 윌리엄 존스 분이 샤먼에 진입하다. 3년 후 상하이로 이주하다.

1842년 8월 『난징조약』 체결.

1843년 영화서원 홍콩으로 이전, 제임스 레그가 원장 맡음.

1843년 8월 내화선교사들이 홍콩에서 회의를 개최하여 각 선교회 사이의 활동 조율.

1844년 윌리엄 록하트가 상하이에서 인제의원 실립.

1844년 2월 중미 『망하조약』 체결. 처음으로 선교활동을 조약에 기입.

1844년 7월 런던회 선교사 존 스트로나크가 싱가폴에서 샤먼으로 이사.

1846년 도광황제가 칙령을 내려 선교사가 제한적으로 선교활동을 할 수 있도록 허락.

1851년 1월 홍시우췐 등 사람들이 “금전봉기”를 일으키고 국호를 “태평천국"으로 정함.

**1851년 8월** 귀츨라프郭实腊가 홍콩에서 소천.

**1853년** 허드슨 테일러戴德生가 중국선교회의 파송을 받아 처음으로 중국에 옴.

**1856년** 시린교안 발생. 빠리외방선교회 선교사 아우구스트 샵딜레느马赖가 피살되었고 이 사건은 "마신부사건"이라고 불림.

**1858년** 청 정부와 4개국이 『텐징조약』 체결, 선교활동에 대해 진일보 개방하고 보호하며 토지 구입 및 건축을 허락.

**1860년** 미국감리회 선교사 영 앨런林乐知 내화.

**1860년 10월** 『베이징조약』 체결, "각 곳의 국민들이 천주교를 믿을 수 있도록" 허락.

**1861년 5월** 죠셉 에드킨스이 텐진에 도착하여 화북교구 개척.

**1861년 7월** 크리피스 존杨格非과 윌슨威尔逊이 한커우에 도착하여 화중교구 개척.

**1865년** 허드슨 테일러戴德生가 내지회 개설하여 중국 내륙지역에서 선교활동 펼침.

**1866년** 북미장로회 존 글래스고 커嘉约翰가 박제병원 내에 중국에서 가장 최초의 교회의과학교인 박제병원 설립.

**1868년** 영 앨런林乐知이 『중국교회신보』中国教会新报를 창간, 1875년에 『만국공보』万国公报로 개명.

**1875년** 『앤타이조약』 체결, 선교사들은 중국서남편경 및 내륙지역에 들어 갈 수 있게 됨.

**1877년** 제1차선교사대회가 상하이에서 개최, "익지서회"益智书会 설립 논의.

**1886년** 그리스도회 W. E. 매클린马林이 난징南京에서 의료행위를 하면서 선교 진행. 이후에 기독교병원을 설립하여 구루병원의 전신이 됨.

**1887년** 근대중국에서 가장 큰 출판기구인 광학회가 상해에서 설립.

**1890년** 윌리엄 마틴丁韪良이 제2차 선교사대회에서 "공자 플러스 예수"孔子加耶稣의 명제 제기.

**1895년** 중국의 첫 성시기독교청년회가 텐진에서 설립.

**1896년** 북미기독교청년회 학생 간사 겸 세계기독교동맹 총간사 존 랄라이 모트穆德 내화 방문.

**1898년** 산둥 관현冠县 의화단 수령 짜오산위赵三多, 앤수친阎书勤이 군중을 이끌고 처음으로 "주청멸양"助清灭洋의 기치를 들고 교회를 공격.

**1900년** 청 정부가 외국 열강을 향하여 전쟁 선포.

**1905년** 허드슨 테일러 소천.

**1906년** 중국예수교자립회 성립.

**1907년** 선교사 백년대회가 상하이에서 소집.

**1912년** 중화민국 성립.

**1913년** 중화속행위판회 성립.

**1915년** 천두슈陈独秀가 『신청년』新青年 창간하여 신문화운동을 시작되었고 서학을 배우도록 격려.

**1919년** 『관화화합본성경』官话和合本圣经 번역.

**1922년** 『중화귀주』中华归主 출판.

**1922년 2월** 비기독교학생동맹이 상하이에서 성립.

**1922년 3월** 비기운동 폭발.

**1922년 4월** 세계기독교학생동맹 제11기대회가 칭화清华에서 개최.

**1922년 4월** "비종교운동선언에 관하여" 발표, 이는 기독교 비기운동에서 가장 비중이 있는 문건이 됨.

**1926년** 북벌전쟁 시작.

**1929년** 진링金陵신학원 향촌교회과 성립, 1931년에 춘화전淳化镇을 실험구로 선정.

**1930년** "5년전도협진운동" 정식 가동.

**1936년** 만주기독교 연합회가 선양에서 성립.

**1937년** 일본군국주의가 루거우차오 사건을 빌미로 전면적으로 침화전쟁 도발.

**1939년** 청징이가 변강봉사운동 발기.

**1941년** 태평양전쟁 폭발.

**1946년** 중화전국기독교협진회 제12차 연례회 개최

**1949년 10월 1일** 중화인민공화국 성립, 11월, 기독교전국방문단의 전국

교회 순방 시작.

**1950년 5월** 저우언라이周恩来가 3차계 방문단의 성원들과 기타 기독교 지도자들을 접견.

**1950년 7월** "삼자 선언"三自宣言 즉 『중국기독교가 새로운 중국 건설에서 노력해야 할 방향』中国基督教在新中国建设中努力的途径을 발표.

**1951년 4월** 중국기독교 항미원조 삼자혁신운동 위원회 준비위원회 설립.

**1951년 4월** 교육부는 "외국의 보조금을 받는 고등학교 처리에 관한 회의"处理接受外国津贴的高等学校会议 개최, 교회대학과 교회학교들 조정방안 논의.

**1952년 4월** 예수가정이 삼자혁신을 받아들임.

**1952년 8월** 진링협화신학원金陵协和神学院이 화동지역 11개 신학원이 병합하여 설립, 딩광쉰이 원장을 맡음.

**1953년 4월** 연경협화신학원은 화북지역 3개의 신학원의 병합하여 설립.

**1953년 9월** 진링협화신학원金陵协和神学院의 학술지 『진링협화신학지』金陵协和神学志를 창간.

**1954년** 중국기독교 제1차 전국회의를 베이징北京에서.

**1955년** 딩광쉰丁光训은 중화성공회 절강浙江 교구 주교로 임직.

**1956년 3월** 중국기독교삼자애국운동위원회 제2차 전체회의확대회의를 베이징에서 개최. 회의에서 "3가지 간증과 10가지 임무" 『三大见证 十项任务』를 발표, 교회 발전의 청사진을 제시.

**1956년 8월** 중국기독교 상하이上海 영수신학원灵修神学院 설립, 쟈위밍贾玉铭이 원장을 맡음.

**1958년** 중공중앙은 "사회주의 건설의 총노선"과 "대약진", 그리고 "인민공사"라는 세 개의 붉은 깃발 제시하여, 전국에서 "힘을 다하고, 진보를 이루어, 다쾌호성多快好省으로 사회주의를 건설할 것"을 호소했다.

**1958년 말** 전국 각 지역의 교회들은 기본적으로 연합의 길을 걸었다.

**1961년** 제2차 기독교전국회의를 상하이에서 개최.

**1966년** "문화대혁명"이 일어남.

**1978년** 중국공산당 제11차 3중전회를 베이징에서 개최.

**1979년 1월** 찐링협화신학원 교사들로 남경대학교 종교연구소를 설립.

1979년 4월 절강 닝버浙江宁波 백년당이 예배를 회복함으로, 문화대혁명 이후 전국에서 첫 예배를 회복한 예배당이 되었다.

1980년 10월 중국기독교 제3차 전국회의를 남경南京에서 개최.

1980년 10월 중국기독교협회 성립.

1980년 각 지역 교회들이 예배를 회복하기 시작함.

1980년 10월 『천풍』天风이 복간되어 전국에 공개 발행.

1981년 중국기독교 유일한 전국적인 신학원 진링협화신학원金陵协和神学院 복교复校하고 개학함.

1982년 영국 캔터베리 대주교 런시伦西 중국 방문.

1984년 『진링신학지』金陵神学志 복간 됨.

1985년 애덕기금회가 딩광쉰의 발기와 사회 각계 인사들의 참여로 설립됨.

1986년 애덕인쇄공장 설립.

1987년 중국기독교협회 신학교육위원회 성립.

1988년 중국기독교는 상하이 무언탕沐恩堂에서 선이판沈以藩과 쑨앤리孙彦理 두분에게 주교로 축성 함. 이는 연합예배 이후 중국교회에 진행한 첫 주교 축성이다.

1988년 9월 빌리 그래함이 중국 방문.

1989년 성경출판위원회 설립.

1991년 중국기독교협회가 WCC에 가입.

1992년 중국기독교 제5차 전국회의 개최.

1994년 종교활동 장소 등기를 시행하기 시작.

1996년 중국기독교 제6차 전국회의를 개최.

1998년 9월 『딩광쉰문집』丁光训文集 출판.

1998년 11월 중국기독교삼자애국운동위원회 제6차 회의와 중국기독교협회 제4기 제2차 전체회의확대회의를 지난济南에서 개최약칭하여 지난회의하여 신학사상 건설을 시작하기로 했다.

2000년 중국기독교삼자애국운동 50주년 대회를 베이징에서 개최.

# 주요참고문헌 主要参考文献

主要参考文献

## 一、报刊资料

『真光杂志』, 『协进』, 『青年进步』, 『金陵神学志』(『金陵协和神学志』), 『天风』, 『圣报』, 『文社月刊』, 『会讯』, 『中国天主教』, 『人民日报』, 『宗教』, 『女青年月刊』, 『福建省基督教两会会讯』, 『公报』, 『中国青年周刊』, 『中国丛报』(*Chinese Repository*), 『教务杂志』(*The Chinese Recorder*), 『总会公报』, 『人民政协报』, 『历史教学』, 『历史研究』, 『东北师大学报(哲学社会科学版)』, 『当代宗教研究』, 『通问报』, 『史学理论研究』, 『韩山师范学院学报』、『中华文化复兴月刊』, 『紫晶』, 『宗教与世界』, 『祖国』, 『南京师大学报(社会科学版)』, 『西域研究』, 『陕西师范大学学报(哲学社会科学版)』, 『东北师范大学报(哲学社会科学版)』, 『西北工业大学学报(社会科学版)』, 『档案与史学』, 『文史哲』

## 二、史料专辑

『金陵神学文选』(一)、(二)

『近代史资资料』

『清末教案』, 北京: 中华书局, 1996年.

『上海市基督教第四届代表会议文件』

『神学思想建设十周年纪念大会专辑』

『天津文史资料选辑』

『文史资料选辑』

『中国基督教第八次代表会议专辑』

『中国基督教第六届全国会议专辑』

『中国基督教第七次代表会议专辑』

『中国基督教第三届全国会议文件』

『中国基督教第四届全国会议专辑』

『中国基督教第五届全国会议专辑』

『中国基督教三自爱国运动文选』(1950-1992)

『中国基督教三自爱国运动文选』(1993-2006)

『中国基督教三自爱国运动五十周年庆祝大会专辑』

『中华归主: 1901-1920年中国基督教调查资料』

『中华基督教会年鉴』

人国人大常委会办公厅研究室编写, 『中国近代不平等条约汇要』, 北京: 中国民主法制出版社, 1996年.

王铁崖编: 『中外旧约章汇编』(第1册1689-1901), 北京: 生活·读书·新知三联书店, 1957年.

张星烺编注: 『中西交通史料汇编』(第一册), 朱杰勤校订, 北京: 中华书局, 2003年.

张星烺编注: 『中西交通史料汇编』(第二册), 朱杰勤校订, 北京: 中华书局, 2003年.

中共中央文献研究室编: 『建国以来刘少奇文稿』(第一册), 北京: 中央文献出版社.

中共中央文献研究室编: 『建国以来重要文献选编』(第一册), 北京: 中央文献出版社, 1992年.

中共中央文献研究室编: 『建国以来重要文献选编』(第二册), 北京: 中央文献出版社, 1992年.

中共中央宣传部办公厅, 中央档案馆编研部合编, 『中国共产党宣传工作文献选编(1949-1956)』, 北京: 学习出版社, 2012年.

中国社会科学院近代史研究所, 『近代史资料』, 编译室主编, 『庚子记事』, 北京: 知识产权出版社, 2013年.

中华基督教协进会编, 『中国基督教团体调查录』, 上海: 广学会, 1950年12月.

中央档案馆,『中共中央文件选集』(第14册), 北京: 中共中央党校出版社, 1990年.

## 三、文集

曹圣洁,『境遇中的思考』, 上海: 中国基督教两会, 2010年.

丁光训,『丁光训文集』, 南京: 译林出版社, 1998年.

丁光训,『丁光训主教论基督教中国化』, 上海: 中国基督教两会, 2015年.

李维汉,『李维汉选集』, 北京: 人民出版社, 1987年.

利玛窦,『利玛窦书信集』, 罗渔译, 台北: 光启出版社, 辅仁大学出版社联合出版, 1986年.

沈以藩,『论坛心声』, 上海: 中国基督教两会, 2000年.

吴历著, 章文钦笺注,『吴渔山集笺注』, 北京: 中华书局, 2007年.

徐光启,『徐光启集』(上), 北京: 中华书局, 2014年.

## 四、专著

### (一) 英文

Austin, Alvyn J. *Saving China: Canadian Missionaries in the Middle Kingdom 1888-1959*, Toronto: University of Toronto Press, 1986.

Aikman, David. *Jesus in Beijing*, Washington D.C.: Regnery Publishing Inc, 2006.

Bireley, Robert. *The Refashioning of Catholicism, 1450——1700: A Reassessment of the Counter Reformation*, Washington, D.C.: The Catholic University of America Press, 1999.

Lach, Donald F. *Asia in the making of Europe* vol. l, Chicago: University of Chicago Press,1994.

MacGillivray, Donald, ed. *A Century of Protestant Missions in China (1807-1907): Being the Centenary Conference Historical Volume*, Shanghai: The Presbyterian Mission Press, 1907.

Standaert, Nicolas, ed. *Handbook of Christianity in China, Volume One: 635—1800*, Leiden: Brill, 2001.

(二) 中文

『碑林集刊』2000年卷, 西安: 三泰出版社, 2000年.

『大元至元辨伪录』, 辑录于『宋碛砂藏经』第五百八十五册, 上海: 宋版影印会影印, 1935年.

『圣朝破邪集』, 香港: 建道神学院, 1996年.

『小说月报』社编, 『圣书与中国文学』, 北京: 商务印书馆, 1925年3月.

『谢扶雅晚年基督教思想论集』, 香港: 基督教文艺出版社, 1986年.

『义和团史料』(上册), 北京: 中国社会科学出版社, 1982年.

『元典章』卷三十三, 北京: 中国书店, 1990年影印.

『在中国耕耘——刚恒毅枢机回忆录』(上), 台湾: 天主教主徒会, 1978年.

J. M. 布劳特, 『殖民者的世界模式』, 谭荣根译, 北京: 社会科学文献出版社, 2001年.

阿勒得尔图主编『景教与汪古部』, 长春: 吉林文艺出版社, 2014年.

宝贵贞、宋长宏: 『蒙古民族基督宗教史』, 北京: 宗教文化出版社, 2008年.

北京太平历史研究会编: 太平天国史译丛』(第二辑), 北京: 中华书局1983年.

[法] 贝凯(Dom Jean Becquet), 『柏朗嘉宾蒙古行纪鲁布鲁克东行记』, 耿昇、何高济译, 北京: 中华书局, 2013年.

沽曹圣洁: 『曹圣洁口述史』, 上海:上海书店, 2016年.

曾德昭: 『大中国志』, 何高济译, 北京: 商务印书馆, 2012年.

陈村富: 『转型时期的中国基督教——浙江基督教个案研究』, 北京: 东方出版社, 2005年.

陈序经: 『陈序经文集』, 广州: 中山大学出版社, 2004年.

陈垣编: 『康熙与罗马使节关系文书』, 北平: 故宫博物院, 1932年.

陈垣撰: 『元西域人华化考』, 上海, 上海古籍出版社, 2014年.

陈智超: 『陈垣来往书信集』, 上海, 上海古籍出版社, 1990年.

[英] 道森: 『出使蒙古记』, 吕浦译, 北京: 中国社会科学出版社, 1983年.

德礼贤: 『中国天主教传教史』, 北京, 商务印书馆, 1933年.

邓恩: 『从利玛窦到汤若望: 晚明的耶稣会传教士』, 余三乐、石蓉合译, 上海: 上海古籍出版社, 2003年.

[美] 丁韪良: 『花甲记忆——一位美国传教士眼中的晚清帝国』, 桂林: 广西师范大学出版社, 2004年.

丁志麟: 『杨淇园超性事迹』, 上海, 上海土山湾印书馆, 1935年刊.

段琦:『奋进的历程——中国基督教的本色化』, 北京: 商务印书馆, 2017年.

方豪:『中国天主教史人物传(上)』, 北京: 中华书局, 1988年.

方豪:『中国天主教史人物传』, 上海: 天主教上海教区光启社, 2003年.

费赖之:『明清间在华耶稣会士列传(1552-1773)』, 梅乘祺、梅乘骏合译, 上海: 主教上海教区光启社, 1997年.

费赖之:『入华耶稣会士列传』, 冯承钧译, 北京: 商务印书馆, 1938年.

费正清、刘广京编:『剑桥中国晚清史(1800-1911年•下卷)』, 中国社会科学院历史研究所编译室译, 北京: 中国社会科学出版社, 1985年.

费正清:『剑桥中国晚清史(上册)』, 北京: 中国社会科学出版社, 1993年.

龚方震:『融合四方文化的智慧』, 杭州: 浙江人民出版社, 1992年.

顾卫民:『基督教与近代中国社会』, 上海: 上海人民出版社, 2010年.

顾卫民:『中国天主教编年史』, 上海: 上海书店, 2003年.

顾卫民:『中国与罗马教廷关系史略』, 北京: 东方出版社, 2000年.

顾裕禄:『中国天主教的过去和现在』, 上海: 上海社会科学出版社, 1989年.

顾长声:『传教士与近代中国』, 上海: 上海人民出版社, 1981年.

顾长声:『从马礼逊到司徒雷登——来华新教传教士评传』, 上海: 上海书店, 2005年.

关英:『景教与大秦寺』, 西安, 三秦出版社, 2005年.

广东省太平天国研究会编:『洪秀全集』, 广州: 广东人民出版社, 1985年.

洪仁玕口述, 韩山文笔录, 简又文中译,『太平天国起义记』, 台北: 台湾学生书局, 1984年.

胡绳:『从鸦片战争到五四运动(上册)』, 北京: 人民出版社, 1981年.

黄一农:『两头蛇: 明末清初的第一代天主教徒』, 上海: 上海古籍出版社, 2006年.

翦伯赞主编:『义和团资料丛刊』第三册, 上海: 神州国光社, 1951年.

江文汉:『明清间在华的天主教耶稣会士』, 上海: 知识出版社, 1989年.

江文汉:『中国古代基督教及开封犹太人, 景教、元朝的也里可温、中国的犹太 人』, 上海: 知识出版社, 1982年.

[意] 柯毅霖(Gianni Criveller):『晚明基督论』, 王志成等译, 成都: 四川人民出版社, 1999年.

赖德烈,『基督教在华传教史』, 雷立柏、瞿旭彤、静也、成静合译, 香港: 道风书社, 2009年.

雷雨田主编:『近代来粤传教士评传』, 上海: 百家出版社, 2004年.

李天纲,『“中国礼仪之争”: 历史、文献和意义』, 上海: 上海古籍出版社, 1998年.

李志刚,『基督教与近代中国文化论文集』, 台北: 宇宙光出版社, 1989年.

李志刚,『基督教早期在华传教史』, 台湾: 商务印书馆, 1985年.

利玛窦、金尼阁:『利玛窦中国传教史』, 刘俊余、王玉川合译, 台北: 光启出版社与辅仁大学出版社联合出版社联合出版, 1986年.

利玛窦、金尼阁:『利玛窦中国札记』何高济等译, 北京: 中华书局, 1983年.

梁碧莹,『美国人在广州 1784-1912』, 广州: 广东人民出版社, 2014年.

梁漱溟,『中国文化要义』, 上海: 学林出版社, 1987年.

林金水主编,『台湾基督教史』, 北京: 九州出版社, 2007年.

林荣洪,『中华神学五十年』, 香港: 中国神学研究院, 1998年.

刘家峰,『中国基督教乡村建设运动研究(1907-1950)』, 天津: 天津人民出版, 2008年.

刘小枫编,『道与言——华夏文化与基督教文化相遇』, 上海: 三联书店, 1995年.

刘粤声,『广东基督教概况: 两广浸信会史略』, 香港: 香港浸信教会, 1997年.

路远,『景教与景教碑』, 西安: 西安出版社, 2009年.

罗冠宗,『前事不忘 后事之师: 帝国主义利用基督教侵略中国史实述评』, 北京: 宗教文化出版社, 2003年.

罗光:『教廷与中国使节史』, 台北: 传记文学出版社, 1969年.

罗明嘉、黄保罗主编:『基督宗教与中国文化』, 北京: 中国社会科学出版社, 2004年.

罗伟虹主编『中国基督教(新教)史』, 上海: 上海人民出版社, 2014年.

马礼逊,『马礼逊回忆录』(顾长声中译), 桂林: 广西师范大学出版社, 2004年.

麦沾恩,『中华最早的布道者梁发』, 上海: 广学会, 1921年8月.

毛泽东,『建国以来毛泽东文稿』(第一册), 北京: 中央文献出版社, 1987年.

牛汝极,『十字莲花——中国元代叙利亚文景教碑铭文献研究』, 上海: 上海古籍出版社, 2008年.

逄先知主编:『毛泽东年谱(1893-1949)』(下卷), 北京: 中央文献出版社, 1993年.

裴化行,『利玛窦神父转』, 管震湖译, 北京: 商务印书馆, 1998年.

裴化行,『天主教十六世纪在华传教志』, 萧濬华译, 北京: 商务印书馆, 1936年.

戚其章,『晚清教案纪事』, 北京: 东方出版社, 1990年.

戚其章,『教案与近代中国』, 贵阳: 贵州人民出版社, 1990年.

戚印平,『远东耶稣会史研究』, 北京: 中华书局, 2007年.

钱玄同,『钱玄同文集』第五卷, 北京: 中国人民大学出版社, 1999年.

任杰,『中国共产党的宗教政策』, 北京: 人民出版社, 2007年.

荣振华,『在华耶稣会士列传及书目补编』, 耿昇译, 北京: 中华书局, 1995年.

阮仁泽、高振农主编:『上海宗教史』, 上海: 上海人民出版社, 1992年.

沈德溶,『吴耀宗小传』, 上海: 中国基督教三自爱国运动委员会, 1989年.

沈德溶,『在三自工作五十年』, 上海: 中国基督教三自爱国运动委员会, 2000年.

威特特,『美国历史上的卫斯理宗』, 纽约, 1933年.

苏慧廉, 关志远等译,『李提摩太在中国』, 桂林: 广西师范大学出版社, 2007年.

孙金福编,『上海宗教志』, 上海: 上海社会科学院出版社, 2001年.

谭树林,『马礼逊与中西文化交流』, 杭州: 中国美术学院出版社, 2004年.

汤清,『中国基督教百年史』, 香港: 道声出版社, 1985年.

唐德刚,『从晚清到民国』, 北京: 中国文史出版社, 2015年.

[美] 唐耐心(Nancy Bernkopf Tucker):『艰难的抉择: 美国在承认新中国问题上的争论 1949-1950』, 上海, 复旦大学出版社, 2000年.

唐守临、任钟祥,『为真道竭力争辩(驳斥李常受的异端邪说)』, 上海: 上海市基督教教务委员会, 1983年.

唐晓峰,『元代基督教研究』, 北京: 社会科学文献出版社, 2015年.

陶飞亚,『中国的基督教乌托邦研究——以民国时期耶稣家庭为例』, 北京: 人民出版社, 2012年.

陶行知,『陶行知全集』(第二卷), 长沙: 湖南教育出版社, 1985年.

汪维藩,『自牧』, 南京: 金陵协和神学院, 2014年.

王谠,『唐语林』, 上海: 上海古籍出版社, 1978年.

[宋] 王溥:『唐会要』卷四十九, 北京: 中华书局, 1955年.

王文杰,『中国近代史上的教案』, 成都: 四川社会科学院出版社, 1987年.

王治心,『中国基督教史纲』, 上海: 上海古籍出版社, 2004年.

威利斯顿 · 沃尔克『基督教会史』, 北京: 中国社会科学出版社, 1991年.

卫斐列,『卫三畏生平及书信一位美国传教士的心路历程』, 桂林: 广西师范大学出版社, 2004年.

翁绍军,『汉语景教文典诠释』, 上海: 三联书店, 1996年11月.

吴伯娅,『康雍乾三帝与西学东渐』, 北京: 宗教文化出版社, 2002年.

吴昶兴,『大秦景教流行中国碑: 大秦景教文献释译』, 台湾:橄榄出版有限公司, 2015

年.

吴利明,『基督教与中国社会变迁』, 香港: 基督教文艺出版社, 1990年.

吴莉玮,『中国礼仪之争: 文明的张力与权力的较量』, 上海: 上海古籍, 2007年.

吴耀宗,『黑暗与光明』, 上海: 青年协会书局, 1949年.

吴义雄,『在宗教与世俗之间: 基督教新教传教士在华南沿海的早期活动研究』, 广州: 广东教育出版社, 2000年.

向达,『唐代长安与西域文明』, 石家庄: 河北教育出版社, 2007年.

萧志恬,『当代中国宗教问题的思考』, 上海: 上海社会科学院, 1994年.

邢福增,『文化适应与中国基督徒(1860-1911)』, 香港: 建道神学院, 1995年.

徐中约,『中国近代史』, 香港: 香港中文大学出版社, 2002年.

徐宗泽,『明清间耶稣会士译著提要』, 上海: 上海书店出版社, 2010年.

徐宗泽,『中国天主教传教史概论』, 上海: 上海书店出版社, 2010年.

杨大春,『晚清政府基督教政策初探』, 北京: 金城出版社, 2004年.

杨天宏,『基督教与近代中国』, 成都: 四川人民出版社, 1994年.

杨天宏,『救赎与自救——中华基督教会边疆服务部研究』, 北京: 三联书店, 2010年.

姚民权、罗伟虹:『中国基督教简史』, 北京: 宗教文化出版社, 2000年.

姚民权,『上海基督教史』, 上海: 上海市基督教两会, 1984年.

段小平,『元代也里可温考述』, 兰州: 兰州大学出版社, 2012年.

[法] 于格:『海市蜃楼中的帝国』, 耿昇译, 北京: 中国藏学出版社, 2013年.

余三乐,『早期西方传教士与北京』, 北京: 北京出版社, 2001年 .

余希鲁,『至顺镇江志』卷九之“大兴国寺记,” 南京: 江苏古籍出版社, 1999年.

[英] 裕尔(Henry Yule):『东城纪程录丛: 古代中国闻见录』, 张绪山译, 北京: 中华书局, 2008年.

张化,『上海宗教通览』, 上海: 上海古籍出版社, 2004年.

张力、刘鉴唐:『中国教案史』, 成都: 四川社会科学出版社, 1987年.

张启明主编:『世界散文名著快读』, 乌鲁木齐: 新疆美术摄影出版社, 2011年.

张钦士,『国内近十年来之宗教思潮——燕濂华文学校研究科参考材料』, 北平: 燕京华文学校出版社, 1927年.

张西平、卓新平:『本色之探——20世纪中国基督教学术论集』, 北京: 中国广播电视出版社, 1999年.

张西平,『中国与欧洲早期宗教和哲学交流史』, 北京: 东方出版社, 2001年.

张志刚、唐晓峰主编:『基督教中国化研究』(第一辑), 北京: 宗教文化出版社, 2013年.

赵维本,『译经溯源——现代五大中文圣经翻译史』, 香港: 中国神学研究院, 1993年.

赵晓阳编:『中国近代思想家文库: 吴耀宗卷』, 北京: 中国人民大学出版社, 2014年.

郑安德:『明末清初耶稣会思想文献汇编』(第25册), 北京: 北京大学宗教研究所, 2003年.

志费尼:『世界征服者』, 波依勒英译, 何高济汉译, 北京: 商务印书馆, 2004年.

中共中央文献研究室编:『周恩来年谱(1949-1976)』(上卷), 北京: 中央文献出版社, 1998年.

中国基督教三自爱国运动委员会、中国基督教协会编:『传教运动与中国教会』, 北京: 宗教文化出版社, 2007年.

中国基督教三自爱国运动委员会:『传教运动与中国教会』, 北京: 宗教文化出版社, 2007年.

中国基督教三自爱国运动委员会:『回忆吴耀宗先生』, 上海: 中国基督教三自爱国运动委员会, 1982年.

中国基督教三自爱国运动委员会:『基督教爱国主义教程』(试用本), 北京: 宗教文化出版社, 2006年.

中国基督教三自爱国运动委员会:『回忆吴耀宗先生』, 上海: 中国基督教三自爱国运动委员会, 1982年.

中国基督教三自爱国运动委员会编:『吴耀宗生平与思想研讨』, 上海: 中国基督教三自爱国运动委员会, 1995年.

中国基督教三自爱国运动委员会编:『吴耀宗先生逝世十周年纪念文集』, 上海: 中国基督教三自爱国运动委员会, 1989年.

钟鸣旦、杜鼎克、蒙曦:『法国国家图书馆明清天主教文献』(第12册), 台北: 台北利氏学社, 2009年.

朱心然,『安身与立命: 东方教会在华宣教史』, 香港: 浸信会出版社, 2009年.

朱谦之,『中国景教』, 北京: 商务印书馆, 2014年.

朱维铮,『基督教与近代文化』, 上海: 上海人民出版社, 1994年.

卓新平,『基督教犹太教志』, 上海: 上海人民出版社, 1998年.

卓新平主编,『基督教小词典』, 上海: 上海辞书, 2001年.

佐伯好郎,『中国に於ける景教衰亡の历史』, 京都: 京都同志社东方文化讲座委员会刊行, 1955年.

## 五、论文

葛承雍, “西安、洛阳唐两京出土景教石刻比较研究,”载于『文哲史』, 国家文物局文物出版社, 2009年第2期.

栾晓光, “新教在华传教活动北移探析(1840–1900),”江西师范大学硕士学位论文, 2011年.

舒元輿, “鄂州永兴县重岩寺碑铭,”见『唐文粹』(第二册)卷六十五, 杭州: 浙江人民出版社, 1986年.

徐炳三, “近代中国东北基督教研究——以政教关系为研究视角(1867–1945),”华中师范大学博士学位论文, 2008年.

郑学稼, “中国化的大秦景教,”载于『中华文化复兴月刊』第5卷第10期, 1972年, 第17–27页.

## 六、档案

“黎玉范给阳玛诺的信,” 澳门, 1639年7月3日(阿维拉, 圣玫瑰修会教区档案馆), 见Villaroel, *The Chinese Rites Controversy*.

“陆定一部长在中央宗教工作会议上的总结报告”(1953年12月16日), 河北省档案馆藏, 档案号: 938/1/7.

龙华民所著的“论反对使用‘上帝’一名”一文未发表, 现藏于马尼拉多明我会档案馆.

“三年来全国基督教工作基本总结和今后工作的方针任务的意见”(1953年12月4日), 陕西省档案馆藏, 档案号123/3/305.

“周恩来在第一次全国统战工作会议的第二次报告”(1950年4月13日), 陕西省档案馆藏, 档案号: 123/8/1.

“关于建国以来党的若干历史问题的决议”(1981年6月27日中国共产党第十一届中央委员会第六次全体会议通过), 访问: http://cpc.people.com. cn/GB/64162/71380/71387/71588/4854598. html.

# 도표목록

# 찾아보기

## ㄱ

ㄴ

## ㄷ

## ㄹ

ㅁ

## ㅂ

## ㅅ

## ㅇ

## ㅈ

## ㅊ

## ㅋ

## ㅌ

**ㅍ**

## ㅎ

# 후기 _ 쉬쇼우홍

중국 문화 전통에서는 "성세에는 역사를 편찬한다"盛世修史 말이 있듯이, 그것은 "과거를 거울 삼아, 흥망을 알 수 있기에", 과거를 통해 오늘을 성찰해 보는 것은 현대적 삶을 살아감에 있어서 매우 중요하다. 현재 중국은 다시 한번 중화 민족의 위대한 부흥을 이루는 관건적인 시기에 처해 있음으로, 각양각색의 역사 자료들도 쏟아져 나오고 있다. 중국 기독교도 경외의 마음으로, 중국 기독교 역사를 잘 써가야 할 것이다. 사학에 대한 태도에 있어서 나는 사마천의 "하늘과 인간의 관계를 탐구하고 고금의 변화에 통달하는 일가의 학설을 이루고자 하는 것究天人之际, 通古今之变, 成一家之言"을 높이 산다. 이는 우리가 『중국기독교사』를 편저하는 태도이며, 여기서 하늘과 인간의 관계를 우리는 하나님이 인류 역사의 주관자로 이해할 수 있으며, 그리고 오직 고금을 통달한 사람만이 진정으로 참고할 가치가 큰 학설을 만들수 있다고 생각한다. 오랫동안 사람들은 신학원 통일 교재로 『중국기독교사』가 편찬되기를 고 대해왔다. 드디어 동역자들의 큰 수고로 독자들을 만나게 되었다. 기쁨 마음과 더불어 이 교재의 완성이 쉽지 않았음을 고백한다. 지난 5년간 반복적인 수정, 그리고 때로는 버리고 새로 시작하기도 하면서, 오늘의 발간에 이르렀다. 우리는 이 일에 참여하게 되어 감개무량하며 영광스럽다. 『중국기독교사』의 출간은 강의 개설에 규범적 의미를 가질 뿐만 아니라, 이는 역사 사건에 대한 평가와 관련되며, 그리고 새로운 형세 속에서 어떻게 삼자애국의 길을 견지해 갈 것인지, 신학사상 건설을 어떻게 추진할 것인지, 그리고 기독교의 중국화의 노력을 견지해 갈 것인지 하는 것들에 있어 매우 중요한 의미를 지닌다. 지적할 것은 전국삼자가 성립한 이래, 우리는 아직 기독교양회의 명의로 『중국기독교사』에 관한 저작을 내놓지 못했다. 가장 권위를 가지는 저작은 여전히 신중국 성립 이전 왕즈신王治心의 『중국기독교사강』中国基督教史纲이다. 해외에서 일부 저작들이 나왔지만, 우리의 입장과 관점과는 차이가 있다. 특히 근현대 중국기독교에 발생한 중요한 사건들에 대한 시각의 차이가 있다. 그리고 근래에 국내의 학자들의 저술도 있지만, 대부분 교회 밖의 시간에서 서술했고, 그리고 자료들의 결핍으로, 일반적으로 1949년까지로 제한되어 있고, 신중국 성립 이후의 정황에 대해서는 그냥 언급하고 지나가는 정도였다. 이러한 것들은 기독교역사를 강의하는 교사들에게는 큰 아쉬움이었다.

본 교재를 "중국교회사"가 아닌 "중국기독교사"로 명명한 것은 "중국교회"라는 개념으로 볼 때, 신중국이 성립하고 삼자애국운동일 발기된 이후에야 진정한 의미에서 주권 의식을 갖는 "중국교회"가 가능했기 때문이다. "중국교회사"의 이름으로 쓰였다면, 중국 삼자애국운동의 역사와 중복될 수 있으며, 많은 이들에게 주권의식이 없는 기독교는 단지 "중국에 있는 기독교"일 뿐이기 때문이다. 진정으로 "중국교회"를 이루는 것은 제국주의와 관계를 단절하고, 삼자애국운동에 의한 신생의 중국 기독교에 의해서만 가능했다. 그래서 "중국기독교"라는 이름이 이러한 우리의 생각을 더 잘 구현할 수 있다고 생각한다. 『중국기독교사』는 "중국에 있는 기독교"와 "중국 기독교"라는 두 영역을 모두 포괄하며, 그리고 이 양자간에 발전적 관계를 이루면서 하나의 총체를 이루고 있다.

중국기독교라는 용어를 협의적으로 사용한다면, 중국의 개신교를 뜻한다. 그렇게 되면 그 내용은 기껏해야 200년이 넘는 역사다. 그러나 광의적으로 쓴다면, 천주교와 동정과 그리고 기타 기독교 종파를 포괄할 수 있는데, 이 같은 포괄적 의미로 학술계에서는 일반적으로 "기독종교"라는 용어를 사용한다. 그러나 본 교재는 "중국기독교 종교사"를 다루는 것이 아니다. 그리하여 우리는 선조들의 방법을 따라, 고대 부분은 광의적 의미의 중국기독교의 전파와 발전을 다루고, 근현대 부분은 협의적 의미의 중국기독교의 전파와 발전을 다루었다. 그래서 본 교재의 당나라 경교에서 시작하여 2000년까지를 다루었다.

『중국기독교사』는 총 9장으로 되어 있다. 거기에는 당원 시대의 기독교, 명청 시기의 천주교, 19세기 기독교의 전파와 발전(상), 19세기 기독교 전파와 발전(하), 20세기 상엽의 기독교(상), 20세기 상엽의 기독교(하), 기독교삼자애국운동의 발기, 기독교의 조정과 좌절 그리고 개혁개방 이후의 기독교가 포괄된다. 그 중 앞 4장의 자료는 비교적 충분하여, 쟁의가 될 부분이 많지 않다. 교재 편찬 과정에 어려움은 근현대 부분이었다. 예를 들면, 선교사들에 대한 평가였다. 우리는 될수록 객관적이고 공정한 태도를 취하여, 두 부분으로 나누고, 기독교가 제국주의에 의해 이용된 사실을 외면하지 않으면서도, 구체적 사역에 있어서 선교사 개인들의 역할에 대해서는 최대한 공정한 평가를 내렸다. 그리고 교안의 부분에 있어서도, 교안들이 도처에서 발발하면서, 백성들이 서양 열강의 행패에 반발했던 면과 교안의 발생 원인도 각각 다양 했음을 주목했다. 심지어 어떤 교안은 잘못된 소문들이 민중들을 분개하게 해서 생겼다. 그리고 신중국 성립 이후, 중국 기독교인들은 주권 의식이 강화되었지만 그러나 이왕의 역사적 큰 배경과 분리되지 못함도 보았다. 마지막 세 장은 본 교재의 중요한 시도였다. 우리는 삼자애국운동의 거대한 성과를 긍정하면서, 문화대혁명 기간에 기독교가 겪은 좌절을 외면하지 않았다. 개혁개방 이후, 종교신앙 자유 정책이 관철되면서, 교회는 큰 발전을 이뤄왔고 많은 사역적 성과도 거두었다. 그러면서도 이단과 사교, 해외 침투 그리고 사설 집회의 문제가 돌출했다. 본 교재는 사건과 인물을 중심으로 다루면서, 단순하게 사료들을 모으는 방식을 탈피하려 노력했다.

이 교재 편찬에 참여한 사람들은 대부분 각 신학원에서 중국기독교사를 강의하는 선생들이다. 그러나 교재 편찬에는 다소 미숙해서, 돌다리도 두드리면서 건너는 심정으로 진행했다. 우리의 기본 목표는 하나의 온전한 중국기독교사를 쓸 뿐만 아니라, 그것이 통일 교재로 "교양교육"의 요구에 부합되게 하려 했다. 그래서 개별적인 저술 및 강의안과 다르다. 처음에는 경험의 부족으로 수집된 자료들을 연결하여 배열하였더니, 초고가 50여만 자에 달해, 우리가 생각하건대 1년의 교학의 분량을 넘어서는 분량이 되어, 후에 절반 이상의 내용을 잘라 버렸다. 이는 잘린 부분이 쓸모없다는 의미가 아니다. 우리는 앞으로도 『중국기독교사』의 교재 보조자료를 만들어, 강의 교수들의 강의에 도움이 되게 할 것이다. 그러기에 우리 교재 편저 팀은 앞으로도 많은 작업을 계속할 것이다.

교재를 편찬 과정 중에, 중국기독교삼자애국운동위원회 주석이셨던 지잰훙季剑虹 장로님과 중국기독교협회 회장이셨던 차오성제曹圣洁 목사님의 도움과 지도가 큰 힘이 되었다. 그리고 편저 초기 의견 수렴을 할 때, 선더룽沈德溶, 덩푸춘邓福村, 선청언沈承恩, 천저민陈泽民, 수더츠苏德慈, 루밍왠陆明远, 왕웨이판汪维藩, 자오즈언赵誌恩, 야오민첸姚民权 등 교회 선배님들과 교회사 전문가들의 서면과 구도의 귀한 조언을 들었다. 그들의 진지하고 책임적 자세는 우리 후배들에게 큰 도전과 각성제가 되었다. 특히 의견 수렴이 끝난 후, 차우성제曹圣洁 목사님이 이 교재는 기독교양회의 선명한 입장을 대표해야 한다고 한 조언은 우리에게 시사점이 컸다. 여기서 그들에게 진심어린 경의를 표한다. 교재에 명백한 실수를 면하기 위해, 우리는 일부 관련 학자들에게 조언을 구했다. 여기서 돤치段琦, 리텐강李天纲, 탕쇼우펑唐晓峰, 타오페이야陶飞亚와 쉬이화徐以骅 등 교수님들에게 특별한 감사를 드린다. 그들의 조언은 우리의 교재의 질을 제고하는 데 큰 도움이 되었다.

초안 작성에 참여 한 이들은 천샌쥔陈贤君, 허아이샤贺爱霞, 후쥔제胡俊杰, 페이랜산裴连山, 장커쵄张克全, 정보우란郑宝兰 선생과 기독교전국양회의 쑨치孙琪와 쪼우메이칭赵美庆이였다. 이들의 노력으로 교재 편찬의 기초가 놓여졌다. 초안 수정 작업에 참여한 천쇼우융陈小勇과 우진전武金贞 선생은 새로운 시각을 제공하여 교재의 편집에 질감을 더해 줬다. 그리고 금릉협화신학원의 앤시위严锡禹 선생이 교재 편집에 전반적으로 참여하였고, 원고의 최종 정리하는 중책을 맡았다. 그리고 기독교전국양회의 꾸멍페이顾梦飞도 처음부터 편찬에 참여하여 기획하고, 자료를 준비하고, 회의를 배정하는 등 수고를 다했다. 참여한 모든 분들의 수고에 깊은 경의와 감사를 드린다. 나는 주님께서 당신들의 수고를 기념하실 것으로 믿는다.

이 교재는 아직 부족한 면이 많다. 우리는 앞으로 신학원에서 교재를 사용하면서 내용을 점차 보완하려 한다. 교재의 매 장에는 생각해볼 문제와 주석이 있고, 책 마지막 부분에는 인명 색인중영대조, 중국기독교 대사 연표와 참고 목록을 넣었다. 더 깊은 연구를 원하시는 분들은 활용할 수 있을 것이다. 참고도서들도 공인된 대가들과 정선된 작품들 위주로 되었다. 바라건대 본 교재도 오병이어처럼 주님의 손에 들려져, 독자들에게 공급됨으로 더 많은 좋은 교재들이 만들어지기를 바란다.

2017년 1월 22일